Fit im Fleischer-Fachgeschäft

Lernfeldorientierte Grundbildung für Fleischer/-innen und Fachverkäufer/-innen im Lebensmittelhandwerk – Fleischerei

von
Hans Grum
Gisela Stautner
Martin Wurdack
Alfons Ziller

westermann

Fleischereien sind Produktions- und Dienstleistungsbetriebe, die ihre Kunden mit hochwertigem, qualitativ und hygienisch einwandfreiem Fleisch, mit Fleischwaren und mit anderen Lebensmitteln versorgen. Dabei steht der Kunde im Zentrum aller Bemühungen – das Angebot der Fleischerei richtet sich nach den Kundenwünschen; vertrauensbildende Beratung und individueller Service rücken in den Mittelpunkt dieses Berufszweiges. Die Fleischereifachverkäuferin und der Fleischer brauchen deshalb heute nicht nur ein breit angelegtes Fachwissen, sondern auch eine Reihe anderer Kompetenzen, um die vielfältigen Aufgaben professionell meistern zu können.

Darum werden dem fächerintegrativen Ansatz der **KMK-Rahmenlehrpläne für Fleischer/-innen von 2005 und für Fachverkäufer/-innen im Lebensmittelhandwerk von 2006** entsprechend in diesem neu konzipierten Lehrwerk Warenkunde und Fachpraxis, Verkaufskunde, Hygiene, Wirtschaftslehre und Fachmathematik abgedeckt.

Alle Themen des Lehrplans werden aus beruflichen Handlungssituationen entwickelt und mit Blick auf die Kundenorientierung behandelt. Diese ausgewählten Lernsituationen spielen in zwei Beispielbetrieben unterschiedlicher Größe und werfen ein breites Spektrum von Fragestellungen auf, die mithilfe der kompakten Sachinformationen von den Schülern kompetent bearbeitet werden können. Durch seine schülerangemessene Sprache ist dieses Fachbuch gleichzeitig ein Lern- und Arbeitsbuch für die Hand der Schüler/-innen. Die Textinformationen werden zielgruppenadäquat durch aussagekräftige Fotos und detaillierte Grafiken veranschaulicht und ergänzt. Der Aufgabenteil am Kapitelende enthält einen komplexen Arbeitsauftrag, der das selbstständige Informieren, Planen, Durchführen und Bewerten einer Handlungssituation trainiert. Zudem können mittels verschiedener Übungsfragen und -aufgaben erworbenes Wissen und rechnerische Grundlagen gefestigt werden.

Wir wünschen den Auszubildenden viel Freude beim Erlernen dieses abwechslungsreichen und verantwortungsvollen Berufs!

Sommer 2007

Die Autoren

Aufbau des Buches:

Einstiegsdoppelseite Einführung in die Thematik des Lernfelds, Vorstellung der Gliederung in sinnvolle Teilhandlungen

Orientieren

Zielformulierung

Berufliche Handlungssituation

Informieren

fachliche Informationen und rechnerische Grundlagen, die für die Durchführung der Teilhandlung relevant sind (Begründungswissen)

Planen berufliche Aufgabenstellung: Sie greift die berufliche Handlungssituation des Kapitelbeginns wieder auf. Sie leitet die Auszubildenden in verschiedenen Aufgaben zur Durchführung der Handlung an (orientieren → informieren → planen → durchführen → bewerten).

Übungsaufgaben Wiederholung, Festigung und Anwendung des erlernten Fachwissens

Zusammenfassung nach jedem Themenkomplex als Grafik

Lernfeld 1

Einführen eines neuen Mitarbeiters/einer neuen Mitarbeiterin

1 **Die Berufsbilder des Fleischers/der Fleischerin und der Fachverkäuferin/des Fachverkäufers Fleischerei kennen lernen**
2 **Einen Ausbildungsbetrieb kennen lernen**
3 **Mit der Arbeit und Ausbildung in einer neuen Umgebung vertraut werden**
4 **Arbeits- und Unfallschutzvorschriften bei Maschinen und Geräten anwenden und Erste Hilfe leisten können**
5 **Beim Umgang mit Lebensmitteln auf Hygiene achten**
6 **Das Warenangebot einer Fleischerei kennen lernen**

Fleischer und Fachverkäuferinnen im Fleischerhandwerk üben einen verantwortungsvollen Beruf aus, der viel Raum für Kreativität bietet.

Das Fleischerhandwerk ist tief in der Tradition verwurzelt, seine Ursprünge reichen weit in die Menschheitsgeschichte zurück. Aber die technische Entwicklung hat natürlich auch bei der Arbeit des Fleischers spürbare Veränderungen gebracht. Schwere körperliche Arbeit ist heute nur noch selten notwendig. Elektronisch gesteuerte Maschinen und Computertechnologie erleichtern die Arbeit. Die Arbeitsräume einer Fleischerei entsprechen also gar nicht mehr den Vorstellungen, die man für gewöhnlich von einer Fleischerei hat.

Trotz allen Fortschritts drohen in der Fleischerei an vielen Stellen Gefahren – für den Beschäftigten und für den Kunden. Fachverkäuferinnen und Fleischer arbeiten mit scharfen Werkzeugen und mit gefährlichen Maschinen. Die Kenntnis der Sicherheitsvorschriften und konzentriertes Arbeiten sind deshalb unerlässlich, wenn man Arbeitsunfälle vermeiden will.

Im Fleischerbetrieb werden Lebensmittel hergestellt. Die Kunden vertrauen darauf, dass die Fleischwaren ihrer Gesundheit nicht schaden. Beim Fleisch und bei den Fleisch-Erzeugnissen ist die Gefahr allerdings sehr groß, dass das Lebensmittel verdirbt. Um diesen Verderb möglichst lange hinauszuzögern, müssen Fleischer und Fachverkäuferin besonders sorgsam mit dem Lebensmittel umgehen.

Im Laufe der Jahrtausende haben die Menschen nach Möglichkeiten gesucht, Fleisch so zu verarbeiten, dass es nicht verdirbt. Daraus sind die unterschiedlichsten Produkte entstanden. Die meisten Fleisch-Erzeugnisse werden erhitzt, wie der Kochschinken. Dadurch verlängert sich ihre Haltbarkeit. Aber auch rohe Fleischwaren, wie die Salami oder der rohe Schinken, sind langfristig haltbar gemacht. Man lässt sie so weit abtrocknen, dass sie nicht mehr verderben. Salz, Gewürze und andere Zutaten verlängern die Haltbarkeit zusätzlich.

Das Ergebnis dieses Bestrebens ist eine fast nicht überschaubare Vielfalt im Angebot einer Fleischerei. Aber die Entwicklung neuer Fleisch-Erzeugnisse ist keineswegs abgeschlossen. Durch die Kombination verschiedener Rohstoffe oder durch eine Abwandlung der Herstellung können immer neue Produkte entstehen.

Auf einen neuen Beschäftigten warten in einer Fleischerei also große Herausforderungen.

1 Die Berufsbilder des Fleischers/der Fleischerin und der Fachverkäuferin/des Fachverkäufers Fleischerei kennen lernen

Ziele dieses Kapitels:

- **Wir erfahren, wie die Tätigkeiten des Fleischers in der Frühgeschichte der Kulturvölker verrichtet wurde.**
- **Wir lernen, wie es zur Entstehung eines eigenständigen Metzgergewerbes kam.**
- **Wir kennen die Aufgaben einer Innung und der sonstigen Interessenvertretungen in der heutigen Zeit.**
- **Wir wissen, welche Einrichtungen es gibt, die sich der Belange der Arbeitnehmer annehmen.**
- **Wir erfahren, was unternommen wird, um die Sicherheit im Fleischereibereich zu gewährleisten.**

Svenja Kallenbach trifft in der Disko ihre frühere Schulfreundin Sonja Weiß. Sie unterhalten sich über ihre gemeinsame Schulzeit und dann auch über ihre augenblickliche Situation. Als Svenja erfährt, dass Sonja in einem Fleischerfachgeschäft eine Ausbildung als Fachverkäuferin absolviert, erkundigt sie sich bei ihr genau über diesen Beruf, da sie gerade auf Lehrstellensuche ist. Da entdeckt Sonja Jens Witte auf der Tanzfläche, den sie aus der Berufsschule kennt. Jens absolviert eine Ausbildung als Fleischer und wird im nächsten Jahr die Prüfung ablegen. Weil sich Svenja so für diesen Berufszweig interessiert, winkt Sonja Jens wild gestikulierend zu, bis dieser bei ihnen am Tisch auftaucht.
Nun bekommt Svenja alle ihre Fragen beantwortet und der Diskoabend vergeht wie im Flug. Weil sie noch unsicher ist, was sie lernen soll, informiert sie sich in der nächsten Zeit intensiv über den Beruf der Fachverkäuferin und auch über den des Fleischers.

1.1 Berufsgeschichte

1.1
Frühkorinthische Keramik im Louvre, Paris

Der frühzeitliche Mensch war Jäger und Fischer, er fing und jagte Tiere, um seinen Lebensunterhalt zu bestreiten. Nachdem er gelernt hatte, einige der Tiere als Haustiere zu halten, wurde seine tägliche Nahrungssuche wesentlich leichter. Aus alten Überlieferungen wissen wir jedoch, dass er die Tiere nicht nur zu Nahrungszwecken schlachtete, sondern den Göttern teilweise als Brandopfer darbrachte. Die ältesten Belege für das Schlachten von Tieren stammen aus dem alten Ägypten, wo auf Modellen und Bildern aus der Zeit von etwa 4 500 v. Chr. Priester dargestellt sind, die Tiere schlachten. Bei den abgebildeten

Tieren handelt es sich um Rinder, Kälber, Schafe und Esel, Schweine waren nicht dabei, sie galten als „unrein".

Ein eigener Berufsstand des Fleischers entwickelte sich jedoch erst zur Zeit der Römerherrschaft etwa um Christi Geburt. Vermutlich konnte die Versorgung der Bevölkerung mit Fleisch in den größeren Städten nur noch dadurch sichergestellt werden, dass die Schlachttiere aus größerer Entfernung in die Städte gebracht wurden. Diese Tätigkeit wurde von Personen durchgeführt, die dafür besonderes Geschick hatten und bald damit ihren Lebensunterhalt verdienten. Diese Personen führten die Schlachtung zunächst im Auftrag reicher Händler oder Patrizier durch, später jedoch auch auf eigene Rechnung, wobei sie das Fleisch an alle interessierten Personen verkauften. Es entwickelte sich ein regelrechter Fleischhandel, der in so genannten „Tabernen" stattfand.

1.2
Römisches Steinrelief, Museo della Civita Romana, Rom

Ferner wurde das Fleisch auch von „fliegenden Händlern" verkauft. Meist handelte es sich wegen der Haltbarkeit um Salz- oder Rauchfleisch, aber es wurden auch bereits Wurstwaren angeboten. Als eines der ältesten Wurstrezepte gilt die „Luccanische Räucherwurst", die von dem römischen Feinschmecker Apicius (ca. 50 n. Chr.) überliefert wurde.

Die Herkunft der Berufsbezeichnung „Metzger" ist unklar, nach einer römischen Überlieferung soll im Haus des Römers Macellus, am Tiber das erste Schlachthaus eingerichtet worden sein. Daraus könnte sich über „metzeln" die Berufsbezeichnung Metzger entwickelt haben, die in Süd deutschland noch lange Zeit üblich war, während im übrigen Deutschland die Bezeichnung Fleischer oder Schlachter vorherrscht. Die deutschen Sprachforscher Gebrüder Grimm jedoch leiten das Wort „Metzger" von dem altdeutschen Begriff „metzen" ab, was so viel wie „hauen" bedeutet.

Bei den „alten Germanen" gab es zunächst keinen eigenständigen Beruf des Fleischers. In den Großfamilien, der damals üblichen Lebensform, wurde das Schlachten nicht gewerblich betrieben, sondern gehörte zur üblichen Haus- und Hofarbeit, die meist von einer besonders geschickten Person verrichtet wurde. Erst als sich um das Jahr 800 n. Chr. Klöster und größere Herren- oder Meierhöfe[1] bildeten, wurde das Schlachten und Zerlegen der Tiere Personen mit besonderem Geschick fest übertragen. Mit der Entstehung der Städte, etwa ab dem 10. Jahrhundert, entstand aus dieser Personengruppe, die aus ihrer Fronarbeit[2] auf dem Land in die Städte zog, der Berufsstand des Fleischers. Zunächst waren sie nur Lohnschlächter oder Hausmetzger, die gegen Bezahlung ihre Tätigkeit für verschiedene Auftraggeber ausübten; mit dem Anwachsen der Städte jedoch entwickelte sich die gewerbliche Ausübung dieses Berufes. Dort wurde der Fleischverkauf in der Schranne – dies waren überdachte Hallen – oder in Fleischbänken durchgeführt, die

1 Meier = vom Mittelalter bis ins 19. Jahrhundert Bezeichnung für den Verwaltungsbeamten eines großen landwirtschaftlichen Gutes
2 Fron, die = unbezahlte Dienstleistungen, zu denen die Landbevölkerung ihrem Landes-, Grund- oder Gutsherrn bis zur Bauernbefreiung (ab dem 18. Jh.) verpflichtet waren; daher der Spruch „Stadtluft macht frei"

1.3 *Mittelalterliche Verkaufsbank, Österreichische Nationalbibliothek, Wien*

sich meist in der Mitte der Stadt – dem Marktplatz – befanden. Wenn der Platz auf den Märkten nicht mehr ausreichte, siedelten die Gewerbe sich in den angrenzenden Gassen an, wo die Fleischer und Bäcker, oft im Erdgeschoss ihrer Häuser, dann ihre Verkaufsbänke hatten. Die zahlreichen Fleischer- und Bäckergassen in den Innenstädten sind Zeugen dieser Entwicklung. Nachweislich werden im Jahre 1111 die Metzger zu Speyer und 1156 die Fleischer zu Augsburg urkundlich erwähnt. 1231 wird von Fleischbänken in Fulda und Trier sowie von einer Standesvereinigung der Metzger aus Würzburg berichtet.

1.2 Berufliche Interessenvertretungen

1.2.1 Innung

Als die Vorläufer unserer heutigen Innungen kann man den Zusammenschluss der Fleischer und Metzger zu einer **Zunft** betrachten. Zwar hatten die Zünfte, die im 12. und 13. Jahrhundert entstanden, zunächst eine andere Aufgabe als heute – sie dienten vor allem dem gemeinsamen Kirchenbesuch, der Pflege der Kranken und der Unterstützung von Notleidenden und Witwen –, aber bald entwickelte sich daraus auch die gegenseitige Hilfe in beruflichen Angelegenheiten. Es wurden Regeln für das wirtschaftliche Wohl aller Zunftmitglieder erlassen, die sich auf die Niederlassung neuer Meister, die Ausbildung des Nachwuchses und viele andere beruflichen Dinge erstreckten. Nach Ableistung der Lehrzeit war es üblich, mehrere Jahre auf Wanderschaft zu gehen, um so andere Arbeitsmethoden, andere Menschen und andere Gepflogenheiten kennen zu lernen. Erst mit dem Nachweis der zurückgelegten Wanderjahre konnte man die Meisterprüfung ablegen.

Die höchste Blüte erlebten die Zünfte im 15. Jahrhundert. Es wurden Vorschriften erlassen, die z. B. das Schlachten in den Städten nur in eigenen Schlachtstätten erlaubten, die an einem Fluss errichtet werden mussten. Um Krankheiten vorzubeugen, wurde der Verkauf von Fleisch dadurch geregelt, dass zwischen „bankmäßigem Fleischverkauf“ – dies war gesundheitlich unbedenkliches, sauberes Fleisch – und „unbankmäßigem Fleischverkauf“ unterschieden wurde. Dieses unsaubere, minderwertige Fleisch war nicht „bankwürdig“ und musste abseits auf der so genannten „Freibank“ verkauft werden.

Ab dem 16. Jahrhundert kam es insbesondere durch die Kriegswirren dieser Zeit zum Niedergang der Zünfte, die 1825 in der Aufhebung der Zünfte und 1868 mit der Einführung der Gewerbefreiheit ihr vorläufiges Ende fand. Erst

1897 wurde durch eine Änderung der Handwerksordnung von 1871 die Gründung neuer Handwerkervereinigungen ermöglicht. Dieser Zeitpunkt kann als die Geburtsstunde unserer heutigen Innungen bezeichnet werden.

Die Mitgliedschaft in einer **Fleischerinnung** ist freiwillig, sie bringt dem einzelnen Betrieb jedoch eine Reihe von Vorteilen, wie

- Vertretung des Berufsstandes gegenüber der Öffentlichkeit und der Politik;
- Vertretung des Berufsstandes gegenüber den übergeordneten Handwerksorganisationen, wie Kreishandwerkerschaft, Landesinnungsverband und Handwerkskammer;
- fachliche Beratung und Unterstützung in betrieblichen Angelegenheiten;
- Wahrung der rechtlichen Interessen des Berufes gegenüber der Politik;
- Unterstützung der Mitglieder durch gemeinschaftlichen Einkauf von Rohstoffen und Produkten;
- Durchführung von gesellschaftlich und werbemäßigen Veranstaltungen;
- Organisation und Durchführung von Fortbildungsmaßnahmen;
- Organisation und Durchführung des Prüfungswesens, insbesondere der Berufsabschlussprüfung;
- Beratung und Unterstützung in rechtlichen Angelegenheiten.

Die Mitglieder einer Innung wählen aus ihrer Mitte einen Fleischermeister zu ihrem Innungsobermeister, der für den gewählten Zeitraum die Interessen der Innungsmitglieder vertritt. Für diese Leistungen erhebt die Innung einen bestimmten Mitgliedsbeitrag, dessen Höhe jede Innung selbst festlegt.

1.2.2 Kreishandwerkerschaft

Im ländlichen Bereich ist es häufig noch üblich, dass sich die „typischen Handwerksberufe" - wie Fleischer, Bäcker, Schreiner u. Ä. - zur so genannten Kreishandwerkerschaft zusammenschließen.

Aus der Mitte der Innungsmeister dieser Handwerksberufe wird ein Kreishandwerksmeister gewählt, der die Interessen des Handwerks gegenüber den regionalen Interessenvertretungen insbesondere gegenüber der Lokalpolitik vertritt.

1.2.3 Handwerkskammer und Industrie- und Handelskammer

Die HWK und IHK sind die nach unserer Rechtsordnung für die Wahrung der Interessen der Handwerksberufe „zuständige Stelle" auf der Ebene der politischen Gliederung eines Bundeslandes (Regierungsbezirke, Regierungspräsidien, u. Ä.). Neben anderen Aufgaben sind sie insbesondere für die Organisation, Überwachung und Durchführung der Ausbildung und Prüfung in den einzelnen Handwerks- und Industrieberufen verantwortlich. Die Kammern können Teile dieser Zuständigkeit auf andere Institutionen wie die Innung übertragen.

1.2.4 Spitzenorganisationen

Der **Landesinnungsverband (LIV)** ist der Zusammenschluss der Fleischerinnungen eines Bundeslandes. Aus ihrer Mitte wird ein Landesinnungsmeister gewählt, der die verbandspolitischen Interessen der Mitglieder gegenüber den Kammern und Landesbehörden vertritt. Daneben zählt die fachliche Beratung und Unterstützung wie auch die Durchführung von landeseinheitlichen Prüfungen zu seinen Aufgaben. Jeder Landesinnungsverband hat Sitz und Stimme in der entsprechenden Bundesorganisation.

Im **Deutschen Fleischerverband (DFV)** sind alle Landesinnungsverbände vertreten, sie wählen aus ihrer Mitte den Präsidenten des DFV. Die Wahrung der Interessen der Fleischer gegenüber den übrigen Spitzenorganisationen sowie den politischen Entscheidungsgremien in Deutschland und Europa zählt zu seinen Hauptaufgaben.

1.4

Der **Zentralverband des deutschen Handwerks (ZdH)** bildet den Zusammenschluss aller handwerklichen Spitzenorganisationen in Deutschland. Im **Deutschen Industrie- und Handelskammertag (DIHT)** sind die Spitzenorganisationen der Industrie und des Handels vereinigt. Sie sind bei den Fragen, die alle Bereiche des Handwerks bzw. der Industrie und des Handels betreffen, die zuständigen Gesprächs- und Verhandlungspartner, insbesondere gegenüber der Politik.

1.3 Interessenvertretung der Arbeitnehmer/-innen

Die Interessenvertretung der Arbeitnehmer sind die Gewerkschaften. Der **Deutsche Gewerkschaftsbund (DGB)** vereint als größte Dachorganisation zahlreiche Fachgewerkschaften wie die **Gewerkschaft Nahrung-Genuss-Gaststätten (NGG)**. Daneben gibt es noch mehrere kleinere Gewerkschaften. Hauptaufgabe der Gewerkschaften ist die Interessenvertretung der Arbeitnehmer gegenüber den zuständigen Einrichtungen der Arbeitgeber (z. B. Innung, LIV, DFV). Die jeweiligen Landesgremien dieser Gewerkschaften schließen als Tarifpartner bei den Tarifverhandlungen mit den zuständigen Tarifpartnern der Arbeitgeber (in der Regel die Landesinnungsverbände) Tarifverträge für die Beschäftigten der jeweiligen Berufsgruppe ab.

1.4 Verbraucherberatung – Verbraucherschutz

Verschiedene Organisationen haben es sich zum Ziel gesetzt die Verbraucher zu informieren und Hilfestellung zu deren Schutz anzubieten. Als bedeutendste Verbraucherorganisation kann die **Stiftung Warentest** angesehen werden, die jedermann über Waren und Dienstleistungen unterrichtet und berät. Dies geschieht vornehmlich mithilfe ihrer Zeitschrift „test“, in der monatlich Testergebnisse zu den verschiedensten Produkten veröffentlicht werden. Darüber hinaus werden laufend Sonderhefte herausgebracht, die sich jeweils mit einem Schwerpunktthema beschäftigen, z. B. Umweltschutz.

Des Weiteren gibt es Broschüren und Hefte von **Verbraucherzentralen** und Verbraucherverbänden wie z. B. den Lebensmittelbrief der Deutschen Gesellschaft für Ernährung. Die Verbraucherzentralen sind politisch unabhängig und vertreten die Interessen der Konsumenten auch gegenüber der Politik und der Wirtschaft.

Auch die **Medien** tragen mit verschiedenen Beiträgen dazu bei, den Verbraucher zu informieren und zu schützen, z. B. Infomarkt, WISO.

Gesetzliche Regelungen zum Verbraucherschutz

Die Lebensmittelkennzeichnungsverordnung

Viele Lebensmittel werden in verpacktem Zustand angeboten. Auch das Fachgeschäft bietet solche Waren im Zusatzangebot an. Auf diesen Fertigpackungen müssen folgende Angaben aufgedruckt sein:

- die Verkehrsbezeichnung
- Name und Anschrift des Herstellers oder Abfüllers
- das Verzeichnis der Zutaten in absteigender Reihenfolge ihrer Menge
- die Gesamtmenge
- das Mindesthaltbarkeitsdatum
- Preis pro 100 g oder pro kg

Das Eichgesetz

Das Eichgesetz[1] ergänzt die Lebensmittelkennzeichnungsverordnung. Danach müssen Verpackungen so gestaltet sein, dass dem Käufer keine größere Füllmenge vorgetäuscht wird, als tatsächlich enthalten ist (Verbot von „Mogelpackungen"). In nebenstehendem Bild der Stiftung Warentest z. B. hätte für die Tube eine halb so große Faltschachtel ausgereicht.

„Mogelpackung" 1.5

Das Gesetz gegen den unlauteren Wettbewerb (UWG)

Das UWG schützt Anbieter und Verbraucher vor unfairem Verhalten einzelner Unternehmen, die sich dadurch einen Vorteil verschaffen wollen. Es wendet sich gegen Handlungen, die zwar zu Wettbewerbszwecken erfolgen, aber unlauter sind, bzw. gegen die guten Sitten verstoßen.

Unzulässig ist u. a. folgendes Verhalten:

- Zusenden unbestellter Ware
- irreführende Angaben über Beschaffenheit, Ursprung, Herstellungsart und Preise von Waren
- Anschwärzen von Konkurrenten, um deren Ruf zu schädigen (Beispiel: Fleischermeister Müller verbreitet das Gerücht, dass Fleischermeister Baringer Steuern hinterzieht)
- Lockvogelangebote, durch die Käufer angelockt werden, die aber gar nicht in ausreichenden Mengen vorhanden sind („solange der Vorrat reicht", es gibt aber zu dem billigen Preis insgesamt nur 10 Exemplare)
- Benutzen fremder Geschäfts-, Waren- oder Firmenzeichen (Beispiel: in Billigpullovern ist das Label einer Edelmarke eingenäht)
- sittenwidrige Werbung (Beispiel: belästigende Telefonwerbung)

Für die meisten Verstöße sieht das UWG den Anspruch des Verbrauchers auf Unterlassung vor. Möglich sind aber auch Schadensersatzansprüche und bei besonders schweren Verstößen Geldbußen für das Unternehmen oder sogar Gefängnisstrafen.

1 eichen = etwas das gesetzlich festgelegte Maß geben; auch: das Eichmaß überprüfen; in dieselbe Wortfamilie gehören u. a. „Eichamt", „Eichmaß", „Eichstrich" – diese Wörter können Ihnen in Zusammenhang mit den Waagen in Ihrem Ausbildungsbetrieb begegnen.

Das Gesetz gegen Wettbewerbsbeschränkungen (Kartellgesetz)

Wettbewerb ist die Antriebskraft unserer Marktwirtschaft. Er sorgt dafür, dass sich die Anbieter um Kunden bemühen und dass diese unter vielen unterschiedlichen Angeboten auswählen können. Dennoch versuchen Unternehmen immer wieder diesen Wettbewerb auszuschließen, indem sie z. B. untereinander Preisabsprachen treffen.

Das Kartellgesetz verbietet solche Preisabsprachen sowie Unternehmenszusammenschlüsse, wenn sie zu einer marktbeherrschenden Stellung führen würden.

Produkthaftungsgesetz

Das Produkthaftungsgesetz schützt Verbraucher vor fehlerhaften Waren. Werden durch den Gebrauch oder Verbrauch eines Produkts Personen- oder Sachschäden verursacht (tritt z. B. nach dem Verzehr einer Wurst beim Kunden Hautausschlag auf), dann muss der Hersteller den entstandenen Schaden ersetzen - und zwar unabhängig davon, ob er alles Menschenmögliche getan hat, um einen solchen Fehler zu vermeiden.

Allgemeine Geschäftsbedingungen (AGB)

Allgemeine Geschäftsbedingungen (das so genannte klein Gedruckte) werden in fast allen Unternehmen verwendet, da sie den Abschluss von Verträgen durch vorformulierte Klauseln erleichtern. Der Verkäufer versucht bei Vertragsstörungen (Lieferungsverzug, beschädigte oder falsche Ware o. Ä.) jedoch häufig, die Rechte des Käufers durch seine AGB unzulässig einzuschränken. Aber nicht alles Gedruckte hat auch rechtliche Gültigkeit. Um den Verbraucher zu schützen, hat der Gesetzgeber im „Gesetz zur Regelung des Rechts der Allgemeinen Geschäftsbedingungen" Vorschriften für die Formulierung der AGB aufgestellt.

Es schreibt unter anderem vor:

- Das „klein Gedruckte" muss mühelos lesbar und verständlich sein.
- Der Kunde muss ausdrücklich auf die AGB hingewiesen werden.
- AGB sind ungültig, wenn sie gegen das Gebot von „Treu und Glauben" verstoßen.
- Individuelle Vereinbarungen haben Vorrang vor AGB.
- Überraschende Klauseln, d. h. Bestimmungen, die so ungewöhnlich sind, dass damit nicht zu rechnen ist, werden nicht wirksam.

Haustürgeschäfte

Hierzu gehören alle Geschäfte, die bei Werbefahrten, auf der Straße, am Arbeitsplatz und natürlich an der Haustür abgeschlossen werden (z. B. Zeitschriftenabonnements).

Der Verbraucher hat die Möglichkeit diese Verträge innerhalb von 14 Tagen schriftlich zu widerrufen - ohne Angabe von Gründen.

Kein Widerrufsrecht besteht jedoch, wenn der Kunde den Vertreter selbst ins Haus bestellt hat und bei Bagatellgeschäften unter 40,00 €.

1.5 Berufsprofile im Fleischer-Fachgeschäft[1]

Fleischer schlachten Tiere und verarbeiten deren Fleisch zu Fleisch- und Wurstwaren, Feinkosterzeugnissen, Konserven und Gerichten weiter. In Fleischerläden präsentieren und verkaufen sie die Produkte und beraten Kunden. Nicht alle Fleischer führen jede dieser Tätigkeiten aus. Je nachdem, ob sie in einer handwerklichen Fleischerei, in Fleischerfach- oder Einzelhandelsgeschäften, im Fleischgroßhandel, in der Fleischwarenindustrie oder in Schlachthöfen und Fleischzerlegebetrieben tätig sind, haben sie verschiedene Arbeitsschwerpunkte. Nach der Qualitätskontrolle verarbeiten die Fleischer einen Teil der Fleischstücke zu Wurstwaren. Für die Qualität der Endprodukte sind sowohl die Auswahl, Zusammenstellung und Behandlung der Rohstoffe als auch Rezepte, Gewürze und Zutaten verantwortlich. Auch dabei müssen die gesetzlichen, lebensmittelrechtlichen und hygienischen Vorschriften genau eingehalten werden. Das sachgerechte Haltbarmachen und Verpacken und der verantwortliche Umgang mit Geräten und Maschinen muss dabei beherrscht werden. Im **Laden**geschäft oder in den angeschlossenen Betriebsräumen richten die Fleischer die Fleischstücke für den Verkauf her.

Die **Fachverkäuferinnen** bereiten die Fleischstücke als Bratenstücke vor, schneiden sie zu Schnitzeln, Rouladen oder Gulasch, verarbeiten sie zu Hackfleisch; würzen sie vor oder marinieren sie. Sie portionieren die Waren, schneiden Wurst auf und zeichnen die Waren mit Preisangaben aus. Damit das Ganze auch ansprechend aussieht, dekorieren sie Schaufenster, Verkaufsraum und Verkaufstheke und garnieren die Auslage.

Da das ökologische Bewusstsein vieler Verbraucher gestiegen ist, müssen sie außerdem wie die Fleischer über die Herkunft des verkauften Fleisches, über die Art der Rohstoffe und der Zusatzstoffe in der Wurst Auskunft geben können. Ebenso können sie ihre Kunden über die richtige Zubereitung von Fleischgerichten informieren. Beide Berufsgruppen sind auch zunehmend in die Zubereitung kleiner Mittagsgerichte und Büffets eingebunden.

Bei der fachgerechten Kundenberatung nehmen die Warenkenntnis und die Kenntnisse über Grundstoffe und Herstellung breiten Raum ein. Neben der schnellen, freundlichen und fachkompetenten Bedienung gewinnt das Verkaufsgespräch mit der Möglichkeit des Zuverkaufs einen immer höheren Stellenwert. Auch die Fachverkäuferin muss die gesetzlichen, lebensmittelrechtlichen und hygienischen Vorschriften genau kennen und einhalten.

Berufliche Aufgabenstellung

Die für Ihren Wohnort zuständige Arbeitsagentur veranstaltet für die Abschlussklassen der jeweiligen allgemein bildenden Schulen eine Lehrstellenbörse als Infoveranstaltung, wo Betriebe über das Ausbildungsstellenangebot in der Region informieren und sich die Schülerinnen und Schüler der Abgangsklassen hautnah über die angebotenen Ausbildungsberufe und Ausbildungsstellen kundig machen können.

- **Informieren Sie sich über die Tätigkeiten als Fleischer oder über die Tätigkeiten als Fachverkäuferin Fleischerei.**
- **Erstellen Sie einen Stichwortzettel mit Ihren Informationen.**

1 nach den Berufsbildern der Bundesagentur für Arbeit, www.berufenet.arbeitsamt.de, entnommen 20. März 2006

Übungen

1 Aus welchem Kulturkreis gibt es die ersten Überlieferungen über das Schlachten von Tieren?

2 Woraus ist vermutlich die Bezeichnung „Metzger" entstanden?

3 Wo wurden in Deutschland der Metzgerberuf nachweislich erstmals erwähnt?

4 Wie hießen im Mittelalter die Vorläufer der heutigen Innungen und zu welchem Zweck wurden diese gegründet?

5 Welche Aufgaben haben die Kammern im Hinblick auf die Berufsausbildung?

6 Welche Spitzenorganisationen nehmen sich besonders der Belange des Fleischergewerbes an?

7 Welche Rolle spielen die Medien Ihrer Meinung nach im Verbraucherschutz?

8 Begründen Sie die Notwendigkeit einer Verbraucherberatung aus der Sicht der Verbraucher.

9 Nehmen Sie Stellung zu folgender Aussage: „Eine Verbraucherberatung durch den Hersteller und den Fachhandel ist vollkommen ausreichend."

10 Welche Absichten verfolgt das Gesetz gegen den unlauteren Wettbewerb?

11 Nennen Sie aus Ihrem Arbeitsbereich zwei Beispiele für sittenwidrige Werbung.

12 Überlegen Sie sich einen Fall aus Ihrem Berufsfeld, bei dem das Produkthaftungsgesetz zum Tragen kommt. Das ist sowohl mit Ihrem Betrieb als Kläger als auch mit Ihrem Betrieb als Beklagtem möglich.

13 Elisabeth Kurz unterschreibt in der Fußgängerzone die Mitgliedschaft für einen Buchklub. Hinterher ärgert sie sich darüber. Welche Rechte stehen ihr zu?

14 Große Aufregung in der Buchheim Fleisch KG: Eine Kundin behauptet, sich durch ein Stück Rinderbraten eine Lebensmittelvergiftung zugezogen zu haben. Sie verlangt Schadensersatz und droht mit einer Anzeige.
- a) Auf welcher gesetzlichen Grundlage stellt die Kundin ihre Forderung?
- b) Diskutieren Sie in der Klasse die Erfolgschancen der Forderung.
- c) Wie sollte sich die Buchheim Fleisch KG Ihrer Ansicht nach verhalten?

15 Ein Gerücht besagt, Herr Buchheim habe sich mit dem Geschäftsführer der Lager Fleischerei AG bei einem geheimen Treffen über die Preise ihrer Produkte unterhalten. Gegen welches Gesetz würden verbindliche Absprachen zwischen den beiden Geschäftsleuten verstoßen?

16 Erstellen Sie einen Stichwortzettel, welche Kenntnisse, Fähigkeiten und Fertigkeiten zu dem Beruf gehören, den Sie erlernen.

Zusammenfassung

Beruf und Umfeld

Berufsgeschichte	• Entstehung des Berufes • von der Zunft zur Innung
Interessen-vertretungen	• Innung • Kreishandwerkerschaft • Handwerkskammer/Industrie- und Handelskammer
Spitzen-organisationen	• Landesinnungsverband (LIV) • Deutscher Fleischerverband (DFV) • Zentralverband des deutschen Handwerks (ZdH) • Deutscher Industrie- und Handels-kammertag (DIHT)
Arbeitnehmer-vertretung	• Gewerkschaft Nahrung-Genuss-Gaststätten (NGG)
Verbraucher-beratung/-schutz	• Verbraucherzentralen • Verbraucherverbände • Stiftung Warentest • gesetzliche Regelungen
Berufsprofile	• Fleischer/Fleischerin • Fachverkäufer/ in Fleischerei

2 Einen Ausbildungsbetrieb kennen lernen

Ziele dieses Kapitels:

- **Wir lernen die verschieden Bereiche eines Fleischereibetriebes kennen.**
- **Wir erfahren, dass es in der Fleischerei hohe Anforderungen und vielfältige Aufgaben gibt.**
- **Wir lernen die Funktionen der verschiedenen Arbeitsräume sowie eine Vielzahl von Lager- und Vorratsräumen kennen.**
- **Wir erfahren, dass ohne EDV und moderne Kommunikationsmittel ein Fleischerfachgeschäft nicht funktioniert.**
- **Wir erkennen, dass Teamarbeit in einem Fleischereibetrieb ganz groß geschrieben wird.**

Svenja entschließt sich, ein Schnupperpraktikum in einem Fleischer-Fachgeschäft zu machen und schreibt Bewerbungen an mehrere Betriebe in ihrer näheren Umgebung. Nach kurzer Zeit erhält sie von der Fleischerei Baringer eine Zusage für ein Praktikum in diesem Betrieb.

2.1 Betriebliche Organisation und Unternehmensformen

Einzelunternehmen

Die Fleischerei Baringer ist ein typischer Familienbetrieb. Wolfgang Baringer, der Chef, ist bei allen Arbeiten im Produktionsbereich noch selbst dabei. Jens Witte, Auszubildender im zweiten Lehrjahr, hilft bei nahezu allen Tätigkeiten mit und konnte so bereits viele Einblicke in die Produktionsabläufe gewinnen.

Im Verkaufsraum hat die Chefin, Brigitte Baringer, das Sagen. Die auszubildende Fachverkäuferin Katharina Schneider steht kurz vor ihrer Abschlussprüfung und kennt den täglichen Verkaufsbetrieb schon gut.

Fleischerei Baringer

Wolfgang (45, Fleischermeister) und Brigitte (43, Fachverkäuferin) Baringer, beide Besitzer der Fleischerei und Verkaufsstelle

- Jens Witte (17), Fleischer im 2. Ausbildungsjahr
- Katharina Schneider (20), Fachverkäuferin im Lebensmittelhandwerk
- Maria Krüger (56), angelernt, geringfügig beschäftigt am Wochenende
- Svenja Kallenbach (16), Fachverkäuferin im 1. Ausbildungsjahr

Wolfgang und Brigitte Baringer müssen ihre Entscheidungen über das Warenangebot, Organisationsabläufe, Werbeaktionen usw. nur miteinander abstimmen. Sie tragen aber auch allein das volle finanzielle Risiko, wenn sich eine Investition einmal nicht rentiert oder ein neues Produkt von den Kunden nicht angenommen wird.

1.6

Familienbetrieb

Der Betrieb, in dem Svenjas Freundin Sonja Weiß ihre Ausbildung macht, befindet sich im Haupthaus der Buchheim Fleisch KG, einer **mittelständischen Gesellschaft mit 15 regionalen Filialen**. Es gibt eine Geschäftsleitung für alle Filialen, die auch für die Überwachung der Ausbildung zuständig ist. Karl-Ludwig Buchheim ist der Geschäftsführer. Jede der 15 Filialen hat eine eigene Filialleitung, die wesentlichen Entscheidungen werden jedoch in der Zentrale getroffen. Allerdings hat man dort ein offenes Ohr für Vorschläge, von denen man sich einen Zusatzverkauf verspricht. So hat Kirsten Buchheim (gelernte Fachverkäuferin und Betriebswirtin) aufgrund der Lage zwischen vielen Bürohäusern für das Haupthaus die Einrichtung eines Snack- und Partyservice angeregt und mit einem schnellen, preisgünstigen Mittagstisch für die Büroangestellten und einem Lieferservice für Sitzungen und Vortragsveranstaltungen gute Erfolge erzielt.

Buchheim Fleisch KG (15 Filialen)

Jochen Brandt (20), Fleischergeselle Michaela Föhring (22), Fleischerin im 1. Ausbildungsjahr Dieter Kolund (18), Fleischer im 2. Ausbildungsjahr Ingo Leitner (27), Fleischergeselle	**FLEISCHEREI** **Udo Wolf (52), Fleischermeister, Produktionsleiter**
Elisabeth Kurz (55), Fachverkäuferin Schwerpunkt Fleischerei Bruno Höllerich (24), Fleischer, Schwerpunkt Verkauf Swetlana Wilhelm (37, 2 Kinder), ungelernte Verkäuferin, geringfügig beschäftigt Sonja Weiß (18), Fachverkäuferin im Lebensmittelhandwerk im 3. Ausbildungsjahr Branca Hizmeci (38), Reinigungskraft	**VERKAUF** **Inge Bach (35), Verkaufsleiterin (gelernte Fachverkäuferin im Lebensmittelhandwerk)**
Sandra Heinrich (26), Köchin Semra Günes (45), ungelernt, geringfügig beschäftigt bei Bedarf (große Aufträge) wird Personal aus Fleischerei und Verkauf zu Hilfe geholt	**PARTYSERVICE** **Kirsten Buchheim (32, Tochter von Ludwig B.), Leiterin (gelernte Fachverkäuferin und Betriebswirtin)**

1.7

Wäre der Snack- und Partyservice nicht angenommen worden, hätte Frau Buchheim die finanzielle Einbuße nicht selbst tragen müssen. Auch die Verkaufsleiterin hätte den Verlust nicht ausgleichen müssen, denn sie ist nur angestellt und bezieht ein festes Gehalt. Karl-Ludwig Buchheim und seine Frau Gerda arbeiten zwar als „tätige Gesellschafter" in dem Unternehmen mit (und bekommen dafür ebenfalls Geld), haften aber für Verluste mit ihrem eigenem Geld nur in der Höhe ihrer „Stammeinlage", sie sind **Teilhafter (= Kommanditisten)**. Das bedeutet, im schlimmsten Fall ist nur das Geld, das sie in die Firma investiert haben, verloren - solange die **KG (= Kommanditgesellschaft)** aber Gewinn macht, bekommen die Buchheims diesen anteilig ebenfalls in Höhe ihrer Einlage. Ihr Sohn Holger allerdings ist **Vollhafter (= Komplementär)** und bezahlt eventuelle Verluste und Schulden durch die Snackbar auch mit seinem Privatvermögen (so wie die Baringers in Betrieb 1).

Die **Henckelmann Fleisch-AG**, mit der Sonjas Freund Oliver seinen Ausbildungsvertrag unterschrieben hat, ist ein **überregionaler Industriebetrieb mit 127 Verkaufsstellen**, die auch Handelsware vertreiben. Auch hier gibt es eine zentrale Verkaufsleitung und wegen der Größe des Unternehmens in der Hierarchie[1] darunter 8 Bezirksleiter (die auch für die Überwachung der Ausbildung zuständig sind), die die Beschlüsse und Anweisungen an die Filialleitungen der einzelnen Verkaufsstellen weitergeben und ihre Einhaltung überwachen.

Hätte Olivers Chef, der Filialleiter Meier-Rodriguez, die Idee, dass sich z. B. indisch mariniertes Gulasch gut verkaufen könnte, würde er seinem Bezirksleiter diesen Vorschlag machen, dieser würde die Anregung an die Verkaufsleitung weitergeben und es würde zentral für alle 127 Verkaufsstellen entschieden, ob die Henckelmann AG diese Erweiterung ihres Sortiments durchführt. Meist ist es aber in großen Unternehmen so, dass in einer Marketing[2]-Abteilung solche neuen Trends aufgespürt werden und die Filialleiter dann von dem neuen Produkt und groß angelegten Werbeaktionen informiert werden, die sie in ihren Filialen durchführen. Auch die Ausstattung mit Werbematerial erfolg hier zentral und ist für alle 127 Filialen identisch.

Die Firma Henckelmann ist eine **AG (= Aktiengesellschaft)**. Sie „gehört" **Aktionären**, das heißt, jede Person, die Aktien der Henckelmann Fleisch-AG kauft, „besitzt" einen kleinen Anteil an dieser Firma und hat entsprechend der Größe seines Anteils Anspruch auf einen Teil des Gewinns. Aktionäre arbeiten im Allgemeinen nicht in den Firmen mit, von denen sie „Aktien halten" (bei manchen Firmen können die Angestellten allerdings zu günstigen Bedingungen Personalaktien erwerben), meist haben sie auch

1 Hierarchie, die = pyramidenförmige Rangordnung, die die Über- und Unterordnungsverhältnisse festlegt
2 Marketing, das = Förderung des Verkaufsabsatzes durch unterschiedliche Werbemaßnahmen; Steuerung der eigenen Produktion durch Marktbeobachtung, das Aufspüren von Kauftrends und die dementsprechende Veränderung des Produktangebots

Aktien von ganz verschiedenen Firmen und sind vor allem daran interessiert, ob diese Firmen Gewinn machen, weniger daran, was sie herstellen oder verkaufen. Wenn die Henckelmann Fleisch-AG durch die Produktion und den Verkauf des indischen Gulaschs allerdings Verlust machen würde, müsste sich die Geschäftsleitung (die den Verlust auch wieder nicht selbst bezahlen müsste)[1] auf der Hauptversammlung (Zusammenkunft aller Aktionäre) dafür verantworten, denn die Aktionäre haben durch den Besitz der Aktien auch ein Stimmrecht, wenn es um die Firmenpolitik geht.

1.8

Verkaufsstelle in einer Einkaufspassage

Weitere Unternehmensformen

Die offene Handelsgesellschaft (OHG)

- Die offene Handelsgesellschaft ist eine Personengesellschaft, die der des Einzelunternehmens sehr ähnlich ist. Voraussetzung sind mindestens zwei Gründer (= Gesellschafter), die sich fachlich ergänzen können (z. B. ein Fleischermeister für die Warenproduktion und ein Buchhalter für die Buchführung des Fleischereibetriebes).
- Die Gewinnverteilung ist gesetzlich geregelt.
- Jeder Gesellschafter der OHG ist zur Mitarbeit berechtigt bzw. verpflichtet.
- Die Gesellschafter haften sowohl mit ihrem Geschäfts- als auch mit ihrem Privatvermögen.

Die Gesellschaft mit beschränkter Haftung (GmbH)

- Diese Rechtsform wurde bewusst für kleinere und mittlere Unternehmen geschaffen.
- Die GmbH kann auch von einer einzigen Person gegründet werden (z. B. kann die Geschäftsführung vom Fleischermeister übernommen werden).
- Bei Bedarf kann die Zahl der Gesellschafter und damit das Kapital erhöht werden.
- Die Haftung bezieht sich nur auf das Gesellschaftsvermögen, deshalb muss bei der Anmeldung einer GmbH ein Mindestkapital von 25.000,00 € vorhanden sein.
- Der Gewinn wird nach Geschäftsanteilen verteilt bzw. fällt dem einzigen Gesellschafter zu.

1 Bei vielen Aktiengesellschaften ist ein Teil der Gehälter der Geschäftsleitung allerdings an den Unternehmensgewinn gekoppelt. Wird ein Verlust erwirtschaftet, bekommen diese leitenden Angestellten also auch weniger Geld ausbezahlt.

Die Genossenschaft (eG)

Zur Gründung einer Genossenschaft sind mindestens drei (August 2006) Personen notwendig. Im Unterschied zu den übrigen Unternehmensformen steht bei der Genossenschaft weniger die Erwirtschaftung von Gewinn im Vordergrund. Vielmehr sollen die Mitglieder durch den gemeinsamen Geschäftsbetrieb gefördert werden (z. B. eine Winzergenossenschaft mit einem gemeinsamen Weinvertrieb oder eine Fleischereinkaufsgenossenschaft, die ihre Arbeitsmaterialien in großen Mengen günstiger einkaufen kann).

Rechtsformen von Unternehmen – Übersicht

Für Sie als Auszubildende und Ihre tägliche Arbeit kann es also durchaus Auswirkungen haben, welche Rechtsform die Firma hat, bei der Sie beschäftigt sind. Die wichtigsten Rechtsformen sind:

2.2 Anforderungen und Aufgaben in der Ausbildung

Obwohl es sich bei der Fleischerei Baringer nur um einen kleinen Betrieb handelt, nehmen Frau und Herr Baringer die Aufgabe der Lehrlingsausbildung sehr ernst. Sie erwarten von ihren Auszubildenden aber auch ein Höchstmaß an Lernbereitschaft und Freude bei der Tätigkeit im Umgang mit Lebensmitteln. Das Gewinnen, Behandeln, Veredeln und Verkaufen von Fleisch und Fleischwaren erfordert nicht nur hohen Sachverstand, sondern setzt auch ein Höchstmaß an Verantwortungsbewusstsein voraus.

Die in einer Fleischerei hergestellten Erzeugnisse sind Nahrungsmittel, die die Menschen zum Leben brauchen. Deshalb spielt die Hygiene während der gesamten Tätigkeit im Umgang mit dem Lebensmittel Fleisch eine herausragende Rolle, wie sie nur in ganz wenigen Berufen zu finden ist (siehe Kap. 5). Weil sich Svenja noch nicht sicher ist, ob sie Fleischerin oder Fachverkäuferin werden will, möchte sie beide Aufgaben- und Arbeitsbereiche kennen lernen.

2.3 Erster Gang durch einen Fleischereibetrieb

2.3.1 Arbeitsräume

Jens Witte, der sich bereits im 2. Ausbildungsjahr als Fleischer befindet, hat von Herr Baringer den Auftrag bekommen, Svenja die verschiedenen

Arbeitsräume in der Fleischerei zu zeigen und ihr zu erklären, was darin jeweils gemacht wird. Zunächst muss sie ihre Straßenkleidung gegen eine besondere Arbeitskleidung tauschen, sie erhält eine weiße Schürze, Überschuhe und eine Kopfbedeckung, dann kann es losgehen. Über eine spezielle Hygieneschleuse, die ein „Einschleppen von Keimen" über den Schmutz an den Schuhen verhindern soll, gelangen sie in die Produktionsräume.

Im **Schlachtraum** erfährt Svenja, dass die Tiere zunächst betäubt werden, damit sie beim anschließenden Schlachtvorgang keine Schmerzen mehr verspüren.

Nach dem Schlachten werden die Tierkörper in den **Kühlraum** gebracht, wo sie bei sehr niedriger Temperatur - zwischen 0 und +4 °C - abgekühlt werden; nur dadurch bleibt das Fleisch für einige Zeit haltbar. Fleisch und Wurstwaren werden in getrennten Kühlräumen aufbewahrt; dies hängt mit der Temperatur, der Luftfeuchtigkeit und der Luftbewegung zusammen, die unterschiedlich gestaltet sein müssen, erklärt ihr Jens (siehe Kap. 5).

Im **Zerlegeraum** werden die Tierkörper nach einigen Tagen zunächst grob in die Großteilstücke zerlegt und erst bei Bedarf für den Ladenverkauf weiter zerlegt oder gleich in die küchenfertige Form gebracht (siehe Lernfeld 2). Besonderen Eindruck machen auf Svenja die **Produktionsräume**, wo eine Reihe von Maschinen und Geräte stehen, die sie bisher noch nie gesehen hat. Von Wolf, Kutter, Füllmaschine, Clipautomat, Tumbler und vielen anderen Maschinen hat sie bisher noch nie etwas gehört. Im **Gar- und Räucherraum** ist es zwar relativ warm, aber dafür duftet es verlockend nach frischen Würsten und Räucherwaren.

1.9

Räucherkammer in einem kleinen Fleischereibetrieb

Ganz überrascht ist Svenja, dass sich in fast jedem der Arbeitsräume Computerbildschirme und eigenartige Tastaturgeräte befinden, die wie mit einer Folie überzogen sind. Als Jens Svenjas fragende Miene sieht, klärt er sie auf, dass dies aus hygienischen Gründen erforderlich ist, um eine Keimübertragung zu unterbinden.

Nachdem sie auch noch die diversen **Lagerräume** besichtigt hat, ist Svenja richtig erleichtert, dass Jens sie zur Pause in den **Aufenthaltsraum** führt, wo er ihr noch schnell die Toiletten für das Personal zeigt.

Nach der Pause übernimmt Frau Baringer die Führung durch die Verkaufsräume. Der **Laden**, der unmittelbar an die Kühlräume anschließt, ist mit der großen modernen Theke das Herzstück im Verkaufsbereich. Während Frau Baringer eine Kundin bedient, betrachtet Svenja voller Interesse die in der Theke ausgestellten Fleischstücke, Wurstwaren, Salate und das reichhaltige Käsesortiment. Zahlreiche weitere fein duftende Rohwürste und Räucherwaren sind an der Rückseite, im Bedienungsbereich hinter der Theke, kunstvoll drapiert. Svenja kommt aus dem Schauen gar nicht mehr heraus, der Inhalt der Imbisstheke duftet so verlockend, dass sie richtig Appetit auf die warmen Thekengerichte bekommt. Eigentlich, so denkt sie sich, ist alles da, was man zum Essen braucht. Frische Brötchen sind ebenso im Angebot, wie Essiggurken, Senf, Suppen, Teigwaren und - und ... sogar Wein und Sekt steht in den Regalen zum Verkauf. Während Svenja noch ganz fasziniert die Waren betrachtet, ist Frau Baringer mit der Bedienung der Kundin fertig und zeigt ihr nun die zum Verkaufsbereich gehörenden **Lager- und Vorratsräume**, wo all die Waren lagern, die nicht wie Fleisch und Wurstwaren in besonders gekühlten Räumen aufbewahrt werden müssen.

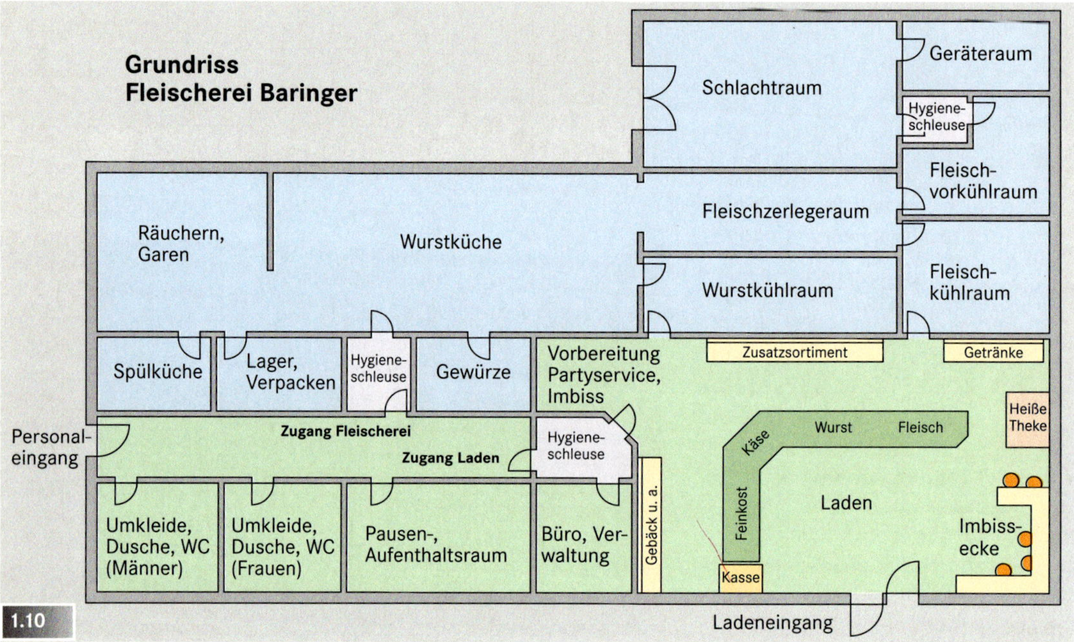

1.10

2.3.2 Moderne EDV- und Kommunikationsmittel

Zurück im Laden erklärt Frau Baringer, dass alle Waagen und Kassen miteinander über ein modernes EDV-System[1] vernetzt sind. Nicht nur die Preise für die verschiedenen Fleischarten und Wurstwaren sind darin gespeichert, hier ist auch das gesamte Warensortiment hinterlegt. Mit dieser modernen EDV-Anlage, sagt Frau Baringer, lässt sich der Verkaufsvorgang viel schneller abwickeln, ohne die EDV müsste sie enorm viel Zeit aufwenden, um den Warenbestand im Lager zu überwachen, damit rechtzeitig nachbestellt werden kann.

1 Genaueres über die Funktion und den Nutzen solcher Systeme für Lagerhaltung, Abrechnung usw. erfahren Sie im zweiten Band dieses Lehrwerks, der Fachbildung.

2.3.3 Aufenthalts- und Sozialräume

Als Sozialräume bezeichnet man alle Räume, die für das beschäftigte Personal entsprechend den gewerberechtlichen Bestimmungen (Arbeitsstättenverordnung) vorhanden sein müssen. Für die Tätigkeit in Fleischereien ist eine besondere Schutzkleidung vorgeschrieben, die von heller Grundfarbe sein muss, damit Verunreinigungen sofort erkennbar sind. Der Betriebsinhaber hat deshalb für seine Angestellten Umkleideräume bereitzuhalten, damit die Beschäftigten ihre Straßenkleidung gegen die vorgeschriebene Schutzkleidung wechseln können. Dafür haben sich „zweiteilige Schränke" (Spinde) bewährt, der eine Teil ist für die Straßenkleidung und der andere Teil für die Arbeitskleidung gedacht. Sind in einem Betrieb sowohl Frauen als auch Männer beschäftigt, sind jeweils getrennte Umkleide- und Waschräume vorgeschrieben. Zudem müssen ab fünf Beschäftigten für Frauen und Männer getrennte Toiletten vorhanden sein. Im Aufenthaltsraum können sich die Beschäftigten während der Ruhepausen und bei der Einnahme der Mahlzeiten aufhalten.

Während sich Svenja am Ende ihres ersten Praktikumstages wäscht und wieder ihre Straßenkleidung anzieht, versucht sie die zahlreichen neuen Eindrücke in ihrem Kopf zu ordnen. Zuhause wartet sie gar nicht erst ab, bis sie von ihren Eltern gefragt wird, wie es ihr gefallen hat, es sprudelt nur so aus ihr heraus. Per Handy erzählt sie ihren Freunden von ihrem ersten Praktikumstag und freut sich darauf, was der nächste Tag Neues bringen wird.

2.4 Arbeit im Team

In einem kleinen Betrieb ist es besonders wichtig, dass alle gut und vor allem harmonisch zusammenarbeiten. Es gibt selbstverständlich auch Tätigkeiten, die ein Einzelner allein verrichtet, aber viele Arbeiten müssen gemeinsam erledigt werden und dazu ist die Bereitschaft zur Zusammenarbeit mit allen Kolleginnen und Kollegen unabdingbar. Gerade in einem kleinen Team muss jeder Einzelne bereit sein, dem anderen Kollegen/Mitarbeiter zu helfen und ihn in der gemeinsamen Arbeit zu unterstützen.

Merke

Sie können nur die Fairness, die Hilfsbereitschaft und das Verständnis von Ihren Kolleginnen und Kollegen erwarten, die Sie selbst auch bereit sind zu geben.

Berufliche Aufgabenstellung

- **Stellen Sie sich Ihren Ausbildungsbetrieb vor und zeichnen Sie aus dem Gedächtnis eine Skizze von ihm.**
- **Denken Sie an Ihren ersten Tag in Ihrem Ausbildungsbetrieb zurück und erinnern Sie sich, welche Eindrücke noch in Ihrem Gedächtnis haften geblieben sind. Versuchen Sie diesen Tag in einer Art „nachträglichem Tagebucheintrag" niederzuschreiben.**

Übungen

1. Hat Ihrer Meinung nach Svenja den Fleischereibetrieb ausreichend erklärt bekommen?
2. Überlegen Sie, wie Sie Ihren Betrieb einem Praktikumsschüler vorstellen würden, der auf der Suche nach einer Ausbildungsstelle ist.
3. Finden Sie heraus, welche Rechtsform Ihre Ausbildungsfirma hat.

4 Die grafischen Darstellungen der Organisationsstruktur der verschiedenen Betriebe in Kap. 2.1 nennt man Organigramm[1]. Erstellen Sie nach diesen Mustern ein Organigramm für Ihren Ausbildungsbetrieb.

a) Der/die den Betrieb leitet, steht oben in der Mitte.

b) Von ihm/ihr führen Striche zu allen Personen, die ihm/ihr direkt unterstellt sind, denen er/sie z. B. Anweisungen erteilen kann.

c) Das Alter der Personen könnten Sie weglassen, wenn Ihre Kollegen es Ihnen nicht gern verraten wollen; welche Ausbildung sie haben, ist schon interessant, weil immer mehr Menschen nicht in den Berufen arbeiten, in denen sie ausgebildet wurden; am Wichtigsten ist aber, die Arbeitsbereiche aufzulisten, für die sie in der Verkaufsstelle zuständig sind.

d) Vergessen Sie nicht sich selbst und Ihre Position im Organigramm!

5 Wenn Sie wegen Krankheit Ihrem Arbeitsplatz fernbleiben, müssen Sie sich auch als Azubi bei Ihrem Vorgesetzten krank melden, noch bevor Ihr Arbeitstag angefangen hätte. Die Krankmeldung muss bei Ihrem direkten Vorgesetzten eingehen. In manchen Unternehmen ist das - wie Sie oben in den Organigrammen sehen - nicht unbedingt der Chef Ihrer Filiale. Finden Sie heraus, wer in Ihrem Ausbildungsbetrieb für die Auszubildenden zuständig ist, wem Sie also im Ernstfall Ihr Fernbleiben melden müssen.

1 Organigramm, das = Stammbaumschema, das den Aufbau einer wirtschaftlichen Organisation erkennen lässt und über Arbeitseinteilung oder über die Zuweisung bestimmter Aufgabenbereiche an bestimmte Personen Auskunft gibt.

Zusammenfassung

Unternehmen – Betrieb

Unternehmensformen

- **Personengesellschaften**
  - KG
  - OHG
- **Kapitalgesellschaften**
  - AG
  - GmbH
- **Genossenschaften**
  - eG

Betriebs-/Geschäftsräume

- **Produktion**
  - Schlachten
  - Zerlegen
  - Produzieren
- **Lagern/Bevorraten**
  - Kühlraum
  - Zusatzsortiment
- **Verkaufen**
  - Laden
  - Imbiss
- **Personal**
  - Umkleiden
  - Waschen
  - Aufenthalt
  - Toiletten

3 Mit der Arbeit und Ausbildung in einer neuen Umgebung vertraut werden

Ziele dieses Kapitels:

- **Wir erfahren, dass der Ausbildungsvertrag eine rechtliche Festlegung ist, der die Ausbildung regelt, aber gleichzeitig ein befristetes Arbeitsverhältnis begründet.**
- **Wir kennen die Rechte, die die Auszubildenden, aber auch die der Ausbilder hat.**
- **Wir sind uns bewusst, dass dieser Ausbildungsvertrag den Vertragspartnern auch Pflichten auferlegt.**

Svenja ist von dem Schnupperpraktikum in der Fleischerei Baringer begeistert, aber sie ist noch unentschlossen, ob sie eine Ausbildung als Fleischerin oder eine als Fachverkäuferin im Lebensmittelhandwerk machen möchte. Den Ausschlag gibt schließlich eine lange Unterhaltung mit einem Freund ihres Bruder, mit dem sie sich gut versteht. Jochen Brandt (20) ist Fleischergeselle in der Buchheim Fleisch KG. Sein Beruf macht ihm viel Spaß und in seiner Firma lernt auch eine auszubildende Fleischerin - aber diese Michaela ist ein ganz anderer Typ als Svenja, die sich Jochen aber wiederum sehr gut im Kundenkontakt vorstellen kann. Als auch Svenjas Eltern sie in dieser Richtung bestärken, entschließt sie sich, eine Bewerbung an die Fleischerei Baringer zu schreiben.
Kurze Zeit später erhält Svenja von den Baringers eine Einladung, mit ihren Eltern zu einem Vorstellungsgespräch zu kommen. Gemeinsam besichtigen sie den gesamten Fleischereibetrieb und der Meister Wolfgang Baringer klärt - zusammen mit seiner Frau Brigitte, die künftig ihre Ausbilderin sein wird - Svenja und ihre Eltern über alle Fragen auf, die für die Ausbildung von Bedeutung sind. Der Ausbildungsvertrag wird in allen Details besprochen und am Ende wird er ausgefüllt und unterschrieben.

3.1 Duales Berufsausbildungssystem

Die Berufsausbildung zum Fleischer/zur Fleischerin und zur Fachverkäuferin/zum Fachverkäufer im Lebensmittelhandwerk[1] erfolgt im „Dualen System“. Das ist eine Ausbildungsform, die in Deutschland, Österreich und der Schweiz in den meisten Handwerksberufen, aber auch Berufen der Industrie und des Handels die übliche Ausbildungsform darstellt. Die Ausbildung

1 Da in der Praxis die überwiegende Mehrzahl der Fachverkäufer/-innen im Lebensmittelhandwerk Mädchen und Frauen sind, wird in diesem Buch wegen der besseren Lesbarkeit meist ausschließlich die weibliche grammatische Form benutzt. Männliche Auszubildende sind selbstverständlich immer mitgemeint.
Die überwiegende Mehrzahl der Fleischer/-innen dagegen sind in der Praxis Jungen und Männer. Darum benutzen wir für sie meist ausschließlich die männliche grammatische Form. Weibliche Auszubildende sind selbstverständlich immer mitgemeint.

erfolgt dabei an verschiedenen Lernorten, dem Lernort Betrieb und dem Lernort Berufsschule.

Im Grundgesetz der Bundesrepublik Deutschland ist festgelegt, dass	
für den betrieblichen Teil der Berufsausbildung der Bund die Gesetzgebungskompetenz besitzt.	**für den schulischen Teil** der Berufsausbildung die Zuständigkeit bei den Kultusministerien der einzelnen Länder liegt.
Das **Berufsbildungsgesetz** bzw. die **Handwerksordnung** bilden die rechtliche Grundlage für dieses Berufsausbildungssystem. Auf der Grundlage dieser Rechtssetzung werden alle weiteren Festlegungen getroffen: • die Ausbildungsordnung und • der Ausbildungsrahmenplan.	Der **Rahmenlehrplan** für den schulischen Teil der Berufsausbildung wird von der Kultusministerkonferenz (KMK) verbindlich für alle Bundesländer beschlossen.

Beide Rahmenpläne -

- der Ausbildungsrahmenplan für den betriebliche Teil der Ausbildung
- der Rahmenlehrplan für die Ausbildung in der Berufsschule

- bilden zusammen die Grundlage einer erfolgreichen „Dualen Berufsausbildung“.

3.1.1 Lernort Betrieb

Die betriebliche Ausbildung ist der zentrale Ort der Berufsausbildung im „Dualen Ausbildungssystem“. Der/die Auszubildende lernt die betriebliche Wirklichkeit eines Fleischereibetriebs von der ersten Stunde seiner Ausbildung an kennen. Die Aufgaben und Tätigkeiten entspringen der realen beruflichen Wirklichkeit und sind somit in vollem Umfang mit dem Berufsalltag

1.11

authentisch[1]. Auch wenn am Lernort Betrieb die Vermittlung der praktischen Fertigkeiten und Kenntnisse im Vordergrund steht, so sind doch auch theoretische Begründungen für das fachkundige Tun und Handeln zu vermitteln.

Verbindliche Grundlage der betrieblichen Ausbildung sind die Inhalte der Ausbildungsordnung bzw. des Ausbildungsrahmenplans.[2] Jeder Ausbildungsbetrieb ist verpflichtet, einen eigenen betrieblichen Ausbildungsplan zu erstellen, der die sachliche und zeitliche Gliederung der Ausbildung umfassen muss.

3.1.2 Lernort Berufsschule

Die Berufsschule als Partner im Dualen Ausbildungssystem hat die betriebliche Ausbildung zu ergänzen und vornehmlich die „fachlichen Begründungen für das berufliche Tun und Handeln" zu vermitteln. Auf der Grundlage des betrieblichen Ausbildungsrahmenplans wird im Auftrag der KMK ein Rahmenlehrplan für die einzelnen Ausbildungsberufe erstellt. Dieser Rahmenlehrplan ist für alle Bundesländer verbindlich, die einzelnen Berufsschulen erstellen auf dieser Grundlage den Lehrplan der Schule.

Der Unterricht in der Berufsschule kann verschieden organisiert sein. Neben dem „Einzeltagesunterricht" (d. h., der Unterricht findet nur an einem oder mehreren einzelnen Tagen in der Woche statt) kann der Unterricht auch in Blockform gehalten werden. Beim Blockunterricht werden die einzelnen Unterrichtstage eines Schuljahres wochenweise zusammengefasst.

3.1.3 Lernort ÜbA

Die „Überbetriebliche Ausbildung" ist nicht in allen Berufen üblich. Die jeweiligen Innungen können durch Beschluss ihrer Mitglieder und mit Zustimmung der zuständigen Kammern (HWK oder IHK) festlegen, dass in ihrem Innungsbereich die betriebliche Ausbildung durch „überbetriebliche Ausbildungsmaßnahmen" ergänzt wird. Dies ist dann erforderlich, wenn die Ausbildungsbetriebe die Ausbildung nach der Ausbildungsordnung nicht mehr in vollem Umfang selbst vermitteln können. Für diese Teile erfolgt dann die praktische Ausbildung in überbetrieblichen Ausbildungsstätten.

3.2 Rechtliche Grundlagen der Berufsausbildung

3.2.1 Ausbildungsordnung

Für die betriebliche Berufsausbildung wird vom „Bundesinstitut für Berufsbildung (BiBB)", das dem Bundeswirtschaftsministerium unterstellt ist, eine Ausbildungsordnung erlassen.

Die neueste Verordnung über die Berufsausbildung zum Fleischer/zur Fleischerin wurde im März 2005 im Bundesgesetzblatt veröffentlicht und trat am 1. August 2005 in Kraft. Die neueste Verordnung über die Berufsausbildung zur Fachverkäuferin/zum Fachverkäufer im Lebensmittelhandwerk wurde im März 2006 im Bundesgesetzblatt veröffentlicht und trat am 1. August 2006 in Kraft.

1 authentisch = echt, zuverlässig, verbürgt
2 Eine Zusammenstellung der aktuellen gesetzlichen Bestimmungen, die für Ihren Beruf wichtig sind, finden Sie unter www.westermann.de und der Bestellnummer dieses Lehrwerkes: 5886.

Die wesentlichen Regelungen darin betreffen:

- die staatliche Anerkennung als Ausbildungsberuf,
- die Ausbildungsdauer,
- Struktur und Zielsetzung der Berufsausbildung,
- das Ausbildungsberufsbild,
- den Ausbildungsrahmenplan,
- das Berichtsheft,
- die Zwischenprüfung,
- die Gesellenprüfung/Abschlussprüfung.

3.2.2 Ausbildungsrahmenplan für Fleischer/Fleischerinnen

Der Ausbildungsrahmenplan gliedert sich in 17 Grundqualifikationen, die allen Auszubildenden zu vermitteln sind und sechs Wahlqualifikationen, wovon mindestens zwei verbindlich auszuwählen und zu vermitteln sind.

Ausbildungsberufsbild mit zeitlichen Richtwerten		zeitliche Richtwerte in Wochen im Ausbildungsjahr		
Abschnitt I	Fertigkeiten und Kenntnisse	1	2	3
Grundqualifikationseinheiten				
1	Berufsbildung, Arbeits- und Tarifrecht	während der gesamten Ausbildung zu vermitteln		
2	Aufbau und Organisation des Ausbildungsbetriebes			
3	Sicherheit und Gesundheitsschutz bei der Arbeit			
4	Umweltschutz			
5	Umgehen mit Informations- und Kommunikationstechnik	3		
6	Vorbereiten von Arbeitsabläufen, Arbeiten im Team	4	4	3
7	Durchführen von qualitätssichernden Maßnahmen	4	3	3
8	Umsetzen von lebensmittelrechtlichen Vorschriften	4		
9	Handhaben von Anlagen, Maschinen und Geräten	7		
10	Kontrollieren und Lagern	7		
11	Kundenorientierung			4
12	Beurteilen, Zerlegen und Herrichten von Schlachttierkörpern und -teilen	6	11	12
13	Herstellen von Koch-, Brüh- und Rohwurst	10		10
14	Herstellen von Pökelware	2		8
15	Herstellen von Hackfleisch			6
16	Verpacken	2		
17	Herstellen von küchenfertigen Erzeugnissen	3	8	
Wahlqualifikationseinheiten				
1	Schlachten			16
2	Herstellen besonderer Fleisch- und Wurstwaren			16
3	Herstellen von Gerichten			16
4	Veranstaltungsservice			16
5	Kundenberatung und Verkauf			16
6	Verpacken von Produkten			16

3.2.3 Ausbildungsrahmenplan für Fachverkäufer/Fachverkäuferinnen im Lebensmittelhandwerk, Schwerpunkt Fleischerei

Ausbildungsberufsbild mit zeitlichen Richtwerten		zeitliche Richtwerte in Wochen im Ausbildungsjahr	
Abschnitt I	Fertigkeiten und Kenntnisse	1 2	3
Grundqualifikationseinheiten			
1	Berufsbildung, Arbeits- und Tarifrecht	während der gesamten Ausbildung zu vermitteln	
2	Aufbau und Organisation des Ausbildungsbetriebes		
3	Sicherheit und Gesundheitsschutz bei der Arbeit		
4	Umweltschutz		
		bis zur Zwischenprüfung	bis zur Abschlussprüfung
5	Umgehen mit Informations- und Kommunikationstechnik	3	
6	Umsetzen von lebensmittel- und gewerberechtlichen Bestimmungen	3	
7	Vorbereiten von Arbeitsabläufen; Arbeiten im Team	6	3
8	qualitätssichernde Maßnahmen	4	3
9	Kundenberatung und Verkauf von Produkten	12	20
10	Handhaben und Pflegen von Anlagen, Maschinen und Geräten	6	2
11	Lagern u. Kontrollieren von Lebensmitteln, Verpackungsmaterial u. Betriebsmitteln	7	
12	Durchführen von Geschäftsverkehr	4	6
13	Durchführen von Werbung und Verkaufsförderung	6	8
14	Verpacken und Aushändigen von Waren	2	4
15	Präsentieren von Waren	5	4
16	Umgang mit Waren, Fachberatung	16	20
17	Herstellen von Gerichten	4	6

3.2.4 Berichtsheft

Die Auszubildenden haben während der gesamten Zeit der Ausbildung ein Berichtsheft in Form eines Ausbildungsnachweises zu führen. Ziel des Berichtsheftes ist es, die im Betrieb und in der Berufsschule vermittelten Kenntnisse noch einmal gedanklich zu vertiefen und eigenhändig niederzuschreiben. Somit ergibt sich ein Nachweis über das gesamte Ausbildungsgeschehen in Betrieb und Berufsschule. Der für die Ausbildung Verantwortliche sollte mindestens einmal im Monat den Ausbildungsnachweis überprüfen und abzeichnen. Ebenso sollte dem unterrichtenden Lehrer der Berufsschule Gelegenheit zur Kenntnisnahme der Eintragungen gegeben werden.

Die einzelnen Einträge sollen die Inhalte und den zeitlichen Ablauf der Ausbildung – insbesondere den betrieblichen Ausbildungsplan – widerspiegeln. Falls es Auseinandersetzungen gibt, ob ein Ausbildungsgegenstand vermittelt wurde, kann das Berichtsheft als Beleg – z. B. vor Gericht – herangezogen werden.

Das Berichtsheft ist vom Ausbildungsbetrieb zur Verfügung zu stellen und der Ausbilder muss dem Auszubildenden während der Ausbildungszeit Gelegenheit geben, das Berichtsheft zu führen.

3.2.5 Zwischenprüfung

Die Zwischenprüfung dient der Feststellung des Ausbildungsstandes und soll vor dem Ende des zweiten Ausbildungsabschnittes stattfinden. Prüfungsinhalte sind die in den ersten 18 Monaten der Ausbildung nach dem Ausbildungsrahmenplan im Betrieb und nach dem Rahmenlehrplan in der Berufsschule vermittelten Fertigkeiten und Kenntnisse.

Die Zwischenprüfung umfasst einen schriftlichen und einen praktischen Teil.

Zwischenprüfung für Fleischer/Fleischerinnen	
Im schriftlichen Teil soll in höchstens 150 Minuten eine Aufgabe bearbeitet werden, die sich auf die praktischen Aufgaben bezieht. Der/die Auszubildende soll zeigen, dass er/sie	**Im praktischen Teil** soll der Prüfling in höchstens vier Stunden folgende Arbeiten durchführen:
• Arbeitsschritte planen, • Arbeitsmittel festlegen, • Rohstoffe beurteilen, • Mengen bestimmen sowie • lebensmittelrechtliche Vorschriften und Maßnahmen der Qualitätssicherung berücksichtigen kann.	• Zerlegen und Ausbeinen eines Tierkörpers, • Füllen und Verschließen einer Brüh- oder Kochwurst, • Herstellen eines Rollbratens, • Herstellen eines küchenfertigen Erzeugnisses.

Zwischenprüfung für Fachverkäuferinnen/Fachverkäufer im Lebensmittelhandwerk	
Im schriftlichen Teil soll in höchstens 150 Minuten eine Aufgabe bearbeitet werden, die sich auf die praktischen Aufgaben bezieht. Der/die Auszubildende soll zeigen, dass er/sie	**Im praktischen Teil** soll der Prüfling in höchstens drei Stunden folgende Arbeiten durchführen:
• Arbeitsschritte planen, • Produktarten unterscheiden, • Zusammensetzung und Herstellungsverfahren von Produkten erläutern, • Preise ermitteln und Produkte auszeichnen sowie • lebensmittelrechtliche Vorschriften und Maßnahmen der Qualitätssicherung berücksichtigen kann.	• Durchführen eines Verkaufsgesprächs mit produktbezogener Warenkunde, • Herstellen eines Produkts und eines Werbemittels, • Herrichten und Präsentieren von Waren.

3.2.6 Gesellenprüfung/Abschlussprüfung

Die Gesellen-/Abschlussprüfung erstreckt sich auf alle im Ausbildungsrahmenplan aufgeführten Fertigkeiten und Kenntnisse sowie auf den in der

Berufsschule vermittelten Unterricht, soweit er für die Berufsausbildung wesentlich ist. Die Prüfung besteht aus einem schriftlichen und einem praktischen Teil.

Abschluss-/Gesellenprüfung für Fleischer/Fleischerin	
schriftlicher Teil In höchsten fünf Stunden sind aus folgenden Prüfungsbereichen Aufgaben zu bearbeiten:	**praktischer Teil** In höchstens acht Stunden sind fünf Aufgaben aus allen Prüfungsgebieten zu erledigen. Während der fünf Aufgaben ist ein Fachgespräch zu führen, das sich auf die Prüfungsaufgaben erstreckt. Die Befragung ist nur über die Prüfungsaufgaben zu führen und der Prüfling soll dabei „die für die Aufgaben fachlichen Hintergründe aufzeigen und seine Vorgehensweise bei der Durchführung der Prüfung begründen können."
▸ Warenwirtschaft und Produktion von Fleisch- und Wurstwaren sowie küchenfertigen Erzeugnissen 150 Minuten ▸ betriebswirtschaftliches Handeln 90 Minuten ▸ Wirtschafts- und Sozialkunde 60 Minuten	Aus dem Bereich der **Grundqualifikationen drei Aufgaben** ▸ erste Aufgabe Fachgebiet: Herstellen von Brüh-, Roh- oder Kochwurst ▸ zweite Aufgabe Fachgebiet: Herstellen von küchenfertigen Erzeugnissen ▸ dritte Aufgabe Fachgebiet: Ausbeinen und Zerlegen eines Rinderhinterviertels ohne Dünnung Aus dem Bereich der **Wahlqualifikationen zwei Aufgaben** ▸ vierte Aufgabe aus dem ersten Fachgebiet der gewählten Wahlqualifikation ▸ fünfte Aufgabe aus dem zweiten Fachgebiet der gewählten Wahlqualifikation

Abschluss-/Gesellenprüfung für Fachverkäuferinnen/Fachverkäufer im Lebensmittelhandwerk, Schwerpunkt Fleischerei	
schriftlicher Teil In höchsten fünf Stunden sind aus folgenden Prüfungsbereichen Aufgaben zu bearbeiten: ▸ Umgang mit Waren, Verkauf und Beratung 150 Minuten ▸ betriebswirtschaftliches Handeln 90 Minuten ▸ Wirtschafts- und Sozialkunde 60 Minuten Innerhalb des schriftlichen Teils der Prüfung sind die Prüfungsbereiche wie folgt zu gewichten: ▸ Umgang mit Waren 50 % ▸ betriebswirtschaftliches Handeln 30 % ▸ Wirtschafts- und Sozialkunde 20 %	**praktischer Teil** In höchstens acht Stunden sind vier Aufgaben durchzuführen. Dabei soll der Prüfling zeigen, dass er 1. Kunden beraten, Waren verkaufen und transportfähig verpacken sowie Rechnungen erstellen, 2. Bestellungen aufnehmen und unter Beachtung besonderer Kundenwünsche bearbeiten, 3. Werbemittel erstellen sowie Ware dekorieren und präsentieren, 4. wirtschaftliche, technische, ökologische und lebensmittelrechtliche Vorgaben, Sicherheit und Gesundheitsschutz bei der Arbeit sowie Gesichtspunkte der Hygiene berücksichtigen kann.

Der schriftliche Teil der Prüfung ist auf Antrag des Prüflings oder nach Ermessen des Prüfungsausschusses in den einzelnen Prüfungsbereichen durch eine mündliche Prüfung zu ergänzen. Die bisherigen Ergebnisse und die Ergebnisse der mündlichen Prüfung sind im Verhältnis 2:1 zu gewichten.	erste Aufgabe: Herrichten und Verkaufen von Fleisch und Fleisch-Erzeugnissen zweite Aufgabe: Durchführen eines themenbezogenen Beratungs- und Verkaufsgesprächs und Aufnehmen einer Bestellung dritte Aufgabe: Herstellen von zwei unterschiedlichen Büfettplatten vierte Aufgabe: Herstellen eines küchenfertigen Erzeugnisses und, je nach Produktpalette des Ausbildungsbetriebs, eines warmen oder kalten Gerichts

3.3 Berufsausbildungsvertrag

Die rechtlichen Grundlagen für den Berufsausbildungsvertrag sind das Berufbildungsgesetz und die Handwerksordnung. Er ist ein Vertrag besonderer Art, da er

- neben den Festlegungen über das zu vermittelnde Ausbildungsverhältnis
- auch Erziehungsfragen beinhalten kann
- und ferner ein auf bestimmte Zeit angelegtes Arbeitsverhältnis begründet.

Für den Abschluss eines Ausbildungsvertrages gibt es bestimmte Formvorschriften:

- Der Vertrag bedarf der Schriftform, die Vordrucke der jeweiligen Kammer müssen dazu verwendet werden.
- Der Vertrag muss vom Auszubildenden (oder dessen gesetzlichem Vertreter) und dem Ausbilder unterschrieben werden.
- Der Vertragsabschluss muss vor Beginn der Ausbildung erfolgen.
- Ein Exemplar des Vertrags ist unverzüglich dem Auszubildenden (oder dessen gesetzlichem Vertreter) auszuhändigen.

Folgende gesetzliche Mindestinhalte müssen im Ausbildungsvertrag geregelt sein:

- Bezeichnung des Ausbildungsberufs mit sachlicher und zeitlicher Gliederung der Ausbildung
- Beginn und Dauer der Ausbildung
- Ausbildungsmaßnahmen außerhalb der Ausbildungsstätte (überbetriebliche Ausbildung)
- Dauer der regelmäßigen täglichen Arbeitszeit
- Dauer der Probezeit
- Zahlung und Höhe der Vergütung
- Dauer des Urlaubsanspruchs
- Voraussetzungen, unter denen der Berufsausbildungsvertrag gekündigt werden kann

[Exemplar für die Handwerkskammer]

Berufsausbildungsvertrag

und Antrag auf Eintragung

(§§ 3, 4 Berufsbildungsgesetz - BBiG)

Eingetragen unter Nr. am

Handwerkskammer
i.A. Hausfeld

2 8	0 2	0 5	Bearbeitungstag
Tag	Monat	Jahr	

1 8 1 0 0 3 7 7 0
Ausbildungsvertrag-Nr.

Zwischen dem Ausbildenden (Betrieb)

Genaue Betriebsanschrift mit Tel.-Nr.
Fleischerei Wolfgang Baringer

PLZ Ort
83435 Bad Reichenhall

Straße, Haus-Nr.
Wehnertstraße 22

Telefon
08651-45897

Ausbildungsstätte, wenn vom Betriebssitz abweichend PLZ Ort
Straße, Haus-Nr.

1 0 8 3 5 7 6

u. der/dem Auszubildenden männl. ☐ weibl. ☒

Vor- und Familienname
Svenja Kallenbach

Straße, Haus-Nr.
Duisburger Allee 6

PLZ Ort
83435 Bad Reichenhall

Geburtsdatum
10.04.1990

Staatsangehörigkeit
deutsch

Sorgeberechtigte/r
die Eltern ☒ nur Vater ☐ nur Mutter ☐ Vormund ☐

Vor- und Familienname
Marion und Peter Kallenbach

Straße, Haus-Nr.
Duisburger Allee 6

PLZ Ort
83435 Bad Reichenhall

wird nachstehender Vertrag zur Ausbildung im Ausbildungsberuf Fachverkäuferin im Lebensmittelhandwerk
(ggf. mit Fachrichtung/Schwerpunkt) Schwerpunkt Fleischerei
nach Maßgabe der Ausbildungsordnung geschlossen.

A Die Ausbildungszeit beträgt nach der Ausbildungsordnung 36 Monate. Diese verringert sich durch

um Monate Tage.

Das Berufsausbildungsverhältnis

	Tag	Monat	Jahr
beginnt am	01	09	06
und endet am	31	08	09

B Die **Probezeit** beträgt 3 Monate (Seite 1b § 1 Nr.2) [1]

C Die **Ausbildung** findet in der o.g. Betriebs- bzw. Ausbildungsstätte und den damit für die Ausbildung üblicherweise zusammenhängenden sonstigen Arbeitsstellen statt.

Vom Betrieb bestellte/r verantwortliche/r Ausbilder/in:

D Die **Vergütung** richtet sich nach der tarifvertraglichen Regelung bzw. den jeweils empfohlenen Sätzen der Fachverbände (Seite 1b § 4 Nr.1). Sie beträgt zur Zeit monatlich:

385,00 € brutto im 1. Ausbildungsjahr.
440,00 € brutto im 2. Ausbildungsjahr.
545,00 € brutto im 3. Ausbildungsjahr.
brutto im 4. Ausbildungsjahr.

E Die regelmäßige **tägl. Ausbildungszeit** beträgt 8 Stunden. [2]

F Der Ausbildende gewährt der/dem Auszubildenden **Urlaub** nach den geltenden Bestimmungen (Seite 1b § 5 Nr. 2).
Es besteht Anspruch auf:

8	Werk-		Arbeitstage im Jahre	06
24	Werk-		Arbeitstage im Jahre	07
24	Werk-		Arbeitstage im Jahre	08
16	Werk-		Arbeitstage im Jahre	09
	Werk-		Arbeitstage im Jahre	

G Hinweise auf anzuwendende **Tarifverträge** und Betriebsvereinbarungen (§ 4 (1) Satz 2 Ziffer 9 BBiG); **sonstige Vereinbarungen:**

H Die **Vereinbarungen** auf Seite 1b sind Gegenstand dieses Vertrages und werden anerkannt.

Ort:
Bad Reichenhall, den 28.02.2006

Der Ausbildende:

Stempel / Unterschrift

Die/der Auszubildende:

Vor- und Familienname

Die Eltern der/des Auszubildenden

Vater UND Mutter

Der Vormund der/des Auszubildenden

Falls nur ein Elternteil unterschreibt, ist ein Beleg über das alleinige Sorgerecht oder ein Vermerk, z.B. Vater/Mutter verstorben, erforderlich.

Dieser Vertrag ist unverzüglich zur Eintragung in das Verzeichnis der Berufsausbildungsverhältnisse über die zuständige Kreishandwerkerschaft/Innung der Handwerkskammer zuzuleiten; das gilt auch für Änderungen seines wesentlichen Inhalts und der Auflösung.

1) Die Probezeit muß mindestens einen Monat und darf höchstens vier Monate betragen. 2) Nach dem Jugendarbeitsschutzgesetz beträgt die höhstzulässige tägliche Arbeitszeit (Ausbildungszeit) bei noch nicht 18 Jahre alten 8 Stunden. Im übrigen sind die Vorschriften des Jugendarbeitsschutzgesetzes über die höchstzulässige Wochenarbeitszeiten zu beachten. Soweit tarifliche Regelungen vereinbart sind, gelten diese. Hinweis: die sich aus dem Berufsausbildungsverhältnis ergebenden Daten werden bei der Handwerkskammer und Innung gespeichert.

Berufsausbildungsvertrag, Vordrucke des Westdeutschen Handwerkskammertags Düsseldorf, Seite 1

1.12

§ 1 – Ausbildungszeit

1. **Dauer:** siehe A*)
   Die Ausbildungszeit richtet sich nach der Ausbildungsordnung.
2. **Probezeit** siehe B*)
   Wird die Ausbildung während der Probezeit um mehr als ein Drittel dieser Zeit unterbrochen, so verlängert sich die Probezeit um den Zeitraum der Unterbrechung.
3. **Vorzeitige Beendigung:** Besteht der Auszubildende vor Ablauf der unter A vereinbarten Ausbildungszeit die Abschlussprüfung, so endet das Berufsausbildungsverhältnis mit Bestehen der Abschlussprüfung.
4. **Verlängerung:** Besteht der Auszubildende die Abschlussprüfung nicht, so verlängert sich das Berufsausbildungsverhältnis auf sein Verlangen bis zur nächst möglichen Wiederholungsprüfung, höchstens um ein Jahr.

§ 2 – Pflichten des Ausbildenden

Der Ausbildende verpflichtet sich,

1. **(Ausbildungsziel)** dafür zu sorgen, dass dem Auszubildenden die Fertigkeiten und Kenntnisse vermittelt werden, die zum Erreichen des Ausbildungszieles nach der Ausbildungsordnung erforderlich sind, und die Berufsausbildung nach den beigefügten Angaben zur sachlichen und zeitlichen Gliederung des Ausbildungsablaufs so durchzuführen, dass das Ausbildungsziel in der vorgesehenen Ausbildungszeit erreicht werden kann;
2. **(Ausbilder)** ...
3. **(Ausbildungsordnung)** ...
4. **(Ausbildungsmittel)** ...
5. **(Berufsschule und Ausbildungsmaßnahmen außerhalb der Ausbildungsstätte)** ...
6. **(Berichtshefte/Ausbildungsnachweise)** ...
7. **(Ausbildungsbezogene Tätigkeiten)** ...
8. **(Sorgepflicht)** ...
9. **(Ärztliche Untersuchungen)** ...
10. **(Eintragungsantrag)** ...
11. **(Prüfungen)** den Auszubildenden für die Teilnahme an den angesetzten Zwischen- und Gesellenabschlussprüfungen freizustellen.

§ 3 – Pflichten des Auszubildenden

Der Auszubildende hat sich zu bemühen, die Fertigkeiten und Kenntnisse zu erwerben, die erforderlich sind, um das Ausbildungsziel zu erreichen. Er verpflichtet sich insbesondere,

1. **(Lernpflicht)** die ihm im Rahmen seiner Berufsausbildung übertragenen Verpflichtungen und Aufgaben sorgfältig auszuführen;
2. **(Berufsschulunterricht, Prüfungen und sonstige Maßnahmen)** am Berufsschulunterricht und an Prüfungen sowie an Ausbildungsmaßnahmen außerhalb der Ausbildungsstätte teilzunehmen, für die er nach § 2 Nr. 5 freigestellt wird;
3. **(Weisungsgebundenheit)** den Weisungen zu folgen, die ihm im Rahmen der Berufsausbildung vom Ausbildenden, vom Ausbilder oder von anderen weisungsberechtigten Personen, soweit sie als weisungsberechtigt bekannt gemacht worden sind, erteilt werden;
4. **(Betriebliche Ordnung)** die für die Ausbildungsstätte geltende Ordnung zu beachten;
5. **(Sorgfaltsfplicht)** Werkzeug, Maschinen und sonstige Einrichtungen pfleglich zu behandeln und sie nur zu den ihm übertragenen Arbeiten zu verwenden;
6. **(Betriebsgeheimnis)** über Betriebs- und Geschäftsgeheimnisse Stillschweigen zu wahren;
7. **(Berichtshefte/Ausbildungsnachweise)** ein vorgeschriebenes Berichtsheft ordnungsgemäß zu führen und regelmäßig vorzulegen;
8. **(Benachrichtigung)** bei Fernbleiben von der betrieblichen Ausbildung, vom Berufsschulunterricht oder von sonstigen Ausbildungsveranstaltungen dem Ausbildenden unter Angabe von Gründen unverzüglich Nachricht zu geben, ihm eine Arbeitsunfähigkeit und deren voraussichtliche Dauer mitzuteilen. Die Arbeitsunfähigkeit ist durch eine ärztliche Bescheinigung gem. § 5 Entgeltfortzahlungsgesetz zu belegen.
9. **(Ärztliche Untersuchungen)** soweit auf ihn die Bestimmungen des Jugendarbeitsschutzgesetzes Anwendung finden, sich gemäß §§ 32, 33 dieses Gesetzes ärztlich
   a.) vor Beginn der Ausbildung untersuchen,
   b.) vor Ablauf des ersten Ausbildungsjahres nachuntersuchen zu lassen und die Bescheinigung hierüber dem Ausbildenden vorzulegen.

§ 4 – Vergütung und sonstige Leistungen

1. **Fälligkeit:** (Höhe siehe D*)
   Die Vergütung wird spätestens am letzten Arbeitstag des Monats gezahlt. Eine über die vereinbarte regelmäßige Ausbildungszeit hinausgehende Beschäftigung wird besonders vergütet. Das auf die Urlaubszeit entfallende Entgelt (Urlaubsentgelt) wird vor Antritt des Urlaubs ausgezahlt. Die Beiträge für die Sozialversicherung tragen die Vertragschließenden nach Maßgabe der gesetzlichen Bestimmungen.
2. **Sachleistungen:** ...
3. **Maßnahmen außerhalb der Ausbildungsstätte:** ...
4. **Berufskleidung:** ...
5. **Fortzahlung:** Dem Auszubildenden ist die Vergütung auch zu zahlen
   a.) für die Zeit der Freistellung gemäß § 2 Nr. 5 und 11 dieses Vertrages sowie gemäß § 10 Abs. 1 Ziffer 2 Jugendarbeitsschutzgesetz an dem Arbeitstag, der der schriftlichen § Abschlussprüfung unmittelbar vorangeht, ferner für die nach dem Gesetz erforderlichen ärztlichen Untersuchungen;
   b.) bis zur Dauer von 6 Wochen, wenn er
   - sich für die Berufsausbildung bereithält, diese aber ausfällt,
   - aus einem sonstigen in seiner Person liegenden Grund unverschuldet verhindert ist, seine Pflichten aus dem Berufsausbildungsverhältnis zu erfüllen.

   Wenn der Auszubildende infolge einer unverschuldeten Krankheit, einer Maßnahme der medizinischen Vorsorge oder Rehabilitation, einer Sterilisation oder eines Abbruchs der Schwangerschaft durch einen Arzt an der Berufsausbildung nicht teilnehmen kann, findet das Entgeltfortzahlungsgesetz Anwendung (siehe ggf. G*).

§ 5 – Ausbildungszeit und Urlaub

1. **Tägliche Ausbildungszeit:** siehe E*):
   Sie richtet sich mach §§ 8 ff. Jugendarbeitsschutzgesetz bzw. Tarifvertrag bzw. Arbeitszeitordnung.
2. **Urlaub:** siehe F*):
   Er richtet sich nach § 19 Jugendarbeitsschutzgesetz oder Tarifvertrag oder Bundesurlaubsgesetz.
3. **Zeitliche Lage:** Der Urlaub soll zusammenhängend und in der Zeit der Berufsschulferien erteilt und genommen werden. Während des Urlaubs darf der Auszubildende keine dem Urlaubszweck widersprechende Erwerbsarbeit leisten.

§ 6 – Kündigung

1. **Während der Probezeit:** Während der Probezeit kann das Berufsausbildungsverhältnis ohne Einhaltung einer Kündigungsfrist und ohne Angaben von Gründen gekündigt werden.
2. **Nach der Probezeit:** Nach der Probezeit kann das Berufsausbildungsverhältnis nur gekündigt werden
   a.) aus einem wichtigen Grund ohne Einhalten der Kündigungsfrist,
   b.) vom Auszubildenden mit einer Kündigungsfrist von 4 Wochen, wenn er die Berufsausbildung aufgeben oder sich für eine andere Berufstätigkeit ausbilden lassen will.
3. **Form:** Die Kündigung muss schriftlich, im Falle der Nr. 2 unter Angabe der Kündigungsgründe erfolgen.
4. **Unwirksamkeit:** Eine Kündigung aus einem wichtigen Grund ist unwirksam, wenn die ihr zugrundeliegenden Tatsachen dem zur Kündigung Berechtigten länger als 2 Wochen bekannt sind. Ist ein Schlichtungsverfahren gem. § 8 eingeleitet, so wird bis zu dessen Beendigung der Lauf dieser Frist gehemmt.
5. **Schadensersatz bei vorzeitiger Beendigung:** Wird das Berufsausbildungsverhältnis nach Ablauf der Probezeit vorzeitig gelöst, so kann der Ausbildende oder der Auszubildende Ersatz des Schadens verlangen, wenn der andere den Grund für die Auflösung zu vertreten hat. Das gilt nicht bei Kündigung wegen Aufgabe oder Wechsel der Berufsausbildung (Nr. 2 b). Der Anspruch erlischt, wenn er nicht innerhalb von 3 Monaten nach Beendigung des Berufsausbildungsverhältnisses geltend gemacht wird.
6. **Aufgabe des Betriebes, Wegfall der Ausbildungseignung:** Bei Kündigung des Berufsausbildungsverhältnisses wegen Betriebsaufgabe oder wegen Wegfall der Ausbildungseignung verpflichtet sich der Ausbildende, sich mit Hilfe der Berufsberatung des zuständigen Arbeitsamtes rechtzeitig um eine weitere Ausbildung im bisherigen Ausbildungsberuf in einer anderen geeigneten Ausbildungsstätte zu bemühen.

§ 7 – Zeugnis

Der Ausbildende stellt dem Auszubildenden bei Beendigung des Berufsausbildungsverhältnisses ein Zeugnis aus. Hat der Ausbildende die Berufsausbildung nicht selbst durchgeführt, so soll auch der Ausbilder das Zeugnis unterschreiben. Es muss Angaben enthalten über Art, Dauer und Ziel der Berufsausbildung sowie über die erworbenen Fertigkeiten und Kenntnisse des Auszubildenden, auf Verlangen des Auszubildenden auch Angaben über Führung, Leistung und besondere fachliche Fähigkeiten.

§ 8 – Beilegung von Streitigkeiten

sowie über das Bestehen oder Nichtbestehen eines Ausbildungsverhältnisses ist vor Inanspruchnahme des Arbeitsgerichtes der nach § 111 Abs. 2 des Arbeitsgerichtsgesetzes bei der zuständigen Innung errichtete Ausschuss anzurufen.

§ 9 – Erfüllungsort

Erfüllungsort für alle Ansprüche aus diesem Vertrag ist der Ort der Ausbildungsstätte.

§ 10 – Sonstige Vereinbarungen (siehe G*)

Dazu gehören auch Hinweise auf Betriebsvereinbarungen und Tarifverträge, die auf das Berufsausbildungsverhältnis anzuwenden sind. Nebenabreden können nur durch schriftliche Ergänzungen unter Buchstabe G*) dieses Berufsausbildungsvertrages getroffen werden.

Seite 1b

1.13 *Berufsausbildungsvertrag, Vordrucke des Westdeutschen Handwerkskammertags Düsseldorf, Seite 2 (gekürzt)*

Rechte und Pflichten – gleich verteilt

Im einem Vertrag müssen Rechte und Pflichten ausgewogen verteilt sein. Die Pflichten der einen Vertragspartei (z. B. des Ausbilders) sind gleichzeitig die Rechte der anderen Vertragspartei (z. B. des Auszubildenden) und umgekehrt.

	Die wesentlichen Pflichten des Ausbilders
1	Vermittlung der für das Ausbildungsziel erforderlichen Fertigkeiten und Kenntnisse
2	kostenlose Zurverfügungstellung der Ausbildungsmittel auch für die Prüfungen
3	charakterliche Förderung und Verhinderung sittlicher und körperlicher Gefährdung
4	kostenfreie Aushändigung des Berichtshefts sowie Überwachung der Führung des Berichtshefts
5	Freistellung für den und Anhalten zum Besuch der Berufsschule
6	Anmeldung und Freistellung zu allen vorgeschriebenen Prüfungen
7	Eintragung des Ausbildungsverhältnisses in die Lehrlingsrolle bei der Handwerkskammer
8	Bereitstellung der Berufskleidung, wenn diese vorgeschrieben wird
9	Freistellung zu überbetrieblichen Ausbildungsmaßnahmen und Übernahme von deren Kosten
10	Zahlung der vereinbarten Ausbildungsvergütung
11	Ausstellung eines Zeugnisses nach Ende der Ausbildungszeit
12	Übertragung ausschließlich von Arbeiten, die mit der Ausbildung zusammenhängen

	Die wesentlichen Pflichten des Auszubildenden
1	Lernpflicht, um die erforderlichen Fertigkeiten und Kenntnisse zu erwerben
2	sorgfältigen Erledigung der übertragenen Arbeiten
3	regelmäßiger Besuch der Berufsschule sowie die Teilnahme an Leistungserhebungen
4	Befolgung der Anweisungen des Ausbilders oder der damit beauftragten Personen
5	pflegliche Behandlung von Werkzeugen, Maschinen und sonstigen Geräten
6	Stillschweigen über Betriebs- und Geschäftsgeheimnisse
7	regelmäßige Führung des Berichtsheftes und des Ausbildungsnachweises
8	Benachrichtigung beim Fernbleiben von der betrieblichen Ausbildung
9	Benachrichtigung der Berufsschule beim Fernbleiben vom Unterricht
10	Teilnahme an ärztlichen Pflichtuntersuchungen

3.4 Berufliche Aufstiegschancen

Während und nach Abschluss der beruflichen Erstausbildung bieten sich vielfältige Möglichkeiten zur Fort- und Weiterbildung sowohl innerhalb des erlernten Berufes als auch in anderen Bereichen.

Fortbildung im Beruf

Fortbildungsseminare werden von Schulen, Innungen, Kammern aber auch von Fachfirmen angeboten. Ziel dieser Fortbildungen ist die ständige Anpassung des fachlichen Wissens und Könnens an die sich permanent verändernden Bedingungen des Berufes.

Für Fleischer bieten sich ferner als fachliche Höherqualifizierungen an:

- der Besuch einer Fachschule mit dem Abschluss als Fleischtechniker
- der Besuch einer Meisterschule mit dem Abschluss als Fleischermeister

Für Fachverkäuferinnen gibt es

- Kurse zur Ausbildung als Verkaufsleiterin

Die Kammern bieten ferner zahlreiche Kurse

- zum Erwerb der Ausbildereignung
- zum Betriebswirt

und weitere Qualifizierungsmöglichkeiten an. Ihr Besuch ist freiwillig, jedoch hängt davon nicht nur der innerbetriebliche Aufstieg, sondern oft auch die berufliche Karriere in anderen Betrieben ab.

Weiterbildung außerhalb des Berufes

Nach einem guten Berufsabschluss stehen viele Möglichkeiten zur Weiterbildung auch außerhalb des Berufes offen. In den einzelnen Bundesländern sind die Bedingungen zum Besuch von weiterführenden Bildungseinrichtungen zwar verschieden geregelt, aber der Zugang zur Fachhochschule, zu Fachakademien und sogar zur Hochschule steht Jugendlichen mit entsprechender Begabung und dem nötigen Fleiß offen.

Berufliche Aufgabenstellung

Svenja hat einen Ausbildungsvertrag als Fachverkäuferin abgeschlossen. In diesem ist ihre Ausbildung detailliert geregelt.

- **Beschreiben Sie die einzelnen Ausbildungsschritte, die Sie bis zum Ablegen der Abschlussprüfung durchlaufen werden. Geben Sie jeweils die Rechte und Pflichten während der Ausbildung an.**
- **Erkundigen Sie sich nach Fortbildungsmöglichkeiten, die Sie unmittelbar nach der Ausbildung besuchen könnten. Nutzen Sie dazu auch die Möglichkeiten des Internets.**

Übungen

1 Wo können Sie sich erkundigen, wenn Sie etwas über die rechtlichen Festlegungen des dualen Ausbildungssystems nachlesen wollen?

2 Was bedeuten im dualen Ausbildungssystem „Lernen an verschiedenen Ausbildungsorten“?

3 Welche Aufgabe hat die „Überbetriebliche Ausbildung“?

4 Nennen Sie einige Gründe, warum es nicht nur erforderlich, sondern auch sinnvoll ist, das Berichtsheft regelmäßig und gewissenhaft zu führen.

5 Welche Formvorschriften bestehen für den Ausbildungsvertrag?

6 Was können Sie tun, wenn Sie sich in Ihrem Ausbildungsberuf weiterbilden möchten?

7 Welche Möglichkeiten haben Sie, wenn Sie sich außerhalb Ihres Berufes weiterbilden möchten?

Zusammenfassung

Duale Berufsausbildung

Duale Berufsausbildung ist Ausbildung an verschiedenen Orten.

- **Lernort Betrieb**
- **Lernort überbetriebliche Ausbildung**
- **Lernort Berufsschule**

rechtliche Grundlagen

Betrieb
- Ausbildungsordnung
- Ausbildungsrahmenplan

Berufsschule
- Rahmenlehrplan
- Schulgesetze der Länder

Berufsausbildungsvertrag

- Formvorschriften
- Mindestinhalte

- Rechte
- Pflichten

- Ausbildungsvertrag
- befristeter Arbeitsvertrag

Prüfungen

Zwischenprüfung | Berichtsheft | Abschlussprüfung

Aufstiegschancen

Fort- und Weiterbildung

4 Arbeits- und Unfallschutzvorschriften bei Maschinen und Geräten anwenden und Erste Hilfe leisten können

Ziele dieses Kapitels:

- **Wir lernen die verschiedenen Aufgaben der Berufsgenossenschaft kennen.**
- **Wir wissen, dass die Berufsgenossenschaft der Träger der gesetzlichen Unfallversicherung ist.**
- **Wir wissen, dass die zahlreichen Vorschriften der Verhütung von Unfällen dienen.**
- **Wir lernen die vielfältigen Gefahren beim Umgang mit Maschinen und Geräten kennen.**
- **Wir erkennen, dass die Schutzvorschriften helfen Verletzungen oder Erkrankungen vorzubeugen.**
- **Wir erfahren, dass die Berufsgenossenschaft auch hilft, wenn Unfälle geschehen sind.**
- **Wir lernen die verschiedenen Maßnahmen zur Rehabilitation und Entschädigung kennen.**

In Svenjas Berufsschulklasse geht ein Gerücht um: Ihr Mitschüler Alexander Wismann soll sich in seinem Ausbildungsbetrieb beim Reinigen des Tischwolfs schwer verletzt haben. Das Gerücht reicht von „blutende Wunde“ bis zu „Hand zerquetscht“, Genaues weiß aber niemand.
Die Spekulationen bei den Berufsschülern erstrecken sich nicht nur auf die Größe der Wunde, sondern auch auf den Vorfall selbst und den Hergang. Wie konnte das bloß passieren? Jeder von ihnen geht täglich mit Maschinen und Geräten um, mit denen man sich verletzen kann – wie sicher sind sie selbst? Und was ist, wenn man sich wirklich mal schlimm verletzt, vielleicht gar nicht mehr arbeiten kann ...?

4.1 Arbeitsschutzgesetzgebung

Jede/r Arbeitnehmer/-in hat ein Recht darauf, an seinem/ihrem Arbeitsplatz so weit als möglich vor einer Gefährdung seiner/ihrer Gesundheit und vor Unfällen geschützt zu sein. Nach den Bestimmungen des Arbeitsschutzgesetzes muss daher jeder Arbeitgeber für die Arbeitsplätze in seinem Betrieb mögliche gesundheitliche Gefährdungen (Lärm, Hitze, unzureichende Frischluftzufuhr, Unfallgefahr usw.) herausfinden und Maßnahmen veranlassen, um diese abzustellen oder zu vermindern.

Dabei kann er sich von der Berufsgenossenschaft beraten lassen. Diese erlässt Unfallverhütungsvorschriften (siehe Kap. 4.3), die von allen Arbeitgebern und auch von den Arbeitnehmern unbedingt zu beachten sind.

Kontrolliert wird das von ihren technischen Aufsichtsdiensten, die zusammen mit den staatlichen Gewerbeaufsichtsämtern den Arbeits- und Unfallschutz der Betriebe überwachen.

Für einige Arbeitnehmergruppen hat der Gesetzgeber zusätzlich besondere Schutzgesetze erlassen: für Jugendliche, werdende Mütter und Schwerbehinderte.

4.1.1 Jugendarbeitsschutzgesetz (JArbSchG)

Das Jugendarbeitsschutzgesetz wurde erlassen, um jugendliche Arbeitnehmer/-innen (das sind alle unter 18 Jahren) vor gesundheitlichen Schäden oder Störungen in ihrer Entwicklung zu bewahren. Das Gesetz schützt Jugendliche vor zu schweren, zu langen oder gesundheitsschädigenden Arbeiten.

Wichtige Bestimmungen des JArbSchG	
Arbeitszeit	Die Arbeitszeit für Jugendliche darf täglich 8 Stunden und wöchentlich 40 Stunden nicht überschreiten.
Ruhepausen	Bei einer täglichen Arbeitszeit von mehr als 4,5 Stunden sind Pausen von mindestens 30 Minuten, bei mehr als 6 Stunden von mindestens 60 Minuten vorgeschrieben.
Freizeit	Zwischen den täglichen Arbeitszeiten müssen mindestens 12 Stunden ununterbrochene Freizeit liegen.
Urlaub	muss grundsätzlich während der Schulferien gewährt werden - bis 15 Jahre: 30 Werktage - bis 16 Jahre: 27 Werktage - bis 17 Jahre: 25 Werktage
Berufsschule	Jugendliche dürfen nicht im Betrieb beschäftigt werden: - vor einem vor 09:00 Uhr beginnenden Unterricht - an Schultagen mit mehr als fünf Unterrichtsstunden (einmal pro Woche) Die Zeit des Unterrichts wird voll auf die Arbeitszeit angerechnet.
Freistellung	Der Arbeitgeber muss die Jugendlichen für die Teilnahme an Prüfungen und außerbetrieblichen Maßnahmen freistellen. Dies gilt auch für den Arbeitstag vor der schriftlichen Abschlussprüfung. In allen Fällen läuft die Bezahlung weiter.
Beschäftigungszeit	In der Zeit zwischen 20:00 und 06:00 Uhr dürfen Jugendliche nicht beschäftigt werden. Sonderregelungen: Ab 16 Jahren darf die Arbeitszeit z. B. in Bäckereien und Konditoreien um 05:00 Uhr, ab 17 Jahren um 04:00 Uhr beginnen.
Beschäftigungsverbot	An Samstagen, Sonn- und Feiertagen dürfen Jugendliche nicht beschäftigt werden. Für bestimmte Branchen gibt es jedoch Ausnahmebestimmungen. Es müssen aber auch dort zwei Samstage und zwei Sonntage im Monat beschäftigungsfrei bleiben.

4.1.2 Mutterschutzgesetz

Grundsätzlich gelten für Frauen die gleichen Arbeitsschutzbestimmungen wie für ihre männlichen Arbeitskollegen. Dies gilt jedoch nicht während und nach einer Schwangerschaft.

Werdende und stillende Mütter dürfen keine Arbeiten verrichten, die ihre Gesundheit beeinträchtigen könnten.

Dazu gehören beispielsweise

- schwere körperliche Arbeiten,
- Arbeiten mit erhöhter Unfallgefahr,
- Akkord- und Fließbandarbeiten,
- Arbeiten, bei denen regelmäßig Lasten von mehr als 5 kg oder gelegentlich mehr als 10 kg gehoben werden müssen,
- nach Ablauf des 5. Schwangerschaftsmonats alle Arbeiten, bei denen mehr als 4 Stunden täglich gestanden werden muss.

Merke

Eine bestehende Schwangerschaft sollte umgehend dem Arbeitgeber mitgeteilt werden, um keine sozialen Ansprüche zu verlieren.

Das Gesetz sieht vor, dass werdende Mütter in den letzten 6 Wochen vor und 8 Wochen nach der Geburt von der Arbeit freigestellt sind.

Während der Schwangerschaft und für den Zeitraum von vier Monaten nach der Entbindung bzw. während der gesamten Elternzeit[1] darf der Arbeitgeber in der Regel nicht kündigen.

4.1.3 Schwerbehindertenschutz

Schwerbehindert sind Personen mit einem Behinderungsgrad von mindestens 50 %.

Jeder Arbeitgeber mit mindestens 20 Beschäftigten (ohne Auszubildende) muss 5 % der Arbeitsplätze mit Schwerbehinderten besetzen. Tut er das nicht, muss er eine monatliche Ausgleichsabgabe zahlen.

Die Arbeitsplätze für Schwerbehinderte sind unter besonderer Berücksichtigung der Art der Behinderung einzurichten, um die Kenntnisse und Fertigkeiten dieser Arbeitnehmer möglichst optimal zu nutzen.

Schwerbehinderte haben Anspruch auf 5 Arbeitstage Zusatzurlaub und genießen nach einer Beschäftigungsdauer von mehr als 6 Monaten einen besonderen Kündigungsschutz.

4.2 Berufsgenossenschaft und Unfallversicherung

Merke

Im Gegensatz zu den anderen Sozialversicherungen bezahlt bei der Unfallversicherung der Arbeitgeber die Versicherungsbeiträge allein.

Die **Fleischerei-Berufsgenossenschaft (FBG)** ist im Rahmen unseres Sozialversicherungssystems für die gesetzliche Unfallversicherung zuständig. Sie ist eine „selbstverwaltete Körperschaft des öffentlichen Rechts“, der vom Staat bestimmte Aufgaben übertragen worden sind.

1 Elternzeit: Mutter und Vater eines Kindes können sich insgesamt bis zu drei Jahre von der Arbeit freistellen lassen. Während der ersten 24 Monate bekommen sie ein Erziehungsgeld von bis zu 300,00 € monatlich.

Im SGB VII (Sozialgesetzbuch VII) sind die Aufgaben der Berufsgenossenschaften festgelegt; in einer Generalklausel heißt es dort:

Die Träger der Unfallversicherung haben mit allen geeigneten Mitteln für die Verhütung von Arbeitsunfällen und für eine wirksame Erste Hilfe zu sorgen.

Daraus ergeben sich vielfältige Aufgaben:

Unfallverhütung

Sie ist die wesentliche Aufgabe der Berufsgenossenschaft. Durch den Erlass von Vorschriften siehe Kap. 4.3) soll erreicht werden, dass möglichst keine Unfälle geschehen bzw. das Risiko hierfür verringert wird.

Erste Hilfe

Wenn sich trotz aller Vorsichtsmaßnahmen Unfälle ereignen, gilt das „Gebot der Ersten Hilfe" mit dem Ziel der völligen Wiederherstellung des Betroffenen. Dies wird erreicht durch die Gewährung medizinischer Maßnahmen, wie

- stationäre oder ambulante[1] ärztliche/zahnärztliche Behandlung,
- orthopädische und andere Hilfsmittel,
- Pflegemaßnahmen,
- Arzneimittel und Verbandsmaterial,
- Ausstattung mit Körperersatzstücken (Prothesen).

Berufliche Rehabilitation, wie

- Umschulungs-, Aus- und Weiterbildungsmaßnahmen,
- Berufsfindung,
- Eingliederungsbeihilfen,
- Einrichtung eines behindertengerechten Arbeitsplatzes
- und sonstige Hilfen.

Soziale Rehabilitation durch finanzielle Entschädigung wie

- Verletztengeld,
- Abfindung,
- Renten,
- Sterbegeld.

4.3 Unfallgefahren vorbeugen durch Vorschriften zu Arbeitssicherheit und Unfallschutz

4.3.1 Ergonomie am Arbeitsplatz

Die Ergonomie ist die Wissenschaft, die sich mit den „optimalen Arbeitsbedingungen" eines Menschen an seinem Arbeitsplatz beschäftigt, hier besonders mit der Körperhaltung. Diese Bedingungen sind je nach Art der Tätigkeit für jeden Arbeitsplatz verschieden.

1 ambulante Behandlung = Behandlung in einer Klinik ohne stationäre Aufnahme des Patienten, z. B. in einer Notfallsprechstunde

1.14 *Ungünstige Arbeitshaltung*

Grundsätzlich gilt, dass für jeden Arbeitnehmer

- eine freie Bewegungsfläche von mindestens 1,5 m^2 und
- eine Arbeitsbreite von 1 m – bei Zerlegearbeiten von 1,5 m

gegeben sein muss.

Eine ungünstige Arbeitsplatzgestaltung führt zu **ungünstigen Körperhaltungen** wie

- gebeugte Körperhaltung (beim Schlachten, bei der Wurstherstellung u. Ä.);
- gebeugte Körperhaltung an zu niedrigen Arbeitstischen (beim Plattenlegen, Anrichten von Büfetts u. Ä.);
- langes Stehen und fehlender Beinraum an Theken und Maschinen;
- häufiges Hineinbeugen in Verkaufstheken;
- ständiges Strecken oder Beugen durch die zu hohe oder zu niedrige Aufstellung von Maschinen.

Fuß- und Beinfreiheit

Es ist sowohl bei Steharbeitsplätzen als auch bei Sitzarbeitsplätzen ein ausreichend großer Fuß- und Beinfreiraum vorzusehen.

Greifraum

Besonders beim Arbeiten an Theken ist der Greifraum so zu bemessen, dass der Arbeitnehmer die Gegenstände greifen kann, ohne dass er sich verrenken, bzw. zu weit vorbeugen muss. Durch

- die Verwendung von Greifhilfen,
- Aussparungen an der Arbeitsplatte,
- verschiebbare Arbeitsplatten und Waagenaufstellplätze,
- Änderung der Thekenbelegung nach Schwere und Häufigkeit der zu entnehmenden Ware

kann vorgebeugt bzw. Abhilfe geschaffen werden.

Die Folgen ständigen „falschen" Greifens sind Schmerzen im Rücken-, Schulter- und Nackenbereich, wodurch es auch zu Überlastungen des Herz-Kreislauf-Systems kommen kann.

Ideal ist es, wenn die Arbeitsplätze variabel an die Bedürfnisse der Menschen angepasst werden können; dies gilt insbesondere dann, wenn ein Arbeitsplatz von mehreren Personen genutzt wird.

4.3.2 Beleuchtung am Arbeitsplatz

Die richtige Beleuchtung am Arbeitsplatz dient dem vorbeugenden Unfallschutz, weil schlechte oder falsche Beleuchtung Gefahrenquellen darstellen, die nicht oder nicht rechtzeitig erkannt werden.

Die Beleuchtung des Arbeitsplatzes hat entscheidenden Einfluss auf

- die Arbeitssicherheit,
- das Wohlbefinden am Arbeitsplatz,
- das Ermüdungsempfinden,
- die Arbeitsgeschwindigkeit,
- die Qualität der zu verrichtenden Arbeit.

Beleuchtungsstärke

Die Lichtstärke wird in Lux (lx) gemessen. Die Beleuchtung der Räume kann je nach Art der Tätigkeit verschieden hoch sein. In Produktions- und Zerlegeräumen ist eine Luxstärke von 500 lx angebracht, während in Gängen und Treppenhäusern laut FBG 100 lx ausreichend sind. Beeinflusst wird das Beleuchtungsempfinden aber auch durch die Reflexionseigenschaften (Fähigkeit, das Licht wieder zurückzustrahlen) der Decken, Böden, Wände und Einrichtungsgegenstände. Ferner nimmt die Lichtleistung der Beleuchtungskörper durch Verschmutzung und Überalterung stetig ab.

Blendungsbegrenzung

Die Sehleistung wird bei einer direkten Blendung durch eine Lichtquelle stark beeinträchtigt. Deshalb sollte die Höhe der Lampen, ihre Helligkeit und Größe sowie ein geeigneter Blendschutz bei der Ausstattung der Arbeitsräume durch eine Fachfirma bestimmt werden.

Schattenwirkung

Wo Licht ist, ist auch Schatten – eine angemessene Schattenwirkung ist positiv, da sie uns das räumliche Sehen erleichtert und Entfernungen besser eingeschätzt werden können. Zu kräftige Schattenwirkung sollte jedoch vermieden werden, weil Gegenstände und sonstige Gefahrenstellen nicht rechtzeitig erkannt werden können.

Lichtfarbe

Grundlage für die Festlegung der Lichtfarbe ist unser Tageslicht, es wird als „tageslichtweiß" bezeichnet. Davon ausgehend sind zwei weitere Lichtfarben festgelegt worden:

- warmweiß (ww) es ist dem Tageslicht am ähnlichsten und vermittelt Ruhe und Wohlbefinden;
- neutralweiß (nw) es bewirkt beim Menschen eine Steigerung der Aktivität.

Richtige Beleuchtung in ausgewählten Räumen:

- Für alle *Arbeitsräume* schreibt die Arbeitsstättenverordnung vor, dass sie Sichtverbindungen nach außen haben müssen (Tageslicht).
- Für *Produktionsräume* gilt, dass sie mit **neutralweißen** Lichtquellen ausgestattet werden sollten.
- Für *Verkaufsräume* ist eine Festlegung sehr schwierig, weil dabei mehrere Faktoren berücksichtigt werden müssen:
  - Eine auffallende helle Außenwirkung soll Kunden anziehen.
  - Eine warme Lichtatmosphäre im Ladeninneren ist für das Wohlbefinden der Kunden von großer Bedeutung und

- die Farbwiedergabe der angebotenen Fleischsorten und Wurstwaren sollen durch ein warmweißes Licht rot und frisch erscheinen.
- Andere Lebensmittel, die in der Theke präsentiert werden, verlangen häufig ein anderes Lichtspektrum als Fleisch und Wurst, um appetitlich auszusehen.

Sichere Stromversorgung

Unfallgefahren durch einen möglichen Ausfall der Lichtquellen ist dadurch vorzubeugen, dass eine stromnetzunabhängige Sicherheitsbeleuchtung gewährleistet ist, um Unfälle und Panik zu vermeiden.

4.3.3 Raumklima

Das Klima wirkt auf Menschen sehr unterschiedlich, wobei verschiedene Klimafaktoren dafür ausschlaggebend sein können. Zum Klima zählen:

- die Temperatur der Umgebungsluft,
- die in der Umgebungsluft enthaltene Feuchtigkeit,
- die Geschwindigkeit mit der sich die Luft bewegt (Zugluft),
- die Wärmeabstrahlung durch Maschinen, Geräte, Lampen, Sonnenlicht.

Klimabehaglichkeit

Das Zusammenwirken all dieser Faktoren bestimmt das Klimaempfinden der Menschen, wobei die Art der Kleidung und die Schwere der Arbeit auch einen erheblichen Einfluss haben. Wir empfinden das Umgebungsklima als behaglich, wenn sich der Wärmeaustausch zwischen unserem Körper und der Umgebung im Gleichgewicht befindet. Die Behaglichkeit wird durch übermäßiges Schwitzen bei zu hoher Wärme oder durch geringere Durchblutung der Haut bei großer Kälte gestört und wir fühlen uns unwohl.

Kältevorbeugung

Bei der Zerlegung, der Verpackung, der Lagerung und dem Verkaufen von Fleisch und Wurstwaren ist es aus hygienischen Gründen oft zwingend geboten, die Waren in einem Temperaturbereich zu behandeln, der unserer Klimabehaglichkeit nicht entspricht. Durch geeignete Schutzkleidung, der Vermeidung von Zugluft sowie der Begrenzung des Aufenthalts auf den unbedingt erforderlichen Zeitraum, kann gesundheitlichen Beeinträchtigungen vorgebeugt werden.

Hitzevorbeugung

Zu hohe Temperaturen wirken ebenso unbehaglich wie zu niedrige Temperaturen. Insbesondere, wenn zu den hohen Temperaturen noch eine hohe Luftfeuchtigkeit kommt, wie dies bei der Schlachtung (Brühmaschinen) und beim Brühen (Kochkessel) der Wurstwaren häufig auftritt. Eine höhere Luftbewegung empfinden wir in dieser Situation oft als angenehm, laufen dabei aber Gefahr, uns durch zu kalte Zugluft zu verkühlen, was zu akuten und chronischen[1] Erkrankungszuständen führen kann.

1 chronisch = dauernd, ständig, anhaltend

Bei Temperaturen über 26 °C sinkt unsere Leistungsfähigkeit deutlich ab. Dem entstehenden Wasserverlust durch übermäßiges Schwitzen ist durch die Zufuhr von ausreichend mineralhaltigen Getränken vorzubeugen.

4.3.4 Sicherheit beim Gehen und Transportieren

In Fleischereien sind Unfälle und Verletzungen, die beim Gehen und Transportieren entstehen, sehr häufig. Der Grund dafür ist die oft starke Verschmutzung des Fußbodens durch Fett, Fleischreste, Wasser usw. Die FBG hat zahlreiche Vorschriften erlassen, um das Unfallrisiko weitestgehend zu verringern. Dazu zählen:

Geeignetes Schuhwerk[1]

Die Schuhe müssen

- eine rutschhemmende Sohle,
- je nach Tätigkeit ein grobes Profil (selbstreinigend)
- mit wasserabweisender Oberfläche
- und kälteisolierendem Unterbau besitzen.

Fußboden

1.15

Der Fußboden in Fleischereien muss Anforderungen erfüllen, die je nach Arbeitsraum verschieden sein können.

Als Grundsatz gilt jedoch für alle Räume, der Boden muss

- aus hygienischen Gründen einfach und gründlich zu reinigen sein,
- ein Höchstmaß an Rutschhemmung besitzen und
- einen hohen Verdrängungsraum (s. nächste Seite) besitzen.

1 siehe auch Kap. 4.4.2 „Sicheres Arbeiten durch persönliche Schutzausrüstungen“

Für die Rutschhemmung und den Verdrängungsraum gibt es gesetzliche Vorgaben. Die höchste Rutschhemmung wird mit R 13, der höchste Verdrängungsraum mit V 10 bezeichnet.

Während die Rutschfestigkeit durch eine möglichst raue Oberfläche erzielt wird, gilt für den Verdrängungsraum, dass ausreichend Hohlstellen vorhanden sein müssen, in denen die Abfälle gequetscht und zerteilt werden können. Allerdings sind grobe Verunreinigungen - insbesondere durch Fleisch- und Fettreste - umgehend zu beseitigen.

Folgende Vorgaben sind bei den einzelnen Arbeitsräumen zu beachten:

Raumart	Rutschfestigkeit	Verdrängungsraum
Schlachtraum	R 13	V 10
Wurstküche	R 13	V 10
Zerlegeraum	R 13	V 8
Kühlräume	R 12	
Verkaufsräume	R 11	

4.3.5 Schutz beim Heben und Tragen

Trotz umfassender technischer Hilfsmittel sind in Fleischereibetrieben immer wieder erhebliche Lasten von Hand zu heben und zu transportieren. Durch die richtige Hebetechnik lässt sich nicht nur der Kraftaufwand reduzieren, auch die Wirbelsäule - als der am stärksten belastete Körperteil - wird entlastet. Eine grundsätzlich falsche Hebehaltung kann zu einer nachhaltigen Schädigung der Bandscheiben führen.

Falsche Hebehaltung

Mit nach vorn gebeugtem Oberkörper werden Lasten angehoben, ohne die Beine im Kniebereich abzuwinkeln. Je weiter sich dabei die Arme von Körper entfernt befinden, desto größer ist der Kraftaufwand. Dadurch werden die zwischen den Rückenwirbeln befindlichen Bandscheiben einseitig unter Druck gesetzt, der elastische Bandscheibenkern wandert nach außen und Nervenbahnen (z. B. der Ischiasnerv) können eingequetscht werden.

1.16

falsche Hebehaltung

1.17

richtige Hebehaltung

Richtige Hebehaltung

Der Oberkörper bleibt so weit wie möglich aufrecht, die Knie werden gebeugt und die Last wird mit beiden Armen so nah wie möglich am Körper angehoben. Das Aufrichten erfolgt durch das Strecken der Knie. Die Bandscheibe wird gleichmäßig belastet, der Bandscheibenkern bleibt in der Mitte.

4.3.6 Schutz vor Berufskrankheiten

Als Berufskrankheiten gelten Krankheiten, deren Ursachen durch gesundheitsschädliche Einwirkungen am Arbeitsplatz ausgelöst werden.

Typische Berufskrankheiten im Bereich der Fleischerei sind

- Lärmschwerhörigkeit[1],
- von Tieren auf Menschen übertragbare Krankheiten (z. B. Rotlauf)[2],
- Allergien und Hauterkrankungen.

Hautschutz

Die gesunde Haut besitzt einen natürlichen Säureschutzmantel - dies ist ein dünner Wasser-Fett-Film -, der die Entstehung von Hautschäden großenteils verhindert. Aus hygienischen Gründen müssen jedoch während des Tages insbesondere die Hände und Arme wiederholt mit Reinigungsmitteln, die auch eine desinfizierende Wirkung haben, gewaschen werden. Zudem kommen die Beschäftigten ständig mit Fleisch und Fleischwaren in Berührung, die unterschiedlichen Behandlungsverfahren unterzogen wurden. Der natürliche Säureschutzmantel der Haut wird dadurch geschwächt oder gar zerstört. Das Hautschutzprogamm der FBG sieht deshalb ein einheitliches Hautschutzprogramm mit zwei Bausteinen vor.

1. Baustein: Hautschutzplan

Der Hautschutzplan umfasst Hinweise zum Hautschutz vor und während der Arbeit, dazu zählt neben der schonenden *Hautreinigung* auch das richtige *Eincremen* der Hände.

Da die Hände bei der Arbeit ständig in Kontakt mit Lebensmitteln kommen, müssen die Hautschutzpräparate besondere Anforderungen erfüllen, damit man sie verwenden darf. Der Hersteller solcher Präparate muss gewährleisten, dass

- die Inhaltstoffe toxikologisch[3] unbedenklich sind;
- sie parfüm-/duftstofffrei und geschmacksneutral sind;
- sie rasch in die Haut einziehen.

2. Baustein: Schutzhandschuh-Empfehlung

Der FBG empfiehlt: „Erst wenn im Hinblick auf die konkrete Arbeitstätigkeit zuvor andere Schutzmaßnahmen überprüft und ausgeschöpft wurden oder nicht wirksam genug sind, sollte an das Tragen von Schutzhandschuhen gedacht werden."[4]

---

1 zum Gehörschutz siehe Kapitel 4.4.2 in diesem Lernfeld
2 zur Hygiene im Betrieb siehe Kap. 5.4 in diesem Lernfeld
3 Toxikologie, die = Lehre von den Giften und den Vergiftungen des Organismus (Med.)
4 in: Fleischerei-Berufsgenossenschaft, Mainz, Broschüre „Ich mach mit!", S. 11-4-a

Schutzhandschuhe sollten
- nur während der unmittelbar hautgefährdenden Tätigkeit,
- nicht länger als 1 Stunde
- und nur in Verbindung mit einem Hautschutzpräparat, das ganz in die Haut eingezogen sein muss, verwendet werden.

Das Handschuhmaterial sollte aus Nitril und/oder Vinyl bestehen.

Nicht empfohlen werden
- Gummi-Handschuhe,
- Handschuhe aus Naturlatex,
- Handschuhe aus Polyethylen.

4.3.7 Erste Hilfe

In jedem Betrieb muss ein Beschäftigter als „Ersthelfer" ausgebildet sein. So wird sichergestellt, dass bei Unfällen eine innerbetriebliche Erste Hilfe gegeben ist. Bei größeren Betrieben mit mehr als 20 Beschäftigten, müssen 10 % der Mitarbeiter eine Ausbildung in Erster Hilfe besitzen. Die Kosten für die Ausbildung werden von der Berufsgenossenschaft getragen. Sind in einem Betrieb mehr als 250 Personen beschäftigt, muss ein „ausgebildeter Betriebssanitäter" vorhanden sein.

Falls trotz aller Vorsicht ein Unfall geschieht:
- leisten Sie Erste Hilfe, so weit Sie die entsprechenden Maßnahmen beherrschen - z. B. von der Führerscheinprüfung.
- rufen Sie den ärztlichen Notdienst, wenn es sich um größere oder innere Verletzungen handelt; gehen Sie dabei auf „Nummer sicher" (lieber einmal zu viel, als eine Schadensersatzklage für Ihren Ausbildungsbetrieb riskieren).
- überlegen Sie genau, welche Informationen der Notarzt (und später Ihr Chef und eventuell die Versicherung) haben müssen und machen Sie sich Notizen, so lange Sie noch alles genau wissen:
  WO ist es passiert (Adresse, genaue Stelle in welchem Raum ...)?
  WAS ist passiert (Art der Verletzung, Unfallhergang ...)?
  WIE ist es passiert (Grund des Unfalls, beteiligte Personen ...)?
  WER hat angerufen (eigener Name)?

Grundsätze bei der Ersten Hilfe:
- Immer Ruhe bewahren.
- Den Verletzten nicht allein lassen, sondern beruhigend auf ihn einwirken.
- Niemals Alkohol oder Zigaretten reichen.

Notrufnummern sollten möglichst am Telefon sichtbar sein, damit der Anrufende trotz Aufregung die richtige Nummer wählt.
110 = allgemeiner Notruf (Polizei)
112 = Feuerwehr

588652

Damit der Erste-Hilfe-**Verbandskasten** im Ernstfall tatsächlich eine Hilfe ist, sind einige Grundregeln unbedingt zu beachten:

- Der Standort muss jedem bekannt und zugänglich sein.
- Der Erste-Hilfe-Kasten muss stets aufgefüllt und aufgeräumt sein.
- Saubere Einmalhandschuhe müssen vorhanden sein.
- Nicht einwandfreies oder abgelaufenes Material muss erneuert werden.

Maßnahmen zur Erstversorgung am Unfallort	
kleine Wunden	Wundschnellverband anlegen
größere Wunden	sterile Wundauflage und Mullbinde oder Verbandpäckchen; Arzt aufsuchen
Ohnmacht und Bewusstlosigkeit	Person in die stabile Seitenlage bringen, beengende Kleidung öffnen
Knochenbrüche/ Verletzungen der Gelenke	Ruhigstellung der verletzten Körperteile in der vorgefundenen Lage
Verbrennungen	Brandwunde in kaltes Wasser tauchen; größere Brandwunden mit Brandwundentuch abdecken; umgehend Arzt aufsuchen
Schwindel	in Rückenlage entspannen
Schock	in Rückenlage Beine hoch lagern

Merke

Alle Menschen sind im Notfall zur Ersten Hilfe verpflichtet. Unterlassene Hilfeleistung ist eine Straftat!

4.4 Fachgerechte Benutzung und Wartung von Arbeitsräumen, Arbeitsgeräten und Maschinen

4.4.1 Sicheres Arbeiten mit Handmesser, Beil, Abziehstahl und Haken

Handmesser		
Gefahrenstellen	**Schutzeinrichtungen**	
▸ Messerklinge mit scharfer Schneide und Spitze ▸ stumpfe Schneide erhöht Verletzungsgefahr durch erhöhten Kraftaufwand ▸ unvorschriftsmäßige Beschaffenheit des Griffs ▸ unvorschriftsmäßige Beschaffenheit der Klinge	▸ spezielle Beschaffenheit des Messergriffs (s. Abb. 1.18) • Oberflächenrauigkeit gibt sicheren Griff • Knaufform erhöht sichere Handhabung • Fingerschutz verhindert Abgleiten auf die Schneide ▸ richtige Schleifform (s. Abb. 1.19) • ballige Schliffform verlängert die Standzeit der Schneide • Klingenbreite muss mind. 8 mm – von der Spitze gemessen nach höchstens 1,5 cm – betragen • geschliffen wird von der Spitze zum Griff hin ▸ sichere Aufbewahrung (s. Abb. 1.20) • im Köcher • im Messerkorb • an Magnethalter oder • in speziellen Messerablagen	▸ möglichst nicht in Richtung Hand oder Körper schneiden ▸ Messer nie mit der Klinge zum Annehmenden hin weiterreichen ▸ auf vorschriftsmäßige Aufbewahrung achten

Verletzungen mit dem **Handmesser** betragen fast 40 % aller Unfälle in Fleischereien.

1.18

1.19

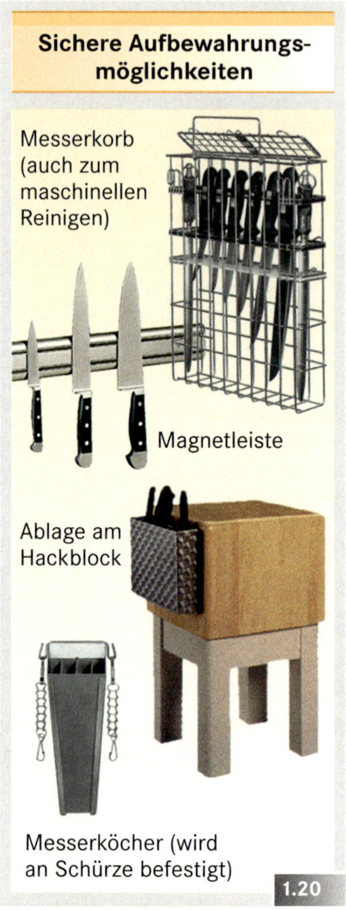

1.20

Beil, Hackmesser und Spalter

Beil und Hackmesser werden zum Durchhacken von Knochen verwendet. Spalter werden zum Spalten der Tierkörper oder bei der Grobzerlegung der Tierkörper eingesetzt.

Gefahrenstellen	Sicherheitsregeln
Klinge ist kopflastig, dabei treten große Hiebkräfte auf	die Hand, die das Fleischstück hält, weit genug von der Hackstelle entfernt platzieren
Beil und Hackmesser werden meist einhändig benutzt, deshalb Gefahr von Hackverletzungen	nur auf einer sicheren und für das Hacken geeigneten Unterlage hacken (Hackbrett, Hackstock)
beim Spalten treten große Schwungkräfte auf, dadurch Gefahr des Abgleitens	Spalter nur beidhändig benutzen, Füße gespreizt halten und Sicherheitsschuhe tragen

Fleischhaken

Fleischhaken kommen in drei verschiedenen Ausführungen zur Anwendung und müssen in ihrer Beschaffenheit der DIN-Norm 5046 entsprechen. Haken, die nicht dieser DIN-Norm entsprechen dürfen in Fleischereien nicht verwendet werden.

verschiedene S-Haken

1.21

Aufbewahren von S-Haken

korrekte und sichere Aufhängung von S-Haken

Verletzungsgarantie: die „Hakentraube“

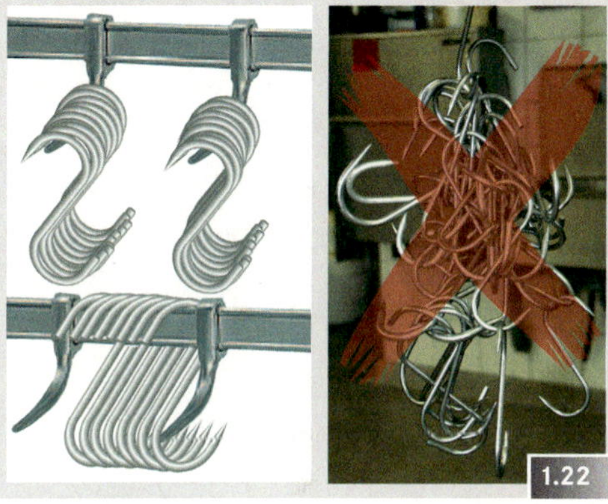

1.22

Fleischhaken nach DIN 5046:
- *ebene S-Haken ohne Spitze, sie werden zum Aufhängen von Wurstwaren verwendet*
- *ebene S-Haken mit Spitze, sie werden zum Aufspießen von Fleisch o. Ä. verwendet*
- *abgewinkelte S-Haken mit Spitze, sie werden zum Aufspießen von Fleisch o. Ä. verwendet und ragen wegen ihrer Form nicht in den Verkehrsbereich*

Rohrbahnhaken

Sie dienen dem innerbetrieblichen Transport von Tierkörpern oder schweren Fleischteilstücken auf einer Rohrbahn. Auch sie müssen den DIN-Normen (5047, 5048) entsprechen, ihr Unterteil muss drehbar sein und die Belastungshöhe ist auf dem Haken ersichtlich.

- Rohrbahnhaken einfach (DIN 5047) für Schweinehälften oder Rinderviertel
- Rohrbahnhaken mit Rollen (DIN 5048) für größere Belastungen im Schlachtbereich

Rohrbahnhaken

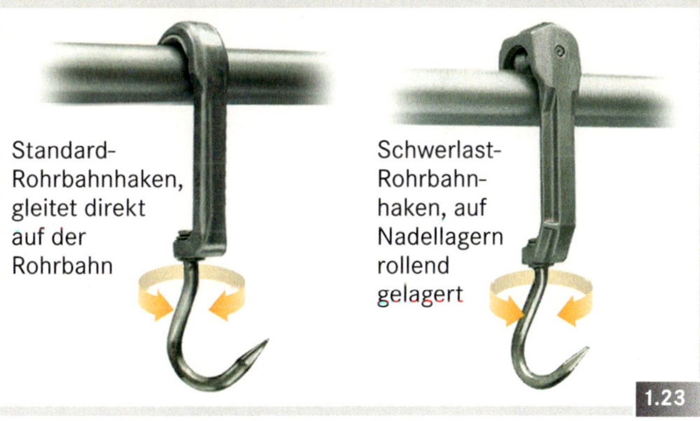

1.23

Sicherheitsregeln:
- Rohrbahnhaken nicht allein auf der Rohrbahn hängen lassen
- bei Arbeiten unter der Rohrbahn ist ein Schutzhelm zu tragen

4.4.2 Sicheres Arbeiten durch persönliche Schutzausrüstungen

In den Bestimmungen des Arbeitsschutzgesetzes ist festgelegt, dass **p**ersönliche **S**chutz**a**usrüstungen (PSA) zur Vermeidung von Unfall- und Gesundheitsgefahren immer dann zur Anwendung kommen, wenn durch

- technische Lösungen oder
- organisatorische Maßnahmen

die Gesundheitsgefährdung nicht beseitigt werden kann.

Die persönlichen Schutzausrüstungen müssen vom Betrieb zur Verfügung gestellt werden. Der Arbeitnehmer ist verpflichtet, die Vorschriften zur Unfallverhütung zu befolgen und die Schutzausrüstung - soweit sie vorgeschrieben ist - auch zu benützen. Allerdings gibt es keinen universellen Körperschutz, der allen Gefahrensituationen in Fleischereien gerecht werden kann.

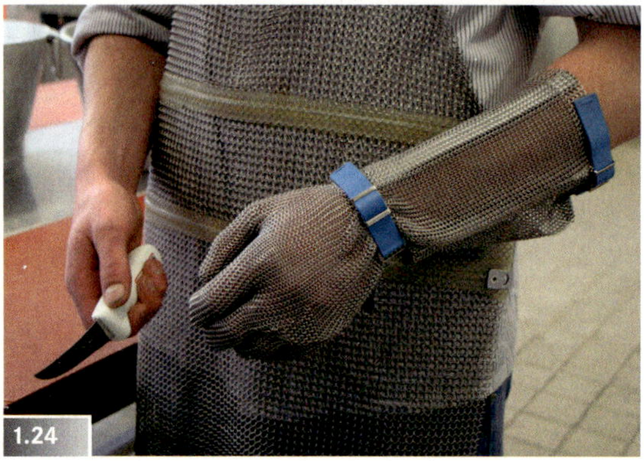
1.24
Stechschutzschürze und Handschuh aus Metallringgeflecht

Stechschutzschürzen

Modelle mit Ring- oder Schuppengeflecht bieten einen hohen Schutz vor Verletzungen des Bauch-, Genital- und Oberschenkelbereichs, die besonders beim Auslösen und Zerlegen von Tierkörpern und Fleischteilstücken auftreten können. Ein optimaler Schutz ist jedoch nur gegeben, wenn die richtig passende Größe benützt wird, die FBG empfiehlt dabei folgende Regeln zu beachten:

- Ideallänge
  = Körpergröße (in cm) x 0,42
- Idealgröße
  = Brust- oder Bauchumfang (in cm) x 0,45

1.25
Schuppengeflecht

1.26
Ringgeflecht

Merke

Bei Arbeiten an Entschwartern und Sägen dürfen keinesfalls Handschuhe aus Metallringgeflecht getragen werden, da die dabei auftretenden Verletzungen meist wesentlich schwerer sind als ohne Handschuhe.

Schnittschutzhandschuhe und Unterarmstulpen

Zur Vermeidung von Stich- und Schnittverletzungen an Händen und Unterarmen gibt es

- schnittfeste Handschuhe
  - aus textilen Geweben - bei Reinigungs- oder Wartungsarbeiten an Kuttermessern, Aufschnittschneidemaschinenmessern, Speckschneidemessern u. Ä. oder
  - aus Metallringgeflecht - bei Ausbein-, Auslöse- und Zerlegearbeiten sowie bei verschiedenen Arbeiten während des Schlachtens zu tragen; die einzelnen Ringe sind hier um etwa 50 % kleiner als bei Stechschutzschürzen.

- Unterarmstulpen: Sie schützen das Handgelenk und den Unterarm der Material haltenden Hand. Die starre Stulpe aus Kunststoff oder die Stulpe aus Metallringgeflecht müssen mit dem schnittfesten Handschuh fest verbunden sein, damit ein durchgängiger Schutz von Hand, Armgelenk und Unterarm gewährleistet ist.

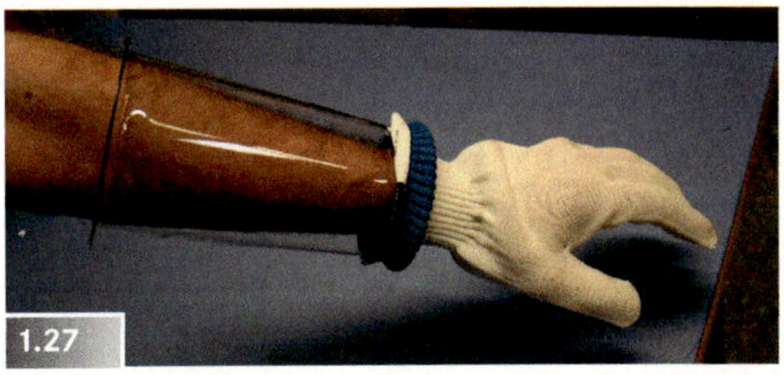

1.27

Unterarmstulpe aus Kunststoff, Handschuh aus textilem Gewebe

Schutz gegen Verbrühungen, Verätzungen

Bei Reinigungsarbeiten sind lange „Lackschürzen" und hochschäftige Stiefel ein hinreichender Schutz vor Verbrühungen und Spitzwasser im Brust-, Bauch- und Fußbereich. Zusätzlich schützen lange Schutzhandschuhe speziell gegen Säuren und Laugen im Reinigungswasser; gegen heißes Wasser oder gar Wasserdampf schützen sie jedoch nur unzureichend.

Augenschutzbrille – Gesichtsschutzschirm – Kopfschutzhelm

Bei Sägearbeiten (Knochensäge), Schleifarbeiten (Messerschleifen) oder beim Umgang mit ätzenden Reinigungsmitteln (Säuren und Laugen) sind die empfindlichen und leicht verletzlichen Augen besonders zu schützen.

Wenn beim Arbeiten mit herabfallenden Teilen gerechnet werden muss, ist das Tragen eines Kopfschutzhelms vorgeschrieben. Dies ist während des gesamten Schlachtvorgangs sowie bei Arbeiten unter Rohrhochbahnen der Fall. Die verwendeten Helme müssen der von der FBG festgelegten DIN-Norm EN 397 entsprechen. Neben der CE-Kennzeichnung am Helm ist das Herstellungsdatum angegeben, da die Gebrauchsdauer der Helme nur auf maximal 4 Jahre beschränkt ist.

Kopfschutz, Gehör-, Augen- und Gesichtsschutz

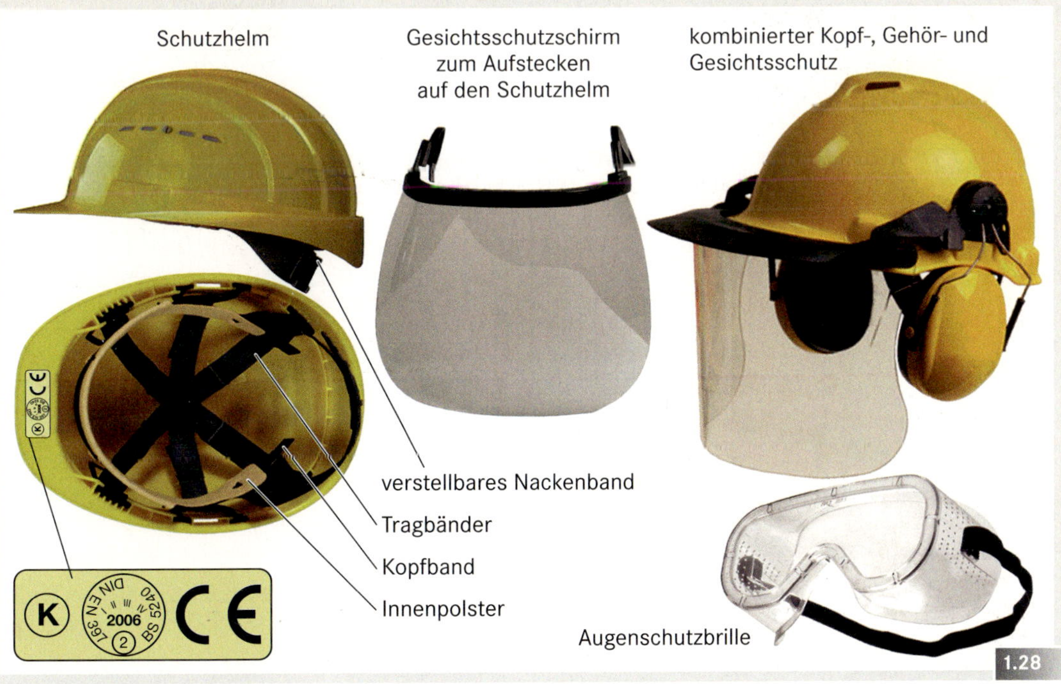

1.28

Kälteschutz

Bei Arbeiten in Kühlhäusern oder Tiefkühlhäusern ist eine spezielle Kälteschutzkleidung erforderlich, z. B.:

- Kälteschutzweste,
- Kopfschutzhelm oder Wollhaube mit Ohrschutz,
- Schutzschuhe mit isolierender Zwischensohle,
- gefütterte Lederhandschuhe.

Auch bei kurzzeitigem Aufenthalt in Kühl- oder Tiefkühlräumen sollte zumindest die Kälteschutzweste getragen werden, dadurch wird Verkühlungen im Rücken- insbesondere Nierenbereich vorgebeugt.

Fußschutz

Je nach Arbeitsbereich bzw. Funktion empfiehlt es sich Schutzschuhe zu tragen, die in

- unterschiedlichen Formen - von Halbschuhen bis zu Hochstiefeln - und mit
- unterschiedlicher Ausstattung - gepolstertem Kragen, Fersenschutz, Mittelfußschutz und Kälteschutz im Sohlenbereich

angeboten werden.

Gehörschutz

In Fleischereibetrieben kann es bei verschiedenen Tätigkeiten ziemlich laut werden. Bei Arbeiten

- am Kutter,
- an der Bandsäge,
- an Knochensägen
- und in lauten Arbeitsräumen, besonders im Schlachtbereich,

ist die Verwendung von Gehörschutz vorgeschrieben, wenn die Dauerbelastung den Grenzwert von 85 dB (= **D**ezi**b**el) überschreitet. Gehörschutzstöpsel und Kapselgehörschützer beugen „lärmbedingten Gehörschäden“ vor. Die von der FBG empfohlenen Gehörschützer sind so beschaffen, dass die Träger nicht akustisch von der Außenwelt abgeschnitten sind, sondern niedrige Schallfrequenzen - wie die der Sprache - fast ungehindert durchlassen.

Lärmschwerhörigkeit zählt zu den häufigsten Berufskrankheiten, sie ist weder durch Medikamente noch durch Operationen zu beheben. Deshalb ist in Fleischereibetrieben das Tragen von „Walkman“ oder „MP3-Playern“ untersagt.

4.4.3 Sicheres Arbeiten mit Fleischereimaschinen

Jeder Mitarbeiter im Betrieb muss mindestens einmal im Jahr vom Unternehmer oder von seinem zuständigen Vorgesetzten über den sicheren Umgang mit Fleischereimaschinen belehrt werden.

Exkurs

Besondere Schutzbestimmungen für Jugendliche

Bei Jugendlichen hat entsprechend den Vorgaben des JArbSchG (§ 29) die Belehrung halbjährlich zu erfolgen, wobei diese besonders darauf hingewiesen werden müssen, „dass sie weder sich selbst noch andere Mitarbeiter gefährden dürfen."

An bestimmten Maschinen dürfen Jugendliche unter 18 Jahren nicht tätig sein, wenn die Arbeiten „mit Unfallgefahren verbunden sind, welche ein Jugendlicher aufgrund mangelnden Sicherheitsbewusstseins oder mangelnder Erfahrung nicht erkennen kann."

Ausnahme:

Für Jugendliche **über 16 Jahren** gilt, wenn das Beherrschen solcher Arbeiten

- für das Erreichen von Ausbildungszielen (z. B. der Gesellenprüfung) nötig ist und
- eine sachkundige Aufsicht gewährleistet ist,

ist die Arbeit an bestimmten Maschinen gestattet. Unter diese „Schutzalterbestimmung" fallen in Fleischereien

- Kutter,
- Kreis- und Bandsägen,
- Entschwartungs- und Entfliesmaschinen sowie
- Hochdruckreiniger.

Schutzvorrichtungen am Wolf

1.29

Je nach Verwendungszweck sind in Fleischereien Wolfmaschinen von unterschiedlicher Größe im Einsatz, vom kleinen Ladenwolf über den Stopfwolf bis zum großen Automatenwolf haben jedoch alle besondere Schutzeinrichtungen für die zwei besonderen Gefahrenbereiche.

Erster Gefahrenbereich: der Einlaufschacht

Bei Ladenwölfen befindet sich über der Einlassöffnung eine Schutzplatte, die ein Hineingreifen mit der Hand bzw. den Fingern bis zum Scherpunkt der Transportschnecke verhindert. Zum Nachschieben des Materials ist ein eigener Stopfer zu verwenden (siehe Abb. 3.17).

Bei größeren Wolfmaschinen ist der Einlaufbereich entweder ebenfalls durch eine besondere Schutzplatte oder durch ein Schutzgitter gesichert, bzw. der Einlauftrichter ist so hoch, dass ein „Hineingreifen" mit der Hand bis zur Arbeitsschnecke ausgeschlossen ist. Eine vorhandene Auftritteinrichtung muss so beschaffen sein, dass sich bei einer Benutzung die Maschine automatisch abschaltet.

Zweiter Gefahrenbereich: die Auslauföffnung

Im Normalfall verhindert die letzte Lochscheibe einen Kontakt mit den rotierenden Wolfmessern, aber bei Lochscheiben mit einem „Lochdurchmesser über 8 mm" ist ein Kontakt des kleinen Fingers mit den rotierenden Messern möglich. Für diese Fälle muss die Maschine mit einem „besonderen Auslaufschutz" versehen sein, der bei einer Lageveränderung zum sofortigen Abschalten des Motors führt.

Aus Sicherheitsgründen darf mit dem Abstreifen des Materials erst nach dem Stillstand der Maschine begonnen werden. Ebenfalls darf mit dem Reinigen der Maschine erst begonnen werden, wenn der Messersatz und die Transportschnecke (s. Abb. 3.18) ausgebaut sind. Dabei ist die entsprechende Ausstoßvorrichtung oder bei kleinen Maschinen die Ausziehkralle zu benützen. Bei großen Maschinen darf der Ausbau der schweren Schnecken (über 25 kg) nur mit einer speziellen Hebevorrichtung erfolgen. Beim Ausbau und der Reinigung der Wolfmesser ist es empfehlenswert Schutzhandschuhe zu tragen.

Schutzvorrichtungen am Kutter

Alle Kutter müssen bestimmte Schutzeinrichtungen aufweisen, sonst ist ihr Betrieb in Fleischereien nicht mehr zulässig. Im Einzelnen sind dies

- der Lärmschutzdeckel; er ist erst ab einer bestimmten Maschinengröße vorgeschrieben, er dämpft in geschlossenem Zustand beim Kuttern die sehr lauten Geräusche. Eine Schutzeinrichtung sorgt dafür, dass ein Einschalten des Kutters in geöffnetem Zustand nur im „langsamen Gang" möglich ist. Bei alten Kuttern ohne Lärmschutzdeckel muss ein Gehörschutz getragen werden, ferner sind regelmäßige arbeitsmedizinische Vorsorgeuntersuchungen vorgeschrieben.
- der Kutterdeckel; er verhindert in geschlossenem Zustand den Zugriff auf den laufenden Messersatz; beim Öffnen des Deckels bei laufender Maschine wird automatisch die Messerwellenbremse aktiviert, die einen sofortigen Stillstand des Messersatzes bewirkt.
- der Auswerfer; er ist nur bei größeren Maschinen anzutreffen und die Auswerfscheibe darf sich nur bewegen, wenn sie in die Kutterschüssel eingetaucht ist.

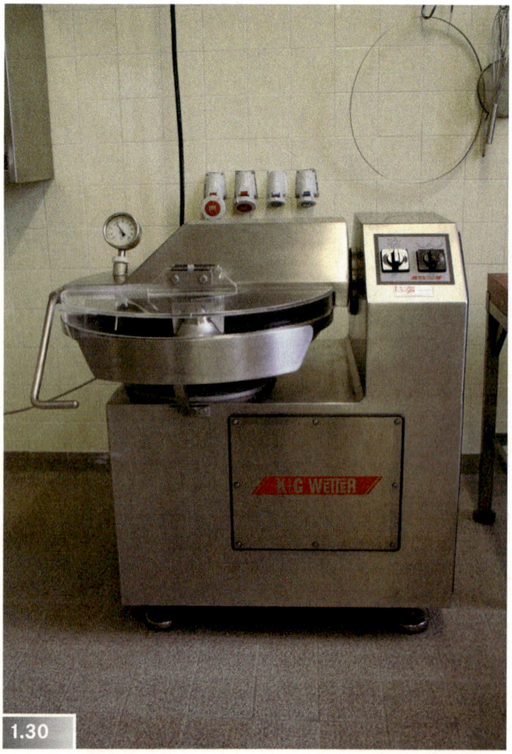

1.30

Neben den Schutzeinrichtungen sind zusätzlich zu beachten:

- während des Kuttervorgangs nicht nachgreifen, wenn Gegenstände in die laufende Kutterschüssel fallen, sondern „Schnell-Stopp-Knopf" betätigen;
- bei Entleeren der Kutterschüssel von Hand, dies nur an der Auslaufseite tätigen, nicht unter die Kutterschüssel greifen;

- beim Reinigen des geöffneten Kutters
  - schnittfeste Schutzhandschuhe tragen;
  - Messersatz abdecken (mit einem halbierten Kanister o. Ä.);
  - Messersatz mit spezieller Reinigungsbürste reinigen.

Wurstfüllmaschine und Vakuumfüller

Gefahrenstellen	Sicherheitsregeln
▶ die Scherstelle zwischen Kolben und Auslauföffnung Gefahr: Fingerverlust ▶ der Portionsdreher im Füllbereich Gefahr: Fingerverlust ▶ der bewegliche Abteilschieber Gefahr: Fingerquetschungen ▶ der passgenau schließende Deckel Gefahr: Fingerquetschungen	▶ größtmögliche Konzentration und Aufmerksamkeit ▶ Auslauföffnung nur mit der Bürste oder einem Lappen reinigen ▶ Ausbau des Abteilschiebers vor der Reinigung ▶ Ausbau des Portionsdrehers vor der Reinigung ▶ Ausbau des Förderwerks bei Vakuumfüllern vor dem Reinigen

1.31

Merke

Die technische Ausstattung mit Maschinen ist von Betrieb zu Betrieb verschieden, wobei die Betriebsgröße eine entscheidende Rolle spielt. Hier ist nur eine Auswahl der häufigsten Sondermaschinen aufgeführt, die in Klein- und Mittelbetrieben anzutreffen sind.

Knochenkreissäge und Bandsäge

Beide werden zum Sägen von Knochen, Bandsägen zusätzlich zum Schneiden von Kotelettscheiben und Gefrierfleisch verwendet.

Gefahrenstellen	Schutzeinrichtungen	Sicherheitsregeln
Das laufende Sägeblatt verfängt sich leicht in Fleisch und Fettgewebe, deshalb ist eine Benutzung nur mit den vorgeschriebenen Schutzeinrichtungen statthaft.	▸ Schiebeschlitten oder Andrückvorrichtungen ▸ Fingerschutzsteg und Schutzleiste ▸ automatische Abschaltung und sofortiges Abbremsen des Sägeblatts beim Öffnen des Gehäuses	▸ Verwendung eines Gehörschutzes ▸ Andrückvorrichtung benutzen ▸ Finger ausreichend weit vom Sägeblatt entfernt halten ▸ Schneidegut nur mit geringem Druck zuführen ▸ Portionsanschlag verwenden ▸ bei Röhrenknochen zuerst die Gelenkstücke absägen ▸ beim Reinigen und beim Messerwechsel schnittfeste Handschuhe benützen ▸ vor dem Reinigen Stromstecker ziehen ▸ keinesfalls Metallgeflechthandschuhe tragen ▸ Jugendliche ab 16 Jahre: Benutzung nur unter fachkundiger Aufsicht

Knochen-, Zerlegekreissäge und Knochenbandsäge

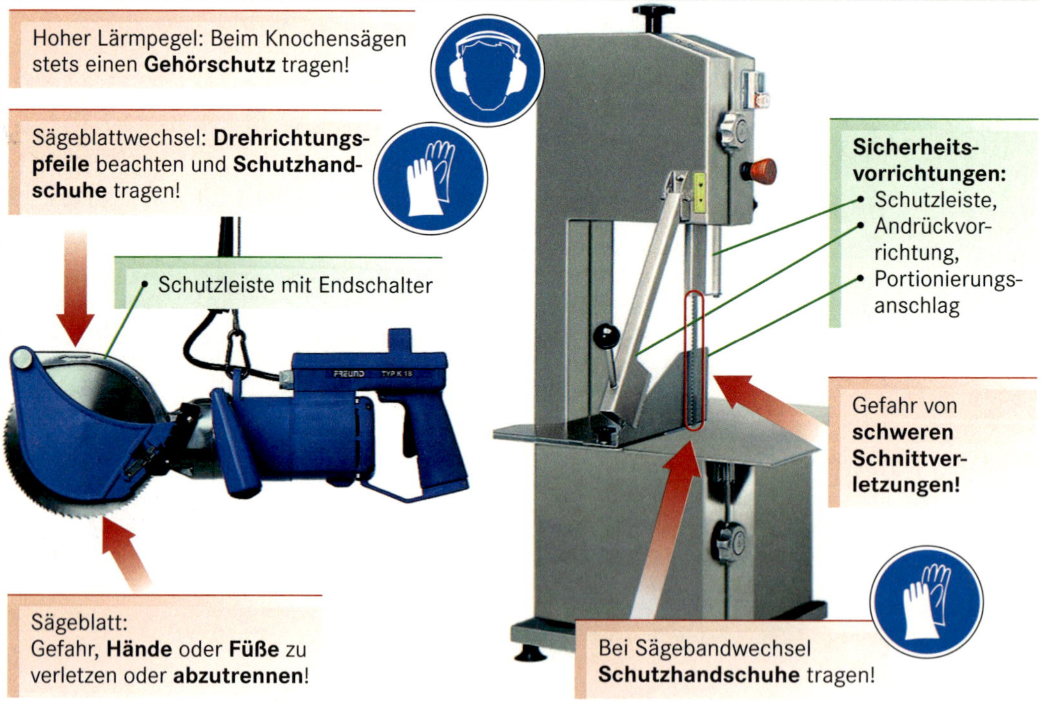

Knochenkreis- und Knochenbandsägen dürfen von Jugendlichen nur ab 16 Jahren und nur unter Aufsicht erfahrener Kollegen bedient, gereinigt und gewartet werden!

1.32

Entschwartungs- und Entfliesmaschinen

Diese dienen zum Abziehen der Schwarten beim Schweinefleisch bzw. dem Entfernen von Sehnenplatten und der Bindegewebshaut auf dem Magerfleisch.

Gefahrenstellen	Schutzeinrichtungen	Sicherheitsregeln
• Messerbalken • Einzugstelle zwischen Zahnwalze und Messerbalken	Die Funktion dieser Maschinen lässt kaum größere Schutzeinrichtungen zu mit Ausnahme • eines Fuß- oder Hüftschalters, der bei gefährlichen Situationen losgelassen wird und zur Schnellabschaltung der Maschine führt • eines Schutzrechens an der Unterseite der Zahnwalze • einer Schutzabdeckung für den Dauerbetrieb	• größtmögliche Konzentration • nicht ablenken lassen • keine Metallgeflechthandschuhe tragen • vor dem Reinigen Netzstecker ziehen • beim Messerwechsel schnittfeste Handschuhe tragen

Entschwartungsmaschine

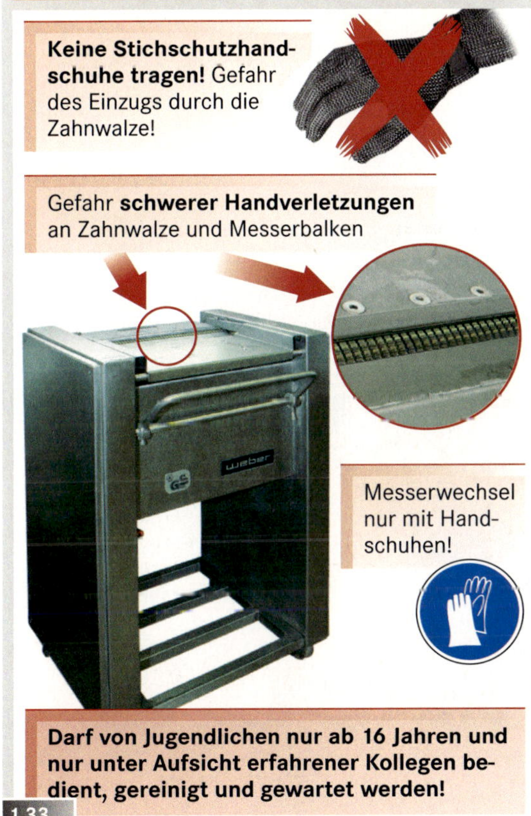

1.33

Druckkochkessel

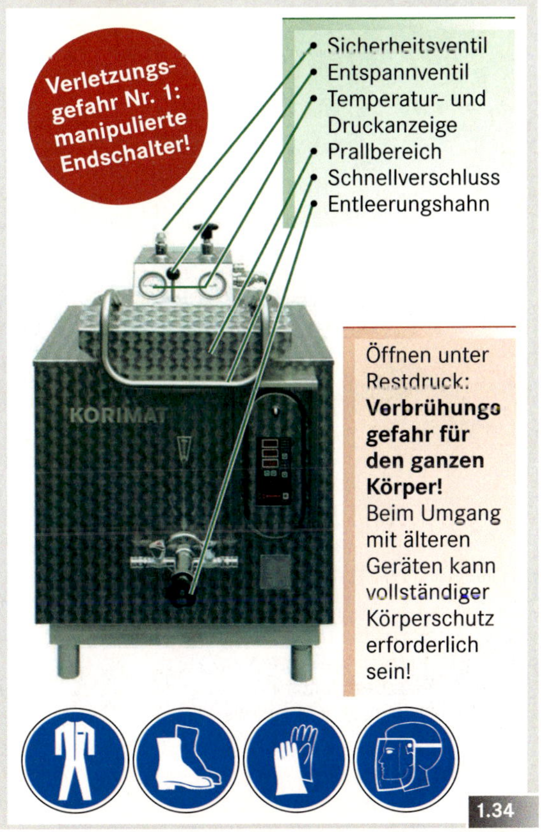

1.34

Druckkochkessel

Gefahrenstellen	Schutzeinrichtungen	Sicherheitsregeln
Heißes Wasser oder heißer Dampf kann durch einen Restüberdruck beim Öffnen des Deckels austreten.	• Manometeranzeige beachten • vorhandene Prallbleche verhindern direkten Kontakt mit heißem Wasser oder Dampf	• Betriebanleitung genau beachten • Sicherheitseinrichtungen vor der Benutzung überprüfen • vor dem Öffnen Druck immer vollständig ablassen • Deckel nie mit Gewalt öffnen • gegebenenfalls Schutzausrüstung benützen (Gesichts-, Kopfschutz, Lackschürze, Schutzhandschuhe u. Ä.)

Speck- oder Würfelschneider		
Gefahrenstellen	**Schutzeinrichtungen**	**Sicherheitsregeln**
▸ Scherstelle beim Verschließen des Füllkammerdeckels ▸ Scherstelle des sich bewegenden Vorschubstempels ▸ Gattermesser ▸ rotierendes Sichelmesser	▸ Öffnen der Füllkammer setzt Vorschubstempel außer Betrieb ▸ Öffnen des Messerkastens schaltet Maschine ab ▸ große Geräte lassen sich nur einschalten, wenn ein Fleischtransportwagen untergeschoben ist	▸ Handgriff des Füllkammerdeckels benützen ▸ Messerkastentüre schaltet beim Öffnen die Maschine ab ▸ Vor dem Reinigen Netzstecker ziehen ▸ Beim Ein- und Ausbau von Gattermesser und Sichelmesser schnittfeste Handschuhe tragen

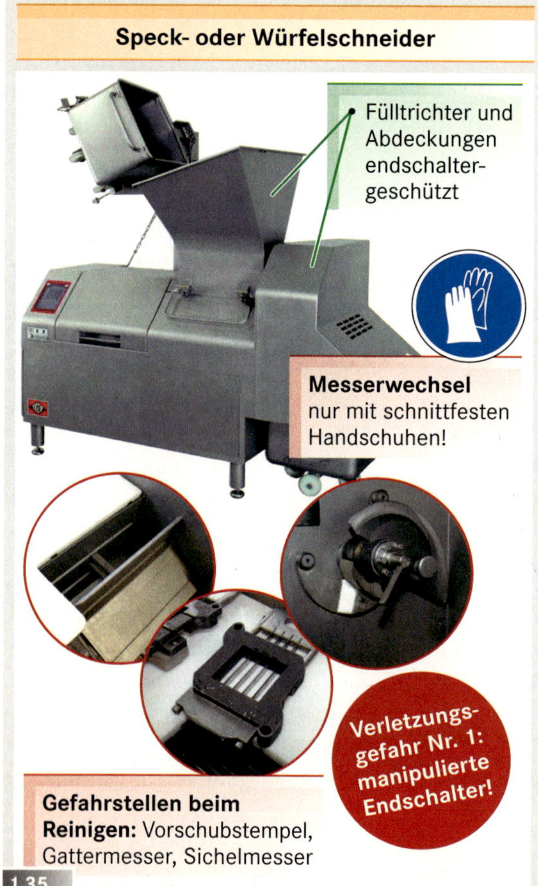

1.35

1.36

Pökelspritzautomat		
Gefahrenstellen	**Schutzeinrichtungen**	**Sicherheitsregeln**
▸ die sich absenkende Nadelstation ▸ die auslaufseitige Einzugstelle des Förderbandes ▸ die leichte Kippgefahr beim Transport ▸ die Aggressivität der Pökellake	▸ beweglicher Einlaufschutz schaltet beim Anheben die Maschine ab ▸ beweglicher Auslaufschutz schaltet beim Anheben die Maschine ab	▸ Fleischstücke vor dem Einlaufschutz loslassen bzw. erst nach dem Auslaufschutz entnehmen ▸ schieben möglichst durch zwei Personen (Kippgefahr) ▸ beim Verschieben Handgriffe benutzen ▸ beim Reinigen vorher Netzstecker ziehen ▸ bei empfindlicher Haut nur mit Gummihandschuhen und nur mit Gummischürze und Gummistiefeln arbeiten ▸ eventuell durch Hautschutzmaßnahmen vorbeugen

Wurstclipmaschine		
Gefahrenstellen	**Schutzeinrichtungen**	**Sicherheitsregeln**
▸ Verdrängungsschere ▸ Clipwerkzeug	▸ handbetätigte Clipper lassen sich nur bedienen, wenn die lichte Weite der Verdrängungsscheren maximal 8 mm beträgt ▸ Füll-Clip-Automaten besitzen ein Schutzmaß, das den Zugriff erschwert ▸ geöffnete Gehäuseklappe setzt Maschine außer Betrieb	▸ Clipvorgang erfolgt nach dem „Zweihand-Prinzip" = eine Hand hält den Darm, zweite Hand löst den Clipvorgang aus ▸ bei Funktionsstörungen und Reinigung Maschine abschalten

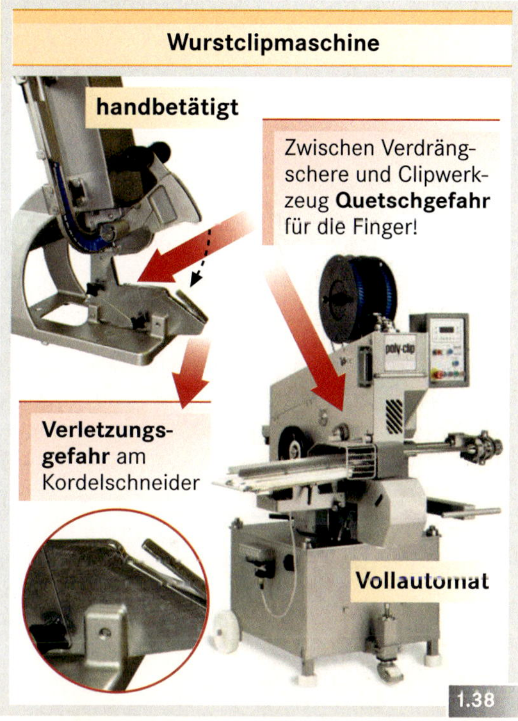

1.38

4.4.4 Sicheres Arbeiten mit Ladenmaschinen

1.37

Aufschnittschneidemaschine		
Gefahrenstellen	**Schutzeinrichtungen**	**Sicherheitsregeln**
das Messer – ob stehend oder laufend – ist die Hauptgefahrenquelle	▸ breite Schlittenrückwand ▸ großer Schneidguthalter mit Zwangsführung und zwangsläufiger Schutzstellung ▸ mit dem Schlitten gekoppelte Anschlagplatte ▸ fest stehender Schutzbügel über und hinter der Schneidstelle ▸ übergreifende Verdeckung am Schutzbügel ▸ Außerkraftsetzen von Schutzeinrichtungen wird erschwert	▸ tägliche Überprüfung der Koppelung von Anschlagplatte und Schlitten ▸ tägliche Überprüfung der zwangsläufigen Schutzstellung des Schneidguthalters ▸ Schlitten kann nur bei Null-Stellung der Anschlagplatte demontiert und gereinigt werden ▸ bei Reinigung des Rundmessers muss schnittfester Handschuh getragen werden ▸ bei Aus- und Einbau des Rundmessers schnittfeste Handschuhe tragen

Ladenwolf (s. Abb. 1.29 und 3.17)		
Gefahrenstellen	**Schutzeinrichtungen**	**Sicherheitsregeln**
▸ Scherstelle zwischen Schacht und Schnecke ▸ Messer des Schneidesatzes	▸ Schnecke darf nicht mit den Fingern erreichbar sein ▸ Stopfer zum Nachschieben des Materials ▸ Ausziehkralle für Entfernen des Schneidsatzes verwenden	▸ Nachschieben des Materials nur mit dem Stopfer ▸ restliches Material erst nach Stillstand der Maschine von der Lochscheibe abstreifen ▸ vor dem Reinigen Netzstecker ziehen ▸ zum Reinigen – insbesondere der Messer – schnittfeste Handschuhe tragen

Mürbeschneider (Steaker) und Streifenschneider		
Gefahrenstellen	**Schutzeinrichtungen**	**Sicherheitsregeln**
▸ Einzugstelle zwischen den Messerwalzen am Einlauf ▸ Einzugstelle zwischen Gehäuse und Messerwalzen am Auslauf	▸ Beschaffenheit der Einlassöffnung soll Kontakt mit den Messerwalzen verhindern oder erschweren ▸ Maschine ist nur mit geschlossener Gehäuseabdeckung funktionsfähig ▸ Abstreiferkamm am Auslass sorgt für Sicherheit	▸ Fleischeinzug und Fleischentnahme muss ohne manuelles Zutun erfolgen ▸ kein gewürfeltes Fleisch steaken ▸ kein Gefrierfleisch oder Fleisch mit Knochen steaken ▸ nie mit der Hand oder mit Gegenständen nachstopfen ▸ vor der Reinigung Netzstecker ziehen ▸ Ausbau und Zusammenbau der Messerwalzen nur mit schnittfesten Handschuhen

1.39

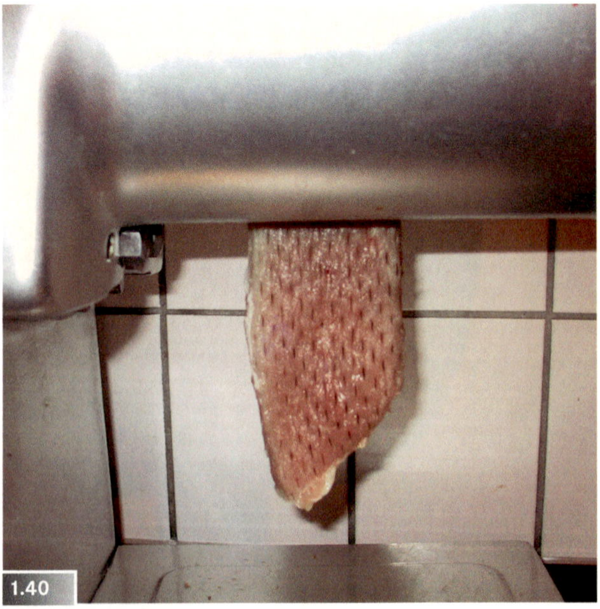

1.40

Steaker im Gebrauch

4.4.5 Reinigung der Arbeitsräume und Arbeitsgeräte

Für Lebensmittelbetriebe gelten sehr hohe hygienische Anforderungen:[1]

- Ein Schädlingsbefall (z. B. Mäuse, Schaben, Fliegen) muss völlig ausgeschaltet werden.
- Um Krankheitserreger (Mikroben) zu vermeiden, wird eine größtmögliche Keimfreiheit bzw. Keimarmut verlangt.

Merke

Der Reinigungsablauf erfolgt durch

- *Vorreinigung: mechanische Reinigung mit Wasser und Bürste, dient dem Entfernen grober Schmutzteile;*
- *Hauptreinigung: mechanische Reinigung unter Zugabe von chemischen Mitteln zur Schmutzlösung;*
- *Zwischenspülen: mit Wasser zum Entfernen des gelösten Schmutzes und der Reinigungsmittel;*
- *Desinfektion: Aufbringen (meist durch Sprühen) des Desinfektionsmittels zur Abtötung der Keime;*
- *Schlussspülen: dient dem gründlichen Abspülen aller Reinigungs- und Desinfektionsmittelrückstände.*

Reinigung der Arbeitsräume

- Wände und Decken: Die Reinigung erfolgt mit Schlauch und Schrubber, der Einsatz von Reinigungsschaum, Dampfstrahler und Hochdruckreiniger ist bei größeren Verschmutzungen zu empfehlen. Allerdings ist hier auf elektrische Installationen (Steckdosen, Schaltelemente u. Ä.) besonders zu achten.
- Fußboden: Die Reinigungsintensität ist je nach Funktion der Räume unterschiedlich, im
  - Schlachtbereich sind eine intensivere Reinigung mit Hochdruckreinigern und chemische Reinigungsmittel unumgänglich;
  - Produktionsbereich (einschließlich Kühlräumen, Gängen) eignen sich Rotierbürstenmaschinen bzw. Hochdruckreiniger für schwer zugängliche Stellen (Achtung bei elektrischen Einrichtungen);
  - Verkaufsbereich genügen meist Schrubber und Reinigungslappen, der Einsatz von Rotierbürstenmaschinen ist bei großen Flächen empfehlenswert.

Moderne *Räucheranlagen* besitzen eine eigene Reinigungsautomatik, wodurch eine problemlose Säuberung gewährleistet ist. Anlagen ohne Reinigungsautomatik müssen von Hand mit Bürste, Schaber und Sprühgeräten gesäubert werden. Die FBG schreibt hier als geeignete Schutzkleidung Gummihandschuhe, Augenschutz, Gummischürze, Gummistiefel, Gesichtsschutz und Helm dringend vor.

1 Alles über hygienische Arbeitsbedingungen im Lebensmittelhandwerk, über Mikroorganismen – ihre Lebensbedingungen und ihre Bekämpfung – usw. erfahren Sie im folgenden Kap. 5 dieses Lernfelds und in Kap. 4 in Lernfeld 2.

Reinigung der Arbeitsgeräte

Handwerkszeug (Messer, Spalter, Sägen) wird meist in Spülbecken von Hand gereinigt. Dabei sind die einzelnen Werkzeuge einzeln zu reinigen und dürfen nicht ins Spülwasser gelegt werden (Verletzungsgefahr). Um Schnittverletzungen vorzubeugen, empfiehlt sich die Verwendung von Schnittschutzhandschuhen.

▼ *Reinigung per Hand*

1.41

Einsortierung für die Spülmaschine ▶

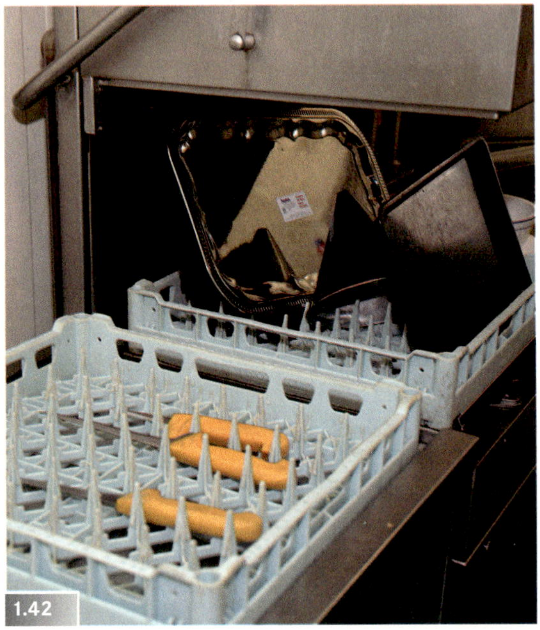

1.42

1.43

◀ *Sichere Aufbewahrung von Messern in der Spülmaschine*

Kleingeräte (Formen, Behälter, Schüsseln, Tische, Arbeitsflächen) werden von Hand im Spülbecken oder in eigens gestalteten Spülmaschinen gereinigt.

Bei der Reinigung von *Maschinen* ist die jeweilige Reinigungsanleitung des Herstellers zu beachten. Meist werden sie mit dem Schlauch, der Bürste und mit Reinigungslappen gesäubert. Der Einsatz von Hochdruckreinigern ist hier häufig nicht empfehlenswert (Beschädigungsgefahr, elektrische Anlagen).

Umgang mit Reinigungsgeräten

In Fleischereien wird die Reinigung der Räume, Geräte, Maschinen und Einrichtungen teilweise von den Beschäftigten selbst, teilweise von eigenen Reinigungskräften und teilweise von Reinigungsfirmen durchgeführt. Die Benutzung spezieller Reinigungsmaschinen bedarf einiger Erfahrung und Sorgfalt.

Rotierbürstenmaschinen werden ausschließlich für die Fußbodenreinigung verwendet und eignen sich vor allem für große Flächen. Der besondere Vorteil der Maschinen besteht darin, dass kein Sprühnebel entsteht und die Umgebung von chemischen Reinigungsmitteln und Spritzwasser verschont bleibt. In einem Arbeitsgang wird gereinigt und umgehend getrocknet, dabei wird das Putzwasser mit dem Reinigungsmittel und dem darin gelösten Schmutz von der Maschine aufgesaugt, gefiltert und wieder verwendet. Dass diese Maschinen über einen eigenen Antrieb verfügen, erleichtert das Arbeiten wesentlich.

Die Benutzung des *Hochdruckreinigers* erfordert Erfahrung, dabei sind einige Sicherheitsmaßnahmen genau zu beachten.

Hochdruckreiniger 1.44

Hochdruckreiniger	
Gefahren	**Sicherheitsregeln**
▸ beim Einschalten erfolgt ein Rückstoß an der Reinigungslanze ▸ der mit hohem Druck versprühte Wasserstrahl zerstäubt beim Aufprall in einen feinen Nebel, der in die kleinsten Ritzen dringt ▸ beim Auftreffen auf elektrische Einrichtungen (Steckdosen, Leitungen, Schalter u. Ä.) kann es zu einem elektrischen Stromschlag kommen	▸ Menschen und Tiere dürfen nicht mit dem Hochdruckstrahl bespritzt werden, weil dabei sehr hohe Kräfte auftreten, die zu Verletzungen führen können. ▸ Reinigungsstrahl immer vom Körper weg richten ▸ glatte Flächen nicht direkt bespritzen sondern schräg von der Seite ▸ Sprühnebel oder Dampf nicht einatmen, da darin chemische Reinigungsmittel enthalten sind ▸ Bei Verwendung von Reinigungsmittel müssen Augenschutzbrillen und Atemschutzmasken getragen werden. ▸ Sicherheitsabstand zu allen elektrischen Betriebseinrichtungen unbedingt einhalten

Verwendung von chemischen Reinigungsmitteln

In Fleischereibetrieben ist die geforderte Hygiene[1] nur durch den Einsatz von chemischen Reinigungs- und Desinfektionsmitteln zu erzielen. Diese Reinigungsmittel enthalten Säuren oder Laugen, die die menschliche Gesundheit gefährden und bei Berührung mit der Haut und den Schleimhäuten zu Verätzungen führen können.

1 Alles über hygienische Arbeitsbedingungen im Lebensmittelhandwerk erfahren Sie im folgenden Kap. 5 dieses Lernfelds und in Kap. 4 in Lernfeld 2.

Merke

- *Körperschutzausrüstung (Handschuhe, Augenschutz, Gummistiefel) tragen*
- *Verdünnung des Konzentrats in der Reihenfolge: zuerst Wasser, dann Reinigungskonzentrat dazu geben – keinesfalls umgekehrt!*
- *Unterschiedliche Reinigungsmittel nicht miteinander mischen (chemische Reaktionen, Gasbildung)*
- *Reinigungsmittelbehälter immer geschlossen halten*
- *Aufbewahrung an einem separaten, sicheren Ort*
- *Reinigungsmittel nie in Trinkbehälter oder Flaschen umfüllen (Gefahr der falschen Verwendung)*
- *bei Reinigungsarbeiten weder rauchen, noch essen, noch trinken*

Umgang mit Säuren

Säuren sind sehr aggressiv und stark ätzend, sie brennen stark, wenn sie auf die Haut gelangen. Die Konzentration in Reinigungsmitteln reicht von 1:1 bis 1:10 und ihre beste Anwendungstemperatur liegt zwischen 50 und 70 °C. Im Lebensmittelbereich werden Säuren eingesetzt zur:

- Eiweiß- und Blutentfernung,
- Entfernung von Kalkrückständen,
  - Phosphorsäure ($H_3\,PO_4$) zur Aluminiumreinigung,
  - Essigsäure (CH_3-COOH) als Kalklöser (Kesselsteinentferner),
  - Ameisensäure (COOH) als Desinfektionsmittel und Konservierungsstoff.

Merke

AUFPASSEN: Laugen bilden bei Kontakt mit Leichtmetall (Aluminium) ein explosives Knallgas!

Umgang mit Laugen

Laugen sind ebenfalls sehr aggressiv und stark ätzend, sie werden eingesetzt

- zur Fett- und Harzlösung (Räucheranlagen),
- zum Aufquellen von hartnäckigen Eiweißresten.

Im Lebensmittelbereich finden folgende Laugen Verwendung:

- Natronlauge (NaOH) zur Fettentfernung in Friteusen und zur Rauchharzentfernung,
- Kalilauge (KOH) vorwiegend zur Rauchharzentfernung.

Erste Hilfe bei Verätzungen

- bei Augenverätzungen:
  mit klarem kaltem Wasser ausspülen; Kopf nach unten drehen, damit Spülwasser abfließt
- bei Handverätzungen:
  mit viel kaltem Wasser ohne Zusätze abspülen
- bei Körperverätzungen:
  Kleidung ausziehen und sofort duschen
- in allen Fällen:
  Arzt aufsuchen!

Gefahrstoffsymbole

Arbeitsstoffe, die gefährliche Eigenschaften besitzen, müssen vom Hersteller mit Gefährdungssymbolen und Beschriftungen versehen werden.

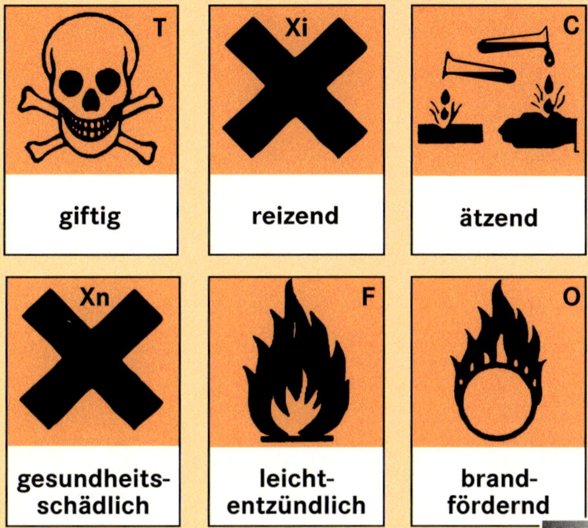

1.45

Merke

Umweltschutz beachten

Die in Fleischereien gängigen Reinigungsmittel enthalten je nach Verwendungszweck Säuren oder Laugen, um die vorgeschriebenen Hygienebedingungen zu gewährleisten. Bei einem sorglosen Umgang können diese Stoffe unsere Umwelt gefährden. Deshalb gilt:

- *Reinigungsmittel sollen nur in der dringend erforderlichen Konzentration und Menge verwendet werden!*
- *Benutztes Reinigungswasser ist ausschließlich über die Kanalisation zu entsorgen!*
- *Wenn möglich solche Reinigungsmittel verwenden, die in der Kanalisation für die Umwelt unbedenklich abgebaut werden können!*

Berufliche Aufgabenstellung

Nehmen Sie Ihren eigenen Ausbildungsbetrieb als Beispiel.

- **Beschreiben Sie einer Aushilfskraft kurz die Arbeitsräume, in denen der Hauptteil Ihrer Ausbildung stattfindet.**
- **Stellen Sie die Maschinen vor, mit denen Sie es überwiegend zu tun haben. Machen Sie dabei auf die Gefahrenquellen aufmerksam, wo Verletzungen entstehen oder Unfälle vorkommen können.**
- **Beschreiben Sie, was im Fall eines Arbeitsunfalls alles zu tun ist.**

Übungen

1. Beschreiben Sie kurz die Aufgaben der Berufsgenossenschaft.
2. Svenja ist gerade 17 geworden, als die Betriebsferien der Fleischerei Baringer zum Teil in die Schulzeit der Berufsschule fallen. Svenja geht darum während ihres Urlaubs an zwei Tagen in die Berufsschule hat sie Anspruch auf zwei zusätzliche Urlaubstage?
3. Begründen Sie, warum der Staat werdende Mütter besonders schützt.
4. Überlegen Sie gemeinsam in der Klasse, welche der Arbeiten, die in Ihrem Ausbildungsbetrieb anfallen, eine Schwangere im 5. Monat nicht mehr tun dürfte.

5 Warum hat der Gesetzgeber wohl besondere Schutzvorschriften für Schwerbehinderte erlassen?

6 Was bedeutet „Ergonomie am Arbeitsplatz"?

7 Warum hat die Beleuchtung des Arbeitsplatzes entscheidenden Einfluss auf unsere Arbeit?

8 Was bedeutet im Zusammenhang mit Licht die Festlegung „warmweiß"?

9 Welche Anforderungen muss der Boden in Fleischereien erfüllen?

10 Welche Bedeutung haben im Zusammenhang mit dem Fußboden die Bezeichnungen R 13 und V 10?

11 Worauf müssen Sie beim Heben von schweren Gegenständen besonders achten?

12 Erkundigen Sie sich, wer in Ihrem Ausbildungsbetrieb als Ersthelfer ausgebildet ist und wo sich die Erste-Hilfe-Box befindet.

13 Ermitteln Sie die Zahl der Beschäftigten in Ihrem Ausbildungsbetrieb und berechnen Sie, wie viele Personen nach den Bestimmungen der Berufsgenossenschaft in Erster Hilfe ausgebildet sein müssen.

14 Aus welchem Material sollen Handschuhe sein, die im Fleischerfachgeschäft verwendet werden?

15 Welche Anforderungen muss eine Hautschutzcreme am Arbeitsplatz erfüllen?

16 Welche Gefahrenstellen sind bei der Benutzung von Handmessern besonders zu beachten?

17 Welche Sicherheitsregeln sollten Sie bei der Arbeit mit Handmessern unbedingt berücksichtigen?

18 In welchen Fällen müssen „persönliche Schutzausrüstungen" in Fleischereien zum Einsatz kommen?

19 Welche Schutzbestimmen hat die FBG für Jugendliche für die Arbeit an Fleischereimaschinen erlassen?

20 Welche Schutzeinrichtungen muss eine Aufschnittmaschine erfüllen, damit sie im Fleischer-Fachgeschäft in Gebrauch genommen werden darf?

21 Worauf ist beim Reinigen von Handmessern zu achten?

22 Welche „Erste Hilfe" leisten Sie, wenn sich ein Arbeitskollege/eine Arbeitskollegin mit einer Säure verätzt hat?

23 Wie ist die Erstversorgung bei
a) einer größeren Schnittwunde,
b) einer Verbrennung,
c) einer Ohnmacht?

24 Worauf sollten Sie bei der Verwendung von Reinigungsmitteln im Hinblick auf unseren Umweltschutz achten?

Zusammenfassung

Arbeitsschutz

Gesetze zum Arbeitsschutz
- **Jugendarbeitsschutz**
- **Mutterschutz**
- **Schwerbehindertenschutz**

Berufsgenossenschaft
– Träger der Unfallversicherung –
- **Unfallverhütungsvorschriften**
- **Erste-Hilfe-Leistung**
- **Rehabilitation** beruflich – sozial

Unfallgefahren
- Ergonomie
- Beleuchtung
- Raumklima
- Heben, Tragen
- Gehen, Transportieren

Schutzbestimmungen
- **Hautschutz**
- **Arbeit mit**
  - Messer
  - Beil
  - Spalter
- **Arbeit an**
  - Maschinen
  - Geräten
- **persönliche Schutzausrüstungen**
  - Handschuhe
  - Stechschutzschürze
  - Augenschutz
  - Kälteschutz
  - Fußschutz
  - Gehörschutz
- **Reinigungsmittel**

5 Beim Umgang mit Lebensmitteln auf Hygiene achten

Ziele dieses Kapitels:

- **Wir beachten die gesetzlichen Bestimmungen zur Hygiene.**
- **Wir wissen, welche Folgen den Kunden drohen, wenn wir die Hygieneregeln nicht beachten.**
- **Wir wissen, wie es zum Verderb von Fleisch-Erzeugnissen kommen kann.**
- **Wir kennen die Wege, auf denen schädliche Mikroorganismen in unsere Lebensmittel gelangen.**
- **Wir erkennen die Stellen in der Produktion, an denen die Gefahr einer Schädigung des Lebensmittels besteht.**
- **Wir erstellen ein Konzept, mit dessen Hilfe wir das Hygienerisiko in unserem Betrieb minimieren können.**

Brigitte Huber erzählt ihrer Auszubildenden Svenja Kallenbach von einem Zeitungsartikel, den sie heute Morgen gelesen hat. Eine Bäckerei wurde von der Polizei geschlossen, weil in den Sahnetorten gesundheitsschädliche Mikroorganismen gefunden wurden. Eine Kundin war schwer erkrankt und musste ins Krankenhaus gebracht werden. Viele andere wurden von ihren Hausärzten für einige Tage krankgeschrieben.

„Wie kann denn so etwas geschehen?“, fragt Svenja ganz entrüstet. Frau Huber erklärt: „Krankheitserreger sind überall, nur durch ausreichende Hygienemaßnahmen kann man sich vor ihnen schützen.“ – „Dann muss es in der Bäckerei aber ziemlich schmutzig gewesen sein. Gibt es denn da keinen Schutz für den Kunden?“ – „Oh doch. Gerade für die Betriebe, die mit Lebensmitteln umgehen, gelten sehr strenge Gesetze!“ Svenja ist nun sehr besorgt: „Habe ich denn bisher alle Bestimmungen eingehalten?“ Frau Huber lächelt: „Ich habe schon darauf geachtet, dass du unser Hygiene-Konzept beachtest!“

5.1 Rechtliche Bestimmungen

Fleischereien, Bäckereien und andere Lebensmittel verarbeitende Betriebe haben einen großen Kundenkreis. Unterläuft ihnen bei der Produktion ein Fehler, sind viele Menschen betroffen. Kommen beispielsweise bei der Herstellung von Fleischsalat unbemerkt Krankheitserreger in das Produkt und es wird anschließend verkauft, könnten dadurch mehrere hundert Bürger betroffen sein. Eine kleine Unachtsamkeit genügt um vielen Menschen zu schaden.

Fleischereiprodukte verderben sehr schnell. Deshalb muss gerade in der Fleischerei alles getan werden, damit der Kunde hygienisch einwandfreie

Ware erhält. Alle Produktionsvorgänge müssen darauf überprüft werden ob sichergestellt ist, dass

- durch die Lebensmittel keine Krankheiten hervorgerufen werden können
  - z. B. durch Krankheitserreger (siehe auch Lernfeld 2 Kapitel 4.1) oder Gifte
- die Lebensmittel keinen Ekel beim Kunden hervorrufen können
  - z. B. durch Fremdstoffe im Produkt.

Um dies für die Bürger zu gewährleisten, hat der Staat verschiedene rechtliche Vorschriften erlassen.

5.1.1 Schutz vor Infektionen

Fleischer, Fachverkäuferinnen aber auch Beschäftigte anderer Lebensmittel verarbeitender Betriebe kommen mit der Nahrung vieler Menschen in Kontakt. Häufig berühren sie die Nahrung mit bloßen Händen.

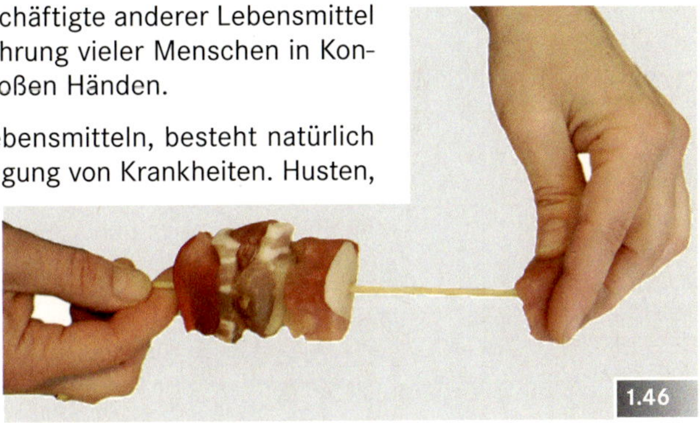

1.46

Durch diesen intensiven Kontakt mit den Lebensmitteln, besteht natürlich ein wesentlich höheres Risiko für die Übertragung von Krankheiten. Husten, Schnupfen oder andere Erkältungskrankheiten können nicht durch Lebensmittel übertragen werden. Es gibt aber eine Reihe von Krankheiten, deren Erreger sich in Lebensmitteln vermehren können. Isst ein Kunde dann ein so infiziertes Lebensmittel, besteht die Gefahr, dass er selbst erkrankt. Zu diesen Krankheiten zählen zum Beispiel:

- Salmonellose
- Typhus
- Cholera
- Virushepatitis A oder E
- übertragbare Hautkrankheiten.

Personen, die an einer dieser Krankheiten erkrankt sind oder deren Erreger zum Beispiel über den Stuhlgang ausscheiden, dürfen in keinem Lebensmittel verarbeitenden Betrieb, also auch nicht in der Fleischerei arbeiten. Erst wenn sie eine ärztliche Bescheinigung vorlegen können, dass sie gesund sind und auch der Darm frei von den Erregern ist, dürfen sie die Arbeit wieder aufnehmen.

Belehrung vor Beginn der Beschäftigung

Bevor eine Person die Arbeit in einem Lebensmittel verarbeitenden Betrieb aufnehmen darf, muss sie über die Inhalte der rechtlichen Bestimmungen zum Infektionsschutz belehrt worden sein. Die Belehrung erfolgt durch das Gesundheitsamt oder einen Arzt, der vom Gesundheitsamt dazu beauftragt worden ist.

Die Belehrung umfasst:

- die Krankheiten, die durch Lebensmittel übertragen werden können;
- die Lebensmittel, die diese Krankheiten übertragen können, z. B. Fleisch und Fleisch-Erzeugnisse;

- das Tätigkeitsverbot: Eine Person, die an einer der genannten Krankheiten leidet oder deren Erreger ausscheidet, darf keine Arbeiten ausüben, bei denen sie mit Lebensmitteln in Berührung kommt.

Diese Belehrung muss mündlich und schriftlich erfolgen. Am Ende der Belehrung muss die belehrte Person eine Erklärung unterschreiben. Damit erklärt sie, dass nach ihrem Wissensstand für sie kein Grund für ein Tätigkeitsverbot besteht.

Die Bescheinigung über diese Belehrung und die unterschriebene Erklärung dürfen bei Arbeitsbeginn nicht älter als drei Monate sein.

Merke

Eine Person, die an einer Infektionskrankheit leidet, darf keine Arbeit ausüben, bei der sie mit Lebensmitteln in Kontakt kommt.

Vorschriften für die Zeit des Beschäftigungsverhältnisses

Vermutet ein Arbeitnehmer, dass der Grund für ein Tätigkeitsverbot vorliegen könnte, muss er dies sofort dem Arbeitgeber mitteilen. Bis zur vollständigen Genesung darf diese Person nicht mehr arbeiten.

Der Arbeitgeber muss alle Beschäftigten, die mit Lebensmitteln zu tun haben, bei Beginn der Beschäftigung über die Tätigkeitsverbote und die Pflichten des Arbeitnehmers informieren.

Diese Belehrung muss jährlich wiederholt werden, die Belege über diese Belehrungen muss der Arbeitgeber bei einer eventuellen Kontrolle des Gewerbeaufsichtsamts vorlegen können.

5.1.2 Rechtliche Bestimmungen zur Hygiene

Für die Räume, die Einrichtung und das Personal einer Fleischerei gelten bestimmte rechtliche Vorgaben. Sie legen grundsätzlich fest, dass Lebensmittel in Betrieben keinen Gefahren ausgesetzt sein dürfen. Als Gefahren gelten unter anderem:

- übertragbare Krankheiten (siehe Kap. 5.1.1),
- tierische Ausscheidungen,
- Schimmelpilzgifte,
- Tierarzneimittel.

1.47

„Läden" unter Hygieneaspekt

Bestimmungen für die Hygiene in der Fleischerei

betriebliche Ausstattung

ausreichende Anzahl von Handwaschbecken

- Kalt- und Warmwasser
- Mittel zum Händewaschen
- Vorrichtung zum hygienischen Händeabtrocknen

ausreichende Anzahl von Spülbecken

- Kalt- und Warmwasser
- rostfrei
- leicht zu reinigen und zu desinfizieren
- Möglichkeit zur Desinfektion der Arbeitsgeräte
- falls nötig, getrennte Waschbecken zum Abwaschen von Lebensmitteln

ausreichende Anzahl von Toiletten

- mit Handwaschbecken
- kein direkter Zugang zu den Produktions- oder Verkaufsräumen

ausreichende Trinkwasserversorgung

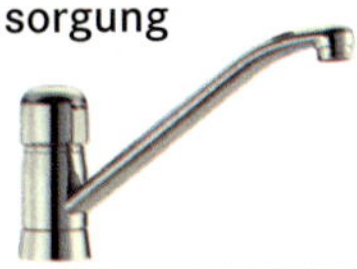

- zum Waschen von Lebensmitteln
- zur Herstellung von Eis (Fleischerei)
- als Zutat zu Lebensmitteln

- ausreichende Belüftung

- ausreichende Beleuchtung

- ausreichende Anzahl von Umkleideräumen
- Möglichkeit zur getrennten Aufbewahrung von Arbeits- und Straßenkleidung

Räume und Einrichtungen

Fußböden

- leicht zu reinigen und zu desinfizieren
- wasserundurchlässige, abwaschbare Beschichtung

Wände

- glatte, wasserundurchlässige Beschichtung (bis zu einer für die entsprechenden Arbeitsvorgänge sinnvollen Höhe)
- leicht zu reinigen/desinfizieren

Fenster

- Fliegengitter

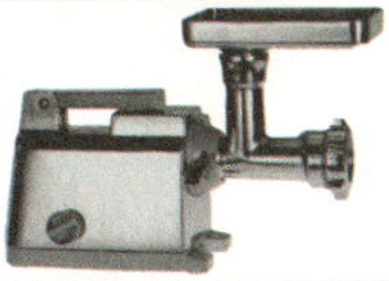

Einrichtungsgegenstände und Geräte

- leicht zu reinigen und zu desinfizieren
- hygienisch unbedenkliche, glatte, abwaschbare Oberfläche

Personal

persönliche Hygiene

- geeignete Arbeitskleidung
- keine ansteckenden Krankheiten
- regelmäßige Schulung zu Themen der Hygiene

1.48

Zwar legen die Bestimmungen Mindestanforderungen fest (siehe Tabelle 1.48), zusätzlich verpflichten sie die Betriebe aber zu betriebseigenen Kontrollen. Diese Kontrollen sollen nach einem Konzept erfolgen, das die Gefahren für die Lebensmittel minimiert (siehe Kap. 5.4.4).

Für die Schlachtung, die Zerlegung und die Produktion in einer Fleischerei gelten zusätzliche, verschärfte Bestimmungen.

Um Schlachttiere schlachten, zerlegen oder deren Fleisch verarbeiten zu dürfen, müssen alle Fleischereien bei der jeweils zuständigen Behörde eine Zulassung beantragen. Die Kontrollbehörde überprüft dann, ob die in der Tabelle 1.48 genannten räumlichen und personellen Voraussetzungen erfüllt sind. Zusätzlich muss sichergestellt sein, dass währende der Zerlegung oder Bearbeitung keine weiteren Gefahren auf die Lebensmittel einwirken.

1.49 *Zerlegen von Rinderteilen am Zerlegeband*

Daraus ergeben sich unter anderem folgende weiteren Anforderungen:

Zusätzliche Hygienebestimmungen für die Fleischerei	
Lagerung von Fleisch:	◗ getrennte Lagerung von verpacktem und unverpacktem Fleisch ◗ Lagertemperatur nicht über 7 °C ◗ Auf dem Fleisch darf sich kein Kondenswasser bilden.
Sterilisationseinrichtung	Wassertemperatur mindestens 82 °C
Raumtemperatur	höchstens 12 °C

Für die Ausstattung und Führung von Schlachthöfen gelten besondere Hygienevorschriften, die im Lernfeld 12 (3. Ausbildungsjahr) näher erläutert werden.

5.1.3 Lebensmittelkontrolle

Der Verbraucher vertraut darauf, dass die Lebensmittel, die er in der Fleischerei kauft, allen lebensmittelrechtlichen Vorschriften entsprechen. Um dies sicherzustellen, werden alle Lebensmittel verarbeitenden Betriebe von staatlichen Stellen überwacht. Die Überprüfung der Betriebe wird von fachlich ausgebildeten Lebensmittelkontrolleuren vorgenommen. Sie suchen den Betrieb unangemeldet auf und überprüfen alle Bereiche des Lebensmittelrechts.

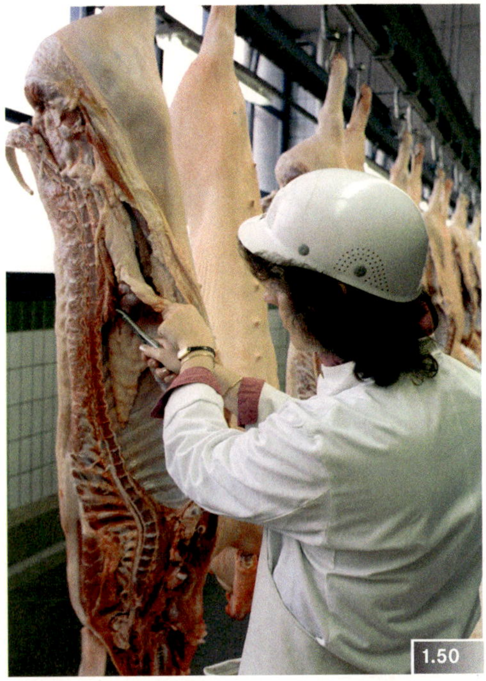
1.50
Lebensmittelkontrolle auf einem Schweineschlachthof

Was überprüft der Lebensmittelkontrolleur?

Personalhygiene	▸ Bescheinigungen über die Erstbelehrung und die Folgebelehrungen nach dem Infektionsschutzgesetz ▸ Gesundheit des Personals (soweit erkennbar) ▸ Vollständigkeit und Sauberkeit der Arbeitskleidung ▸ Tragen einer Kopfbedeckung
Betriebshygiene	▸ Zustand der Räume und Gebrauchsgegenstände ▸ Sauberkeit der Räume und Gebrauchsgegenstände
Produkthygiene	▸ Unterlagen über den Zustand der Rohstoffe ▸ Hygiene bei der Herstellung der Lebensmittel ▸ Hygiene bei der Verpackung und Lagerung der Lebensmittel
Hygienekonzept	▸ Vollständigkeit des HACCP-Konzeptes (siehe Kap. 5.4.4) ▸ lückenlose Protokolle über Reinigung und Desinfektion ▸ lückenlose Protokolle der Hygienekontrollen (siehe Kap. 5.4.4)
andere lebensmittelrechtliche Vorschriften	▸ Kennzeichnung von Zusatzstoffen (s. Lernfeld 3, Kap. 3.1) ▸ Preisauszeichnung (s. Lernfeld 3, Kap. 3.2) ▸ Zusammensetzung von Lebensmitteln ▸ Eichung[1] der Waagen

Um diese Aufgaben erfüllen zu können, dürfen die Lebensmittelkontrolleure im Betrieb alle Räume betreten und Einsicht in alle Unterlagen nehmen. Der Betriebsinhaber oder das verantwortliche Betriebspersonal wie die Verkaufsleiterin oder der Fleischermeister müssen den Lebensmittelkontrolleur bei seiner Arbeit unterstützen und alle notwendigen Auskünfte erteilen. Insbesondere Fragen zu Rezepturen oder Herstellungsmethoden müssen sie beantworten.

1 eichen = etwas das gesetzlich festgelegte Maß geben; alle Waagen müssen z. B. geeicht sein, damit ein Kilogramm auch überall immer tatsächlich dasselbe Gewicht hat.

Die Lebensmittelkontrolleure dürfen von allen Lebensmitteln, die im Betrieb gelagert sind, Proben nehmen. Diese Proben müssen sie noch im Betrieb verpacken, beschriften und versiegeln. Dann werden sie an chemische Untersuchungsämter weitergeleitet. Diese Ämter überprüfen bei den Proben beispielsweise:

- ob sie krankheitserregende Mikroorganismen (s. Kap. 5.3) enthalten,
- ob sie Gifte enthalten,
- ob die Zusammensetzung den rechtlichen Vorschriften entspricht,
- ob verbotene Zusatzstoffe verwendet wurden (z. B. Farbstoffe in der Wurst).

Der Lebensmittelkontrolleur nimmt immer zwei Proben von demselben Lebensmittel. Eine leitet er an das chemische Untersuchungsamt weiter (siehe oben), die andere bleibt im Betrieb. Der Betriebsinhaber kann diese so genannte **Gegenprobe** dann von einem staatlich anerkannten Labor als Beweismittel untersuchen lassen. Bei Rechtsstreitigkeiten kann der Betrieb das Ergebnis dieser Gegenprobe als Beweismittel verwenden.

5.2 Mögliche Folgen des Verderbs

Verlust des guten Rufs

Eine gut geführte Fleischerei lebt von der Qualität ihrer Produkte. Aber nicht nur der aromatische Geschmack des Schinkens, der zarte Biss des Fleisches oder das schöne Aussehen der Theke bewegt den Kunden zum Einkauf. Auch das Vertrauen in die Hygienevorkehrungen ist ein Argument bei der Kaufentscheidung. Der Verkauf von Wurst, die nur noch wenige Tage genießbar ist, schädigt den Ruf eines Betriebs nachhaltig. Der Nachweis, dass eine Reihe von Kunden durch den Genuss des Produkts einer bestimmten Fleischerei krank geworden ist, kann zum Ruin dieses Betriebs führen. Die Sicherung des guten Rufs zwingt eine Fleischerei also zu umfassenden Hygienemaßnahmen.

Erhöhte Kosten

Mangelnde Hygiene in der Fleischerei verursacht zudem höhere Kosten. Werden Fleischwaren aus hygienisch belasteten Rohstoffen hergestellt, ergeben sich zusätzliche Risiken:

- Es kann sein, dass das Produkt noch vor der Fertigstellung verdirbt.
- Es besteht die Gefahr von Geschmacksfehlern.
- Unter Umständen zeigen sich in der Wurst grüne Flecken.

Auf alle Fälle können solche Fleischerzeugnisse nicht verkauft werden. Natürlich verderben unhygienisch behandelte Waren vorzeitig. Entweder müssen sie, bevor sie verkauft werden konnten, entsorgt werden oder – unter dem Image-Gesichtspunkt der schlimmste Fall, s. o. – der Kunde bringt die verdorbene Ware zurück ins Geschäft und verlangt sein Geld zurück.

Strafverfolgung

Stellen die Behörden eine Verletzung der Hygienevorschriften fest, drohen zudem rechtliche Folgen. Bei einfachen Verstößen wird der Kontrollbeamte in der Regel nur ein Bußgeld erheben und eine Frist für die Beseitigung des Missstandes setzen. Bei schwer wiegenden Verstößen steht den Gerichten allerdings ein weit reichender Katalog von Strafen zur Verfügung. Dies geht hin bis zu Gefängnisstrafen, Berufsverbot und Betriebsschließungen. Kann ein Kunde nachweisen, dass er durch eine Missachtung des Hygienerechtes einen Schaden erlitten hat, kann er zudem Schadensersatz einklagen.

Gesundheitliche Folgen

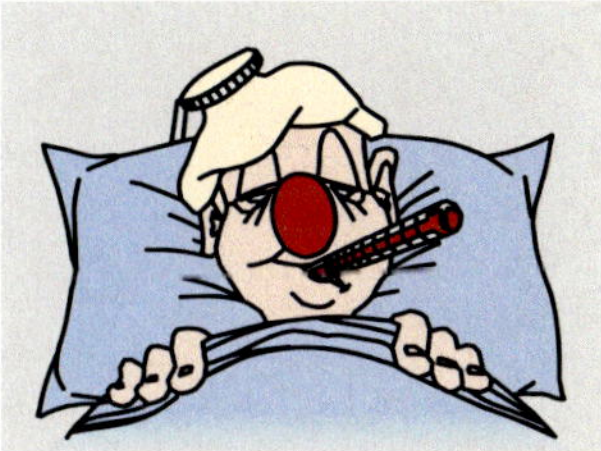

Die Folgen für den Verbraucher, der verdorbene Fleischwaren verzehrt, sind jedoch ungleich wichtiger. Nicht jeder Verderb kann mit den Sinnen wahrgenommen werden. Es ist also durchaus möglich, dass eine Wurst, die äußerlich vollkommen in Ordnung erscheint, verdorben ist und beim Kunden Krankheiten hervorruft. Die häufigste Auswirkung ist die **Magen-Darm-Infektion**. Der Patient hat Durchfall und muss sich erbrechen. Normalerweise klingt die Krankheit nach wenigen Tagen ab und es entstehen keine weiteren Schäden. Bei lang anhaltendem Durchfall verliert der Körper aber große Mengen an Wasser. Erhält ein solcher Patient keinen Flüssigkeitsausgleich durch Infusionen, besteht die Gefahr eines **Todes** durch Wassermangel. Einige Krankheitserreger gelangen aus dem Darm in die Blutbahn und nisten sich in anderen Organen ein. So kann der Verzehr eines verdorbenen Lebensmittels später noch zu **Nierenversagen** oder **Hirnhautentzündungen** führen.

5.3 Ursachen des Lebensmittelverderbs

Ein Lebensmittel gilt als verdorben, wenn es nicht mehr den Erwartungen des Kunden entspricht. Es gibt verschiedene Ursachen für diese Veränderungen: der natürliche Zerfallsprozess der Lebensmittel, die Übertragung von Fremdstoffen während der Produktion oder der unsachgemäße Umgang mit dem Lebensmittel im Verkauf. All diese Vorgänge kann man wie folgt einteilen.

Mikrobieller[1] Verderb

Mikroorganismen[2] vermehren sich im Lebensmittel. Das kann zur Folge haben, dass:

- das Lebensmittel seine Eigenschaften, z. B. den Geschmack, verändert (Fäulnis u. a.)
- im Lebensmittel Gifte entstehen, z. B. Schimmelpilzgift
- die Mikroorganismen nach dem Verzehr Krankheiten verursachen, z. B. Salmonellose

1 mikrobiell = durch Mikroorganismen (siehe unten) hervorgerufen oder erzeugt
2 Mikroorganismen siehe Kap. 5.3.1

Enzymatischer[1] Verderb

Natürliche Vorgänge gehen nach der Ernte/dem Schlachten ungesteuert weiter, z. B. beim Nachreifen und anschließenden Verderben von Obst.

Physikalischer Verderb

Durch physikalische Vorgänge (Gefrieren, Lichteinstrahlung, Austrocknen usw.) verändern sich die Eigenschaften des Lebensmittels, z. B. wird hell gelagerte Wurst braun.

Chemischer Verderb

Fette verändern sich durch chemische Reaktionen (beschleunigt z. B. durch Sauerstoff- oder Wärmeeinwirkung) und werden ranzig.

Verderb durch Schädlinge

Schädlinge fressen am Lebensmittel, hinterlassen Kot, Schmutz, Haare und legen Eier ab, z. B. Ratten, Mäuse, Fliegen, Spinnen.

Verderb durch unsachgemäße Behandlung

In das Lebensmittel gelangen Fremdstoffe z. B. Reinigungsmittel, Desinfektionsmittel, Haare, Schmutz, Schmiermittel usw.

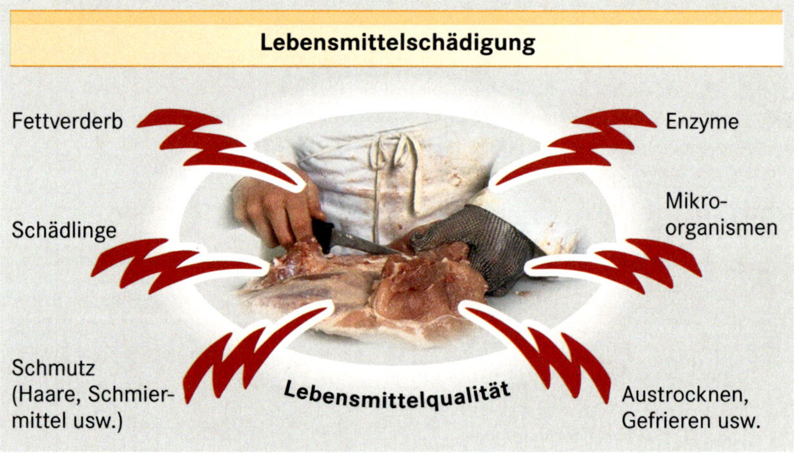

1.51

5.3.1 Einteilung der Mirkoorganismen

Unter dem Begriff Mikroorganismen fasst man die unterschiedlichsten Lebewesen zusammen. Ihre einzige Gemeinsamkeit ist ihre Winzigkeit (Mikro = sehr klein; Organismus = Lebewesen). Mit dem bloßen Auge kann man sie nicht erkennen. Für die meisten von ihnen reicht nicht einmal die Vergrößerung eines handelsüblichen Mikroskops aus. Um sie zu erkennen benötigt man spezielle Labormikroskope.

Genauso wie in der für uns sichtbaren Welt unterscheiden sich die Mikroorganismen in der Wahl des Lebensraumes, des bevorzugten Futters und der Art der Vermehrung.

1 siehe Lernfeld 2, Kap. 4.3

Mikroorganismen

Bakterien
- leben in der Erde sowie auf der Haut und im Darm von Menschen und Tieren,
- vermehren sich durch Zellteilung.

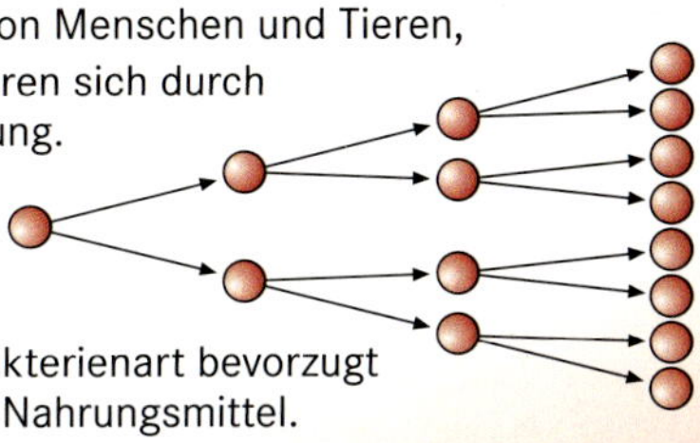

- Jede Bakterienart bevorzugt andere Nahrungsmittel.

Hefen
- leben auf Obst und Getreide,
- vermehren sich durch Sprossung,

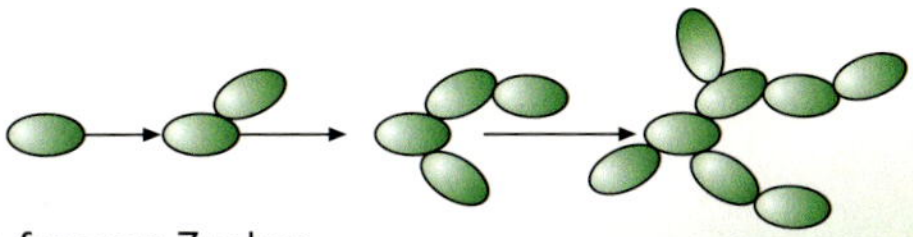

- fressen Zucker.

Schimmelpilze
- verbreiten sich über die Luft,
- vermehren sich durch Sprossung und bilden Sporen,

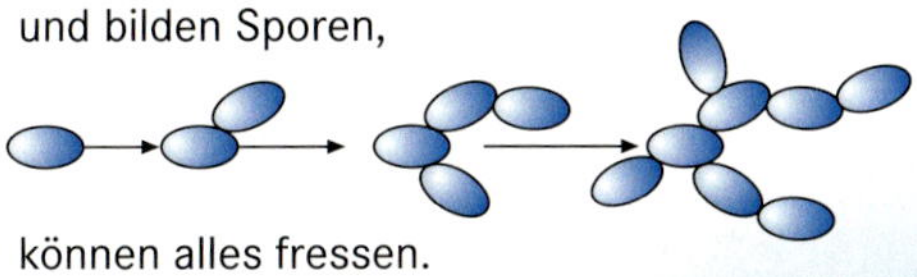

- können alles fressen.

Viren
- können nur in lebenden Zellen leben,
- vermehren sich, indem sie lebende Zellen zwingen neue Viren zu bauen,

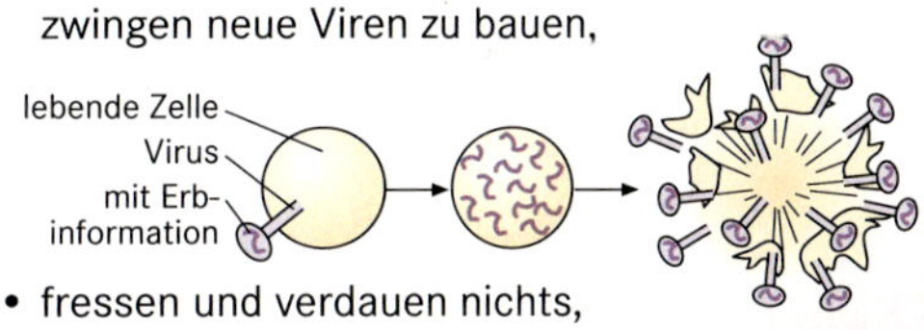

- fressen und verdauen nichts,
- haben für die Hygiene fast keine Bedeutung.

1.52

5.3.2 Übertragung von Mikroorganismen

Nach der Schlachtung ist das Fleisch gesunder Schlachttiere frei von Mikroorganismen. Weil sie aber überall in der Umgebung vertreten sind, werden diese Kleinstlebewesen im Lauf von Produktion und Verkauf jedes Lebensmittel besiedeln.

Neben der Luft, in der immer Schimmelpilze und andere Mikroorganismen schweben, gelten die **Rohstoffe** selbst als Infektionsquelle. Hühnereier sind beispielsweise häufig mit Salmonellen befallen. Verarbeitet man also rohes Hühnerei, muss man sich bewusst sein, dass man mit dem Ei auch Salmonellen in das Produkt bringt.

Aber auch die Oberfläche der Schlachttierkörper ist mit Mikroorganismen belastet. Nachdem das Schwein vor dem Öffnen der Bauchhöhle abgebrüht und meist auch abgeflämmt wird, ist die Schwarte weniger bedenklich. Bei den anderen Tieren wird aber die **Haut** vom Tier abgezogen. Während dieses Arbeitsschrittes hat man gleichzeitig die schmutzige Außenseite des Fells und die zu diesem Zeitpunkt noch keimfreie Fleischoberfläche in unmittelbarer Nähe zueinander. Hygienisches Schlachten bedeutet in diesem Zusammenhang, dass die Übertragung der Keime von der Haut auf das Fleisch soweit wie möglich verhindert wird.

Unvermeidlich ist es jedoch, dass bei der Zubereitung von Fleischerzeugnissen mit **Kräutern** Mikroorganismen in die Lebensmittel gelangen. Auf dem Feld gelangen ständig Erde und mit ihr auch Erdbakterien auf die Pflanzen. Auch eine gründliche Reinigung nach der Ernte kann diese Verschmutzung nicht vollständig entfernen.

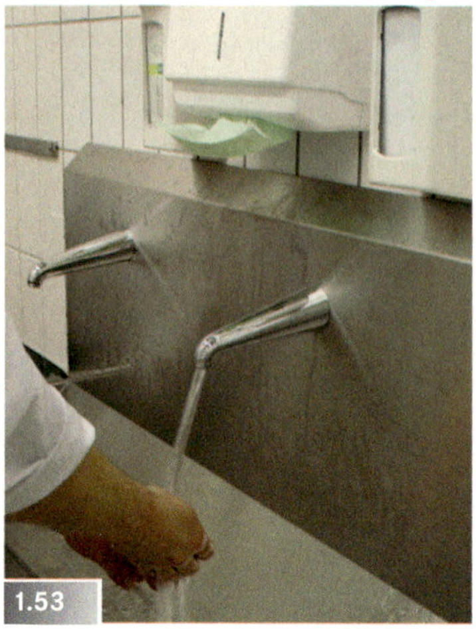
1.53
Reinigen und ...

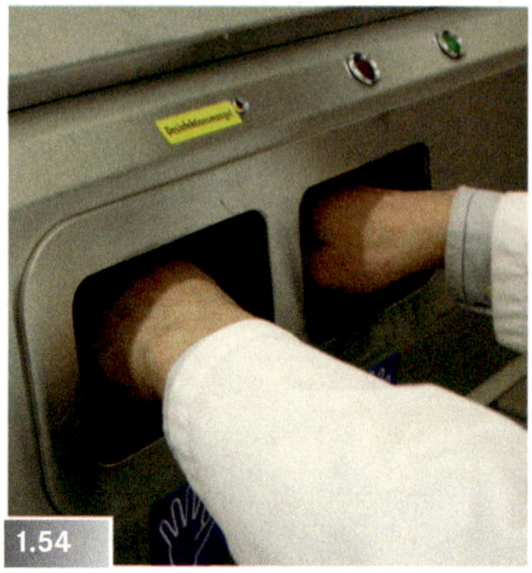
1.54
... desinfizieren

Wenn das **Personal** Mikroorganismen auf Lebensmittel überträgt, dann geschieht dies meist durch die Hände. Mit den Händen berührt man Gebrauchsgegenstände, das Geld von Kunden, man putzt sich die Nase oder man öffnet eine Tür. Bei jedem Handgriff gelangen Kleinstlebewesen auf die Haut der Hand. Bei jeder Berührung mit Lebensmitteln gelangen sie dann von der Haut auf die Ware. Nur häufiges Waschen und - wenn nötig - Desinfizieren kann dieses Risiko verringern. Die wichtigste Vorsorgemaßnahme in diesem Bereich ist aber das Bewusstsein für das Risiko.

Auch durch Haare oder die Arbeitskleidung können Mikroorganismen übertragen werden.

In Wunden vermehren sich Bakterien besonders gut. Ein Kontakt von diesen Brutstätten mit dem Lebensmittel muss also unbedingt vermieden werden. Mitarbeiter in einer Fleischerei müssen ihre Wunden also immer wasserdicht abdecken.

Merke

Fleischer und Fleischereifachverkäuferinnen müssen Wunden an Händen und Armen unbedingt wasserdicht abdecken.

Personal mit ansteckenden Krankheiten darf keinesfalls in einem Lebensmittel verarbeitenden Betrieb beschäftigt werden. Bei vielen Erkrankungen werden mit dem Stuhlgang Krankheitserreger ausgeschieden (s. auch Abb. 3.6). Bei der Reinigung auf der Toilette gelangen diese Bakterien auf die Hände und können selbst bei dem intensivsten Händewaschen nicht vollständig entfernt werden. Berührt beispielsweise eine kranke Fleischereifachverkäuferin mit der Hand die Wurst, überträgt sie auch den Krankheitserreger. Es besteht die Gefahr, dass der Kunde erkrankt.

Während der **Verarbeitung** und des **Verkaufs** können zusätzlich Bakterien auf die Lebensmittel gelangen. Maschinen und Werkzeuge sind Brutstätten für Mikroorganismen. Durch kleinste Abfälle und Rückstände von Lebensmitteln erhalten Mikroorganismen Nahrung und können sich allmählich vermehren. So bedrohen sie frische Lebensmittel.

In der Fleischerei sollte stets eine strikte Trennung zwischen dem reinen und dem unreinen Bereich vorgenommen werden. Dies gilt insbesondere für Abfälle und Konfiskate[1]. Diese müssen so schnell wie möglich aus den Räumen der Produktion entfernt werden.

Merke

Strikte Trennung zwischen dem reinen und dem unreinen Bereich in der Fleischerei!

Viele Fleisch-Erzeugnisse werden am Ende der Produktion erhitzt. Verhindert man danach eine neue Infektion mit Keimen, ist die Ware mikrobiologisch unbedenklich. Dies gilt jedoch nur, wenn bei der Erhitzung die notwendigen Temperaturen und Zeiträume eingehalten wurden. Unzureichend erhitzte Wurstwaren können noch Mikroorganismen enthalten, die sich in der Wurst weiter vermehren und sie so verderben.

1 Konfiskate (Einzahl: das Konfiskat): nicht zum Verzehr geeignete Teile von Schlachttieren

5.4 Hygiene im Betrieb

5.4.1 Personalhygiene

Auf dem menschlichen Körper siedeln unzählige Mikroorganismen. Das Abwehrsystem toleriert sie, weil sie auf der Haut keinen Schaden anrichten können. Gelangen sie aber in Lebensmittel, können sich einige von ihnen stark vermehren und verursachen dann beim Verzehr des Lebensmittels zum Teil schwere Krankheiten. Um die Übertragung der Mikroben von der Haut auf die Lebensmittel soweit wie möglich zu unterbinden, müssen sich Fleischer und Fachverkäuferinnen besondere Verhaltensregeln aneignen.

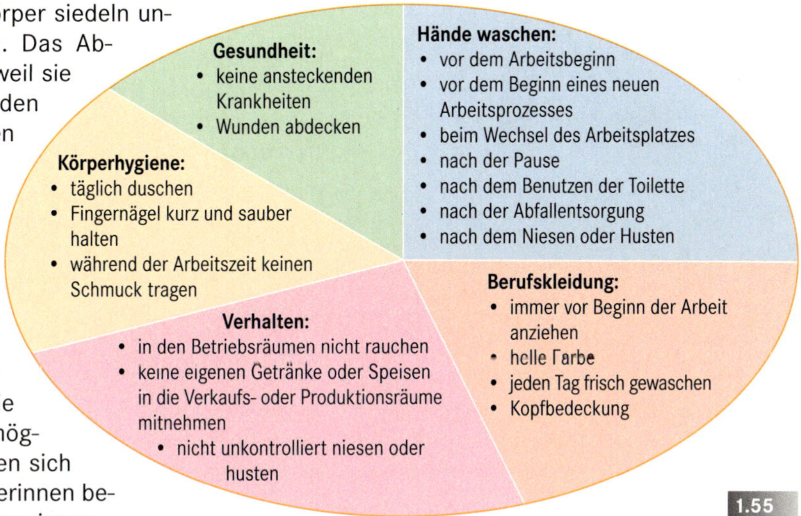

1.55

5.4.2 Produkthygiene

Produkthygiene beginnt bereits bei der **Warenanlieferung**. Bei der Annahme von Fleisch, Wurst oder Gewürzen muss der Zustand der Ware begutachtet werden. Die Unversehrtheit der Verpackung, die Temperatur im Lieferfahrzeug und das Mindesthaltbarkeitsdatum[1] müssen kontrolliert werden. Bei kritischen Rohstoffen wie Kräutern empfiehlt es sich, ein mikrobiologisches Gutachten beim Hersteller anzufordern. Das Risiko, mit diesen Zutaten eine unverhältnismäßig hohe Keimbelastung im Endprodukt zu erhalten, ist sonst zu hoch.

1.56

Warenannahme

Entspricht die Ware den Erwartungen, wird sie im Betrieb richtig **gelagert**. Hier gelten zunächst die altbekannten Regeln für das Einräumen von Ware:

- neu gelieferte Ware nach hinten,
- stark Riechendes getrennt lagern,
- empfindliche Rohstoffe nicht neben möglicherweise belastete Verpackungen
- usw.

Um die Qualität der Ware zu erhalten müssen außerdem die Lagertemperatur, die Verpackung und andere Lagerbedingungen je nach Rohstoff (rohes Fleisch, Konserven, Geräuchertes, Kräuter, Gewürzsoßen usw.) richtig gewählt werden.

1 Informieren Sie sich über die Kennzeichnung des Mindesthaltbarkeitsdatums in Lernfeld 3, Kap. 3.1.

In der **Produktion** wird aus den gelieferten Rohstoffen das bestmögliche Produkt hergestellt. Im Bereich der Hygiene heißt das, dass die Belastung mit unerwünschten Keimen während des Produktionsprozesses möglichst nicht steigen sollte. Die weitere Infektion der Lebensmittel durch Personal oder schmutzige Geräte ist unbedingt zu vermeiden. Während der Verarbeitung der Rohstoffe erwärmt sich das Lebensmittel, weil der Produktionsraum meist wärmer ist als der Lagerraum. Damit die Mikroben nicht unnötig viel Zeit haben, sich zu vermehren, sollte die Verarbeitung so schnell wie möglich ablaufen.

Viele Fleisch-Erzeugnisse werden am Ende der Produktion durcherhitzt. Dabei wird eine große Anzahl Mikroorganismen abgetötet. Die damit verbundenen längeren Haltbarkeitsdauern erreicht man aber nur dann, wenn die notwendige Kerntemperatur des Lebensmittels auch wirklich eingehalten wird.

- Erreicht das Innere des Fleisch-Erzeugnisses eine Temperatur von etwa 70 °C werden die meisten Krankheitserreger abgetötet. Lebensmittel, bei denen diese Kerntemperatur erreicht wurde, sind mehrere Tage vor dem Verderb geschützt. Dies setzt natürlich voraus, dass die Lebensmittel nach dem Erhitzen nicht erneut mit Mikroorganismen verseucht wurden.
- Sollen Konserven hergestellt werden, die länger haltbar sind, muss stärker erhitzt werden. Erst ab einer Kerntemperatur von 121 °C kann man sicher sein, dass alle Mikroorganismen zerstört sind.

Bei **Verkauf und Versand** steht die Erhaltung der hygienischen Qualität im Vordergrund. Neuinfektionen beispielsweise durch Wurstaufschnittmaschinen oder Berührung mit der bloßen Hand, unzureichende Kühlung oder unnötige Belastung durch andere Lebensmittel müssen unbedingt vermieden werden.

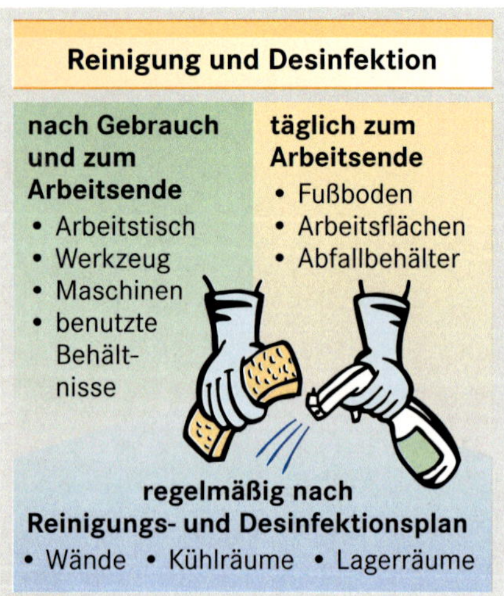

1.57

Abfälle und Konfiskate[1] sind häufig mit vielen Krankheitserregern verseucht. Um eine nachteilige Beeinflussung der Lebensmittel zu vermeiden, müssen sie so schnell wie möglich aus den Betriebsräumen entfernt werden. Hierfür müssen verschließbare Abfallbehälter zur Verfügung stehen.

5.4.3 Betriebshygiene

Hygienisch unbedenkliche Produkte kann man nur in hygienisch einwandfreien Arbeitsbereichen herstellen. Eine gründliche und fachgerechte Reinigung und Desinfektion ist deshalb unerlässlich. Hierbei dürfen auch schwer zugängliche Stellen nicht ausgespart werden.

Auch die Sauberkeit in den Personalräumen, also im Pausenraum und in den Umkleideräumen, gehört zur Betriebshygiene.

1 Konfiskate (Einzahl: das Konfiskat) = nicht zum Verzehr geeignete Teile von Schlachttieren

5.4.4 HACCP-Konzept

Der Gesetzgeber verpflichtet jede Fleischerei und jedes Fleischer-Fachgeschäft dazu, ein Konzept zu entwickeln, das die gesundheitliche Unbedenklichkeit seiner Waren garantiert. Dieses Konzept ist nach dem Prinzip der HACCP aufgebaut.

In jedem betrieblichen Ablauf besteht das Risiko, dass Mikroorganismen übertragen werden, sich vermehren können oder andere schädliche Einflüsse entstehen (siehe Kapitel 5.1.2). In manchen Bereichen ist die Gefahr, die dadurch entsteht, gering, in anderen können ernsthafte Schädigungen des Fleisch-Erzeugnisses oder gar des Kunden eintreten. Meist lässt sich jedoch durch einfache Maßnahmen überprüfen, ob der Arbeitsprozess wie geplant abgelaufen oder ob ein hygienisches Problem entstanden ist. Auf dieser Erkenntnis baut das HACCP-Prinzip auf.

H	**Hazard**	**Risiko**
A	**Analysis**	**Auswertung**
C	**Critical**	**kritisch**
C	**Control**	**Kontrolle oder Lenkung**
P	**Point**	**Punkt**

Frei übersetzt bedeutet also HACCP: **Auswertung des Risikos an kritischen Kontrollpunkten.**

Das HACCP-Konzept für einen betrieblichen Ablauf kann anhand einfacher Fragestellungen entwickelt werden:

Leitfragen des HACCP-Konzepts	Beispiel: Herstellung von Brühwurst
Welche Gefährdung kann bei diesem betrieblichen Vorgang für das Produkt oder für den Kunden entstehen? (Risiko)	Werden Brühwürste nicht ausreichend erhitzt, besteht die Gefahr, dass sich im Inneren der Wurst Mikroorganismen unbemerkt vermehren. Die Wurst verdirbt dann schnell und kann Krankheiten verursachen.
Wie kann man überprüfen, ob diese Gefährdung eingetreten ist? (Kontrollpunkt)	Messung der Kerntemperatur am Ende der Brühzeit
Welchen Grenzwert muss der Messwert erreichen, damit sichergestellt ist, dass keine Gefährdung eintritt? (kritischer Bereich)	Unterhalb einer Temperatur von 70 °C bestünde die Gefahr, dass Krankheitserreger überleben.
Wie kann man sicherstellen, dass dieser Grenzwert erreicht wird? (Lenkung)	Nach Ende der festgelegten Brühdauer wird bei einer Wurst die Kerntemperatur gemessen.
Was muss getan werden, wenn der Grenzwert nicht erreicht wurde? (Auswertung)	Ist die Kerntemperatur zu niedrig, muss die Brühdauer verlängert werden.
Alle Messungen und Überprüfungen müssen protokolliert werden. (Lenkung)	Jede Messung wird mit Datum, Uhrzeit und Unterschrift in ein Prüfprotokoll eingetragen.
Dieses System wird regelmäßig überprüft, insbesondere dann, wenn die Betriebsabläufe geändert werden. (Auswertung)	Anhand der Prüfprotokolle stellt man fest, ob die Brühdauer oder die Brühtemperatur generell verändert werden muss. Mit mikrobiologischen Analysen der fertigen Wurstwaren überprüft man, ob die Mindesttemperatur richtig festgelegt wurde.

Ein Hygienekonzept beschränkt sich allerdings nicht nur, wie im Beispiel, auf die Messung von Temperaturen. Das gesamte Spektrum von Personal-, Produkt- und Betriebshygiene muss über HACCP-Konzepte abgedeckt werden. Der kritische Bereich kann so festgelegt werden, dass eine Schweinehälfte für die Zerlegung nur eine bestimmte Zeitspanne außerhalb der Kühlung sein darf. Im Laden könnte man die maximale Anzahl von Mikroorganismen festlegen, die auf der Theke sein dürfen. Zur Überprüfung kann man ein Gutachten eines mikrobiologischen Labors anfordern. Auch die Menge des verbrauchten Desinfektions- oder Reinigungsmittels an Handwaschbecken eignet sich als Kontrollpunkt.

In vielen Produktionsbereichen ist das Lebensmittel unterschiedlichen Gefährdungen ausgesetzt. Bei der Herstellung von Fleischspießen muss z. B. die mikrobielle Belastung der verwendeten Gemüsearten bedacht werden, die Fachverkäuferin berührt die Ware mit den Händen, während der Verarbeitung erwärmt sich das Fleisch, weil der Vorbereitungsraum wärmer ist als der Kühlraum. Diese und weitere Einflussfaktoren müssen berücksichtigt werden. Ein HACCP-Konzept für diesen Bereich muss Kontrollpunkte enthalten, die den Kunden und das Produkt gegen alle diese Gefährdungen absichern.

Abgerundet wird dieses System von Überprüfungen und Auswertungen mit einem durchdachten Reinigungs- und Desinfektionsplan.

Ein gut durchdachtes Hygienekonzept bringt dem Betrieb und damit auch dem Kunden ein hohes Maß an Sicherheit. Werden alle kritischen Punkte in den Arbeitsabläufen regelmäßig überwacht,

- kann kein belastetes Material in den Betrieb gelangen;
- überträgt das Personal keine krankheitserregenden Keime;
- wird in der Verarbeitung die Übertragung und Vermehrung von Mikroorganismen oder unerwünschten Stoffen wie Desinfektionsmitteln vermieden;
- bleibt die hygienische Qualität auch im Verkauf oder Versand erhalten.

Protokoll eines HACCP-Konzeptes

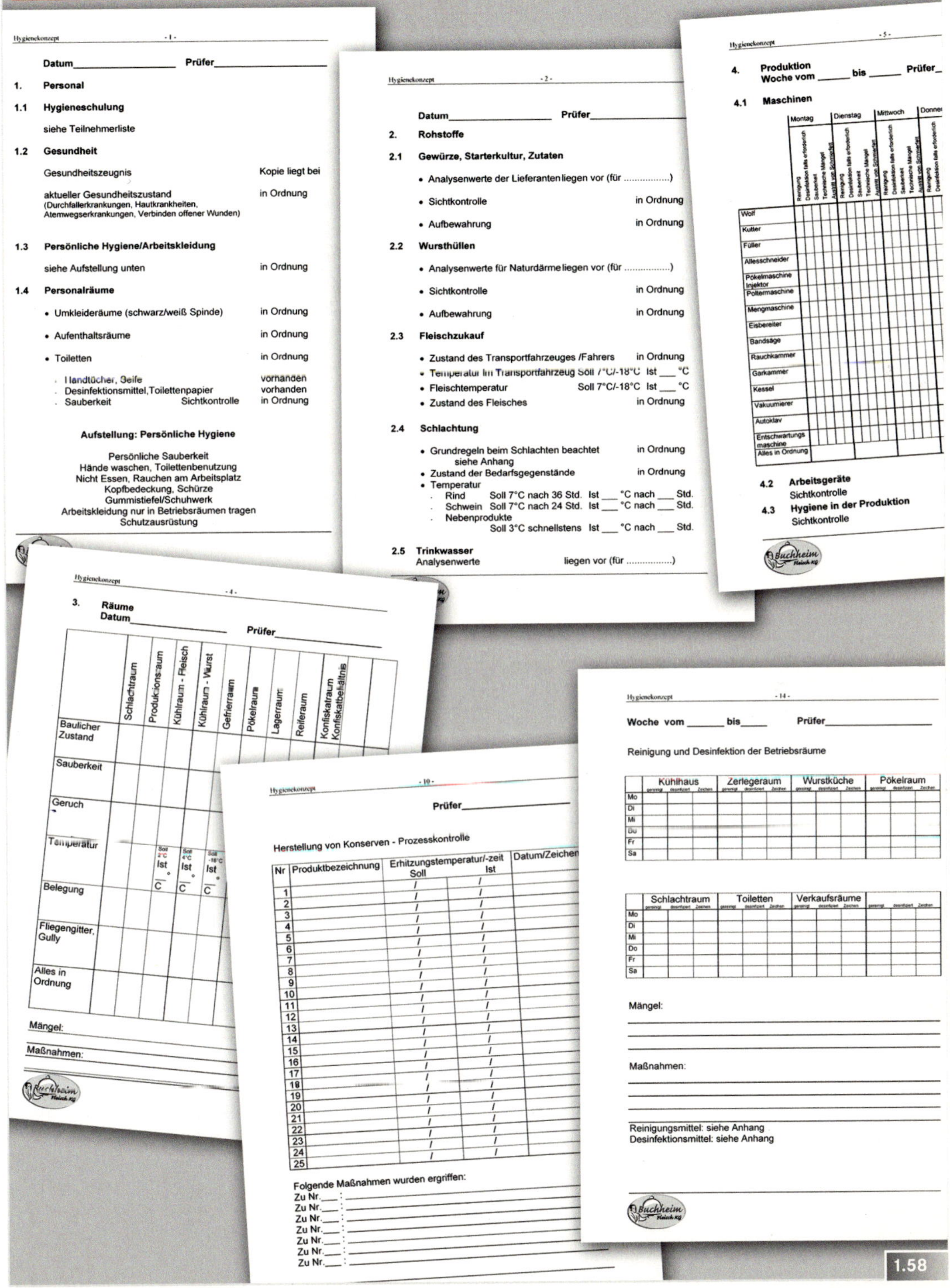
Hygienekonzept - 1 -

Datum________ Prüfer________

1. Personal

1.1 Hygieneschulung

siehe Teilnehmerliste

1.2 Gesundheit

Gesundheitszeugnis — Kopie liegt bei

aktueller Gesundheitszustand (Durchfallerkrankungen, Hautkrankheiten, Atemwegserkrankungen, Verbinden offener Wunden) — in Ordnung

1.3 Persönliche Hygiene/Arbeitskleidung

siehe Aufstellung unten — in Ordnung

1.4 Personalräume

- Umkleideräume (schwarz/weiß Spinde) — in Ordnung
- Aufenthaltsräume — in Ordnung
- Toiletten — in Ordnung
  - Handtücher, Seife — vorhanden
  - Desinfektionsmittel, Toilettenpapier — vorhanden
  - Sauberkeit Sichtkontrolle — in Ordnung

Aufstellung: Persönliche Hygiene

Persönliche Sauberkeit
Hände waschen, Toilettenbenutzung
Nicht Essen, Rauchen am Arbeitsplatz
Kopfbedeckung, Schürze
Gummistiefel/Schuhwerk
Arbeitskleidung nur in Betriebsräumen tragen
Schutzausrüstung

Hygienekonzept - 2 -

Datum________ Prüfer________

2. Rohstoffe

2.1 Gewürze, Starterkultur, Zutaten

- Analysenwerte der Lieferanten liegen vor (für ....)
- Sichtkontrolle — in Ordnung
- Aufbewahrung — in Ordnung

2.2 Wursthüllen

- Analysenwerte für Naturdärme liegen vor (für ....)
- Sichtkontrolle — in Ordnung
- Aufbewahrung — in Ordnung

2.3 Fleischzukauf

- Zustand des Transportfahrzeuges /Fahrers — in Ordnung
- Temperatur im Transportfahrzeug Soll 7°C/-18°C Ist ___ °C
- Fleischtemperatur Soll 7°C/-18°C Ist ___ °C
- Zustand des Fleisches — in Ordnung

2.4 Schlachtung

- Grundregeln beim Schlachten beachtet siehe Anhang — in Ordnung
- Zustand der Bedarfsgegenstände — in Ordnung
- Temperatur
  - Rind Soll 7°C nach 36 Std. Ist ___ °C nach ___ Std.
  - Schwein Soll 7°C nach 24 Std. Ist ___ °C nach ___ Std.
  - Nebenprodukte Soll 3°C schnellstens Ist ___ °C nach ___ Std.

2.5 Trinkwasser
Analysenwerte liegen vor (für ....)

Hygienekonzept - 5 -

4. Produktion
Woche vom ______ bis ______ Prüfer_

4.1 Maschinen

Unterspalten je Tag: Reinigung, Desinfektion falls erforderlich, Sauberkeit, Technische Mängel, Austritt von Schmierfett

	Montag	Dienstag	Mittwoch	Donners…
Wolf				
Kutter				
Füller				
Allesschneider				
Pökelmaschine Injektor				
Poltermaschine				
Mengmaschine				
Eisbereiter				
Bandsäge				
Rauchkammer				
Garkammer				
Kessel				
Vakuumierer				
Autoklav				
Entschwartungsmaschine				
Alles in Ordnung				

4.2 Arbeitsgeräte
Sichtkontrolle

4.3 Hygiene in der Produktion
Sichtkontrolle

Hygienekonzept - 4 -

3. Räume
Datum________ Prüfer________

	Schlachtraum	Produktionsraum	Kühlraum - Fleisch	Kühlraum - Wurst	Gefrierraum	Pökelraum	Lagerraum	Reiferaum	Konfiskatraum Konfiskatbehältnis
Baulicher Zustand									
Sauberkeit									
Geruch									
Temperatur			Soll 2°C Ist ___ °C	Soll 4°C Ist ___ °C	Soll -18°C Ist ___ °C				
Belegung									
Fliegengitter, Gully									
Alles in Ordnung									

Mängel:

Maßnahmen:

Hygienekonzept - 10 -

Prüfer________

Herstellung von Konserven - Prozesskontrolle

Nr	Produktbezeichnung	Erhitzungstemperatur/-zeit Soll	Ist	Datum/Zeichen
1		/	/	
2		/	/	
3		/	/	
4		/	/	
5		/	/	
6		/	/	
7		/	/	
8		/	/	
9		/	/	
10		/	/	
11		/	/	
12		/	/	
13		/	/	
14		/	/	
15		/	/	
16		/	/	
17		/	/	
18		/	/	
19		/	/	
20		/	/	
21		/	/	
22		/	/	
23		/	/	
24		/	/	
25		/	/	

Folgende Maßnahmen wurden ergriffen:
Zu Nr.___ :
Zu Nr.___ :
Zu Nr.___ :
Zu Nr.___ :
Zu Nr.___ :
Zu Nr.___ :
Zu Nr.___ :

Hygienekonzept - 14 -

Woche vom ______ bis_____ Prüfer________

Reinigung und Desinfektion der Betriebsräume

	Kühlhaus gereinigt	desinfiziert	Zeichen	Zerlegeraum gereinigt	desinfiziert	Zeichen	Wurstküche gereinigt	desinfiziert	Zeichen	Pökelraum gereinigt	desinfiziert	Zeichen
Mo												
Di												
Mi												
Do												
Fr												
Sa												

	Schlachtraum gereinigt	desinfiziert	Zeichen	Toiletten gereinigt	desinfiziert	Zeichen	Verkaufsräume gereinigt	desinfiziert	Zeichen	gereinigt	desinfiziert	Zeichen
Mo												
Di												
Mi												
Do												
Fr												
Sa												

Mängel:

Maßnahmen:

Reinigungsmittel: siehe Anhang
Desinfektionsmittel: siehe Anhang

1.58

Berufliche Aufgabenstellung

Erstellen Sie für einen Arbeitsschritt, in dem Sie in Ihrem Betrieb eingesetzt sind, ein HACCP-Konzept (Beispiel: HACCP-Konzept für das Herstellen von Schaschlik oder für die Herstellung von Frikadellen).

Orientieren Sie sich dabei an folgenden Fragestellungen:

1. **Wodurch könnte bei diesem Arbeitsbereich für das Lebensmittel oder den Kunden eine Gefährdung entstehen?**
   - **mikrobielle Belastung der Rohstoffe**
   - **Infektion durch das Personal oder Arbeitsgeräte**
   - **Gefährdung während der Bearbeitung**
   - **Gefährdung während der Lagerung**
   - **usw.**
2. **Welche Art von Verderb könnte eintreten?**
3. **Wie kann man kontrollieren, ob eine Gefährdung eingetreten ist?**
4. **Welche Grenzwerte müssen eingehalten werden?**
   - **Temperatur**
   - **Dauer**
   - **Keimzahl**
   - **usw.**
5. **Was muss getan werden, wenn der vorgegebene Grenzwert nicht erreicht wurde?**

Erstellen Sie einen Vordruck, anhand dessen die Überprüfungen kontrolliert werden können.

Bedenken Sie, dass bei einem Arbeitsbereich mehrere Gefährdungen auftreten können, die alle durch Kontrollpunkte abgesichert sein müssen.

Übungen

1. Welche Krankheiten können durch Lebensmittel übertragen werden?
2. Welche Unterlagen muss ein Arbeitnehmer vor Beginn der Beschäftigung in einer Fleischerei beim Arbeitgeber abgeben?
3. Welche Vorschriften gibt es für die Produktionsräume/Verkaufsräume einer Fleischerei in Bezug auf die
   - Waschbecken?
   - Fußböden?
   - Einrichtungsgegenstände?
4. Welche Krankheitssymptome drohen, wenn man verdorbene Lebensmittel isst?
5. Wie kann ein Lebensmittel verderben?
6. Welche Rohstoffe enthalten häufig Mikroorganismen?
7. Mit welchen Maßnahmen kann man verhindern, dass Personen Mikroorganismen auf Lebensmittel übertragen?

Zusammenfassung

Hygienemaßnahmen und Qualität

Die Personalhygiene | **Die Produkthygiene** | **Die Betriebshygiene**

verhindert

- mikrobiellen Verderb.
- physikalischen Verderb.
- chemischen Verderb.
- enzymatischen Verderb.
- Verderb durch Schädlinge.
- Verderb durch unsachgemäße Behandlung.

Die Kunden sind zufrieden.

Die Produktion ist sicher.

Das HACCP-Konzept

- **H**azard = Risiko
- **A**nalysis = Auswertung
- **C**ritical = kritisch
- **C**ontrol = Kontrolle
- **P**oint = Punkt

stellt sicher, dass

die Hygienemaßahmen ausreichen.

6 Das Warenangebot einer Fleischerei kennen lernen

Ziele dieses Kapitels:
- **Wir beschreiben die sensorischen Eigenschaften der Fleisch-Erzeugnisse richtig.**
- **Wir erkennen die verschiedenen Arten von Frischfleisch.**
- **Wir unterscheiden die verschiedenen Wurstwaren.**
- **Wir wissen, was Roh- und Kochpökelwaren sind.**
- **Wir kennen die anderen Fleisch-Erzeugnisse, die unser Betrieb herstellt und verkauft.**
- **Wir kennen die anderen Geschäftsbereiche, in denen sich Fleischereien engagieren.**

Nach Geschäftsschluss räumt Sonja Weiß im Vorbereitungsraum die letzten Werkzeuge auf und will gerade gehen, als ihr Branca Hizmeci begegnet. Die beiden kennen sich zwar flüchtig, haben aber bisher noch nicht viel miteinander gesprochen. Frau Hizmeci arbeitet seit einigen Monaten in der Filiale als Reinigungskraft, hat aber noch nicht viel vom Betrieb gesehen, weil sie immer erst am Abend kommt.
Deshalb ist sie ziemlich überrascht, als sie sieht, mit welchem Werkzeug Sonja gearbeitet hat: „Wozu benötigt man in einer Fleischerei denn eine Sahnespritze? Und das hier sind doch Ausstechformen für Plätzchen – oder?“ – „Ich habe gerade ein Büffet für heute Abend vorbereitet. Dazu habe ich Lebercreme auf Schwarzbrot aufdressiert und damit das schöner aussieht, habe ich das Brot vorher sternförmig ausgestochen“, lächelt Sonja. „Was? Solche Sachen macht ihr hier, ich dachte ihr verkauft nur Fleisch und Wurst!“ – „Na, das wäre aber ganz schön einseitig, kennen Sie denn unser Sortiment gar nicht?“, fragt Sonja erstaunt. „Ich glaube, jetzt habe ich mich ganz schön blamiert!“, gibt Frau Hizmeci zu. „Das macht ja nichts“, erwidert Sonja eifrig, „wenn es Ihnen Recht ist, zeige ich Ihnen mal alles, was wir hier so auf Lager haben ...“

6.1 Sensorische[1] Eigenschaften von Fleisch-Erzeugnissen

Die Sensorik umfasst die Eigenschaften, die wir mit unseren Sinnen wahrnehmen können. Hierzu zählen unter anderem
- der Geschmack,
- das Aussehen,
- der Geruch,
- die Festigkeit.

1 sensorisch = die Sinnesorgane, die Aufnahme von Sinnesempfindungen betreffend

6.1.1 Geschmack

Schmecken ist ein sehr komplizierter Vorgang. Entgegen unserer Vorstellung schmecken wir nicht nur mit der Zunge. An dem Geschmacksempfinden sind zum einen die Geschmackszellen beteiligt. Sie sind auf der Zunge, der Wangenschleimhaut, dem Kehlkopf und dem Rachen verteilt. Zum anderen ist der Geruchssinn von ganz wesentlicher Bedeutung für das, was wir für den Geschmack einer Speise halten.

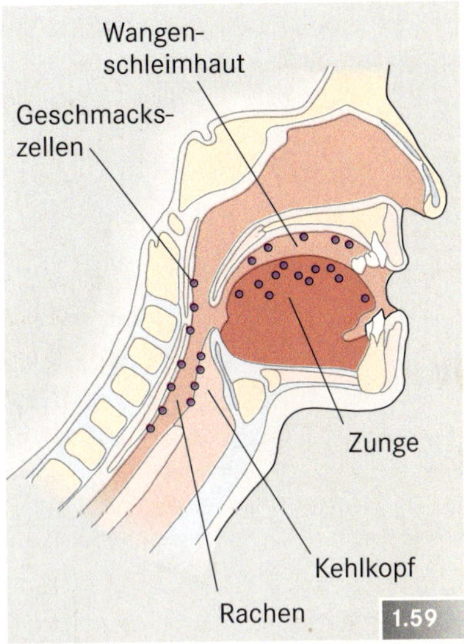

1.59

Geschmackszellen

Die Geschmackszellen können nur die Geschmacksempfindungen süß, sauer, salzig, bitter und „Fleischgeschmack" wahrnehmen. Für den Fleischgeschmack, der erst um 1930 als eigene Geschmacksempfindung entdeckt wurde, wird der Fachausdruck **umami** verwendet. umami stammt aus dem Japanischen und kann mit „fleischig und herzhaft" übersetzt werden. Kauen wir ein Lebensmittel, steigen daraus verschiedene Aromastoffe auf. Diese Aromastoffe riechen wir beim Ausatmen in der Nase. Aus der Kombination des Eindrucks der Geschmackszellen und des Geruchs setzt sich dann unser Empfinden für den Geschmack eines Lebensmittels zusammen.

Für den Geschmack von Fleisch-Erzeugnissen ist der Gehalt an Glutamin von wesentlicher Bedeutung. Glutamin ruft den Geschmack unami hervor. Es ist ein wesentlicher Baustein des Fleischeiweißes[1]. Um den Geschmack von Fleisch-Erzeugnissen zu verstärken, gibt man häufig Glutamat[2] zu. Dieser Stoff ist chemisch dem Glutamin sehr ähnlich und erzeugt ebenfalls den Geschmack umami.

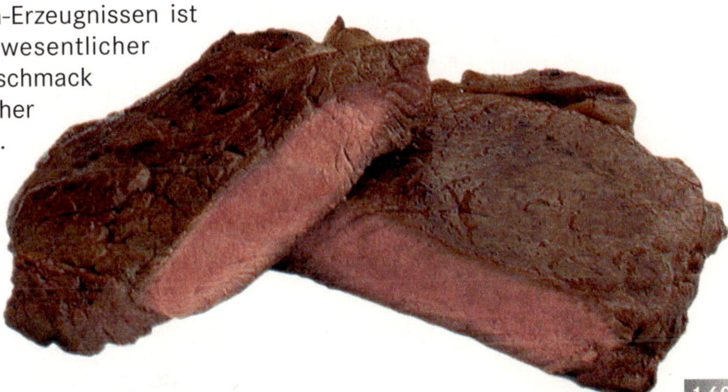

1.60

Der Geschmack „umami"

Durch die Zugabe von **Salz** wird der Geschmack von Fleisch-Erzeugnissen weiter in Richtung salzig verschoben. Ein leicht salziger Geschmack wird von vielen Kunden als angenehm empfunden. Versalzene Produkte werden aber nicht toleriert.

Rohwürste und Sülzwürste haben meist eine leicht **säuerliche** Geschmacksrichtung. Bei Sülzwürsten wird dies durch Zugabe von Essig erreicht. Bei Rohwürsten hingegen zersetzen Milchsäurebakterien Zucker und erzeugen dadurch Säure. Diese Säure ist sowohl für den Geschmack als auch für die Haltbarkeit und die Festigkeit der Wurst von großer Bedeutung. Bei vielen anderen Fleisch-Erzeugnissen ist ein saurer Geschmack ein Zeichen für Verderbnis.

Gewürze enthalten Bitterstoffe und **Aromastoffe**. Erst durch die Aromastoffe erhalten wir den kräftigen, würzigen Geschmack unserer Produkte.

1 Das Fleischeiweiß wird in der Ernährungslehre in Lernfeld 5, Kap. 3.2 erklärt.

2 Glutamat ist das im Fleisch enthaltene Salz der Glutaminsäure. Glutamat wird chemisch aus eiweißhaltigen Lebensmitteln gewonnen.

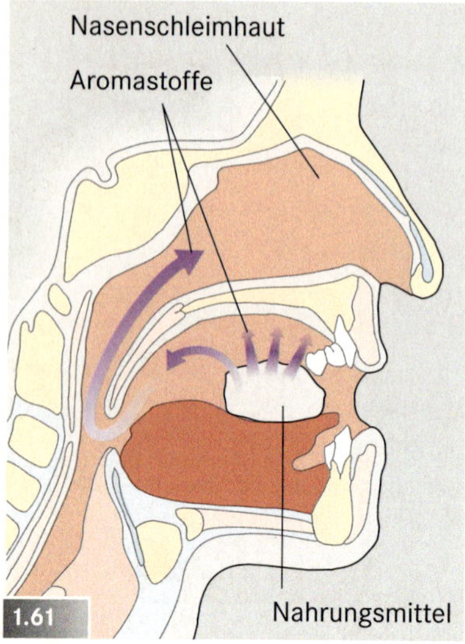

1.61

Allerdings verdampfen viele dieser Aromastoffe sehr schnell. Um sie im Fleisch-Erzeugnis festzuhalten, muss es Fett enthalten. Der Aromastoff löst sich im Fett auf. Wenn wir das Produkt kauen, löst sich das Aroma wieder vom Fett, verdampft in der Mundhöhle und steigt zur Nase auf. Dort riechen wir das Aroma und verknüpfen es mit den Bitterstoffen des Gewürzes und den anderen Geschmacksrichtungen des Lebensmittels zum Geschmack des Produktes.

Bei fettarmen Lebensmitteln verdampfen die Aromastoffe bereits vor dem Verzehr, weil sie vom Fett nicht festgehalten werden können. Fettarme Lebensmittel schmecken also weniger würzig. Einige Gewürze enthalten sehr starke Aromen und Bitterstoffe.[1] Es besteht die Gefahr, dass man überwürzt. Das Produkt schmeckt nur noch nach dem Gewürz, das angenehme Zusammenspiel der verschiedenen Geschmacksrichtungen geht verloren.

1.62

Schweinekrustenbraten

Erhitzt man die Oberfläche von Fleisch auf etwa 130 °C entstehen hellbraune Geschmacksstoffe. Sie verleihen der **Kruste** einen angenehm nussartigen Geschmack. Bei Temperaturen über 180 °C entstehen dunkelbraune bis schwarze Röststoffe, die einen scharfen, bitteren Geschmack hervorrufen. Der Geschmack von Krusten, sei es bei Leberkäse oder Braten, beruht auf diesen beiden Erhitzungsprodukten.

Der Mensch trocknet seit Jahrtausenden Fleisch-Erzeugnisse und andere Lebensmittel über offenem Feuer, um sie so haltbar zu machen. Aus diesem Konservierungsverfahren hat sich in der Fleischerei das **Räuchern** entwickelt. Neben der ursprünglichen Absicht, das Lebensmittel für längere Zeit aufbewahren zu können, rückte ein weiterer Effekt immer mehr in den Vordergrund: Der Rauch enthält Stoffe, die den Geschmack des Räuchergutes verändern. Bei manchen Fleisch-Erzeugnissen, wie dem rohen Schinken, gehört diese Geschmacksrichtung unverzichtbar zum typischen Geschmack des Produktes.

1.63

Senf, Chili oder Pfeffer enthalten Stoffe, deren Geschmack wir als **scharf** bezeichnen. Auch hier täuschen uns die Sinne. Die in diesen Gewürzen enthaltenen Stoffe reizen die Geschmacksnerven so stark, dass sie schmerzen. Wir schmecken also keinen Geschmack, unsere Zunge tut einfach nur weh. Daher auch unser Gefühl, dass nach dem Genuss von scharfen Speisen unsere Zunge „brennt“. Dieser Schmerz schädigt die Zunge aber nicht dauerhaft, scharfe Speisen haben vielmehr den Vorteil, dass sie die Verdauung anregen.

1 Einen Überblick, welche Aromen in welchen Gewürzen enthalten sind und für welche Speisen sich diese Gewürze eignen, erhalten Sie in diesem Lernfeld in Kap. 6.6.

6.1.2 Aussehen

Den ersten Eindruck erhält ein Kunde über das Auge: Das Lebensmittel soll appetitlich frisch aussehen. Frisches Fleisch zeichnet sich durch eine kräftige rote Farbe aus. Der Farbstoff des Fleisches ist aber sehr empfindlich. Liegt das Fleisch längere Zeit an der Luft, zerfällt der Farbstoff, das Fleisch verändert seine Farbe allmählich in Richtung braun. Das Fleisch alter Tiere ist zudem dunkler als das der jungen Tiere. Weil alte Tiere meist zähes Fleisch haben, tendiert der Kunde generell zu einem Fleisch mit einer kräftigen, aber nicht zu dunklen roten Farbe.

Beim Behandeln des Fleisches mit Pökelsalz wird der Fleischfarbstoff in eine stabilere Form umgewandelt. Dabei verändert sich allerdings auch der Farbton.

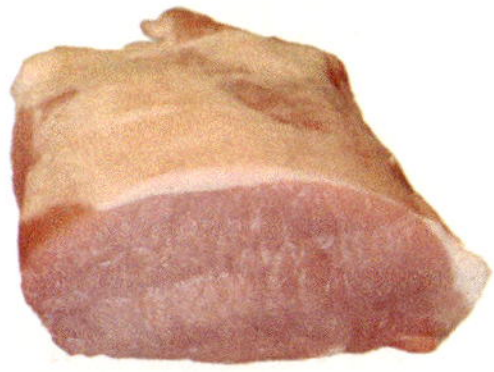
rohes Fleisch

Rohschinken 1.64

Gepökelte Fleisch-Erzeugnisse haben eine rote Farbe mit einem leichten Blaustich. Dieser neue[1] Farbstoff ist aber wesentlich widerstandsfähiger. Im Gegensatz zum Farbstoff des Frischfleisches verändert sich der Farbstoff von gepökelten Fleisch-Erzeugnissen auch nicht beim Erhitzen. Frischfleisch wird beim Erhitzen grau oder braun, Schinken ist auch nach dem Kochen noch rot.

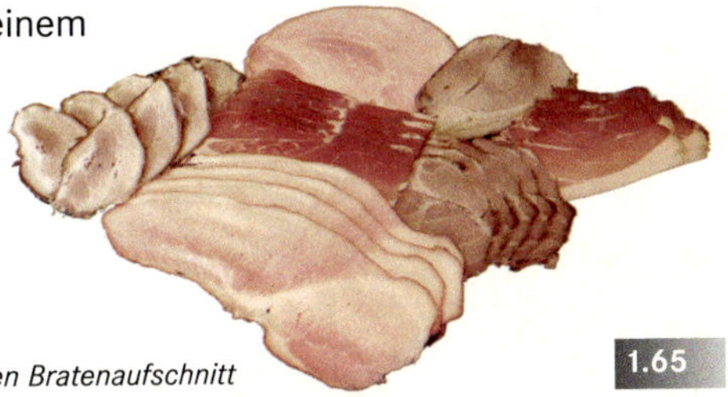
Schinkenaufschnitt neben Bratenaufschnitt 1.65

6.1.3 Geruch

Der Geruch von Fleisch-Erzeugnissen wird überwiegend durch Gewürze und Räucherstoffe geprägt. Der Geruch von frischem Fleisch ist relativ dezent und fällt deshalb meist nicht auf. Verströmt Fleisch jedoch einen deutlichen Eigengeruch, so ist es oft verdorben.

6.1.4 Festigkeit

Beim Kauen werden verschiedene Eigenschaften des Lebensmittels registriert.

- ✔ Ist das Produkt **zäh** oder **zart**? Bei zähem Fleisch hat man Schwierigkeiten, es mit den Zähnen zu durchtrennen. Lange Fleischfasern werden in die Zahnzwischenräume gedrückt. Zartes Fleisch kann man leicht durchbeißen. Es „zergeht auf der Zunge“.
- ✔ Ist das Produkt **fest** oder **weich**? Salami ist eine relativ feste Wurst. Um sie mit einem Messer in der Mitte durchzuschneiden, benötigt man ziemlich viel Kraft. Die Weißwurst ist eine sehr weiche Wurst, man kann sie sogar mit einer Gabel zerteilen. Je nach Fleisch-Erzeugnis erwartet der Kunde eher eine feste oder eine weichere Konsistenz[2].
- ✔ Ist das Produkt **saftig** oder **trocken**? Saftige Fleisch-Erzeugnisse müssen nicht unbedingt mehr Wasser enthalten. Auch ein höherer Fettgehalt bewirkt, dass man den Eindruck der Saftigkeit erhält. Allerdings darf der Fettgehalt nicht zu hoch sein, sonst schlägt der Eindruck der Saftigkeit sehr schnell in den Eindruck der Fettigkeit um.

1 Die ältere Methode Fleisch haltbar zu machen ist das Salzen. Beim Einsalzen wird das Fleisch grau. Schon die alten Griechen aber pökelten nachgewiesermaßen schon mit Nitrat. Beim Pökeln tritt immer eine so genannte Umrötung ein.

2 Konsistenz, die = Haltbarkeit/Festigkeit/Beschaffenheit eines Stoffs

6.2 Frischfleisch

1.66

Fleischereien verkaufen in der Regel Fleisch von Schweinen, Kälbern, Rindern und Lämmern. Hierzu werden die Tierkörper nach der Schlachtung in verschiedene Fleischteile zerlegt. Diese Fleischteile haben die unterschiedlichsten Eigenschaften, die in den betreffenden Lernfeldern erläutert werden. Generell kann man aber sagen, dass **Schweinefleisch** eine blass-rosarote Farbe hat, der Eigengeschmack ist sehr dezent. Schweinefleisch ist meist zart im Biss.

Rinder werden im Gegensatz zu den Schweinen in unterschiedlichem Alter geschlachtet. Deswegen kann man keine allgemein gültigen Aussagen über seine sensorischen Eigenschaften treffen. **Kalbfleisch**, also das Fleisch von nicht ausgewachsenen Rindern, ist rosa, es hat einen leichten Eigengeschmack und ist zart im Biss.

Das Fleisch von jungen Rindern ist kräftig rot und hat einen kräftigen Eigengeschmack. Nach der Schlachtung muss man dieses Fleisch reifen lassen, sonst ist es zu zäh.

Alte Rinder, wie beispielsweise Milchkühe, geben Fleisch mit einer kräftig dunkelroten Farbe, das Fleisch hat einen deutlichen Eigengeschmack. Dieses Fleisch ist nur bedingt für den Verkauf an Privatkunden geeignet, da es häufig sehr zäh ist. Für die Herstellung von Wurstwaren ist es jedoch ideal, weil es den Würsten eine schöne rote Farbe und einen kräftigen Geschmack verleiht. Außerdem enthält dieses Fleisch mehr Eiweiß. Dadurch kann es die Wurst besser zusammenhalten.

1.67
Produktvielfalt in der Fleischtheke

Schaffleisch hat einen typischen Eigengeschmack, der sich in Deutschland bisher nicht etablieren konnte. Deshalb wird heute meist nur Lammfleisch verkauft. Dieses Fleisch junger Schafe hat nur einen dezenten Eigengeschmack, ist sehr zart und hat eine blass-rosa Farbe.

6.3 Wurstwaren

Unter dem Begriff Wurstwaren fasst man alle Fleisch-Erzeugnisse zusammen, die aus zerkleinertem Fleisch hergestellt werden. Sie werden in der Regel in Wursthüllen oder Formen (z. B. Pasteten) abgefüllt. Weil sie sich in der Vorbereitung des Ausgangsmaterials und der Herstellung wesentlich unterscheiden, werden sie in drei Gruppen unterteilt.

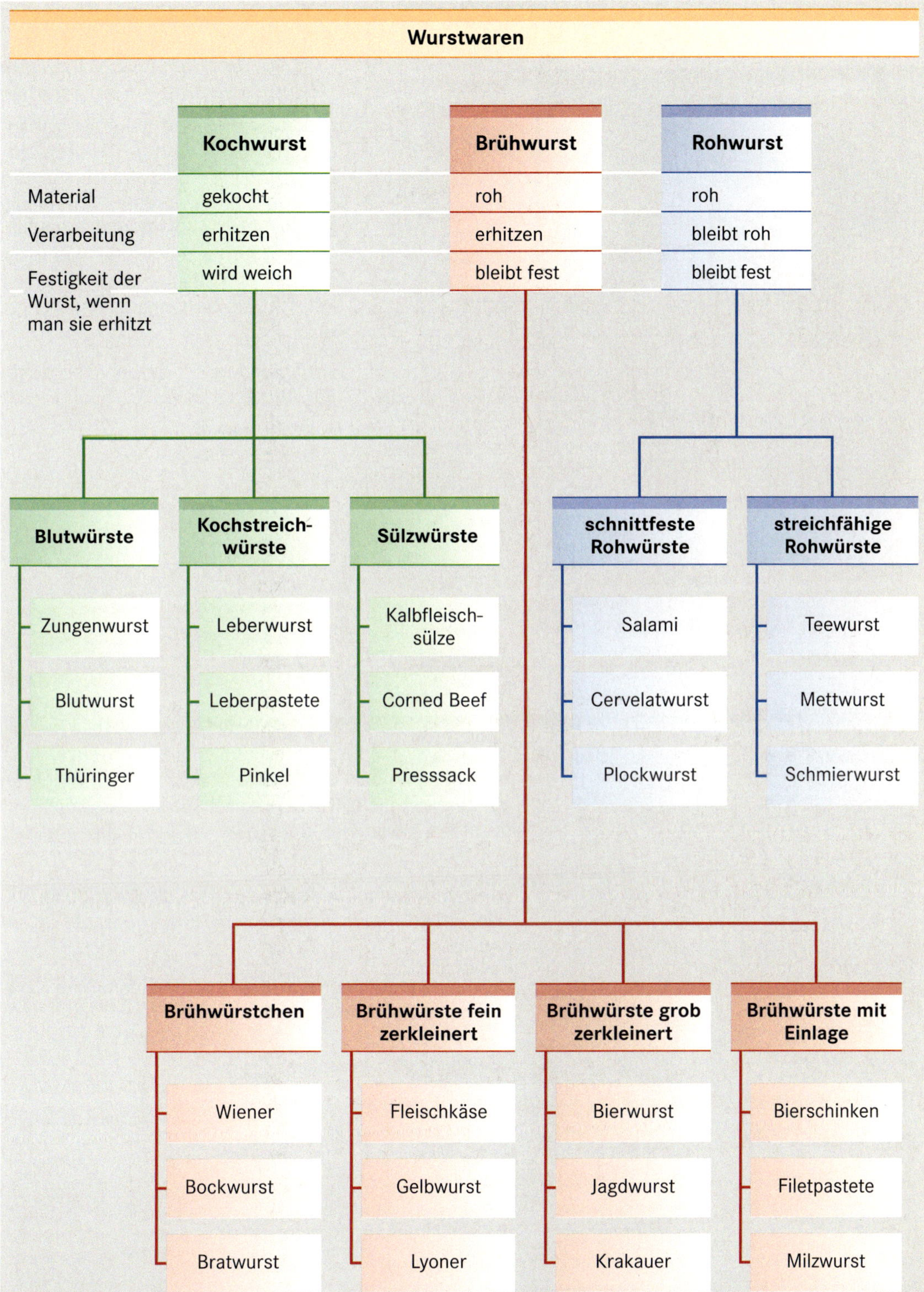
Wurstwaren
Kochwurst
Brühwurst
Rohwurst
Material
gekocht
roh
roh
Verarbeitung
erhitzen
erhitzen
bleibt roh
Festigkeit der Wurst, wenn man sie erhitzt
wird weich
bleibt fest
bleibt fest
Blutwürste
Zungenwurst
Blutwurst
Thüringer
Kochstreichwürste
Leberwurst
Leberpastete
Pinkel
Sülzwürste
Kalbfleischsülze
Corned Beef
Presssack
schnittfeste Rohwürste
Salami
Cervelatwurst
Plockwurst
streichfähige Rohwürste
Teewurst
Mettwurst
Schmierwurst
Brühwürstchen
Wiener
Bockwurst
Bratwurst
Brühwürste fein zerkleinert
Fleischkäse
Gelbwurst
Lyoner
Brühwürste grob zerkleinert
Bierwurst
Jagdwurst
Krakauer
Brühwürste mit Einlage
Bierschinken
Filetpastete
Milzwurst
1.68

6.4 Pökelwaren

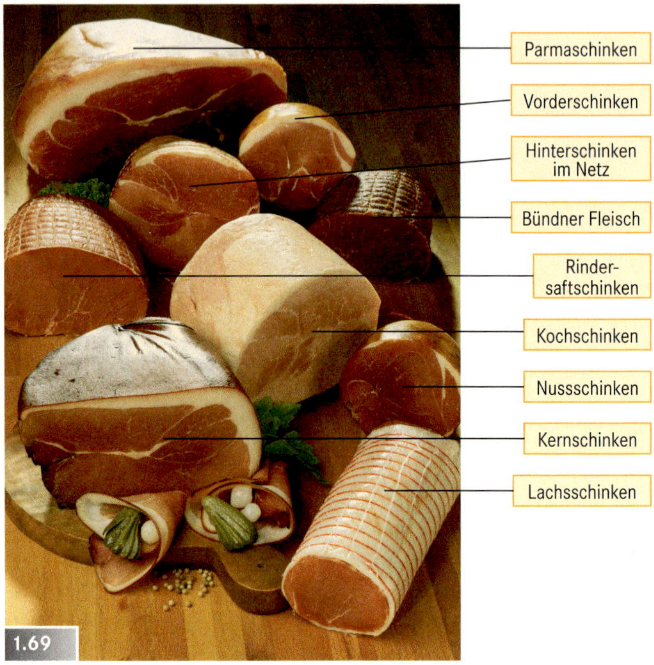

1.69

Pökelwaren bestehen aus größeren Fleischstücken. Sie werden mit Nitritpökelsalz oder Salpeter behandelt.[1] Dadurch wird der Fleischfarbstoff in einen stabileren roten Farbstoff umgewandelt. Durch das Pökeln wird das Fleisch-Erzeugnis länger haltbar, es erhält einen typischen Pökelgeschmack. Manche Pökelwaren werden anschließend geräuchert.

Kochpökelwaren werden nach dem Pökeln erhitzt, z. B.

- Kochschinken,
- Prager Schinken,
- Kasseler.

6.5 Weitere Fleisch-Erzeugnisse

1.70

Poularden-Galantine

Die moderne Fleischerei bietet neben den Pökel- und Wurstwaren noch eine Vielzahl an anderen Produkten aus und mit Fleisch an. Aufgeschnittener Schweinebraten oder gebratenes Roastbeef ergänzen das Angebot von Wurst und Schinken.

Feinkosterzeugnisse, wie Pasteten, Galantinen[2] oder Salate erfüllen auch die Wünsche anspruchsvoller Kunden.

Darüber hinaus werden aber auch so genannte **Convenience-Produkte** angeboten. Der Name leitet sich aus dem Englischen ab. Convenience lässt sich mit „Bequemlichkeit“ übersetzen.

1 Im Lernfeld 7 wird für die angehenden Fleischer das Herstellen von Roh- und Kochpökelwaren genau beschrieben.
2 Galantinen = Körper oder Körperteile junger Schlachttiere oder Geflügel, die mit einer hochwertigen Wurstmasse gefüllt werden

Convenience-Produkte erleichtern die Zubereitung von Mahlzeiten im Haushalt. Ein Teil der nötigen Arbeitsschritte wurde bereits in der Fleischerei erledigt, sodass die Zubereitung schneller und sicherer wird. Pfannenfertig panierte Schnitzel, eingelegter Sauerbraten oder mariniertes Geschnetzeltes sind hierfür Beispiele. Aber auch vorbereitete Gerichte aus Hackfleisch gehören zum Sortiment einer modernen Fleischerei.

1.71

6.6 Würzende Zutaten

Der Geschmack von Fleisch allein ist in der Regel für den menschlichen Gaumen nicht befriedigend. Sowohl bei der Verarbeitung in der Fleischerei als auch bei der Zubereitung im Privathaushalt müssen deshalb Stoffe zugefügt werden, die den Geschmack unterstützen oder verändern. Sowohl die Fachverkäuferin als auch der Fleischer müssen die verschiedenen Möglichkeiten des Würzens kennen, um die Kunden zu informieren oder um eine Wurstmasse richtig abschmecken zu können.

Merke

Gewürze sind Pflanzenteile, die durch ihren Geschmack das Lebensmittel verbessern.

6.6.1 Einteilung der Gewürze

Verschiedene Pflanzen oder Pflanzenteile haben einen intensiven Eigengeschmack. Bereits seit Jahrtausenden verwendet der Mensch diese Pflanzen, um den Geschmack seiner Speisen zu verbessern. Bei uns haben sich für diese Pflanzen verschiedene Namen eingebürgert.

Das Wort Kräuter wurde ursprünglich für Pflanzen verwendet, bei denen man überwiegend das „Kraut“ also die Blätter und Stängel verarbeitet.

Als Gewürze hingegen bezeichnete man die Pflanzen, bei denen die Wurzel einen intensiven Eigengeschmack hat.

In der Lebensmittelbranche hat sich jedoch inzwischen der Begriff Gewürz als allgemein gültige Bezeichnung für würzende Pflanzenteile durchgesetzt.

Teile der Gewürzpflanzen (Fotomontage)

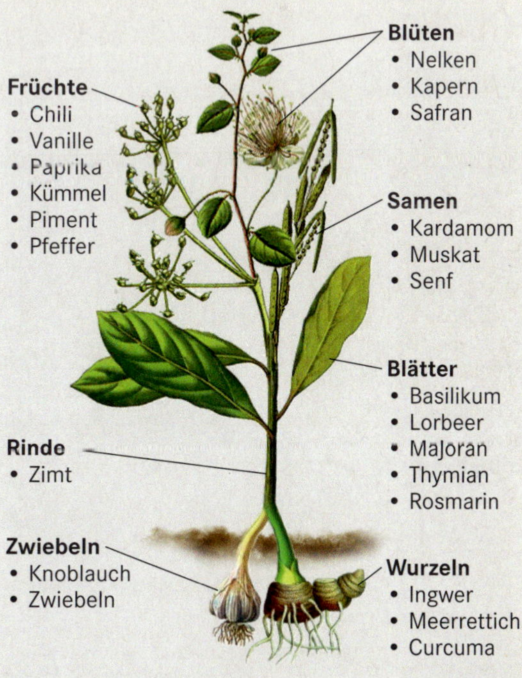

1.72

6.6.2 Wirkungen der Gewürze

Gewürze beeinflussen den **Geschmack** durch

ätherische Öle	entweichen leicht aus dem Gewürz werden hauptsächlich in der Nase wahrgenommen entwickeln einen aromatisch würzigen Geschmack
Bitterstoffe	bleiben auch bei langer Lagerung im Gewürz werden auf der Zunge als Geschmack wahrgenommen entwickeln einen herb bitteren Geschmack
scharf „schmeckende" Stoffe	bleiben auch bei langer Lagerung im Gewürz reizen die Zunge den Schmerz der Zunge empfinden wir als scharfen Geschmack

Weil ätherischen Öle bei falscher Lagerung schnell aus den Gewürzen entweichen, schmecken alte Gewürze nur noch scharf und bitter. Der volle würzige Geschmack geht verloren. Deshalb sollte man Gewürze immer in aromadichten Verpackungen aufbewahren. Um den Verderb zu verhindern, müssen sie außerdem kühl, dunkel und trocken gelagert werden.

Manche Gewürze haben eine kräftige **Farbe**. Durch Zugabe von ganzen Gewürzkörnern oder nur grob zerkleinerten Blättern kann man die Wurst oder das Küchengericht auch optisch[1] verschönern.

1.73

Rosmarinspieße aus Lammfilet – Beispiel für eine optische Verschönerung durch Gewürze

Der Kräutergarten der alten Klöster diente keineswegs nur zum Würzen der Speisen. Viele der uns als Gewürz bekannten Pflanzen haben außerdem auch **medizinische Wirkungen**. Zum Beispiel hilft Kümmel bei Magenleiden, Knoblauch senkt das Risiko für Herzinfarkt und Thymian lindert die Beschwerden bei Husten.

Viele Gewürze fördern durch ihre Inhaltsstoffe die **Verdauung**. Zum einen regen sie die Verdauungsorgane dazu an, mehr Verdauungssäfte zu produzieren, zum anderen verstärken sie auch die Darmbewegungen. Dadurch wird der Darminhalt besser durchmischt. Die Verdauungssäfte können besser arbeiten und die Nahrung wird schneller verdaut. Basilikum, Majoran oder Muskatnuss können hier genannt werden.

Gewürze verlängern die **Haltbarkeit** von Lebensmitteln. Oregano oder Nelken hemmen beispielsweise Bakterien in der Vermehrung. Rosmarin verlangsamt zudem das Ranzigwerden von Fetten.

1 optisch = die Augen, das Sehen betreffend

6.6.3 Überblick über die wichtigsten Wurst- und Küchengewürze

Geschmack	Wurstwaren	Gerichte	Besonderheiten	Bezeichnung
charakteristischer aromatischer Geschmack	–	italienische Küche, z. B. Pesto alla Genovese	Basilikum verliert sehr rasch sein Aroma – also nicht mitkochen.	 Basilikum
aromatisch und scharf	–	Gemüsegerichte, Bohnensalat	Bohnenkraut verbessert die Verdauung von Bohnen.	 Bohnenkraut
brennend scharf, fruchtig	–	mexikanische Küche	Die Schärfe von Chilis schwankt stark – bei der Verwendung sehr vorsichtig sein!	 Chili
Gewürzmischung	–	asiatische Küche	Es gibt kein festes Rezept für Curry. Die gelbe Farbe stammt von der Kurkuma-Wurzel. Die meisten Currys sind leicht scharf.	 Curry
süßlich aromatisch, erinnert an Anis	–	Geflügel, Pilzgerichte	Das feinwürzige Aroma des Estragons kann sich nur in leicht gewürzten Speisen entfalten.	 Estragon
zitronenartig, scharf	Leberwurst, Brühwurst	Schweinebraten, Lammbraten, asiatische Küche	Beim Kochen verliert der Ingwer sein Zitronenaroma. Die Schärfe bleibt.	 Ingwer

Bezeichnung	Geschmack	Wurstwaren	Gerichte	Besonderheiten
 Kapern	leicht würzig, scharf	–	Kalbsbraten, Königsberger Klopse	Die Blütenknospen werden kurz vor dem Aufblühen geerntet und in Salzwasser eingelegt.
 Kardamom	frisch, süß, würzig	Leberwurst, Brühwurst, Rohwurst	orientalische Küche	In arabischen Ländern würzt man den Kaffee mit Kardamom.
 Kerbel	süßlich aromatisch, leicht an Anis erinnernd	–	Salate, Suppen, Fischgerichte	Kerbel verliert beim Trocknen seinen gesamten Geschmack. Er muss also unbedingt frisch verarbeitet werden.
 Knoblauch	süßlich würzig	Brühwurst, Rohwurst	Lammbraten, Schweinebraten	Roher Knoblauch schmeckt stechend scharf. Beim Erhitzen verschwindet die Schärfe.
 Koriander	angenehm würzig, nussig	Brühwurst, Rohwurst	asiatische Küche	Koriander ist ein wichtiger Bestandteil aller Currys.
 Kümmel	stark aromatisch	Kochwurst, Brühwurst, Rohwurst	Schweinebraten, Bratkartoffeln, Gänsebraten	Kümmel lindert Blähungen.

Geschmack	Wurstwaren	Gerichte	Besonderheiten	Bezeichnung
stark aromatisch, an Sellerie erinnernd	–	Suppen, Eintopf, Kartoffeln	Für Liebstöckel wird häufig auch der Name „Maggi-Kraut“ verwendet.	
aromatisch, etwas bitter	Sülzwurst	Wildgerichte, Sauerbraten	Je grüner das getrocknete Blatt ist, desto höher ist die Qualität.	
stark aromatisch, leicht bitter	Leberwurst, Brühwurst, Rohwurst	Lammbraten, Tomatengerichte, Leber	Majoran wird auch als „Wurstkraut“ bezeichnet.	
aromatisch, harzig, leicht bitter	Kochwurst, Brühwurst	Hackbraten, Kartoffeln	Große Mengen Muskatnuss können Übelkeit verursachen.	
			Muskatblüte (Macis) Die Muskatblüte ist keine Blüte! Sie ist die getrocknete Haut der Muskatnuss.	
aromatisch süßer Geruch, feurig-würziger Geschmack	Blutwurst, Leberwurst	Schmorbraten, Sauerbraten, Wildgerichte	Gewürznelken sind die getrockneten Knospen des Nelkenbaumes.	

Bezeichnung	Geschmack	Wurstwaren	Gerichte	Besonderheiten
 Oregano	aromatisch, leicht bitter	–	Lammgerichte, Pizza, Salate	Oregano ist botanisch nahe mit dem Majoran verwandt, allerdings hat er ein derberes Aroma.
 Paprika	delikatess: mild edelsüß: leicht scharf Rosenpaprika: scharf	Brühwurst, Rohwurst	Gulasch, Soßen	Fast keine Scheidewände der Paprikafrucht wurden mit vermahlen. wenig Scheidewände sehr viele Scheidewände
 Pfeffer	grün: leicht scharf weiß: scharf schwarz: brennend scharf	alle Fleisch-Erzeugnisse	Steaks, Braten, Soßen, Geflügel	unreif geerntet und mit dem Fruchtfleisch konserviert Reif geerntet; das Fruchtfleisch wird vom Kern entfernt. Fast reif geerntet; das Fruchtfleisch trocknet auf den Kern auf.
 Piment	stark aromatisch mit leichter Pfefferschärfe	Blutwurst, Leberwurst	Schmorgerichte, Marinaden, Suppen	Piment wurde früher auch „Nelkenpfeffer“ genannt.
 Rosmarin	stark aromatisch, leicht bitter	–	Geflügel, Schweinebraten, Lammgerichte	Die holzigen Nadeln schließen die Aromastoffe fest ein. Rosmarin sollte deshalb länger im Gericht mitgekocht werden.

Geschmack	Wurstwaren	Gerichte	Besonderheiten	Bezeichnung
brennend scharf	Brühwurst	Rouladen, Soßen, Salatdressings	Für die Herstellung von Speisesenf vermahlt man die Senfkörner und vermischt sie mit Wasser und Essig. Zucker, Wein und Kräuter verfeinern den Geschmack.	
stark aromatisch	Blutwurst, Leberwurst	Lammgerichte, Rinderbraten	Im Gegensatz zu Oregano und Majoran schmeckt auch getrockneter Thymian noch sehr aromatisch.	
würzig bitter	Rohpökelwaren	Sauerbraten, Sauerkraut, Marinaden	Ganze Wacholderbeeren sollte man leicht zerdrücken, damit die Geschmacksstoffe austreten können.	
süßlich würzig	Blutwurst, Leberwurst, Brühwurst, Zwiebelmett-wurst	Braten, Soßen, Suppen, Salate	Rohe Zwiebeln schmecken stechend scharf. Beim Kochen werden sie süßlich, beim Anbraten leicht bitter.	

6.6.4 Andere Geschmackszutaten

Salz

Salz wird aus der Natur gewonnen. Man unterscheidet:

- Meersalz: Man lässt Meerwasser verdunsten.
- Steinsalz: Man bricht bergmännisch Salzsteine aus dem Fels.
- Siedesalz: Man löst mit Wasser Salz aus dem Gestein und lässt dann das Wasser verdampfen.

Neben seinem eigenen Geschmack hebt Salz zusätzlich den Geschmack des Lebensmittels.

Außerdem hemmt es das Wachstum von Bakterien und bewirkt, dass das Fleisch mehr Wasser an sich bindet. Gesalzene Fleisch-Erzeugnisse halten also länger.

Essig

Essigsäurebakterien wandeln Alkohol in Essigsäure um. Demzufolge kann Essig aus verschiedenen alkoholischen Getränken gewonnen werden. Weinessig, Branntweinessig oder Apfelessig werden so hergestellt. Durch die Zugabe von Kräutern (Kräuteressig) oder Traubenmost (Balsamico) kann der Geschmack verfeinert werden. Essig wird in der Küche hauptsächlich bei der Zubereitung von Salaten verwendet. Aber auch Marinaden, wie der Sud für Sauerbraten, enthalten Essig.

In der Fleischerei verwendet man meist die chemisch hergestellte und hochkonzentrierte Essigessenz. Sie wird hauptsächlich bei der Herstellung von Sülzwürsten eingesetzt.

Alkoholische Getränke

Sowohl in der Küche als auch bei der Produktion von Fleisch-Erzeugnissen verwendet man alkoholische Getränke wie Rum oder Kirschwasser, um den Geschmack abzurunden. In der Küche wird außerdem Wein oder Bier für die Verfeinerung verschiedener Gerichte eingesetzt. Der Geschmack dieser Zutaten beeinflusst natürlich den Geschmack des Gerichtes. Der Alkohol geht aber zusätzlich chemische Verbindungen mit den verschiedenen Fleischinhaltsstoffen ein. Reagiert der Alkohol beispielsweise mit dem Fett des Fleisches, entstehen so genannte „Ester“. Diese haben einen intensiven Eigengeschmack. Weil das Fleisch aber nicht nur eine Sorte Fett enthält, entstehen viele verschiedene Ester, die alle etwas anders schmecken. In ihrer Mischung ergeben diese Reaktionsprodukte einen Wohlgeschmack, der den Geschmack des Erzeugnisses unterstreicht.

Glutamat (Geschmacksverstärker)
(siehe 6.1.1)

Zutaten mit Gewürzen

Gewürzmischungen: Mischung mehrer Gewürze ohne weitere Zutat

Gewürzzubereitung: Mischung aus Gewürzen und anderen geschmacksgebenden Zutaten (z. B. Glutamat)

Gewürzpräparate: Mischung aus
- mindestens 60 % Gewürzen
- anderen geschmacksgebenden Zutaten
- höchstens 5 % Salz
- Stoffen mit einer technologischen Wirkung (z. B. zur besseren Wasserbindung)

Gewürzaromen:
Auszüge aus Gewürzen in konzentrierter Form

Gewürzsalze:
Mischung aus mindestens 15 % Gewürzen und höchstens 40 % Kochsalz

1.74

Gewürzmischungen

6.7 Zusatzsortiment

Durch das Zusatzsortiment erweitert eine Fleischerei ihr Angebot um Waren, die im Zusammenhang mit den Fleisch-Erzeugnissen stehen, die sie aber nicht selbst herstellt, sondern von anderen Produzenten zukauft. Der Senf zur Wurst oder der Käse für die kalte Platte gehören zum klassischen Zusatzsortiment. Aber auch der Wein zum Wild oder hochwertige Speiseöle können das Sortiment einer Fleischerei sinnvoll erweitern. Bei der Auswahl der Produkte muss vor allem der Kundenstamm berücksichtigt werden. Anspruchsvolle Kunden wünschen sich Anregungen und Hinweise für ausgefallene Gerichte und Kombinationen. Der eilige Kunde möchte Zeit sparen und kauft deshalb die Nudeln oder den Ketchup gleich im Fleischerfachgeschäft.

Zusatzsortiment

6.8 Andere Geschäftsbereiche

Imbiss, Partyservice und die Belieferung von Gemeinschaftsverpflegungen (z. B. Firmenkantinen) sind in den letzen Jahren immer mehr zur festen Einkommensquelle von Fleischereien geworden. Diese Geschäftsbereiche sind ursprünglich dem Gastgewerbe zuzuordnen. Durch die Verlagerung hin zur Fleischerei hat sich auch das Berufsbild des Fleischers und der Fachverkäuferin in der Fleischerei gewandelt. Die Zubereitung von Speisen und ihre appetitliche Präsentation ist ein wichtiger Aufgabenbereich geworden. Insbesondere die Vorbereitung, der Aufbau und die Betreuung von kalten oder warmen Büfetts erfordern ein großes Maß an Können.

In der Fachausbildung (Lernfeld 13 Fleischer/ Lernfeld 3.4 Fleischerei-Fachverkäuferinnen) wird dieser Geschäftsbereich ausführlich behandelt.

1.76

Berufliche Aufgabenstellung

Sie wollen Frau Hizmeci Ihren Arbeitsbereich vorstellen.

- **Erstellen Sie dazu eine Übersicht über die Geschäftsbereiche und die Produktpalette Ihres Ausbildungsbetriebs.**
- **Skizzieren Sie dabei die sensorischen Eigenschaften der Produkte mit wenigen treffenden Worten.**

Übungen

1 Wie entsteht der Geschmackseindruck, wenn wir eine Speise verzehren?

2 Nennen Sie die fünf Geschmacksempfindungen, die die Zunge schmecken kann.

3 Erläutern Sie, wie sich Pökelwaren sensorisch von rohem oder gekochtem Fleisch unterscheiden.

4 Mit welchen Worten kann man den Biss eines Fleisch-Erzeugnisses treffend beschreiben?

5 Erläutern Sie den Unterschied zwischen:
a) Kochwurst, Brühwurst und Rohwurst;
b) Kochschinken, Rohschinken und Bratenaufschnitt.

6 Wie sollten Gewürze gelagert werden?

7 Nennen Sie fünf Gewürze, die in Ihrem Betrieb verwendet werden.
a) Wofür werden sie verwendet?
b) Aus welchem Pflanzenteil werden Sie gewonnen?
c) Wie schmecken Sie?
d) Haben sie noch andere Wirkungen im Gericht?

8 Welche Bestandteile der Gewürze beeinflussen den Geschmack?

9 Wie kommt es, dass manche Gewürze die Haltbarkeit von Speisen verlängern?

10 Überlagerte Gewürze schmecken häufig nur noch scharf oder bitter. Woran liegt das?

11 Warum schmecken Speisen „voller“, wenn man sie unter Zugabe von alkoholischen Getränken herstellt?

12 Welche Wirkungen hat Salz in Fleisch-Erzeugnissen?

13 Welche Zutaten, die Gewürze enthalten, verwenden Sie in Ihrem Ausbildungsbetrieb?
Ordnen Sie diese den unter 6.6.4 genannten Begriffen zu.

14 Beschreiben Sie die sensorischen Eigenschaften verschiedener Fleischarten, die in Ihrem Ausbildungsbetrieb verarbeitet oder verkauft werden.

15 Was sind Convenience-Produkte?

Zusammenfassung

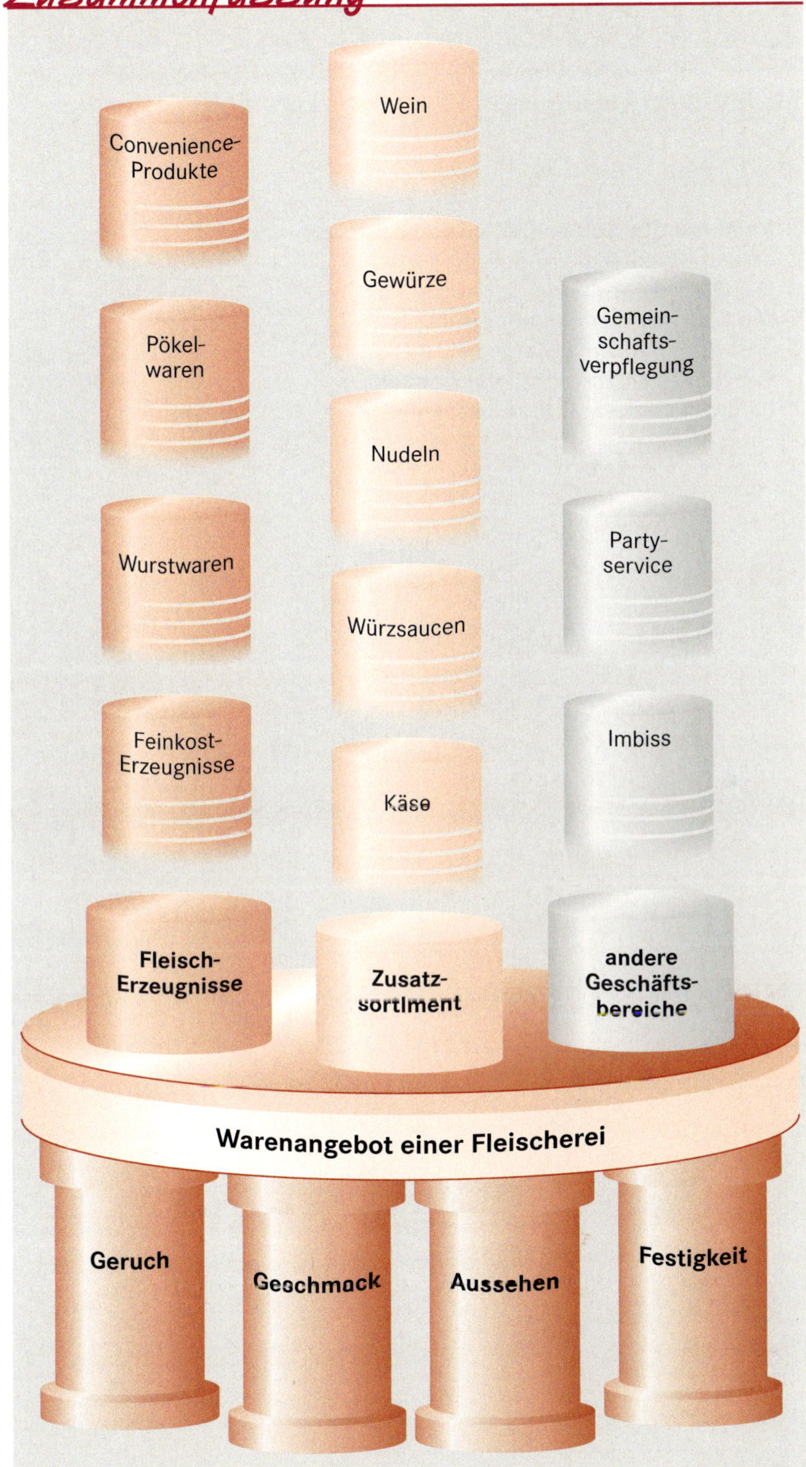

Lernfeld 2

Beurteilen und Zerlegen von Schwein oder Lamm

1 Angebote für Schweinehälften einholen
2 Schweinehälften einkaufen
3 Die Qualität von Fleisch beurteilen
4 Die Qualität von Fleisch erhalten
5 Schweinehälften zerlegen
6 Schweinefleisch richtig verwenden
7 Lammhälften einkaufen und zerlegen

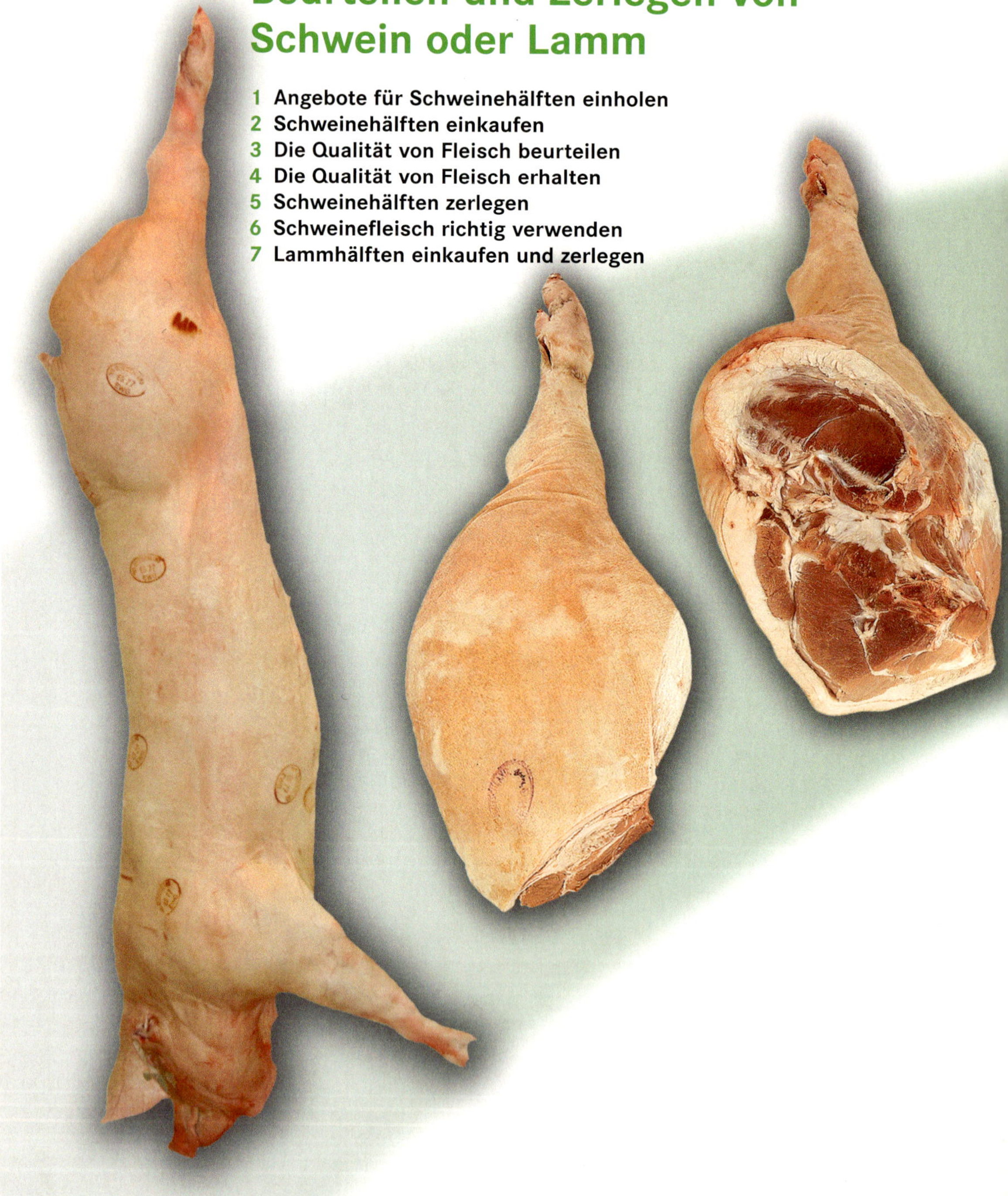

Der Kunde erwartet bei seinem Einkauf in der Fleischerei hochwertige Produkte. Insbesondere beim rohen Fleisch ist er sehr sensibel. Er ist sich des hohen Hygienestandards bewusst, der in einer gut geführten Fleischerei erforderlich ist. Fleisch verderbende Mikroorganismen sind in unserer Umgebung allgegenwärtig. Das Wissen um die Übertragungswege und darüber, wie ihre Vermehrung gehemmt werden kann, gehört zu den wesentlichen Bereichen des Fleischerhandwerks.
Das Gericht, das der Kunde zu Hause zubereiten will, soll schmackhaft und zart sein. Nicht jedes Fleisch eignet sich für jede Art der Zubereitung. Der Fleischer muss also dafür Sorge tragen, dass die Fleischteile, die in seinem Laden verkauft werden, alle Anforderungen der Kunden erfüllen. Im Laden muss der Kunde aber auch über die verschiedenen Fleischsorten und deren richtige Verarbeitung informiert werden.
Viele Fleischerbetriebe schlachten inzwischen nicht mehr selbst. Vielmehr kaufen sie Schlachttierhälften oder Fleischteile zu, um sie weiter zu veredeln. Beim Kontakt mit den Lieferanten müssen kaufmännische Regeln beachtet werden. Der Abschluss von Kaufverträgen kann schwer wiegende Konsequenzen haben, die wohl überlegt sein müssen.

Lieferanten suchen → **Einkauf abwickeln** → **Qualität beurteilen** → **Qualität sichern** → **Tierkörper zerlegen** → **Fleisch richtig verwenden**

1 Angebote für Schweinehälften einholen

Ziele dieses Kapitels:
- **Wir finden Bezugsquellen für Schweinehälften.**
- **Wir formulieren eine Anfrage an verschiedene Lieferanten.**
- **Wir werten die eingehenden Angebote aus.**
- **Wir berechnen aus dem Angebot den Preis für ein Kilogramm Fleisch.**
- **Wir interpretieren die Handelsklassenkennzeichnung.**

In der Buchheim Fleisch KG stehen demnächst größere Investitionen für die eigenen Schlachträume an. Der Betriebsinhaber pflegte bisher sehr enge Kontakte mit den Mästern, bei denen er seine Schweine eingekauft hat. Er ist der Meinung, dass sich diese guten Beziehungen auch in der Qualität seiner Ware niedergeschlagen haben. Seine Kunden waren jedenfalls bisher immer zufrieden. Die Tatsache, dass er immer sagen kann, aus welcher Mästerei die Schweine stammen, deren Fleisch momentan verkauft wird, haben die Kunden wohlwollend registriert. Obwohl sich die Eigenschlachtung also bisher sehr gut bewährt hat, überlegt der Betriebsinhaber, in Zukunft das benötigte Fleisch zuzukaufen. Er könnte sich damit die teure Investition sparen und somit vielleicht im Preiskampf mit den Mitbewerbern Vorteile haben. Herr Buchheim hat schon von verschiedener Seite gehört, dass der Zukauf von Schweinehälften problemlos ist. Trotzdem möchte er sich, bevor er eine endgültige Entscheidung trifft, näher informieren.

2.1 *Zerlegen von Fleischteilen am Zerlegeband eines Großbetriebs im Allgäu*

1.1 Bezugsquellen

Im Fleischerhandwerk hat sich in den letzten Jahren ein stetiger Wandel vollzogen. Früher war es üblich, dass ein Fleischerbetrieb beim Mäster die Tiere lebend einkaufte und sie selbst schlachtete, um das Fleisch später zu veredeln und an den Privatkunden zu verkaufen.

Immer mehr Betriebe gehen dazu über, Schlachttierhälften und Fleischteile von einem Schlacht- oder Zerlegebetrieb einzukaufen. Hierdurch verringert sich der Aufwand an Räumen und Einrichtungen für den Betrieb. Allerdings wird die Distanz zwischen Endverbraucher und Mäster größer; für den Fleischer, der das Lebendvieh beim Mäster selbst auswählt, werden die Kundenwünsche ein bedeutendes Kaufargument darstellen. Zartes, schmackhaftes Fleisch, knackige Wurstwaren und aromatische Schinkenspezialitäten erhält man nur aus hochwertigen Rohstoffen. Der Schlachtbetrieb, der Schlachttiere einkauft, wird außerdem auch wesentlich stärker kaufmännische und praktische Faktoren berücksichtigen. Für ihn ist es beispielsweise wichtig, möglichst viel Fleisch für sein Geld zu erhalten. Der Mäster wird also bei der Auswahl seiner Jungtiere den Wünschen des Schlachters folgen.

Bei der Auswahl des Fleischlieferanten sollte eine Fleischerei also nicht nur auf die Preise achten. Vielmehr ist es auch wichtig, die richtige Qualität zu finden.

Als Lieferanten für Schlachttierhälften bieten sich Schlachthöfe, Zerlegebetriebe oder Fleischgroßhändler an. Sie haben sich auf die Schlachtung und Grobzerlegung spezialisiert. Dadurch können sie gleich bleibende Qualität und günstige Preise garantieren.

In der Fachpresse oder auf einschlägigen Messen bieten sie ihre Leistungen an. Aber auch durch die Recherche im Internet kann man günstige Lieferanten ausfindig machen. Natürlich sollte man aber auf alle Fälle auch den Rat der Kollegen im näheren Umkreis einholen. Durch ihre bisherigen Erfahrungen können eigene Misserfolge vermieden werden.

Merke

Lieferanten für Schlachttierhälften sind Schlachthöfe, Zerlegebetriebe oder Fleischgroßhändler.

1.2 Handelsklassen

Um die Angebote von Schlachttierhälften vergleichbar zu machen, hat der Gesetzgeber die Handelsklassen eingeführt.

Alle Betriebe, die Schweinehälften verkaufen, müssen diese kennzeichnen. Beim Schweinefleisch muss angegeben werden, wie viel Fleisch die Schweinehälfte enthält. Hierzu kann der Schlachtbetrieb entweder den Prozentsatz oder die Handelsklasse auf das hintere Eisbein oder den Schinken aufstempeln.

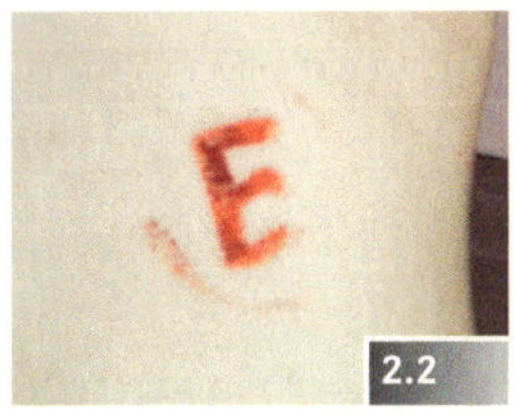

2.2
Aufgestempelte Handelsklasse

Folgendes Schema gilt für alle Schweinehälften, bei denen der Schlachtkörper zwischen 50 kg und 120 kg wiegt.

Handelsklasse	Muskelfleischanteil
E	55 % und mehr
U	50 % und mehr, aber weniger als 55 %
R	45 % und mehr, aber weniger als 50 %
O	40 % und mehr, aber weniger als 45 %
P	weniger als 40 %

Merke

Handelsklassen geben Auskunft über den Muskelfleischanteil.

Für Sauen, Eber und Altschneider gelten folgende Handelsklassen:

M 1	Schlachtkörper von vollfleischigen Sauen[1]
M 2	Schlachtkörper von anderen Sauen
V	Schlachtkörper von Ebern[2] und Altschneidern[3]

Eine 48,000 kg schwere Schweinehälfte wurde mit dem Muskelfleischanteil von 49 % gekennzeichnet.

Wie viel Kilogramm Muskelfleisch enthält diese Schweinehälfte?

Lösung
100 % ≙ 48,000 kg
1 % ≙ 0,480 kg
49 % ≙ 23,520 kg

Diese Schweinehälfte enthält 23,520 kg Muskelfleisch.
Der Rest, also 24,480 kg, besteht aus Knochen, Fett und Schwarten usw.

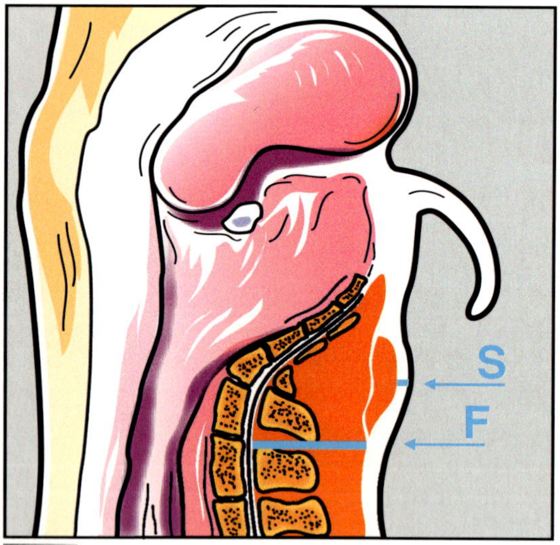

2.3

Um die Klassifizierung eines Schlachttierkörpers exakt vornehmen zu können, gibt es verschiedene automatisch arbeitende Geräte. Allerdings darf der Schlachtbetrieb nur die Geräte verwenden, die für die Klassifizierung zugelassen sind.

Kleinere Betriebe, die in der Woche weniger als 200 Schweine schlachten, können auch mit dem so genannten „Zweipunkt-Verfahren" arbeiten.

Hierfür werden zwei Maße genommen:

S = Dicke des Specks einschließlich Schwarte an der dünnsten Stelle des Specks über dem Lendenmuskel

F = Dicke des Lendenmuskels

Aus diesen beiden Werten wird mit einer Formel der Prozentsatz für den Muskelfleischanteil errechnet.

In den einschlägigen rechtlichen Bestimmungen ist festgelegt, welche Maße die Geräte zur automatischen Ermittlung der Handelsklasse bestimmen und an welcher Stelle des Schlachttierkörpers sie angesetzt werden müssen.

1 Sauen sind weibliche Schweine, die zur Zucht verwendet wurden.
2 Eber sind männliche Schweine, die zur Zucht verwendet wurden.
3 Altschneider sind Eber, die etwa drei Monate vor der Schlachtung kastriert wurden.

Fleischer Buchheim hat eine Schweinehälfte der Handelsklasse U mit 46,500 kg zum Peis von 1,32 €/kg eingekauft.

a) Wie viel Muskelfleisch enthält diese Schweinehälfte maximal und minimal?

b) Wie viel kostet ein Kilogramm reines Muskelfleisch maximal und minimal?

Handelsklasse U 50 % und mehr, aber weniger als 55 %.

Lösung a)

100 %	≙	46,500 kg
1 %	≙	0,465 kg
50 %	≙	23,250 kg
55 %	≙	25,575 kg

Die Schweinehälfte enthält mindestens 23,250 kg Muskelfleisch, jedoch weniger als 25,575 kg.

b)

1,32 €/kg	·	46,500 kg	=	61,38 €
61,38 €	:	23,250 kg	=	2,64 €
61,38 €	:	25,575 kg	=	2,40 €

Das Muskelfleisch kostet höchstens 2,64 €/kg, jedoch mehr als 2,40 €/kg.

Neben der Angabe des reinen Fleischgehalts gibt die Handelsklasse auch beschränkt Auskunft über die Fleischqualität. Fleisch von Schweinen mit der Handelsklasse E oder U werden mageres, wenig von Fett durchzogenes Fleisch haben. Die Fleischteile haben eine große Muskelfülle; bei Fleischteilen, die mit Knochen verkauft werden, wie Kotelett oder Eisbein, ist der Fleischanteil höher.

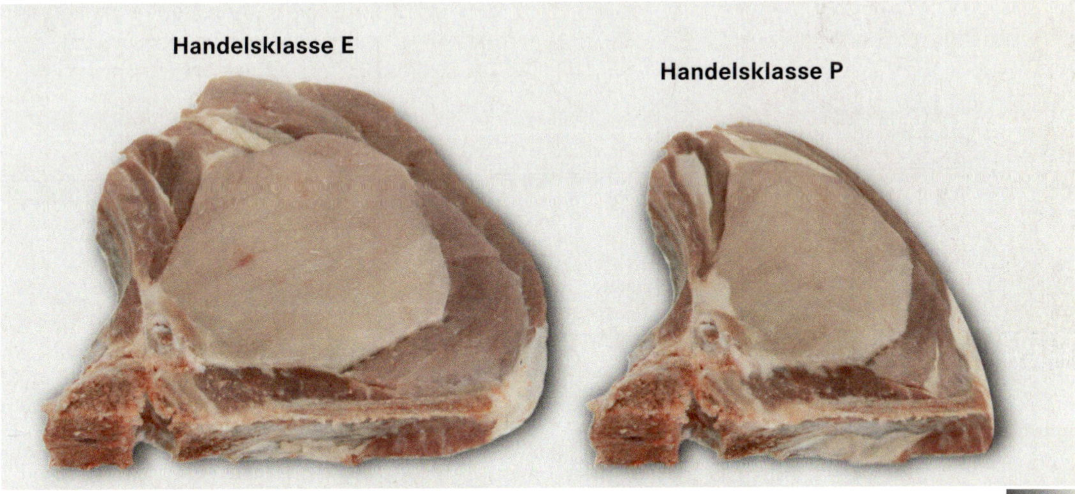

Kammscheiben **2.4**

Die Handelsklassen geben aber keine Auskunft über die Beschaffenheit und Eignung des Fleisches, hier ist der Sachverstand des Fleischers gefragt (siehe Kapitel 2).

2.5

Buchheim Fleisch KG

Feinkost
Fleischspezialitäten
Büfett-Service

Buchheim Fleisch KG • Königsberger Str. 60 • 30916 Isernhagen

FleischEx
Fleischgroßhandel
Postfach 25 86 96
20459 Hamburg

Königsberger Straße 60
30916 Isernhagen
Telefon: 0511 768-0
Telefax: 0511 768-100
E-Mail: info@buchheim-wvd.de
Geschäftsführer:
Karl-Ludwig Buchheim
St-Nr.: 56 985 63368

Ihr Zeichen, Ihre Nachricht vom	Unser Zeichen	Telefon, Name 0511 768-	Datum
		21 Herr Buchheim	..-12-03

Anfrage

Sehr geehrte Damen und Herren,

wir sind ein mittelständischer Fleischereibetrieb, der sich im Raum Hannover einen festen Kundenstamm erworben hat. Nachdem wir unser Filialnetz weiter vergrößern wollen, suchen wir nach einem geeigneten Partner für die Lieferung von Schweinehälften.

Wir benötigen wöchentlich eine Lieferung von etwa

2 500 kg Schweinehälften der Handelsklasse E und

2 000 kg Schweinehälften der Handelsklasse U.

Die Anlieferung müsste jeweils am Dienstag um 05:00 Uhr erfolgen.

Bitte erstellen Sie uns ein Angebot.

Mit freundlichen Grüßen

Buchheim

Karl-Ludwig Buchheim

Bankverbindung:
Hannoversche Wirtschaftsbank
Konto 100 328 737
BLZ 250 900 20

2.6

FleischEx
Fleischgroßhandel

Qualität ohne Kompromisse!

FleischEx • Postfach 25 86 96 • 20459 Hamburg

Buchheim Fleisch KG
Königsberger Straße 60
30916 Isernhagen

FleischEx – Fleischgroßhandel
Postfach 25 86 93 • 20459 Hamburg
Telefon: 040 4582-0
Telefax: 040 4582-22
E-Mail: info@fleischex-wvd.de
Internet: www.fleischex-wvd.de
Geschäftsführer: Kai Woltmann
USt-IdNr.: DE 326 122 917
Alsterbank Hamburg
Konto 230 256 222, BLZ 206 200 50

Ihre Nachricht vom: ..-12-03
Unser Zeichen: h-mei

Angebot Nr. 3256, Datum: ..-12-07

Sehr geehrter Herr Buchheim,

vielen Dank für Ihr Interesse an unseren Leistungen. Gerne bieten wir Ihnen an:

Schweinehälften	Handelsklasse E	1,41 €/kg zzgl. USt
Schweinehälften	Handelsklasse U	1,37 €/kg zzgl. USt

Ab einem Bestellwert von 5.000,00 € räumen wir Ihnen 15 % Rabatt ein.
Bei Bezahlung innerhalb von 10 Tagen gewähren wir 2 % Skonto.

Die Lieferung erfolgt zu jedem gewünschten Termin frei Haus.

Ich hoffe, wir kommen mit diesem Angebot Ihren Vorstellungen entgegen.

Mit freundlichen Grüßen

Harald Meier

Harald Meier (Vertrieb)

1.3 Anfrage und Angebot

Bevor der Fleischer mit den künftigen Lieferanten Kontakt aufnimmt, muss er ermitteln, wie viele Schweinehälften benötigt werden. Hierbei sollten verschiedene Aspekte berücksichtigt werden:

- Wie viel Schweinefleisch wurde bisher verkauft und verarbeitet?
- Welche Aufträge müssen in der nächsten Zeit erfüllt werden?
- Ist eine besondere Aktion geplant?
- Steht ein Feiertag bevor?
- Ist saisonbedingt eine besondere Verkaufssituation zu erwarten (z. B. Grillsaison)?

Sind diese Fragen geklärt, kann der Fleischer eine Anfrage an die infrage kommenden Lieferanten stellen. Vorrangiges Ziel einer Anfrage ist es natürlich, den Preis für die gewünschten Waren zu ermitteln. Daneben stellt man aber auch fest, welche Betriebe an einer kaufmännischen Beziehung interessiert sind und ob sie in der Lage sind die benötigte Menge zu liefern. Die Anfrage ist rechtlich nicht verbindlich, die Fleischerei ist also nicht gezwungen auf die eingehenden Angebote einzugehen.

Das Angebot ist rechtlich verbindlich. Wenn eine Fleischerei also aufgrund eines Angebotes Ware bestellt, ist der Lieferant verpflichtet diese Ware zu den von ihm genannten Bedingungen zu liefern. Diese rechtliche Bindung ist allerdings zeitlich begrenzt. Sofern der Lieferant nichts anderes vermerkt, muss die Bestellung sofort nach Eingang des Angebots erfolgen.

Merke

Eine Anfrage ist rechtlich nicht verbindlich.

Ein Angebot ist rechtlich verbindlich für den, der das Angebot abgibt.

Die Mitteldeutsche Schlachtvieh Gesellschaft bietet 95 Schweinehälften zu einem Gesamtpreis von 6.500,00 € an. Sie gewährt einen Mengenrabatt[1] von 20 %. Bei der Bezahlung innerhalb von 10 Tagen räumt sie zusätzlich 2 % Skonto[2] ein.

a) Wie viel Euro muss die Fleischerei nach Abzug des Rabatts bezahlen?

b) Wie viel Euro spart sich die Fleischerei, wenn sie zusätzlich den Skonto in Anspruch nimmt?

Lösung

a)

100 %	≙	6.500,00 €
1 %	≙	65,00 €
80 %	≙	5.200,00 €

Nach Abzug des Rabatts muss die Fleischerei 5.200,00 € bezahlen.

b)

100 %	≙	5.200,00 €
1 %	≙	52,00 €
2 %	≙	104,00 €

Wenn die Fleischerei zusätzlich den Skonto in Anspruch nimmt, spart sie 104,00 €.

1 Rabatt, der = Preisnachlass, den der Verkäufer einer Ware nach eigenem Ermessen festlegen kann (z. B. Treuerabatt, Einführungsrabatt, Skonto, Saisonrabatt, Personalrabatt oder eben Mengenrabatt).

2 Skonto, der = Preisnachlass bei Barzahlung

Berufliche Aufgabenstellung

Bereiten Sie die Bestellung von Schweinehälften für den praktischen Unterricht vor.

- **Informieren Sie sich dazu über mögliche Lieferanten in Ihrer Umgebung.**
- **Bereiten Sie Ihre erste Anfrage vor:**
  - **Wann werden Sie für den Unterricht zum ersten Mal Schweinehälften benötigen?**
  - **Wie viele Schweinehälften werden Sie benötigen?**
  - **Welche Handelsklassen kommen für Sie infrage?**
- **Stellen Sie eine Anfrage an die für Sie infrage kommenden Betriebe.**
- **Errechnen Sie bei jedem eingehenden Angebot, wie viel ein Kilogramm Muskelfleisch kosten wird. Berücksichtigen Sie dabei die Handelklasse sowie eventuell gewährte Rabatte.**
- **Wählen Sie das günstigste Angebot aus.**

Übungen

1 Welche Betriebe müssen Schweinehälften mit Handelsklassen kennzeichnen?

2 Nennen Sie die Handelsklassen für Schweinehälften und erklären Sie, was sie aussagen.

3 Wie kann der Muskelfleischanteil einer Schweinehälfte ermittelt werden?

4 Ihre Fleischerei benötigt wöchentlich 30 Schweinehälften der Handelsklasse E und 50 Schweinehälften der Handelsklasse U.
Fragen Sie bei der Mitteldeutschen Schlachtvieh Gesellschaft, Kasseler Straße 12, 37083 Göttingen, nach, ob sie diesen Auftrag übernehmen kann.
Bitten Sie um die Preisliste und um die Angabe der Lieferungs- und Zahlungsbedingungen.

5 Eine 49 kg schwere Schweinehälfte wurde mit dem Muskelfleischanteil von 44 % gekennzeichnet.
a) In welche Handelsklasse muss diese Schweinehälfte eingestuft werden?
b) Wie viel Kilogramm Muskelfleisch enthält diese Schweinehälfte?
c) Wie viel Kilogramm wiegt der Rest?
d) Welche Körperbestandteile machen diesen Rest aus?

6 Fleischer Buchheim hat aus einer Fachzeitschrift folgende Durchschnittspreise entnommen:
E 1,48 €/kg
U 1,32 €/kg
R 1,12 €/kg
Wie viel kostet jeweils ein Kilogramm reines Muskelfleisch maximal und minimal?

2 Schweinehälften einkaufen

Ziele dieses Kapitels:
- **Wir bestellen Schweinehälften.**
- **Wir nehmen eine Lieferung von Schweinehälften entgegen.**
- **Wir achten darauf, dass die Ware der Bestellung entspricht.**
- **Wir überprüfen den Zustand des gelieferten Fleisches.**

Michaela Föhring, Fleischerin im ersten Ausbildungsjahr, soll nächste Woche zum ersten Mal in der Warenannahme mithelfen. Obwohl sie schon einige Wochen im Betrieb arbeitet, weiß sie überhaupt nicht, was da auf sie zukommt. Sie fragt ihren Meister auf dem Weg zum Pausenraum. Der zeigt sich sehr erstaunt. Der Betrieb hat einen neuen Lieferanten, der nächste Woche zum ersten Mal liefert. Und da soll eine Auszubildende die Warenannahme durchführen?

Der Meister verspricht, dass er bei der Warenannahme mit dabei sein wird. Leider wird das Gespräch kurz darauf von einem Gesellen unterbrochen. Der Meister konnte Michaela nur sagen, dass sie bei der Anlieferung der Ware zur Sicherheit eine Kopie des Auftrags dabeihaben soll.

Michaela will sich natürlich nicht vor dem Meister blamieren. Also informiert sie sich.
Was steht denn alles im Auftrag?
Was kontrolliert man bei der Warenannahme?

Warenannahme

2.7

2.1 Auftrag

Aus den eingehenden Angeboten (siehe Abb. 2.6) sucht sich der Betrieb das heraus, das seinen Vorstellungen am nächsten kommt. Hierbei werden berücksichtigt:
- der Preis des Muskelfleisches,
- Liefer- und Zahlungsbedingungen,
- andere Zusicherungen des Lieferanten wie besondere Mastformen oder eine spezielle Tierhaltung.

Merke

Ein Auftrag ist für den Auftraggeber rechtlich verbindlich.

Ein Auftrag sollte folgende Punkte enthalten:

- Bezugnahme auf das Angebot
- Beschreibung der Ware
  Menge, Handelsklasse der Schweinehälften, Preis
- Lieferungs- und Zahlungsbedingungen wie Lieferkosten, Preisnachlässe usw.
- Liefertermin

Wenn sich der Auftrag auf ein Angebot des Lieferanten bezieht, können dessen Angaben direkt in den Auftrag übernommen werden.

Der Auftrag ist für den Kunden rechtlich verbindlich, er kann also normalerweise nicht mehr davon zurücktreten.

Buchheim Fleisch KG

Feinkost
Fleischspezialitäten
Büfett-Service

Königsberger Straße 60
30916 Isernhagen
Telefon: 0511 768-0
Telefax: 0511 768-100
E-Mail: info@buchheim-wvd.de
Geschäftsführer:
Karl-Ludwig Buchheim
St-Nr.: 56 985 63368

Buchheim Fleisch KG • Königsberger Str. 60 • 30916 Isernhagen

FleischEx
Fleischgroßhandel
Postfach 25 86 96
20459 Hamburg

Ihr Zeichen, Ihre Nachricht vom	Unser Zeichen	Telefon, Name 0511 768-	Datum
		21 Herr Buchheim	..-12-10

Bestellung

Sehr geehrter Herr Meier,

ich danke Ihnen für das Angebot und bestelle ab dem 1. Januar .. eine wöchentliche Lieferung von:

2 500 kg Schweinehälften	Handelsklasse E	1,41 €/kg zzgl. USt
2 000 kg Schweinehälften	Handelsklasse U	1,37 €/kg zzgl. USt

Die Lieferung erfolgt jeweils dienstags um 05:00 Uhr an die oben stehende Adresse frei Haus.

Sie gewähren 15 % Rabatt, bei Bezahlung innerhalb von 10 Tagen ziehen wir 2 % Skonto ab.

Mit freundlichen Grüßen

Buchheim

Karl-Ludwig Buchheim

Bankverbindung:
Hannoversche Wirtschaftsbank
Konto 100 328 737
BLZ 250 900 20

2.8

Ein Kunde bestellt im Fleischgroßhandel:

30 Schweinehälften Handelsklasse E
Gesamtgewicht 1 400 kg zum Preis von 1,47 €/kg,

50 Schweinehälften Handelsklasse U
Gesamtgewicht 2 360 kg zum Preis von 1,31 €/kg.

Die gesetzliche Mehrwertsteuer beträgt 7 %. Der Großhandel gewährt 15 % Rabatt und bei Zahlung innerhalb von 10 Tagen 3 % Skonto.

Wie viel Euro muss der Kunde bezahlen?

Lösung

1 400 kg · 1,47 €/kg = 2.058,00 €
2 360 kg · 1,31 €/kg = 3.091,60 €
5.149,60 €

100 % ≙ 5.149,60 €
1 % ≙ 51,50 €
107 % ≙ 5.510,07 € Bruttopreis
100 % ≙ 5.510,07 €
1 % ≙ 55,11 €
85 % ≙ 4.683,56 € Bruttopreis nach Abzug des Rabatts
100 % ≙ 4.683,56 €
1 % ≙ 46,84 €
97 % ≙ 4.543,05 €

Der Kunde muss nach Abzug von Rabatt und Skonto 4.543,05 € brutto bezahlen.

Hinweis: Wenn der Kunde berechnen will, wie viel Euro Mehrwertsteuer in dem Betrag enthalten sind, muss er wie folgt verfahren.

107 % ≙ 4.543,05 €
1 % ≙ 42,46 €
7 % ≙ 297,21 €

2.2 Warenannahme

Bevor der Lieferant seine Schweinehälften auslädt, sollten die äußere Erscheinung von Fahrer und Fahrzeug überprüft werden:

- In welchem Zustand befindet sich das Fahrzeug?
- Macht der Fahrer einen gepflegten Eindruck?
- Ist die Laderampe sauber?

Dieser äußere Schein ist zwar kein Beleg für den Zustand der gelieferten Ware, aber er kann doch manchmal erste Hinweise geben.

Die Überprüfung der Temperatur im Lieferfahrzeug ist hingegen zwingend notwendig. Generell sollten Schlachttierhälften bei Temperaturen in der Nähe des Gefrierpunktes gelagert und transportiert werden. Bei einem schlüssigen Hygienekonzept (siehe Kapitel 4) muss die Fleischerei sicher sein, dass die Kühlkette nie unterbrochen war.

Merke

Überprüfen Sie bei der Warenannahme grundsätzlich Art, Menge und Qualität der gelieferten Ware.

Anhand des Lieferscheins überprüft man dann:

- Handelsklassen (Stempel),
- Gewicht,
- Anzahl

der angelieferten Schweinehälften. Um sicherzugehen, dass diese Lieferung tatsächlich dem Auftrag entspricht, ist es sinnvoll, den Lieferschein mit dem Auftrag zu vergleichen.

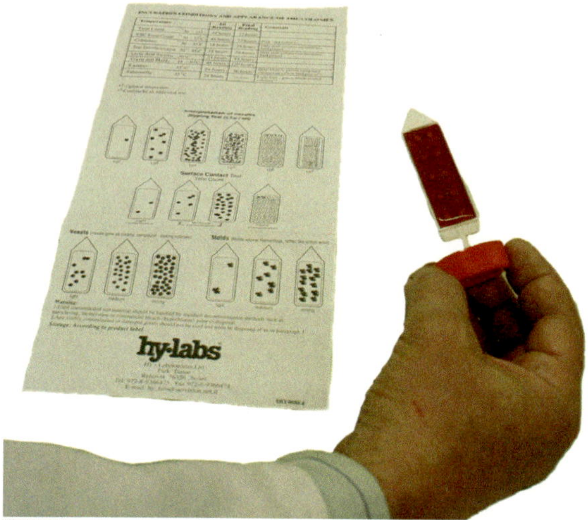

2.9 *Einen Abklatsch nehmen*

2.10 *Bebrüteter Nährboden*

Hygienisches Produzieren beginnt mit der Warenannahme. Einige Mikroorganismen verändern die Lebensmittel so, dass wir dies mit unseren Sinnen wahrnehmen können.

Abweichungen in Farbe oder Geruch oder eine schmierige Oberfläche sind Hinweise auf verdorbene Ware. Allerdings gibt es auch Fleischverderber, die das Fleisch äußerlich nicht verändern. Zu dieser Art der Fleischverderber gehören beispielsweise die Salmonellen, die Staphylokokken und die Listerien (siehe Kapitel 4.2). Um also sicherzugehen, dass das angelieferte Fleisch wirklich frei von Krankheitserregern ist, sollte zumindest stichprobenartig ein so genannter Abklatsch von einer Schweinehälfte genommen werden. Dabei werden aus der Schwarte an vier verschiedenen Stellen Scheiben herausgeschnitten. Diese Scheiben drückt man auf einen Nährboden. Dieser Nährboden wird nun in einem Speziallabor warm gelagert. Innerhalb weniger Tage vermehren sich die Keime so stark, dass man sie mit bloßem Auge erkennen kann. Unter dem Mikroskop können Fachleute dann erkennen, welche Art von Mikroorganismen auf der Schweinehälfte war und ob diese für den Menschen oder die Produktion schädlich sind.

Eine Hefezelle ist annähernd kugelförmig, sie hat einen Durchmesser von 0,01 mm.

Wie viele Hefezellen benötigt man, um einen Würfel mit der Kantenlänge 1 mm zu füllen?

(Zur einfacheren Berechnung nehmen wir an, dass die Hefezelle einen Würfel mit der Kantenlänge 0,01 mm bildet.)

Volumen des gewünschten Würfels mit 1 mm Kantenlänge:
→ $1\ \text{mm} \cdot 1\ \text{mm} \cdot 1\ \text{mm} = 1\ \text{mm}^3$

Volumen einer Hefezelle:
→ $0{,}01\ \text{mm} \cdot 0{,}01\ \text{mm} \cdot 0{,}01\ \text{mm} = 0{,}000\,001\ \text{mm}^3$

Anzahl der Hefezellen in einem Würfel mit 1 mm Kantenlänge:
→ $1\ \text{mm}^3 : 0{,}000\,001\ \text{mm}^3 = 1\,000\,000$ Hefezellen

In einem Würfel mit der Kantenlänge 1 mm leben etwa 1 000 000 Hefezellen.

Wenn die Überprüfung ergeben hat, dass die Lieferung nicht mit dem Lieferschein oder dem Auftrag übereinstimmt, hat der Kunde die Wahl zwischen:

- der Wandlung = der Kauf wird rückgängig gemacht
- der Minderung des Kaufpreises
- der Forderung einer Ersatzlieferung
- der Forderung von Schadensersatz (z. B. wegen entgangenem Gewinn)

Ist das Ergebnis der Überprüfung zufrieden stellend, wird der Lieferschein abgezeichnet und die Schweinehälften werden im Betrieb gelagert.

Merke

Stimmen Bestellung bzw. Lieferschein und die gelieferte Ware nicht überein, können Sie rechtlich zwischen verschiedenen Möglichkeiten wählen.

Rechnung/Lieferschein

Lieferanschrift:

Kundennummer: 3459
Datum: ..01-12
Lieferschein-Nr.: 785 497
Bearbeiter: 768

Pos.	Art.-Nr.	Artikelbezeichnung	Anzahl	kg	
100	131	Schweinehälfte E	5~~2~~1	2 528 Hartmann	
101	132	Schweinehälfte U	48	1 989	

geliefert: 12. Jan. .. Hartmann
Datum/Unterschrift

Ware ordnungsgemäß erhalten: 12.01. .. Michaela Föhring
Datum/Unterschrift

Summe 19 % USt (EUR)		zzgl. USt 19 %		Rechnungsbetrag (EUR)	
Summe 7 % USt (EUR)		zzgl. USt 7 %			
Transportkosten (EUR)		zzgl. USt 19 %			

2.11

Berufliche Aufgabenstellung

Bestellen Sie die benötigten Schweinehälften und führen Sie die Warenannahme durch.

- **Informieren Sie sich, welche Labore für Sie einen Abklatsch nehmen und auswerten könnten.**
- **Holen Sie Angebote ein und erteilen Sie den Auftrag für diese Überprüfung.**
- **Bestellen Sie für Ihren fachpraktischen Unterricht die nötige Anzahl an Schweinehälften.**
  Legen Sie den Liefertermin so fest, dass Sie zu diesem Zeitpunkt anwesend sein können.
- **Errechnen Sie den Betrag, den Sie für die Lieferung bezahlen müssen.**
- **Führen Sie bei der Anlieferung die Warenannahme durch.**
- **Verfassen Sie ein Schreiben an den Lieferer der Schweinehälften mit der Bitte um Korrektur der Rechnung (siehe Abb. 2.11).**

Übungen

1 Welche Punkte sollte ein Angebot enthalten?

2 Was sollte man bei der Anlieferung von Schweinehälften überprüfen?
a) beim äußeren Schein
b) bei der Hygiene
c) kaufmännisch

3 Alle angelieferten Schweinehälften sehen frisch aus und riechen gut. Trotzdem lässt der Meister von einer Schweinehälfte einen Abklatsch nehmen und schickt ihn in ein mikrobiologisches Labor. Warum tut er das?

4 Der Fleischgroßhändler FleischEx hat bei der letzten Lieferung statt der bestellten 2 500 kg Schweinehälften der Handelsklasse E nur 2 000 kg der Handelsklasse U an die Buchheim Fleisch KG geliefert. Um seine Filialen und Kunden beliefern zu können, musste die Firma Buchheim bei der Mitteldeutschen Schlachtvieh Gesellschaft kurzfristig 500 kg Schweinehälften zukaufen. Der Preis für dieses Fleisch war deutlich höher als der mit der FleischEx vereinbarte Preis.
Welche rechtlichen Möglichkeiten hat die Buchheim Fleisch KG?

5 Bestellen Sie bei der Mitteldeutschen Schlachtvieh Gesellschaft 30 Schweinehälften der Handelsklasse E und 50 Schweinehälften der Handelsklasse U. Orientieren Sie sich dabei an dem Angebot aus Kapitel 1.3. Legen Sie fest, an welchem Wochentag Sie die Lieferung wünschen und zu welchem Termin die regelmäßigen Lieferungen beginnen sollen.

6 Die Fleischerei Huber stellt einer Gaststätte folgende Lieferung in Rechnung:

15,000 kg	Schweinefilet	15,00 €/kg
20,000 kg	Oberschale	11,00 €/kg
18,000 kg	Bug	8,00 €/kg

Die Preise verstehen sich ohne die gesetzliche Mehrwertsteuer. Die Fleischerei gewährt 12 % Wiederverkäuferrabatt und bei Zahlung innerhalb von 10 Tagen 3 % Skonto.
Wie viel Euro muss die Gaststätte inklusive der gesetzlichen Mehrwertsteuer bezahlen, wenn sie Rabatt und Skonto in Anspruch nimmt?

7 Wie viele Salmonellen[1] leben in einer Kultur[2], die man mit bloßem Auge auf einem Nährboden sehen kann?
Annahmen:
- Eine Salmonelle ist annähernd quaderförmig. Sie ist 0,001 mm hoch, 0,001 mm breit und 0,005 mm lang.
- Eine Kultur kann man dann gut mit bloßem Auge erkennen, wenn sie in etwa die Größe eines Würfels mit der Kantenlänge 1 mm hat.

1 Salmonelle, die = beim Menschen Darmkrankheit hervorrufende Bakterie, siehe Kapitel 4.2
2 Kultur hier: Zucht von Bakterien und anderen Lebewesen auf Nährböden

3 Die Qualität von Fleisch beurteilen

Ziele dieses Kapitels:

- **Wir kennen die Ansprüche, die Privatkunden an die Qualität von Fleisch stellen.**
- **Wir wissen, welche Anforderung ein weiterverarbeitender Betrieb an das Fleisch stellt.**
- **Wir wissen, wodurch die Fleischqualität beeinflusst wird.**
- **Wir können die Fleischqualität überprüfen.**

Die Buchheim Fleisch KG möchte durch eine Werbekampagne ihren Kundenstamm erweitern. Bei einem ersten Treffen mit der Werbeagentur sollen die Hauptaussagen festgelegt werden, damit die Werbefachleute geeignete Vorschläge für Plakate, Handzettel und Rundfunkwerbung entwerfen können. Für die Verkaufsleiterin Inge Bach ist die Sache ganz klar: Das wesentliche Merkmal ihres Betriebes ist die Qualität des angebotenen Fleisches. Der Werbefachmann hakt sofort nach: „Können Sie das etwas präzisieren?" Die Verkaufsleiterin stutzt. „Es ist doch ganz klar, was man unter Fleischqualität versteht – oder?"

Werbeplakat 2.12

3.1 Qualitätskriterien

3.1.1 Anforderungen von Privatkunden

Für den Privatkunden, der in der Fleischerei ein Stück Schweinefleisch kauft, um es zu Hause zuzubereiten, steht der Genuss als wichtigstes Qualitätskriterium im Vordergrund.

- Das Gericht muss den typischen Geschmack von Schweinefleisch besitzen. Es soll saftig und zart im Biss sein.
- Ein unangenehmer und fremdartiger Geruch würde sowohl beim rohen Fleisch als auch beim fertigen Gericht auffallen. Die Kunden würden das Fleisch als verdorben qualifizieren.
- Das rohe Fleisch soll eine deutliche rote Farbe besitzen, wobei manche Kunden helleres Fleisch vorziehen. Verfärbungen sind Anzeichen für Verderb und werden vom Kunden nicht toleriert.

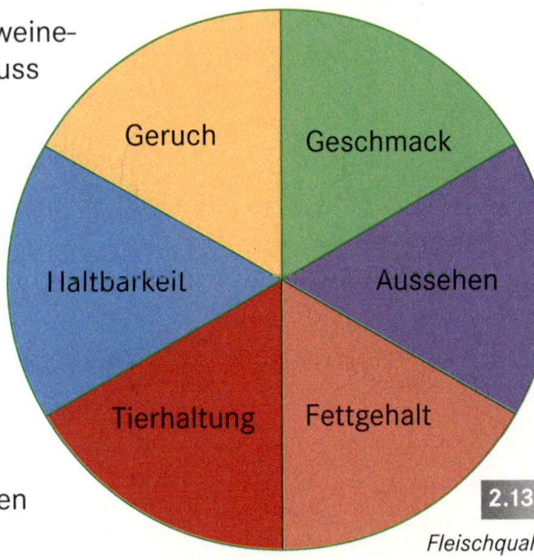

2.13 Fleischqualität

- Viele Kunden kaufen ihr Frischfleisch nicht an dem Tag, an dem sie es zubereiten wollen. Vielmehr setzen sie voraus, dass das Fleisch auch nach mehreren Tagen noch nicht verdorben ist.
- Viele Kunden legen Wert auf möglichst mageres Fleisch. Hier ergibt sich jedoch ein Widerspruch.
  - Fett ist ein Geschmacksträger. Mageres Fleisch schmeckt also meist etwas fade.
  - Fett, das geschmolzen zwischen den Fleischfasern verteilt ist, erweckt den Eindruck des saftigen Fleisches. Mageres Fleisch wird im gegarten Zustand jedoch meist als trocken empfunden.

  Eine Fleischereifachverkäuferin wird also den Wunsch nach einem mageren, aber saftigen und schmackhaften Fleisch nur schwer erfüllen können.

Merke

Fett ist ein Geschmacksträger.

- Für einige Kunden ist auch die Art der Tierhaltung und Fütterung ein Maßstab für die Fleischqualität. Sie legen besonderen Wert auf eine möglichst artgerechte Aufzucht der Tiere. Eine Fleischerei, die Fleisch von solchen Tieren anbietet, sollte ihre Werbemaßnahmen speziell auf diesen Kundenkreis zuschneiden. Im Verkaufsgespräch sollte die Fachverkäuferin immer wieder auf diese Vorzüge verweisen. Nur so können die höheren Kosten aufgefangen werden.

3.1.2 Anforderungen von weiterverarbeitenden Betrieben

Für weiterverarbeitende Betriebe ist es wichtig, für welche Produkte sich das Fleisch eignet.

Das Fleisch von Sauen oder Altschneidern nimmt hier eine Sonderstellung ein. Es unterscheidet sich deutlich von dem der normalen Mastschweine. Diese Zuchttiere werden erst geschlachtet, wenn sie zur Zucht nicht mehr geeignet sind. Sie werden also wesentlich älter, weshalb ihr Fleisch zäher und trockener ist. In der Küche sollte es also keinesfalls verarbeitet werden. Allerdings besitzt es ein wesentlich höheres Wasserbindungsvermögen.

Merke

Das Fleisch von Zuchtschweinen eignet sich hervorragend für die Wurstherstellung.

Hinzu kommt, dass dieses Fleisch eine kräftige rote Farbe besitzt und der Schweinefleischgeschmack deutlicher ausgeprägt ist. Für die Herstellung von Roh- oder Brühwürsten ist es also bestens geeignet.

Beim Fleisch der Mastschweine gelten für den Fleischer zunächst die gleichen Qualitätskriterien wie für den Privatkunden. Für ihn ist aber auch die Zusammensetzung des Fleisches von Bedeutung. Fleisch besteht aus den Nährstoffen:

- Wasser
- Eiweiß
- Fett
- Kohlenhydrate (Fleischzucker)
- Vitamine
- Mineralstoffe

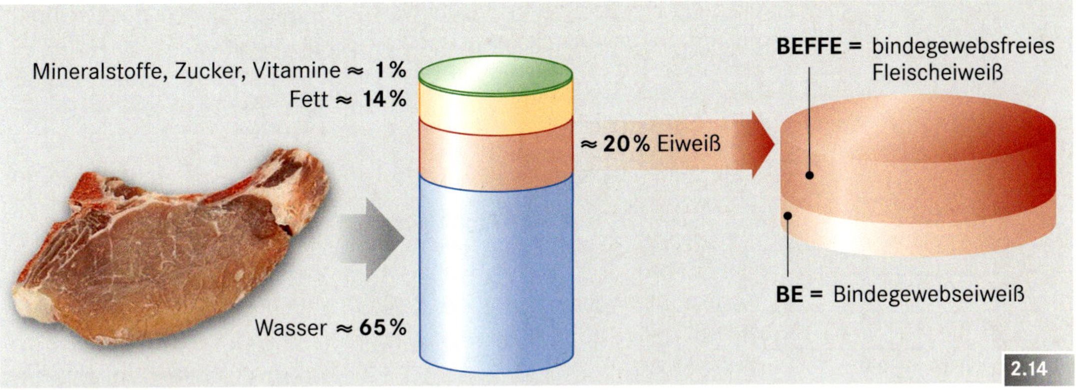

2.14

Je nach Zucht, Mast, Haltung, Behandlung der Tiere und Fleischteil variiert der Anteil der einzelnen Nährstoffe (vgl. Lernfeld 5, Kap. 6).

Für die Produktion ist vor allem der Gehalt an Eiweiß, Fett und Kohlenhydraten wichtig.

Beim Eiweiß unterscheidet man zwei Sorten. Das Bindegewebseiweiß stammt aus dem Gewebe, das im Tier die einzelnen Zellen miteinander verbindet, es ist auch in dem Vlies enthalten, das zwischen den einzelnen Fleischteilen liegt. Für den Fleischer von wesentlich höherer Bedeutung ist das Eiweiß aus dem Inneren der Muskelzellen. Es wird als „bindegewebsfreies Fleischeiweiß" (BEFFE) bezeichnet.

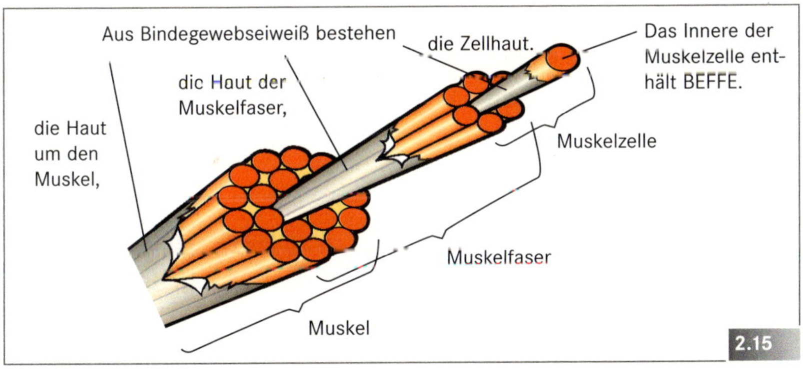

2.15

Dieser Anteil aus dem Fleischeiweiß ist für den Fleischer besonders wichtig:

- In der Brühwurst sorgt das bindegewebsfreie Fleischeiweiß dafür, dass sich das Fett mit dem zugegebenen Wasser dauerhaft vermischt.
- Bei Brühwurst und Kochpökelwaren bindet das geronnene BEFFE im fertigen Produkt das Wasser und verhindert somit den Geleeabsatz.
- Bei der Rohwurst-Reifung schließlich gerinnt das BEFFE bei der Reifung und verklebt dadurch die einzelnen Bestandteile miteinander.

Der Gesetzgeber hat deswegen den BEFFE-Gehalt bei vielen Fleischprodukten als „wertbestimmenden" Inhaltsstoff verwendet. So wird beispielsweise in den Leitsätzen für Brüh- oder Kochwurst der Mindest-BEFFE-Gehalt für jede Wurstart vorgeschrieben.

Merke

Je höher der BEFFE-Gehalt, desto besser die Qualität der Wurst.

Mageres Schweinefleisch enthält 17,5 % BEFFE.
Mageres Rindfleisch enthält 12,7 % BEFFE.

Für Fleischkäse/Leberkäse verwendet man:
- 12,000 kg Schweinefleisch
- 15,000 kg Rindfleisch
- 18,500 kg sonstige Zutaten

Wie viel Prozent BEFFE enthält die Masse?

Lösung

12,000 kg : 100 · 17,5 = 2,100 kg BEFFE im S II
15,000 kg : 100 · 12,7 = 1,905 kg BEFFE im R III
18,500 kg

45,500 kg Masse enthält 4,005 kg BEFFE

45,500 kg = 100 %
1,000 kg = 2,2 %
4,005 kg = 8,8 % BEFFE in der Masse

Der Fettgehalt des Fleisches ist wichtig für die richtige Rezeptur bei der Produktion von Wurstwaren. Das Rezept ist in der Regel so abgestimmt, dass das BEFFE aus dem Fleisch ausreicht, um das Fett aus Speck und Fleisch zu binden. Verwendet der Fleischer zu fettes Fleisch, droht Fettabsatz. Das heißt: Die Wurst wird nicht mehr aus einer gleichförmigen Masse bestehen; vielmehr wird sich zwischen Wursthülle und Wurst eine Fettschicht bilden – ein Fehler, den kein Kunde tolerieren wird.

Merke

Halten Sie sich unbedingt an die Angaben zur Rohstoffauswahl und zu den Mengen in den Rezepturen.

Im lebenden Tier dient der Fleischzucker als Energiespeicher. Der Zucker wird in einer stabilen Form in die Muskelzelle eingelagert. Dieser gespeicherte Zucker wird als Glykogen bezeichnet. Muss der Muskel Arbeit verrichten, wandelt er das Glykogen in Traubenzucker um, den er verbrennt und dadurch die benötigte Energie gewinnt.

Nach dem Schlachten zerfällt das Glykogen allmählich und wird langsam in Milchsäure umgewandelt. Ein Vorgang, der für eine gute Fleischreifung und damit für ein zartes und schmackhaftes Fleisch sehr wichtig ist.[1] Für eine gute Fleischreifung ist es also wichtig, dass unmittelbar vor der Schlachtung viel Glykogen im Muskel gespeichert ist.

3.2 Einflussfaktoren auf die Qualität von Schweinehälften

Die Schweine, die heute in Deutschland gemästet werden, lassen sich in der Regel nicht mehr eindeutig einer Rasse zuordnen. Im Lauf der Jahre wurde durch Kreuzungen zwischen den verschiedenen Schweinerassen versucht die gewünschten Eigenschaften zu fördern. Lange Zeit war die Steigerung der Fleischmenge das wichtigste Ziel dieser Züchtungen. Es stellte sich aber heraus, dass dadurch die Fleischqualität immer weiter abnahm.

1 Vgl. Lernfeld 6 in der Fachbildung, dem zweiten Band dieses Lehrwerks; das Thema „Beurteilen und Zerlegen von Rindfleisch" ist lt. Lehrplan für das 2. Ausbildungsjahr vorgesehen.

Der Stress während des Transportes und im Schlachtbetrieb führt bei anfälligen Tieren zu einer Umwandlung des gesamten Glykogens in Traubenzucker. Dieser Traubenzucker zerfällt nach der Schlachtung innerhalb weniger Stunden zu Milchsäure. Dieser Säureschock verhindert die natürlichen Vorgänge bei der Fleischreifung. Typische Merkmale für das Fleisch solcher Tiere sind eine blasse Farbe, die weiche Beschaffenheit und die schlechte Wasserbindung (vergleiche Kapitel 3.3.1, PSE-Fleisch).

2.16

Freilandhaltung

Der Mäster wird also beim Einkauf seiner Ferkel darauf achten, dass bei der Züchtung auch die Stressanfälligkeit berücksichtigt wurde. Allerdings kann er selbst durch die Fütterung und die Tierhaltung die Anlagen des Tieres fördern. Tiere, die mit Kraftfutter gemästet werden und wenig Bewegung haben, werden rasch an Muskelmasse zunehmen und schnell ihre Schlachtreife erlangen. Das Fleisch wird etwas zarter sein. Eine extensive Tierhaltung mit viel Bewegungsraum für die Tiere und der Fütterung mit arttypischen Futtermitteln ist teurer und erzielt eine langsamere Fleischzunahme, die Tiere werden älter geschlachtet. Das Fleisch wird eine festere Struktur besitzen – aber der Geschmack ist intensiver.

2.17

Ferkel im Flatdeck

Die herkömmlich gemästeten Schweine werden allerdings alle im Alter von etwa fünf Monaten geschlachtet, weshalb das Alter bei diesen Tieren keinen Einfluss auf die Fleischqualität hat. Genauso wirkt sich das Geschlecht des Mastschweins nicht auf die Fleischqualität aus. In Deutschland werden die männlichen Tiere vor Eintritt der Geschlechtsreife kastriert. Die geschlechtstypischen Eigenschaften wie die stärkere Muskelfülle, aber auch der unangenehme Geruch von Eberfleisch können sich bei diesen Tieren nicht ausbilden.

Die Behandlung durch den Schlachtbetrieb wirkt sich jedoch deutlich auf die Eigenschaften des Fleisches aus. Für eine gute Fleischreifung ist es von wesentlicher Bedeutung, dass das Fleisch nach der Schlachtung noch möglichst viel Fleischzucker enthält. Das Schlachttier verbraucht diesen Fleischzucker vor allem in Stresssituationen und bei körperlicher Belastung. Um also eine gute Fleischqualität zu erzielen, müssen die Schlachttiere möglichst ruhig und behutsam behandelt werden. So verbleibt der Fleischzucker im Muskel, die Reifung kann optimal ablaufen und das Fleisch wird schmackhaft und zart.

Außerdem ist in der Schlachtung natürlich auf die Einhaltung der Hygienebestimmungen zu achten. Keime, die bei der Schlachtung auf das Fleisch übertragen wurden, können nicht mehr entfernt werden und gefährden die Gesundheit der Verbraucher (vergleiche Kapitel 4.1).

Merke

Werden Tiere im Schlachtbetrieb falsch behandelt, hat das Auswirkungen auf die Qualität des Fleisches. Wählen Sie den zuliefernden Schlachtbetrieb daher sorgfältig aus.

3.3 Überprüfung der Fleischqualität

Aus der Einstufung einer Schweinehälfte in eine bestimmte Handelsklasse kann der Fleischer keine Aussagen über die Eignung des Fleisches ableiten. Zucht-, Mast- und Schlachtbedingungen kann er häufig auch nicht in Erfahrung bringen. In der Regel kann er erst bei der Warenanlieferung die Eigenschaften und die Eignung des Fleisches beurteilen.

3.3.1 PSE-Fleisch

PSE-Fleisch

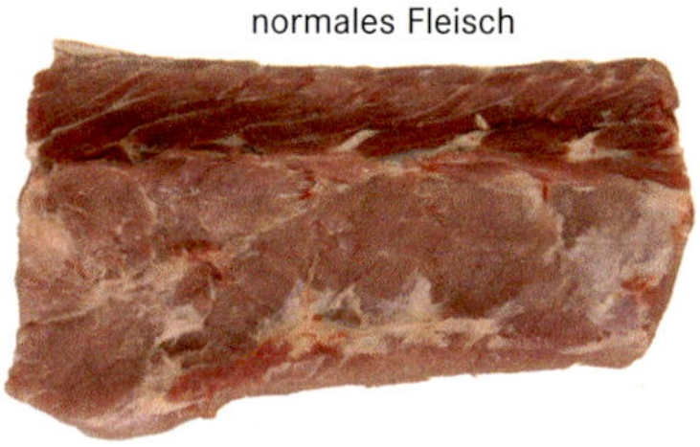
normales Fleisch

2.18

Blasses, weiches, schlecht Wasser haltendes Schweinefleisch wird auch als PSE-Fleisch bezeichnet (pale - soft - exudative = blass – weich – wässrig). Stellt der Fleischer diese Eigenschaften an Schweinefleisch fest, so darf dieses Fleisch nicht mehr an Privathaushalte verkauft werden. Beim Garen verliert es viel Wasser, das Fleisch wird zäh und trocken. Es schmeckt fade.

Für die Herstellung von Wurstwaren ist es bedingt geeignet.

3.3.2 Aussehen

Das Aussehen des Fleisches gibt aber auch noch über andere Fleischeigenschaften Aufschluss. Sind die Muskeln zum Beispiel im Bereich des Kamms von feinen Fettfasern durchzogen, so spricht man von der **Marmorierung.** Beim Garen wird das Fett schmelzen und zwischen die Muskelfasern einziehen. Dieses Fleisch wird saftig und, weil Fett ein Geschmacksträger ist, schmackhaft sein. Eine gute Fleischereifachverkäuferin wird die Kunden auf diese Vorteile aufmerksam machen.

2.19

marmoriertes Fleisch

fettes Fleisch

Hiervon muss jedoch das fette Fleisch unterschieden werden. Bei fettem Fleisch liegt das Fett nicht im Muskelgewebe, sondern als Fettschichten zwischen den einzelnen Muskelpartien.

Verfärbungen wiederum geben Aufschluss über eine fehlerhafte Reifung. Fleisch, das nicht den typischen roten Farbton hat, ist in der Regel nicht mehr für den Verzehr geeignet. Hinsichtlich des Farbtons bestehen jedoch leider immer noch Vorurteile. Viele Kunden sind der Meinung, dass helles Fleisch dem dunkleren qualitativ überlegen sei. Das Beispiel des PSE-Fleisches zeigt, dass dies keineswegs der Fall ist. Zu lange gelagertes Fleisch wird allmählich dunkler und verändert dabei seinen Farbton in Richtung Braun. Die fachkundige Fleischereifachverkäuferin kann also jederzeit ein altes von einem Fleisch mit einer kräftigen Eigenfarbe unterscheiden. Mit ihrem Fachwissen kann sie die althergebrachten Vorurteile mancher Kunden entkräften.

An einem angeschnittenen Fleischteil lässt sich zudem die **Faserstruktur** erkennen. Kurze, feine Fasern versprechen ein zartes, saftiges Gericht. Langfasriges Fleisch wird wahrscheinlich bei der Zubereitung in der Küche zäh werden.

3.3.3 pH-Wert

Der pH-Wert von Schweinefleisch gibt Auskunft über den Reifegrad des Fleisches. Bei einer normal verlaufenden Fleischreifung wird der pH-Wert 24 Stunden nach der Schlachtung in einem Bereich von 5,5 bis 5,8 liegen. Danach steigt er allmählich wieder an. Bei einem pH-Wert von 6,0 bis 6,2 ist das Fleisch genug gereift, um im Laden als Küchenfleisch verkauft zu werden. Möchte man Reifefehler mithilfe von pH-Wert-Messungen feststellen, so müssten, beginnend mit der Schlachtung, regelmäßig Messungen durchgeführt werden (siehe Lernfeld 6, 2. Ausbildungsjahr, „Beurteilen und Zerlegen von Rindfleisch“).

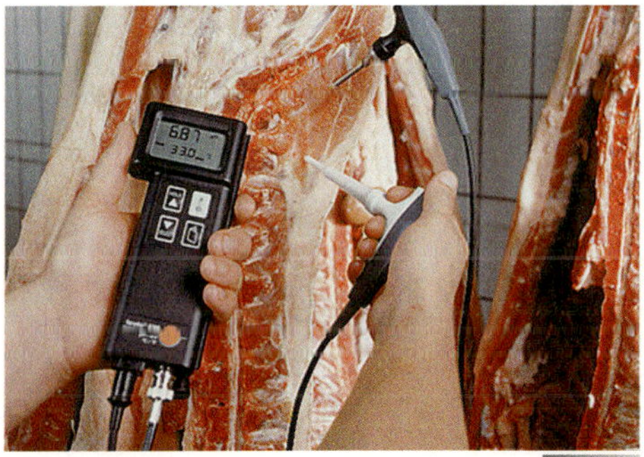

2.20

3.3.4 Belastung mit Mikroorganismen[1]

Mithilfe einer **bakteriologischen Untersuchung** kann sich der Fleischer Sicherheit über die Hygienestandards in seinem Zulieferbetrieb verschaffen. Einen Abklatsch, den er von einer Schweinehälfte genommen hat, schickt er in ein mikrobiologisches Labor ein. Nach wenigen Tagen kann das Labor Auskunft geben, wie viele und welche Mikroorganismen auf der Schweinehälfte waren (siehe auch Kapitel 2.2 und 4.2).

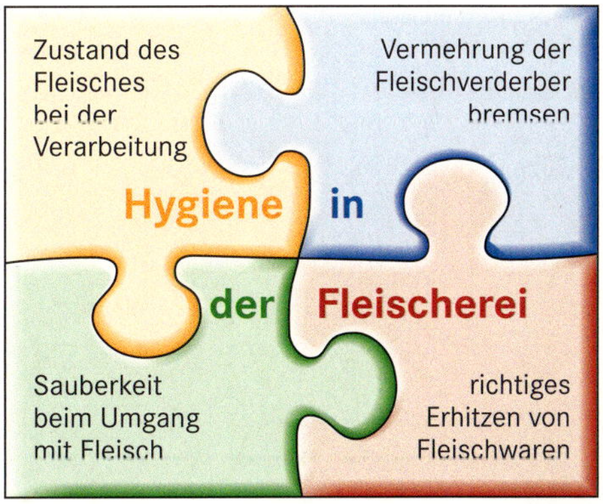

2.21

1 Mikroorganismen, Einzahl. der Mikroorganismus = mit freiem Auge nicht erkennbare Kleinlebewesen, z. B. Einzeller

Berufliche Aufgabenstellung

Erstellen Sie eine Übersicht, mit der Sie Ihre Kunden über die Qualität des von Ihnen eingekauften Fleisches informieren können.

- **Sammeln Sie dazu möglichst viele Informationen über Zucht, Mast und Schlachtung der Schweinehälften, die Sie bestellt haben.**
- **Heben Sie die Faktoren, die die Fleischqualität positiv beeinflussen, hervor.**
- **Erstellen Sie einen Kriterienkatalog, mit dem Sie die Qualität einer Schweinehälfte überprüfen können.**
- **Beurteilen Sie die Qualität des angelieferten Fleisches.**

Übungen

1 Welche Fleischeigenschaften sind für den Privatkunden wichtig?

2 Welche Fleischeigenschaften sind für den weiterverarbeitenden Betrieb wichtig?

3 Was versteht man unter der Abkürzung BEFFE?

4 Warum wird die Abkürzung BEFFE in vielen rechtlichen Bestimmungen genannt?

5 Welche Informationen können Sie einem Kunden über „PSE-Fleisch" geben?

6 Warum ist es für die Fleischqualität wichtig, wie das Tier vor der Schlachtung behandelt wurde?

7 Welche Faktoren beeinflussen die Qualität von Schweinehälften?

8 Welche Möglichkeiten hat der Fleischer oder hat die Fachverkäuferin, um die Qualität von Schweinefleisch beurteilen zu können?

9 ... Das wesentliche Merkmal ihres Betriebes sei die Qualität des angebotenen Fleisches. Der Werbefachmann hakt sofort nach. „Können Sie das etwas präzisieren?" – Erinnern Sie sich an die Situation am Anfang des Kapitels? Wie würden Sie anstelle der Verkaufsleiterin Inge Bach die Qualität des angebotenen Fleisches für den Werbefachmann darstellen?

10 Für Wiener Würstchen werden folgende Zutaten verarbeitet:
15,000 kg R III
9,000 kg S III
6,000 kg S IV
7,000 kg S VIII
14 kg Eis, Salz und Gewürze
Wie viel Prozent BEFFE enthält die Wurstmasse?

11 Gemischtes Hackfleisch wird aus gleichen Teilen R II und S II hergestellt.
Wie viel Prozent BEFFE enthält dieses Hackfleisch?

12 Für einen Hackbraten verwendet man:
400 g R II - 400 g S II - 500 g Semmeln und andere Zutaten.
Beim Braten verliert die Masse 15 % ihres Gewichtes.
a) Wie viel Prozent BEFFE enthält die rohe Hackbratenmasse?
b) Wie viel Prozent BEFFE enthält der fertige Hackbraten?

4 Die Qualität von Fleisch erhalten

Ziele dieses Kapitels:

- **Wir können beschreiben, wodurch Fleisch verderben kann.**
- **Wir wissen, welche Mikroorganismen Fleisch verderben.**
- **Wir können abschätzen, welche Krankheiten dem Kunden drohen, wenn er verdorbenes Fleisch isst.**
- **Wir können den Fleischverderb verlangsamen.**

Die auszubildende Fleischfachverkäuferin Svenja Kallenbach kommt ganz aufgeregt in den Betrieb. Ihre Großmutter hatte gestern Abend plötzlich schweren Durchfall bekommen. Spät in der Nacht wurde sie dann mit dem Krankenwagen ins Krankenhaus eingeliefert – gerade noch rechtzeitig. Die Ärzte sagten, mit solchen Durchfallerkrankungen solle man gerade bei Kindern und älteren Menschen sehr vorsichtig sein. Wenn die nicht rechtzeitig behandelt würden, könnten die Patienten sterben.

Die Ärzte hatten die Eltern von Svenja ganz ausführlich befragt, was die Großmutter in den letzten Tagen alles gegessen hatte, wo die Lebensmittel gekauft wurden, wie lange sie im Kühlschrank gelagert wurden und wer noch alles davon gegessen hat.

Brigitte Baringer, die in der Fleischerei Baringer für das Personal im Verkauf zuständig ist und das Ende dieses Gesprächs gehört hat, nimmt Svenja zur Seite und bittet sie nach Hause zu gehen. Sie legt ihr dringend nahe, sich ebenfalls beim Arzt untersuchen zu lassen. Svenja ist zunächst über die Besorgnis ihrer Chefln um ihr Wohlergehen ganz erstaunt – dann jedoch fällt ihr ein, dass sie selbst ja mit Lebensmitteln und mit Kunden umgeht ...

Krankheitsbilder und Symptome

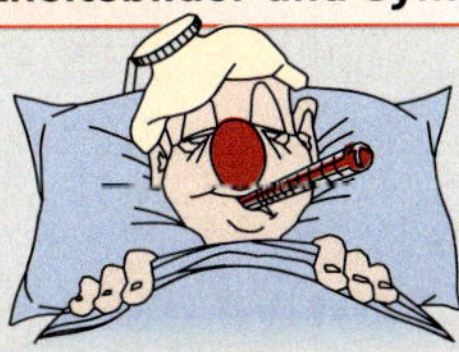

Unwohlsein

Erbrechen

Schwindelgefühl

Fieber

Übelkeit

Magenbeschwerden

Kopfschmerzen

Durchfall

- **erste Anzeichen erkennen**
- **nach Dauer und Stärke bewerten**
- **unverzüglich melden**

2.22

Unmittelbar nach der Schlachtung des Schweins beginnen die Prozesse, die am Ende zum Verderb des Fleisches führen werden. Mikroorganismen aus der Luft, von Werkzeugen oder vom Tier selbst gelangen auf das Fleisch.

Enzyme[1], die im lebenden Tier lebensnotwendig waren, zersetzen das Fleisch. Das Fett zerfällt allmählich. All diese Prozesse führen zu Veränderungen in Geschmack, Aussehen und Geruch. Zunächst sind diese Veränderungen erwünscht, das Fleisch „reift“, wird zart und schmackhaft. Letztendlich bewirken sie aber, dass das Fleisch ungenießbar und schließlich für den Menschen gesundheitsschädlich wird.

4.1 Fleischverderb durch Mikroben[2]

Vorsicht, wenn Fleischprodukte einen unangenehmen Geruch verströmen!

Fäulniserreger zersetzen im Fleisch das Eiweiß. Dabei entstehen aus langen Eiweißketten kurze Bruchstücke, die einen intensiven Geschmack und Geruch haben. Solange im Fleisch noch wenige von diesen Stoffen vorliegen, sind uns Geruch und Geschmack angenehm. Steigt jedoch die Konzentration an, wird der Punkt erreicht, wo der Mensch den Geruch als abstoßend empfindet. Dieser Punkt ist jedoch von Person zu Person verschieden. Lässt man die Fäulniserreger weiterarbeiten, werden sie das Eiweiß allmählich vollständig zersetzen, es tropft immer mehr Wasser ab. Das Fleisch verfault. Fäulniserreger kommen im Darm, der Erde und Abwässern vor. Auf das Fleisch gelangen sie also beispielsweise dadurch, dass der Darm bei der Schlachtung beschädigt wird und Darminhalt auf das Fleisch gelangt.

Durch eine Verseuchung mit Fäulniserregern wird zwar die Haltbarkeit von Fleisch verringert, Krankheiten werden jedoch kaum auftreten, da die Kunden von dem Ekel erregenden Geruch abgeschreckt werden.

Salmonellen[3] verarbeiten ebenfalls Eiweiß, allerdings erzeugen sie keine Abfallprodukte, die wir schmecken oder riechen können. Ein mit Salmonellen verseuchtes Fleisch können wir also nicht von einem einwandfreien Fleisch unterscheiden. Salmonellen produzieren im Fleisch ein Gift, das Durchfall hervorruft. Gelangen Salmonellen in unseren Darm, versuchen sie sich hier einzunisten. Anfangs wehrt sich unser Körper gegen sie. Wir haben Durchfall und müssen uns eventuell erbrechen. Nach einigen Tagen toleriert unser Körper aber die Salmonellen, wir scheinen gesund zu sein. Allerdings scheiden solche Personen mit jedem Stuhlgang Salmonellen aus. Deshalb dürfen diese so genannten Dauerausscheider in keinem Lebensmittel verarbeitenden Betrieb arbeiten, bis sie keine Salmonellen mehr in ihrem Darm haben.

Isst man ein Lebensmittel, bei dem in einem Gramm mehr als 10 000 Salmonellen leben, so besteht die Gefahr, dass man krank wird.

Salmonellen kommen sehr häufig in Hühnereiern und rohen Hähnchen vor. Die Hauptübertragungsquelle in der Fleischerei sind aber die Dauerausscheider. Erhitzt man Lebensmittel, die von Salmonellen verseucht sind, kann man sie wieder bedenkenlos verzehren. Salmonellen und ihr Gift werden bei ca. 70 °C zerstört.

---

1 Enzym, das = in der lebenden Zelle gebildete organische Verbindung, die den Stoffwechsel des Organismus steuert
2 Mikrobe, die = anderes Wort für Mikroorganismus (s. o.)
3 Salmonelle, die = beim Menschen Darmkrankheiten hervorrufende Bakterie (nach dem Bakteriologen D. E. Salmon benannt)

In einem Gramm Fleischsalat befindet sich nach der Herstellung um 09:00 Uhr eine Salmonelle. Salmonellen teilen sich bei optimalen Bedingungen (vergleiche Kapitel 4.2) alle 20 Minuten.

Um wie viel Uhr befinden sich in einem Gramm Fleischsalat 10 000 Salmonellen, wenn für die Salmonellen optimale Bedingungen herrschen?

Lösung

09:00 Uhr	1	Salmonelle
09:20 Uhr	2	Salmonellen
09:40 Uhr	4	Salmonellen
...		
13:20 Uhr	8 192	Salmonellen
13:40 Uhr	16 384	Salmonellen

Zwischen 13:20 und 13:40 Uhr werden in einem Gramm Fleischsalat 10 000 Salmonellen leben.

Campylobacter-Bakterien verursachen leichte Durchfallerkrankungen mit Erbrechen und Fieber. Sie kommen vor allem im Dickdarm von Tieren vor.

Wenn beim Schlachten Kotspuren an das Fleisch gelangen, können dadurch Campylobacter übertragen werden. Darum sollte man beim Schlachten unbedingt darauf achten, dass der Darm unbeschädigt bleibt. Aber auch der indirekte Infektionsweg muss vermieden werden. Berührt man beispielsweise das Fell des Rindes, können Campylobacter auf die Hand gelangen. Vergisst man im Laufe des Schlachtvorganges dann das Händewaschen und greift mit derselben Hand auf den enthäuteten Schlachttierkörper, hat man eventuell das Bakterium auf das Lebensmittel Fleisch übertragen. Bereits etwa 500 Campylobacter-Bakterien können einen Menschen infizieren. Bei einer Temperatur von 70 °C sterben sie ab.

In einem Gramm Tatar befindet sich nach der Herstellung um 09:00 Uhr ein Campylobacter. Campylobacter teilen sich bei optimalen Bedingungen alle 20 Minuten.

Um wie viel Uhr befinden sich in einem Gramm Tatar so viele Campylobacter, dass man daran erkranken kann (Annahme, es herrschen optimale Bedingungen für Campylobacter)?

Lösung

09:00 Uhr	1	Campylobacter
09:20 Uhr	2	Campylobacter
09:40 Uhr	4	Campylobacter
...		
11:40 Uhr	256	Campylobacter
12:00 Uhr	512	Campylobacter

Salmonellen

Hühnereier

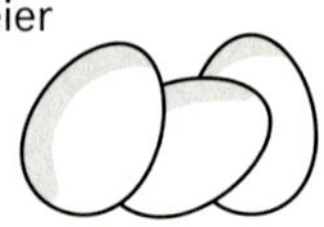

Vorkommen
Hühnereier

Übertragung
Dauerausscheider

Krankheit
Durchfall, Erbrechen

Staphylokokkus aureus

Mensch

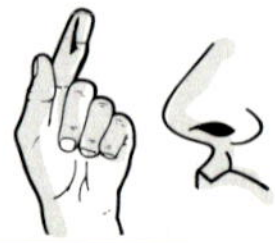

Vorkommen
eitrige Wunden und Nase

Übertragung
nicht abgedeckte Wunden, Niesen

Krankheit
Durchfall, Erbrechen

Campylobacter

Schwein

Vorkommen
Dickdarm der Tiere

Übertragung
mangelnde Schlachthygiene

Krankheit
Durchfall, Erbrechen, Fieber

Listeria

Rind

Vorkommen
Dickdarm der Tiere

Übertragung
mangelnde Schlachthygiene

Krankheit
Hirnhautentzündung, Blutvergiftung

Clostridium botulinum

Kräuter

Vorkommen
Kräuter

Übertragung
Rohstoffe

Krankheit
Vergiftung (Tod)

EHEC

Mensch und Tier

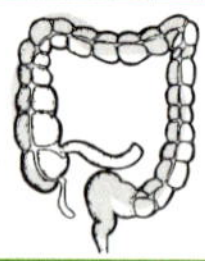

Vorkommen
Dickdarm von Mensch und Tier

Übertragung
mangelnde Schlachthygiene

Krankheit
blutiger Durchfall, Nierenversagen

2.23

Clostridium botulinum ist eine Bakterie. Sie kann nur in Umgebungen leben, in denen kein Sauerstoff vorhanden ist. Kommt sie mit Sauerstoff in Berührung, bildet sie Sporen. Sporen sind Dauerformen, sie benötigen keine Nahrung und überleben Temperaturen bis 121 °C bis zu 4 Sekunden lang. Wer also sicher sein möchte, alle Botulinum-Sporen abgetötet zu haben, muss das Lebensmittel länger als 4 Sekunden auf 121 °C oder noch höher erhitzen. Botulinum erzeugt in einem Lebensmittel ein hochwirksames Gift, das auch durch Abkochen (bei 100 °C) nicht mehr zerstört werden kann. Sie kommt vor allem im Boden vor. In Fleischwaren gelangt sie beispielsweise durch Kräuter wie Majoran, die mit Erde verschmutzt sind. Weil sie keinen Sauerstoff verträgt, kann Botulinum nur in dicht verschlossenen Lebensmitteln überleben. Am häufigsten kommt sie in falsch konservierten Dosen vor. Allerdings sind befallene Dosen leicht zu erkennen. Clostridium botulinum erzeugt ein Gas, das dazu führt, dass sich Boden und Deckel der Dose nach außen wölben. Man nennt solche aufgeblähten Dosen Bombagen, da sie ähnlich wie Bomben explodieren können.

2.24 *Bombage*

Die Kokke[1] **Staphylokokkus aureus** lebt auf der Haut und in der Nase von fast jedem Menschen. Durch Körperhygiene und regelmäßiges Händewaschen können wir ihre Anzahl zwar verringern, diese Kokken lassen sich aber nicht von unserem Körper entfernen. Wir sind also ständig mit ihnen in Kontakt. Gelangen sie in großen Mengen in eine Wunde, so beginnt die Wunde zu eitern. Lebensmittel, die mit Staphylokokken verseucht sind, verursachen Durchfallerkrankungen mit Erbrechen. Meistens klingen die Krankheitssymptome aber nach wenigen Tagen ab. Staphylokokken verändern die äußere Erscheinung des Fleisches nicht. Es ist also sehr wichtig, diesen Krankheitserreger so weit wie möglich von unseren Lebensmitteln fern zu halten. Die nötigen Hygienemaßnahmen sind bekannt: Hände waschen, Wunden abdecken, nicht auf Lebensmittel niesen usw.

Eine Infektion mit der Bakterie **Listeria** monocytogenes ist bei den meisten Menschen harmlos, sie bemerken sie meist nicht einmal. Bei Schwangeren können Listerien aber zur Totgeburt führen. Säuglinge und ältere Menschen können durch die Listerien ernsthaft erkranken. Eine Infektion zeigt sich zunächst durch Muskelschmerzen, Erbrechen und Durchfall. In ernsten Fällen kommt es zur Hirnhautentzündung und Blutvergiftung.

Listerien kommen im Erdreich und im Darm von Tieren vor. Sie sind deshalb besonders häufig auf Rohkostsalaten und in Rohmilch zu finden. Bei mangelhafter Schlachthygiene gelangen sie aber auch auf das Fleisch. Nachdem Listerien bereits bei 70 °C absterben, ist eine Infektion nur beim Verzehr von rohen Lebensmitteln zu befürchten. Allerdings muss man bedenken, dass die Listerien sich auch bei Kühlschranktemperaturen noch vermehren können.

1 Kokke, die, oder Kokkus, der = Kugelbakterie

EHEC ist die Abkürzung für **e**nteroh**ä**morrhagischen **E**scherichia **c**oli. Das erste Wort beschreibt die Krankheit, die dieses Bakterium verursacht. EHECs produzieren ein Gift, das zu **blutigen Durchfallerkrankungen** führt, die etwa eine Woche andauern. In schweren Fällen wird anschließend der Harnweg befallen, was zur Zerstörung der Nieren führen kann.

EHECs sind Darmbewohner. Sie leben im Dickdarm von Menschen und vor allem auch von Rindern. Die Träger des Bakteriums fühlen sich meistens nicht krank. Die Verunreinigung der Lebensmittel erfolgt also entweder durch mangelndes Händewaschen oder durch schlechte Schlachthygiene. Im Gegensatz zu den meisten anderen Krankheitserregern genügt bei EHECs bereits die sehr geringe Anzahl von 100 Keimen, um einen Menschen krank zu machen. Allerdings ist nur der Verzehr von rohen Lebensmitteln gefährlich, weil die EHECs bei 70 °C absterben.

Wir sind ständig von Bakterien, Bazillen, Viren und anderen Mikroorganismen umgeben. Jede Sekunde fallen Mikroben auf unsere Lebensmittel. Deshalb mit Besorgnis in einen Putzwahn zu verfallen, wäre sicher falsch. Unser Körper hat sich auf diese ständigen Angriffe eingestellt und kann damit umgehen. Problematisch wird es, wenn zu viele Mikroben einer Sorte beispielsweise durch verdorbene Lebensmittel in unseren Körper gelangen. Dies ist jedoch nur möglich, wenn wir es den Mikroorganismen ermöglichen, sich ungehindert auf den Lebensmitteln zu vermehren.

Zusammenfassung

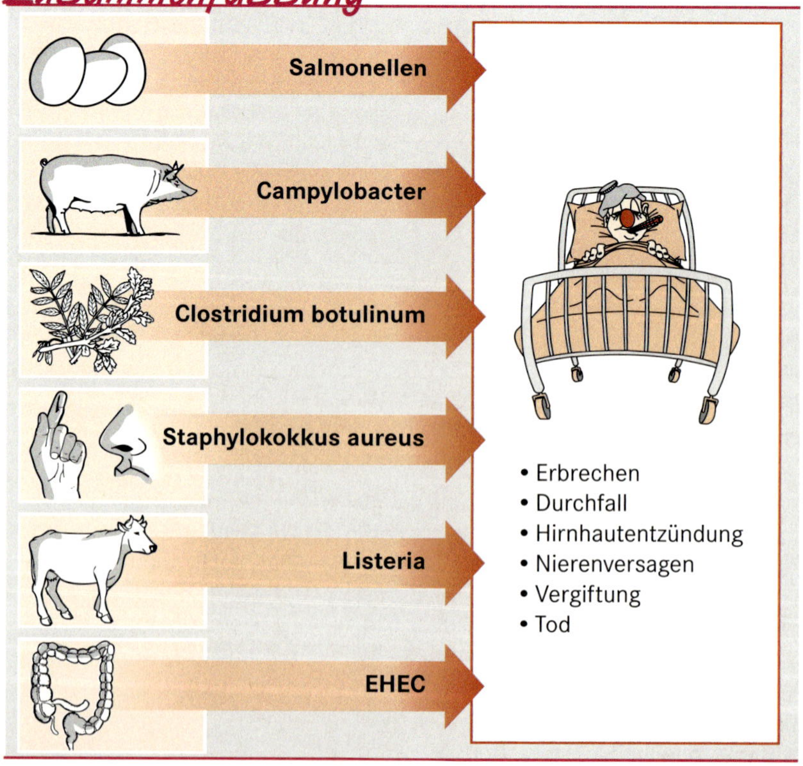

4.2 Lebensbedingungen der Mikroorganismen

Mikroorganismen benötigen wie alle anderen Lebewesen ganz bestimmte Umweltbedingungen, um überleben zu können. Allerdings unterscheiden sich die Mikroorganismen manchmal deutlich von dem, was wir aus der sichtbaren Natur kennen.

Wie bereits in 4.1 erwähnt, benötigen nicht alle Mikroorganismen **Sauerstoff** zum Leben, für manche ist er sogar giftig. Clostridium botulinum zählt zu diesen Mikroben, die man unter dem Oberbegriff Anaerobier[1] zusammenfasst.

Andere Mikroorganismen können sowohl mit als auch ohne Sauerstoff leben. Bei der Herstellung von Rohwurst werden beispielsweise Hefepilze benötigt (vgl. Lernfeld 10, zweiter Band). Befindet sich die Hefe in einer sauerstoffreichen Umgebung, verarbeitet sie Zucker zu Kohlendioxid, was in der Wurst unerwünscht wäre. Hat sie keinen Sauerstoff zur Verfügung, erzeugt sie aus Zucker Alkohol. Dieser Alkohol ist für den Geschmack der Rohwurst sehr wichtig (vgl. Lernfeld 1, Kap. 6.7.4). Hefepilze können also nicht ersticken.

2.25

Alle für uns wichtigen Mikroorganismen arbeiten bei **Temperaturen** um 30 °C am besten.[2] Je kälter es wird, desto langsamer arbeiten die Mikroben. Ab ca. 5 °C treten sie in eine Art Winterschlaf. Sie zersetzen keine Nährstoffe mehr, sie sterben aber auch nicht ab. Bei Temperaturen über 70 °C werden die meisten Mikroorganismen abgetötet. Allerdings gibt es einige Bazillen, die Sporen bilden können. Diese Sporen können erst durch Temperaturen um 121 °C abgetötet werden. Dies ist allerdings nur bei der Herstellung von Konserven wichtig.

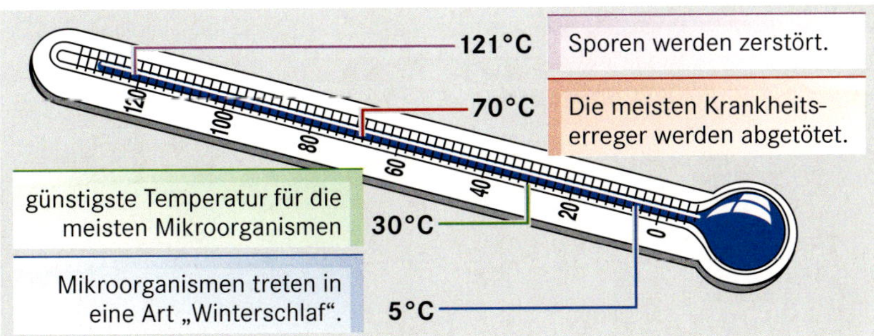

2.26

1 aero = Luft, Gas; an... = nicht, un-; anaerob = ohne Sauerstoff lebend
2 Es gibt allerdings Ausnahmen, die am liebsten bei Kühlschranktemperaturen oder bei Hitze leben.

Damit die Mikroorganismen Nährstoffe zersetzen können, müssen sie im Lebensmittel umherschwimmen können. Dazu muss **Wasser** vorhanden sein. Ein großer Teil des Wassers im Fleisch ist fest an die Eiweißmoleküle[1] gebunden. Für die Mikroorganismen ist dieses Wasser wertlos. Sie benötigen Wasser, das – ähnlich wie für uns Flüsse und Seen – im Fleisch frei fließen kann. Dieses Wasser wird als „freies Wasser" bezeichnet. Den Gehalt an freiem Wasser gibt man mit dem a_w-Wert an. Der a_w-Wert kann zwischen

1 = sehr viel freies Wasser und

0 = kein freies Wasser

liegen. Bei einem a_w-Wert unter 0,90 können Mikroorganismen nicht mehr arbeiten.

Merke

Der a_w-Wert gibt den Gehalt an freiem Wasser im Fleisch an.

2.27

Mit dem **pH-Wert** kann man bestimmen, wie ein Stoff chemisch reagieren wird.

Ein Stoff mit einem mittleren pH-Wert verhält sich neutral, er greift keine anderen Materialien an, er hat auch keine typische Geschmacksrichtung.

Bei einem niedrigen pH-Wert überwiegen die Säuren. Ein Stoff mit einem niedrigen pH-Wert schmeckt sauer, er wird Metalle angreifen und wird sie, wenn er lange genug einwirken kann, auflösen.

Merke

Der pH-Wert gibt an, ob ein Lebensmittel sauer oder basisch ist.

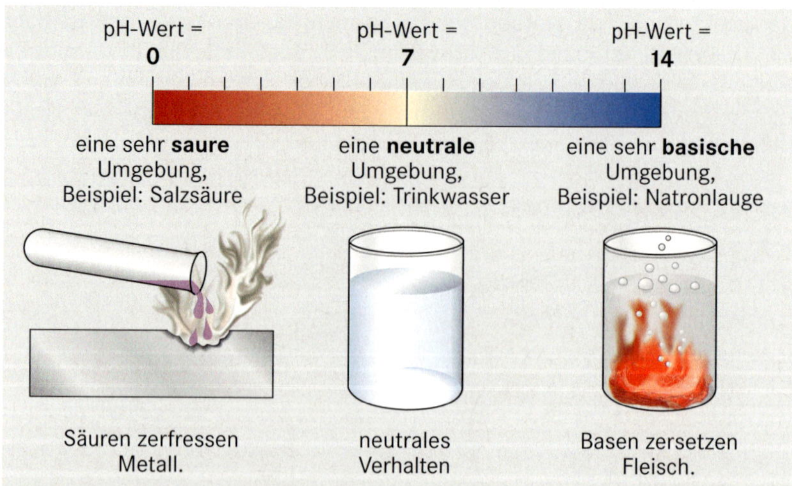

2.28

1 Molekül, das = (wörtlich: „kleine Masse") kleinste Einheit einer chemischen Verbindung

Bei einem hohen pH-Wert überwiegen die so genannten Basen. Ein Stoff mit einem hohen pH-Wert schmeckt seifig, er greift die Haut an und lässt sie aufquellen. Konzentrierte Basen lösen Haut und Fleisch auf.

Ähnlich wie die Menschen haben die Mikroorganismen eine Haut, die auf eine bestimmte Umgebung abgestimmt ist. Fäulniserreger und andere Fleischverderber bevorzugen einen basischen pH-Bereich. Milchsäurebakterien und Hefen können dagegen im sauren Bereich noch sehr gut arbeiten.

Um überleben zu können, müssen Mikroorganismen fressen. Sie bevorzugen jedoch unterschiedliche **Nahrung**squellen. Salmonellen oder Fäulniserreger bevorzugen Eiweiß. Hefepilze und Milchsäurebakterien zersetzen Kohlenhydrate. Schimmelpilze hingegen können Eiweiß, Fett und Kohlenhydrate verarbeiten.

4.3 Fleischverderb durch Enzyme

Enzyme sind Eiweißstoffe, die im lebenden Tier viele Aufgaben erfüllen. Sie bauen neue Nährstoffe auf, sie helfen bei der Verdauung im Darm mit und zersetzen verbrauchte Körperstoffe in die Einzelteile. Alle diese Vorgänge werden durch die lebenden Zellen gesteuert, sodass der Körper lebensfähig gehalten wird. Nach der Schlachtung fehlt dieser Regelmechanismus. Die Enzyme arbeiten also ungesteuert weiter. Enzyme, die Körperstoffe zersetzen, benötigen für ihre Arbeit keine Energie. Sie werden also auch lange nach der Schlachtung noch aktiv sein. Im Fleisch bedeutet dies, dass vor allem das Muskeleiweiß allmählich zersetzt wird. Die Faserstruktur lockert sich dadurch auf (Reifung), das Fleisch wird zart und saftig.

Den Geschmack der entstehenden Eiweißbruchstücke empfinden wir, wie bereits in 4.1 beschrieben, anfangs als angenehm. Durch die Arbeit der fleischeigenen Enzyme entstehen also erst die wichtigen Fleischeigenschaften zarter, saftiger Biss und angenehmer Fleischgeschmack. Arbeiten die Enzyme aber zu lange oder wird ihre Arbeit durch falsche Lagerung beschleunigt, wird zu viel Muskeleiweiß zersetzt. Das Fleisch kann das Eigenwasser nicht mehr binden, der Geschmack und der Geruch werden unangenehm und allmählich Ekel erregend. Durch die Aktivität der fleischeigenen Enzyme wird das Fleisch zwar nicht gesundheitsschädlich, aber es ist nicht mehr genießbar.

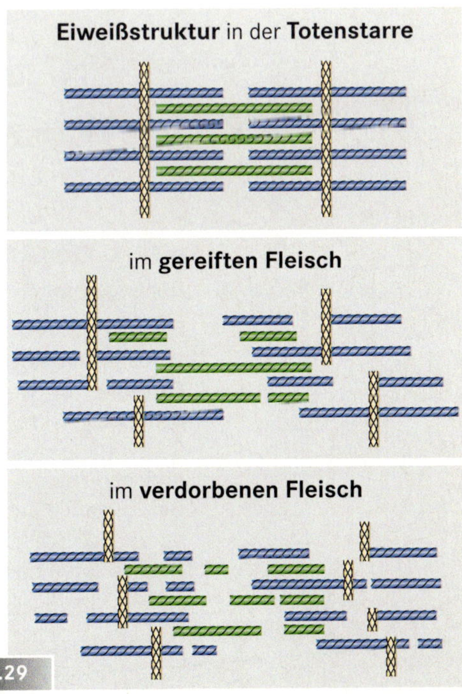

2.29

Weil Enzyme keine Lebewesen sind, benötigen sie für ihre Arbeit keine Nahrung.

Bei **Temperaturen** um 30 °C arbeiten sie am schnellsten. Bei niedrigeren Temperaturen verlangsamt sich ihre Tätigkeit, aber sie werden nie die Arbeit einstellen. Erst bei −18 °C, wo fast das ganze Wasser gefroren ist, können sie das Fleisch nicht mehr verändern. Sie sind an einer Stelle festgefroren und auch die Nährstoffe können nicht mehr zu ihnen schwimmen. Weil sie also nicht mehr mit dem Muskeleiweiß in Berührung kommen, können sie es auch nicht mehr zersetzen. Bei etwa 60 °C werden die Enzyme zerstört.

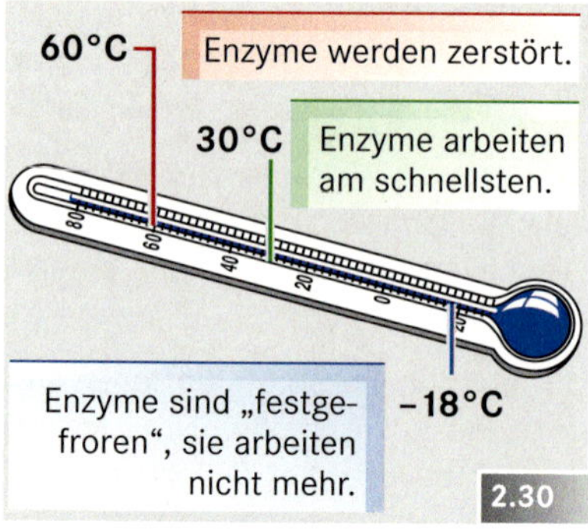

2.30

Ein Enzym zersetzt ein Muskeleiweiß nur dann, wenn sich die beiden Stoffe an der richtigen Stelle berühren. Enzyme sind aber keine Lebewesen, sie können also nicht bewusst die richtige Stelle ansteuern. Es ist also reiner Zufall, wenn der Kontakt zustande kommt. Die Wahrscheinlichkeit für diesen Zufall steigt aber, je beweglicher die Enzyme im Lebensmittel sind. In trockenen Lebensmitteln sind die Enzyme an ihren Ort fest gebunden. Sie können fast nicht arbeiten. In Lebensmitteln mit einem hohen **a_w-Wert** schwimmen sie jedoch ungehindert zwischen den Nährstoffen. In rohem Fleisch mit seinem hohen a_w-Wert können die fleischeigenen Enzyme also sehr schnell arbeiten.

Enzyme binden Wasser an sich. Die Wassermenge, die sie binden können, hängt unter anderem von dem **pH-Wert** ab. Je mehr Wasser sie an sich binden, desto größer werden sie, desto mehr dehnen sie sich aus. Enzyme können den Nährstoff aber nur dann zersetzen, wenn sie genau zur Form des Nährstoffes passen. Wenn aber das Enzym seine Form verändert, wenn es mehr oder weniger Wasser anlagert, kann es nur bei einem bestimmen pH-Wert zu seinem Nährstoff passen (siehe Abb. 2.31). Liegt ein anderer pH-Wert vor, ändert sich seine Form und das Enzym kann nicht mehr arbeiten.

2.31

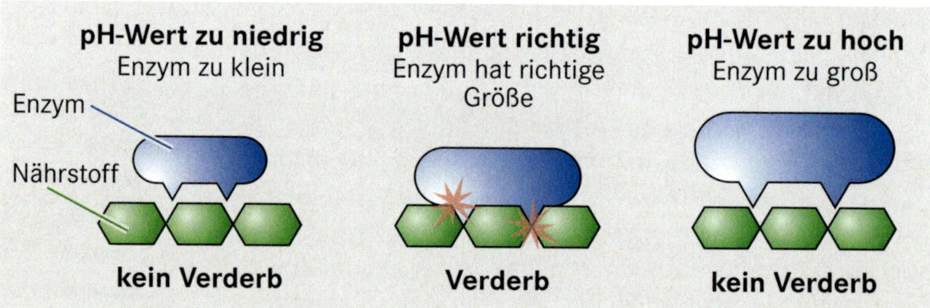

4.4 Oxidativer[1] Fleischverderb

Eiweiß und Kohlenhydrate sind stabile Stoffe. Sie verderben nur, wenn Mikroorganismen oder Enzyme sie verändern. Fette sind labil. Auch reinstes Fett verdirbt, wenn es zu lange gelagert wird, ohne Mitwirkung von Enzymen oder Mikroben. Bei diesem Verderb zerbrechen die Fettsäuremoleküle und verbinden sich mit Sauerstoff. Die Stoffe, die dabei entstehen, riechen und schmecken unangenehm, sie sind aber nicht gesundheitsschädlich. Der oxidative Fettverderb kann zwar nicht absolut aufgehalten werden, aber durch richtige Lagerbedingungen kann man ihn verlangsamen. Folgende Bedingungen beschleunigen den Fettverderb:

1 Oxidation, die = chemische Vereinigung eines Stoffes mit Sauerstoff

Licht	Lichtteilchen, die auf ein Fettsäuremolekül treffen, können es in so starke Schwingungen versetzen, dass es zerbricht.
Wärme	Das, was wir als Wärme oder Kälte empfinden, sind starke oder schwache Schwingungen der Moleküle. Bei hohen Temperaturen schwingen die Fettmoleküle schnell hin und her, häufig stoßen sie auch aufeinander. Je stärker die Schwingungen sind, desto größer ist die Gefahr, dass eine Fettsäure zerbricht.
Wasser	Wasser heftet sich an Fettsäuren an und weicht sie dadurch zusätzlich auf.
Metalle	Metalle heften sich an Fettsäuren an und weichen sie dadurch zusätzlich auf.
Sauerstoff	Die zerbrochenen Fettsäuren verbinden sich gern mit Sauerstoff. Die daraus entstehenden Produkte beschleunigen den weiteren Fettverderb.

Diese Vorgänge laufen aber sehr langsam ab. Bis das Fett von rohem Fleisch merklich ranzig riecht, vergehen mehrere Wochen; bis dahin ist das Eiweiß von den fleischeigenen Enzymen so weit zersetzt, dass das Fleisch längst verdorben ist.

Bei tiefgefrorenem Fleisch ist der Eiweißverderb vollständig ausgeschaltet. Der Fettverderb geht jedoch weiter. Fettes Fleisch sollte deshalb nicht länger als 6 Monate tiefgefroren gelagert werden, weil sich der Geschmack durch den Fettverderb verändert.

4.5 Qualität des rohen Fleisches erhalten

Um die Qualität des rohen Fleisches zu erhalten, muss der Verderb so weit wie möglich gebremst werden. Allerdings darf man auch nicht zu sehr eingreifen, sonst verliert das Fleisch seine Rohfleischeigenschaften.

Für Schweinehälften bietet sich dabei nur die Kühllagerung an. Bei der **Kühllagerung** werden alle Verderbnisprozesse verlangsamt. Mikroorganismen können sich bei Temperaturen um 5 °C nicht mehr vermehren. Enzyme arbeiten nur noch langsam. Der Fettverderb ist bei den üblichen Lagerdauern nicht von Bedeutung. Allerdings muss man auf die richtigen Lagerbedingungen achten. Die Lagertemperatur sollte keinesfalls so tief sein, dass das Fleisch gefriert. Im Fleisch entstünden große Eiskristalle, das Fleisch verlöre beim Auftauen viel Saft und wäre leicht verderblich. Die günstigste Temperatur liegt zwischen –1 und +2 °C. Luftfeuchtigkeit und das Gebläse im Kühlraum müssen gut aufeinander abgestimmt sein. Die Luftfeuchtigkeit darf nicht so niedrig sein, dass die Oberfläche des Fleisches austrocknet. Bei zu hoher Luftfeuchtigkeit schlägt sich Wasser auf der Oberfläche nieder, die Haltbarkeit des Fleisches ist herabgesetzt. Wenn das Gebläse richtig eingestellt ist, kann die Luftfeuchtigkeit erhöht werden, da durch den Luftzug überschüssiges Wasser schneller von der Oberfläche abtrocknet.

Merke

Bei der Kühllagerung muss auf die richtigen Lagerbedingungen geachtet werden (Luftfeuchtigkeit, Luftgeschwindigkeit).

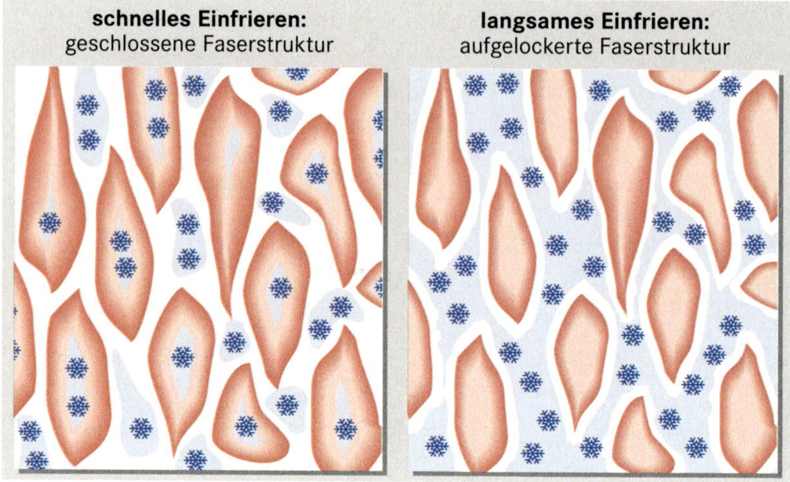

2.32

Nach der Grobzerlegung können die Fleischteile auch **tiefgefroren** werden. Dabei senkt man die Temperatur auf −18 °C und tiefer.

Beim Einfrieren muss man darauf achten, dass das Fleisch sehr schnell gefriert. Während des Gefriervorgangs gefriert zunächst das Wasser zwischen den Muskelzellen. Beim langsamen Einfrieren wandert dann das nicht gefrorene Wasser aus der Zelle in den Zellzwischenraum und gefriert dort. Dadurch wird die ursprüngliche Struktur des Fleisches zerstört.

Beim Einfrieren bilden sich Eiskristalle, die allmählich wachsen. Je langsamer der Gefriervorgang abläuft, desto weniger Kristalle bilden sich. Diese Kristalle sind dann aber größer.

Durch diese Kristalle wird die Fleischstruktur zusätzlich zerstört. Die Zellen werden auseinander gedrückt und teilweise durchstechen die Eiskristalle die Zellwände. Taut man ein solches langsam eingefrorenes Fleischstück wieder auf, so wird viel Fleischsaft austreten, man kann weniger Kilogramm Fleisch verkaufen. Und: Das fertige Gericht wird trocken und zäh sein.

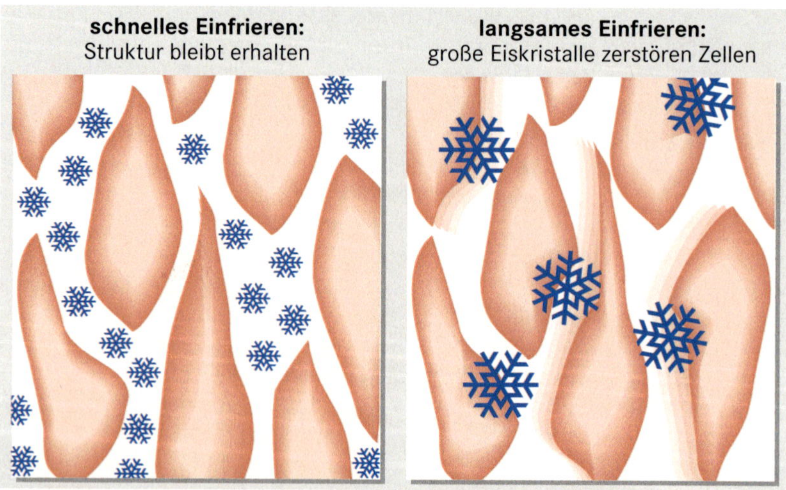

2.33

Der Produktionsleiter Udo Wolf möchte Michaela den Unterschied zwischen richtigem und falschem Einfrieren demonstrieren. Er kauft zwei Stücke ausgelöstes Kotelett mit jeweils 500 g zum Preis von 5,80 €/kg ein. Das eine Teil friert er sehr schnell ein, das andere legt er zu Hause in das Gefrierfach seines Kühlschranks. Nach einer Woche taut er beide Teile wieder auf. Das schnell eingefrorene Fleischteil wiegt jetzt 490 g, das langsam eingefrorene 460 g.

a) Vergleichen Sie, wie viel Prozent bei den beiden Fleischteilen verloren gegangen sind.
b) Wie viel Euro kostet jeweils ein Kilogramm des aufgetauten Fleisches?

Lösung

a)

schnell eingefrorenes Fleisch			langsam eingefrorenes Fleisch		
500 g	≙	100 %	500 g	≙	100 %
1 g	≙	0,2 %	1 g	≙	0,2 %
10 g	≙	2 % Verlust	40 g	≙	8 % Verlust

b) 0,500 kg · 5,80 €/kg = 2,90 € Einkaufspreis
Kosten nach dem Auftauen:

schnell eingefrorenes Fleisch	langsam eingefrorenes Fleisch
2,90 € : 0,490 kg = 5,92 €/kg	2,90 € : 0,460 kg = 6,30 €/kg

Soll das Fleisch längere Zeit gefroren gelagert werden, muss es unbedingt **luftdicht verpackt** werden. Wasser kann auch aus gefrorenem Fleisch verdunsten. Nicht eingepacktes Fleisch würde also im Gefrierraum allmählich austrocknen. Diesen Effekt kann man bereits nach wenigen Wochen beobachten. Die Oberfläche des aufgetauten Fleisches ist nicht mehr rot, sondern hellgrau, das Fleisch schmeckt fade, ist trocken und zäh. Man spricht von Gefrierbrand, weil die Fleischoberfläche an die Farbe von verbrannter Haut erinnert.

2.34 *Gefrierbrand*

Wie bereits in Kapitel 4.4 erwähnt, wird der Fettverderb auch beim Tiefgefrieren nicht ausgeschaltet. Schweinefleisch sollte nicht länger als 6 Monate gefroren gelagert werden, weil im Fleisch relativ viel Fett eingelagert ist.

Soll das Fleisch nach dem Auftauen in den Laden kommen, sollte es bei 0-bis 5 °C möglichst langsam **aufgetaut** werden. So erhält das Fleisch die Möglichkeit, den auftauenden Fleischsaft wieder zu binden.

Einzelne Fleischteile kann man auch unter **Vakuum verpacken**. Durch den Sauerstoffentzug können Mikroorganismen, die den Sauerstoff benötigen, an ihrer Arbeit gehindert werden. Allerdings muss man bedenken, dass Clostridium botulinus und andere Anaerobier durch die Vakuumverpackung erst die richtigen Lebensbedingungen erhalten. Nachdem der enzymatische Verderb auch ohne Sauerstoff abläuft, muss vakuumverpacktes Fleisch ohnehin zusätzlich gekühlt oder tiefgefroren werden. Ein wesentlicher Vorteil gegenüber der unverpackten Lagerung ist jedoch der verringerte Gewichtsverlust. Da die Oberfläche nicht austrocknet, verliert vakuumverpacktes Fleisch während der Reifung deutlich weniger an Gewicht. Außerdem verhindert die Verpackung eine weitere Infektion[1] der Fleischoberfläche über die Luft.

Merke

Beim Auftauen auf die richtige Temperatur und die richtige Zeit achten, sonst leidet die Fleischqualität.

1 Infektion, die = Ansteckung durch Krankheitserreger

Exkurs

Weitere Konservierungsverfahren

Neben diesen Konservierungsmethoden bieten sich in der Fleischerei noch weitere Verfahren an. Bei diesen Verfahren gehen aber die Frischfleischeigenschaften verloren, darum werden sie an dieser Stelle nur kurz erwähnt. Sie werden später in den entsprechenden Lernfeldern ausführlich behandelt.

Salzen – Durch das Salz bindet das Fleischeiweiß mehr Wasser → der a_w-Wert sinkt, dadurch werden Enzyme und Mikroorganismen gebremst.

Pökeln – Durch das Salz bindet das Fleischeiweiß mehr Wasser → der a_w-Wert sinkt.
Das Nitrit und das entstehende Stickoxid töten Mikroorganismen.

Erhitzen auf 70 °C Kerntemperatur – Die meisten Mikroorganismen sterben ab. Wird eine neue Infektion vermieden, halten diese Lebensmittel einige Wochen.

Erhitzen auf 121 °C – Alle Mikroorganismen sterben ab. Wird eine neue Infektion vermieden, halten diese Lebensmittel mehrere Monate bis Jahre (je nach Erhitzungsmethode).

Trocknen – Der a_w-Wert sinkt, ab einem Wert von 0,9 verdirbt das Lebensmittel nur noch durch den Fettverderb.

Räuchern – Durch das damit verbundene Trocknen sinkt der a_w-Wert.
Zusätzlich wirken die Rauchinhaltsstoffe hemmend auf einige Fleischverderber.

Säuern – Der pH-Wert wird gesenkt.
Fäulniserreger können bei niedrigen pH-Werten nicht mehr arbeiten.
Enzyme werden gebremst.

Zusammenfassung

	Mikroorganismen	Enzyme	Fettverderb
Kühlen	❚❚	▶	▶
Tiefgefrieren	❚❚	❚❚	▶
Vakuumverpacken	Aerobier ❚❚ Andere ▶▶	▶▶	▶▶

Prozess-/Arbeitsgeschwindigkeit: ▶▶ schnell ▶ langsam ❚❚ Pause

Berufliche Aufgabenstellung

Die Fleischerei Baringer möchte die Gefährdung ihrer Kunden durch krankheitserregende Mikroorganismen so weit wie möglich vermeiden. Erstellen Sie ein HACCP-Konzept für die Fleischlagerung in einer Fleischerei.

- **Informieren Sie sich in Ihrem Betrieb darüber, wie Schweinehälften und Fleischteile gelagert werden.**
- **Wie wird in Ihrem Betrieb die Lagerung für das HACCP-Konzept dokumentiert?**
- **Welche Lagerungsmöglichkeiten bieten sich in der Schulfleischerei an?**
- **Beurteilen Sie diese Lagermöglichkeiten.**
- **Planen Sie für die Schulfleischerei die Lagerung der Schweinehälften und Fleischteile auf die beste Art und Weise.**
- **Dokumentieren Sie Ihre Fleischlagerung.**

Übungen

1 Welche Mikroorganismen könnten im Fallbeispiel zu Kapitel 4 Auslöser für die Erkrankung der Großmutter gewesen sein?

2 Durch welche Lebensmittel könnte die Großmutter diesen Mikroorganismus aufgenommen haben?

3 Wie könnten die Lebensmittel mit dem Mikroorganismus infiziert worden sein?

4 Welche Fehler müssen außerdem gemacht worden sein?

5 Warum soll die auszubildende Fachverkäuferin Svenja nach Hause gehen und keinesfalls an ihren Arbeitsplatz?

6 Mikroorganismen können Fleisch verderben.
a) Welche Mikroorganismen sind das?
b) Wo kommen sie ursprünglich vor?
c) Wie werden sie auf das Fleisch übertragen?
d) Welche Hygienemaßnahmen verhindern die Übertragung?
e) Welche Krankheiten drohen einem Menschen, der infiziertes Fleisch isst?
f) Wie kann man die verschiedenen Mikroorganismen abtöten?

7 Wie müsste man ein Lebensmittel lagern oder behandeln, damit sich die Fleischverderber möglichst schnell vermehren können?

8 Warum kann man vakuumverpacktes Fleisch nicht unbegrenzt lange aufbewahren?

9 Was geschieht mit Mikroorganismen, wenn man sie einfriert?

10 Welche Mikroorganismen können auch bei Kühlschranktemperaturen noch arbeiten?

11 Auf welche Temperatur muss man ein Lebensmittel mindestens erhitzen, wenn man sicher alle Mikroorganismen abtöten will?

12 Was kann man am a_w-Wert eines Lebensmittels ablesen?

13 Warum können Mikroorganismen in einer gut gereiften Rohwurst nicht mehr arbeiten?

14 Viele Lebensmittel werden dadurch haltbar gemacht, dass man sie säuert.
a) Warum verdirbt gesäuertes Fleisch langsamer als nicht gesäuertes Fleisch?
b) Nennen Sie einige Beispiele, wo in Ihrem Betrieb Fleisch und Fleischerzeugnisse gesäuert werden.

15 Wie kommen die Fleisch verderbenden Enzyme in das Fleisch?

16 Welche Bedingungen benötigen Enzyme, um gut arbeiten zu können?

17 Warum soll man Speiseöle immer dunkel und kühl aufbewahren?

18 Warum soll man fettes Fleisch auch gefroren nicht zu lange lagern?

19 Worauf muss man bei der Kühllagerung von Fleisch achten?

20 Warum soll man Fleisch sehr schnell einfrieren, aber langsam auftauen?

---

21 Wie lange dauert es bei optimalen Bedingungen, bis sich aus einer Salmonelle eine gut sichtbare Kultur entwickelt hat (vgl. Aufgabe 5 zum Kapitel 2.2)?

22 Bei der Kühllagerung von Schweinehälften gehen am Tag etwa 0,4 % des Gewichtes verloren. Ein Betrieb kauft 3 000 kg Schweinehälften zum Preis von 1,37 €/kg ein und lagert sie zwei Tage im Kühlraum.
a) Wie viel Kilogramm verlieren die Schweinehälften in den zwei Tagen?
b) Wie viel Euro gehen dem Betrieb dadurch verloren?

23 Beim Auftauen von 20 kg eingefrorenem Schweinefleisch gehen etwa 500 g des Gewichtes verloren. Das Fleisch kostete vor dem Einfrieren 2,45 €/kg.
a) Wie viel Prozent beträgt der Gewichtsverlust?
b) Wie viel kostet jetzt ein Kilogramm von diesem Fleisch?

24 Das Klimagerät des Kühlraumes wurde versehentlich falsch eingestellt. Dadurch ist das Fleisch stärker ausgetrocknet. Normalerweise verliert es an einem Tag etwa 0,5 % seines Gewichts. In dem Kühlraum lagerten 500 kg Schweinehälften, die zum Preis von 1,45 €/kg eingekauft wurden. Nach drei Tagen wogen die Schweinehälften nur noch 470 kg.
a) Wie viel Prozent Gewicht hat das Fleisch beim Lagern verloren?
b) Wie viel Euro kostet jetzt ein Kilogramm der Schweinehälften?
c) Wie viel würde ein Kilogramm des Fleisches kosten, wenn das Klimagerät richtig eingestellt gewesen wäre?

25 In einem Gramm Sülze befindet sich nach der Herstellung um 09:00 Uhr ein EHEC. Bei optimalen Bedingungen teilen EHECs sich alle 20-Minuten. Angenommen, Sülze wird so gelagert, dass sich die EHECs optimal vermehren können. Um wie viel Uhr befinden sich in einem Gramm Sülze so viele EHECs, dass der Verbraucher nach dem Verzehr erkranken würde?

5 Schweinehälften zerlegen

Ziele dieses Kapitels:

- **Wir zerlegen eine Schweinehälfte in große Stücke, die eine Person problemlos weiterverarbeiten kann.**
- **Wir zerlegen die großen Fleischstücke weiter, damit sie im Laden verkauft werden können.**
- **Wir berechnen das Gewicht der einzelnen Fleischteile.**

Jens Wittes Vater hat eine eigene kleine Fleischerei. Vor seiner Lehrzeit hat Jens schon einige Male im elterlichen Betrieb mitgeholfen. Deshalb hat er auch schon Erfahrung im Zerlegen von Schweinehälften. Als sein Lehrmeister also das Thema anschneidet, ist sich Jens seiner Sache sicher: Klar kann er eine Schweinehälfte zerlegen. Er folgt den Erklärungen seines Meisters also nicht sonderlich aufmerksam. Auch als der beginnt, eine Schweinehälfte zur Demonstration zu zerlegen, ist Jens nicht bei der Sache. Doch plötzlich stutzt er. Der Meister geht ja vollkommen anders vor. Aber das Ergebnis ist dann doch annähernd das gleiche.

Bei der Zerlegung von Schlachttierhälften sollte man immer entlang des Vlieses schneiden. Das Vlies ist das Bindegewebe zwischen den einzelnen Muskelpartien. Durch dieses Vorgehen ergeben sich folgende Vorteile:

- Die Muskelfasern werden nicht angeschnitten. Man verhindert somit unnötigen Saftverlust und die Mikroorganismen erhalten keine Eintrittspforte in das Fleischinnere.
- Das Vlies trocknet bei der Reifung auf das Fleischteil auf und verhindert dadurch, dass aus dem Fleisch Wasser verdunstet.
- In den Bereichen, die von einem Vlies umschlossen sind, verlaufen alle Fleischfasern in die gleiche Richtung. Man kann also das Fleisch quer zur Faser anschneiden. Der Braten oder das Schnitzel wird zart sein.

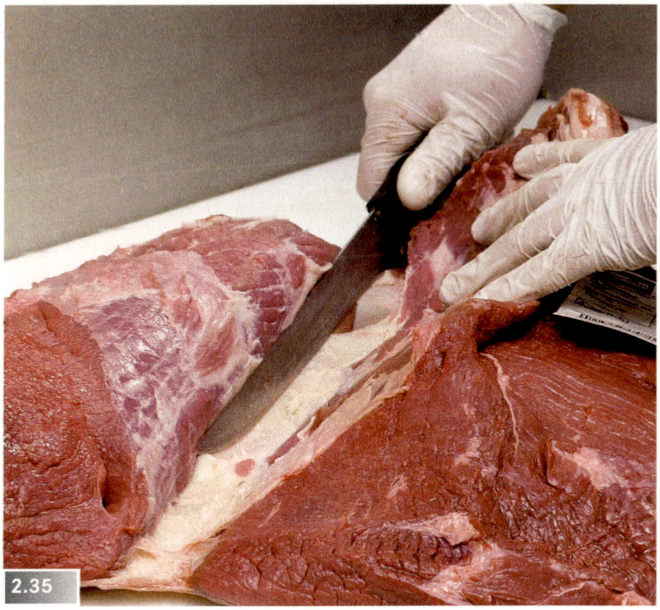

2.35

Schnitt am Vlies entlang

In der Praxis haben sich verschiedene Methoden zur Zerlegung einer Schweinehälfte eingebürgert. Im Folgenden wird exemplarisch eine Möglichkeit dargestellt.

5.1 Grobzerlegung

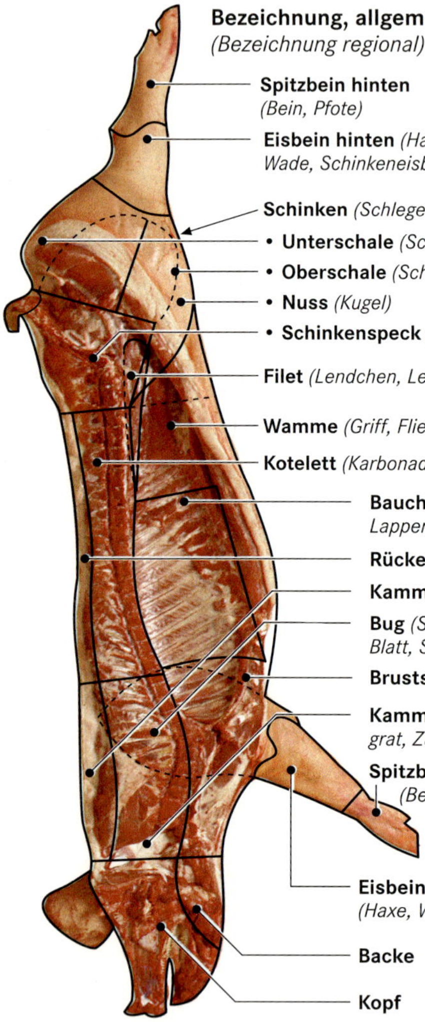

2.36

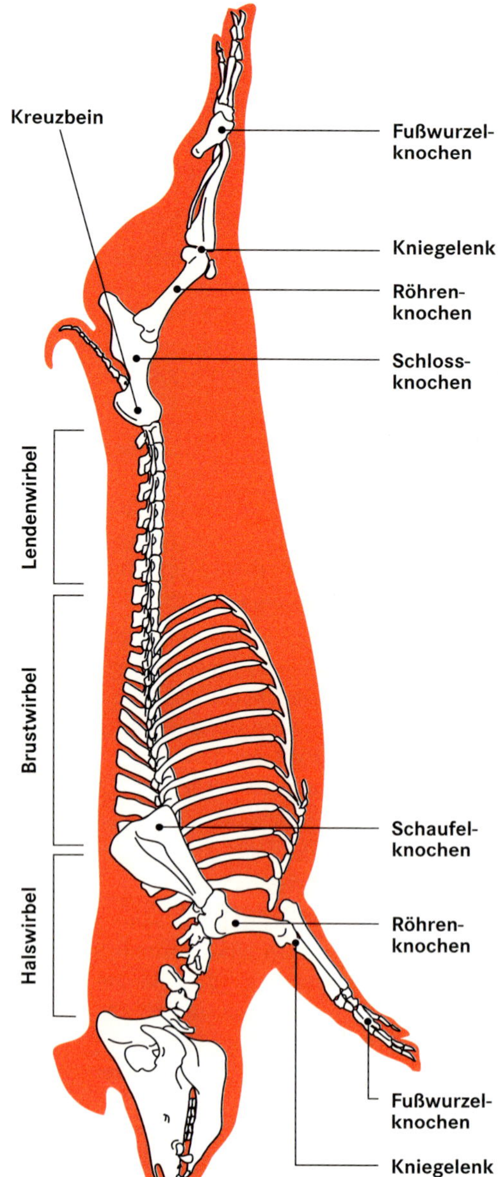

2.37

Wie gehen wir vor?

- den Kopf zwischen dem ersten Halswirbel und dem Hinterhauptbein abschneiden;
- den Filetkopf aus der Keule herauslösen;
- den Schinken vom Rumpf abtrennen;
- entlang der Kontur des Buges die Schwarte einschneiden;
  das Eisbein nach oben drücken, damit man den Bug leichter vom Rumpf abtrennen kann;
- den Bauch vom Kotelettstrang absägen bzw. abschneiden

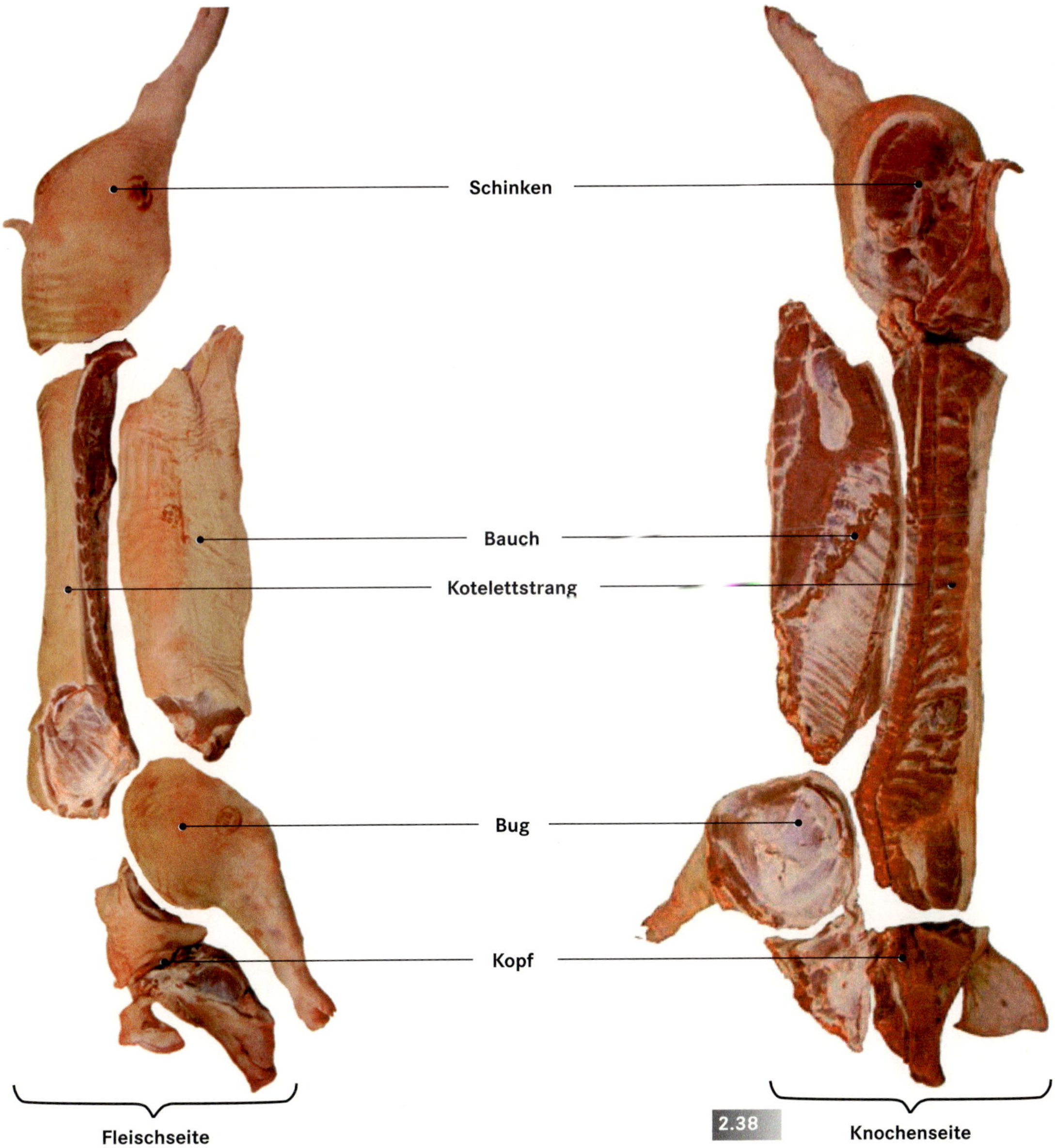

2.38

5.2 Feinzerlegung

Schinken

- das Spitzbein im Bereich der Fußwurzelknochen abtrennen;
- das Eisbein im Bereich des Kniegelenks abtrennen;
- das Kreuzbein und den Schlossknochen ausbeinen;
- die Naht zwischen Oberschale und Nuss auftrennen;
- den Röhrenknochen ausbeinen, dabei sollte man unbedingt darauf achten, dass die Knochenhaut am Fleisch bleibt;
- das verbleibende Fleisch aufteilen in:
  - Oberschale,
  - Unterschale mit Rolle,
  - Nuss,
  - Schinkenspeck

  Je nach späterer Verwendung bleibt die Speck- und Schwartenauflage am Magerfleisch oder wird entfernt (z. B. Krustenbraten, Schinken).

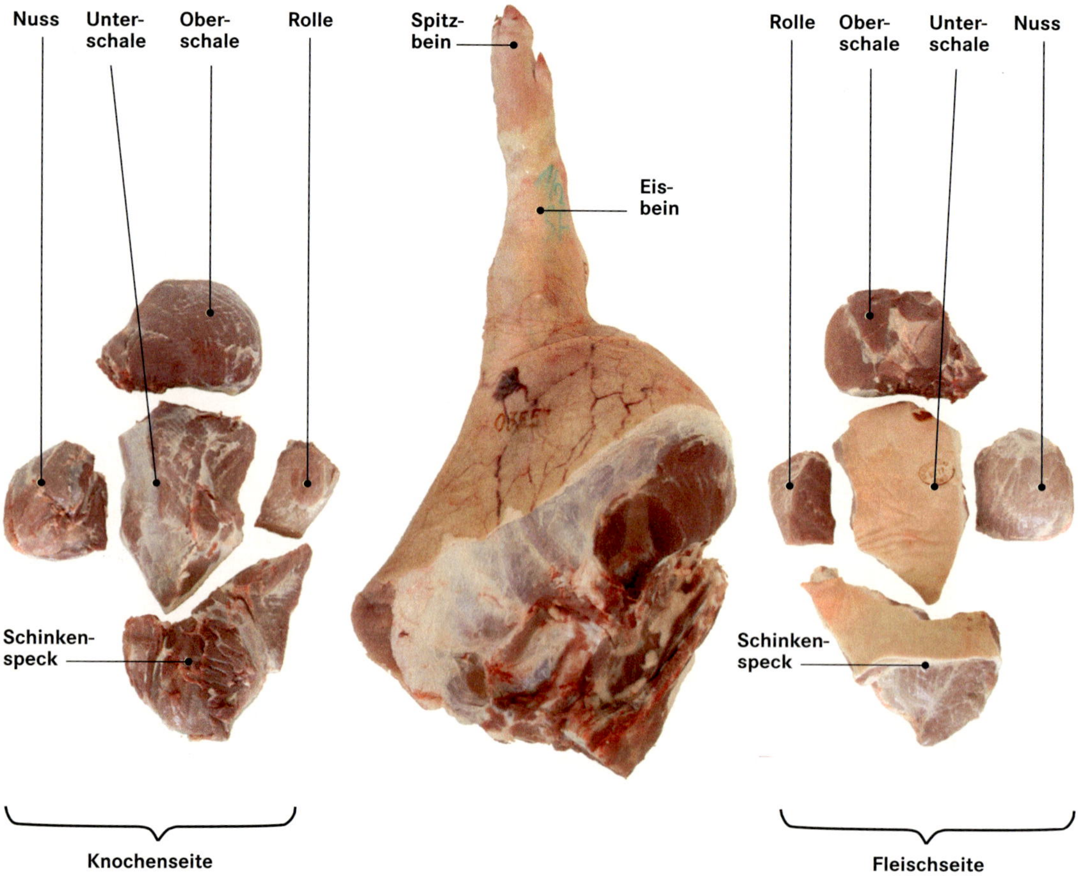

Bug

- das Spitzbein im Bereich der Fußwurzelknochen abtrennen;
- das Eisbein im Bereich des Kniegelenks abtrennen;
- den Schaufelknochen auslösen;
- den Röhrenknochen ausbeinen, dabei sollte man unbedingt darauf achten, dass die Knochenhaut am Fleisch bleibt;
- das verbleibende Fleisch aufteilen in:
  - dickes Bugstück,
  - Schaufelstück

  Je nach späterer Verwendung bleibt die Speck- und Schwartenauflage am Magerfleisch oder wird entfernt.

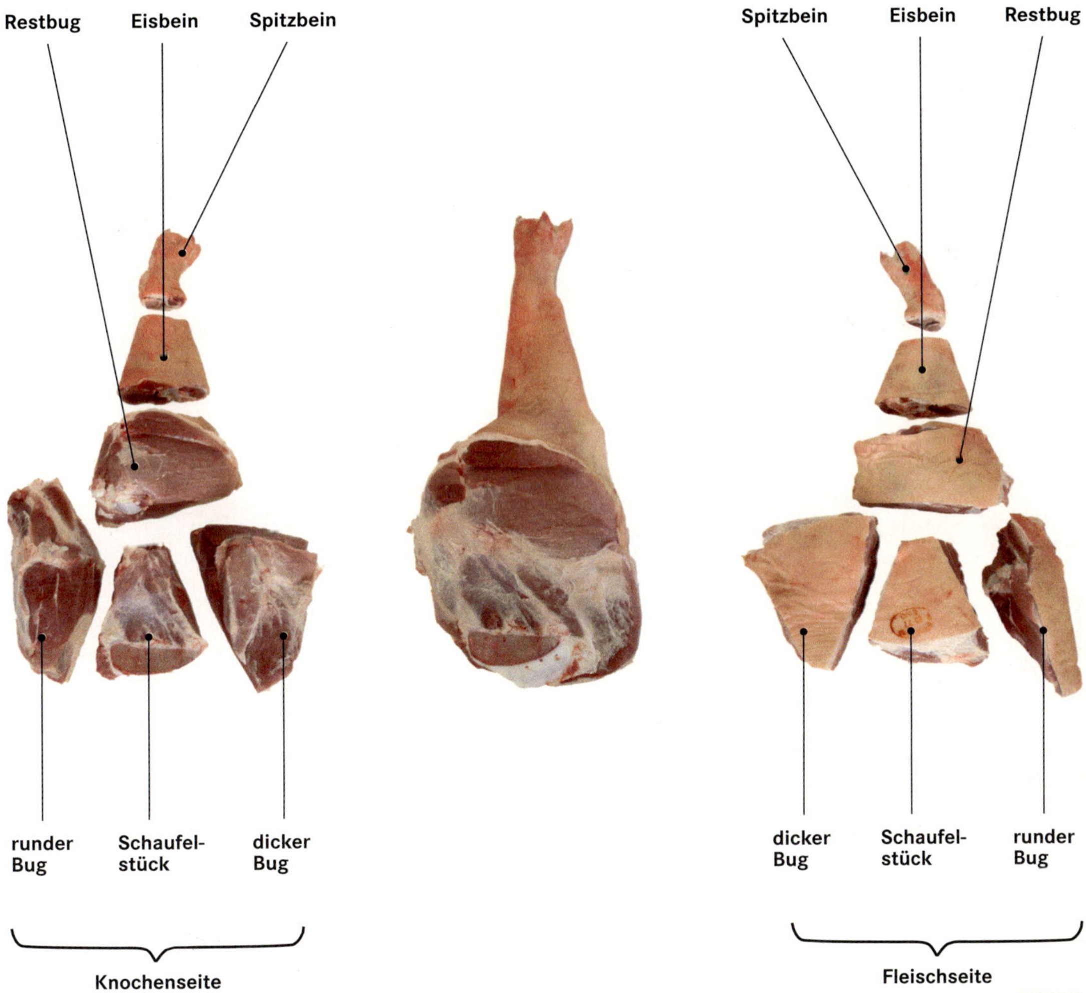

2.40

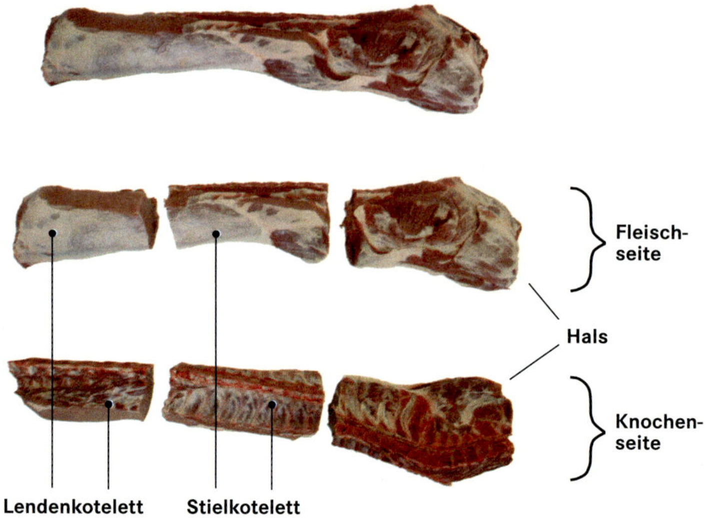

Kotelettstrang

- Filet sauber auslösen;
- Speck mit Schwarte abheben;

  je nach Kundenwunsch das Fleisch vom Rückgrat auslösen;
- Aufteilung des verbleibenden Stranges in:
  - Hals: Kotelettstrang im Bereich der Halswirbel bis zum dritten Brustwirbel;
  - Kotelett: Kotelettstrang ab dem dritten Brustwirbel

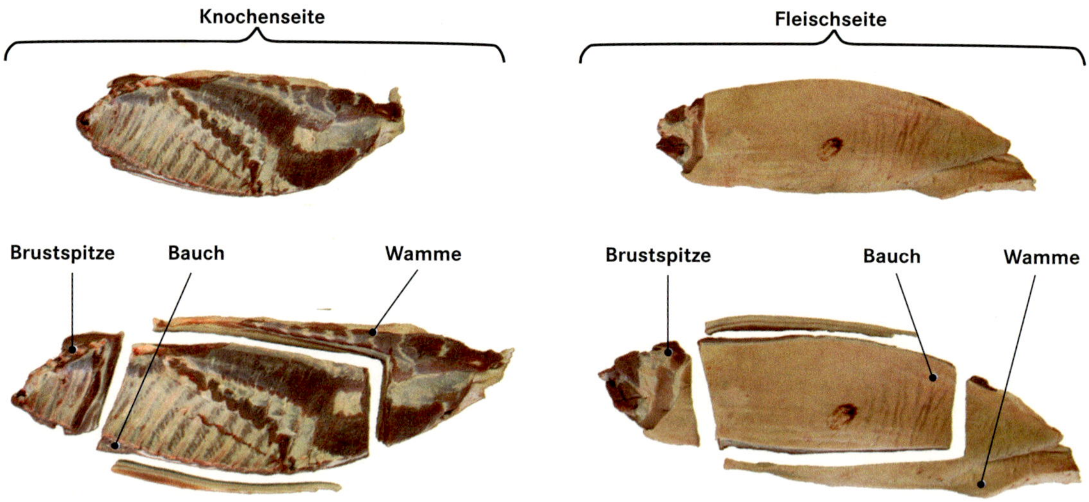

2.42

Bauch

- die Brustspitze nach der dritten oder vierten Rippe abtrennen;

  Rippen auslösen und die Brustspitze zuschneiden;
- die Wamme von hinten schräg zum Brustbein hin abschneiden;
- beim Bauch kann man je nach Verwendung die Rippen im Fleisch belassen oder auslösen

Kopf

- das Backenfleisch entlang des Ober- und Unterkiefers vom Kopf abtrennen

Sie zerlegen eine Schweinehälfte mit einem Gewicht von 48,500 kg. Im Durchschnitt geht man davon aus, dass eine Schweinehälfte folgende Fleischmengen ergibt:

Kotelett mit Kamm	19 %	Verarbeitungsfleisch	18 %
Schinken	18 %	Speck	17 %
Bug	5 %	Knochen und Schwarten	13 %
Bauch	10 %		

Berechnen Sie das Gewicht der einzelnen Fleischteile.

Lösung

100 %	=	48,500 kg
1 %	=	0,485 kg
19 %	=	9,215 kg Kotelett mit Kamm
18 %	=	8,730 kg Schinken
5 %	=	2,425 kg Bug
10 %	=	4,850 kg Bauch
18 %	=	8,730 kg Verarbeitungsfleisch
17 %	=	8,245 kg Speck
13 %	=	6,305 kg Knochen und Schwarten

Berufliche Aufgabenstellung

Zerlegen Sie eine Schweinehälfte in verkaufsfertige Fleischteile.

- **Informieren Sie sich in den einschlägigen rechtlichen Bestimmungen über die nötigen Unfallschutzmaßnahmen.**
- **Welche Hygienemaßnahmen werden in Ihrem Betrieb im Bereich der Zerlegung getroffen?**
- **Wie werden diese dokumentiert?**
- **Beurteilen Sie die Hygienesituation für das Zerlegen in den Praxisräumen der Schule.**
- **Erstellen Sie ein HACCP-Konzept für die Zerlegung einer Schweinehälfte in den Praxisräumen der Fleischerei.**
- **Informieren Sie sich über weitere Zerlegemethoden für Schweinefleisch.**
- **Zerlegen Sie eine Schweinehälfte.**
  - **Beachten Sie dabei die Unfallschutzmaßnahmen.**
  - **Beachten Sie Ihr HACCP-Konzept.**
  - **Dokumentieren Sie Ihre Hygienemaßnahmen.**
  - **Benennen Sie die Fleischteile.**
- **Bestimmen Sie den prozentualen Anteil der Fleischteile nach der Grobzerlegung.**
- **Vergleichen Sie die prozentuale Aufteilung bei verschiedenen Handelsklassen.**

Übungen

1 Warum soll man Fleischteile immer entlang des Vlieses zerlegen?

2 Der Schinken einer 47,800 kg schweren Schweinehälfte wog 8,900 kg. Wie viel Prozent des Gesamtgewichtes hat der Schinken ausgemacht?

6 Schweinefleisch richtig verwenden

Ziele dieses Kapitels:

- **Wir können Kunden über verschiedene Garmethoden informieren.**
- **Wir wissen, welche Fleischteile sich für welche Zubereitungsart eignen.**
- **Wir können das richtige Fleisch für Pökelwaren auswählen.**
- **Wir können den Verkaufspreis für ein Kilogramm Schweinefleisch berechnen.**
- **Wir teilen Fleisch in die richtige Sortierung ein.**

Eines Abends kommt Tante Hilde zu Michaela Föhrings Eltern zu Besuch. Natürlich erkundigt sie sich nach Michaelas Schulabschluss und nach ihren beruflichen Plänen. Michaela erzählt aus ihrer bisherigen Berufserfahrung.
„Am Anfang habe ich mir einen Überblick über den gesamten Betrieb verschaffen müssen: Hygiene, Unfallverhütung und solche Sachen." – „Ja, hast du denn dort noch gar nicht mit Fleisch arbeiten dürfen?" – „Doch natürlich, seit letzter Woche bin ich bei der Warenannahme mit dabei. Jeden Tag werden 40 Schweinehälften angeliefert. Die müssen natürlich erst kontrolliert werden, bevor sie in den Betrieb kommen!" – „Vierzig Schweinehälften – jeden Tag? Ja, was macht ihr denn damit? So viel Schweinebraten kann man doch gar nicht verkaufen ..." – „Stimmt. Darüber habe ich noch gar nicht nachgedacht. Morgen frage ich mal meinen Meister."

2.43

6.1 Verwendung von Schweinefleisch im Privathaushalt

Der Kunde erwartet von dem Fleisch, das er in der Fleischerei kauft, immer höchste Qualität. Das Gericht, das er zubereitet, soll schmackhaft, zart und saftig sein. Dies ist jedoch nur dann gewährleistet, wenn das richtige Fleischteil für das gewünschte Gericht verwendet wird. Zu einem großen Teil hängt das von der Garmethode ab.

Garmethode	Beschreibung	Temperatur	Fleisch	Bemerkungen
Grillen	Garen durch Wärmestrahlung, z. B. Holzkohlegrill	200 - 250 °C	nicht zu magere Fleischscheiben	Kein gepökeltes Fleisch verwenden, weil Krebs erregende Stoffe entstehen.
Kurzbraten	schnelles Braten in der Pfanne	150 - 240 °C	kurzfasrige Fleischscheiben	Nicht zu lange garen, sonst wird das Fleisch trocken.
Braten	Garen in der Bratröhre ohne oder mit wenig Wasser	130 - 180 °C	große Fleischstücke	Das Fleisch bei niedrigen Temperaturen langsam garen.
Schmoren	Fleisch scharf anbraten, dann etwas Wasser zugeben und mit geschlossenem Deckel fertig garen	anfangs 200 °C, dann 100 °C	kleine bindegewebsreiche Fleischstücke	Nur wenn man lange genug anbrät, entstehen Röststoffe, sie verleihen dem Gericht den typischen Geschmack.
Kochen (Sieden)	Garen in heißem Wasser	95 °C	bindegewebsreiches Fleisch	Das Fleisch wird stark ausgelaugt, die Brühe also wieder verwenden.

Erst durch das Garen wird aus dem rohen Fleisch ein Gericht mit den Eigenschaften, die wir von ihm erwarten:

Das Fleischeiweiß gerinnt,

- das Fleisch wird leichter verdaulich;
- das Fleisch wird fester und ist dadurch leichter zu kauen.

Das Bindegewebseiweiß löst sich teilweise auf,

- das Fleisch wird zart.

Bei hohen Temperaturen entstehen in den Randschichten braune Geschmacksstoffe,

- das Fleisch sieht schöner aus und schmeckt besser.

Mikroorganismen und Enzyme werden zerstört,

- das Fleisch wird länger haltbar.

6.1.1 Grillen

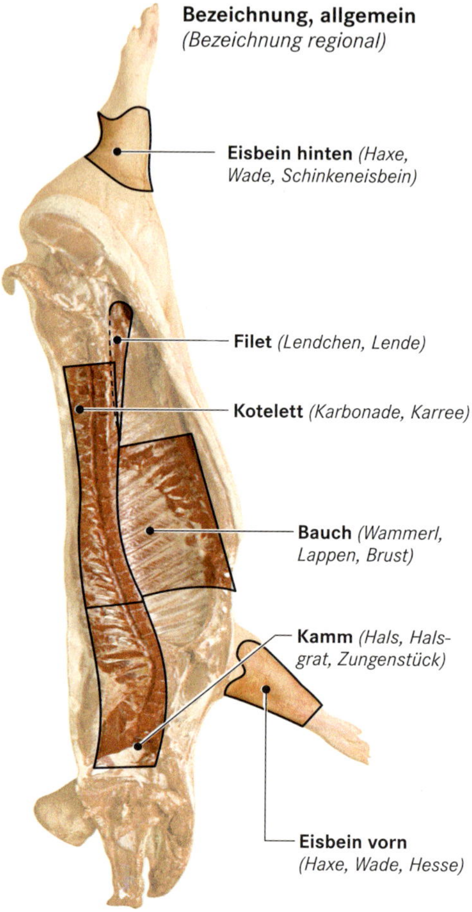

2.44

2.45

Grillspezialitäten

Das Grillen leitet sich von der ältesten Zubereitungsform für Fleisch ab. Ganze Schlachttierkörper oder Fleischteile wurden über dem offenen Feuer geröstet. Aus dieser Tradition leitet sich das heute noch sehr beliebte Grillen über der offenen Holzkohlenglut ab. Man sollte jedoch bedenken, dass bei dieser Zubereitung Krebs erregende Stoffe entstehen. Beim Grillen schmilzt das Fett. Ein Teil davon tropft in die heiße Glut und verbrennt. Dabei entstehen Krebs erregende Stoffe. Mit dem Rauch steigen diese Stoffe auf und schlagen sich auf dem Fleisch nieder.

Möchte man diese Gesundheitsgefährdung vermeiden, kann man auf den Grillrost spezielle Aluschalen legen. Sie verhindern, dass das Fett in die Glut tropft.

Beim Grillen wirkt auf das Fleisch sehr hohe Hitze ein. In den Randschichten werden Temperaturen über 150 °C erreicht. Dadurch entstehen verschiedene Geschmacksstoffe, die das typische Grillaroma hervorrufen. Durch die hohen Temperaturen hat das geronnene Fleischeiweiß allerdings nicht genügend Zeit, das fleischeigene Wasser zu binden. Beim Grillfleisch besteht also immer die Gefahr, dass es zäh und trocken wird. Um dem Kunden zartes Grillgut zu garantieren, darf die Fachverkäuferin hierfür nur gut gereiftes oder mariniertes Fleisch verkaufen.

Mageres Schweinefleisch wird beim Grillen unweigerlich trocken. Enthält das Fleisch jedoch Fett, wird das Fett schmelzen und zwischen die geronnenen Fleischfasern einziehen. Das Grillgericht hat einen saftigen Biss. Zum Grillen eignen sich also entweder von Fett durchzogene Fleischteile wie Hals oder Bauch oder Fleisch mit Marmorierung. Zudem sollte Grillfleisch nicht zu dünn geschnitten werden. Bei einer Scheibendicke von ca. 2 cm ist gewährleistet, dass das Fleisch zart und saftig wird.

Merke

Zum Grillen sollte immer Fleisch mit einem gewissen Fettanteil ausgewählt werden.

6.1.2 Kurzbraten

2.46

Medaillons mit weißem und grünem Spargel

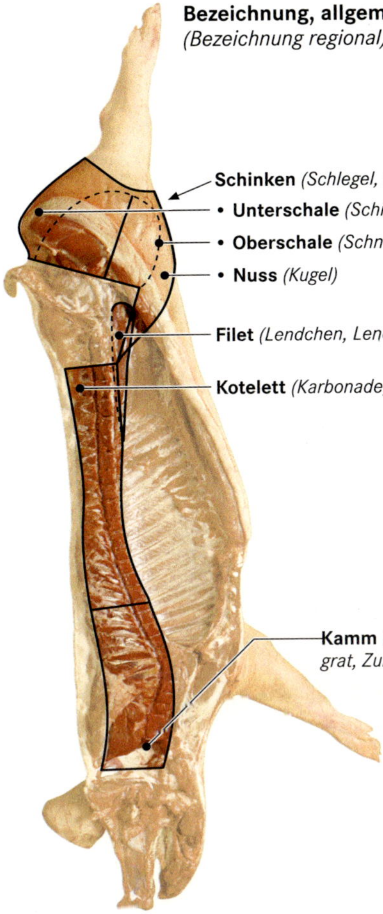

2.47

Beim Kurzbraten sollte die Fleischscheibe bei sehr hoher Hitze von beiden Seiten schnell angebraten werden. Dabei schließen sich die Poren und der Fleischsaft kann nicht mehr austreten. Zudem bilden sich bei diesen Temperaturen die typischen Röststoffe. Anschließend kann man das Fleisch bei niedrigen Temperaturen fertig garen.

Bei hohen Temperaturen zieht sich das Eiweiß im Fleisch zusammen. Würde man das Gericht bei solchen Temperaturen fertig garen, würden die zusammengezogenen Eiweißfäden den Fleischsaft aus dem Fleisch pressen. Das Gericht wäre trocken und zäh.

Gart man das Fleisch aber nach dem Anbraten bei niedrigeren Temperaturen fertig, werden sich die Eiweißfäden wieder lockern. Sie können den Fleischsaft wieder an sich binden, das Gericht wird saftig und zart.

Eine besondere Form des Kurzbratens ist das **Sautieren**[1]. Für Geschnetzeltes wird beispielsweise klein geschnittenes Fleisch kurz und scharf in der Pfanne angebraten und sofort wieder aus der Pfanne genommen. Das Fleisch kommt erst kurz vor dem Servieren in die Soße, die man aus dem Bratensatz gewonnen hat. Beim Sautieren muss man darauf achten, dass man immer nur kleine Portionen in der Pfanne anbrät. Bei zu großen Portionen kühlt die Pfanne zu stark ab, die Fleischporen schließen sich nicht mehr und das Fleisch zieht Wasser.

Merke

Beim Sautieren immer nur kleine Portionen nacheinander anbraten.

1 sautieren (sprich: zoti:ren) = 1) kurz in der Pfanne braten; 2) (bereits gebratene Stücke Fleisch oder Fisch) kurz in frischem, heißem Fett schwenken

6.1.3 Braten

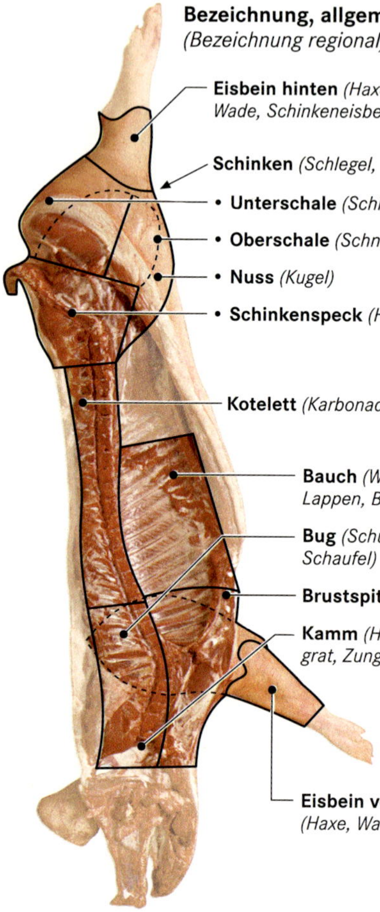

2.48

2.49

Schweinebraten mit Kruste

Beim Braten wird ein großes Fleischstück in der Bratröhre in einem offenen Gefäß gegart. Man gibt nur so wenig Wasser zu, dass der Boden gerade bedeckt ist. Beim Braten dringt die Hitze von allen Seiten in das Fleischteil ein, von unten durch den Kontakt mit dem Bratgeschirr, von oben und den Seiten als Strahlungshitze von der Röhre. Dadurch bildet sich auf dem gesamten Fleischstück eine schmackhafte braune Kruste. Von Zeit zu Zeit sollte man den Braten mit dem Bratensatz, der sich im Bratgeschirr sammelt, übergießen. Dadurch wird verhindert, dass die Kruste zu heiß wird und verbrennt. Außerdem verteilen sich die entstehenden Aromastoffe gleichmäßiger über das Fleischstück. Generell sollte man darauf achten, dass das Fleisch langsam und bei niedrigeren Temperaturen gegart wird. Der Saftverlust wird dadurch geringer gehalten und das Fleisch wird zarter.

Bei einigen Schweinebraten belässt man die Schwarte auf dem Fleischstück. Beim Schaufelstück, einem Fleischteil aus dem Bug, oder beim Bauch wird dies häufig gemacht. Durch diese Praxis erzielt man mehrere Vorteile:

- Das Fett unter der Schwarte schmilzt beim Garen und zieht in das magere Fleisch ein. Der Braten wird saftig und schmackhaft.
- Wenn der Braten am Ende des Garprozesses mit der Schwartenseite nach oben im Bratgeschirr liegt, wird die Schwarte knusprig braun, eine besondere Delikatesse. Damit man diese Kruste auch gut essen kann, sollte die Schwarte vor dem Braten rautenförmig eingeschnitten werden.
- Hierdurch erreicht man außerdem, dass das Fett aus dem Speck austreten kann. Es sammelt sich im Bratgeschirr. Je nachdem, wie viel man davon für die Sauce verwenden möchte, kann man das überschüssige Fett vor der Zubereitung der Soße abgießen.

Merke

Der Braten sollte während des Bratvorgangs regelmäßig mit dem Bratensatz übergossen werden.

6.1.4 Schmoren

2.50

Gulasch im Kartoffelrand

Beim Schmoren wird das Fleisch zunächst bei hohen Temperaturen kräftig angebraten. Dabei laufen verschiedene chemische Reaktionen ab. Der Fleischzucker verbindet sich bei etwa 120 °C mit dem Eiweiß und bildet die so genannten Melanoidine. Diese Stoffe sind hellbraun und haben einen angenehmen Geschmack, der an Nüsse erinnert. Bei höheren Temperaturen entstehen Röststoffe, die dunkler sind und einen leicht scharfen Geschmack verleihen. Erst wenn das Fleisch kräftig gebräunt ist, kann man davon ausgehen, dass genügend Geschmacksstoffe entstanden sind. Nun gießt man mit Flüssigkeit auf. Die Geschmacksstoffe lösen sich vom Fleisch und bilden den Bratensatz, aus dem die Soße gewonnen wird. Das Wasser dringt teilweise in das Fleisch ein und lockert das Bindegewebe auf. Durch die feuchte Hitze wird auch bindegewebsreiches Fleisch weich.

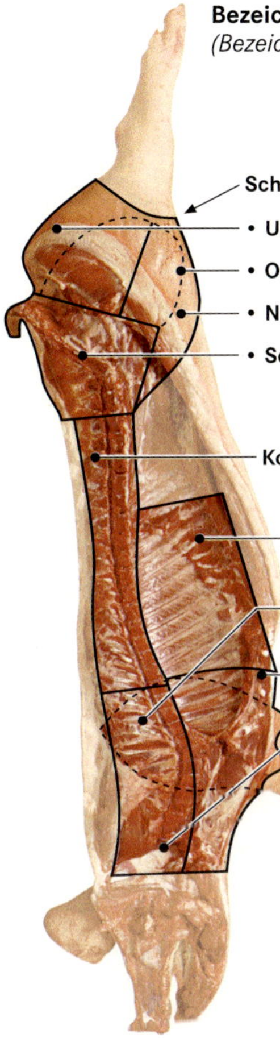

2.51

Häufig werden Schmorgerichte mit alkoholischen Getränken aufgegossen. Zum einen prägen der Rotwein oder das Bier durch ihren Eigengeschmack den Charakter des Gerichtes. Außerdem reagiert der Alkohol mit dem Fett aus dem Fleisch und bildet dabei Ester[1], die den Geschmack insgesamt abrunden. Eine Besonderheit bildet das Szegediner Gulasch. Dieses Gericht ist nach der ungarischen Stadt Szeged benannt. So verwundert es auch nicht weiter, dass dieses Gulasch hauptsächlich mit Paprika gewürzt wird. Allerdings wird das Fleisch nach dem Anbraten nicht mit einer Flüssigkeit aufgegossen, stattdessen gibt man Sauerkraut dazu. Bei einem Verhältnis von etwa einem Kilogramm Kraut auf ein Kilogramm Fleisch erhält man ein Gericht mit einem besonderen Geschmack.

Merke

Melanoidine sind Geschmacksstoffe, die beim Anbraten entstehen.

1 Ester, der (Kunstwort aus **Es**sigä**ther**) = chemische Verbindung aus der Vereinigung von Säuren mit Alkoholen unter Abspaltung von Wasser

6.1.5 Sieden (Kochen)

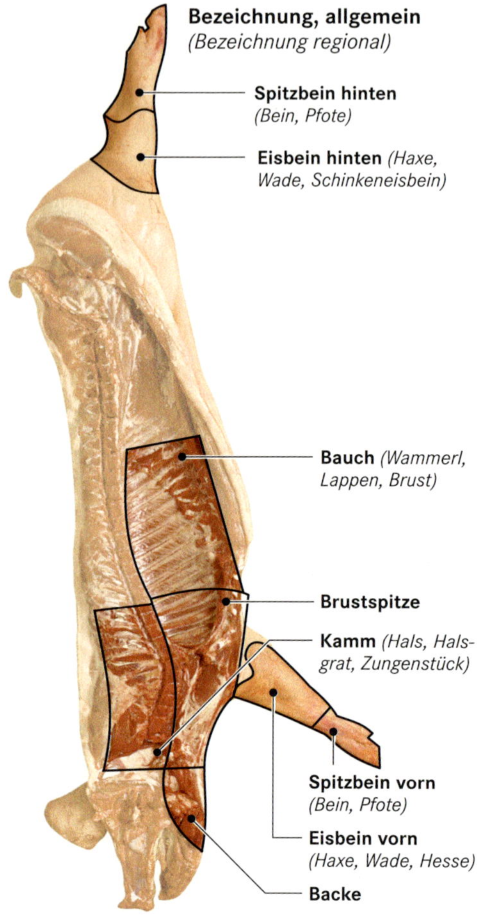

2.52

2.53

Gekochte Schweinshaxe

Merke

Kochfleisch ins kalte Wasser gibt eine schmackhaftere Brühe; Kochfleisch ins heiße Wasser gibt ein schmackhafteres Stück Fleisch.

Beim Sieden dringt das Wasser tief in das Fleisch ein und lässt das Bindegewebe aufquellen. Dadurch wird selbst Fleisch mit sehr hohem Bindegewebsanteil noch weich. Zusätzlich löst das Wasser aber auch Inhaltsstoffe aus dem Fleisch heraus. Der Nährwert des Fleisches wird also deutlich sinken, weil beispielsweise die wasserlöslichen Vitamine zu einem großen Teil im Siedewasser gelöst sind. Aber auch Geschmacksstoffe gehen in das Siedewasser über.

Wenn die Brühe das eigentliche Ziel des Kochens ist, sollte das Fleisch in kaltes Wasser gelegt werden. Beim Erwärmen lösen sich besonders viele Geschmacksstoffe im Wasser. Die Brühe wird besonders intensiv.

Beim Schweinefleisch steht aber meist das gegarte Fleisch im Vordergrund. Deshalb sollte man das Fleisch in kochendes Wasser legen. Das Eiweiß der äußeren Schichten gerinnt schnell und hält die Inhaltsstoffe teilweise zurück.

Sie zerlegen eine Schweinehälfte der Handelsklasse U mit einem Gewicht von 47,800 kg.

Der Preis beträgt 1,39 €/kg.

Ihr Betrieb hat folgende Bewertungssätze eingeführt:

	Bewertungssatz
Kotelett mit Kamm:	150 %
Schinken:	180 %
Bug:	120 %

Wie viel Euro muss man für ein Kilogramm der einzelnen Fleischteile in der Kalkulation ansetzen?

Lösung

Kotelett mit Kamm:	1,39 €/kg : 100 · 150 % = 2,09 €/kg
Schinken:	1,39 €/kg : 100 · 180 % = 2,50 €/kg
Bug:	1,39 €/kg : 100 · 120 % = 1,67 €/kg

Sie kaufen eine 46,300 kg schwere Schweinehälfte der Handelsklasse E für 1,52 €/kg ein.

Für die Anlieferung müssen Sie 8,00 € bezahlen.

Ihr Betrieb schlägt auf den Materialpreis 50 % für die Betriebskosten auf.

Der Gewinn soll 5 % betragen.

Wie viel Euro müssen Sie für ein Kilogramm Kotelett im Laden verlangen, wenn der Bewertungssatz 155 % beträgt und Sie die gesetzliche Mehrwertsteuer berücksichtigen?

Lösung

	46,300 kg · 1,52 €/kg =		70,38 €	
+	Anlieferung		+ 8,00 €	
	Materialkosten		78,38 €	
+	Betriebskosten	50 %	+ 39,19 €	= Kosten für Personal, Gebäude, Maschinen usw.
	Selbstkosten		117,57 €	
+	Gewinn	5 %	+ 5,88 €	
	Nettoverkaufspreis		123,45 €	
+	Mehrwertsteuer	7 %	+ 8,64 €	
	Bruttoverkaufspreis		132,09 €	für die 46,300 kg schwere Schweinehälfte

132,09 € : 46,300 kg = 2,85 €/kg Durchschnittspreis

2,85 €/kg : 100 · 155 % = 4,42 €/kg Preis für ein Kilogramm Kotelett

6.2 Die Verwendung von Schweinefleisch für Pökelwaren

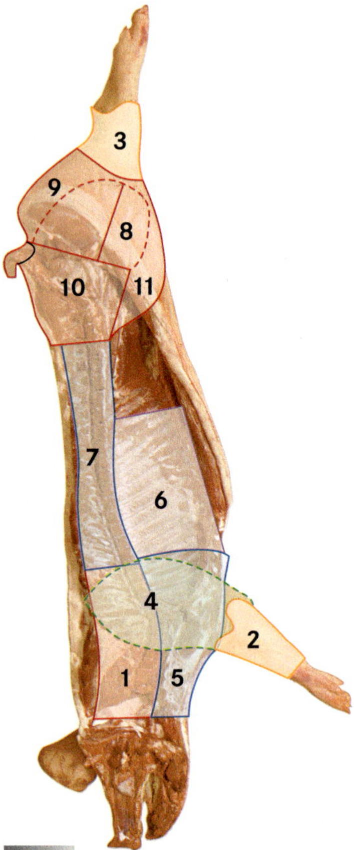

2.54

Als Pökelwaren bezeichnet man Fleischwaren, die mit Nitritpökelsalz oder mit Salpeter behandelt wurden. Das Fleisch wird dadurch haltbarer. Außerdem wird der Fleischfarbstoff stabilisiert. Bei längerer Lagerung und beim Erhitzen bleibt gepökeltes Fleisch rot.

Schweinefleisch, das für die Herstellung von Pökelwaren verwendet werden soll, sollte so wenig Mikroorganismen wie möglich enthalten. Nur wenn der Rohstoff einwandfrei ist, ist sichergestellt, dass das Endprodukt die gewünschte Haltbarkeit aufweist.

Ein wesentliches Qualitätsmerkmal von Pökelwaren ist ihre dauerhafte, kräftig rote Farbe. Weil dieser Farbstoff aus dem Fleischfarbstoff entsteht, sollte nur Fleisch mit einer intensiven Eigenfarbe zu Pökelwaren verarbeitet werden. Blasses Fleisch ergibt einen blassen Schinken.

Über die weiteren Qualitätsanforderungen und über weitere Details zur Herstellung von (Roh- und Koch-)Pökelwaren informieren Sie sich bitte im Lernfeld 7 der Fachbildung dieses Lehrwerks (Band 2).

Praktisch alle Fleischteile der Schweinehälfte können zu Pökelwaren verarbeitet werden. Die Tabelle gibt einen Überblick über die Verwendungsmöglichkeiten.

Fleischteil	Rohpökelware	Kochpökelware
1	Räuchernacken	gekochter Pökelkamm
2 + 3	geräuchertes Eisbein	Eisbein
4	Vorderschinken	gekochter Vorderschinken
5 + 6	Frühstücksspeck	gekochte Pökelrippchen
7	Lachsschinken	Kasseler, Kaiserfleisch
8 + 9 + 10 + 11	Schinken (Hinterschinken)	gekochter Schinken (Hinterschinken)

6.3 Die Verwendung von Schweinefleisch für Wurstwaren

Fleisch, das für die Verarbeitung zu Wurstwaren bestimmt ist, wird in verschiedene Fleischsorten je nach Fett- bzw. Magerfleischanteil sortiert. Hierbei orientiert man sich an den rechtlichen Grundlagen. Durch diese Sortierung erhält der Fleischer Sicherheit bei der Fleischauswahl. Bei der Zusammenstellung der Rezeptur kann er sich das Fleisch mit dem richtigen Fett- und BEFFE-Gehalt aussuchen. Er kann sich sicher sein die rechtlichen Anforderungen zu erfüllen. Die Wurst wird nicht zu mager, aber auch Fettabsatz wird es nicht geben.

Für Schweinefleisch hat sich die folgende Sortierung eingebürgert:

Sortierung	Foto	Beschreibung	Fleischeiweiß	BEFFE	Fett
S I 1.122		Das Fleisch ist frei von sichtbarem Fett und Sehnen.	20,0 %	19,0 %	5,0 %
S II 1.122		magere und sehnenfreie Fleischabschnitte mit einem sichtbaren Fettanteil von ca. 5 %	19,0 %	17,5 %	10,0 %
S III 1.123		mageres Fleisch mit einem höheren Sehnenanteil und einem sichtbaren Fettanteil von 6 %	19,0 %	16,1 %	19,0 %
S IV 1.123		Fleisch aus der Brustspitze und Abschnitten vom mageren Bauch, von Schulter und Schinkenspeck; sichtbarer Fettanteil 30 %, ohne Sehnen und Schwartenzug	14,0 %	11,9 %	33,0 %
S V 1.123		kerniger Schweinebauch ohne Schwartenzug mit einem sichtbaren Fettanteil bis zu 60 %	8,0 %	6,8 %	15,0 %
S VI 1.123		Schweinefettbacke ohne Schwarten und Drüsen	10,0 %	7,0 %	50,0 %

Sortierung	Foto	Beschreibung	Fleischeiweiß	BEFFE	Fett
S VII 1.212		Speck ohne Schwartenzug vom Nacken und nicht schmalziger Rückenspeck	5,0 %	2,5 %	78,0 %
S VIII 1.212		kerniger, fetter Rückenspeck ohne Schwartenzug	2,0 %	0,3 %	90,0 %
S IX 1.212	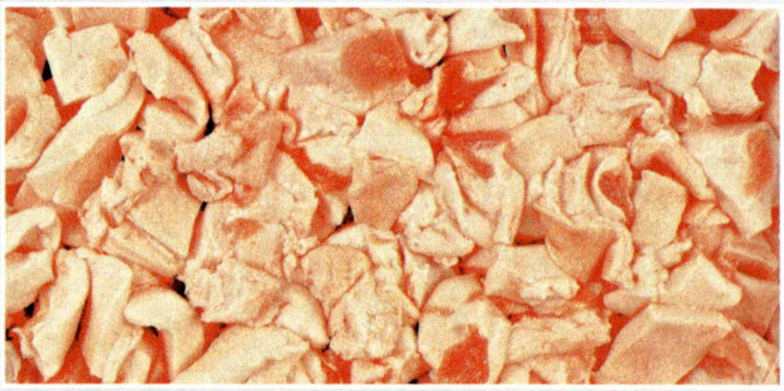	Fettabschnitte mit einem geringen Schwartenzug und sehr geringem Magerfleischanteil	5,0 %	2,5 %	70,0 %
S X 1.212	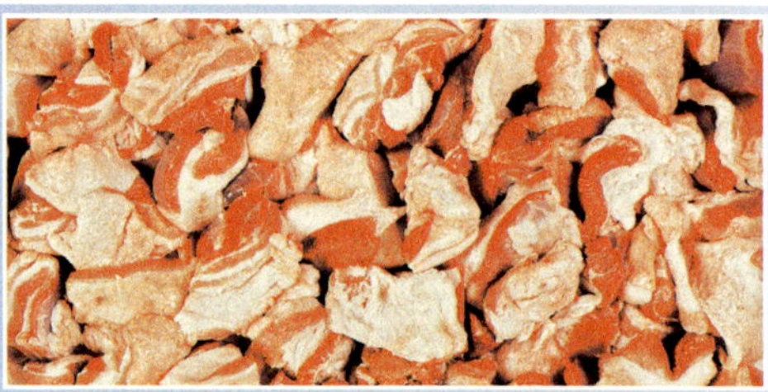	mittelfette Wamme ohne Schwarten und Drüsen	10,0 %	7,5 %	50,0 %
S XI 1.212		Fettwamme mit geringem Magerfleischanteil	5,0 %	3,2 %	75,0 %
S XII 1.33		Schweinemasken ohne Backe	15,0 %	9,7 %	30,0 %
Schwarten 1.312			30,0 %	0,0 %	15,0 %

Berufliche Aufgabenstellung

- **Erstellen Sie eine Liste mit Ihren liebsten Gerichten aus Schweinefleisch. Jede Garmethode sollte dabei möglichst einmal vertreten sein.**
- **Erstellen Sie eine Liste mit Ihren liebsten Pökelwaren.**
- **Teilen Sie eine Schweinehälfte so auf, dass Sie daraus möglichst viele Ihrer Lieblingsgerichte und Pökelwaren herstellen können.**
- **Berechnen Sie den Verkaufspreis für 1 kg Kotelett.**
- **Teilen Sie den Rest der Schweinehälfte in die Schweinefleischsorten ein.**
- **Was könnten Sie aus diesen Sortierungen herstellen?**
- **Erstellen Sie eine Sammlung von typischen Schweinefleischspezialitäten Ihrer Region. Erläutern Sie bei jedem Gericht, welche Fleischteile sich dafür eignen und von welchem Teil der Schweinehälfte sie stammen. Beschreiben Sie die Zubereitung.**

Übungen

1 Welche Vorteile erreicht man durch das Garen von Fleisch?

2 Erläutern Sie den Unterschied zwischen Kurzbraten und Grillen.
  a) Nennen Sie jeweils ein typisches Gericht.
  b) Welches Fleisch eignet sich besonders für diese Garverfahren?

3 Erläutern Sie den Unterschied zwischen Braten und Schmoren.
  a) Nennen Sie jeweils ein typisches Gericht.
  b) Welches Fleisch eignet sich besonders für diese Garverfahren?

4 Welches Fleisch eignet sich für die Herstellung von Pökelwaren?

5 Warum wird das Fleisch für die Wurstherstellung sortiert?

6 Sie zerlegen eine Schweinehälfte der Handelsklasse E mit einem Gewicht von 48,200 kg. Ihr Betrieb hat folgende Bewertungssätze eingeführt:

	Bewertungssatz
Kotelett mit Kamm:	160 %
Schinken:	185 %
Bug:	110 %

Wie viel Euro muss man für ein Kilogramm der einzelnen Fleischteile in der Kalkulation ansetzen? Den Kilopreis für eine Schweinehälfte entnehmen Sie bitte einem der Angebote Ihres Ausbildungsbetriebs oder den amtlichen Preisfeststellungen.

7 Sie kaufen eine 48,100 kg schwere Schweinehälfte der Handelsklasse-E ein. Den Kilopreis entnehmen Sie einem Ihrer Angebote oder den amtlichen Preisfeststellungen. Für die Anlieferung müssen Sie 12,00 € bezahlen. Ihr Betrieb schlägt auf den Materialpreis 60 % für die Betriebskosten auf. Der Gewinn soll 2 % betragen.

Wie viel Euro müssen Sie für ein Kilogramm Oberschale im Laden verlangen, wenn der Bewertungssatz 195 % beträgt und Sie die gesetzliche Mehrwertsteuer berücksichtigen?

7 Lammhälften einkaufen und zerlegen

Ziele dieses Kapitels:
- **Wir ermitteln den besten Anbieter für Lammfleisch.**
- **Wir zerlegen Lammkörper fachgerecht.**
- **Wir sortieren Lammfleisch für die Verarbeitung.**
- **Wir berechnen den Preis für ein Kilogramm Lammfleisch.**
- **Wir beraten Kunden über die Verwendung von Lammfleisch.**

Immer mehr Kunden entdecken Lammfleisch als Delikatesse. Allerdings wird immer noch ein sehr großer Anteil des verkauften Fleisches aus anderen Ländern wie Australien oder Neuseeland importiert. In Deutschland gibt es aber immer mehr Schäfer, die qualitativ hochwertiges Lammfleisch anbieten.

Die Fleischerei Huber möchte zum Osterfest Lammfleisch in das Sortiment aufnehmen. Zur Vorbereitung muss aber noch einiges erledigt werden – das Lammfleisch muss eingekauft und zerlegt werden und die Fachverkäuferinnen sollen die Kunden über die richtige Verwendung beraten können.

7.1 Einkauf von Lammfleisch

Geschlachtete Lämmer werden häufig nicht in Hälften geteilt. Sie kommen als ganze Körper in den Handel. Entsprechend den Schweinehälften werden auch Lammkörper in Handelsklassen eingeteilt. Allerdings teilt sich hier die Kennzeichnung in drei Abschnitte:

1. ein Buchstabe zur Bezeichnung der **Kategorie**,
2. ein Buchstabe zur Bezeichnung der **Fleischigkeit**,
3. eine Zahl zur Bezeichnung des **Fettansatzes**.

Kategorie	Fleischigkeit	Fettansatz
L Lamm (jünger als 12 Monate) S Schaf	E vorzüglich U sehr gut R gut O mittel P gering	1 sehr gering 2 gering 3 mittel 4 stark 5 sehr stark

Ein Tier mit der Kennzeichnung L R 2 wäre also ein **Lamm** mit einer **guten** Fleischigkeit und einem **geringen** Fettansatz.

7.2 Zerlegung von Lammfleisch

In der Praxis haben sich verschiedene Methoden zur Zerlegung einer Lammhälfte eingebürgert. Im Folgenden wird exemplarisch eine Möglichkeit dargestellt.

In Deutschland kommen normalerweise nur Lämmer mit einem Alter unter 12 Monaten in den Handel. Ältere Tiere haben einen intensiveren Eigengeschmack, der sich bei den Käufern bisher nicht etabliert hat. Lämmer werden in der Regel als ganze Schlachttierkörper gehandelt, das Rückgrat ist also nicht gespalten. Folglich kann der Kotelettstrang als Ganzes verkauft werden. Nur bei großen Tieren sollte man ihn spalten.

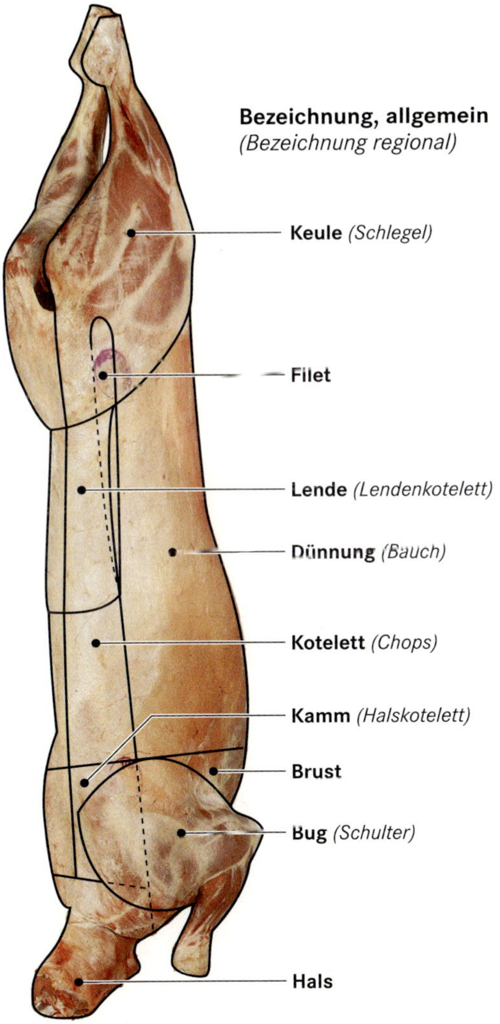

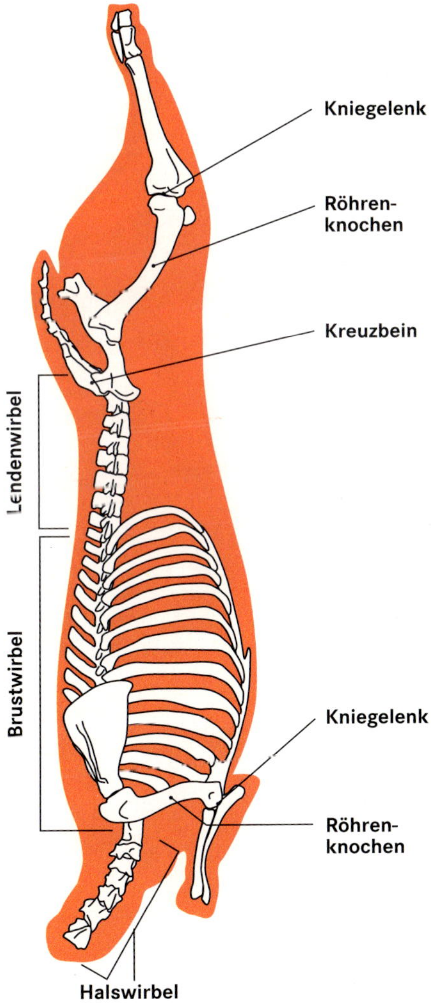

2.55 2.56

7.2.1 Grobzerlegung

Wie gehen wir vor?

- linken und rechten Bug an der Naht von der Brust abtrennen;
- Keulen abtrennen, dabei die Filetköpfe freischneiden;
- Keulen am Kreuzbeinknochen spalten;
- Brust und Dünnung vom Rücken absägen/-schneiden

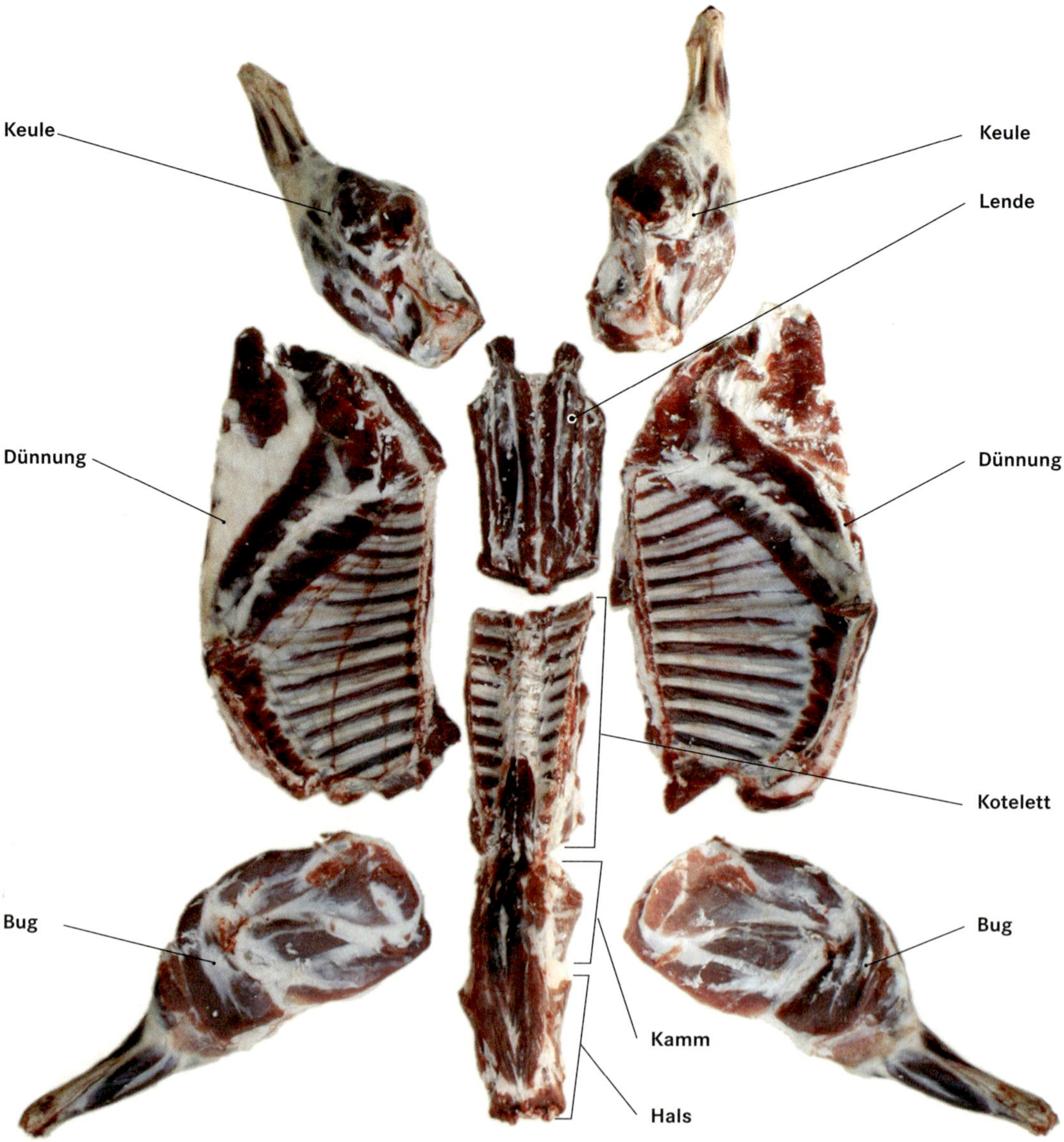

2.57

7.2.2 Feinzerlegung

Keule

- hohl auslösen oder
- wie beim Schwein in Ober-, Unterschale, Nuss und Hüfte aufteilen (nur bei großen Tieren sinnvoll)

Keule **Knochen ausgelöst** **2.50**

Bug

- bei großen Tieren sinnvoll; hohl auslösen oder
- wie beim Schwein in dickes Bugstück und Schaufelstück aufteilen

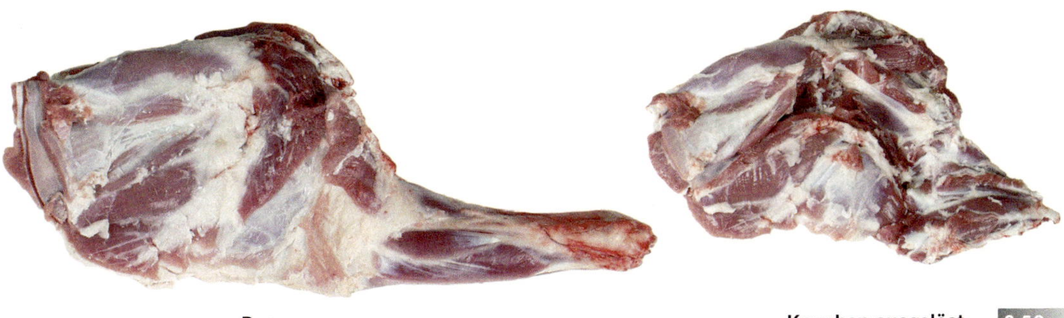

Bug **Knochen ausgelöst** **2.59**

Rücken

- Filet bleibt meist am Kotelett;
- Rücken in Lende, Kotelett, Kamm und Hals aufteilen

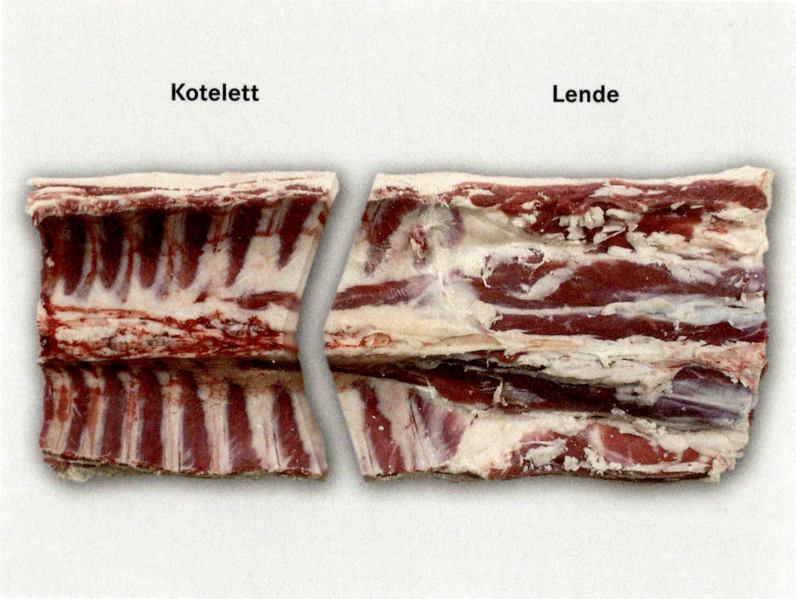

2.60

Feinzerlegung der Dünnung mit Brust

- Knochen und Knorpel auslösen

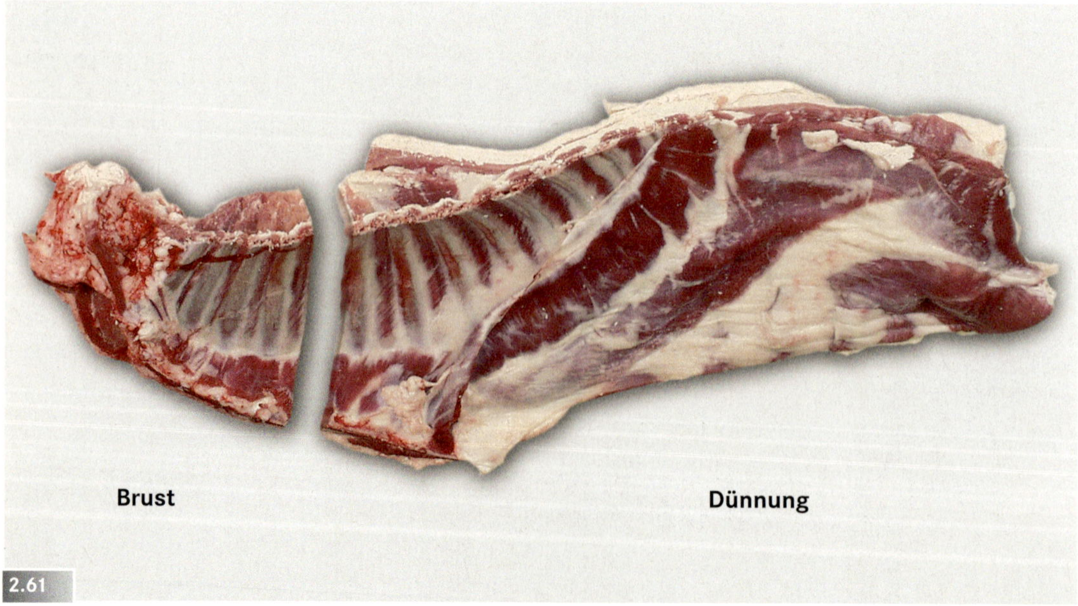

2.61

7.3 Die richtige Verwendung von Lammfleisch

In vielen Regionen werden Schafherden zur Beweidung von Naturschutzgebieten gehalten. Die Schafe verhindern, dass sich Bäume aussäen und so schützenswerte Wiesenflächen verdrängen. Auf Wiesen, die von Schafen beweidet werden, wachsen Pflanzen, die sonst keinen Lebensraum in unserer Umwelt mehr haben (z. B. die Küchenschelle).

Die Schafhaltung wirft in Deutschland nur sehr wenig Gewinn ab. Das Scheren der Schafe kostet heute häufig mehr, als der Verkauf der Wolle einbringt. Die einzige Einnahmequelle für den Schäfer ist also der Verkauf von Schafen und Lämmern für die Schlachtung.

Darum haben viele Naturschutzorganisationen in Deutschland eigens Werbekampagnen für Lammfleisch gestartet. Sie haben eigene Marken ins Leben gerufen, mit denen sie für das Fleisch werben, das auf Naturschutzflächen gewonnen wurde. Für die Fleischerei hat der Verkauf von solchem Lammfleisch zwei Vorteile:

- Die Werbemaßnahmen für dieses Fleisch werden von dem Naturschutzverband organisiert. Der Fleischerei entstehen dadurch meist keine Kosten.
- Die Fleischerei wird mit den Zielen des Naturschutzes in Verbindung gebracht und kann so ihr Image verbessern.

Weil Lammfleisch in Deutschland noch wenig bekannt ist, ist es hier besonders wichtig, den Kunden richtig beraten zu können. Viele Kunden hegen Vorurteile gegenüber dem Eigengeschmack des Fleisches. Dies rührt noch aus der Zeit, als das Fleisch alter Schafe und kastrierter Hammel in den Verkehr kam. Eine Fachkraft wird den Geschmack nur dann glaubhaft beschreiben können, wenn sie selbst verschiedene Gerichte probiert hat.

Grillen und Kurzbraten

2.62

Lammkoteletts mit Kräutern

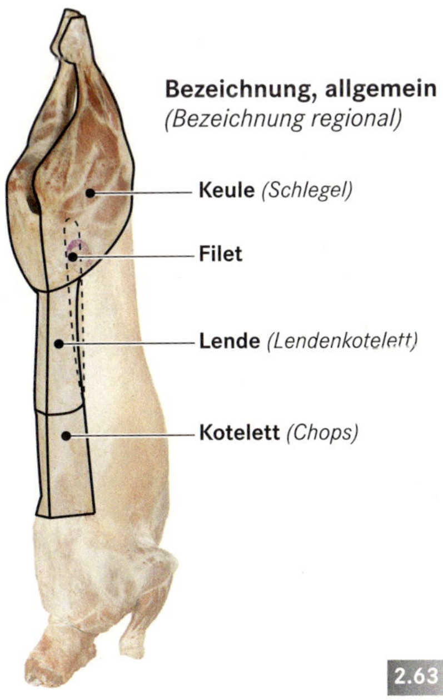

2.63

Braten

2.64

Lammkeule mit Käsekruste

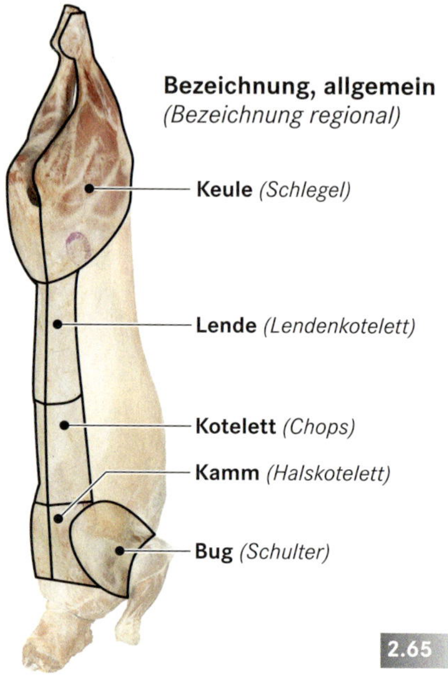

2.65

Schmoren

2.66

Irish Stew

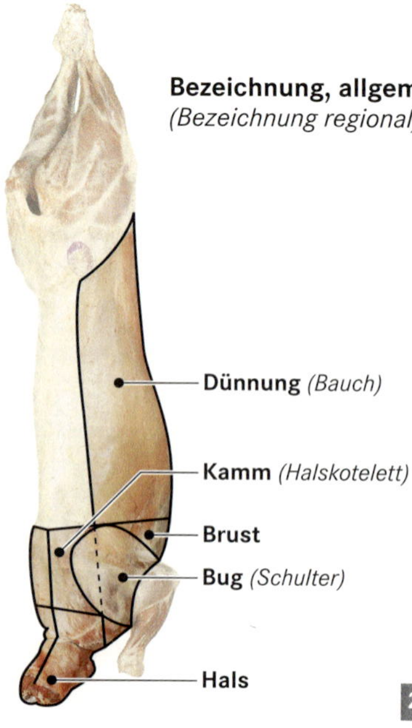

2.67

Berufliche Aufgabenstellung

Bereiten Sie die Einführung von Lammfleisch in einer Fleischerei vor.

- **Erstellen Sie hierzu eine Tabelle, in der Sie die genaue Definition der einzelnen Fleischigkeits- und Fettansatzstufen beschreiben. Informieren Sie sich dafür in den einschlägigen rechtlichen Bestimmungen.**
- **Informieren Sie sich über mögliche Lieferanten in Ihrer Umgebung.**
- **Bereiten Sie Ihre erste Bestellung vor:**
  - **Wann werden Sie zum ersten Mal Lammkörper benötigen?**
  - **Wie viele Lammkörper werden Sie benötigen?**
  - **Welche Handelsklassen kommen für Sie infrage?**
- **Stellen Sie eine Anfrage an die für Sie infrage kommenden Betriebe.**
- **Errechnen Sie bei jedem eingehenden Angebot, wie viel ein Kilogramm der Lammkörper kosten wird. Berücksichtigen Sie dabei die Lieferungs- und Zahlungsbedingungen.**
- **Wählen Sie das günstigste Angebot aus, berücksichtigen Sie dabei die Handelklassen.**
- **Bestellen Sie die nötige Zahl an Lammkörpern.**
- **Errechnen Sie den Betrag, den Sie für die Lieferung bezahlen müssen.**
- **Legen Sie den Liefertermin so fest, dass Sie zu diesem Zeitpunkt anwesend sein können.**
- **Führen Sie bei der Anlieferung die Warenannahme durch.**
- **Informieren Sie sich über weitere Zerlegemethoden für Lammkörper. Nutzen Sie dazu alle verfügbaren Informationsquellen.**
- **Zerlegen Sie einen Lammkörper.**
  - **Beachten Sie dabei die Unfallschutzmaßnahmen.**
  - **Beachten Sie Ihr HACCP-Konzept.**
  - **Dokumentieren Sie Ihre Hygienemaßnahmen.**
  - **Benennen Sie die Fleischteile.**
- **Berechnen Sie den prozentualen Anteil der Fleischteile nach der Grobzerlegung am Gewicht des Lammkörpers.**
- **Nennen Sie zu jedem Fleischteil eine mögliche Verwendung in der Küche.**
- **Informieren Sie sich über Rezepte für Wurstwaren mit Lammfleisch.**

Übungen

1 Welche Betriebe müssen Schweinehälften in Handelsklassen einteilen?

2 Was kann man aus der Handelklasse einer Schweinehälfte ablesen?

3 Beschreiben Sie, wie Schweinehälften klassifiziert werden können.

4 Erklären Sie die Bedeutung folgender Kennzeichnung einer Lammhälfte: L U 2

5 Was bedeuten folgende Kennzeichnungen?
a) S E 3
b) L O 1
c) S R 4

6 Beschreiben Sie, wie Sie bei der Annahme von Schweinehälften vorgehen.

7 Anhand welcher Kriterien kann man die Qualität von Schweinefleisch beurteilen?

8 Erläutern Sie, warum die Einhaltung von Hygieneregeln in der Fleischerei besonders wichtig ist.

9 Warum sollte man fettes Fleisch auch im tiefgefrorenen Zustand nicht länger als sechs Monate aufbewahren?

10 Sie werden von einem Kunden um eine Empfehlung gebeten:
a) Welches Fleisch ist besonders gut für die Zubereitung eines Schweinebratens geeignet?
b) Begründen Sie Ihre Antwort und beschreiben Sie, von welchem Teil der Schweinehälfte dieses Fleischteil stammt.

---

11 Eine 42,900 kg schwere Schweinehälfte wurde mit einem Muskelfleischanteil von 49 % gekennzeichnet. Ein Kilogramm der Schweinehälfte kostet 1,49 €.
a) In welche Handelsklasse müsste diese Schweinehälfte eingestuft werden?
b) Wie viel Kilogramm Muskelfleisch enthält sie?
c) Was kostet ein Kilogramm Muskelfleisch?

12 Eine Fleischerei bezieht fünf Schweinehälften der Handelklasse E mit insgesamt 230,000 kg zu einem Preis von 1,44 €/kg und acht Schweinehälften der Handelsklasse U mit einem Gesamtgewicht von 360,000 kg zu einem Preis von 1,29 €/kg. In den Preisen ist die Mehrwertsteuer nicht enthalten.

Der Lieferant gewährt 15 % Rabatt und bei Zahlung innerhalb von 10-Tagen 2 % Skonto.

Wie viel Euro muss die Fleischerei nach Abzug aller Nachlässe bezahlen, wenn die gesetzliche Mehrwertsteuer berücksichtigt wird?

13 Sie kaufen zehn Schweinehälften der Handelsklasse E mit einem Gesamtgewicht von 460,000 kg zum Preis von 1,45 €/kg ein. Der Lieferant verlangt für den Transport 40,00 €. Ihr Betrieb schlägt auf den Materialpreis 50 % für die Betriebskosten auf. Der Gewinn soll 5 % betragen.

Wie viel Euro müssen Sie für 450 Gramm Oberschale im Kundenverkauf verlangen, wenn der Bewertungssatz 190 % beträgt und Sie die gesetzliche Mehrwertsteuer berücksichtigen?

Zusammenfassung

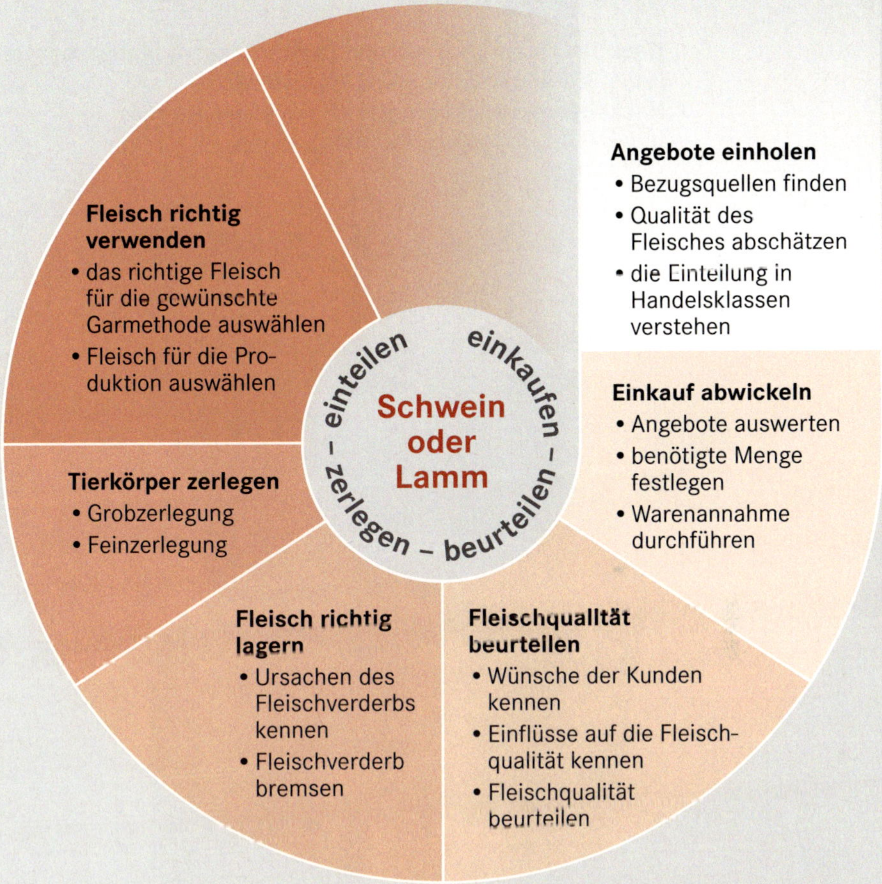

Lernfeld 3

Herstellen von Hackfleisch

1 **Hackfleisch, Frikadellen und Blätterteigerzeugnisse herstellen**
2 **Rohe Bratwürste und Spieße herstellen**
3 **Hackfleischprodukte in der Theke präsentieren und bei ihrem Verkauf Kunden beraten**

Bei der Herstellung von Hackfleisch wird Fleisch über den Wolf zerkleinert. Hierbei werden die Fleischzellen zerstört. Fleischsaft tritt aus. Ein Eiweiß-Wasser-Gemisch entsteht. Die Oberfläche wird um ein Vielfaches vergrößert. Optimale Lebensbedingungen für unerwünschte Mikroorganismen werden geschaffen.
Aus diesem Grund zählen Hackfleisch und Fleischzubereitungen aus zerkleinertem Fleisch zu den leicht verderblichen Erzeugnissen. Die gesetzlichen Vorschriften hierfür regeln zum Schutz des Verbrauchers genau, unter welchen Bedingungen und mit welchen Materialien diese Produkte hergestellt werden dürfen.
Rezepte müssen berechnet und umgerechnet werden, die Fleisch- und Zutatenmengen und der Materialpreis werden ermittelt, der BEFFE-Gehalt berechnet. Sind die Hackfleischerprodukte hergestellt, werden sie vorschriftsmäßig ausgezeichnet und verkaufsfördernd präsentiert, Verkaufspreis und Mehrwertsteuer werden berechnet.

Fleisch fachlich auswählen → **Beachten von Vorschriften und Richtlinien** → **Hackfleischprodukte herstellen** → **Beurteilen und Bewerten der Produkte** → **Beraten und Präsentieren zum Verkauf**

1 Hackfleisch, Frikadellen und Blätterteigerzeugnisse herstellen

Ziele dieses Kapitels:

- **Wir benennen Erzeugnisse, die unter die Richtlinien für Hackfleisch und Fleischzubereitungen unter Verwendung von Hackfleisch fallen.**
- **Wir beachten die Richtlinien bei der Herstellung und Zusammensetzung.**
- **Wir beachten die Temperaturbereiche bei der Herstellung und Lagerung.**
- **Wir berechnen Rezepte und rechnen diese um.**
- **Wir ermitteln die Materialpreise und den BEFFE-Gehalt.**
- **Wir stellen Hackfleisch und Hackfleischerzeugnisse her.**
- **Wir erstellen eine Liste mit den kritischen Kontrollpunkten nach HACCP.**
- **Wir erkennen Fehler und Mängel bei der Herstellung und am Produkt.**
- **Wir leiten daraus Maßnahmen zur Vermeidung von Fehlern ab.**

Frau Meyer kauft in der Fleischerei Baringer für ihre Familie gemischtes Hackfleisch, Rind- und Schweinehackfleisch ein. Am Samstag hat ihre Tochter außerdem Geburtstag. Für die Geburtstagsfeier bestellt Frau Meyer vorgefertigte Frikadellen, einen Hackfleischzopf und Hackfleischtaschen mit Blätterteig. Frau Meyer weist die Verkäuferin darauf hin, dass sie dafür ein nicht zu sehnenhaltiges und vor allem ein nicht zu fettes Fleisch verwenden soll. Die Fachverkäuferin schüttelt daraufhin den Kopf. Warum?

1.1 Rechtliche Bestimmungen

Besonders für leicht verderbliche Waren, die für den menschlichen Verzehr bestimmt sind, oder für Lebensmittel, denen man ihre Inhaltsstoffe durch die Form ihrer Verarbeitung nicht ansehen kann, gibt es zum Schutz der Verbraucher besondere gesetzliche Bestimmungen. Damit Sie immer auf dem neuesten Informationsstand über diese rechtlichen Grundlagen Ihres Berufs sind, haben wir bei www.westermann.de unter der Bestellnummer dieses Lehrwerks eine Auswahl der Gesetze zusammengestellt, die für Sie wichtig sind.

Besondere Aufmerksamkeit hat der Gesetzgeber allen Erzeugnissen aus zerkleinertem Fleisch gewidmet. Diese sind wegen des hohen Zerkleinerungsgrades leicht verderblich, weil ihre große Oberfläche unerwünschten Mikroorganismen[1] optimale Lebensbedingungen bietet.

Merke

Alle gesetzlichen Bestimmungen, die für Ihren Beruf wichtig sind, finden Sie auf aktuellem Stand bei www.westermann.de unter der Bestellnummer dieses Buches.

1 Alles Wissenswerte über Mikroorganismen finden Sie in Lernfeld 1, Kap. 5.3.1 und in Lernfeld 2, Kap. 3.3.4 und 4.1.

3.1

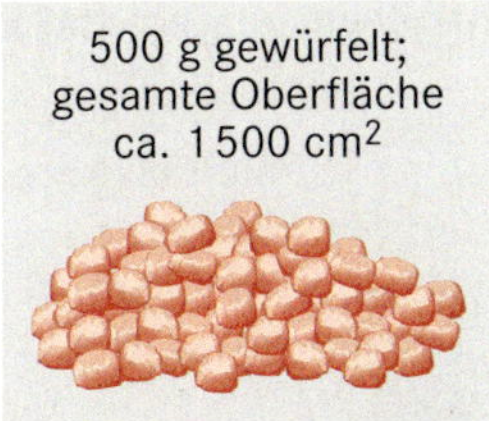

3.2

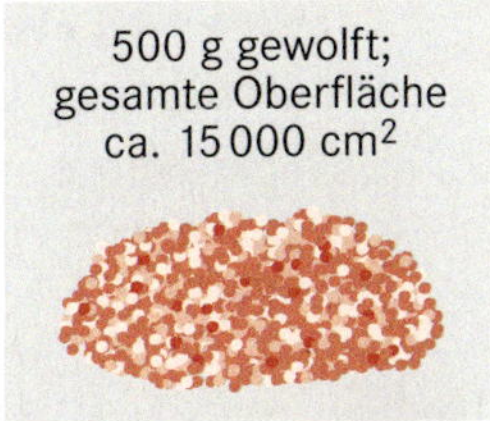

3.3

Was ist Hackfleisch?

Hackfleisch/Faschiertes ist frisches, entbeintes Fleisch, das durch Hacken/Faschieren zerkleinert wurde und weniger als 1 % Salz enthält.

Der Ausdruck **„Faschiertes“** kommt aus dem österreichischen Sprachgebrauch. Es wird dort mit dem Hackfleisch gleichgesetzt.

„Hacken“ oder „Faschieren“ stammt aus früherer Zeit. Damals wurde das grob entsehnte Muskelfleisch mit dem Messer mehr oder weniger fein gehackt oder gewiegt. Heute wird das Hackfleisch mit Hilfe des Fleischwolfes hergestellt.

3.4

Das Fleisch wird durch das Wolfen feinst zerkleinert, um für Hackfleisch oder Hackmassen verwendet werden zu können.

Unter Beachtung der geltenden Hygienevorschriften kann Hackfleisch von allen Schlachttieren hergestellt werden.

Schweine- und Rinderhackfleisch, auch halb und halb gemischt, sind in Deutschland am weitesten verbreitet.

Schabefleisch oder Beefsteakhack wird aus sehnen- und fettgewebsarmem Rindfleisch hergestellt und ist oft feiner als Hackfleisch. Es wird vor allem roh als Tatar gegessen.

Lammhackfleisch spielt in der orientalischen oder orientalisch geprägten Küche eine Rolle.

Wild- und Geflügelhackfleisch wird eher in Großbetrieben und weniger in Kleinbetrieben hergestellt. Es ist wegen einer eventuellen Salmonellenbelastung nur durcherhitzt zu verzehren.

1.2 Was sind Fleischzubereitungen aus Hackfleisch?

Zu diesen Fleischzubereitungen[1] zählen alle Produkte, die aus Hackfleisch oder unter Verwendung von Hackfleisch hergestellt und denen andere Lebensmittel (z. B. Eier, Gemüse, Semmelbrösel, Brot), Würzstoffe (alle Gewürze und Salz) oder Zusatzstoffe (z. B. Geschmacksverstärker oder Bindemittel) zugesetzt wurden.

Grobe fränkische Bratwurst

Dies sind z. B. Frikadellen, Hackklopse, Hamburger, Fleischfüllungen, Fleischbällchen, angemachtes Hackfleisch, Hackepeter und grobe Bratwürste.

Bei diesen Fleischzubereitungen muss die innere Struktur der Muskelfasern den Merkmalen von frischem Fleisch entsprechen. Das heißt, die Erzeugnisse dürfen nicht durcherhitzt, gepökelt oder gar stark getrocknet sein.

1.3 Zum Schutz der Gesundheit

Leberhack

Nitritpökelsalz darf bei den klassischen Fleischzubereitungen aus oder unter Verwendung von Hackfleisch nicht verwendet werden. Weil diese Erzeugnisse in der Regel scharf erhitzt werden, könnten Nitrosaminverbindungen entstehen, die Krebs erregend sind.

Die Herstellung von Hackfleisch aus Geflügelfleisch ist bei Großbetrieben, die eine Zulassung nach der EU-Verordnung Nr. 853/2004 haben, üblich (siehe auch Exkurs für Betriebe nach der EU-Zulassung am Ende des Lernfelds).

Spieße mit Hackfleischbällchen

In Kleinbetrieben ist die Herstellung von Wild- und Geflügelhackfleisch oder angemachtem Hackfleisch aus Wild und Geflügel nicht zu empfehlen. Es besteht die Gefahr, dass solches Fleisch durch Salmonellen oder eine erhöhte Anzahl anderer Krankheitskeime[2] belastet ist. Das könnte für Kleinbetriebe ein erhebliches Risiko darstellen, denn sie haben in der Regel nicht die Möglichkeit, eine sofortige Keimbestimmung an ihrem Produkt vorzunehmen.

Fleisch für Tartar

Ähnlich ist dies bei der Herstellung von Fleischzubereitungen aus oder unter Verwendung von Hackfleisch zu sehen. Werden dennoch Hackfleisch oder Fleischzubereitungen aus Wild oder Geflügelfleisch in Kleinbetrieben hergestellt, so sollten diese Produkte schnellst auf 2–4 °C gekühlt werden. Diese Vorgehensweise hat den Sinn, dass sich unerwünschte Keime, insbesondere Salmonellen, nicht vermehren können. Der Verbraucher sollte unbedingt darauf hingewiesen werden, dass er solche Produkte vor dem Verzehr erhitzen muss. Der Kleinhersteller ist mit einem solchen Vorgehen auf der sicheren Seite.

3.5

1 Die aktuelle Rechtslage finden Sie bei www.westermann.de unter der Bestellnummer dieses Buches.
2 Über Salmonellen und andere Mikroorganismen können Sie sich in Lernfeld 2, Kap.3.3.4 und 4.2 informieren.

Exkurs

Salmonellen

Salmonellen vermehren sich am besten zwischen 20 und 37 °C, unter 7 °C tun sie es dagegen nicht. Sie können durch infizierte Lebensmittel (rohe Eier, rohes Fleisch, Hackfleisch, Geflügelfleisch, Kartoffelsalat, rohe Eierspeisen, Majonäse) und durch Dauerausscheider übertragen werden, wenn diese nach dem Toilettengang ihre Hände nicht gewaschen und desinfiziert haben und mit Lebensmitteln oder Arbeitsgegenständen in Berührung kommen.

Salmonellen machen sich ca. 12 - 24 Std. nach Verzehr von infizierten Lebensmitteln durch Kopf- und Gliederschmerzen, Fieber, Erbrechen und Durchfall bemerkbar. Bei Kleinkindern und älteren Leuten, die nicht so widerstandsfähig sind, sind diese Krankheitssymptome sehr intensiv.

Personen, die Salmonellose haben, dürfen - so lange die Krankheit nicht auskuriert ist - keinesfalls mit Lebensmitteln umgehen.

Verhinderung einer Infektion: peinlichste Personal- und Betriebshygiene; keine leicht verderblichen Speisen bei warmen Temperaturen über einen längeren Zeitraum lagern. Lebensmittel über 10 Minuten auf 70 - 75 °C erhitzen.

1.4 Die Hygiene ist entscheidend

Ein hoher Hygienestatus im Umgang mit dem Rohstoff Fleisch von der Gewinnung bis hin zur Verarbeitung, unter Einhaltung bestimmter Temperaturen, gewährleistet, dass **gesundheitsunbedenkliche** Produkte für den Verbraucher hergestellt werden können.

Wegen Ihres hohen Zerkleinerungsgrades sind Hackfleischprodukte in ihrer Haltbarkeit sehr heikel und als leicht verderbliche Erzeugnisse anzusehen. Wie in Lernfeld 1, Kapitel 5.1.2 beschrieben sind Nahrung, Feuchtigkeit und Wärme als wichtige Lebensbedingungen entscheidend, ob sich Mikroorganismen vermehren können. Bei gewolftem Fleisch sind wegen der großen Oberfläche (siehe auch Grafik 3.1) hervorragende Lebensbedingungen für Mikroorganismen gegeben. Hier gilt es aufzupassen, dass ein hygienisch einwandfreies und gut gekühltes Fleisch, das mit wenig Keimen auf der Oberfläche belastet ist, zur Verarbeitung kommt.

Beim Wolfen selbst erwärmt sich das Fleisch durch Reibung. Deshalb sollte das Hackfleisch möglichst schnell auf eine Temperatur von 2 °C gekühlt werden. Damit entzieht man dem Produkt die Wärme als wichtige Voraussetzung der Keimvermehrung. Viele Betriebe stellen aus diesem Grund ihr Hackfleisch über einen Wolf her, der den Schnecken- und Messerbereich während des Wolfens kühlt.

1 Über den derzeit aktuellen Stand der gültigen Rechtslage können Sie sich unter www.westermann.de, BN 5886 informieren.

Neben der Produkthygiene ist die **Personalhygiene** sehr entscheidend.

Das gründliche Waschen und Desinfizieren der Hände vor Arbeitsbeginn oder nach der Toilettenbenutzung sind von **äußerster Wichtigkeit**. So kann man ausschließen, dass menschliche Darmbewohner wie Kolibakterien oder gar Salmonellen über den Menschen in das Produkt gelangen können.

Merke

Grundsatz jedes Reinigungssystems ist es, Mikroorganismen die wichtigen Lebensbedingungen wie Nahrung und Feuchtigkeit zu entziehen und die Keime durch eine anschließende Desinfektion abzutöten.

3.6

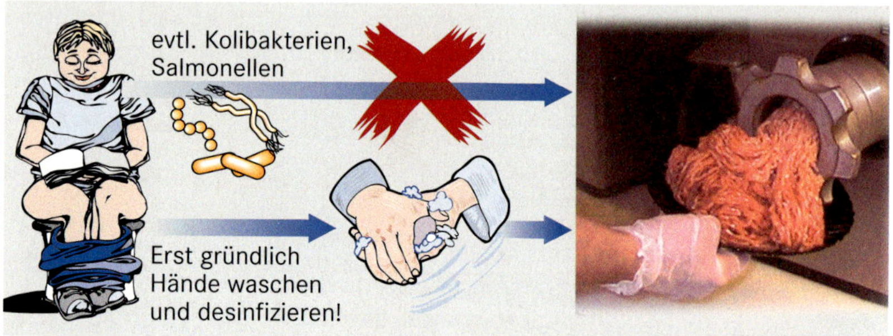

In Großbetrieben, die Hackfleisch herstellen, nimmt die Personalhygiene eine dominante Stellung ein. In einem ersten Umkleideraum muss die Privatkleidung abgelegt und in einem weiteren die Arbeitskleidung angelegt werden. Über Desinfektionsschleusen gelangen die Beschäftigten in den Arbeitsraum. Während des Herstellens von Hackfleischprodukten tragen die Mitarbeiter Mund- und Nasenschutz sowie Schutzhandschuhe (siehe Exkurs Großbetriebe am Ende dieses Lernfelds).

Eine weitere wichtige Stellung nimmt in dem Hygieneprozess die **Betriebshygiene** ein. Die Zerkleinerungsvorrichtungen (z. B. Steaker, Wolf, Kotelettklopfer) und alle Geräte und Arbeitsgegenstände, die bei der Be- oder Verarbeitung von Hackfleisch benutzt werden (Schneidebretter, Messer, Hacksteakformer, Platten, Abfüllanlagen usw.) müssen gründlich gereinigt und desinfiziert werden (siehe auch Reinigungsplan nach HACCP-Konzept). Hierzu ist heißes Trinkwasser zu verwenden. Wurden bestimmte Reinigungs- und Desinfektionsmittel eingesetzt, ist das Nachspülen mit heißem Trinkwasser erforderlich. Die speziellen Hinweise in den Bedienungsanleitungen der einzelnen Geräte sind aus hygienischen und Gründen des Unfallschutzes genauestens zu beachten.[1]

Beispiel für einen Reinigungs- und Desinfektionsplan

Gerät/ Maschine	Häufigkeit	Reinigungs-verfahren	Desinfek-tionsmittel	Einwirkzeit	Zuständigkeit
Schneidebrett	nach Gebrauch	mechanisch Bürste	„Desinfekto" alkalisch	60 Min.	Jens Ditte

Kontrolliert durch: Wolfgang Baringer
Datum: 15. Juni 20..

1 Genauere Information zur Reinigung der Arbeitsgeräte finden Sie in Lernfeld 1, Kap. 4.4.5.

1.5 Umsetzung des HACCP-Konzepts in kleineren Betrieben

Laut HACCP müssen Reinigung und Desinfektion dokumentiert werden.

Sinn und Zweck dieses Konzepts ist es, die kritischen Kontrollpunkte in einem Herstellungsablauf über gesundheitliche Gefahren, von der Warenannahme über die Herstellung bis hin zur Lagerung des Produktes, zu durchleuchten.[1] Nach der Hygienebasisverordnung (EG) 852/2004 werden kleinere Betriebe dem Einzelhandel zugeordnet. Diese haben oft nicht die Möglichkeiten wie die Großbetriebe, bestimmte Hygienekontrollen durchzuführen, wie z. B. das Bebrüten von Abklatschproben. Hier sollen praktikable Lösungen zur Umsetzung des HACCP-Konzepts angewendet werden.

Ein betriebseigenes Kontrollsystem sollte wie folgt aufgebaut sein:

1. Analysieren der Gefahren im Produktionsablauf
   (z. B. Wareneingang des Fleisches, Temperaturen im Fleisch überprüfen, optisches Erscheinungsbild des Fleisches; Hygiene beim Herstellen von Hackfleisch, Kerntemperatur bei frischen und erhitzten Hackfleischerzeugnissen, Lagertemperaturen)

2. Herausfinden und Festlegen der Kontrollpunkte und der kritischen Kontrollpunkte (CCP)
   (z. B. beim Wareneingang das Fleisch auf optische Veränderungen überprüfen, evtl. Abklatschprobe nehmen, die Kerntemperatur im Fleisch messen, auf hygienischen Herstellungsablauf achten, Kerntemperatur bei fertigen Hackfleischerzeugnissen messen, Lagertemperatur messen)

3. Festlegen der kritischen Grenzwerte
   (z. B. eine Höchsttemperatur bei Hackfleisch im Kern z. B. 4 °C oder bei der Lagerung 2 °C, bei erhitzten Hackfleischerzeugnissen eine Kerntemperatur von mindestens 70 °C festlegen)

4. Festlegen, wie dieser Punkt überwacht wird
   (z. B. durch Messen des Fleisches, des Hackfleisches und des gegarten Hackfleischerzeugnisses mit dem Stichthermometer oder Thermometer)

5. Entscheiden über evtl. Korrekturmaßnahmen
   (z. B. kann das Fleisch für Hackfleisch verwendet oder das fertige Hackfleischerzeugnis bei Überschreiten der Grenzwerte verkauft werden oder nicht)

6. Festlegen von Überprüfungsmaßnahmen
   (z. B. wer macht die Eingangskontrolle, überwacht die Herstellung und misst die Temperaturen)

7. Überprüfen und Dokumentieren aller Kontrollpunkte
   (z. B. Temperaturen des Ausgangsmaterials, optischer Zustand, hygienischer Herstellungsablauf, Temperatur sowie Lagertemperatur und -zeit des frischen Hackfleischprodukts, Temperatur im Kern bei erhitzten Hackfleischerzeugnissen, Lagerzeit und -temperatur)

1 siehe hierzu auch Lernfeld 1, Kap. 5.4.4

Ein Beispiel für eine einfache Umsetzung soll die nachfolgende Checkliste geben.

Checkliste nach HACCP	
Hackfleischprodukt:	Gemischtes Hackfleisch
Datum:	15. Juni 2006
Ausgangsmaterial (Fleisch)	
Aussehen:	wirkt frisch, Farbe ist kräftig rosa
sichtbare Verunreinigungen:	keine
sonstige Mängel:	keine
Temperatur:	2 °C im Kern
Hygiene während der Herstellung und der Arbeitsgeräte	
☒ exakt ❍ leichte Mängel ❍ größere Mängel ❍ sonstige Mängel	
Temperatur des Hackfleisches oder Hackfleischproduktes:	4 °C
Lagertemperatur des Hackfleisches oder Hackfleischproduktes:	2 °C
Kerntemperatur des Hackfleisches nach dem Garen:	70 °C
Unterschrift des Kontrollierenden:	Jens Ditte

3.7

1.6 Temperaturanforderungen und -bedingungen

Bei der Herstellung von Hackfleisch kann durch die Reibung beim Wolfen auch bei der Verwendung von vorschriftsmäßig gekühltem Fleisch die Temperatur ansteigen. Um einen hohen Qualitäts- und Hygienestatus zu erreichen, muss das Ziel sein das Fleisch möglichst auf 2–4 °C zu kühlen. Bei dieser Temperatur können sich die angesprochenen Salmonellen und anderen Keime nicht vermehren. Zur kurzfristigen Vorrätighaltung, z. B. in der Ladentheke, darf die Temperatur 7 °C betragen.

Bringt man Hackfleischerzeugnisse in tiefgefrorenem Zustand in den Verkehr, so müssen diese unmittelbar nach der Herstellung innerhalb kürzester Zeit auf mindestens −18 °C eingefroren werden.

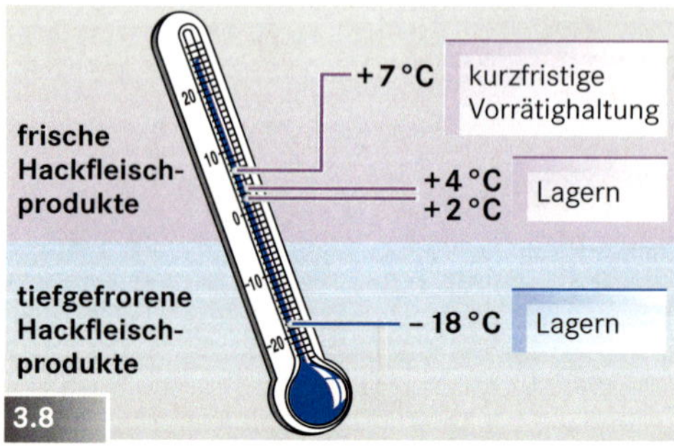

3.8

Werden Hackfleisch und daraus erstellte Fleischzubereitungen nicht am Produktionsort verkauft, so sind diese unmittelbar nach der Herstellung zu umhüllen oder zu verpacken. In diesem Fall müssen

- Hackfleisch auf mindestens +2 °C und
- Fleischzubereitungen aus Hackfleisch auf mindestens +4 °C gekühlt oder auf mindestens −18 °C gefroren werden. Diese Temperaturen sind auch bei einer Lagerung und Beförderung einzuhalten.

Gefrorenes Hackfleisch und gefrorene Fleischzubereitungen aus zerkleinertem Fleisch dürfen nach dem Auftauen nicht wieder eingefroren und danach in den Verkehr gebracht werden: Während des langsamen Auftau- und Wiedereinfrierprozesses könnte erhöhtes Keimwachstum entstehen.

1.7 Auswahl des Fleisches

Bei der Fleischauswahl spielt die Einhaltung eines hohen Hygienestandards eine große Rolle. Wegen einer zu hohen Keimbelastung, aber auch wegen des zu hohen Sehnenanteils müssen bei der Auswahl der Rohstoffe folgende Bedingungen erfüllt werden:

- Sie müssen die Anforderungen für frisches Fleisch erfüllen.
- Sie müssen aus Skelettmuskulatur, einschließlich dem anhaftendem Fett, stammen.

Zur Herstellung dürfen nicht verwendet werden:

- Fleischabschnitte, die beim Zerlegen anfallen (ausgenommen ganze Muskelstücke)
- Separatorenfleisch[1]
- Fleisch, das Knochensplitter oder Hautreste enthält
- Kopffleisch (mit Ausnahme der Kaumuskulatur)
- nicht muskuläre Teile der linea alba[2]
- Muskulatur von Hand- und Fußwurzelbereich
- Knochenputz[3]
- Muskulatur des Zwerchfells (es sei denn, die seriösen Haute[4] sind entfernt worden)

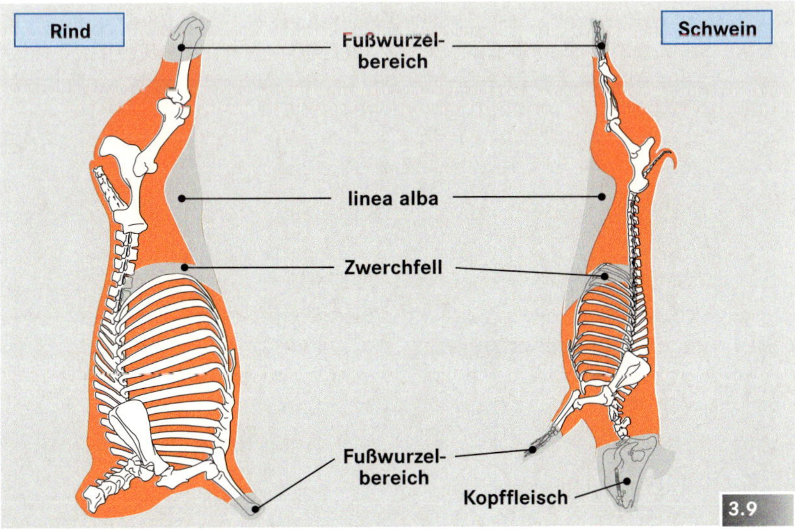

3.9

1 Separatorenfleisch = maschinell abgelöstes Fleisch von Knochen (separieren = absondern, trennen)
2 linea alba (lat.), die = weißer Streifen, hier: die Mitte der Bauchdecke, weißer Streifen vom Brustbein bis zum Becken
3 Knochenputz = mit dem Messer von den Knochen abgeschabtes Fleisch.
4 seriöse Häute = dünne Bindegewebshäute, die das Muskelgewebe umschließen

- Die genannte Fleischauswahl ist ebenso einzuhalten, wenn Fleischzubereitungen aus oder unter Verwendung von Hackfleisch hergestellt werden.
- Für die Fleischzubereitungen, die eindeutig nur nach einer Hitzebehandlung verzehrt werden, dürfen auch Fleischabschnitte, z. B. auch Knochenputz und vorschriftsmäßig produziertes Separatorenfleisch zur Verarbeitung gelangen.

Bei den Fleischarten, die zu Hackfleisch und Fleischzubereitungen aus oder unter Verwendung von Hackfleisch verarbeitet werden, sind folgende Temperaturen zum Zeitpunkt der Herstellung einzuhalten:

- Fleisch von Geflügel darf nicht mehr als +4 °C,
- Schlachtnebenprodukte (Innereien) dürfen nicht mehr als +3 °C und
- sonstiges Fleisch darf nicht mehr als +7 °C

aufweisen.

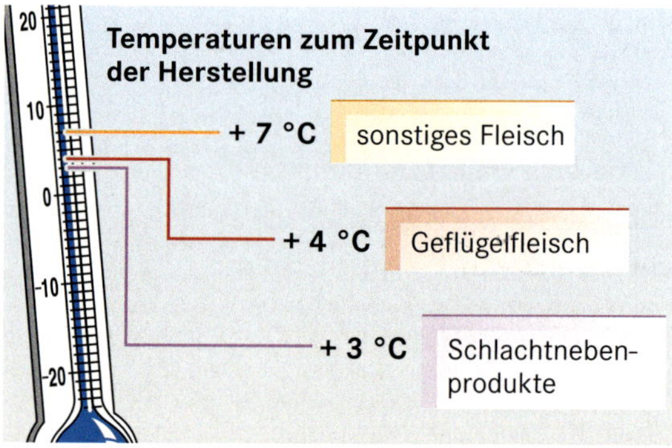

Über weitere aktuelle Bestimmungen über das zur Verarbeitung gelangende Fleisch zur Herstellung von Hackfleisch und Fleischzubereitungen aus oder unter Verwendung von Hackfleisch können Sie sich unter www.winklers.de unter der Bestellnummer 5886 informieren.

Anforderungen der Leitsätze für Fleisch und Fleisch-Erzeugnisse		
Erzeugnis	**Ausgangsmaterial**	**Mindestgehalt an BEFFE**
Hacksteak (zum Verzehr im gegarten Zustand bestimmt)	sehnenarmes Rindfleisch (R I), grob entsehntes Rindfleisch (R II), grob entfettetes Schweinefleisch (S II) (nicht umgerötet, gewürzt, Binde-, Auflockerungsmittel, evtl. Zwiebel); Stärke in der Trockenmasse (im Fertigerzeugnis) bis 15 %	im rohen Fleischanteil 12 %
Deutsches Beefsteak, Hackbeefsteak (zum Verzehr im gegarten Zustand bestimmt)	sehnenarmes Rindfleisch (R I), grob entsehntes Rindfleisch (R II) (Binde-, Auflockerungsmittel, evtl. Zwiebel); Stärke in der Trockenmasse (im Fertigerzeugnis) bis 20 %	im rohen Fleischanteil 14 %
Schabefleisch, Beefsteakhack, Tatar (zum Rohverzehr bestimmt)	sehnenarmes Rindfleisch (R I); Zubereitung nur mit würzenden Zutaten und Eigelb	18 %
Hamburger, Beefburger	grob entsehntes Rindfleisch (R II); enthalten gegebenenfalls Salz und Gewürze, ansonsten keine weiteren Zutaten	in der zubereiteten Rohmasse 13,5 %
Rinderhackfleisch, Rindergehacktes, Rindergewiegtes[1] (vielfach zum Rohverzehr bestimmt)	grob entsehntes Rindfleisch (R II) (Zubereitung nur mit Salz, Zwiebeln und Gewürzen)	14 %
Schweinehackfleisch, Schweinemett, Schweinegehacktes, Schweinegewiegtes (vielfach zum Rohverzehr bestimmt)	grob entfettetes Schweinefleisch (S II) (Zubereitung, z. B. Hackepeter, Thüringer Mett, nur mit Salz, Zwiebeln und Gewürzen)	11,5 %
gemischtes Hackfleisch halb und halb (vielfach zum Rohverzehr bestimmt)	grob entfettetes Schweinefleisch (S II), grob entsehntes Rindfleisch (R II) (Zubereitung nur mit Salz, Zwiebeln und Gewürzen)	12,5 %
Frikadelle, Boulette, Bratklops, Fleischküchle, Fleischpflanzerl, Hackbraten, Fleischklößchen, Fleischkloß, Fleischknödel, Fleischbällchen, Wellklops (zum Verzehr im gegarten Zustand bestimmt)	grob entfettetes Schweinefleisch (S II), grob entsehntes Rindfleisch (R II) (nicht umgerötet, Binde-, Auflockerungsmittel, evtl. Zwiebel); Stärke in der Trockenmasse (im Fertigerzeugnis) bis 25 %	11,5 %

1 Gewiegtes = manuell mit einem Wiegemesser zerkleinertes Fleisch

Für die Zusammensetzung von Hackfleisch und Fleischzubereitungen aus oder unter Verwendung von Hackfleisch sind die **Leitsätze für Fleisch und Fleisch-Erzeugnisse** zuständig. Sie beschreiben das Ausgangsmaterial und den Anteil an bindegewebsfreiem Fleischeiweiß (BEFFE). Ein anderer Begriff hierfür: reines Muskeleiweiß ohne Bindegewebe.

Zur Verarbeitung gelangen sehnenarmes und grob entsehntes Rind- und Schweinefleisch sowie grob entfettetes Schweinefleisch.

3.10 *sehnen- und fettgewebsarmes Rindfleisch (1.111)*

3.11 *grob entsehntes Rindfleisch (1.112)*

3.12 *grob entfettetes Schweinefleisch (1.122)*

Der größte Anteil im Fleisch ist Wasser, der wichtigste ist das Fleischeiweiß.

Je magerer ein Fleisch	➜ desto mehr Wasser und Fleischeiweiß ➜ desto weniger Fett
Je fetter ein Fleisch	➜ desto weniger Wasser und Fleischeiweiß ➜ desto mehr Fett

Mit Fleischeiweiß ist das gesamte im Fleisch enthaltene Eiweiß gemeint. Es setzt sich zusammen aus:

bindegewebseiweißfreiem Fleischeiweiß	+	Bindegewebseiweiß	=	Fleischeiweiß
BEFFE[1]	**+**	**BE**	**=**	**FE**

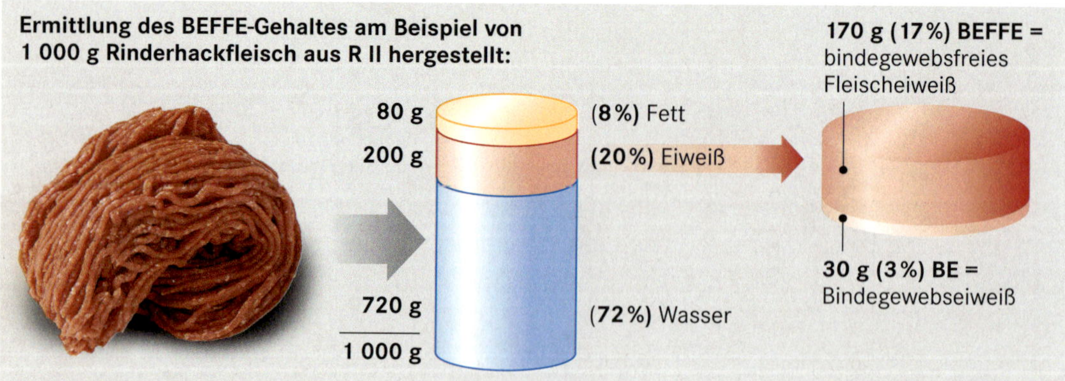

1 Alles über BEFFE finden Sie in Lernfeld 2, Kap. 3.1.2.

1.8 Einsatz von Maschinen und Geräten

Hackfleisch wird über den Wolf hergestellt. Beim Zusammensetzen ist besonders darauf zu achten, dass dies richtig erfolgt (siehe Grafik).

Neben dem richtigen Zusammensetzen und dem Anziehen der Überwurfmutter ist es sehr wichtig, dass die Messer scharf sind und an den Scheiben gut abschneiden. Ist dies nicht der Fall, so wird das Fleisch gequetscht und dadurch stark erhitzt. In diesem Fall sollte der Wolf auseinandergebaut und mit scharfen Messern oder nochmals richtig zusammengesetzt werden. Die Unfallverhütungsvorschriften[1] sind unbedingt einzuhalten.

Zusammensetzen des Fleischwolfes

Wurstküchenwolf

einfacher Satz:

1. Schnecke
2. Vorschneider
3. Messer
4. 3-mm-Scheibe (Hackfleischscheibe)
5. breiter Spannring
6. Überwurfmutter

3.14

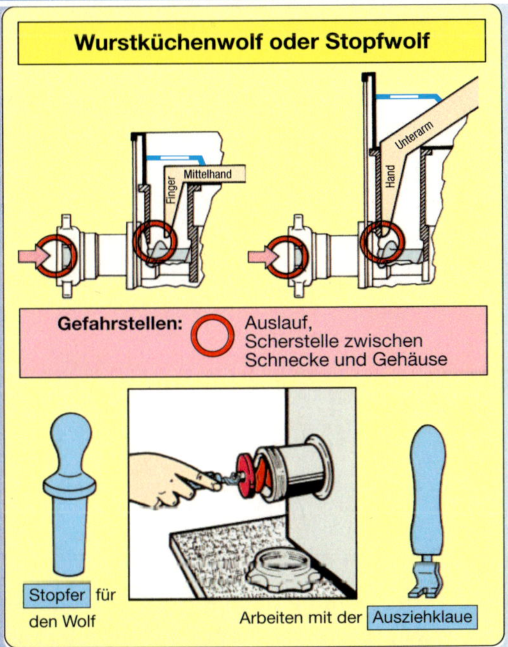

doppelter Satz:

1. Schnecke
2. Vorschneider
3. Messer
4. 13-mm-Scheibe (Schrotscheibe)
5. Messer
6. 3-mm-Scheibe
7. schmaler Spannring
8. Überwurfmutter

3.15

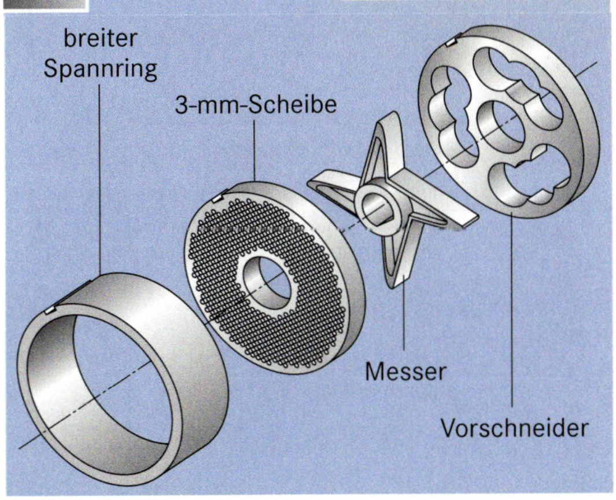

3.16

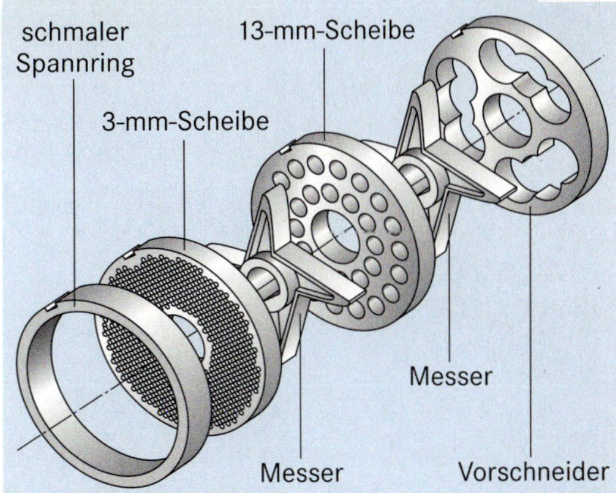

3.13

1 Siehe die Grafiken der Berufsgenossenschaft auf dieser und der nächsten Seite und das Kap. 4.4 in Lernfeld 1.

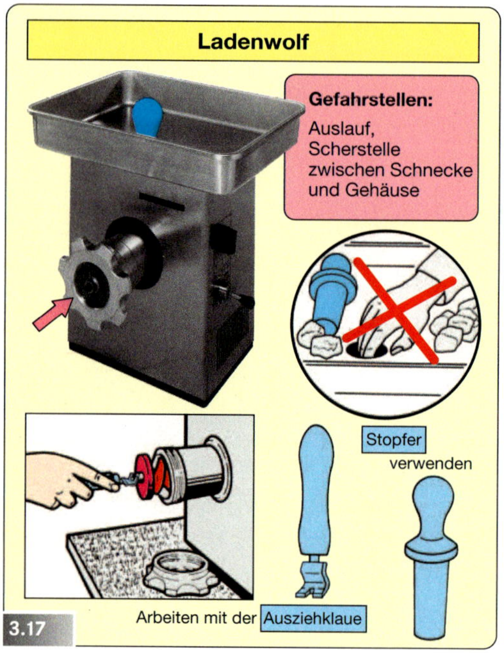

3.17

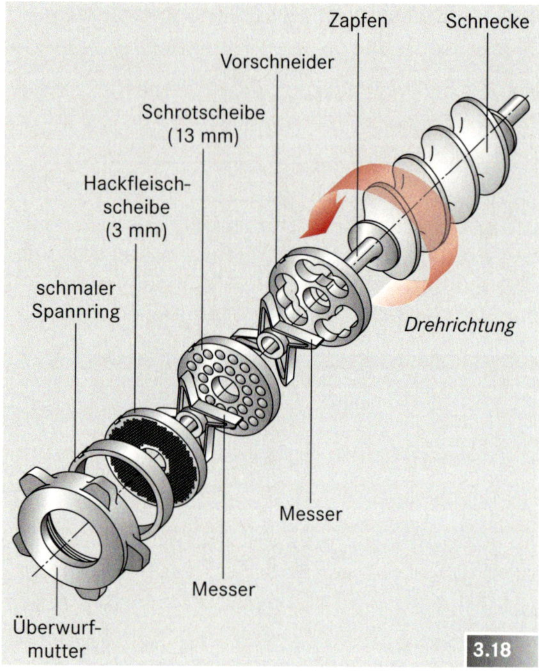

3.18

Zusammensetzung des Ladenwolfs mit doppeltem Satz

1.9 Herstellung nach Rezepturen und Bewertung

Rezeptur für Frikadellen:

650 g gemischtes Hackfleisch
250 g eingeweichte Brötchen oder Weißbrot
40 g Ei
30 g frische Petersilie
30 g Zwiebeln
18 g Kochsalz
2 g Pfeffer
1 g Muskat
0,5 g Glutamat

Herstellungsablauf:

Eingeweichte Brötchen ausdrücken und mit dem Schweine- und Rindfleisch durch die 3-mm-Scheibe wolfen. Zwiebeln in kleine Würfel schneiden. Petersilie von den Stängeln befreien. Alle Materialien mit dem aufgeschlagenen Vollei und den übrigen Zutaten vermengen. Zu Kugeln von 80–100 g formen, platt drücken und bei nicht zu starker Hitze in der Pfanne braun braten.

Die Verarbeitung von Blätterteig:

In der Fleischerei wird in der heutigen Zeit der Blätterteig als Tiefkühlware in fertigen Platten zugekauft. Die einzelnen Platten vor Gebrauch ca. 20 Minuten auf einem Tisch bei Zimmertemperatur auftauen lassen. Je nach Größe werden mit einem Lineal die Teile abgemessen und mit dem Teigrädchen abgetrennt. Sehr wichtig ist, egal ob nun eine Rolle, ein Zopf oder Taschen hergestellt werden, dass die Nahtstellen, an denen der Blätterteig überlappt und verklebt werden soll, mit einem verquirltem Eigelb und Dosenmilch (1 : 1) bestrichen werden. Die fertigen Erzeugnisse können nochmals mit der Mischung Dosenmilch/Eigelb bestrichen und mit einem Dekorgewürz bestreut werden. Damit die Blätterteigerzeugnisse in der Backröhre nicht so aufplustern, werden sie mit einem „Lochroller" auf der Oberfläche mit kleinen Löchern versehen. Die Löcher können auch mit einer Gabel gestochen werden.

Hackbratenzopf:

1. *Blätterteigplatte auf 30 x 10 cm schneiden.*
2. *Die einzelnen Flächen mit je einem Strang Hackbratenmasse belegen. Dieser Strang wird am besten mit einem Spritzbeutel ohne Spritztülle auf den Teig aufgebracht. Am Ende des Stranges sollten 2 – 3 cm Teig überstehen.*
3. *Auf einer Seite des Stranges den Teig mit dem verquirltem Eigelb mit Dosenmilch bestreichen.*
4. *Den Teig über die Hackbratenmasse schlagen und an der bestrichenen Stelle die beiden Ränder verkleben.*

3.19

5. *Drei Rollen zu einem Zopf flechten. Die Enden mit einer Gabel zusammendrücken und wie oben weiterbearbeiten.*

3.20

Blätterteigtaschen:

1. *Blätterteigplatte auf 12 x 12 cm schneiden.*
2. *Mit ca. 40 g Hackmasse in der Mitte belegen. Außen sollten jeweils 2 cm Teig überstehen.*
3. *Den überstehenden Teig mit dem verquirltem Eigelb und Dosenmilch bestreichen.*
4. *Den Teig von den jeweiligen Ecken von außen nach innen über die Hackmasse schlagen, die bestrichenen Ränder verkleben und wie oben weiterverarbeiten.*

Garzeiten für:	*Hackbratenzopf und -taschen*	*ca. 30 Minuten bei ca. 200 – 220 °C*
	Blätterteigroulade	*ca. 60 Minuten bei ca. 200 – 220 °C*

Bewerten von Hackfleisch und Fleischzubereitungen aus zerkleinertem Fleisch

Die Bewertung sollte anhand eines Prüfschemas erfolgen. Hier ein Vorschlag, der sich an den Prüfkriterien der Deutschen Landwirtschaftsgesellschaft (DLG) orientiert, obgleich der Bereich Hackfleisch und Hackfleischerzeugnisse darin nicht ausdrücklich vorgesehen ist. Die Bewertung erfolgt nach einer 5-Punkte-Skala.

Punkte	allgemeine Eigenschaften
5	volle Erfüllung der Qualitätserwartung
4	geringfügige Abweichung
3	merkliche Abweichung
2	deutliche Fehler
1	starke Fehler
0	nicht bewertbar

Eine Bewertungstabelle für „gemischtes Hackfleisch und Frikadellen" könnte wie folgt aussehen. Die Bewertung der Produkte wird nach dem oben stehenden Punktesystem vorgenommen:

Produkt: gemischtes Hackfleisch	
Aussehen: sauber gewolft, frisch	
Farbe: hellrot, keine Farbabweichungen	
Zusammensetzung: nicht zu fett und nicht zu sehnig	

Produkt: Frikadellen	
in frischem Zustand:	
Aussehen: gleichmäßig vermischt	
Farbe: graurot, keine Farbabweichungen	
Zusammensetzung: nicht zu fett und nicht zu viel Auflockerungs- und Bindemittel	
Konsistenz: gute Bindung (nicht zu streng oder zu locker)	
in gegartem Zustand:	
Aussehen: hellbraun gebraten, durchgegart	
Farbe: graurot, keine Farbabweichungen	
Geschmack: würzig, nicht zu salzig	
Konsistenz: gute Bindung (nicht zu streng oder zu locker)	

1.10 Berechnungen

1.10.1 Rezeptumrechnung

1. Möglichkeit:

Der Auszubildende Jens bekommt den Auftrag, eine Menge von 2,5 kg Frikadellen nach vorstehender Rezeptur zu berechnen.

Lösung

650 g gemischtes Hackfleisch	· 2,5	=	1 625 g
250 g eingeweichte Semmeln	· 2,5	=	625 g
40 g Ei	· 2,5	=	100 g
30 g Zwiebeln	· 2,5	=	75 g
30 g frische Petersilie	· 2,5	=	75 g
1 000 g Gesamtmasse			2 500 g
20 g Kochsalz	· 2,5	=	50 g
2 g Pfeffer	· 2,5	=	5 g
1 g Muskat	· 2,5	=	2,5 g
0,5 g Glutamat	· 2,5	=	1,25 g

2. Möglichkeit:

6 kg Hackmasse werden aus 40 % Rinderhackfleisch, 30 % Schweinehackfleisch, 15 % Hackfleischfix, 12 % eingeweichten Brötchen und 3 % Vollei hergestellt. Berechnen Sie die einzelnen Anteile.

Lösung

100 %	≙	6 000 g			
1 %	≙	60 g			
40 %	≙	60 g · 40	=	2 400 g	Rinderhackfleisch
30 %	≙	60 g · 30	=	1 800 g	Schweinehackfleisch
15 %	≙	60 g · 15	=	900 g	Hackfleischfix
12 %	≙	60 g · 12	=	720 g	eingeweichte Semmeln
3 %	≙	60 g · 3	=	180 g	Vollei

1.10.2 Ermittlung des Materialpreises

Die Materialpreise pro Kilogramm betragen für:

Rinderhackfleisch	3,20 €
Schweinehackfleisch	2,75 €
Hackfleischfix	6,30 €
eingeweichte Semmeln/Brötchen	1,20 €
Vollei	1,95 €

Berechnen Sie den Materialpreis für ein Kilogramm der Hackfleischmischung nach der vorhergehenden Rezeptur.

Lösung

2,400 kg Rinderhackfleisch	· 3,20 € = 7,68 €
1,800 kg Schweinehackfleisch	· 2,75 € = 4,95 €
0,900 kg Hackfleischfix	· 6,30 € = 5,67 €
0,720 kg eingeweichte Semmeln	· 1,20 € = 0,86 €
0,180 kg Vollei	· 1,95 3 = 0,35 €
6,000 kg Hackmasse	19,51 3 : 6kg = 3,25 €/kg Masse

1.10.3 Berechnung des BEFFE-Gehalts

Welchen BEFFE-Gehalt weist eine Hackmasse auf, wenn 2 400 g Rinderhackfleisch (R II), 1 800 g Schweinehackfleisch (S II), 900 g Hackfleischfix, 720 g eingeweichte Brötchen und 180 g Vollei verarbeitet wurden? Das R II hat einen BEFFE-Gehalt von 17 % und das S II einen von 17,5 % (z. B. von 1 000 g = 175 g).

Lösung

		BEFFE in g
2 400 g Rinderhackfleisch	(100 % ≙ 2 400 g, 1 % ≙ 24 g)	
	17 % ≙ 17 · 24 g =	408 g
1 800 g Schweinehackfleisch	(100 % ≙ 1 800 g, 1 % ≙ 18 g)	
	17,5 % ≙ 17,5 · 18 g =	315 g
900 g Hackfleischfix		–
720 g eingeweichte Semmeln		–
180 g Vollei		–
6 000 g Hackmasse		723 g

6 000 g ≙ 100 %
1 g ≙ 0,01667 %
723 g ≙ 0,01667 · 723 g = 12,05 % BEFFE-Gehalt

Berufliche Aufgabenstellung

Stellen Sie die Hackfleischarten und Fleischzubereitungen aus Hackfleisch, die Frau Meyer bestellt hat, her.

- **Wählen Sie dazu die Rezepturen aus.**
- **Errechnen Sie die dazu benötigten Mengen.**
- **Wählen Sie die dazu benötigten Maschinen und Geräte aus.**
- **Legen Sie den Arbeitsablauf fest.**
- **Wählen Sie nach fachlichen und hygienischen Grundsätzen das Fleisch aus.**
- **Ermitteln Sie den Materialpreis pro Kilogramm.**
- **Überprüfen Sie den BEFFE-Gehalt des Hackfleisches.**
- **Stellen Sie die Produkte her.**
- **Überprüfen Sie den Herstellungsablauf nach den kritischen Kontrollpunkten nach HACCP und halten Sie diese auf einer vorbereiteten Liste fest.**
- **Bewerten Sie die Produkte und überprüfen Sie diese auf eventuelle Mängel.**
- **Leiten Sie vom Ergebnis Ihrer Überprüfung eventuelle Verbesserungsvorschläge ab.**

5886196

Übungen

1 Erläutern Sie, was unter dem Begriff „Faschiertes“ zu verstehen ist.

2 Wie beschreiben die gesetzlichen Bestimmungen die „Fleischzubereitungen aus oder unter Verwendung von Hackfleisch“?

3 Begründen Sie, warum
a) der Handwerksbetrieb zu Hackfleisch und angemachtem Hackfleisch möglichst kein Wild- und Geflügelfleisch nehmen soll.
b) Zubereitungen aus solchem Fleisch möglichst schnell gekühlt werden sollen.

4 Erarbeiten Sie, welche Temperaturbereiche bei der Herstellung und Lagerung zu beachten sind.

5 Stellen Sie heraus, welche Fleischteile für die Herstellung von Hackfleisch, Schabefleisch und angemachtem Hackfleisch nicht verwendet werden.

6 Machen Sie laut den Leitsätzen eine Aufstellung, mit welchen Ausgangsmaterialien die verschiedenen Hackfleischarten und Fleischzubereitungen aus Hackfleisch hergestellt werden dürfen.

7 Warum hat wohl die Fachverkäuferin bei dem Einkauf von Frau Meyer den Kopf geschüttelt?

8 Beschreiben Sie zu Aufgabe 6 auch die Mindestanforderungen an BEFFE.

9 Sie stellen aus 500 g R II und 500 g S II ein Kilogramm gemischtes Hackfleisch her. Berechnen Sie den BEFFE-Gehalt, wenn das R II 17 % und das S II 17,5 % aufweist.

10 Für 10 kg Frikadellen werden folgende Materialien verwendet:
4 000 g R II, Preis pro kg 3,50 €
2 500 g S II, Preis pro kg 2,95 €
2 000 g Hackfleischfix, Preis pro kg 10,80 €
1 500 g eingeweichtes Weißbrot, Preis pro kg 2,60 €
Berechnen Sie den durchschnittlichen Materialpreis für ein Kilogramm Hackmasse.

11 In der Fleischerei Baringer werden Frikadellen nach folgender Rezeptur hergestellt:
60 % Schweinehackfleisch
20 % Rinderhackfleisch
15 % eingeweichtes Weißbrot
5 % Vollei
Das bereits durchgedrehte Rinderhackfleisch von 1,5 kg soll verarbeitet werden. Berechnen Sie die einzelnen Materialmengen nach der Menge des Rinderhackfleischs.

2 Rohe Bratwürste und Spieße mit Hackbällchen herstellen

Ziele dieses Kapitels:

- **Wir beachten die rechtlichen Grundlagen für die Herstellung und Zusammensetzung.**
- **Wir berechnen Rezepte und rechnen diese um.**
- **Wir ermitteln Materialpreise und BEFFE-Gehalt.**
- **Wir stellen Bratwürste und Spieße her.**
- **Wir erkennen Fehler und Mängel bei der Herstellung und bei dem Produkt.**
- **Wir leiten daraus Maßnahmen zur Vermeidung von Fehlern und Mängeln ab.**

Der Sportwart vom Verein „Fortuna“ bestellt bei Fleischermeister Udo Wolf für sein Grillfest frische grobe fränkische Bratwurst und verschiedene Hackfleischspieße. Er will die Bestellung am Samstag für das am Sonntagmittag stattfindende Fest abholen. Herr Wolf ist an dem Tag, an dem geliefert werden soll, wegen einer Tagung nicht im Betrieb. Er gibt seinem erst kürzlich ausgelernten Gesellen Jochen Brandt den Auftrag, diese Bestellung zu erledigen.

2.1 Rechtliche Grundlagen[1]

2.1.1 Frische Bratwürste und Spieße mit Hackbällchen

3.21 *Grobe fränkische Bratwurst*

3.22 *Fleisch- und Hackfleischspieße als Fleischzubereitung*

1 Eine Zusammenstellung der aktuellen gesetzlichen Bestimmungen, die für Ihren Beruf wichtig sind, finden Sie bei www.westermann.de unter der Bestellnummer dieses Lehrwerks: 5886.

Spieß mit Hackbällchen

2.1.2 Betriebe, in denen Hackfleisch und Fleischzubereitungen aus oder unter Verwendung von Hackfleisch hergestellt, behandelt und in den Verkehr gebracht werden dürfen

Dies darf geschehen in

- registrierten Einzelhandelsbetrieben[1],
- Betrieben, die nach der Verordnung über spezifische Hygienevorschriften für Lebensmittel tierischen Ursprungs (EG) Nr. 853/2004 zugelassen sind (siehe Exkurs für Betriebe mit einer EU-Zulassung am Ende dieses Lernfelds).

Alle Personen, die Hackfleisch und Fleischzubereitungen aus zerkleinertem Fleisch herstellen und verkaufen, sowohl in registrierten als auch in zugelassenen Betrieben, müssen spezielle Hygieneschulungen durchlaufen.

2.2 Rezepturen

Rezeptur für grobe fränkische Bratwurst

Material für 100 kg
60 kg Schweinebauch S IV
Schweinebacke S VI
40 kg Schweinefleisch S II
(aus dickem Bug)

Gewürze und Zutaten je kg Masse:
18,0 g Kochsalz
2,0 g Pfeffer
2,0 g Majoran[2]
1,0 g Glutamat[2]
1,0 g Piment[2]
0,5 g Macisblüte[2]
30,0 g Vollei (nur bei Durcherhitzung)

Herstellungsablauf:

Das Schweinefleisch gut aussuchen (von groben Sehnen und Knochenhäuten, die Backen von Drüsen befreien). Im Wolf in große Stücke schneiden, mit der Gewürzmischung gut vermengen und durch die 5-mm- oder auch 3-mm-Scheibe wolfen. Die gewolfte Masse nochmals gut vermengen und in Schweinedünndärme, Bändel oder Schafssaitlinge füllen. Ein Ei sollte nur zugegeben werden, wenn die Bratwurstmasse nicht im frischen, sondern im durcherhitzten Zustand verzehrt wird. Das Ei dient der besseren Bindung; Frischei kann aber mit Salmonellen belastet sein.

1 Über die derzeitig aktuelle Rechtslage können Sie sich jederzeit bei www.winklers.de unter der Bestellnummer dieses Buches informieren.
2 Alles Wissenswerte über Gewürze (Aussehen, Herkunft, Geschmack) und Zutaten erfahren Sie in Lernfeld 1, Kap. 6.6.

Rezeptur für Schweinsbratwürstchen

Material für 100 kg
14 kg Rindfleisch R II
14 kg Schweinefleisch S III
6 kg Schweinebacke S VI
16 kg Eis[2]
50 kg Schweinebauch S IV (als grobe Einlage)

Gewürze und Zutaten je kg Masse:
20,0 g Kochsalz
3,0 g Kutterhilfsmittel
2,5 g Pfeffer (weiß)
2,0 g Majoran
1,0 g Muskat
1,0 g Piment
1,0 g Glutamat
2,0 g Zitronenpulver
10,0 g frische Zwiebeln

Herstellungsablauf:

R II, S III und S VI durch die 2-mm-Scheibe wolfen, mit dem Eis, dem Salz und Kutterhilfsmittel1 zu einem homogenen Grundbrät kuttern. Anschließend das durch die 5-mm-Scheibe gewolfte S IV mit den Zwiebeln und den übrigen Gewürzen zugeben, auf ca. 3 mm körnen. Die Masse in Schafssaitlinge füllen.

2.3 Rechenvorgänge bei Rezepten

2.3.1 Rezeptberechnung

Der auszubildende Fleischer Dieter Kolund bekommt von seinem Meister den Auftrag, für 8 kg fränkische Bratwurst die Materialien und benötigten Zutaten der vorhergehenden Rezeptur zu berechnen.

Lösung

60 kg S IV ≙ 60 % (8 kg : 100 % · 60 %) = 4,800 kg
40 kg S II ≙ 40 % (8 kg : 100 % · 40 %) = 3,200 kg
8,000 kg

18,0 g Kochsalz · 8 = 144 g
2,0 g Pfeffer · 8 = 16 g
1,0 g Glutamat · 8 = 8 g
1,0 g Piment · 8 = 8 g
0,5 g Macisblüte · 8 = 4 g
30,0 g Vollei · 8 = 240 g

1 Kutterhilfsmittel = ein Zusatzstoff, der beim Kuttern von Wurst einen besseren Eiweißaufschluss und somit ein besseres Wasserbindevermögen erzielt.
kuttern = zerkleinern von Fleisch, Speck und Eis mit dem Kutter (Schneidmischer) zu einer homogenen Wurstmasse

2 Bei der Herstellung von Wurst über den Kutter wird durch die hohe Messerdrehzahl Wärme erzeugt. Das Eis dient hierbei zur Kühlung der Masse, die eine Temperatur von ca. + 14 °C nicht überschreiten sollte. Des Weiteren kann durch das zusätzlich vorhandene Wasser das wasserlösliche Eiweiß besser aufgeschlossen werden. Diese Vorgänge sind Thema im Lernfeld 9 im zweiten Band dieses Lehrwerks.

2.3.2 Rezeptumrechnung

Der Geselle Jochen Brandt soll Schweinsbratwürstchen herstellen. Er hat nur noch 10 kg Schweinebauch (S IV) als Einlage zur Verfügung und soll anhand dieser Menge nach der vorhergehenden Rezeptur die übrigen Materialien und Zutaten berechnen.

Lösung

50 kg ≙ 100%
1 kg ≙ 2%
10 kg ≙ 10 · 2 = 20%

10 kg entsprechen von 50 kg 20%, also müssen von den anderen Materialien auch 20% berechnet werden.

(14 kg : 100% · 20%) =	2,800 kg	Rindfleisch R II
(14 kg : 100% · 20%) =	2,800 kg	Schweinefleisch S II
(6 kg : 100% · 20%) =	1,200 kg	Schweinebacke S VI
(16 kg : 100% · 20%) =	3,200 kg	Eis
	10,000 kg	Schweinebauch S IV
	20,000 kg	Masse

20,0 g Kochsalz	· 20 =	400 g
3,0 g Kutterhilfsmittel	· 20 =	60 g
2,5 g Pfeffer (weiß)	· 20 =	50 g
2,0 g Majoran	· 20 =	40 g
1,0 g Muskat	· 20 =	20 g
1,0 g Piment	· 20 =	20 g
1,0 g Glutamat	· 20 =	20 g
2,0 g Zitronenpulver	· 20 =	40 g
10,0 g frische Zwiebeln	· 20 =	200 g

2.3.3 Ermitteln des Materialpreises

Errechnen Sie den Materialpreis für ein Kilogramm dieser umgerechneten Rezeptur, wenn das R II 3,20 €/kg, das S III 2,75 €/kg, das S IV 2,35 €/kg, das S VI 1,95 €/kg, das Eis 0,10 €/kg und die Gewürze und Zutaten insgesamt 6,35 € kosten.

Lösung

2,800 kg Rindfleisch R II	· 3,20 € =	8,96 €	
2,800 kg Schweinefleisch S III	· 2,75 € =	7,70 €	
10,000 kg Schweinebauch S IV	· 2,35 € =	23,50 €	
1,200 kg Schweinebacke S VI	· 1,95 € =	2,34 €	
3,200 kg Eis	· 0,10 € =	0,32 €	
0,850 kg alle Zutaten	=	6,35 €	
20,850 kg Masse		49,17 €	: 20,850 kg
			= 2,36 3/kg

2.3.4 Berechnen des BEFFE-Gehaltes

Die Schweinsbratwürstchen müssen einen BEFFE-Gehalt von 8,5 % aufweisen. Errechnen Sie den tatsächlichen BEFFE-Gehalt von den 20 kg, wenn das R II 17 %, das S II 17,5 %, das S IV 11,9 % und das S VI 7 % an BEFFE enthalten.

Lösung

2,800 kg	Rindfleisch R II	(2,8 kg : 100 % · 17,0 %) =	0,476 kg
2,800 kg	Schweinefleisch S II	(2,8 kg : 100 % · 17,5 %) =	0,490 kg
10,000 kg	Schweinebauch S IV	(10 kg : 100 % · 11,9 %) =	1,190 kg
1,200 kg	Schweinebacke S VI	(1,2 kg : 100 % · 7,0 %) =	0,084 kg
3,200 kg	Eis		–
0,850 kg	alle Zutaten		–
20,850 kg	Masse		2,240 kg (BEFFE in kg)

20,850 kg ≙ 100 %
1 kg ≙ 4,796 %
2,240 kg ≙ 4,796 · 2,24 = 10,74 % (tatsächlicher BEFFE-Gehalt)

2.3.5 Ermitteln der Fleisch- und Zutatenmengen

Die auszubildende Fachverkäuferin Sonja Weiß hat den Auftrag, für ein Grillfest 50 Spieße mit je 150 g an Bällchen mit Schweinehack und gemischtem Hack, Paprika und Zwiebeln herzustellen. Der Meister Udo Wolf gibt ihr vor, dass sie die Spieße nach einem System herstellen und dafür auf jeden Spieß 40 % Schweinehackbällchen, 30 % Bällchen mit gemischtem Hack, 18 % grüne Paprikaschoten und 12 % Zwiebeln stecken soll. Wie viel Gramm braucht Sonja jeweils von den einzelnen Bestandteilen?

Lösung

50 · 150 g = 7 500 g Gewicht der gesamten Materialien

40 % Schweinehack	(7 500 g : 100 % · 40 %) =	3 000 g
30 % gemischtes Hack	(7 500 g : 100 % · 30 %) =	2 250 g
18 % grüne Paprikaschoten	(7 500 g : 100 % · 18 %) =	1 350 g
12 % Zwiebeln	(7 500 g : 100 % · 12 %) =	900 g

Berufliche Aufgabenstellung

Stellen Sie die Bratwürste und Spieße mit Hackfleischbällchen für den Verein „Fortuna“ her.

- **Wählen Sie dazu die Rezepturen aus.**
- **Berechnen Sie die dazu benötigten Mengen.**
- **Wählen Sie die dazu benötigten Maschinen und Geräte aus.**
- **Legen Sie den Arbeitsablauf fest.**
- **Wählen Sie nach fachlichen und hygienischen Grundsätzen das Fleisch aus.**

- **Ermitteln Sie den Materialpreis pro Kilogramm.**
- **Überprüfen Sie den BEFFE-Gehalt der Bratwurst.**
- **Stellen Sie die Produkte her.**
- **Überprüfen Sie den Herstellungsablauf nach den kritischen Kontrollpunkten nach HACCP und halten Sie diese auf einer vorbereiteten Liste fest.**
- **Bewerten Sie die Produkte und überprüfen Sie diese auf eventuelle Mängel.**
- **Leiten Sie daraus eventuelle Verbesserungsvorschläge ab.**

Übungen

1 Erarbeiten Sie je zwei Beispiele für Hackfleischspieße.

2 Stellen Sie eine Rezeptur für grobe Bratwurst zusammen.

3 In welchen Betrieben und Einrichtungen dürfen nach den gesetzlichen Bestimmungen Hackfleischprodukte hergestellt und verkauft werden?

4 Für ein Grillfest sind 15 kg Schweinsbratwürstchen bestellt. Die Rezeptur besteht aus 10 % R II, 18 % S II, 6 % S VI, 16 % Eis und 50 % S IV (grobe Einlage). Berechnen Sie die Menge der einzelnen Materialien.

5 Der Geselle Jochen Brandt stellt 10 kg fränkische Bratwurst nach folgender Rezeptur her:
4,5 kg Schulterfleisch, S II, Preis/kg 2,95 €,
2 kg Backe, Preis/kg 1,90 €,
3,5 kg magerer Schweinebauch, S IV, Preis/kg 2,35 €.
Berechnen Sie den durchschnittlichen Materialpreis für ein Kilogramm.

6 Für die Herstellung von Hackspießen hat Sonja Weiß 1,250 kg Schweinehack zur Verfügung. Das macht genau 25 % von allen Zutaten aus, die sie hierzu benötigt. Die übrigen Zutaten sind:
- 42 % Rinderhack,
- 18 % Paprikaschoten,
- 15 % Zwiebeln.

Berechnen Sie die übrigen Zutaten in Kilogramm.

7 Eine Zusammenstellung für Hackbällchenspieße sieht wie folgt aus:
- 5 Teile Schweinehack
- 2 Teile Rinderhack
- 4 Teile gemischtes Hack
- 3 Teile Zwiebel

Von dem gemischten Hack sind 500 g vorhanden. Berechnen Sie die übrigen Materialien in Gramm.

3 Hackfleisch und Fleischzubereitungen in der Theke präsentieren und bei ihrem Verkauf Kunden beraten

Ziele dieses Kapitels:
- **Wir beachten die rechtlichen Vorschriften von verpackten Hackfleischerzeugnissen.**
- **Wir präsentieren frische und verpackte Hackfleischprodukte in der Theke.**
- **Wir beachten die Fristen für das In-Verkehr-Bringen.**
- **Wir entwickeln Verkaufsargumente für Hackfleischerzeugnisse.**
- **Wir erstellen Werbemittel.**
- **Wir stellen Vergleiche vom Materialpreis zum Verkaufspreis an.**

Die ungelernte Verkäuferin Swetlana Wilhelm ist noch nicht lange in der Feinkost-Abteilung der Buchheim Fleisch KG. Sie soll ihrer Chefin Inge Bach dabei helfen, Hackfleischprodukte in Fertigschälchen zu verpacken und zu etikettieren sowie den Thekenabschnitt für frische und verpackte Hackfleischprodukte verkaufsfördernd einzuräumen. Des Weiteren soll sie auch lernen die Kunden im Verkaufsgespräch zu beraten.

3.1 Auszeichnen von Fleischzubereitungen aus oder unter Verwendung von Hackfleisch

Frische Produkte

Lose (frische) Hackfleischprodukte sind auf Schildern (Preisschildern) mit der handelsüblichen Warenbezeichnung zu kennzeichnen. Die Tierart, von der das Fleisch stammt, muss aus der Verkehrsbezeichnung hervorgehen (z. B. Schweinehackfleisch oder Rinderhackfleisch).

3.25 *Kennzeichnung von losen Hackfleischprodukten*

Desweiteren müssen die verwendeten Zusatzstoffe in einem Aushang oder einer schriftlichen Aufzeichnung dem Verbraucher zugänglich sein.

Verpackte Produkte
Verpacktes Hackfleisch und Hackfleischprodukte müssen wie andere verpackte Fleischwaren nach der **Lebensmittel-Kennzeichnungs-Verordnung**[1] deklariert werden: Die Kennzeichnung muss an einer in die Augen fallenden Stelle, gut lesbar und unverwischbar erfolgen.

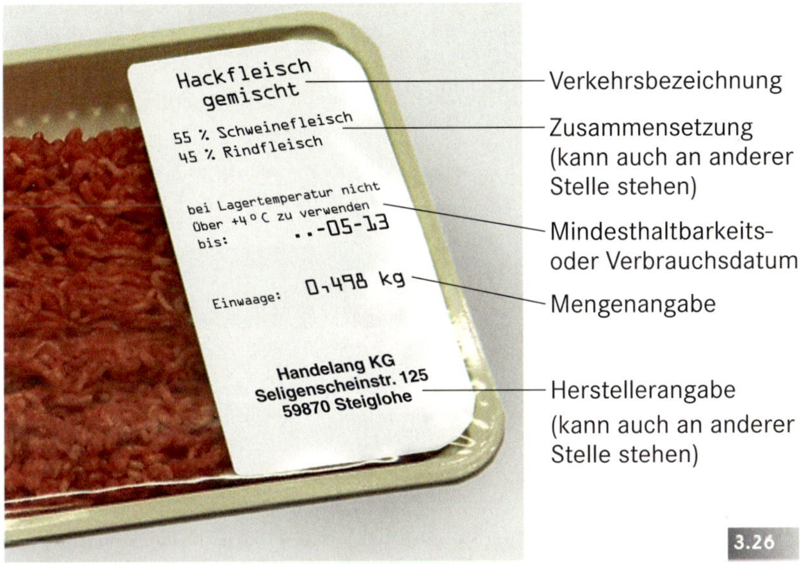

3.26

In demselben Sichtfeld müssen stehen:

1. die **Verkehrsbezeichnung** (handelsübliche Bezeichnung und Tierart), z. B. „Schweinegeschnetzeltes";

2. das **Verbrauchsdatum** (Tag, Monat, Jahr) mit Angabe der Lagertemperatur, z. B. „Verbrauchen bis spätestens 25.03. ..., bei einer Temperatur von nicht über +2 °C lagern";
   bei **tiefgefrorenen** Erzeugnissen sind zusätzlich anzugeben:
   - „mindestens haltbar ..." (Jahr, Monat, Tag);
   - „Nach dem Auftauen sofort verbrauchen";
   - „Lagern bei einer Temperatur von nicht über −18 °C";

3. eine **Mengenangabe:** das Gewicht des Fleisches, des Fleischbräts oder des Anteils an Hackfleischfüllung, auch Gesamtfüllmenge[2], wenn das Produkt nur aus Fleisch besteht.

An einer anderen Stelle der Verpackung dürfen stehen:

4. **Name/Firma und Anschrift des Herstellers, Verpackers oder Verkäufers** (muss in der Europäischen Union niedergelassen sein);

1 Eine Zusammenstellung aller gesetzlichen Bestimmungen, die für Ihren Beruf wichtig sind, finden Sie bei www.westermann.de unter der Bestellnummer dieses Buches: 5886.

2 Die Gesamtfüllmenge ist die Füllmenge aller Zutaten. Das können bei Hackfleischerzeugnissen neben Hackfleisch z. B. Eier, Gemüse, Brötchen usw. sein.

5. **Verzeichnis der Zutaten** (bei mehr als einer Zutat) in absteigender Reihenfolge ihres Gewichtsanteils; z. B. bei angemachtem Hackfleisch: Schweinefleisch, Kochsalz, Gewürze, evtl. allergene[1] Zutaten; nach der Quid-Regelung[2] sind markante[3] Bestandteile (in diesem Fall das Schweinefleisch) prozentual anzugeben.

3.2 Preisangaben

Merke

Das Einstechen von Preisschildern in die Fleischwaren ist verboten. Preisschilder können jedoch mit dem Rand einer Platte oder Schüssel verbunden sein.

Die Preisangabenverordnung[4] verlangt bei **loser Ware** neben der genauen Verkehrsbezeichnung den **Preis für 1 kg bzw. 100 g** (Grundpreisangabe). Der Verbraucher kann dadurch die Preise ähnlicher Produkte (oder der gleichen Produkte verschiedener Anbieter) besser vergleichen. Die Auszeichnung erfolgt auf Preisschildern und muss dem Produkt klar zuzuordnen sein. Bei **SB-Ware** (Waren zur Selbstbedienung) müssen auf den Preisschildern neben der Verkehrsbezeichnung folgende Angaben sein:

- Preis für 1 kg,
- Gesamtpreis des Inhalts,
- Gewicht des Inhalts.

3.27 *Preisangabe bei loser Ware*

3.3 Bestücken einer Theke und Kundenberatung

Merke

„Das Auge kauft mit.“

Einen erheblichen Anteil Ihrer Arbeitszeit nimmt das tägliche Herstellen und Präsentieren von Hackfleisch und Fleischzubereitungen in der Theke in Anspruch.[5] Wegen der Gesamtübersicht über die Produktvielfalt sollten die Produktgruppen getrennt voneinander präsentiert werden. Neben der Trennung zu anderen Produktgruppen ist ein schematischer und übersichtlicher Aufbau sehr wichtig. Verkaufspsychologen sagen, dass der Kaufanreiz zu 85 % über die Optik erfolgt (die restlichen 15 % können z. B. der Geschmack und der Preis sein).

Der nachfolgende Thekenplan soll ein Beispiel aufzeigen, wie verschiedene Fleischzubereitungen aus Hackfleisch angeordnet werden können.

1 Allergene Zutaten können bei Menschen Allergien hervorrufen. Zu ihnen zählen z. B. Milchzucker, Getreideprodukte usw.
2 Quid = (Quantitative Ingredient Declaration) eine mengenmäßige Angabe von markanten Zutaten auf Fertigpackungen
3 markant = hervorragend; in diesem Zusammenhang z. B. Rind- und Schweinefleisch. Wird eine Wurst Zungenwurst benannt, so sind die Bestandteile der Zunge auch noch prozentual zu benennen.
4 Eine Zusammenstellung aller gesetzlichen Bestimmungen, die für Ihren Beruf wichtig sind, finden Sie bei www.westermann.de unter der Bestellnummer dieses Buches: 5886.
5 Regeln und Tipps zur Produktpräsentation finden Sie auch in Lernfeld 5, Kap. 1.5.

3.28

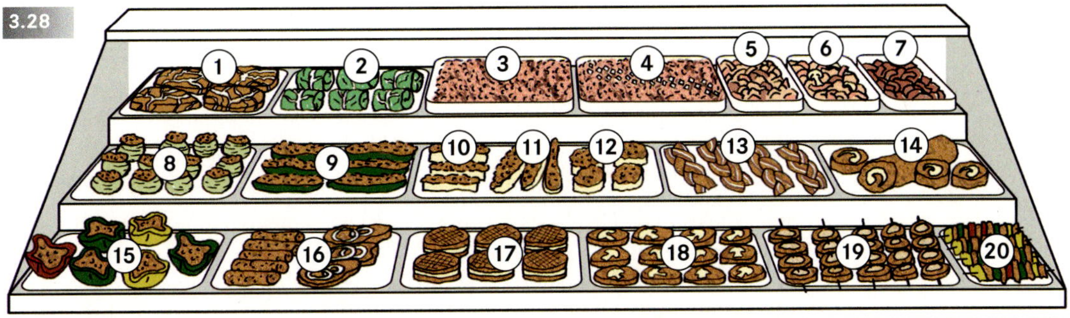

① Hackbraten mit Käse und Gemüse im Netz
② Wirsingroulade mit Hackfleischfüllung
③ Hackfleisch vom Schwein
④ Mett, gewürzt (angemachtes Hackfleisch)
⑤ grobe Bratwurstmasse
⑥ Tartar
⑦ gemischtes Hackfleisch
⑧ Kohlrabi mit Hackfleischfüllung
⑨ Zucchini mit Hackfleischfüllung
⑩ ⑪ ⑫ Hackfleischschnitten
⑬ Fleischzöpfe mit Hackfleischfüllung
⑭ Schlemmerrolle mit Hackfüllung
⑮ gefüllte Paprikaschoten
⑯ Cevapcici und Hacksteaks
⑰ Hackplätzchen mit Käsefüllung
⑱ Hackplätzchen „Jägerart“
⑲ Rouladenspieße mit Kalbshackfleischfüllung
⑳ Spieße mit Gemüse und Hackbällchen

Wegen ihres oft günstigen Preises und einer vielseitigen Verwendbarkeit sind Hackfleisch und die daraus hergestellten Fleischzubereitungen sehr gefragt. Um den erhofften Verkaufserfolg erzielen zu können, ist bei der Bestückung des Thekenabschnittes Folgendes zu beachten:

Grundsätze der Thekenbelegung

- *Achten Sie darauf, dass der Thekenabschnitt übersichtlich und informativ gestaltet ist. Die einzelnen Produktgruppen müssen klar erkennbar sein. Auch Hinweise, z. B. über die Zusammensetzung und zu welchem Anlass das Erzeugnis passt, gehören dazu.*
- *Verwenden Sie ein einheitliches, dekoratives und in der Farbe ansprechendes Thekengeschirr (z. B. schwarze Platten und Schälchen bei Fleischprodukten).*
- *Steigern Sie den Kaufanreiz durch eine farbig abgestimmte Dekoration.*
- *Stimmen Sie Ihre Thekendekoration z. B. mit der Werbeaktion in der Farbe ab.*
- *Ordnen Sie die verschiedensten Erzeugnisse in Produktgruppen zusammen (z. B. alle Hackfleischarten an eine Stelle).*
- *Legen Sie z. B. verschiedene Spieße in der Auslage so zusammen, dass sie ein Muster bilden.*
- *Präsentieren Sie z. B. angemachtes Hack in rustikalem Geschirr.*
- *Heben Sie Angebote als Blickfang hervor.*
- *Ordnen Sie geeignete Handelsartikel, z. B. Grillsoßen, effektvoll zu.*
- *Achten Sie bis zum Ladenschluss darauf, dass Sie dem Kunden ein vollständiges Sortiment bieten (z. B. leere Platten und Schälchen wieder befüllen).*
- *Beachten Sie bei der Beschickung mit frischen Hackfleischartikeln, in welcher Verkaufsphase Sie sich befinden (Wochenende mit schönem Wetter oder Wochenanfang).*
- *Bevor man eine Theke einräumt, sollte man sich einen Belegungsplan anfertigen. Das spart Zeit und Ärger, weil z. B. mehrmaliges Umräumen vermieden wird.*

Den Kunden beraten

Warum soll der Kunde gerade Hackfleisch und Hackfleischprodukte kaufen? Von Hackfleisch und gemischtem Hackfleisch lassen sich sehr schnell preiswerte und köstliche Gerichte herstellen, wie angemachtes Hackfleisch, auch Tatar zum Rohverzehr, Lasagne, Frikadellen, Hackfleischtopf, Hacksteaks, Aufläufe usw.

Hackfleisch lässt sich zum schnellen Zubereiten für die verschiedensten Pfannengerichte sehr gut einsetzen. Insbesondere zum Grillen sind die verschiedensten Hackspieße, Frikadellen, Hacksteaks, Cevapcici und Bratwürste gefragt.

3.4 Rezepturvorschläge

Gefüllte Zucchini mit Lammhack

10 kleine Zucchini,
4 - 5 Knoblauchzehen,
1 Zwiebel, 2 Eier,
3 eingeweichte Brötchen,
Salz, Pfeffer, Thymian,
Rosmarin, Fondor (Suppenwürze), Tomatensoße

Die Zucchini ausstechen (aushöhlen), das Mark aufbewahren. Die Knoblauchzehen und Zwiebeln klein hacken oder würfeln und mit dem ausgestochenen Zucchinimark glasig dünsten. Mit Salz, Pfeffer, Thymian, Rosmarin, Fondor abschmecken und auskühlen lassen.
Das Lammhack mit den Eiern und eingeweichten Brötchen vermischen, mit Salz, Pfeffer, Thymian, Rosmarin, Fondor abschmecken und nochmals durchmischen.
Das angemachte Lammhack mit dem ausgekühlten Zucchinimark gut vermischen. Anschließend die Mischung mit einer Spritztülle in die ausgestochenen Zucchini füllen.
Die gefüllten Zucchini in eine gefettete feuerfeste Porzellanform geben, mit einer Tomatensoße übergießen und ca. 35 Min. bei 150–160 °C in der Röhre garen.
Als Beilagen eignen sich Petersilienkartoffeln oder Reis, gemischter Salat.

3.29

Russischer Hackfleischtopf

3.30

Herstellen einer Soße Bolognese aus:

1 kg gemischtes Hackfleisch,
3 große Zwiebeln, 4 Knoblauchzehen,
1 Dose klein gehackte Schältomaten,
3 EL Rapsöl, 2 EL Tomatenmark,
1 l Fleischbrühe (auch aus gekörnter Brühe)

Klein gehackte Zwiebeln und Knoblauchzehen im Rapsöl glasig dünsten, Hackfleisch mit Tomatenmark zugeben und mitgaren, anschließend die klein gehackten Tomaten unterziehen, mit der Fleischbrühe aufgießen, mit Salz und Pfeffer abschmecken und fertig köcheln lassen.

500 g Weißkraut fein schneiden und blanchieren.

500 g Kartoffeln klein würfeln und blanchieren.
In eine feuerfeste gefettete Auflaufform 2-mal wie folgt einlegen:
1 Schicht Bolognese
1 Schicht blanchiertes Weißkraut
1 Schicht blanchierte Kartoffelwürfel
3 Becher Schmand oder saure Sahne

In der Röhre/dem Backofen 30 Min. bei 140-150 °C, weiter 30 Min. bei 160 °C und weiter 10 Min. bei 180 °C garen.
Als Beilage eignen sich Salzkartoffeln.

Lasagne

3.31

300 g geriebener Käse
(je 100 g Emmentaler, Appenzeller, Greyerzer)

30 - 40 Min. bei 150 - 160 °C in der Röhre/im Backofen garen.

Für helle Soße:

3 Zwiebeln, 2 Knoblauchzehen,
250 g Champignons (frisch oder Konserve) in Scheiben,
1 Becher süße Sahne, Salz, Pfeffer,
2 TL helle Instantsoße, 2 EL Rapsöl
Die klein geschnittenen Zwiebeln und Knoblauchzehen im Öl glasig dünsten, Champignons zugeben und weiter garen, helle Soße zugeben, mit Salz, Pfeffer abschmecken und mit der Sahne binden.

Für Bolognese:

375 g Hackfleisch, 3 Zwiebeln, 2 Knoblauchzehen,
4 EL Rapsöl, Salz, Oregano, Thymian,
1 Dose geschälte und klein gehackte Tomaten,
1 EL Tomatenmark
Die klein geschnittenen Zwiebeln und Knoblauchzehen im Öl anbräunen, Hackfleisch zugeben und weiter anbraten. Ketschup und geschälte Tomaten zugeben, mit Salz, Oregano und Thymian abschmecken und fertig köcheln.

Lasagne-Teigplatten

In einer gefetteten feuerfesten Porzellanform wie folgt aufbauen:
1. Schicht mit Bolognese
2. Schicht mit heller Soße
3. Lasagne-Teigplatten
4. Schicht mit Bolognese
5. Schicht mit heller Soße
6. Lasagne-Teigplatten + geriebener Käse

Plakat

Deckenhänger

Aktionsverpackung, z. B. Papiertragetasche

3.32

Steigerung des Umsatzes durch Werbeaktionen[1]

Neben einer vorschriftsmäßig eingeräumten Theke und der fachlich guten Kundenberatung steigern Werbeaktionen den Verkaufserfolg. Eine Werbeaktion kann Plakate, Deckenhänger, Aktionspreisschilder und -verpackungen, Flyer, Zeitungsanzeigen oder betriebliche Werbeveranstaltungen einschließen. Gute Anlässe hierfür bieten z. B. eine bevorstehende Grillsaison oder eine „italienische Woche“. Eine Werbeaktion könnte auch unter dem Motto aufgebaut werden: „Hackfleisch ist preisgünstig und zur Herstellung vieler Gerichte geeignet.“

3.5 Preisvergleiche

Vom Materialpreis zum Verkaufspreis

Materialpreis	(Preis aller Materialien für Fleisch, Zutaten usw.)
+ Herstellungskosten	(alle Kosten der Herstellung: Löhne, Wasser, Energie, Raummiete)
= Herstellungspreis	
+ Verkaufsgemeinkosten	(alle Kosten beim Verkauf: Löhne, Wasser, Energie, Räume)
= Selbstkosten	
+ Gewinn	
= Nettoverkaufspreis	
+ MwSt	
= Bruttoverkaufspreis	

1 Tipps für Werbeveranstaltungen, Aktionswochen usw. finden Sie auch in Lernfeld 5, Kap. 1.5.

Berechnen des Verkaufspreises

Der durchschnittliche Materialpreis für ein Kilogramm Hackmasse beträgt 3,20 €. Wie teuer müssen 100 g Hacksteaks angeboten werden, wenn für die Herstellung 2,20 €/kg, für den Verkauf 48 %, für den Gewinn 12 % und eine MwSt von 7 % eingerechnet werden müssen?

	Materialpreis	3,20 €
+	Herstellungskosten	2,20 €
=	Herstellungspreis	5,40 €
+	Verkaufskosten (48 %)	2,59 € (5,40 € : 100 % · 48 %)
=	Selbstkosten	7,99 €
+	Gewinn (12 %)	0,96 € (7,99 € : 100 % · 12 %)
=	Nettoverkaufspreis	8,95 €
+	MwSt (7 %)	0,63 € (8,95 € : 100 % · 7 %)
=	Bruttoverkaufspreis	9,58 €/kg
=	Bruttoverkaufspreis	0,96 €/100 g (9,58 € : 1 000 g · 100 g)

100 g Hacksteak müssten für 0,96 € angeboten werden.

Wie viel Prozent macht der Aufschlag vom Materialpreis zum Bruttoverkaufspreis aus?

9,56 € (Bruttoverkaufspreis)
- 3,20 € (Materialpreis)
= 6,36 € (Aufschlag)

3,20 € ≙ 100 %
1,00 € ≙ 31,25 %
6,36 € ≙ 31,25 · 6,36 = 198,75 %

Der Aufschlag zum Bruttoverkaufspreis beträgt 198,75 %.

Berechnen der Mehrwertsteuer

Im Laden kosten 100 g Tatar 1,45 €. Der Anteil der gesetzlichen MwSt beträgt 7 %. Wie viel beträgt die Mehrwertsteuer in Euro?

	Nettoverkaufspreis		100 %
+	MwSt (7 %)	?	+ 7 %
=	Bruttoverkaufspreis	1,45 €/100 g ↑	= 107 %

107 % ≙ 1,45 €
1 % ≙ 1,45 € : 107 = 0,0135514 €
7 % ≙ 0,0135514 € · 7 = 0,0948598 € = 0,09 € (Mehrwertsteuer in Euro)

oder $\frac{1{,}45\ € \cdot 7\,\%}{107\,\%} = 0{,}09\ €$

Die Mehrwertsteuer beträgt 0,09 €.

Berufliche Aufgabenstellung

Erstellen Sie einen Thekenbelegungsplan für Hackfleisch und Zubereitungen aus Hackfleisch für einen zwei Meter langen Thekenabschnitt.

- **Präsentieren Sie rohe und verpackte Hackfleischprodukte in der Theke.**
- **Wählen Sie dazu geeignete Dekorationsmaterialien aus.**
- **Wählen Sie geeignete Werbematerialien aus.**
- **Nehmen Sie eine Kundenberatung für Hackfleisch vor.**
- **Entwerfen Sie ein Etikett für verpackte Hackfleischprodukte.**
- **Legen Sie die Verkaufsfristen für verpackte Hackfleischprodukte fest.**
- **Überprüfen Sie die kritischen Kontrollpunkte nach HACCP und tragen Sie diese in eine vorgefertigte Liste ein.**
- **Stellen Sie Preisvergleiche vom Materialpreis zum Verkaufspreis an.**

Übungen

1 Beschreiben Sie, wie unverpackte Hackfleischprodukte nach der Preisangaben-VO auszuzeichnen sind.

2 Entwerfen Sie nach der Lebensmittel-Kennzeichnungs-VO ein Etikett für frische grobe Bratwurst, die am heutigen Tag verpackt und zur Selbstbedienung angeboten wird. Beachten Sie dabei auch die Deklaration eventueller Allergene sowie die Quid-Regelung.

3 Entwerfen Sie einen Thekenplan unter Mithilfe von Abb. 3.28.

4 Erarbeiten Sie fachliche Verkaufsargumente für drei Hackfleischprodukte Ihrer Wahl.

5 Entwerfen Sie ein Werbeplakat sowie Preisschilder für eine Aktionswoche.

6 Der Materialpreis für ein Kilogramm gemischtes Hackfleisch beträgt 2,65 €. Im Laden wird es für 3,95 € verkauft. Ermitteln Sie den Aufschlag in Euro und in Prozent.

7 Der Materialpreis für ein Kilogramm grobe Bratwurst beträgt 2,45 €. Für die Herstellung werden pro Kilogramm Kosten von 1,95 € veranschlagt. Die Verkaufsgemeinkosten betragen 45 %. Ein Gewinn von 15 % soll mit einkalkuliert werden. Wie viel kostet ein Kilogramm Bratwurst im Laden, wenn die gesetzliche Mehrwertsteuer berücksichtigt wird?

Exkurs

Besondere Regelungen für Betriebe, die nach EU-Recht zugelassen sind

Große Verkaufsketten und Supermärkte lassen sich in der Regel von Betrieben beliefern, die eine **Zulassung** nach der **Verordnung (EG) Nr. 853/2004** haben. Diese unterliegen für das Herstellen und In-Verkehr-Bringen von Hackfleisch/Faschiertem und Fleischzubereitungen strengeren hygienischen Auflagen. Diese Verordnung **trifft nicht für kleinere Fleischereien** zu, die registriert sind.

Die EU-Verordnung stellt bestimmte **Anforderungen an Betriebe und deren Mitarbeiter:**

Voraussetzungen für Betriebe und Mitarbeiter

- Die Betriebe müssen einen vom Zerlegeraum abgetrennten Raum zum Zerkleinern, Wolfen und Verpacken haben, in dem ein Registrierthermometer angebracht sein muss.
- Sie müssen eine Kontamination[1] des Fleisches und der Zubereitungen verhindern, indem sie einen ununterbrochenen Arbeitsvorgang sicherstellen und eine Trennung zwischen den verschiedenen Produktionspartien gewährleisten. Verpacktes und unverpacktes Fleisch sowie verpackte und unverpackte Erzeugnisse müssen getrennt gelagert werden.
- Die Handwaschvorrichtungen müssen so beschaffen sein, dass die Personen, die mit unverpacktem Fleisch und Erzeugnissen umgehen, bei der Benutzung keine Keime weitergegeben.
- Sie müssen über Sterilisationseinrichtungen für ihre Arbeitsgeräte verfügen, die eine Wassertemperatur von mindestens 82 °C erreichen oder über ein alternatives System mit gleicher Wirkung.
- Sie erhalten vom jeweiligen EU-Mitgliedstaat eine Zulassungsnummer.
- Die Mitarbeiter müssen eine Schulung durchlaufen, die auf einen hygienischen Herstellungsprozess abgestimmt ist.
- Die mit der Herstellung von Hackfleischerzeugnissen beschäftigten Personen müssen bei der Zubereitung von Hand einen Mund- und Nasenschutz anlegen. Die zuständige Behörde (das Gewerbeaufsichtsamt) kann außerdem das Tragen von Handschuhen verlangen.

Anforderungen an das Material

Die Anforderungen an das Material sind wie folgt: Hackfleisch darf nur aus einwandfreien Teilen hergestellt werden. Die Verwendung von

- Knochenputz,
- Separatorenfleisch,
- Fleisch, das Knochensplitter oder Hautreste enthält,
- Fleischabschnitte, die beim Zerlegen anfallen (ausgenommen ganze Muskelstücke),
- nicht muskuläre Stücke der linea alba[2],
- Hand- und Fußwurzelbereich
- und Kopffleisch (mit Ausnahme der Kaumuskulatur) sind verboten.
- Zwerchfell (von der äußeren Bindegewebshaut befreit) darf verwendet werden.

1 Kontamination = Infizierung mit Keimen
2 linea alba (lat.) = weißer Streifen, hier: die Mitte der Bauchdecke vom Brustbein bis zu den vorderen Bögen des Beckens

Exkurs

Besondere Regelungen für Betriebe, die nach EU-Recht zugelassen sind

Nach dieser EU-Verordnung kann Hackfleisch auch aus **Geflügel**fleisch hergestellt werden; es darf höchstens eine Kerntemperatur von 4 °C aufweisen. Nebenprodukte der Schlachtung, z. B. **Innereien,** dürfen höchstens 3 °C und frisches Fleisch höchstens 7 °C im Kern haben. Wird zur Herstellung von Hackfleisch oder Fleischzubereitungen **gefrorenes Fleisch** verwendet, so ist dieses vor dem Einfrieren zu entbeinen, es sei denn, die zuständige Behörde gestattet das Entbeinen vor dem Hacken. Das Fleisch darf nur für eine begrenzte Zeit gelagert werden.

Lagerzeiten

Zur Herstellung von Hackfleisch muss

- gekühltes Geflügelfleisch innerhalb von höchstens 3 Tagen,
- das übrige Fleisch innerhalb von höchstens 6 Tagen und
- entbeintes, vakuumverpacktes Rindfleisch höchstens 15 Tage nach der Schlachtung verarbeitet werden.

Temperaturanforderungen

Spätestens eine Stunde nach der Portionierung muss das Hackfleisch hygienisch umhüllt und auf eine Kerntemperatur

- bei gekühlter Ware von nicht mehr als 2 °C und bei Fleischzubereitungen von nicht mehr als 4 °C,
- bei tiefgefrorener Ware auf mindestens –18 °C

gebracht werden. Dies gilt auch für das Lagern und Vorrätighalten zum Verkauf.

Hackfleisch und Fleischzubereitungen dürfen nach dem Auftauen nicht wieder eingefroren werden.

Qualitäts- und Hygienestandards

Mindestens einmal täglich müssen diese EU-Betriebe bei der Herstellung von Hackfleisch und Fleischzubereitungen aus oder unter Verwendung von Hackfleisch überprüft werden. Des Weiteren müssen mikrobiologische Untersuchungen bei Hackfleisch mindestens täglich und bei anderen Fleischzubereitungen mindestens wöchentlich erfolgen.

Werden verpacktes Hackfleisch aus Geflügelfleisch oder aus Fleisch von Einhufern[1] oder Fleischzubereitungen mit Separatorenfleisch an den Endverbraucher abgegeben, so muss neben den üblichen Kennzeichnungselementen noch der folgende Hinweis auf der Packung stehen: „Erzeugnis vor dem Verzehr garen“.

1 Einhufer = Pferd, Esel, Maulesel, Maultier

Zusammenfassung

Herstellen von Hackfleisch und Fleischzubereitungen aus oder unter Verwendung von Hackfleisch

gesetzliche Bestimmungen

- Was ist Hackfleisch?
- Hackfleisch und Fleischzubereitungen aus oder unter Verwendung von Hackfleisch aufzählen
- Ge- und Verbote zum Schutz der Gesundheit beachten
- Temperaturanforderungen einhalten

Fleischauswahl

- nach gesetzlichen Vorschriften vornehmen
- dabei hygienische Grundsätze beachten
- kritische Kontrollpunkte unter die Lupe nehmen

Herstellung

- der Produkte planen
- Maschinen und Geräte auswählen und bereitstellen
- fachliche und hygienische Grundsätze bei der Herstellung beachten
- Mengen berechnen

Produkte

- richtig beurteilen
- Stimmt die Qualität?
- Werden die Lagerfristen und -temperaturen eingehalten?
- Ist das Produkt verkaufsfähig?

Hackfleischprodukte

- fachlich in der Theke präsentieren
- Grundsätze der Dekoration beachten
- Deklaration und Preisauszeichnung vornehmen
- Temperatur und Fristen beim Verkauf einhalten

Beratung

- eines Kunden planen
- Welche Hackfleischprodukte sind für welchen Anlass geeignet?
- preiswerte Gerichte mit Hackfleisch, z. B. Eintöpfe
- Verkaufspreise ermitteln

Lernfeld 4

Herstellen von küchenfertigen Fleisch-Erzeugnissen

1 Fleischgerichte für die Zubereitung in Pfanne und Grill herstellen
2 Braten und Rollbraten küchenfertig vorbereiten
3 Küchenfertige Fleisch-Erzeugnisse durch Pökeln, Beizen und Marinieren aufwerten
4 Küchenfertige Fleisch-Erzeugnisse mit Speck oder Teig verfeinern
5 Fleisch-Erzeugnisse mit raffinierter Füllung herstellen
6 Beurteilung der Produktqualität küchenfertiger Erzeugnisse

Hier zeigen wir Ihnen eine Auswahl unserer küchenfertigen Erzeugnisse!

1 Fleischgerichte für die Zubereitung in Pfanne und Grill herstellen

Ziele dieses Kapitels:

- **Wir lernen Fleischteile verschiedener Tierarten kennen, die sich „zum Kurzbraten" oder „zum Grillen" besonders gut eignen.**
- **Wir wählen geeignete Fleischstücke aus und portionieren sie fachgerecht.**
- **Wir beachten die rechtlichen Vorschriften bei der Herstellung und dem Verkauf.**
- **Wir stellen einzelne Gerichte her und beurteilen sie.**
- **Wir ermitteln den Preis für die einzelnen Teilstücke und den gesamten Rechnungsbetrag.**
- **Wir überlegen uns anhand eines Rezeptes treffende Verkaufs- und Werbeargumente.**

Die Fleischerei Buchheim erhält von der Kantine der Firma Müller KG den Auftrag, verschiedene Fleischgerichte zu liefern, die zum Kurzbraten oder zum Grillen geeignet sind.
Bruno Höllerich, Fleischer im Verkauf, beauftragt den Gesellen Ingo Leitner und den Auszubildenden Dieter Kolund, die Lieferung mit verschiedenen Fleischgerichten zusammenzustellen. Sie sollen außerdem den Rechnungspreis abzüglich eines Großabnehmerrabatts von 15 % ermitteln. Passend zu den gelieferten Fleischgerichten sollen die beiden dem Kantinenpersonal auch einige Tipps für die Zubereitung geben.

1.1 Grundsätze für die Fleischauswahl

Fleisch, das zum Kurzbraten oder Grillen geeignet sein soll, kann von verschiedenen Schlachttieren stammen. Schwein-, Rind- und Kalbfleisch ist ebenso geeignet wie das Fleisch von Schaf und Pute. Aber auch das Fleisch von Wildtieren kann dazu verwendet werden. Am besten ist es, wenn das Fleisch von jungen Tieren stammt.

4.1

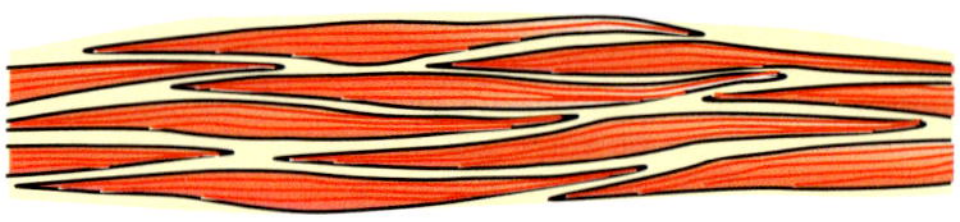

Kurze und dünne Fleischfasern bei jungen Tieren

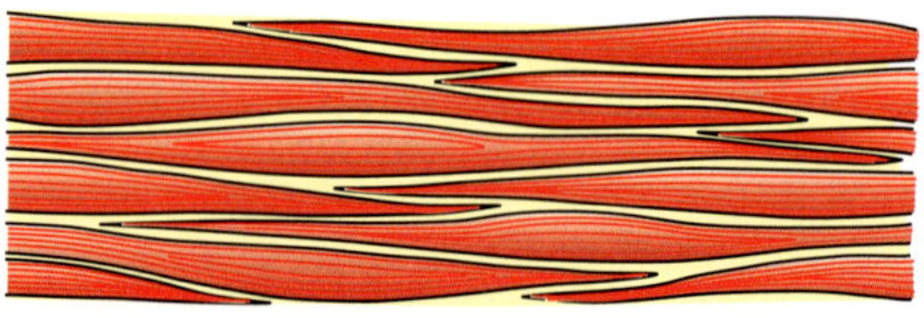

Lange und grobe Fleischfasern bei älteren Tieren

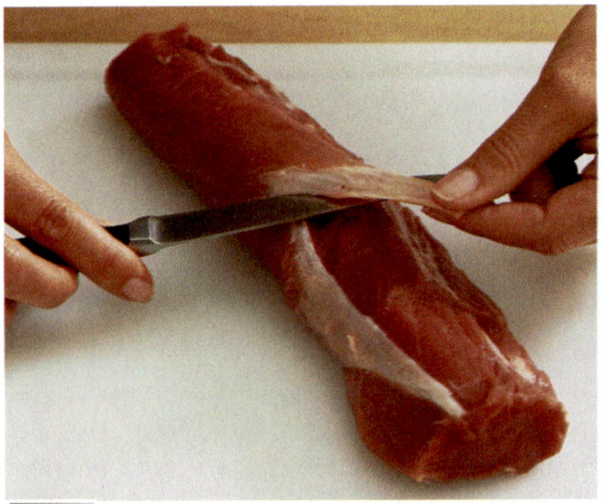

4.2 *Parieren eines Schweinefilets*

Zum Kurzbraten oder Grillen eignen sich vor allem diejenigen mageren und sehnenarmen Fleischteilstücke, deren Fleischfasern noch kurz und dünn sind. Dadurch bleibt das Fleisch beim Garen besonders zart. Die dünnen Bindegewebsumhüllungen dieser Muskelpartien sind bei jungen Tieren noch nicht so stark entwickelt und beeinträchtigen deshalb die Zartheit des Fleisches kaum. Vorwiegend trifft das auf die Teilstücke der Rückenmuskulatur und der Keule zu. Ferner sollen die Teilstücke nicht von dicken Sehnen durchzogen oder mit Sehnenplatten umhüllt sein. Wenn Bindegewebsumhüllungen bereits stärker entwickelt sind, müssen diese eingeritzt oder notfalls entfernt werden, da sie sich beim Garen zusammenziehen und die gewünschte Steakform verändern. Dieses „Zurechtschneiden" der Fleischstücke nennt man „Parieren", dabei werden Fettauflagerungen, Haut- und Sehnenteile sowie abstehende Fleischteilchen entfernt. Die Fleischstücke werden dadurch nicht nur optisch, sondern auch qualitativ aufgewertet.

Merke

Durch den Vorgang des Parierens sieht das Fleisch ansprechender aus und ist qualitativ hochwertiger.

Günstig ist es auch, wenn in die mageren Muskelpartien kleine Fettinselchen eingelagert oder wenn sie mit dünnen Fettadern durchzogen sind; diese schmelzen beim Garen aus und halten das Fleisch saftig.

Fleischteile mit größeren Fetteinlagerungen oder Fettauflagerungen sind zum Kurzbraten oder Grillen wenig geeignet; sie entsprechen nicht den Erwartungen an ein erstklassiges Fleischstück. Dies trifft auch auf Fleischstücke zu, die stark mit Sehnen durchzogen sind.

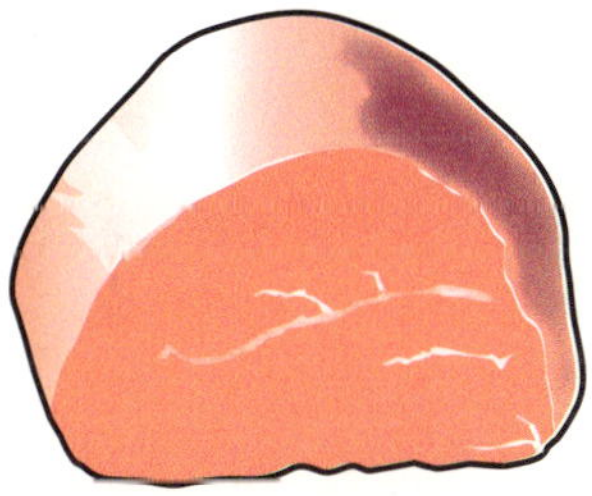

4.3 *Fetteinlagerungen im Magerfleisch*

1.2 Rechtliche Bestimmungen

In den **Leitsätzen für „Spezielle Fleischteilstücke und Fleischgerichte"**[1] ist festgelegt, dass bei warmblütigen[2] Tieren ein Filet *„von der inneren Lendenmuskulatur"* stammen und *„von Knochen und größeren Fettgewebsauflagerungen"* befreit sein muss. Wenn keine Tierart angegeben ist, handelt es sich um das *Filet eines Rindes*.

Das Roastbeef ist *„die von den Lendenwirbeln und den letzten vier Brustwirbeln gelöste äußere Lendenmuskulatur in erster Linie des Rindes". „Großes Roastbeef oder Große Lende"* ist die gesamte (innere und äußere) Lendenmuskulatur des Rindes - Filet und Roastbeef - mit Knochen.

1 aus: Leitsätze für Fleisch und Fleisch-Erzeugnisse des Deutschen Lebensmittelbuches, Stand 2004, Kennziffer 2.5

2 Warmblütige Lebewesen (im Gegensatz zu kaltblütigen wie Fischen oder Reptilien) haben eine gleich bleibende, von der Außentemperatur unabhängige Wärmeregulation ihrer Körpertemperatur.

Das *„Runde Roastbeef"* ist der im Bereich der Hochrippe liegende Teil des langen Rückenstreckers und der kappenartig darauf sitzende Dornmuskel, die zusammen das „Auge der Hochrippe" genannt werden.[1]

4.4 *Rinderfilet* *Schweinefilet* *Putenfilet*

Beim Geflügel ist Filet *„die von Haut und Knochen"* befreite (filetierte) Brustmuskulatur. *„Steak"* ist nach den Leitsätzen *„eine zum Kurzbraten oder Grillen geeignete (mürbe), nicht zu dünne, in der Regel quer zu den Fasern geschnittene Scheibe aus in natürlichem Zusammenhang belassenem sehnenarmem Fleisch, meist mit anhaftendem Fettgewebe, ohne Knochen ..."*

1.3 Filetzuschnitte

1.3.1 Aufschneiden des Rinderfilets in „küchenfertige Steaks"

Das Rinderfilet wird in der Küche in vier Bereiche unterteilt.

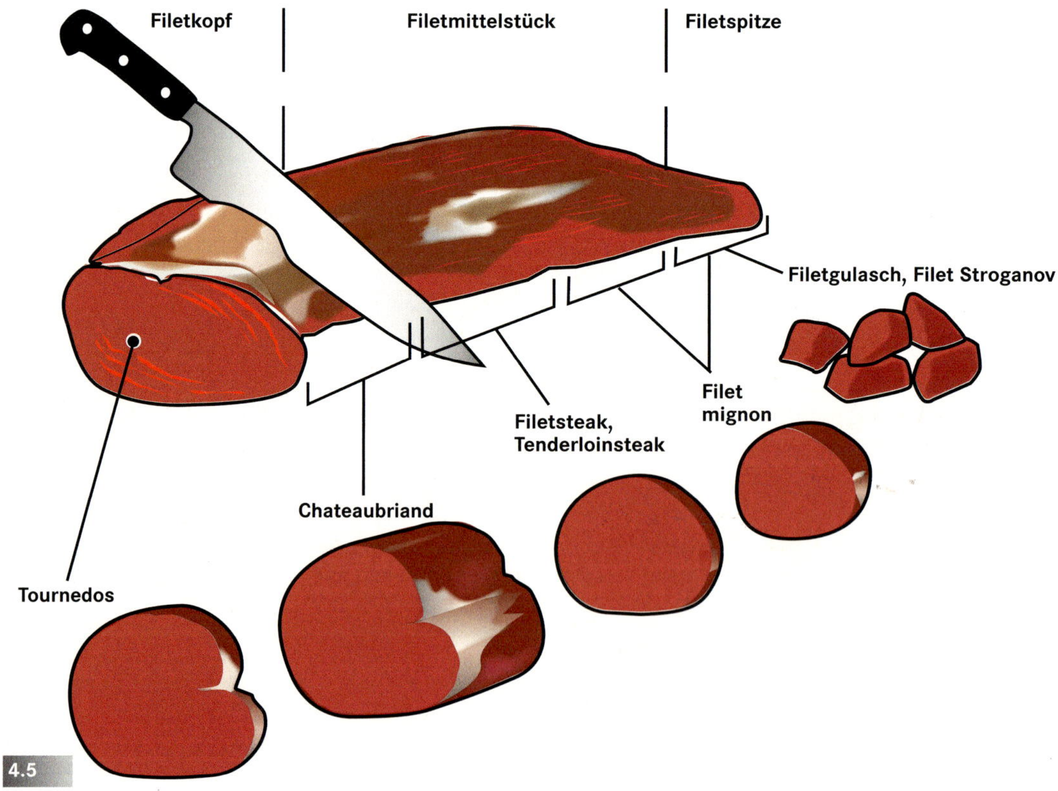

4.5
Rinderfilet und Zuschnitte

1 Das Zerlegen des Rindes ist Thema des Lernfelds 6 im zweiten Ausbildungsjahr (siehe Band 2 dieses Lehrwerks).

Die aus dem Rinderfilet geschnittenen Stücke (Steaks) werden unterschiedlich bezeichnet (s. Abb. 4.5) und verschieden dick geschnitten. Filetsteaks z. B. schneidet man ca. 2 cm dick, das Chateaubriand dagegen 3 – 5 cm dick, da es beim Kurzbraten besonders saftig bleiben soll.

Ein Rinderfilet wiegt 2,0 kg. Die Teile, die in ihrer Größe nicht mehr für Steaks geeignet sind, werden abgetrennt und machen 14 % des Gesamtgewichts aus.

Wie viel Gewicht verbleibt noch für Steakfleisch?

Lösung

100 % = 2,0 kg = 2 000 g
1 % = 2 000 g : 100
1 % = 20 g
14 % = 20 g · 14 = 280 g
Gesamtgewicht Filet = 2 000 g
abzüglich Abschnitte = – 280 g
1 720 g
Für Steakfleisch verbleiben 1 720 g.

1.3.2 Roastbeefzuschnitte

Das Roastbeef wird in der Fleischerei in drei Bereiche unterteilt.

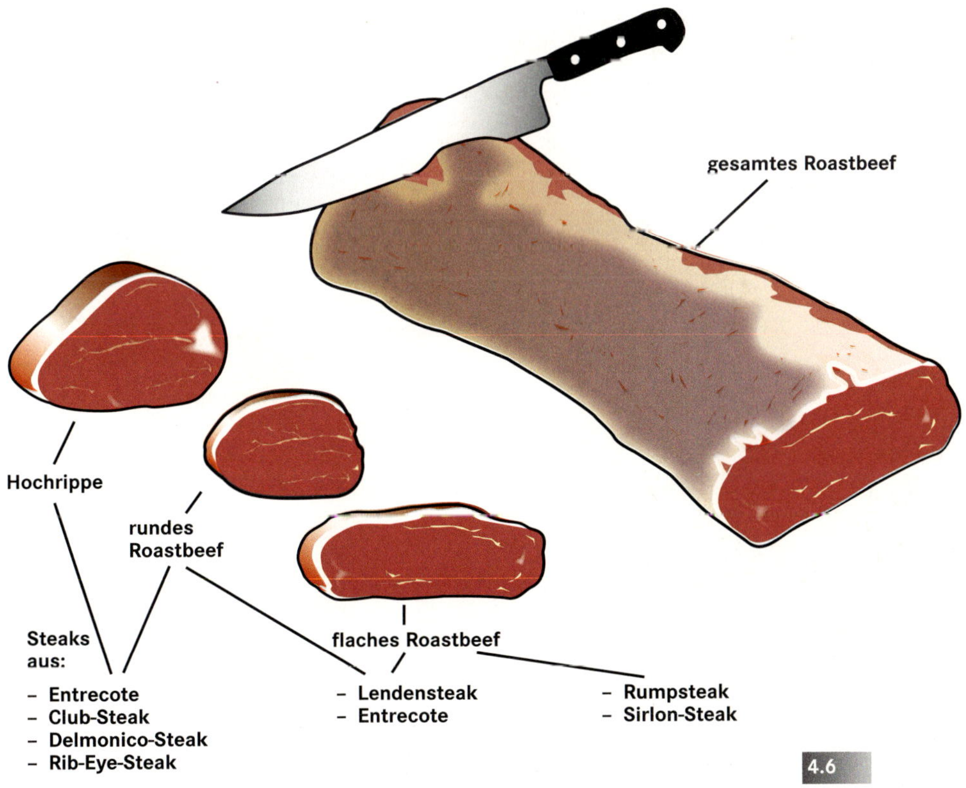

4.6

1.3.3 Vorbereiten des Schweinefilets

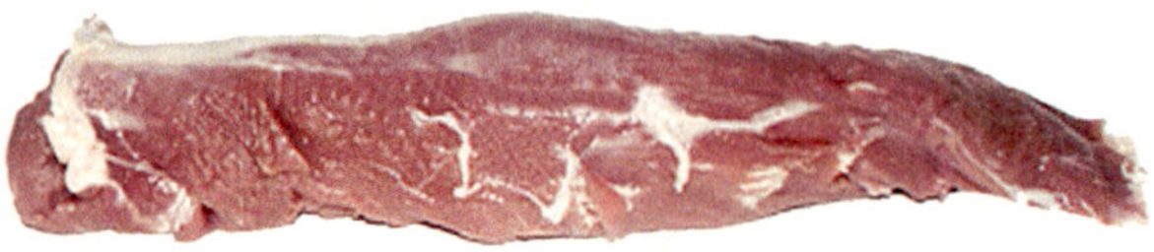

Schweinefilet ganz

Schweinefilet geschnitten

Das Schweinefilet ist teilweise mit einer Fettgewebsauflagerung im Kopf- und Mittelstückbereich umschlossen, die entfernt werden muss. Die dünne Bindegewebsplatte in diesem Bereich sollte eingeritzt oder entfernt werden. Das Filet wird entweder als Ganzes gebraten oder gegrillt oder als kleine, ca. 2 - 3 cm dicke Steaks zubereitet, die quer zur Faser geschnitten werden.

4.7

Schweinefiletsteaks

Schweinefiletspitzen

1.3.4 Vorbereiten eines Putenfilets

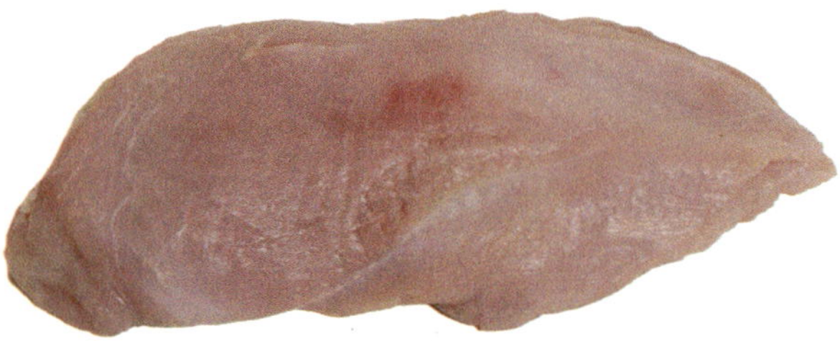

Putenbrust ganz

Das Brustfleisch der Pute, das bei männlichen Tieren kräftiger entwickelt ist als bei weiblichen Tieren, wird von der dünnen Bindegewebshaut, die es umgibt, vollständig befreit und in die einzelnen Muskelgruppen „filetiert“. Das Schneiden der Steaks mit einer Dicke von ca. 2 - 3 cm erfolgt quer zum Faserverlauf.

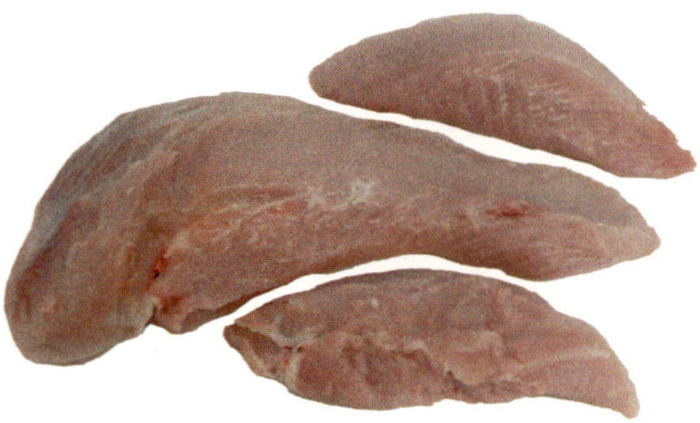

4.8

Putenbrust filetiert

Putensteaks

1.4 Hygiene bei der Herstellung

Das Aufschneiden der Steaks und Filets stellt eine „hygienisch kritische Situation“ dar, weil

- die Unterlage (Tischplatte, Schneidbrett) mit Keimen aus der Luft oder von anderen Fleischstücken verunreinigt sein kann;
- mit dem Messer Keime von anderen Fleischteilen übertragen werden können;
- durch das Aufschneiden in Stücke die Fleischoberfläche deutlich vergrößert wird;
- austretender Fleischsaft ein idealer Nährboden für Keime ist.[1]

4.9

1.5 Zubereitungstipps

Das Filet ist das edelste und damit auch teuerste Fleischstück, das wir unseren Kunden anbieten können. Der fachlich korrekte Zuschnitt, die exakt geschnittene Form der Steaks und die ansprechende Art der Verpackung und Präsentation sollen dem Kunden den Sachverstand vermitteln, mit dem wir dieses edelste aller Fleischstücke für ihn zurechtgemacht haben.

Bei der Zubereitung in der Pfanne ist darauf zu achten, dass das Fett/Öl bereits sehr heiß ist, bevor das Steak dazugegeben wird. Dadurch schließen sich die äußeren Fleischporen und halten den Fleischsaft im Inneren fest; das Fleisch bleibt saftig. Das Anbraten sollte auf beiden Seiten nur ganz kurz bei hohen Temperaturen erfolgen, anschließend wird das Filetsteak bei niedrigen Temperaturen fertig gegart, je nach der gewünschten Garstufe unterschiedlich lange.

In der Küche sind folgende Bezeichnungen für die Garstufen üblich:

- englisch – das Fleisch ist außen am Rand nur wenige Millimeter gegart, der Kern des Steaks ist noch weitgehend roh; bei dieser Garstufe bleibt das Fleisch sehr saftig und das Aroma am besten erhalten.
- medium – das Fleisch ist außen durchgegart, lediglich im Kern ist noch die zartrosa Fleischfarbe deutlich erkennbar; Saftigkeit und Fleischaroma sind noch sehr gut.
- durchgebraten – das Fleisch wird bis zum Kern durchgegart; Saftigkeit und Fleischaroma sind am schwächsten entwickelt.

1 siehe auch Lernfeld 2, Kap. 4.5: Die Qualität des rohen Fleisches erhalten

Berufliche Aufgabenstellung

Stellen Sie für das Betriebsfest der Firma Müller KG eine Lieferung mit einer Steakauswahl für 100 Personen zusammen.

- **Informieren Sie sich über geeignete Fleischteile und über rechtliche und hygienische Vorschriften bei der Vorbereitung der „küchenfertigen Fleischzuschnitte“.[1]**
- **Erstellen Sie eine Materialliste.**
- **Berechnen Sie den Preis für die einzelnen Teilstücke und den Rechnungsbetrag. Grundlagen der Rechnungstellung finden Sie in Lernfeld 5, Kap. 2.7.**
- **Formulieren Sie Tipps für die Zubereitung der Fleischzuschnitte.**
- **Bereiten Sie die Fleischteile vor und schneiden Sie sie in „küchenfertige Steaks“.**

Übungen

1 Von welchen Körperstellen der Schlachttiere stammen die Fleischgerichte, die zum Kurzbraten oder Grillen geeignet sind?

2 Warum ist lang- und grobfaseriges Fleisch zum Kurzbraten nicht geeignet?

3 Wie wirken sich kleine, im Magerfleisch enthaltene Fettinselchen auf die Saftigkeit des Fleisches aus?

4 Warum müssen Fleischstücke, die kurzgebraten oder gegrillt werden, quer zu den Fleischfasern geschnitten werden?

5 Wie dick sollte ein Filetsteak geschnitten werden?

6 Warum sollte ein Chateaubriand etwa 5 cm dick geschnitten werden?

7 Warum ist beim Aufschneiden der Steaks besonders auf Hygiene zu achten?

8 Berechnen Sie, wie viele Steakstücke mit einem Gewicht von 180 g Sie aus einem Filetstück von 1 720 g erhalten.

9 Wie hoch ist der Preis für ein einzelnes Steak, wenn 1 kg Filet im Verkauf mit 32,50 € angeboten wird?

10 Was kosten 15 Filetsteak à 250 g, wenn auf den Verkaufspreis von 32,50 €/kg 15 % Großabnehmerrabatt gewährt werden?

11 Ermitteln Sie die Fleischmenge und den Preis für folgende Lieferung:
- 40 Rindersteaks à 250 g – Kilo 22,50 € Ladenpreis
- 60 Schweinenackensteaks à 300 g – Kilo 8,80 € Ladenpreis
- 60 Grillscheiben vom Schweinebauch à 150 g – Kilo 6,60 € Ladenpreis
- 40 Putensteaks à 150 g – Kilo 12,90 € Ladenpreis

a) Wie viel Fleischmenge muss jeweils bereitgestellt werden?
b) Wie viel kostet die gesamte Lieferung, wenn der Müller KG 15 % Rabatt gewährt werden?

1 Eine Zusammenstellung der aktuellen gesetzlichen Bestimmungen, die für Ihren Beruf wichtig sind, finden Sie unter www.westermann.de und der Bestellnummer dieses Lehrwerks: 5886.

2 Braten und Rollbraten küchenfertig vorbereiten

Ziele des Kapitels:

- **Wir lernen Fleischteile verschiedener Tierarten kennen, die sich zum „Braten“ besonders gut eignen.**
- **Wir wählen geeignete Fleischstücke aus und portionieren sie fachgerecht.**
- **Wir beachten die rechtlichen Vorschriften bei der Herstellung und dem Verkauf.**
- **Wir stellen einzelne Fleischgerichte küchenfertig her und beurteilen sie.**
- **Wir ermitteln den Preis für die einzelnen Bratenstücke und den gesamten Rechnungsbetrag.**

Für die Saisonabschlussfeier des Sportclubs „Schwarz-Gelb“ sollen verschiedene Bratengerichte für eine Vereinsfeier geliefert werden. Die Fleischerei Baringer stellt für die Lieferung verschiedene Braten zusammen. Fleischermeister Wolfgang Baringer ermittelt den Rechnungspreis abzüglich eines Großabnehmerrabatts von 20 %. Einige Vereinsmitglieder bereiten das Fleisch selbst zu; da sie nur wenig Erfahrung mit der Zubereitung von Braten haben, gibt Herr Baringer ihnen gern einige Tipps.

2.1 Grundsätze für die Fleischauswahl

Fleisch, das zum Braten geeignet sein soll, kann von verschiedenen Schlachttieren stammen. Am häufigsten wird Schweinefleisch verwendet, aber Rind- und Kalbfleisch ist ebenso geeignet, auch das Fleisch von Schaf und Pute. Eine besondere Delikatesse sind Bratengerichte von Wildtieren, die wegen ihres kräftigen Fleischaromas sehr begehrt sind.

Das Alter der Tiere spielt bei Bratenfleisch keine so große Rolle wie bei Fleisch zum Kurzbraten oder Grillen (s. o.). Zum Braten eignen sich besonders Fleischstücke, die nicht zu mager und entweder mit Fettschichten durchzogen sind oder Fett aufgelagert haben. Das Fettgewebe schmilzt beim Braten aus und hält das Fleisch saftig und aromatisch. Insbesondere das Fettgewebe vom Schwein verleiht dem Braten ein angenehmes Brataroma. Zu Schweinebraten können nahezu alle Teilstücke des Tierkörpers verwendet werden; stammt das Fleisch von noch jungen Tieren – 5 bis 7 Monate alt –, sind auch die sehnenreicheren Teilstücke von Schweinebauch, Halsgrat, Schulter, Keule oder Haxe geeignet.[1]

1 siehe Abb. 2.48 und 2.65 für Schwein und Lamm; die Zerlegung von Rindern ist vom Lehrplan für das 2. Ausbildungsjahr vorgesehen und wird dementsprechend im zweiten Band dieses Lehrwerks behandelt.

gespickt

4.10

Fleisch von Rind, Kalb, Pute und Wildfleisch besitzt nur wenig ein- bzw. aufgelagertes Fettgewebe. Deshalb ist es ratsam, diese Bratenstücke entweder zu

„bardieren“; d. h. mit Speck zu umwickeln, oder zu

„spicken“, d. h. Speckstreifen einzuziehen.

Bei Rindfleisch und bei Wildfleisch ist ein „Bardieren“ oder „Spicken“ dringend geboten.

4.11

bardiert

2.2 Rechtliche Bestimmungen

Um dem Verbraucher bei der Bezeichnung der Fleischteilstücke und bei den Verwendungsmöglichkeiten eine bessere Vergleichschance zu geben, wurden vom Gesetzgeber die Leitsätze für Fleisch und Fleisch-Erzeugnisse erlassen.

In diesen Leitsätzen ist festgelegt, dass es sich bei **Braten** um

- in natürlichem Zusammenhang belassene,
- bratfertig zugeschnittene Fleischteile handelt.

Die Verwendung von fettgewebereichem Schweinefleisch wird kenntlich gemacht (z. B. Schweinebauch).

Ist bei der Bezeichnung des Bratenfleischs keine Tierart angegeben, dann darf der Kunde

Rindfleisch	- bei Sauerbraten, Schmorbraten, Rostbraten, Burgunder Braten und Zwiebelbraten,
Kalbfleisch	- bei Rahmbraten,
Schweinefleisch	- bei Szegedinger Braten

erwarten. In allen übrigen Fällen wird die Tierart angegeben.

Auf das **Vorhandensein von Knochen** muss nicht ausdrücklich hingewiesen werden bei

- Kotelett,
- Brust,
- Bauch,
- Schäufele,
- Nuss,
- Haxe am Stück oder in Scheiben (Beinscheibe, Ossobuco[1]) sowie
- Geflügel (z. B. Gänsebraten).

In den übrigen Fällen wird bei der Lebensmittelkennzeichnung auf den Anteil an Knochen hingewiesen, z. B. „mit Knochen“ oder „mit Bein“, sofern die Knochen in das Gewicht einbezogen sind.

1 Ossobuco = Beinscheibe (Fleisch mit Röhrenknochen)

Bei **Braten** aus Schweinehaxen, Schweinebrust und Schweinebauch sowie Schlegel- und Schulterteilen sind Schwarten ohne besonderen Hinweis einbezogen.

Rollbraten ist im Zusammenhang belassenes, gerolltes oder von einem Netz umgebenes Fleisch; die Tierart wird angegeben (z. B. Schweinerollbraten).

Nierenbraten ist gerolltes Kalbfleisch ohne grobe Sehnen und ohne gelbe Bauchhaut, mit Kalbsniere.

Schweinenierenbraten ist entschwarteter, gerollter Schweinebauch mit Schweineniere.

Putenrollbraten ist gerolltes, gewachsenes Putenbrustfleisch mit nicht mehr als 10 % anhaftender Haut und nicht mehr als 40 % Einlagen von gewachsener Brust- und/oder Oberschenkelmuskulatur ohne Haut.

Putenoberkeulenrollbraten besteht aus gewickeltem, in natürlichem Zusammenhang belassenem Putenoberkeulenfleisch, dem maximal 15 % Haut anhaftet.

Tenderons sind um einen Rippenknochen gelegte Fleischstreifen aus der Kalbsbrust oder dem Schweinebauch (mit oder ohne Schwarte). Die Tierart wird angegeben (z. B. Kalbstenderons).

4.12

2.3 Bratenzuschnitte

4.13 *Schweinenacken küchenfertig zugeschnitten*

Vorbereiten eines Schweinenackens

Der Schweinenacken ist ein häufig verwendetes Bratenstück. Die Speckauflagerung wird in der Regel entfernt, ebenso das sehr sehnenhaltige Muskelstück, das unmittelbar an die Kopfpartie anschließt. Die Halswirbelknochen werden ausgelöst und bei der Zubereitung mitgebraten, da sie der Natursoße ein kräftiges Aroma verleihen. Wird Spanferkelbraten aus dem Halsgrat hergestellt, werden die Speckauflagerung und die Wirbelknochen meist nicht entfernt.

Ein Schweinenacken wiegt mit Knochen 4 280 g. Zum Braten wird er ausgelöst und wiegt nur noch 3 850 g. Berechnen Sie den Knochenanteil in kg und %.

Lösung

Halsgrat mit Knochen wiegt	4 280 g
Halsgrat ausgelöst wiegt	3 850 g
Der Knochenanteil beträgt	430 g

4 280 g = 100 %
1 g = 0,234 %
430 g = ? %
Das sind 10,05 %.

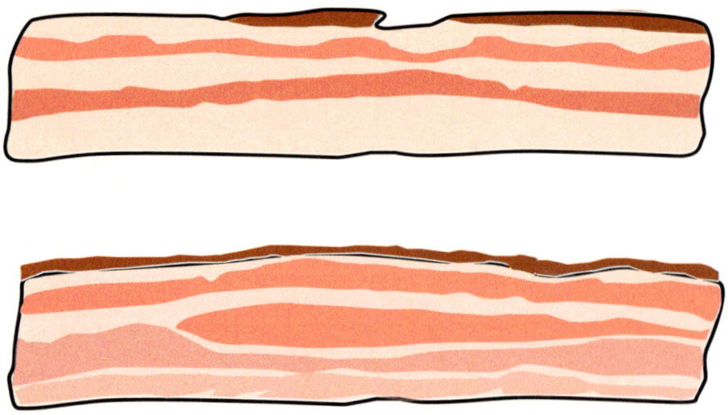

4.14 *Magerfleisch-Fett-Verteilung am Schweinebauch*

Vorbereiten eines Schweinebauchs

Der Schweinebauch zählt mit zu den saftigsten und aromatischsten Bratengerichten. Das liegt daran, dass sich in der Bauch- und Brustmuskulatur magere Muskelfleischpartien mit eingelagerten fettreicheren Schichten abwechseln.

Die Schwarte des Schweinebauchs wird mitgebraten, ergibt eine „rösche, knusprige Kruste“ und verhilft dem Brataroma zur vollen Entfaltung. Nach dem Entfernen eventueller Flomenfettreste[1] werden die dicken Speckabla-

1 Flomen ist das ausschmelzende Bauchfett, das nach dem Auskühlen der Schweinehälften entfernt wird (Griebenschmalz).

4.15

Schweinebauch grob zerlegt

Schweinebauch bratfertig zugeschnitten

gerungen an der Gratseite durch geschicktes „Zuschneiden“ entfernt, ebenso der „Griff“ an der Bauchinnenseite und der Bauchlappen. Schweinebauch kann sowohl mit als auch ohne Rippenknochen gebraten werden. Die Schwartenseite wird leicht eingeritzt, das darunter liegende Fettgewebe schmilzt teilweise aus und kann beim Bratenvorgang die Schwarte in eine „rösche Kruste“ verwandeln. Schweinebauch eignet sich auch vorzüglich für Rollbraten, der häufig mit Brät, Knödelteig oder Gemüse gefüllt wird.

Vorbereiten eines Kalbsnierenbratens

Kalbsnierenbraten wird aus der Kalbsbrust oder dem Bauchlappen des Kalbes hergestellt. Anhaftendes Bauchfett wird entfernt und nach dem Abschneiden des sehr sehnenhaltigen Bauchstreifens wird es möglichst „rechteckig zugeschnitten“. Die Niere wird aus der Bauchfettkapsel gelöst, der Länge nach aufgeschnitten und die Nierengänge entfernt. Die Verteilung der Nierenstücke sollte so erfolgen, dass sie sich nach dem Aufschneiden in allen Teilen des Nierenbratens wiederfinden. Der Kalbsnierenbraten wird auf der Innenseite nur leicht mit Salz, weißem Pfeffer, Muskatnuss u. a. gewürzt, anschließend mit Bindegarn gerollt oder in ein elastisches Netz eingezogen.

Kalbsnierenbraten gefüllt

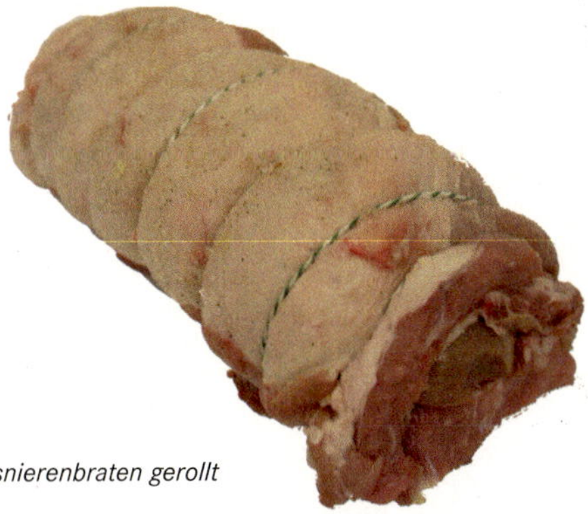

Kalbsnierenbraten gerollt

4.16

Vorbereiten des Putenrollbratens

Für Putenrollbraten wird in der Regel Putenbrust verwendet, vor dem Rollen ist darauf zu achten, dass Knochen- und Knorpelreste sowie größere Blutgefäßteile auf der Innenseite entfernt werden. Vor dem Rollen oder Einziehen in ein Netz müssen die dünnen Endstücke des Brustfleisches entweder „nach innen eingeschlagen“ oder zugeschnitten werden.

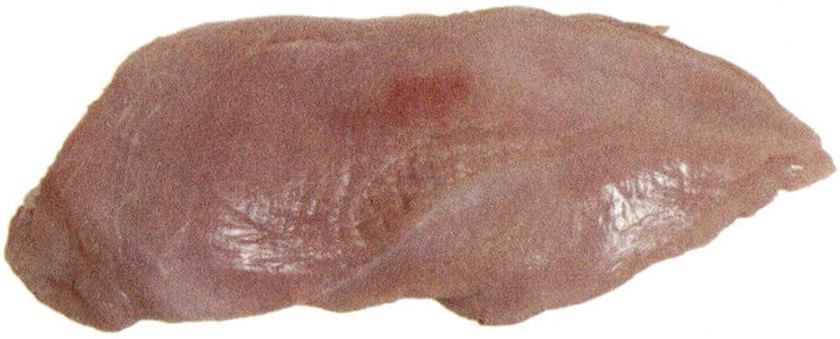

4.17 *Putenbrust gewachsen* *Putenbrust gerollt*

2.4 Hygiene bei der Herstellung

Das Vorbereiten der Bratenstücke stellt eine „hygienisch kritische Situation“ dar, weil

- das Fleisch sehr oft mit der Hand angefasst werden muss.
- das Fleisch auf der Arbeitsplatte mit Fleischsaft und Fleischresten anderer Tierarten in Kontakt kommt.
- durch das Bearbeiten der Fleischstücke die auf der Oberfläche befindlichen Keime verteilt werden.
- durch das Behandeln mit anderen Materialien (Bindegarn, Netz, Gewürzen) die Gefahr der Kontamination[1] gegeben ist.

2.5 Zubereitungstipps

Bei der Zubereitung von Braten ist viel Erfahrung erforderlich, damit sich das gewünschte typische Bratenaroma entwickelt und das Fleisch trotzdem zart wird und saftig bleibt. Das Würzen der Bratenstücke sollte erst unmittelbar vor dem Garen erfolgen, damit dem Fleisch nicht zu viel Fleischsaft entzogen wird.

Die Röststoffe, die das „typische Bratenaroma“ bilden, entstehen durch ein „scharfes“ Anbraten der gesamten Fleischoberfläche bei ca. 200 °C in sehr heißem Fett oder Öl. Dadurch gerinnt das in den Randschichten befindliche Eiweiß und verschließt die Poren, wodurch das Austreten des Fleischsaftes verhindert wird. Anschließend erfolgt das Fertiggaren meist im geschlossenen Bratrohr/Backofen bei deutlich niedrigeren Temperaturen, die je nach Garverfahren zwischen 140 bis 180 °C liegen.

1 Kontamination, die = Verschmutzung, Verunreinigung, Verseuchung; siehe auch Lernfeld 2, Kap. 4.5: Die Qualität des rohen Fleisches erhalten

Die Zeitdauer des Bratvorgangs ist von mehreren Faktoren abhängig:

- von dem gewählten Garverfahren (siehe Lernfeld 2, Kap. 6.1);
- von der Größe des Bratenstücks – bei großen Fleischstücken dauert es länger, bis die Temperatur bis in den Kern vordringt;
- von der Fleisch-Fett-Verteilung – das Ausschmelzen des Fettes beschleunigt die Ausbreitung der Temperatur;
- von der Tierart – die Faserstruktur des Fleisches (kurz-dünn/lang-dick) ist bei den einzelnen Tierarten unterschiedlich;
- vom Alter der Tiere – Fleisch älterer Tiere ist sehnenreicher und grobfaseriger.

In neuerer Zeit wird das so genannte „Niedrigtemperaturgaren“ propagiert, bei dem nach dem scharfen Anbraten das Fertiggaren bei Temperaturen um die 120 bis 140 °C erfolgt. Der Vorteil dieser Garmethode liegt darin, dass die Faserstruktur des Fleisches weniger geschädigt wird und dadurch der Braten zart und saftig bleibt. Der Braten ist gar, wenn eine Kerntemperatur von 55 bis 65 °C erreicht ist.

Berufliche Aufgabenstellung

Stellen Sie ein geeignetes Angebot aus verschiedenen Braten zusammen.

- **Informieren Sie sich über geeignete Fleischteile und über rechtliche[1] und hygienische Vorschriften bei der Vorbereitung der „küchenfertigen Fleischzuschnitte“.**
- **Erstellen Sie eine Materialliste.**
- **Berechnen Sie den Preis für die einzelnen Teilstücke und den Rechnungsbetrag.**
- **Formulieren Sie Tipps für die Zubereitung der Fleischzuschnitte.**
- **Bereiten Sie die Fleischteile vor und schneiden Sie diese in „küchenfertige Stücke“.**

Übungen

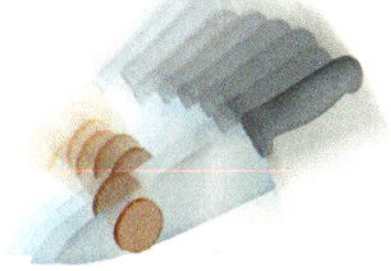

1. Von welchen Körperstellen des Schweins stammen die Fleischzuschnitte, die zum Braten besonders geeignet sind?
2. Warum ist Fleisch mit eingelagertem oder aufgelagertem Fettgewebe zum Braten gut geeignet?
3. Was müssen Sie beachten, wenn Sie ganz magere Fleischstücke oder Fleisch von Wildtieren für einen Braten vorbereiten?
4. Warum sollte bei Bratenstücken mit Schwarte diese eingeritzt werden?
5. Welche Auswirkungen hat es, wenn Bratenstücke rundum scharf angebraten werden?
6. Warum ist es vorteilhaft, beim Braten die Knochen mitzubraten?
7. Wovon ist die Dauer des Bratvorgangs abhängig?
8. Bei welcher Kerntemperatur ist der Braten fertig?

1 Eine Zusammenstellung der aktuellen gesetzlichen Bestimmungen, die für Ihren Beruf wichtig sind, finden Sie unter www.westermann.de und der Bestellnummer dieses Lehrwerks: 5886.

9 Berechnen Sie die Kosten für die nachstehende Lieferung:
- 6 kg Schweinehalsgrat à 8,90 €/kg
- 4 kg Schweinebauch durchwachsen à 6,90 €/kg
- 3 kg Kalbsnierenbraten à 12,40 €/kg
- 3 kg Putenrollbraten à 11,20 €/kg

Wie hoch ist der Rechnungsbetrag unter Berücksichtigung eines Großabnehmerrabatts von 20 %?

10 Eine Kalbsbrust wiegt insgesamt 2,950 kg. Sie wird ausgelöst und mit 500 g Kalbsnieren gerollt. Die ausgelösten Knochen und Knorpel wiegen 390 g und die Abschnitte nochmals 240 g. Wie teuer muss ein Kilogramm im Verkauf angeboten werden, wenn für die Arbeit pauschal 10,00 € angesetzt werden und der normale Ladenpreis für Kalbsbrust 8,70 €/kg und für die Kalbsnieren 5,80 €/kg beträgt?

11 Eine Putenbrust wird zu einem Rollbraten veredelt. Dabei werden die spitz zulaufenden Kopf- bzw. Endstücke zugeschnitten; diese machen 8 % der Putenbrust aus, die insgesamt 2,955 kg wiegt. Wie schwer ist der fertige Putenrollbraten?

12 Ein Schweinerollbraten mit einem Gewicht von 2,950 kg wird gebraten und wiegt danach noch 2 350 g. Berechnen Sie den Bratverlust in g und %.

Zusammenfassung

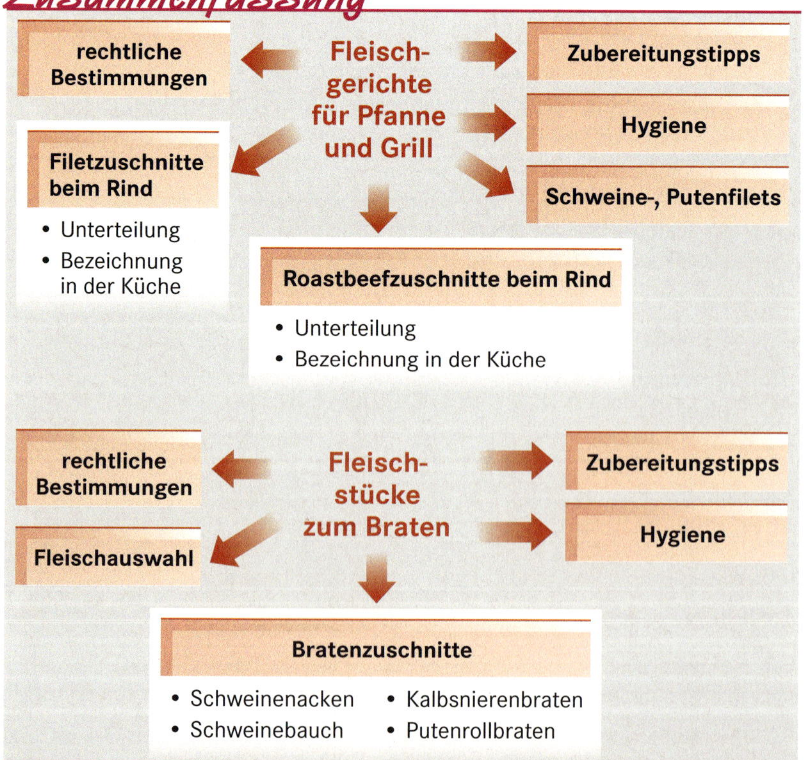

3 Küchenfertige Fleisch-Erzeugnisse durch Pökeln, Beizen und Marinieren aufwerten

Ziele dieses Kapitels:

- **Wir lernen Fleischteile verschiedener Tierarten kennen, die sich zum Pökeln, Beizen oder Marinieren besonders gut eignen.**
- **Wir lernen die Wirkungen kennen, die durch Pökeln, Beizen und Marinieren erzielt werden, wählen geeignete Fleischstücke aus und behandeln sie fachgerecht.**
- **Wir beachten die rechtlichen Vorschriften bei der Behandlung und dem Verkauf.**
- **Wir stellen einzelne Erzeugnisse her und beurteilen sie.**
- **Wir ermitteln den Preis für die einzelnen Teilstücke und den gesamten Rechnungsbetrag.**

4.18

Ein alter Freund von Karl-Ludwig Buchheim bereitet die Verabschiedungsfeier des Seniorpartners seiner Software-Firma vor. Die große Firma hat zwar eine eigene Kantine, aber diese Feier soll etwas Besonderes werden. Hermann Bothe möchte ein erlesenes kalt-warmes Büffet - und das zu planen und zu gestalten traut er dem firmeneigenen Kantinenpersonal nicht so recht zu ... Er selbst kennt sich zwar in PC-Programmen aus, nicht aber mit Lebensmitteln - außer dass er gern gut isst.
So bittet er seinen Freund Buchheim um Unterstützung, der sich des Problems sofort und gern annimmt. Mit seiner Tochter Kirsten, die in der Buchheim Fleisch KG den Partyservice leitet, erstellt er ein Angebot über verschiedene Fleischgerichte, die durch Pökeln, Beizen oder Marinieren verfeinert wurden. Für die Zubereitung der Gerichte stellen die beiden Fleischexperten einige Tipps für die Kantine der Software-Firma zusammen.

3.1 Grundsätze für die Fleischauswahl

Für Fleischgerichte, die gepökelt, gebeizt oder mariniert werden sollen, ist grundsätzlich das Fleisch von allen Schlachttieren, aber auch das von Wild geeignet. Bei der Auswahl der Teilstücke muss man jedoch berücksichtigen, welche Wirkungen man mit dem Pökeln, Beizen oder Marinieren erzielen will.

Fleischstücke, die auf diese Weise behandelt werden, erfahren eine geschmackliche und farbliche Veränderung. Eine wesentliche Verlängerung der Haltbarkeit kann dadurch allein aber nicht erzielt werden. In Verbindung mit Kühllagerung und einer luftdichten Verpackung lässt sich jedoch die

Haltbarkeit deutlich verlängern. Ferner erfahren die Fleischstücke eine Qualitätssteigerung, da durch diese Behandlung eine „Nachreifung" erfolgt, wodurch besonders die Zartheit und Saftigkeit des Fleisches deutlich gesteigert werden.

3.2 Pökeln

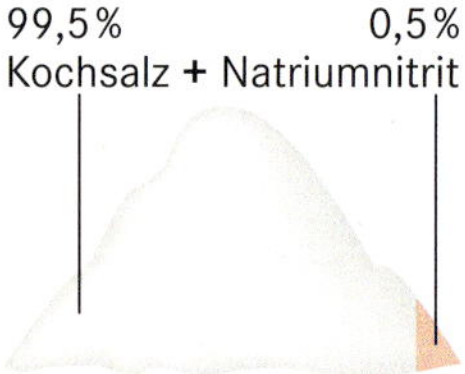

= Nitritpökelsalz

Zum Pökeln wird in der Regel Pökellake verwendet, dies ist ein Gemisch aus Wasser, Nitritpökelsalz und geschmacksgebenden Zutaten (z. B. Gewürze). In den lebensmittelrechtlichen Bestimmungen ist festgelegt, dass Nitritpökelsalz, das sich aus 99,5 % bis 99,6 % Kochsalz und 0,4 % bis 0,5 % Natriumnitrit zusammensetzt, zum Pökeln von Fleisch und Fleischerzeugnissen verwendet werden darf.

Die Pökelstoffe dringen in das Fleisch ein und bewirken

- eine kräftigere rote Fleischfarbe,
- eine Intensivierung des Fleischaromas,
- dass es saftiger und zarter wird.

Der Salzgehalt der Lake liegt je nach Pökelgut meist zwischen 10 bis 15 %. Die Pökellake wird entweder mit einer Hohlnadel unmittelbar in das Fleisch eingespritzt oder die Fleischstücke werden mehrere Tage in die Pökellake eingelegt. In größeren Betrieben erfolgt das „Spritzen" mit einem Pökelautomaten.

Vorbereiten eines „gepökelten Eisbeins"

4.19
Einspritzen mit der Hohlnadel

Für das gepökelte Eisbein wird meist das Eisbein von der Schweinekeule verwendet, das zunächst einige Stunden in kaltes Wasser gelegt wird. Als Lake wird eine 12%ige Nitritpökelsalzlake verwendet, in die das Eisbein drei bis fünf Tage eingelegt wird. Um eine gleichmäßige Verteilung der Lake und eine schnellere „Durchpökelung" zu erreichen, spritzt man häufig vorher die Lake in das Eisbein ein. Das Eisbein soll bis zum Verkauf in der Lake verbleiben. Das typische Pökelaroma bildet sich und die rosa Fleischfarbe wird in eine kräftig-rote Fleischfarbe umgewandelt. Ein kurzes „Nachwässern" unmittelbar vor der Zubereitung gleicht eine mögliche ungleichmäßige Verteilung der Lake im Eisbein aus.

Gepökeltes Eisbein in Sauerkraut (4 Personen):

4 hintere Eisbeine, gepökelt
100 g Zwiebeln, gehackt
1 Dose Ananas, gewürfelt
100 g Schweineschmalz
500 g helle Fleischbrühe
2 kg Sauerkraut
Kümmel, weißer Pfeffer

Herstellungsablauf:

Eisbeine in einem großen Topf mit Schweineschmalz, Zwiebeln, Ananas andünsten und mit dem Sauerkraut bedecken. Kümmel und Pfeffer zugeben, mit der Fleischbrühe übergießen und in einem geschlossenen Topf bei niedriger Hitze (ca. 160 °C) etwa 2 Stunden köcheln lassen.

Stellen Sie eine Pökellake mit einem Salzgehalt von 12 % her.
Wie viel Liter Wasser und wie viel Gramm Nitritpökelsalz (NPS) benötigen Sie für 5 Kilo fertige Lake? Den Gewichtsanteil an Gewürzen können Sie vernachlässigen.

Lösung

100 % Lake = 5 Kilogramm
100 % = 5 000 g
$12\,\% = \frac{5\,000\text{ g} \cdot 12}{100}$
12 % = 600 g

Lake	5 000 g
NPS	– 600 g
Wasser	4 400 g

Es werden 600 g NPS und 4,4 Kilogramm Wasser benötigt.

3.3 Beizen

Durch das Einlegen der Fleischstücke in eine Beize über längere Zeit (2–3 Tage) wird der Prozess der Fleischreifung unterstützt; auch trockenes Fleisch und Fleisch von älteren Tieren wird dadurch aromatischer, zarter und saftiger.

Eine Beize hat eine „saure Grundlage", meist in Form von Essig, der weitere farb- und/oder geschmacksgebende Flüssigkeiten wie Wein (Rot-, Weißwein), Milch (Buttermilch) oder Jogurt u. Ä. sowie Gewürze, Zwiebeln und Kräuter zugegeben werden.

Die Beize dringt in das Fleisch ein,

- lockert das Bindegewebe auf – das Fleisch wird mürbe und zart;
- wandelt den Geschmack des Fleisches in mild-säuerlich ab;
- verändert das strenge Aroma von Wild- und Schaffleisch.

Durch die Zugabe von Gewürzen wie Wacholder, Nelken, Lorbeer, Zitrone, die mit einem „sauren Milieu" sehr gut harmonieren, lässt sich das Aroma entsprechend beeinflussen.

4.20 *Beizen im Folienbeutel*

Vorbereiten eines Rindersauerbratens

Für Sauerbraten wird sehr häufig die Schwanzrolle aus der Rinderkeule verwendet. Aber auch Teile aus der Schulter (z. B. die Runde Schulter) eignen sich sehr gut. Aus Wasser, Essig und verschiedenen Gewürzen wie Pfefferkörnern, Knoblauchzehen, Lorbeerblatt, Zwiebeln und Suppengemüse (Möhren, Sellerie u. Ä.) wird eine Beize hergestellt, in die das Sauerbratenstück eingelegt wird. Die Beize, die das Fleisch völlig bedecken soll, dringt in das

Fleisch ein und lockert die Fleischfasern. Besonders die kollagenen[1] Bestandteile im Fleisch (Sehnen, Sehnenplatten) quellen unter dem Einfluss der sauren Umgebung auf und werden mürbe. Gleichzeitig wird die Entstehung eines „mild-säuerlichen" Aromas gefördert. Je nach Größe des Fleischstücks ist der Sauerbraten in ca. 2–3 Tagen verkaufsfertig. Das Einschweißen des Sauerbratens zusammen mit der Beize in einen Folienbeutel hat sich gut bewährt und wirkt zudem verkaufsfördernd: Die Kunden können in der durchsichtigen Folie sehen, was sie kaufen, und gleichzeitig ist das Problem gelöst, wie das Fleisch in der Flüssigkeit zu transportieren ist (siehe Abb. 4.21).

Gebeizter Rindersauerbraten (4 Personen):

1 kg runde Rinderschulter	_Beize_
1 Bund Suppengemüse	1/2 l Buttermilch
Salz,	1/8 l Weinessig
schwarzer Pfeffer,	1 EL Zitronensaft
Muskat	Salz, Pfefferkörner, Lorbeerblatt
	Knoblauchzehe, Zwiebel

Herstellungsablauf:

Aus Buttermilch, Weinessig und den sonstigen Zutaten eine Beize herstellen und die Rinderschulter ca. 3 Tage in diese einlegen; Beize sollte Fleisch bedecken. Fleisch mehrmals wenden. Fleisch im Topf mit dem klein geschnittenen Suppengemüse bedecken, eine Tasse Beize dazugeben und mit geschlossenem Deckel im nicht vorgeheizten Ofen auf ca. 180 °C erhitzen. Während der Gesamtgarzeit von ca. 3 Stunden mehrmals Beize nachgießen. Wenn eine leichte Kruste gewünscht wird, kann die letzte halbe Stunde der Deckel abgenommen werden.

3.4 Marinieren

4.21 *Marinierte Steaks*

Die Grundlage für eine Marinade ist meist auf Ölbasis aufgebaut, der verschiedenste Gewürze hinzugefügt werden können. Durch das Marinieren werden Fleischstücke

- zart und saftig,
- intensiver im Geschmack,
- in ihrem Aussehen verbessert.

1 Kollagen, das = leimiges, stark quellendes Eiweiß in Bindegewebe, Sehnen, Knorpeln, Knochen

Durch die Zugabe von Gemüse (Zwiebeln, Sellerie u. Ä.), Pilzen und von unterschiedlichen Gewürzen (Pfeffer, Paprika, Muskat, Senf u. a.) und Kräutern lässt sich eine vielfältige Aromapalette erzeugen.

Vorbereiten von marinierten Rinderhüftsteaks

Aus Öl, Salz, Pfeffer, zerdrückter Knoblauchzehe und Zitronensaft wird durch Rühren eine sämige (pastöse) Marinade hergestellt. Gibt man Sherry, Portwein o. Ä. dazu, erhält man eine flüssige Marinade. Durch die Zugabe von Kräutern lässt sie sich zudem geschmacklich variieren. Die Steaks werden entweder auf beiden Seiten mit der pastösen Marinade bestrichen oder in die flüssige Marinade eingelegt. Die Fleischfasern lockern sich, werden weich und zart. Die fettlöslichen Aromastoffe dringen in das Fleisch ein und entwickeln je nach Zusammensetzung der Marinade ein ausgeprägtes Aroma. Nach einigen Stunden - bei Kühllagerung in mehreren Tagen - sind die Steaks küchenfertig mariniert.

Mariniertes Hüftsteak, gegrillt (4 Personen):

4 Steaks à 200 g
4 Esslöffel Öl
$^1/_2$ Teelöffel Salz
1 Prise schwarzer Pfeffer
4 Esslöffel Zitronensaft
1 Knoblauchzehe
2 Esslöffel Sherry

Herstellungsablauf:

Öl, Salz, Pfeffer, Zitronensaft, gepressten Knoblauch und Sherry zu einer Marinade verrühren. Steaks mit der Marinade bestreichen, ca. 2 - 4 Std. einwirken lassen. Grill auf ca. 200 °C vorheizen. Steaks mit Marinade beträufeln, auf beiden Seiten kurz (1 - 2 Min.) grillen, erneut mit der Marinade beträufeln und auf einer Alufolie je nach Garwunsch (englisch - medium - durch) in 3 - 5 Min. fertig grillen und auf angewärmtem Teller servieren.

Beilagen:

Restliche Marinade mit Bratensaft und Crème fraîche zu einer Soße anrühren; Butterkartoffeln oder Folienkartoffeln; Salat der Saison.

3.5 Hygiene bei der Herstellung

Das Zubereiten der Pökellake, der Beize wie auch der Marinade erfordert große hygienische Sorgfalt, da Flüssigkeiten sehr schnell ins Fleisch eindringen. Besonders die Gewürze und Kräuter sind mit Keimen behaftet, die bei unsachgemäßer und unsauberer Arbeitsweise zusammen mit Keimen aus der Luft den Pökel-, Beiz- oder Mariniervorgang ungünstig beeinflussen können: Es kommt zu farblichen und/oder geschmacklichen Fehlentwicklungen.

Berufliche Aufgabenstellung

Für die Verabschiedung des Seniorpartners einer Softwarefirma soll eine Lieferung gepökelter, gebeizter oder marinierter Fleischgerichte zusammengestellt werden.

- **Stellen Sie die Lieferung aus verschiedenen Fleischgerichten zusammen.**
- **Ermitteln Sie den Rechnungspreis abzüglich eines Großabnehmerrabatts von 10 %; wir gewähren 3 % Skonto bei Bezahlung innerhalb von 8 Tagen.**
- **Geben Sie Tipps für die Zubereitung.**

Übungen

1 Welche Veränderungen werden in den Fleischteilen durch das Pökeln, Beizen oder Marinieren hervorgerufen?

2 Wie wirken sich diese Behandlungsverfahren auf die Haltbarkeit der Fleischstücke aus?

3 Woraus wird Pökellake hergestellt?

4 Wie hoch ist der Salzgehalt der Lake?

5 Woraus besteht Nitritpökelsalz und welche rechtlichen Vorgaben gibt es für seine Verwendung?

6 Aus welchen Grundlagen wird eine Beize hergestellt?

7 Welche geschmacksgebenden Flüssigkeiten können zum Beizen verwendet werden?

8 Wie wirkt sich das Beizen auf trockenes Fleisch und das Fleisch älterer Tiere aus?

9 Aus welchen Grundlagen besteht eine Marinade?

10 Wodurch lässt sich beim Marinieren eine vielfältige Aromapalette erzielen?

11 Warum ist beim Pökeln, Beizen und Marinieren auf Hygiene besonders zu achten?

12 Eisbeinstücke mit einem Gewicht von insgesamt 5 kg werden mit NPS-Lake gespritzt und nehmen dadurch 10 % an Gewicht zu. Wie viel wiegen die Eisbeinstücke nach dem Spritzen?

13 Eine Rinderschwanzrolle mit einem Gewicht von 3,500 kg wird in eine Beize eingelegt und wiegt nach drei Tagen 3 850 g. Wie hoch ist die Gewichtszunahme in Gramm und in Prozent?

14 Ein mariniertes Rinderhüftsteak mit einem Gewicht von 290 g wird kurzgebraten und verliert dadurch 18 % an Gewicht. Wie viel wiegt das Hüftsteak nach dem Kurzbraten?

15 Ein Hüftsteak wird auf einer Speisekarte mit 180 g Gewicht angeboten. Wie schwer muss es vor dem Kurzbraten mindestens sein, wenn mit einen Bratverlust von 17 % zu rechnen ist?

4 Küchenfertige Fleisch-Erzeugnisse mit Speck oder Teig verfeinern

Ziele dieses Kapitels:

- **Wir lernen Fleischteile verschiedener Tierarten kennen, die sich für die Herstellung küchenfertiger Fleisch-Erzeugnisse eignen.**
- **Wir lernen die Wirkungen kennen, wenn wir die Gerichte mit Speck oder Teig verfeinern.**
- **Wir erfahren, worauf bei der Verwendung von Speck und Teig zu achten ist.**
- **Wir beachten die rechtlichen Vorschriften bei der Behandlung und Verarbeitung.**
- **Wir stellen einige Fleisch-Erzeugnisse mit Speck oder Teig her.**

Herr und Frau Hildebrand haben mit Kirsten Buchheim vom Partyservice einen Termin verabredet. Sie wollen ihre silberne Hochzeit zu Hause feiern, aber das warm-kalte Büffet von der Firma Buchheim geliefert bekommen. Frau Buchheim hat sich vor dem Gespräch schon Gedanken gemacht, was sie dem Ehepaar Hildebrand vorschlagen könnte. Sie hat Fotos und eine Preisliste bereitgelegt und einen Stichwortzettel vorbereitet.
Bei dem Beratungsgespräch stellt sich heraus, dass die Hildebrands nur sehr vage Vorstellungen haben, was es überhaupt alles an festlichen Fleischgerichten gibt, und so stellt Frau Buchheim ihnen das bardierte Putenfilet, den Rinderspickbraten, Kasseler im Brotteig und Kalbsfilet im Blätterteig vor.

4.1 Grundsätze für die Fleischauswahl

Fleischteile, die eine besonders magere, fettarme Beschaffenheit aufweisen, werden beim Garen sehr leicht trocken und verlieren dadurch an Genusswert. Dies kann verhindert werden, wenn sie entweder mit Speck bardiert (umhüllt) oder gespickt (der Speck wird eingezogen) werden. Die rohen („grünen") oder gepökelten bzw. geräucherten Speckstreifen schützen das Fleisch vor dem Austrocknen, halten das Fleisch saftig und werten es geschmacklich auf.

Speckstreifen, die in das Fleisch eingezogen werden, schmelzen beim Garvorgang aus und halten das Magerfleisch saftig. Eine ähnliche Wirkung erzielt man, wenn Käse – am besten eignen sich leicht schmelzende Käsesorten – auf oder in das Fleisch eingelegt wird.

Eine besondere Aufwertung erfahren magere Fleischstücke, wenn sie in Teig eingeschlagen werden. Schinken, der mit Brotteig umhüllt wird, oder Filet, das in Blätterteig eingerollt wird, sind die bekanntesten Fleisch-Erzeugnisse in Kombination mit Teig.

4.2 Bardiertes Putenfilet

Putenfleisch ist sehr mager und enthält kaum eingelagertes (unsichtbares) Fett. Beim Garen besteht deshalb die Gefahr, dass es sehr schnell trocken wird. Zudem ist das Eigenaroma von Putenfleisch nur schwach entwickelt. Die Umhüllung mit dünn geschnittenen Bauchspeckscheiben wirkt dem schwachen Aroma und dem Austrocknen entgegen und wertet das Gericht nochmals auf.

Merke

Putenfilet ist gemäß den Leitsätzen die „von Haut und Knochen befreite (filetierte) Brustmuskulatur“.

Ein Putenfilet mit einem Gewicht von 280 g wird mit geräucherten Schweinebauchscheiben bardiert und wiegt danach 340 g. Berechnen Sie die Materialkosten, wenn im Ladenverkauf 100 g Putenfilet 1,45 € und 500 g geräucherter Schweinebauch 4,80 € kosten.

Lösung

100 g Putenfilet kosten	1,45 €
280 g Putenfilet kosten	1,45 € · 2,80
Preis für 280 g Putenfilet	= 4,06 €
500 g ger. Schweinebauch:	4,80 €
60 g ger. Schweinebauch:	$\frac{4{,}80\ € \cdot 60}{500}$
Preis für 60 g Schweinebauch	= 0,58 €

Die Materialkosten für das bardierte Putenfilet betragen 4,06 € + 0,58 € = 4,64 €.

4.3 Rinderspickbraten

Als Teilstück eignet sich wegen der Muskelform die Schwanzrolle besonders gut. Die länglich runde Muskelform und die magere, nahezu fettlose Beschaffenheit sind für das Spicken ideal geeignet. Die meist „grünen“ (rohen) Speckstreifen werden mit einer Spicknadel in der Längsrichtung der Fleischfasern in das Fleisch eingezogen. Dabei ist auf eine möglichst gleichmäßige Verteilung der Speckstreifen im Magerfleisch zu achten, da dies sonst beim Anschneiden des „gespickten Rinderbratens“ das Schnittbild beeinträchtigen könnte.

4.22 *Spicken einer Schwanzrolle*

Rinderspickbraten (4 Personen):

1 kg Rinder-Schwanzrolle
200 g Speckstreifen (grün)
3 EL Öl zum Anbraten
Salz, Pfeffer, Muskatnuss,
Lorbeerblatt, Knoblauchzehe
0,5 l Rotwein
Möhren, Sellerie,
Lauch (Porree)
je nach Geschmack Zwiebeln

Herstellungsablauf:

Speckstreifen mit Nadel einziehen (siehe Abb. 4.25). Öl erhitzen und Fleisch von allen Seiten scharf anbraten, mit Rotwein ablöschen. Fleisch würzen, danach das zerkleinerte Gemüse dazu in den Topf geben. Bei ca. 160 °C im geschlossenen Topf etwa 2 $^1/_2$ Std. garziehen. Zwischendurch mit restlichem Rotwein aufgießen.

4.23 *gespickter Rinderbraten*

Merke

***Braten** sind nach den Leitsätzen „in natürlichem Zusammenhang belassene, bratfertig zugeschnittene Fleischteile". Von bestimmten Ausnahmen abgesehen wird die Tierart angegeben (z. B. Rinderbraten, Lammbraten).*

***Rouladen** sind dünne, zusammenhängende, unter Einschluss von Füllung gerollte, zum Braten geeignete Scheiben aus sehnen- und fettgewebsarmem Fleisch. Sofern keine Tierart angegeben ist, handelt es sich um Rindfleisch. Die Füllung besteht in der Regel aus Speckstreifen oder anderen geschmacksgebenden Zutaten.*

4.4 Rinderbauchroulade

Eine Alternative zum gespickten Sauerbraten ist die „gespickte Rinderbauchroulade", die auch als **Sternbraten** bekannt ist. Der flache, aber sehr magere Bauchlappen wird dabei etwa zur Hälfte mit dem Messer eingeschnitten. In diese Einschnitte werden Speckstreifen (oft auch geräucherter Speck) eingelegt. Danach wird das Fleischstück mit Salz, Pfeffer, Muskat gewürzt und anschließend gerollt.

4.5 Kasseler im Brotteig

Vorbereitung des Kasselers im Brotteig

Rohes oder gekochtes Kasseler Kotelett wird „zurechtgeschnitten" (zu dicke Fettauflagerung, unförmiger Anschnitt u. Ä. werden entfernt) und auf einen ca. 2 - 3 cm dick ausgerollten Brotteig gelegt, der nicht zu weich sein sollte. Am besten ist es, den Teig in gekühlter Form von einer benachbarten Bäckerei unmittelbar vor der Verarbeitung des Kasselers zu beziehen. Zunächst wird der Teig von der einen, anschließend von der anderen Seite über das Kasselerstück geschlagen, an der Überlappungsstelle wird der Teig fest ineinander gedrückt. An den beiden Enden ist der Teig ebenfalls gut miteinander zu verschließen. Je nach Geschick kann die Oberseite mit ausgestochenen Teigornamenten oder ähnlichen Verzierungen versehen werden. Ebenfalls auf der Oberseite sind zwei bis drei fingerdicke Öffnungen auszustechen, in die aus Alufolie geformte „Kamine“ eingesteckt werden. Damit kann beim Backen die heiße Luft entweichen und die Brotkruste bildet keinen Hohlraum.

Möchte der Kunde das Produkt selbst ausbacken, ist das in Brotteig eingeschlagene Kassler auf einer Transportunterlage bis zur Lieferung an den Kunden kühl zu lagern, da ansonsten die Hefe im Brotteig schon vor dem Backen tätig werden würde.

Vor dem Ausbacken sollte das fertige Gericht einige Zeit bei Raumtemperatur stehen, um die Teiggare[1] in Gang zu setzen. Unmittelbar vor dem Backvorgang ist die Teigoberfläche anzufeuchten, damit die Teighaut noch einige Zeit elastisch bleibt und sich ausdehnen kann. Die Backzeit beträgt je nach Größe etwa ein bis zwei Stunden bei einer anfänglichen Backtemperatur von 220 °C (dann fallend). Die Brotkruste sollte danach gut gebräunt sein.

Merke

Als Kasseler wird bei Kochpökelwaren der Kotelettstrang des Schweins - ohne Kamm - zugrunde gelegt. Bei anderen Teilstücken ist die Teilstückbezeichnung anzugeben; z. B. Kasseler Kamm, Kasseler Bauch. Entsprechend behandelte Teilstücke anderer Tierarten werden „... nach Kasseler Art“ bezeichnet.

Kasseler in Brotteig einlegen

4.24

eingerolltes Kasseler mit Verzierungen

1 Bei der biologischen Lockerung in Brotteigen (Lockerungsmittel Sauerteig oder Hefe) folgt einer Reifezeit, während der sich das Volumen des Teigs etwa verdoppelt, und eine Teigruhezeit, während der der Teig weiter reift.

Kasseler im Brotteig (4 Personen):

1,200 kg gekochtes Kasseler
1,200 kg Brotteig
Weitere Zutaten wie Gewürze o. Ä. sind nicht erforderlich, da sowohl das Kasseler als auch der Brotteig schon gewürzt sind.

Herstellungsablauf:

Brotteig ca. 1 - 2 cm dick rechteckig ausrollen. Kasseler auflegen. Zunächst die Längsseiten des Teigs darüber schlagen, dann die Schmalseiten einschlagen (fest andrücken). Teig mit dem Kasseler drehen, auf der Oberseite verzieren und zwei kleine Öffnungen ausschneiden. Mit Alufolie runde Kamine formen und in die Öffnungen stecken, damit beim Backen die Luft entweichen kann.
Bei ca. 220 °C fallend auf ca. 200 °C ca. 2 Stunden backen. Die Teigoberfläche sollte vorher und am Ende mit Wasser bestrichen werden.

4.6 Kalbsfilet im Blätterteig

Das Kalbsfilet wird zunächst „zurechtfrisiert" (d. h. von groben Sehnenplatten und abstehenden Fleischteilchen befreit) und mit Salz, Pfeffer, Muskat u. Ä. gewürzt.

Der Blätterteig kann frisch gekühlt von einer Bäckerei oder Konditorei oder tiefgekühlt als Convenience Produkt vom Fachgroßhandel bezogen werden. Der Blätterteig - der abwechselnd aus mehreren sehr dünnen Lagen Fett und Teig besteht - wird mit einem Rundholz vorsichtig ohne großen Druck ausgerollt. Die Länge und der Umfang des ausgerollten Blätterteigs ist an die Größe des Filets anzupassen, wobei die Filetspitze so einzuschlagen ist, dass das Filet eine möglichst gleichmäßige Dicke aufweist. An den Enden

Kalbsfilet in Blätterteig einlegen

eingerolltes Kalbsfilet mit Verzierungen

Merke

Convenience (engl., sprich: konwienienz) = Bequemlichkeit

Convenience-Produkte im Lebensmittelbereich werden entweder
- ***„küchenfertig" angeboten, sodass sie nur noch gegart werden müssen, z. B. gespickter Rinderbraten, paniertes Kalbsschnitzel, oder***
- ***„teller- bzw. verzehrfertig", z. B. gebratene Frikadellen, gegrillte Schweinshaxe.***

4.25

und am Überschlag soll der Blätterteig nur wenige Millimeter überstehen, da sonst keine elegante Form entsteht und das Erscheinungsbild klobig wirkt. Die beiden Endstücke kann man mit den Zinken einer Gabel zusammendrücken oder auf andere Weise dekorativ verschließen. Der Überschlag auf der Oberseite des Filets wird mit Eigelb bestrichen und dadurch verklebt.

Sowohl das Filet als auch der Blätterteig sind erlesene Erzeugnisse. Um die Bedeutung dieses besonderen Fleischgerichts zu unterstreichen, werden aus den Resten des Blätterteigs unterschiedliche kleine Formteile gefertigt, die mit Eigelb auf der Oberseite des Blätterteigs zu einer geschmackvollen Verzierung aufgebracht werden.

Kalbsfilet im Blätterteig (4 Personen):

800 g Kalbsfilet
200 g Kalbsbrät
30 g Butterschmalz
50 g gehackte Pistazien
450 g Blätterteig (frisch oder aufgetaut)
Salz, Pfeffer
Sahne, Sherry

Herstellungsablauf:

Kalbsfilet mit Salz, Pfeffer würzen und im heißen Butterschmalz rundum anbraten, danach abkühlen lassen. Blätterteig auf Größe des Filets ausrollen. Kalbsbrät mit Pistazien, Sherry und Sahne verrühren, das Filet damit einreiben und den Rest auf dem Blätterteig gleichmäßig verteilen. Filet in den Blätterteig einschlagen, überlappende Enden mit Eigelb bestreichen und fest andrücken. Den Blätterteigmantel drehen – damit die überlappenden Enden auf der Unterseite sind –, die Oberseite mit Eigelb bestreichen und mit Teigstreifen verzieren; mit der Gabel den Teig einstechen, damit durch diese Löcher die Luft entweichen kann.
Im vorgeheizten Ofen bei ca. 200 °C etwa 25 – 30 Minuten goldbraun backen.

4.26

Eine andere Variante: Kalbsfilet im Spinat-Blätterteig-Mantel

4.7 Hygiene bei der Herstellung

Bei der Vorbereitung von küchenfertigen Fleisch-Erzeugnissen ist größtmögliche Sauberkeit und hygienisches Arbeiten zwingende Voraussetzung. Die Fleischstücke werden mehr als sonst üblich mit den Händen angefasst, darum sind diese wiederholt zu reinigen, um die Gefahr der Keimübertragung[1] zu minimieren. Ebenfalls sind die Arbeitstische und Arbeitsgeräte so sauber wie möglich zu halten.

Hier würde sich eine „hygienische Eigenkontrolle", die nach dem HACCP-Konzept[2] aufgebaut ist, sehr gut bewähren.

Beispiel einer Eigenkontrolle nach dem HACCP-Konzept
HACCP bedeutet ins Deutsche übersetzt so viel wie **„Gefahrenanalyse durchführen und kritische Kontrollpunkte festlegen"** (siehe Lernfeld 1, Kap. 5.4.4).

Frischfleisch unterliegt der Gefahr des Bakterienwachstums, die sich überall befinden und bei Temperaturen über +7 °C – so haben Untersuchungen gezeigt – das Fleisch verderben können. Unter +7 °C ist das Risiko des Bakterienwachstums minimal. Somit ist die **„Kontrolle der Temperatur"** ein wichtiges Kriterium, „ein kritischer Kontrollpunkt", weil eine zu hohe Temperatur die Bakterientätigkeit fördert und somit eine Gefahr für den Endverbraucher darstellt. Die Temperatur des Fleisches ist ebenfalls ein „kritischer Kontrollpunkt", der überwacht werden muss.

Die Eigenkontrolle nach HACCP ist nach sieben Grundsätzen aufgebaut:	Eigenkontrollmaßnahmen bei der Herstellung küchenfertiger Fleischerzeugnisse
1. Wo sind mögliche Gefahrenquellen?	Anstieg der Fleischtemperatur bei der Bearbeitung
2. Festlegen der „kritischen Kontrollpunkte"	Messung der Temperatur zu Beginn und am Ende der Bearbeitung
3. Festlegung eines Grenzwertes (z. B. Temperatur)	+7 °C auf der Fleischoberfläche
4. Messung der Einhaltung des Grenzwertes	Temperatur am Ende der Bearbeitung höchstens +7 °C
5. Überprüfung der Einhaltung des Grenzwertes	Temperatur mit Stichthermometer messen; +7 °C dürfen nicht überschritten sein
6. Abhilfemaßnahmen bei Überschreitung ergreifen	z. B. Fleisch vor der Bearbeitung stärker ankühlen oder auf gekühltem Tisch bearbeiten
7. Dokumentation der „kritischen Kontrollpunkte"	Höhe der gemessenen Temperatur in Kontrollbogen eintragen

1 Über die Lebensbedingungen und die Übertragung von Mikroorganismen können Sie sich in Lernfeld 1, Kap. 5 und Lernfeld 2, Kap. 4 umfassend informieren.
2 siehe Lernfeld 1, Kap. 5.4.4

Berufliche Aufgabenstellung

Sie erhalten von Ihrem Ausbilder den Auftrag, bei der Herstellung von „Kalbsfilet im Blätterteig“ mitzuhelfen. Insbesondere sollen Sie sich Gedanken zur Erstellung eines Hygieneplans zur Eigenkontrolle nach dem HACCP-Konzept machen, der nach den vorstehenden sieben Grundsätzen aufgebaut ist.

Übungen

1 Wie sollten die Fleischteile beschaffen sein, die mit Speck oder Teig verfeinert werden sollen?

2 Welche Aufgabe haben die Speckstreifen, mit denen Fleischteile bardiert werden?

3 Welche Wirkung haben die Speckstreifen, die in das Fleisch eingezogen werden?

4 Warum sollte der Brotteig zum Einrollen in seiner Beschaffenheit möglichst fest sein?

5 Warum sollte das fertig im Brotteig eingeschlagene Kassler bis zur Lieferung sehr kühl gelagert werden?

---

6 Ein Rinderschwanzrolle mit einem Gewicht von 2 580 g wird gespickt und wiegt danach 2 650 g.

a) Wie viel Gramm Speckstreifen wurden zum Spicken verwendet?

b) Wie hoch sind die Materialkosten, wenn 1 kg Schwanzrolle im Laden für 10,20 € verkauft wird und 100 g grüner Speck für 0,80 € angeboten werden?

7 Für die Herstellung einer Rinderbauchroulade werden folgende Materialien benötigt:

1,800 kg Rinderdünnung à 7,20 €/kg
400 g geräucherter Schweinebauchspeck à 4,80 €/kg.

Wie hoch sind die Materialkosen für 100 g fertig gerollte Rinderbauchroulade?

8 Für Kassler im Brotteig werden 1,950 kg Kassler und 1 kg fertiger Brotteig benötigt. Berechnen Sie die Materialkosten, wenn 100 g Kassler im Laden 1,70 € kosten und für den Zukauf des Brotteigs 3,20 € zu bezahlen waren.

9 Ein Kalbsfilet mit einem Gewicht von 880 g soll als Einlage für Blätterteig zurechtgemacht werden. Beim Frisieren werden 140 g Sehnen und Abschnitte entfernt. Das fertig in Blätterteig eingerollte und garnierte Kalbsfilet wiegt 1 350 kg. Berechnen Sie die Materialkosten für das ganze Gericht, wenn 100 g Kalbsfilet mit 2,30 € und 100 g Blätterteig mit 0,70 € angesetzt werden.

10 Ein Schweinebauch, der gefüllt werden soll, hat ein Gewicht von 3,850 kg. Die ausgelösten Knochen und Knorpel wiegen 520 g und die Fleischabschnitte nochmals 260 g. Für die Füllung werden 700 g Knödelteig benötigt.

a) Wie schwer ist der fertig gefüllte Schweinebauch?

b) Wie viele Portionen kann man aus dem fertigen Schweinebraten schneiden, wenn eine Portion 400 g betragen soll?

5 Fleisch-Erzeugnisse mit raffinierter Füllung herstellen

Ziele dieses Kapitels:

- **Wir lernen Fleischstücke verschiedener Schlachttiere kennen, die sich zum Füllen gut eignen.**
- **Wir erfahren, welche Füllungen sich für welches Fleisch eignen.**
- **Wir beachten die rechtlichen Vorschriften bei der Herstellung der gefüllten Erzeugnisse.**
- **Wir stellen die gefüllten Erzeugnisse her.**
- **Wir ermitteln die Kosten für die Erzeugnisse.**

Die Fleischerei Buchheim soll für eine Jugendclique, die den 18. Geburtstag einiger Cliquenmitglieder feiern will, verschiedene „gefüllte Fleisch-Erzeugnisse" herstellen. Die Auszubildende Sonja erhält von der Verkaufsleiterin Inge Bach den Auftrag, sich Gedanken zu machen, was junge Leute zu diesem besonderen Anlass gern essen würden.
Sonja entschließt sich, keine der üblichen gefüllten Fleischgerichte zu empfehlen, sondern etwas Neues, Ausgefallenes vorzuschlagen, das junge Leute anspricht. Ihr Ausbilder Udo Wolf, dem sie ihre Idee vorträgt, ist begeistert und ermuntert Sonja, sich etwas auszudenken. Deshalb erkundigt sie sich bei erfahrenen Arbeitskollegen und informiert sich zudem in Fachbüchern über verschiedene Varianten, Fleisch raffiniert zu füllen.

5.1 Auswahl der Fleischteilstücke

Fleischteilstücke, die man mit einer Füllung versehen will, sollen entweder in ihrer Form so beschaffen sein, dass sie zum Füllen geeignet sind.

Dies ist dann der Fall, wenn man eine Öffnung (Tasche) in das Fleisch schneiden kann, in die man die Füllung einbringt.

Oder man schneidet das Fleisch in nicht zu dünne Scheiben, die man mit der Füllung bestreicht und anschließend rollt. Fleischteilstücke, die in ihrer natürlichen Form bereits sehr flach sind, eignen sich dazu besonders gut.

Mit dem Füllen soll dem Fleisch entweder eine andere Geschmacksnote verliehen werden oder Fleisch mit nur wenig Eigenaroma soll geschmacklich aufgewertet werden. Gleichzeitig erfährt das Fleischstück eine optische Aufwertung.

Rechtliche Bestimmungen

Nach den Leitsätzen sind Rouladen, Fleischröllchen und Fleischvögel dünne zusammenhängende, unter Einschluss von Füllung gerollte, zum Braten geeignete Scheiben aus sehnen- und fettgewebsarmem Fleisch. Sofern keine Tierart angegeben ist, handelt es sich um Rindfleisch.

Die Füllung besteht in der Regel aus Speckstreifen, Gurkenstreifen, Zwiebeln, Pilzen, Schinkenstreifen oder anderen geschmacksgebenden Zutaten. Zum Teil wird zum Füllen auch Brät oder gewolftes Fleisch verwendet, das in der Qualität der Grundlage für Hacksteak entspricht.

Kalbsrouladen und Kalbsvögel werden nicht nur aus Kalbfleisch hergestellt, sondern auch vorwiegend mit Kalbsbrät und gekochtem Ei gefüllt.

5.2 Gefüllte Kalbsbrust

Kalbsbrust

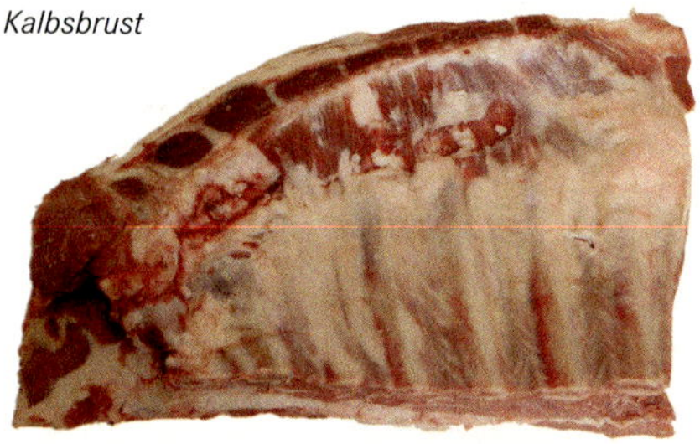

Die Kalbsbrust wird zunächst von den Rippenknochen, dem Brustbein und den größeren Knorpeln befreit. Die Brustmuskulatur setzt sich aus mehreren mageren Muskelschichten zusammen, die durch eine sehr dünne Bindegewebsschicht miteinander verbunden sind. Entlang dieser Bindegewebsschicht lassen sich die Muskelschichten trennen, dabei ist darauf zu achten, dass die entstehende natürliche Tasche nicht durchgetrennt wird. Als Füllung kann Knödelteig, Bratwurstbrät, verschiedene Gemüse u. Ä. verwendet werden. Nach dem Füllen wird die Tasche mit Bindegarn oder Stäbchen verschlossen.

Kalbsbrust ausgelöst

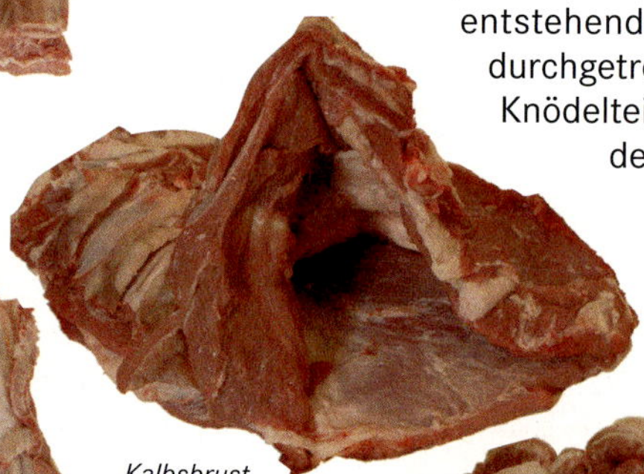

Kalbsbrust mit Tasche für die Füllung

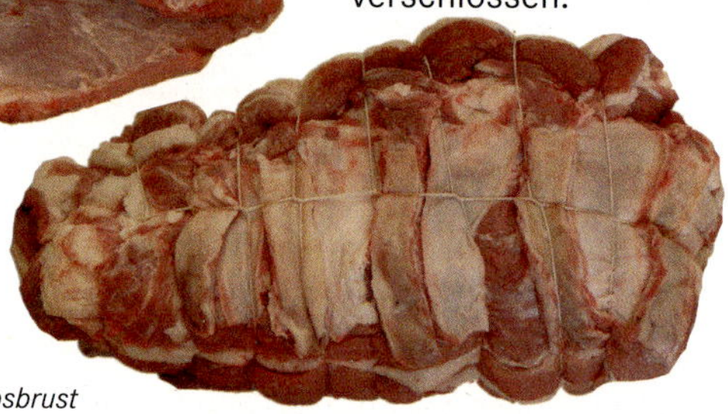

fertig gefüllte Kalbsbrust

4.27

Eine Kalbsbrust wie gewachsen wiegt 2,750 kg. Die Rippenknochen, das Brustbein und die größeren Knorpel werden entfernt, da das Fleischstück gefüllt werden soll. Die ausgelösten Teile wiegen insgesamt 760 g. Nach dem Füllen mit Knödelteig wiegt die Kalbsbrust 3 350 g. Wie viel Prozent Fleischanteil hat die gefüllte Kalbsbrust?

Lösung

Kalbsbrust, wie gewachsen	2 750 g
abzüglich Knochen, Knorpel, Brustbein	760 g
Kalbsbrust, ausgelöst	1 990 g

Kalbbrust gefüllt 3 350 g = 100 %

1 g = 0,03 %

1 990 g = ? %

$0{,}03 \cdot 1\,990 = 59{,}40\ \%$

Der Fleischanteil beträgt 59,40 %.

Kalbsbrust (4 Personen):

1,5 kg ausgelöste Kalbsbrust
mit eingeschnittener Tasche
Knochen zum Mitbraten
Salz, weißer Pfeffer
50 g Butter
geviertelte Zwiebel
1 grob geschnittene Möhre
$^1/_2$ l Knochenbrühe
Weißwein zum Aufgießen

Herstellungsablauf:

Knochen kurz auskochen (Knochenbrühe). Fleisch innen und außen mit Salz und Pfeffer einreiben und füllen. Ofen auf ca. 220 °C vorheizen. Fleisch in der heißen Butter anbraten, mit $^1/_2$ l Brühe aufgießen. Knochen, Zwiebel, Möhren dazugeben. Fleisch nach ca. 30 Minuten wenden und Ofentemperatur auf ca. 180 °C reduzieren. Mehrmals wenden und aufgießen. Garzeit ca. 2 Stunden.
Fleisch herausnehmen (ruhen lassen). Bratensaft mit restlicher Brühe und Wein aufgießen und ca. $^1/_3$ einreduzieren.

Füllung:

3 trockene Semmeln/Brötchen
2 Eier
3 EL Sahne
$^1/_8$ l Milch
Salz, Pfeffer Muskat
fein gehackte Zwiebel
fein gehackte Petersilie
30 g Butter

Semmeln würfelig klein schneiden. Eier, Sahne und Milch verquirlen und mit Salz, Pfeffer, Muskat würzen. Zwiebel, Petersilie in Butter andünsten. Alle Bestandteile miteinander vermengen und in die Tasche der Kalbsbrust einfüllen. Öffnung mit Bindegarn zunähen.

Füllung auftragen: (hier: Steinpilze)

5.3 Rindsroulade

Sie ist der Klassiker unter den gefüllten Fleischgerichten. Aus den verschieden Teilstücken der Rinderkeule – Oberschale, Unterschale, Nuss, Hüfte – werden ca. 1 cm dicke Fleischscheiben unterschiedlicher Größen geschnitten. Mit Erzeugnissen aus dem Fleischerfachgeschäft wie geräuchertem Bauchspeck, Brät, Würstchen (meist Wiener Würstchen, mit Haut) oder auch

Rollen der Rouladen

4.28

Anbraten der Rouladen

mit verschiedenen Gemüsearten wie Gurken, Paprika, Zwiebeln u. Ä. gefüllt, lassen sich zahlreiche Geschmacksvarianten erzielen. Nach dem Rollen wird mit Garn oder Klammern die rundliche Form fixiert.

Rindsroulade (4 Personen):

4 Rinderrouladen von der Oberschale
8 Scheiben geräucherter Bauchspeck
4 EL geriebener Hartkäse
8 weich gekochte Eier
2 Zwiebeln
Salz, Pfeffer, Paprika
Öl zum Anbraten
Rotwein zum Aufgießen

Herstellungsablauf:

Rouladen leicht klopfen, würzen, mit Käse bestreuen und die angedünsteten Zwiebeln verteilen. Darauf zunächst die Bauchspeckscheiben und danach die geschälten Eier legen. Einrollen und mit Garn schnüren. In heißem Öl gut rundum scharf anbraten, mit Rotwein ablöschen und in geschlossenem Topf ca. 30 Minuten garziehen lassen.

5.4 Gefüllte Schweinefleischröllchen

Geeignet hierfür sind Schnitzelfleisch oder nicht zu dicke Scheiben aus der Schweinelende, die doppelt als so genannte „Schmetterlingssteaks“ (siehe Abb. 4.29) geschnitten sind. Hier wird aus dem ganz mageren Teil der Schweinelende zunächst eine ca. 1 cm dicke Scheibe etwa nur zu $^3/_4$ durchgeschnitten, erst die zweite Scheibe wird ganz durchgetrennt. Die aufgeklappten Scheiben, die noch miteinander verbunden sind, erinnern an die Form eines Schmetterlings. Diese Fleischscheiben kann man nach leichtem Klopfen mit Schinken, Brät, Würstchen, Käse, Obst oder Gemüse fantasievoll belegen, anschließend rollen und mit Garn oder Stäbchen verschließen.

4.29

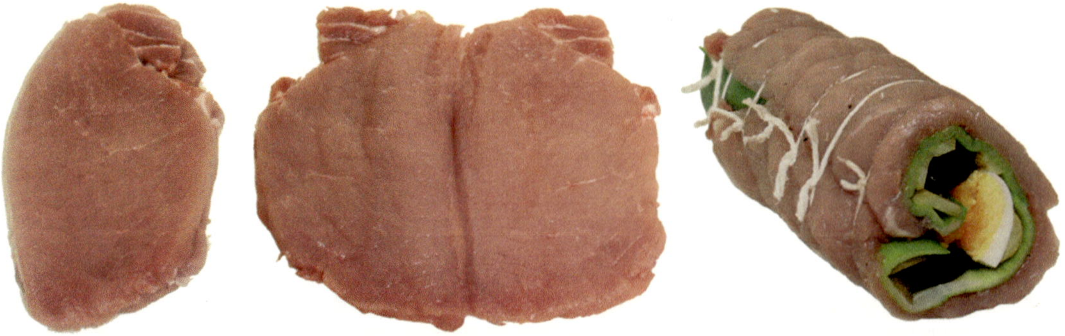

Lendenscheiben geschnitten — *... aufgeklappt (Schmetterlingsform)* — *... fertig gefüllt und gerollt*

Schweinefleischröllchen (4 Personen):

4 Schweinesteaks, doppelt geschnitten (Schmetterlingssteaks)
100 g Leberkäsbrät
50 g geschälte Pistazien
50 g getrocknete Pflaumen
Salz, Pfeffer, Muskatnuss
Petersilie
Olivenöl zum Anbraten

Herstellungsablauf:

Schmetterlingssteak leicht klopfen, würzen, das Brät darauf verteilen und die Pflaumen und Pistazien gleichmäßig eindrücken. Mit Garn einrollen. Öl in der Pfanne erhitzen und Fleischröllchen von allen Seiten scharf anbraten. In der geschlossenen Pfanne bei reduzierter Hitze (ca. 160 °C) garziehen lassen. Vor dem Servieren mit fein gehackter Petersilie bestreuen.

5.5 Gefülltes Hähnchenbrustfilet

Das Brustfleisch eines Hähnchens wird sorgfältig von den Brustknochen gelöst und die anhaftende lockere Bindegewebshaut entfernt. Das Brustfleisch wird der Länge nach zu einer Tasche aufgeschnitten und beliebig mit Schafskäse, zerkleinerten Oliven, Pilzen, Küchenkräutern u. Ä. gefüllt. Da Hähnchenfleisch wenig Eigenaroma besitzt, darf die Füllung entsprechend kräftiger im Geschmack sein.

Gefülltes Hähnchenbrustfilet (4 Personen):

4 Hähnchenbrustfilets
200 g Reis
400 g Ananas
100 g Mandarinen
100 g Rosinen
Salz, weißer Pfeffer, Safran, Curry
Zwiebeln, Öl
Sherry
Weißwein, Portwein

Herstellungsablauf:

Reis vorkochen, mit Curry, Salz, Pfeffer und etwas Safran würzen. Ananas und Mandarinen klein schneiden, kurz in Sherry einlegen und mit den gedünsteten Zwiebeln, den Rosinen und dem Reis vermengen. Hähnchenfilets zu flachen Scheiben aufschneiden, mit Salz, Pfeffer, Safran würzen, die Füllung gleichmäßig verteilen, einrollen, mit Garn umwickeln und in heißem Öl rundum goldbraun (ca. 5 Minuten) braten. Mit Wein und/oder Portwein ablöschen.

Berufliche Aufgabenstellung

Sonja fragt in ihrem Freundeskreis, welches Fleischgericht mit Füllung zurzeit unter jungen Leuten besonders beliebt ist. Stellen Sie für die Geburtstagsfeier der Jugendclique eine Auswahl von Fleischgerichten mit Füllung zusammen. Besorgen Sie sich Rezeptbeschreibungen dafür und stellen Sie diese her.

Veranstalten Sie einen Wettbewerb. Das tollste Rezept wird prämiert, indem der Gewinner zur Probeherstellung in den Betrieb eingeladen wird. Mit Herstellung und Verkostung!

Übungen

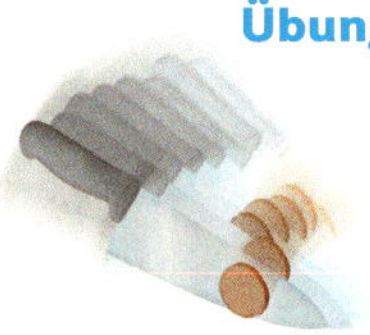

1 Wie müssen die Fleischteile beschaffen sein, damit sie sich zum Füllen eignen?

2 Welche Wirkung soll mit der Füllung erreicht werden?

3 Von welcher Tierart stammt das Fleisch, wenn nur die Bezeichnung „Roulade“ verwendet wird?

4 Ein Schweinefleischröllchen wird aus 250 g Schnitzelfleisch und 120 g Füllung hergestellt. Wie hoch ist der Fleischanteil in Prozent?

5 Eine Rindsroulade, die gefüllt werden soll, wiegt 260 g. Fertig gefüllt und gerollt wiegt sie 390 g. Wie viel Prozent beträgt die Füllung?

6 Ein fertig gefülltes Hähnchenbrustfilet wiegt 410 g. Wie viel Gramm darf die Füllung wiegen, wenn der Fleischanteil 66 % ausmachen soll?

7 In einer Rezeptur für Rinderrouladen werden pro Person 260 g Fleisch und 120 g für die Füllung angegeben. Berechnen Sie, wie viel Fleisch und wie viel Füllung für die Herstellung von 35 fertigen Rouladen erforderlich sind.

8 Als Fleischanteil wird in einem Gericht durchschnittlich mit 250 g pro Person kalkuliert. Wie viel Fleisch ist vorrätig zu halten, wenn Sie ein Gericht für 120 Personen herstellen sollen und mit einem durchschnittlichen Fleischanteil von 280 g kalkuliert wird?

6 Die Produktqualität küchenfertiger Erzeugnisse beurteilen

Ziele dieses Kapitels:
- **Wir informieren uns über die Beurteilung der Produktqualität.**
- **Wir erfahren, was unter sensorischer Qualitätsprüfung zu verstehen ist.**
- **Wir lernen den DLG-Wettbewerb kennen.**
- **Wir lernen die „Instrumente“ kennen, nach denen die Qualitätsuntersuchungen durchgeführt werden.**
- **Wir erfahren, was „Verbrauchererwartung“ und „Verkehrsauffassung“ bei der Qualitätskontrolle bedeuten.**

Auf der Fahrt mit dem Bus zu ihrem Ausbildungsplatz in der Buchheim Fleisch KG hört Sonja, wie sich zwei Fahrgäste über die Wurst aus einem benachbarten Konkurrenzbetrieb unterhalten. Obwohl sie zunächst nicht richtig hinhört, wird ihre Aufmerksamkeit doch geweckt, als die beiden nicht gerade Schmeichelhaftes über dieses Erzeugnis berichten.
Im Betrieb erzählt sie dieses Erlebnis ihrer Ausbilderin Inge Bach, die zunächst interessiert zuhört, aber dann sagt: „Genau aus diesem Grunde machen wir eine ‚interne Qualitätskontrolle‘ und beteiligen uns zudem freiwillig an den jährlichen Qualitätsprüfungen der Fleischerinnung und an der DLG-Qualitätsprüfung mit Prämierung!“
Sonja stutzt und fragt, was denn DLG bedeutet, und ihre Ausbilderin klärt sie auf: „Das ist die Abkürzung für ‚Deutsche Landwirtschaftsgesellschaft‘. Diese Einrichtung ist vor ungefähr 50 Jahren geschaffen worden, um Lebensmittel aus landwirtschaftlicher Produktion auf ihre Qualität zu testen ...“

6.1 Die Erwartung des Kunden

Küchenfertige Erzeugnisse müssen wie alle Produkte aus dem Fleischerfachgeschäft in ihrer Qualität nicht nur den lebensmittelrechtlichen Bestimmungen gerecht werden, sondern den Anforderungen und Erwartungen der Kunden entsprechen. Dabei lassen sich Kunden bei ihrer Bewertung der Qualität der Produkte von Eindrücken leiten, die sie mit ihren Sinnen erfassen.

Diese Form der Beurteilung nennt man „sensorische Beurteilung“, d. h., die Beurteilung erfolgt mit unseren Sinnesorganen[1]:

- mit den Augen, um das Aussehen, z. B. die Farbe der Oberfläche von Fleisch, zu bewerten;

1 siehe auch Lernfeld 1, Kap. 6.1

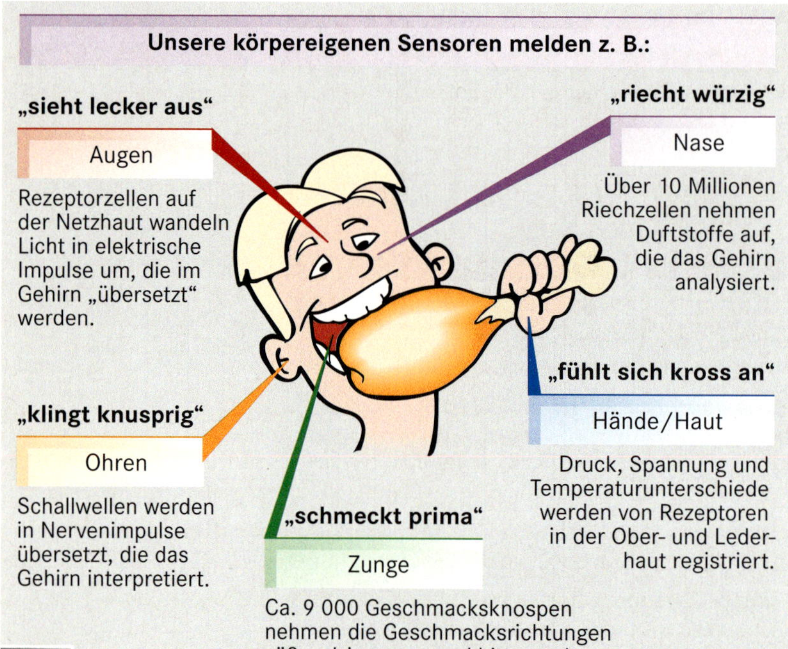

4.30

- mit den Ohren, um die „knackige Darmbeschaffenheit“ z. B. bei Wiener Würstchen zu testen;
- mit der Nase, um den Geruch z. B. einer geräucherten Leberwurst zu prüfen;
- mit der Zunge, um die Schärfe der Würzung (süß – sauer, bitter – salzig) zu beurteilen;
- mit den Händen, um die Festigkeit z. B. einer schnittfesten Rohwurst zu ertasten.

Bei der „freiwilligen Qualitätskontrolle“, ob innerbetrieblich oder extern, wird die Prüfung in aller Regel nach den oben genannten „sensorischen Gesichtspunkten“ durchgeführt.

6.2 Der DLG-Qualitätswettbewerb

Bei der DLG-Qualitätsprüfung werden Lebensmittel in vier Qualitätsdimensionen bewertet. Diese sind

- die technologisch einwandfreie und fachlich perfekte Lebensmittelherstellung (Genusswert),
- die Produktionssicherheit und die ernährungsphysiologische Qualität,
- die Deklarationswahrheit und die Informationstransparenz gegenüber dem Verbraucher,
- definierte Qualitätskriterien im gesamten Herstellungsprozess.

Ziele der Qualitätswettbewerbe sind die Herstellung und den Absatz hochwertiger land- und ernährungswirtschaftlicher Erzeugnisse zu fördern.

Inzwischen werden von der DLG jährlich mehr als 20 000 Lebensmittel, davon ca. 7 000 Fleisch- und Convenienceprodukte[1], auf ihre Qualität hin untersucht. Der Qualitätswettbewerb besteht aus

- einer sensorischen Prüfung,
- der Überprüfung von Verpackung und Deklaration
- und stichprobenartig aus einer chemischen, mikrobiologischen und physikalischen Untersuchung.

1 convenience (engl.) = Annehmlichkeit, Bequemlichkeit; food (engl.) = Nahrung;
Convenience Foods = Lebensmittel, die für den Verbrauch schon weitgehend zubereitet sind und daher eine Arbeitserleichterung bedeuten, z. B. tiefgefrorene Fertiggerichte, kochfertige Suppen

6.2.1 Prüfschema – 5-Punkte-Skala

Für die sensorische Prüfung werden die Fleischwaren, die untersucht werden sollen, einer bestimmten Gruppe, z. B. der Gruppe „Pasteten, Rouladen, gefüllte Erzeugnisse" zugeordnet.

Für jede dieser Gruppen gibt es ein bestimmtes Prüfschema mit einer „5-Punkte-Skala":

Punkte	Qualitätsbeschreibung	allgemeine Eigenschaften
5	sehr gut	volle Erfüllung der Qualitätserwartung
4	gut	geringfügige Abweichung
3	zufrieden stellend	merkliche Abweichung
2	weniger zufrieden stellend	deutliche Fehler
1	nicht zufrieden stellend	starke Fehler
0	ungenügend	nicht bewertbar

6.2.2 Prüfschema, dargestellt am Beispiel für „Gefüllte Erzeugnisse"

Das Prüfschema besteht aus vier Kriterien mit zahlreichen Unterpunkten.

1. Äußeres, unterteilt in:
   - äußere Bestandteile mit 18 Unterpunkten
   - äußere Herrichtung mit 9 Unterpunkten
   - zusätzliche Punkte für Krusten, Galantinen[1] und Ballontinen[2] mit 20 Unterpunkten
2. Aussehen, Farbe, Farbhaltung, Zusammensetzung, unterteilt in:
   - Aussehen im Anschnitt mit 18 Unterpunkten
   - Farbe mit 26 Unterpunkten
   - Farbhaltung mit 2 Unterpunkten
   - Zusammensetzung mit 11 Unterpunkten
3. Konsistenz, unterteilt in insgesamt 35 Unterpunkte
4. Geruch und Geschmack, unterteilt in 36 Unterpunkte

6.2.3 DLG-Prämierung

Die einzelnen Kriterienbereiche werden unterschiedlich gewichtet und die Summe der Teilergebnisse ergibt die Gesamtbewertung. Die Höhe der „erreichten Gesamtbewertung" ist die erzielte Qualitätszahl; sie ist maßgeblich, ob bei der Auswertung ein Preis errungen wird.

DLG-Preis	Qualitätszahlen
Goldener DLG-Preis	5,00
Silberner DLG-Preis	4,50 – 4,99
Bronzener DLG-Preis	4,00 – 4,49

1 Galantine, die = Pastete aus Fleisch oder Fisch, die mit Aspik überzogen ist und kalt aufgeschnitten wird
2 Ballontinen = kleine gefüllte Fleischteile, meist Portionsstücke

6.2.4 Abdruck des DLG-Prüfschemas für Brühwürste, Brühwurstpasteten, Leberkäse,

Prüfschema für Brühwürste, Brühwurstpasteten, Leberkäse, Fleischkäse, Gefüllte Erzeugnisse, Galantinen und Ballontinen

Erzeugnis-Nr. 13111–53591, 631..–934..

5-Punkte-Skala und Bewertungstabelle

Punkte	allgemeine Eigenschaften
5	volle Erfüllung der Qualitätserwartung
4	geringfügige Abweichung
3	merkliche Abweichung
2	deutlicher Fehler
1	starker Fehler
0	nicht bewertbar

1. Äußeres

Äußere Bestandteile				
4745 Speckhülle zu dick	4	3		
4750 Speckhülle nicht geschlossen	4	3		
4755 Speckhülle mit Schwartenteilen	4	3		
4705 Speckhülle verfärbt*	4	3		
4760 Sattelstellen zu stark	4	3		
4340 Rußstellen	4	3		
4345 Rauchflecken	4	3		
4350 Räucherfarbe ungleich*	4	3		
4175 Platzer	–	3		
3455 Lake trüb	–	3		
2240 Fettabsatz in der Lake	4	3		

5720 Form ungleichmäßig*	4	3		
3460 Länge ungleich	4			
2950 Hülle abgelöst	4	3		
4490 schmierig	4	3		
5710 Schimmel unerwünscht	–	3		
4055 Oberflächenbelag	4	3		
1080 äußerlich vergrauend	4	3		
Äußere Herrichtung				
2955 Hülle ungeeignet*	4			
2960 Hülle nicht abziehbar	4	3	2	
2945 Hülle mangelhaft entfettet	4	3		
2970 Hohlräume unter Hülle	4			
2930 Herrichtung mangelhaft*	4	3		
2080 Füllfehler*	4			

4765 schlecht abgebunden	4	3		
2245 Falten zu viel	4	3		
2250 Falten zu tief	4	3		
Zusätzlich für Krusten, Galantinen und Ballontinen				
5740 unansehnlich (Ges.-Bild)	4	3	2	
5715 Form unansehnlich	4	3	2	
3281 Kruste/Oberfläche porös	4	3		
3282 Kruste/Oberfläche gerissen	4	3		
3283 Kruste/Oberfläche zu dunkel	4	3		
3284 Kruste/Oberfläche zu hell	4	3		
5731 Kruste/Oberfläche Bräunung ungleichmäßig	4	3		
4905 Bräunung stumpf, fahl	4	3		

2. Aussehen, Farbe, Farbhaltung, Zusammensetzung

Aussehen im Anschnitt				
3661 Mischung ungleichmäßig*	4	3	2	
4730 Schnittbild unklar	4	3	2	
6100 Zerkleinerung zu stark	4	3	2	
6105 Zerkleinerung ungenügend	4	3	2	
6110 Zerkleinerung zu ungleichmäßig	4	3	2	
4800 Speckstücke ungleich	4	3	2	
2700 Gewürzverteilung ungleichmäßig*	4	3		
5305 Trockenrand-Bildung	4	3	2	
3280 Kruste/Oberfläche zu stark	4	3		
2255 Fettabsatz	4	3		
2715 Geleeabsatz	4	3		
2965 Hohlstellen	4	3	2	

4275 Risse	4	3	2	
4095 porig	4	3	2	1
5775 Kruste/Oberfläche ungleichmäßig	4	3		
6300 Kruste/Oberfläche dick	4	3		
3279 Kruste/Oberfläche zu dicht	4	3		
5736 mit Gelee ungenügend gefüllt	4	3	2	
Farbe				
4056 Oberflächenverfärbung	4	3		
2265 Farbe zu blaß	4	3	2	
5975 zu dunkel	4	3	2	
2156 Farbe ungleichmäßig*	4	3	2	
3591 mißfarben*	4	3	2	1
2725 grau-/grünfleckig	4	3	2	1

1470 Brät zu blaß	4	3	2	
1475 Brät zu dunkel	4	3	2	
1440 Brät mißfarben*	4	3	2	
1441 Brät stumpf	4	3	2	
2275 Fleischeinlage blaß	4	3	2	
2280 Fleischeinlage zu dunkel	4	3	2	
2285 Fleischeinlage mißfarben*	4	3	2	
2701 Sonstige Einlage zu viel	4	3	2	
4708 Sonstige Einlage zu grob	4	3	2	
4709 Sonstige Einlage Verteilung ungleichmäßig	4	3	2	
2270 Fleisch irisierend	4	3		
3285 Kern blaß	4	3	2	
3291 Kern grau / grün	4	3	2	1
4356 Rand grau / grün	4	3	2	

3. Konsistenz

6030 zu weich	4	3	2	
4430 schmalzig	4	3	2	
6155 zu feucht	4	3	2	
3065 im Biss zu schwammig	4	3		
3920 nicht knackig	4	3		
2760 gummiartig	4	3	2	1
6025 zu fest	4	3	2	
6040 zu trocken	4	3	2	
4835 strohig	4	3	2	1

2595 grießig	4	3	2	
3064 im Biß zu kurz	4	3	2	
2310 Fleischeinlage zu weich	4	3	2	
2335 Fleischeinlage zu fest	4	3	2	
2305 Fleischeinlage zu trocken	4	3	2	
2315 Fleischeinlage zu zäh	4	3	2	1
4707 Sonstige Einlage zu hart	4	3	2	
4706 Sonstige Einlage zu weich	4	3	2	
4400 Rand zu hart	4	3		

1815 Darm zu zäh	4	3	2	1
1820 Darm hart	4	3	2	
6120 Zusammenhalt mangelhaft	4	3	2	
1485 Bindung mangelhaft	4	3	2	
5310 Teile unzerkaubar	4	3	2	1
6280 Kruste/Oberfläche weich	4	3		
6285 Kruste/Oberfläche hart	4	3		
3321 Kruste/Oberfläche krümelt beim Schneiden	4	3		

4. Geruch und Geschmack

4440 salzig	4	3	2	1
4845 säuerlich	4	–	–	–
4525 sauer	–	3	2	1
4595 süßlich	4	3	2	1
1365 bitter	4	3	2	1
2225 fettig	4	3	2	
5910 Würzung nicht abgestimmt*	4	3	–	–
5915 Würzung zu schwach	4	3	2	1

5920 Würzung zu stark	4	3	2	1
2325 Fleischaroma zu gering	4	3	2	
1715 charakt. Aroma fehlt*	4	3	2	1
2320 Fleischeinlage zu salzig	4	3	2	
1105 ammoniakalisch	4	3	2	1
2920 hefig	4	3	2	
2115 fremdartig**	–	3	2	1
3885 nach Hülle	4	3	2	1

4360 Rauch zu schwach	4	3	2	1
4365 Rauch zu stark	4	3	2	1
4361 Rauch abweichend	4	3	2	1
1406 beißig	4	3	2	1
1371 brennerig	4	3	2	1
3525 metallisch	4	3	2	1
5105 talgig	4	3	2	1
3985 ölig	4	3	2	1

* Bemerkungen
** Unbedingt erläutern

Fleischkäse, Gefüllte Erzeugnisse, Galantinen und Ballontinen

AUSWERTUNGSBEREICH
Prämierungsvoraussetzungen
- In jedem Prüfmerkmal müssen mindestens **3** Punkte (ungewichtet) erreicht werden.
- DLG-Preis — Qualitätszahlen

DLG-Preis	Qualitätszahlen
Goldener DLG-Preis	5,00
Silberner DLG-Preis	4,50–4,99
Bronzener DLG-Preis	4,00–4,49

Gewichtungs-Faktoren = Gewichtete Bewertung

Bewertung: 5 4 3 2 1 0 — x 1 =

3755	Bräunung mißfarben	4	3		
6255	Boden zu hell	4	3		
6260	Boden zu dunkel	4	3		
6316	Kanten dunkel	4	3		
4900	Sprenkel/Flecken i. Kruste/Oberfläche	4	3		
5765	Boden unsauber	4	3		
1636	Außenflächen beschädigt	4	3	2	
6265	Volumen zu klein	4	3		
4811	Speckmantel n. gleichm.	4	3		
4812	Speckmantel zu dünn	4	3		
4813	Speckmantel zu gelblich	4	3		
4814	Speckmantel durchlöchert	4	3	2	

4710	**Sonstige Mängel****	4	3	2	1	–
9998	nicht bewertbar**	–	–	–	–	0

Bewertung: 5 4 3 2 1 0 — x 3 =

4785	Speck rötlich (nicht durch Würzung!)	4	3	2	
4790	Speck gelblich	4	3	2	
4780	Speckteile blutig	4	3	2	1
1450	Blutpunkte	4	3	2	
2721	Gelee zu hell	4	3		
2722	Gelee zu dunkel	4	3		
	Farbhaltung				
4795	stark verblassend	4	3		
5505	vergrauend	–	3	2	
	Zusammensetzung				
3660	Fleischauswahl mangelhaft*	4	3	2	
2306	Fleisch schlecht hergerichtet*	4	3	2	

6140	Magerfleischeinlage zu wenig	4	3	2		
2290	Fettanteil zu hoch	4	3	2	1	
4820	Sehnenanteil zu hoch	4	3	2	1	
2745	Sehnen-/Schwartenteile grob	4	3	2	1	
4825	Schwarten zu reichlich	4	3	2		
3295	Knorpelteile	4	3	2		
3300	Knochenteilchen	4	3	2		
2740	Geleeanteil zu hoch	4	3			
2741	Geleeanteil zu niedrig	4	3			
4710	**Sonstige Mängel****	4	3	2	1	–
9998	nicht bewertbar**	–	–	–	–	0

Bewertung: 5 4 3 2 1 0 — x 2 =

6376	Kruste/Oberfläche zu trocken	4	3		
6386	Kruste/Oberfläche zu fest	4	3		
6411	Kruste/Oberfläche zäh	4	3		
4956	Kruste/Oberfläche speckig	4	3		
3906	Kruste/Oberfläche nicht durchgebacken	4	3	2	
2750	Gelee zu weich-verfl.	4	3	2	
2755	Gelee zu fest	4	3		
6371	Kruste/Oberfläche zu locker	4	3		

4307	Anschnittfläche rauh	4	3			
	Trennbarkeit					
4735	Scheiben schwer trennbar	4	3			–
4740	Scheiben deformiert	4	3			–
4710	**Sonstige Mängel****	4	3	2	1	–
9998	nicht bewertbar**	–	–	–	–	0

Bewertung: 5 4 3 2 1 0 — x 4 =

5385	tranig – fischig	–	3	2	1
4450	seifig	–	3	2	1
4235	ranzig	–	3	2	1
4850	Speck ranzig	–	3	2	1
4855	Speck fischig	4	3	2	1
3490	lakig	4	3	2	
2174	Frische fehlt	4	–	–	–
1005	alt	–	3	2	1

1825	dumpfig und muffig	–	3	2	1	
4840	schimmelig	–	–	2	1	
4510	stickig	–	–	2	1	
2330	faulig	–	–	–	1	
4710	**Sonstige Mängel****	4	3	2	1	–
9998	nicht bewertbar**	–	–	–	–	0

Gewichtete Gesamtbewertung / Summe der Gew.-Faktoren = ―― / 10 = ☐ Erzielte Qualitätszahl

Laboruntersuchungen beantragt ☐

Reserveproben beantragt } haben vorgelegen ☐ / fehlen ☐

Erzielter DLG-Preis
Goldener ☐ Bronzener ☐
Silberner ☐ Ohne ☐

6.3 Rechtliche Bestimmungen – Verkehrsauffassung und Verbrauchererwartung[1]

Bei jeder Qualitätskontrolle werden als rechtliche Grundlagen die so genannte

- Verkehrsauffassung und, als ein Teil davon, die
- Verbrauchererwartung

herangezogen.

Nach derzeit herrschender Rechtsauslegung wird die **Verkehrsauffassung** als „die Auffassung der am Verkehr mit Lebensmitteln beteiligten Kreise über die Beschaffenheit eines Lebensmittels" bezeichnet. Zu den beteiligten Kreisen gehören Hersteller, Händler und Verbraucher. Die Verkehrsauffassung setzt sich aus dem

- „geübten redlichen Handelsbrauch" und
- der vom „Verbraucher gehegten berechtigten Erwartung an die Beschaffenheit eines Lebensmittels" zusammen. Ausgangspunkt für die Feststellung der rechtlichen Bewertung ist zunächst die Frage: „Was ist nach Auffassung aller am Verkehr mit Lebensmitteln Beteiligten üblich bzw. verkehrsüblich?"

Als Verbrauchererwartung wird das angesehen, „was der verständige Durchschnittsverbraucher unter Berücksichtigung redlicher Handelsbräuche erwartet und erwarten darf". Auch wenn die „berechtigte Verbrauchererwartung" nicht „konkret beschrieben werden kann", so können die Verbraucher sicherlich erwarten, dass ein Lebensmittel

- **gesundheitlich unbedenklich** und
- **bekömmlich**

ist. Ferner dürfen Verbraucher darauf vertrauen, dass ein Lebensmittel den gesetzlichen Anforderungen oder den allgemein üblichen und in Fachkreisen anerkannten Anschauungen entspricht.

Das stoffliche Erscheinungsbild eines Lebensmittels in Verbindung mit seiner Bezeichnung und andere äußerlich vom Verbraucher wahrnehmbare Umstände (z. B. die Deklaration) spielen für die Vorstellung des Verbrauchers – und damit für die „berechtigte Verbrauchererwartung" – eine große Rolle.

Berufliche Aufgabenstellung

Führen Sie im Team mithilfe des DLG-Prüfschemas für gefüllte Erzeugnisse eine Qualitätsprüfung des „gefüllten Hähnchenbrustfilets" durch.

Beachten Sie, dass die Entscheidungen über die Punktevergabe im Team mehrheitlich zu treffen sind, und berücksichtigen Sie bei Ihrer Bewertung die Grundsätze der „Verkehrsauffassung" und der „Verbrauchererwartung".

---

1 nach: Lexikon des Lebensmittelrechts, Peter Hahn, Behr's Verlag Hamburg 2. Aufl. 1999, Stichworte „Verkehrsauffassung" und „Verbrauchererwartung"

Übungen

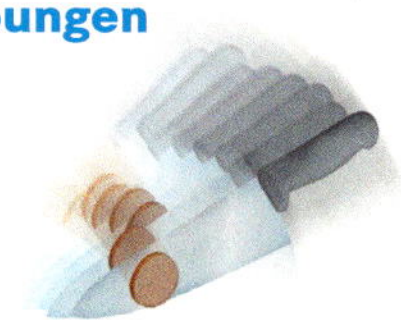

1 Erläutern Sie, was man bei der Qualitätsbeurteilung unter „sensorischer Beurteilung“ versteht.

2 Nennen Sie je ein Beispiel für jede der verschiedenen sensorischen Beurteilungsmöglichkeiten.

3 Erläutern Sie kurz den Begriff Verkehrsauffassung.

4 Welcher Personenkreis ist für die Festlegung der Verkehrsauffassung maßgeblich?

5 Aus welchen beiden Bereichen setzt sich die Verkehrsauffassung zusammen?

6 Welche Bedeutung hat bei der Qualitätskontrolle die Verbrauchererwartung?

7 Welche Prämierungen verleiht die DLG bei ihrer Qualitätskontrolle?

Zusammenfassung

Küchenfertige Fleisch-Erzeugnisse

verfeinern
- durch Pökeln
- durch Beizen
- durch Marinieren

aufwerten
- mit Speck oder
- mit Teig

raffiniert
- füllen

Hygienekontrolle nach HACCP durchführen

Produktqualität nach DLG-Schema prüfen und bewerten

Verkehrsauffassung und Verbrauchererwartung berücksichtigen

Lernfeld 5

Informieren über Fleischereiprodukte

1 Werbemaßnahmen planen und anschauliche Werbematerialien gestalten
2 Verkaufsgespräche führen
3 Kunden über die wertvollen Inhaltsstoffe des Fleisches informieren
4 Die Zusammensetzung von Fleisch-Erzeugnissen fachkundig dokumentieren
5 Kunden über Grundsätze und Bedeutung einer ausgewogenen Ernährung aufklären
6 Den Nährstoff- und Energiegehalt von Speisen in Abhängigkeit zum Tagesbedarf ermitteln
7 Verschiedenen Personengruppen geeignete Waren aus dem Fleischereisortiment empfehlen
8 Auf kritische Medienberichte über Fleisch angemessen reagieren

„Ich bin seit 12 Jahren Vegetarier. Und ich war noch nie ernsthaft krank. Vegetarische Ernährung stärkt das Immunsystem. Ich glaube, dass Fleisch krank macht."

Bryan Adams, Sänger

Fleischer profitieren vom Fleischskandal

Innung kritisiert Preisdruck und Aushilfskräfte bei Discountern

... Der Verbraucher könne sich am besten vor verdorbenem Fleisch schützen, indem er bei seinem Fleischer kauft, wirbt Ludwig Herzberg, Obermeister der Fleischerinnung Erdenthal, für seine Zunft. Ein Fleischer hafte persönlich mit seinem Namen für seine Fleischqualität und könne sich nichts erlauben. „Wir Fleischer ziehen auf jeden Fall einen Vorteil aus dem Fleischskandal, weil lang nicht mehr gesehene Kunden wieder zurück ins Geschäft kommen", freut sich Herzberg über das belebte Geschäft. Einen Grundsatz für Fleischer und Verbraucher gab er seinen Kollegen zum Abschluss noch mit auf den Weg: „Fleisch und Wurstwaren eignen sich nicht als Schnäppchenware!"[1]

Mehr Fleisch, mehr Krebs

Studie: Höhere Darmkrebsrate bei hohem Fleischkonsum

Der Verzehr von Fleisch und die Häufigkeit von Darmkrebs stehen nach Erkenntnissen britischer Wissenschaftler in einem klaren Zusammenhang. In den westlichen Industriestaaten mit hohem Fleischkonsum sei die Darmkrebsrate dreimal höher als in ärmeren Ländern, wo vor allem Gemüse und Getreide auf dem Speiseplan stehen, heißt es in einer Studie der Fachzeitschrift „Journal of Epidemiology and Community Health". Die Wissenschaftler der Universität Oxford verglichen die Darmkrebsraten und Essgewohnheiten in insgesamt 28 Ländern ...[2]

Gesunde Ernährung – Fleisch gehört dazu!

Negative Schlagzeilen über Fleisch- und Fleisch-Erzeugnisse, z. B. „Fleisch- und Wurstverzehr erzeugt Darmkrebs“ oder zur BSE-Problematik, verunsichern den Verbraucher und bringen den „Rohstoff Fleisch“ zusehends in Verruf.

Fleisch und Fleischerzeugnisse sind jedoch Lebensmittel mit wertvollen Inhaltsstoffen, die in einer ausgewogenen und gesunden Ernährung nicht fehlen dürfen.

Ihre Aufgabe als zukünftige Fleischer und angehende Fleischfachverkäuferinnen besteht darin, Ihre Kunden fachgerecht und kompetent über die Inhaltsstoffe Ihrer Waren zu informieren, verschiedenen Zielgruppen (Senioren, Kindern, Sportlern u. a.) bei der Auswahl geeigneter Produkte aus Ihrem Sortiment behilflich zu sein und diese im Verkaufsgespräch individuell zu beraten.

Durch das Gestalten von ansprechenden Werbemitteln, z. B. über die Bedeutung der Fleischereiprodukte für eine gesunde und ausgewogenen Ernährung, können Sie zudem einen wertvollen Beitrag leisten, das Vertrauen der Kunden in das Lebensmittel Fleisch zurückzugewinnen.

1 nach: www.marktplatz-oberbayern.de/regionen/dorfen/art1580,335632.html, entnommen 2005-12-05
2 aus: www.3sat.de/3sat.php?http://www.3sat.de/nano/news/10316, entnommen 2005-12-05

1 Werbemassnahmen planen und anschauliche Werbematerialien gestalten

Ziele dieses Kapitels:

- **Wir lernen die Ziele der Werbung kennen.**
- **Wir informieren uns über Erkenntnisse der Werbewirtschaft im Hinblick auf die Wirksamkeit von Werbemaßnahmen.**
- **Wir erfahren wichtige Grundsätze und Schlüsselfragen zur Planung von Werbemaßnahmen.**
- **Wir erhalten Tipps zur Gestaltung von typischen Werbemitteln im Fleischerfachgeschäft.**
- **Wir planen einen Aktionstag und fertigen verschiedene Werbematerialien an.**

Die Buchheim KG begeht in zwei Monaten mit einem Aktionstag das 10-jährige Bestehen ihrer Filiale in der Lotzestraße. Ludwig Buchheim beauftragt die Verkaufsleiterin Inge Bach, den Aktionstag zu planen und passende Werbematerialien zu entwerfen. Bei der Planung und Gestaltung sollen auch alle Mitarbeiter der Filiale beteiligt werden und ihre Ideen einbringen. Inge Bach beruft daraufhin eine Besprechung ein und erläutert die Aufgabe.

„10 Jahre sind das schon wieder! Ich meinte, es wäre erst gestern gewesen, dass ich hier angefangen habe. Wie die Zeit vergeht ... Das müssen wir auf alle Fälle mit unseren langjährigen Kunden feiern!“, sagt die Verkäuferin Elisabeth Kurz.

„Mmhh ..., vielleicht mit einem Aktionstag, wir könnten ein paar Jubiläumsangebote anpreisen oder eine Tombola oder ein Preisausschreiben veranstalten. An die Kinder könnten wir Luftballons verteilen“, überlegt Sonja Weiß, die Auszubildende.

„Also ich habe hier die Aufgabe zu verkaufen. Die Werbung und das Planen von Sonderaktionen ist Aufgabe unseres Chefs. Mir fällt dazu nichts ein und ich mache auch nichts!“, entgegnet Bruno Höllerich, der Fleischer. „Außerdem kommen die Kunden sowieso ins Geschäft, wenn sie etwas brauchen. Da muss man doch nicht so ein Brimborium veranstalten, oder? Das macht nur viel Arbeit und kostet eine Stange Geld.“

„Das stimmt nicht!“, erklärt Branca Hizmeci, die Reinigungskraft. „Ich muss für meine Familie immer möglichst günstig einkaufen. Deshalb schaue ich mir die Zeitungsanzeigen und Werbeblätter der Lebensmittelgeschäfte sehr genau an. Wenn Qualität und Preis stimmen, dann kaufe ich es!“

„Gut“, sagt Inge Bach, „dann informieren wir uns mal, worauf man bei der Planung und Gestaltung achten muss, sammeln anschließend unsere Ideen und versuchen daraus ein Konzept für den Tag zu entwickeln. Danach verteilen wir die Arbeitsaufträge!“

1.1 Ziele der Werbung

Werbung dient in erster Linie dazu, den Absatz der Waren und damit den Umsatz des Fleischerfachgeschäftes zu steigern.

Es müssen die Stammkunden erhalten und neue Kunden dazugewonnen werden, indem man verschiedene Waren aus dem Sortiment regelmäßig bewirbt. Der Name des Geschäfts prägt sich bei Lesern/Hörern zunehmend ein und führt neben Stammkunden auch viele Neukunden ins Fleischerfachgeschäft.

Bei der Einführung neuer Produkte haben Werbemaßnahmen die Aufgabe, das Produkt bekannt zu machen und über die Eigenschaften und die Verwendung, z. B. einer neuen Wurstsorte, zu informieren; die Bedürfnisse und Wünsche des Kunden sollen geweckt werden.

> ***Wer aufhört zu werben, um Geld zu sparen, der kann auch seine Uhr anhalten, um Zeit zu sparen.***
>
> Henry Ford, amerikanischer Großindustrieller

Zum Erfolg der Werbung und zur Erhöhung des Marktanteils tragen außerdem entscheidend

- die gleich bleibende Qualität und Frische der angebotenen Waren,
- das Service- und Leistungsangebot wie Platten- und Partyservice, Parkplätze, Mittagsimbiss,
- die Pflege der direkten Kundenbeziehung im Verkaufs- und Beratungsgespräch und
- eine faire Preisgestaltung bei.

Der Kunde entwickelt durch diese Maßnahmen Vertrauen, der Ruf des Fleischerfachgeschäftes in der Öffentlichkeit wird zunehmend positiv, man sagt auch: **Das Image eines Betriebes wird gepflegt.**

Ein einheitliches Erscheinungsbild in der Öffentlichkeit durch die Verwendung eines Firmenzeichens (= Logo) und gegebenenfalls eines Leitspruchs z. B. auf der Kleidung der Mitarbeiter, auf Firmenfahrzeugen oder an der Außenfassade des Geschäfts unterstützt zusätzlich den Wiedererkennungswert beim Kunden und hinterlässt einen positiven Eindruck.

1.2 AIDA-Modell

AIDA ist eines der ältesten Modelle der Werbewirtschaft und wurde ca. 1900 von dem Jeans-Hersteller Lewis in Amerika entwickelt. Es ist ein idealtypisches und einfaches Stufenmodell mit vier „psychologischen Schritten“, die der Kunde durchläuft, bis er schließlich ein Produkt kauft.

Das Stufenmodell AIDA steht zwar in der Kritik, denn die strenge Abfolge der einzelnen Stufen wird angezweifelt. Aber um den Aufbau und die Wirksamkeit einer Werbemaßnahme zu überprüfen, eignet es sich sehr gut. Alle vier Phasen sind gleichermaßen wichtig, es darf also keine vernachlässigt

AIDA-Modell

A = attention:	Aufmerksamkeit des Kunden auf das Produkt lenken, z. B. durch ein werbewirksam dekoriertes Schaufenster, eine hübsche Angebotstafel, durch originell gestaltete Anzeigen und Handzettel.
I = interest:	Interesse des Kunden am Produkt wecken, z. B. ansprechende und appetitliche Präsentation in der Verkaufstheke, eventuell als Angebot der Woche.
D = desire:	Drang/Wunsch zum Besitz der Ware verstärken und Kunden überzeugen, z. B. Verteilen einer Kostprobe, Zubereitungsempfehlung für ein bestimmtes Produkt, passende Angebote aus dem Zusatzsortiment.
A = action:	Abschluss des Kaufs bewirken.

5.1

werden. Ist beispielsweise die Werbung nur aufmerksamkeitsstark und interessant und fehlt der Wunsch-Aspekt, so muss eine Werbemaßnahme gezielt nachgebessert werden, damit sie erfolgreich ist.

Mittlerweile gibt es verschiedene Abwandlungen des Modells. So wurde dem Verhaltensmuster der Kunden noch ein weiterer Aspekt P (proof = Prüfphase) hinzugefügt, aus AIDA wird so AIDPA.

Merke

Werbemaßnahmen sind besonders erfolgreich, wenn sie die vier Stufen des AIDA-Modells berücksichtigen.

1.3 Gefühle als Kaufgrund

Ein Kunde kauft Waren aus emotionalen, also aus Gefühlsgründen und/oder aus rationalen, also aus Sachgründen. Bei der Formulierung und Gestaltung von Werbematerialien kommt es deshalb darauf an, dass nicht nur die Vorzüge der angebotenen Produkte dargestellt werden, sondern dass auch der Gefühls- und Wertebereich der möglichen Kunden angesprochen wird, wie beispielsweise

- die Sehnsucht nach Geltung und Anerkennung: „Tun Sie etwas Gutes für sich und feiern Sie mit Ihren Freunden, das Kochen übernehmen wir für Sie!"
- das Bedürfnis nach Sicherheit: „Wir führen Waren von ökologisch orientierten Erzeugern, die Herkunft unseres Fleisches ist lückenlos nachvollziehbar."
- die Befriedigung der ständigen Neugier: „Probieren Sie unsere neuen Salatkreationen, schmackhaft, leicht und lecker!"
- der Wunsch nach Bequemlichkeit: „Unsere küchenfertigen Spezialitäten erweitern Ihren Speisezettel und sparen Zubereitungszeit!"
- der Erhalt der Gesundheit: „Probieren Sie unsere Wurstsorten mit extra wenig Fett!" – „Fleisch stärkt und gibt Kraft!"

Mit Sicherheit genießen ...
bedeutet für uns: frisches Qualitätsfleisch
mit Herkunftsnachweis aus der Region

****

Weihnachts-Schlemmerideen (auf Vorbestellung):

frische Enten und Gänse, Wildspezialitäten von Reh, Hirsch
oder Wildschwein, Kasseler in Blätterteig, Entenbrustfilet Orange,
gefüllter Jägerbraten, Putenbrust „Wintertraum"

****

Unsere Empfehlungen für diese Woche:

Wienerle – knackig frisch aus dem Rauch	100 g	**–,79 €**
Leberkäsbrät zum Selberbacken	500-g-Schale	**2,49 €**
Schweinefilet frisch aus der Keule	100 g	**1,65 €**

****

Besinnliche Adventstage und ein frohes Weihnachtsfest!

Metzgerei
KAMMERER

89952 Ollenbeck • Am Kirchle 15
www.metzgerei-kammerer-wvd.de

5.2

Außerdem braucht der Kunde etwas Zeit, bis er sich das Firmenlogo und das Produktangebot merken kann. Man hat herausgefunden, dass man einen Kunden 7-mal über die Werbung ansprechen muss, bis er das Produkt wiedererkennt. Daher werden z. B. Werbespots im Fernsehen in kurzen Abständen häufiger wiederholt, um den Behaltenswert des Zuschauers zu erhöhen.

1.4 Planung von Werbemaßnahmen und Werbeetat

Werbung, z. B. für regelmäßige Sonderangebote oder Verkaufsaktionen, ist teuer. Deshalb müssen die Wirksamkeit der Werbemaßnahmen und der Aufwand an Kosten und Material immer in Beziehung gesetzt und untersucht werden. Dabei leisten folgende Fragen wertvolle Hilfestellung:

- Welches Ziel soll mit der Werbeaktion verfolgt werden?
- Welche Kundengruppen sollen angesprochen werden?
- Welche Geschäftsstellen/Filialen nehmen daran teil?
- Wann soll die Aktion durchgeführt werden?
- Welcher Kostenrahmen (= Budget, Etat) steht zur Verfügung?
- Welche Werbemaßnahmen sind sinnvoll?
- Welche Aktionsartikel und -preise werden angeboten?
- Mit welchen Informationen oder Argumenten kann der Kunde überzeugt werden?
- Welche Hilfsmittel (Dekoration/Beleuchtung) sind notwendig?
- Wie kann ich den Erfolg der Maßnahme überprüfen?

Geplante Werbemaßnahmen – Kalkulationsvorlage

Handzettel als Zeitungsbeilage

Kosten für Gestaltung, evtl. durch Grafiker/Werbeagentur		000,00 €
Druckkosten		000,00 €
evtl. Lieferkosten zum Verlag		000,00 €
Kosten für Prospektbeilage in der Zeitung, je nach Auflage und Zustellgebiet		000,00 €
	gesamt	**000,00 €**

Zeitungsanzeige

Kosten für Veröffentlichung im Anzeigenteil der Lokalausgabe und/oder im regionalen Anzeigenblatt		000,00 €
	gesamt	**000,00 €**

Radiospot bei einem regionalen Radiosender

Kosten für Entwurf und Produktion		000,00 €
Kosten für Ausstrahlung		000,00 €
	gesamt	**000,00 €**

Wichtig: Werbung hat auch ihre Grenzen!

Aussagen, die in der Werbung gemacht werden, müssen wahr und dürfen für den Kunden nicht irreführend sein. Außerdem dürfen Mitbewerber nicht beleidigt oder herabgesetzt werden. Gesundheitsbezogene Werbung mit Heilungsversprechen u. Ä. ist ebenfalls verboten.

Es ist sinnvoll, für die Planung und Durchführung der Werbemaßnahmen einen Zeit- bzw. Aktionsplan zu erstellen, damit die Mitarbeiter und Kollegen wissen, welche Aufgaben zu erledigen sind und wer jeweils für die Erledigung verantwortlich ist.

Der Aktionsplan kann um zusätzliche Spalten erweitert werden, z. B. Kosten, Zwischenergebnis.

Wer macht (Verantwortlicher)	**was?**	**mit wem?** (Mitarbeiter/-in)	**bis wann?** (Abschluss)	**Wer überprüft?**	**Bewertung**
Elisabeth Kurz	Auswahl der Jubiläumsangebote	Sonja Weiß	6 Wochen vorher	Inge Bach, Herr Buchheim	
Inge Bach	Entwurf eines Handzettels, einer Zeitungsanzeige	Sonja Weiß, Bruno Höllerich	3 Wochen vorher	Inge Bach, Herr Buchheim	

5.3

1.5 Bedeutende Werbemaßnahmen im Fleischerfachgeschäft

5.4

Die Werbebotschaft des Fleischerfachgeschäfts gelangt durch Kombination verschiedener Maßnahmen zum Kunden:

1.5.1 Schaufenster und Dekorationen

Ein zeitgemäß und geschmackvoll gestaltetes Schaufenster erregt das Interesse des vorbeigehenden Passanten und veranlasst ihn das Geschäft zu betreten und etwas zu kaufen. Weisen im Geschäft interessant und aktuell gestaltete Dekorationen auf besondere Waren, Angebote oder Anlässe hin, so tätigt der Kunde häufig auch noch den einen oder anderen Zusatzkauf.

Verstaubte und blasse Dekorationen im Schaufenster und im Laden dagegen wirken langweilig, zu volle und überfrachtete Fenster überfordern den Betrachter. Beides vermittelt einen negativen Eindruck und ist somit nicht besonders verkaufsfördernd.

Tipps:

- Anlassbezogen und regelmäßig umdekorieren, dadurch wird die Neugierde der Kunden geweckt.
- Farbige Dekostoffe, Fahnen, Girlanden, charakteristische Produkte und Gegenstände, Luftballons, Plakate, Bilder, Schrifttafeln u. Ä. verwenden, jeweils abgestimmt auf:
  - Jahreszeit, z. B. Schneeflocken im Winter
  - Kirchenfest, z. B. Eier, Hase, Lamm zu Ostern
  - besondere Ereignisse (wie Jubiläen, Spezialitätenwoche [italienisch, bayerisch, mexikanisch, ungarisch] usw.)

5.5

April 2006 in einer Dortmunder Fleischerei

5.6

Fleischermeister und Sprayer vor einer originellen Werbung für die Fleisch- und Wurstwaren GmbH in Roßwein/Sachsen

- Im Schaufenster und im Laden Schwerpunkte oder Blickfänge - bevorzugt in Augenhöhe des Kunden - bilden, damit können besondere Produkte deutlich hervorgehoben werden und sie fallen dem Kunden sofort ins Auge.
- Textschilder und Preisauszeichnungen kurz und knapp halten.
- Verschiedene Zielgruppen (z. B. Sportler, Kinder, Senioren) ansprechen, indem die Auslage in kleinere Bereiche unterteilt wird.
- Schaufenster und Verkaufsraum gut ausleuchten. Es sollten keine dunklen Ecken und Nischen entstehen. Blickfänge sollten zusätzlich angestrahlt werden.

1.5.2 Inserate in lokalen Zeitungen oder Anzeigenblättern

Inserate, die auf Anzeigenseiten einer Zeitung erscheinen, sind teuer und haben oft den großen Nachteil, dass sie in der Masse „untergehen" und vom Leser „überlesen" werden.

Um den größtmöglichen Werbeeffekt zu erzielen, sollte man folgende Punkte beachten:

- Anzeigen sollten regelmäßig geschaltet werden, der Erscheinungstag sollte gut gewählt sein, z. B. jeden Donnerstag, um die aktuellen Angebote zu veröffentlichen, oder die Wochenendausgabe, um beispielsweise auf einen Tag der offenen Tür hinzuweisen.
- Die Auswahl der Zeitung sollte auf die Zielgruppe abgestimmt sein; eventuell könnte man seine Kunden fragen, welche Tageszeitungen, Werbeträger usw. sie lesen.

5.7

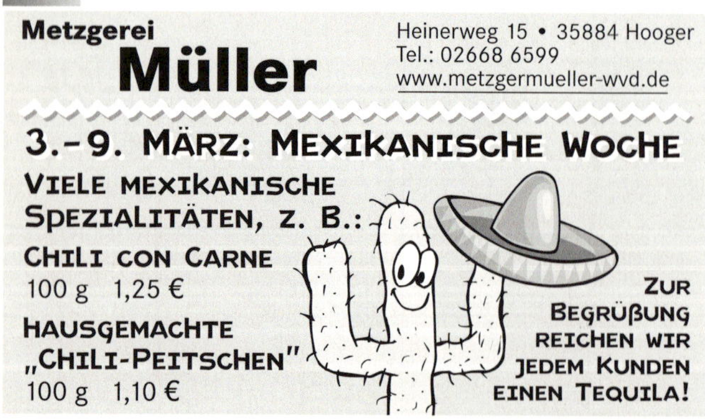

- Die Anzeige sollte nicht zu klein sein und sich in der Gestaltung von den anderen Inseraten deutlich abheben.
- Die Platzierung der Anzeige ist wichtig. Eckfeldanzeigen sind besonders auffällig oder Anzeigen, die in den normalen Textteil (z. B. im Lokalteil der Zeitung) integriert sind.
- Eine Farbanzeige statt des üblichen Schwarz-Weiß hebt sich deutlich von anderen Anzeigen ab.

- Sie sollte klar gegliedert und eingerahmt sein. In der Regel enthält sie folgende Angaben:
  - individuelles Firmenlogo oder Firmenkopf
  - auffällige, kurze und prägnant formulierte Überschrift: Nur wenn sie sofort ins Auge fällt, wird der weitere Text gelesen. Es sollte darin der Nutzen des Produkts oder die Dienstleistung ersichtlich sein.
  - genauere Beschreibung der Angebote: Eventuell Abbildung der Produkte oder Dienstleistungen, Preis- oder Qualitätsvorteile sollten deutlich hervorgehoben werden, z. B. „1 a", „Spitzenqualität", „Sonderangebote", „Probieraktionen".
  - Adresse und Telefonnummer, Faxnummer, Internetadresse (wenn vorhanden)
  - eventuell Werbespruch/Slogan, z. B. „Wir arbeiten noch mit Herz und Hand!"

1.5.3 Handzettel

Sie dienen in erster Linie der Verkaufsförderung bei Sonderaktionen. Damit der Kunde diese nicht gleich ungelesen in den Abfall wirft, muss der Zettel auf Vorder- und gegebenenfalls Rückseite wirklich attraktiv und interessant gestaltet sein.

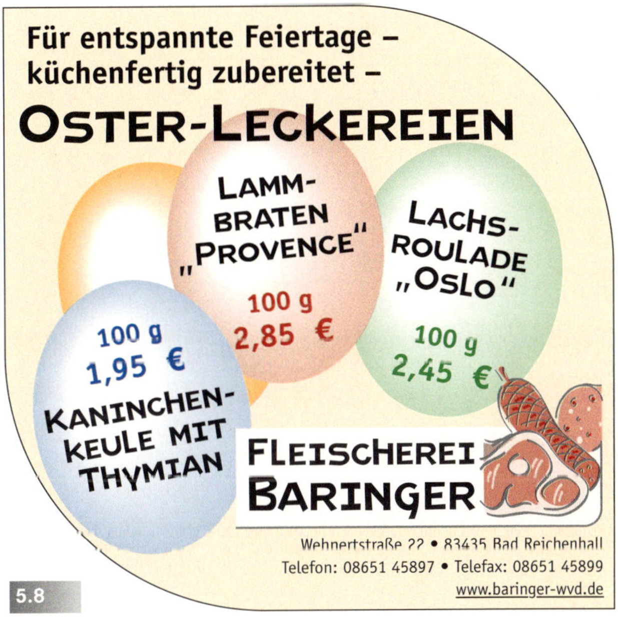

5.8

Gestaltung und Inhalt:

- Handzettel sollten maximal vier Seiten haben.
- A4- oder A5-Format wirkt oft „langweilig" und alltäglich. Außergewöhnliche Falzungen (rund, mehreckig), Stanzungen in Produktform (Stern, Wurst, Käse), Handzettel beklebt mit kleinem Gegenstand (Gewürzpäckchen, Glückscent, Stern usw.) dagegen erregen die Aufmerksamkeit des Kunden. Als Zeitungsbeilage sind diese Formate jedoch häufig nicht geeignet.
- Die Texte sollten kurz und mit großen prägnanten Überschriften versehen sein.
- Preisvorteile deutlich herausstellen.
- Reich bebildern, denn: „Ein Bild sagt mehr als tausend Worte!"
- Vorzüge durch deutliche Ränder, Schriftarten oder Farben hervorheben. Am stärksten aktivierend wirken der Reihenfolge nach Rot, Orange und Gelb.
- Aber: nicht zu viele Einzelelemente (Text in mehreren verschiedenen Schriftarten und Farben usw.) miteinander kombinieren, sondern ein klares und einfaches Layout wählen.
- Ein hoher Anteil an Weißraum steigert die Übersichtlichkeit und trägt dazu bei, dass das Werbemittel nicht überladen wirkt.

5.9

- Gutscheine, Preisausschreiben oder kleine Geschenke erhöhen die Attraktivität des Angebots.
- Firmenlogo, Adresse und die Telefonnummer/Faxnummer/gegebenenfalls Internetadresse nicht vergessen.
- Der Einsatz eines Computers zur Gestaltung des Handzettels ist empfehlenswert.

Herstellung und Verteilung:

- Größere Mengen sollten über eine Druckerei gefertigt werden. Um die Kosten frühzeitig abschätzen und vergleichen zu können, sollten mehrere Kostenvoranschläge eingeholt werden.
- Handzettel im Laden z. B. neben die Kasse legen oder auf der Theke positionieren;
- in Hausbriefkästen einwerfen lassen;
- als Beilage in Tageszeitungen einlegen lassen.

1.5.4 Plakat

Plakate begünstigen die Kaufentscheidung erheblich, da sie die Blicke auf Sonderangebote bzw. Artikel lenken, deren Verkauf man besonders fördern möchte, wie z. B. saisonale oder regionale Spezialitäten. Handgeschriebene Plakate wirken dabei meist eindringlicher als gedruckte Plakate und lenken das Interesse des Kunden während längerer Wartezeiten – aber auch noch im Verkaufsgespräch – auf Sonderangebote oder andere wichtige Informationen.

Merke

Plakate im Verkaufsraum sind stumme und gleichzeitig aktive Verkäufer.

Um die Aufmerksamkeit des Kunden zu fesseln und um ihn zu animieren, auch einmal ein anderes Produkt zu kaufen, sollten sie professionell gestaltet sein.

Plakate sollen

- aus fünf bis zehn Metern Abstand noch leicht lesbar sein, Format mindestens A3, A2 im Laden, außerhalb des Geschäfts auch größer.
- ein harmonisches und leserliches Schriftbild (Plakatschrift!) aufweisen.
- immer von derselben Person geschrieben werden.
- die Preisangaben um etwa ein Drittel größer anzeigen als die Verkehrsbezeichnung.

5.10 *Plakatschrift (Beispiel)*

- gegebenenfalls farbig gestaltet werden (maximal in drei Farben) oder auf farbigen Plakattafeln oder Karton geschrieben werden. Den höchsten Aufmerksamkeitswert für Überschriften hat die Farbe Rot; Gelb und Weiß sind oft gut geeignet als Plakathintergrund.
- nicht einförmig wirken: Einige Textstellen kann man durch die Verwendung verschiedener Schriftgrößen oder Schriftarten abwechslungsreicher gestalten. Um den Kunden nicht zu verwirren, sollte man sich auf zwei Schriften und Schriftgrößen je Plakat beschränken.
- zum längeren Betrachten auffordern: Durch Schattieren einzelner Buchstaben oder Worte mit einer anderen Farbe, durch Unterstreichungen oder durch kursive (= schräg gestellte) Passagen kann man zusätzliche Effekte erreichen.
- so platziert sein, dass der Kunde sie im Schaufenster oder beim Betreten des Ladens sofort sieht und den Plakatinhalt schnell erfassen kann. Besonders gut eignen sich dafür die Rückwand hinter der Verkaufstheke oder Deckenhänger über der Verkaufstheke. Durch zusätzliche Effekte wie Lichtimpulse kann die Wirkung noch verstärkt werden.

5.11 *Plakat im Schaufenster*

Vor dem Laden dienen Plakate am Schaufenster oder Plakataufsteller auf dem Gehweg als „Stopper". Sie sollen die glatte Geschäftefront unterbrechen und den Passanten dazu bewegen, einen Blick auf die Angebote und in den Laden zu werfen.

5.12 *Plakataufsteller*

1.5.5 Weitere Werbebeispiele

Werbemaßnahme	Zweck/Einsatzbereich	Inhalt/Gestaltung	Beispiele
Werbegeschenk	◗ kleine Aufmerksamkeit mit Betriebsbezug an Festtagen (Weihnachten, Ostern), Geburtstage u. a. ◗ Dank für Geschäftstreue ◗ geringer Materialwert, keine Bestechung ◗ hoher Erinnerungseffekt	◗ wenig Produktinformation möglich, ◗ i. d. R. beschriftet mit Firmennamen/Firmenlogo und eventuell einem Slogan ◗ Werbeaufdruck darf das Geschenk nicht verunzieren	Rezeptbuch, Kugelschreiber, Messer, Notizblock, Stofftasche, Kalender
Werbebrief	◗ unmittelbare, gezielte Ansprache von Personen, Firmen oder Organisationen ◗ über Postweg oder E-Mail ◗ Gewicht der Briefe beachten, um Portokosten zu sparen	◗ persönliche Anrede ◗ nicht nur Text schreiben, sondern durch Bilder, Zeichnungen usw. interessant gestalten ◗ Kundenvorteil zu Beginn konkret angeben ◗ Text in klare, sinnvolle Abschnitte gliedern ◗ wichtige Begriffe in Fettschrift hervorheben ◗ eventuell Gutschein für Geschenk/Probierhappen beilegen	Einführung einer neuen Wurstsorte, Eröffnung einer neuen Filiale, Spezialitätenwochen
Kundenzeitschrift	◗ sollte regelmäßig (wöchentlich, monatlich oder vierteljährlich) erscheinen ◗ aufgemacht wie Tageszeitung oder eine Illustrierte ◗ für z. B. Filialbetriebe, die laufend aktuelle Angebote haben ◗ Verteilung über Post, Hausbriefkästen ◗ Auslage im Geschäft ◗ eigene Herstellung sehr aufwändig und teuer ◗ Verlage bieten fertige Zeitschriften an, auf Vorder- und Rückseite kann das Fleischerfachgeschäft für sich werben	◗ Umfang ca. 6 bis 20 Seiten ◗ im A4-Format ◗ Gliederung in verschiedene Rubriken, z. B. aktuelles Thema, Leserbriefe, Vorstellung von Kunden, Kurzmeldungen, Nachrichten, Rezepte, Warenkunde (Fleisch, Käse), Ernährung und Gesundheit, Unterhaltsames ◗ reich bebildern ◗ Textumfang übersichtlich und kurz halten	◗ eigene Zeitschrift zur Werbung für verschiedene Anlässe und Angebote, z. B. vierteljährliche Spezialitätenwochen ◗ z. B. Kundenzeitschrift „Lukullus"
Hinweis-/Informationsschilder, eventuell mit Preisschild kombiniert	◗ weisen auf einen Service oder die Qualität hin ◗ als Thekenaufsteller ◗ in der Theke vor, neben oder hinter einem Produkt platziert	◗ mit Logo oder Schriftzug der Firma ◗ Text sollte sich auf wenige Stichworte beschränken, z. B. Nachweis der Fleischherkunft z. B. Beschreibung von Geschmack und Verwendung der Ware	◗ Schilder in Fleisch- und Käsetheke ◗ Thekenaufsteller

Werbemaßnahme	Zweck/Einsatzbereich	Inhalt/Gestaltung	Beispiele
Radio-, Fernsehwerbung	▸ regionale Sender im Einzugsgebiet des Geschäfts ▸ erreicht Personen, die keine Zeitung lesen ▸ Sendezeit auf Zielgruppe abstimmen, z. B. Hausfrauen von 08:00 - 10:00 Uhr oder nachmittags ▸ jeden Tag mindestens ein- bis zweimal für zwei bis drei Wochen ▸ kostenintensiv	▸ Spots sehr einprägsam gestalten, wie ein Hörspiel, einen Dialog, eine Ansage ... ▸ Drehbuch fertigen ▸ Gestaltungselemente mit hohem Erinnerungswert wie Witze, einprägsame Stimmen, Geräusche, Töne und Musik einbauen ▸ Sendelänge: 15 - 30 Sekunden	Eröffnung eines Geschäfts/einer Filiale, Aktionstage
Verpackungsmaterial	▸ dient zur Imagebildung des Geschäfts ▸ zum sicheren Transport und zur Aufbewahrung der gekauften Ware ▸ gute Gestaltung zieht gegebenenfalls Neukunden an, vor allem bei Geschenkverpackungen	▸ Firmenlogo und Firmenname ▸ gegebenenfalls der Slogan der Firma ▸ evtl. Informationen zum Produkt, zu dessen Aufbewahrung	Papiertüten, Einwickelpapier, Tragetaschen
Homepage im Internet	▸ zu jeder Tages- und Nachtzeit abrufbar ▸ dient der Imagebildung des Geschäfts	▸ Informationen zum Sortiment, zur Ernährung, zum Betrieb u. Ä. ▸ möglicherweise können Bestellungen getätigt werden	siehe Abb. 5.13
Betriebseigene Formulare	▸ dienen zur Imagebildung des Geschäfts	▸ Firmenzeichen und Firmenname ▸ gegebenenfalls Slogan ▸ Kontaktdaten: Adresse, Telefon-/Faxnummer u. a. ▸ gegebenenfalls Bankverbindung	Rechnung, Lieferschein, Briefumschläge, Kassenbon, Briefpapier

5.13

Berufliche Aufgabenstellung

Ein Aktionstag zum 10-jährigen Jubiläum der Filiale der Buchheim KG soll gestaltet werden.

Informieren Sie sich

- **über mögliche Ziele der Werbung;**
- **über die Erkenntnisse der Werbewirtschaft im Hinblick auf die Wirksamkeit von Werbemaßnahmen;**
- **über bedeutsame Werbemaßnahmen im Fleischerfachgeschäft.**

Entwerfen Sie ein Konzept für die Durchführung des Aktionstages und erstellen Sie dazu einen Aktionsplan! Berücksichtigen Sie dabei Überlegungen wie Ziele, Wirksamkeit, Kosten der Werbemaßnahme, Zielgruppe usw.

Führen Sie z. B. folgende Maßnahmen durch:

- **Entwurf und Herstellung eines Handzettels, einer Zeitungsanzeige, eines Plakats, eines Radiospots;**
- **Dekoration eines Schaufensters;**
- **Kostenermittlung, z. B. für 2 000 Handzettel, 10 Zeitungsanzeigen in regionalen Blättern, 20 Radiospots bei einem Regionalsender am frühen Nachmittag.**

Bewerten Sie die Maßnahmen hinsichtlich Gestaltung, Aussagekraft, Attraktivität für den Kunden und bezüglich Herstellungs- und Kostenaufwand.

Übungen

1 Beschreiben Sie mögliche Ziele der Werbung im Fleischerfachgeschäft.

2 Erklären Sie den Begriff „Imagewerbung“.

3 Erläutern Sie das AIDA-Modell und dessen Bedeutung für Werbemaßnahmen im Fleischerfachgeschäft.

4 Im Fleischerfachgeschäft sind verschiedene Werbemaßnahmen üblich. Zählen Sie mindestens fünf Beispiele auf.

5 Inserate, Handzettel und Plakate müssen verschiedene Anforderungen erfüllen, damit der Kunde sie wahrnimmt. Beschreiben Sie diese.

6 Nennen Sie wichtige Überlegungen, die bei der Planung von Werbemaßnahmen zugrunde gelegt werden müssen.

7 Ihr Ausbildungsbetrieb plant eine Aktionswoche mit griechischen Spezialitäten. Für schriftliche Werbemaßnahmen stehen Ihnen 2.500,00 € zur Verfügung.
   a) Entscheiden Sie, welche Maßnahme(n) speziell für Ihren Betrieb am Erfolg versprechendsten wäre(n) (Region, Geschäftslage, Kundenkreis).
   b) Erfragen Sie konkret die Kosten für diese Maßnahme an Ihrem Standort und kalkulieren Sie durch, was Sie für 2.500,00 € bekommen können.

Zusammenfassung

Werbemaßnahmen für einen Aktionstag planen und Werbematerialien gestalten

Ziel und Zielgruppe festlegen

- Was möchte ich bewerben? (z. B. Einführung eines neuen Produkts, Spezialitätenwoche)
- Wen soll die Werbung ansprechen? (Kinder, Familien, Senioren, ...)

Zeitpunkt der Aktion bestimmen und passende Aktionsangebote auswählen

- Welche Anlässe während eines Jahres bieten sich an? (z. B. Jahreszeit, Festtage, Jubiläen, besondere Veranstaltungen vor Ort für Sport, Kultur)
- Welche „besonderen" Waren aus meinem Sortiment oder welche Dienstleistungen (Partyservice) sprechen den Kunden besonders an?

Werbebudget festlegen

- Welcher Betrag steht für die Bewerbung der Aktion zur Verfügung?

Geeignete Werbemaßnahmen und -materialien auswählen

- (z. B. Schaufenster, Zeitungsanzeige, Handzettel, Plakat, Radiospot) **unter Berücksichtigung des Kostenaspekts**
- Mit welcher Werbemaßnahme erreiche ich meine ausgewählte Zielgruppe am besten? Was kostet der Abdruck einer Zeitungsanzeige, das Senden eines Radiospots u. Ä.?

Aktions- und Zeitplan erstellen

- Wer erledigt was? Mit wem? Bis wann? Wer überprüft? Wann soll die Werbung starten?

Werbematerialien entwerfen und gestalten

- z. B. Handzettel, Zeitungsanzeige, Schaufenstergestaltung, Plakate

Werbematerialien bewerten, z. B.

- gemäß AIDA-Formel: Erregen die Werbebotschaft und die Gestaltungselemente A = Aufmerksamkeit und I = Interesse beim Kunden? D = Desire: Was können wir tun, um den Wunsch, unsere Produkte kaufen zu wollen, beim Kunden noch zu stärken? Sprechen wir die Gefühle unserer Kunden an?
- bezüglich Herstellungs- und Kostenaufwand!

Den Erfolg der gesamten Maßnahme beurteilen, z. B.

- Wurde der Kostenrahmen eingehalten?
- Welche Kunden fühlten sich angesprochen, welche nicht?
- Waren die Angebote und Aktionen reizvoll genug für den Kunden?
- Was können wir beim nächsten Mal besser machen?

2 Verkaufsgespräche führen

Ziele dieses Kapitels:
- **Wir lernen den idealtypischen Verlauf und die Phasen eines Verkaufsgesprächs kennen.**
- **Wir formulieren angemessene Fragen und Verkaufsargumente.**
- **Wir beschreiben das fachgerechte Abwiegen und Verpacken von Waren.**
- **Wir beachten wichtige Grundsätze für das Kassieren des Warenwertes.**
- **Wir führen Verkaufsgespräche durch.**
- **Wir stellen eine Rechnung und eine Quittung aus.**

„Jens, komm bitte mal zu mir!", ruft Brigitte Baringer ihren Fleischerlehrling Jens Witte zu sich. „Maria Krüger, unserer Aushilfsverkäuferin, ist plötzlich übel geworden und sie ist deshalb zum Arzt gegangen. Ich habe keinerlei Ersatz und es ist heute sehr viel los. Du musst einspringen und Svenja und mich im Verkauf unterstützen."

„Ich habe das noch nie gemacht – das kann ich doch gar nicht!", reagiert Jens mehr als entsetzt.

„Nur die Ruhe! Du kannst uns beim Portionieren, Abwiegen und Einpacken der Waren zuarbeiten. Dabei kannst du die Vorgehensweise bei einem Verkaufsgespräch live erleben und lernst dich in unserem Warenangebot zurechtzufinden. Also komm mit, die Zeit drängt!"

5.14

Kurze Zeit später kommt die Stammkundin Frau Müller ins Geschäft. Frau Baringer und Svenja Kallenbach sind gerade mit dem Bedienen und Beraten anderer Kunden beschäftigt. Frau Baringer sagt: „Einen wunderschönen Tag, Frau Müller, ich komme gleich zu Ihnen. Jens wird sich schon mal Ihrer Wünsche annehmen." – „Ah, schön!", antwortet Frau Müller gut gelaunt und wendet sich Jens zu. „Junger Mann, ich feiere morgen meinen Geburtstag. Da das Wetter weiterhin so schön bleiben soll, meinte mein Mann, dass ich meine engsten Freunde zu einem kleinen

Fest im Freien einladen könnte. Ich soll alles einkaufen und er bezahlt - ist das nicht großzügig?" - „Äh ..., ja!", stottert Jens. „Also, was können Sie mir empfehlen?", fragt Frau Müller. Wenn ich das nur wüsste ...!, denkt sich Jens.

Merke

Ein Kunde ...

- *... ist die wichtigste Person in unserem Unternehmen, gleich ob er persönlich da ist, schreibt oder telefoniert.*
- *... hängt nicht von uns ab, sondern wir von ihm.*
- *... ist keine Unterbrechung unserer Arbeit, sondern ihr Sinn und Zweck.*
- *... ist jemand, der uns seine Wünsche bringt. Unsere Aufgabe ist es, diese Wünsche Gewinn bringend für ihn und uns zu erfüllen.*
- *... ist keine kalte Statistik, sondern ein Mensch aus Fleisch und Blut, mit Vorurteilen und Irrtümern behaftet.*
- *... ist nicht jemand, mit dem man ein Streitgespräch führt oder seinen Intellekt misst. Es gibt niemanden, der je einen Streit mit einem Kunden gewonnen hat.*
- *... ist kein Außenstehender, sondern ein lebendiger Teil unseres Geschäfts. Wir tun ihm keinen Gefallen, indem wir ihn bedienen, sondern er tut uns einen Gefallen, wenn er uns die Gelegenheit gibt, es zu tun.*[1]

Der Kunde stellt an das Verkaufspersonal vielfältige Erwartungen.
Er möchte

- freundlich bedient werden und sich „aufgehoben" fühlen.
- fachkundig Auskunft erhalten und informiert werden über die angebotenen Waren in der Ladentheke.
- seine Wünsche äußern können und sich Tipps für den täglichen Speisezettel holen.

Die Aufgabe des Verkaufspersonals besteht also darin, den Kunden in den Mittelpunkt zu stellen, d. h.

- eine freundliche, offene und vertrauensvolle Atmosphäre im Laden zu schaffen,
- sich an den Wünschen und Erwartungen des Kunden zu orientieren und
- den Kunden fachkompetent mit stichhaltigen Argumenten zu beraten mit dem Ziel, dessen Vorstellungen so weit wie möglich zu erfüllen.

Deshalb ist es äußerst wichtig, sich warenkundliche Kenntnisse, Zubereitungsempfehlungen usw. anzueignen und diese in das Verkaufsgespräch an geeigneter Stelle einfließen zu lassen. Der Kunde erhält so das Gefühl, ernst genommen und kompetent und fachkundig bedient zu werden.

1 nach: www.flower-pr.de/000.003.54.html, entnommen 2005-12-06

Verschiedene Psychologen haben den Verkaufsvorgang untersucht, der in mehreren Phasen abläuft. Diese Phasen werden nicht immer bei allen Verkaufsvorgängen im Fleischerfachgeschäft durchlaufen. Sie zu kennen, gibt jedoch dem „Anfänger" im Verkaufsgespräch den Rahmen und die Struktur für einen reibungslosen und offenen Kundenkontakt.

2.1 Kunden empfangen und begrüßen

5.15

Sobald der Kunde das Geschäft betritt, beginnt seine Bedienung. Das Verkaufspersonal unterbricht andere Tätigkeiten, wendet sich dem Kunden zu und grüßt ihn z. B. mit einem freundlichen „Guten Tag".

Stammkunden sollten mit ihrem Namen, auf Wunsch auch mit deren Titel, z. B. Herr/Frau Doktor, angesprochen werden. Das Wechseln einiger persönlicher Worte, z. B. „Wie hat Ihnen der Fleischsalat letzte Woche geschmeckt?" oder „Wie geht es Ihrem Bein heute?", macht das Interesse an der Person deutlich, weckt Vertrauen und vermittelt „Geborgenheit".

Allerdings sollte man die Namensnennung während des weiteren Gesprächsablaufs nicht übertreiben, das wirkt gekünstelt und aufgesetzt.

Herrscht Hochbetrieb im Laden, freut sich ein Kunde, wenn man ihm über einen kurzen Augenkontakt und ein Lächeln signalisiert, dass man ihn wahrgenommen hat. So nimmt er gern etwas Wartezeit in Kauf.

2.2 Kaufwunsch ermitteln

Viele Kunden kommen ins Fachgeschäft und haben kein konkretes Produkt im Auge. Sie wollen Fleisch, Wurst, Käse usw. kaufen. Die Aufgabe des Fachverkäufers besteht darin, durch gezielte freundliche und offene Fragen den Kaufwunsch herauszufinden. Eine abwechslungsreiche Fragenformulierung beugt Eintönigkeit und Langeweile vor, der Kunde muss sich mit seinen Wünschen auseinander setzen und ist für Ihre Empfehlungen leichter zugänglich.

Als Einstiegsfragen eignen sich zum Beispiel: „Was darf ich Ihnen anbieten?", „Welchen Wunsch haben Sie bitte?", „Womit kann ich Ihnen dienen?", Was kann ich für Sie tun?" Das bloße „Bitte?" klingt etwas unpersönlich und kurz angebunden. Die Verwendung der Anredefürwörter „Sie", „Ihr" oder „Ihnen" baut die Distanz ab und wirkt auffordernd.

2.3 Ware präsentieren und empfehlen

Wenn der Kunde einen bestimmten Kaufwunsch hat, wird das Gewünschte ohne viele Worte unter Beachtung der üblichen Hygienevorschriften gezeigt, z. B. Wurstwaren im Anschnitt bzw. Fleischstücke von allen Seiten. Als Hilfsmittel dafür können Fleisch- und Wurstgabeln oder Plastikfolien dienen. Es muss auf jeden Fall der direkte Hautkontakt beim Präsentieren der Waren vermieden werden.

Die Fachverkäuferin antwortet kurz und sachlich auf die Fragen des Kunden. Sollte die verlangte Ware nicht vorrätig sein, drückt man sein Bedauern aus und bietet sofort eine Ersatzware mit ähnlichen Eigenschaften oder einer vergleichbaren Zusammensetzung an, z. B. statt Parmaschinken einen anderen luftgetrockneten Schinken aus Südtirol oder Spanien.

Merke

Beim Präsentieren muss unbedingt der direkte Hautkontakt mit der Ware vermieden werden.

Steht der Kaufwunsch noch nicht fest, so stellt man weiterführende offene Fragen zur Eingrenzung des Kaufwunsches; solche Fragen beginnen meist mit den Fragewörtern „Was“, „Wozu“, „Wie viel“, „Wann“, wie z. B. „Wozu möchten Sie den Schinken verwenden?“ oder „Welche Geschmacksrichtung bevorzugen Sie?“.

Man beginnt dem Kunden eine kleine Auswahl der gewünschten Waren zu zeigen, denn: Je größer die Auswahl ist, desto schwerer fällt dem Kunden im Allgemeinen der Kauf. Man legt daher erst ein Stück vor und zeigt danach weitere. Der Kunde behält die Übersicht und fühlt sich gut beraten.

5.16

Dabei sollte man mit Waren der mittleren Qualität und Preislage beginnen. Je nach Reaktion des Kunden spricht der Fachverkäufer im weiteren Verlauf seines Warenangebotes eine höhere oder eine niedrigere Preisklasse an. Ein Beginn mit der höchsten Preisklasse kann den Kunden vom Kauf abschrecken. Die Ware der untersten Preisklasse entspricht möglicherweise nicht dem Verwendungszweck und enttäuscht den Kunden später – und natürlich versucht der Fachverkäufer im Interesse des Geschäftes, nicht nur die billigste Ware zu verkaufen.

Wichtig ist bei der Beratung, dass man die Vorzüge der Ware geschickt herausstellen kann und möglichen Bedenken und Einwänden der Kunden mit sachlichen und stichhaltigen Argumenten begegnen kann. Dazu sind fundierte Warenkenntnisse nötig. Als Argumente können dienen:

- Zubereitungs- oder Verzehrempfehlungen für ein ausgewähltes Fleischstück, küchenfertige Erzeugnisse, Pfannengerichte usw.
- Bezugsquellen des Fleisches und anderer Waren aus dem Sortiment, z. B. Fleisch von ökologisch orientierten Erzeugerbetrieben oder von Güteverbänden geprüfte Waren. Diese Waren tragen so genannte Gütezeichen, z. B. Goldene, Silberne oder Bronzene Medaille für Wurstwaren oder von der CMA[1] ausgezeichnete Waren.
- Zusammensetzung der Waren, z. B. Fettgehalt in Wurstwaren, Fleischauswahl, Kenntnis der Inhaltsstoffe, verwendete Zusatzstoffe
- Behandlungs- und Lagerungsmöglichkeiten der Waren im Haushalt des Kunden

1 CMA = **C**entrale **M**arketing-Gesellschaft der deutschen **A**grarwirtschaft mbH

GÜTEZEICHEN-RAL

Geprüfte Markenqualität

5.17

Einwendungen gegen den Preis können ebenfalls durch sachliche Argumente aufgefangen werden, indem man auf Verarbeitung, Fleischqualität und die Verwendung hochwertiger Zutaten hinweist.

Die Beratung darf allerdings nicht in eine Belehrung ausarten. Auch darf dem Kunden nicht das Gefühl vermittelt werden, dass ihm Ware aufgedrängt werden soll. Beides verschreckt den Kunden und er kommt nicht wieder.

Merke

Der Kunde will in jedem Fall das Gefühl haben, die richtige Entscheidung selbst getroffen zu haben!

Begleitpersonen des Kunden, z. B. Kinder, Ehepartner, Freunde, spielen oft eine wichtige Rolle beim Kaufentschluss. Man sollte sie ins Verkaufsgespräch einbeziehen und auch sie zu überzeugen versuchen.

Unentschlossene Kunden kann man mit Entscheidungs- oder Alternativfragen gezielt beim Kaufentschluss unterstützen, z. B. „Möchten Sie das Schnitzel lieber aus der Ober- oder aus der Unterschale geschnitten?“, „Darf ich Ihnen diesen saftigen Kochschinken aufschneiden?“.

2.4 Ware abwiegen und einpacken

Der Kunde möchte sich stets von der Richtigkeit und Genauigkeit des Abwiegevorgangs überzeugen können. Deshalb ist es wichtig, dass die Anzeige der Waage sich im Blickfeld des Kunden befindet, d. h., Aufsteller auf der Verkaufstheke dürfen die Sicht des Kunden auf die Waage nicht beeinträchtigen. Im Display der modernen Waagen sind Gewicht und Preis der ausgewählten Ware ablesbar.

5.18

Jede Ware wird entsprechend ihren Eigenschaften in dafür vorgesehenes Verpackungsmaterial eingeschlagen:

- Salate und flüssige Zutaten in Plastikbecher mit gut schließenden Deckeln,
- Wurstwaren in Einschlagpapier aus z. B. Pergamentersatz oder beschichtet mit Kunststofffolie oder Wachs,
- größere Fleischstücke in wasserundurchlässige Folien oder Plastikbeutel.

5.19

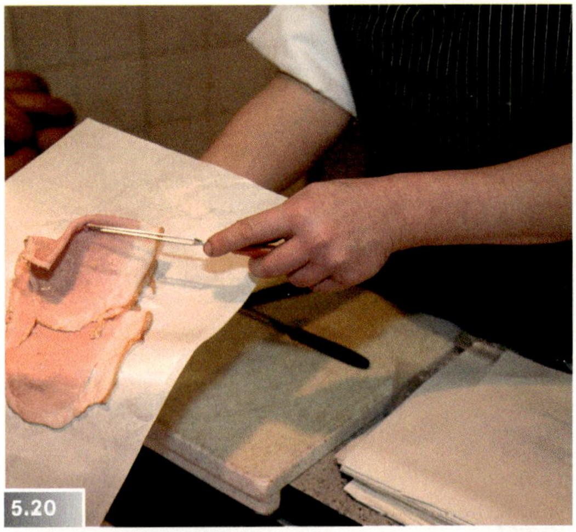

5.20

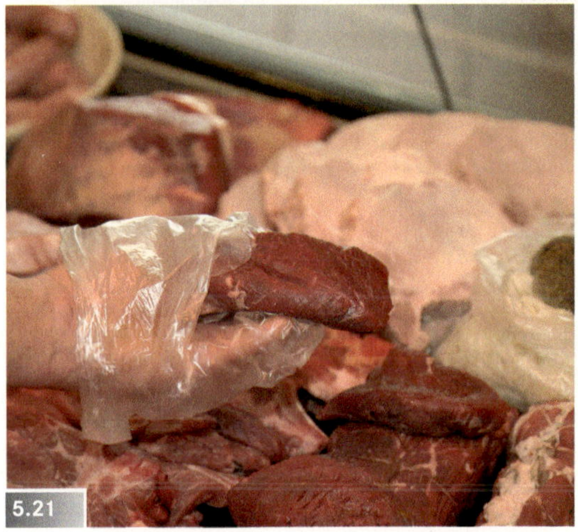

5.21

Um gegenseitige Geschmacksbeeinträchtigungen zu vermeiden, ist es vor allem bei Aufschnitt wichtig, dass verschiedene Sorten durch ein Blatt Papier oder Folie voneinander getrennt werden, um ein Zusammenkleben zu vermeiden.

Das Mitwiegen von Verpackungsmaterial, z. B. von Plastikbechern für Salate, ist verboten. Deshalb legt man das Verpackungsmaterial zuerst auf die Waage und drückt anschließend die so genannte Tara-Taste, damit wird das Gewicht auf „null" gestellt. Anschließend wird die lose Ware (Aufschnitt oder Salat) ordnungsgemäß eingewogen.

Man sollte vermeiden, zu viel auf einmal auf die Waage zu legen oder abzufüllen, denn dann muss man wieder etwas zurücklegen. Das ist schon aus hygienischen Gründen nicht zu empfehlen. Beim Kunden löst das außerdem das Gefühl aus, dass er zu wenig Ware für sein Geld bekommt.

Merke

Das Verpackungsmaterial darf nicht mit abgewogen werden!

2.5 Zusatzkäufe anregen

Beim Zusatzkauf willigt der Kunde in den Kauf von Waren ein, die er ursprünglich gar nicht kaufen wollte, die aber in einer Beziehung zum schon gekauften Gegenstand stehen.

Dies gilt im Angebot des Fleischerfachgeschäftes insbesondere für küchenfertige Erzeugnisse, z. B. Gyros, Cordon bleu. Sie kommen den Bedürfnissen des Kunden nach Zeitersparnis und einfacher Zubereitung entgegen. Ergänzende Angebote aus der Verkaufstheke, wie dazu passende Salate, oder aus dem Zusatzsortiment, wie Konserven, Senf, Ketschup, Getränke, o. Ä. nimmt der Kunde gern in Anspruch. Er erspart sich dadurch den Weg in andere Verkaufsstellen und nimmt den Service des Fleischerfachgeschäftes als allumfassend und aus „einer Hand" wahr.

Die Aufgabe des Verkaufspersonals besteht darin, den Kunden an geeigneter Stelle auf passende Angebote und Alternativen hinzuweisen. Den Zusatzverkauf können Sie einleiten mit Fragen wie: „Darf ich Ihnen zu den Wiener Würstchen noch unseren Kartoffelsalat aus eigener Herstellung anbieten?“ oder „Wie wollen Sie die Rouladen zubereiten? Ich könnte Ihnen aus unserem Sortiment Rotkohl und unser Soßenfix für eine schmackhafte Soße empfehlen.“

2.6 Verkaufsvorgang abschließen und alle Waren einpacken

Wenn der Kunde keine weiteren Wünsche mehr hat, schließt man den Verkaufsvorgang ab. Der Fachverkäufer hat nun dafür zu sorgen, dass der Kunde schnell zahlen und die Ware erhalten kann. Der Kunde darf aber nicht den Eindruck gewinnen, dass man nun für ihn keine Zeit mehr habe.

5.22

Beim Verpacken der Waren ist darauf zu achten, dass die verwendeten Tragetaschen oder Papiertüten auf die Menge und Größe der gekauften Waren abgestimmt sind; es gilt: **Lieber etwas zu groß als zu klein!**

Die Reihenfolge des Einpackens richtet sich nach der Beschaffenheit der Ware. So kommt feste Ware wie Fleisch ganz nach unten, dann Aufgeschnittenes und ganz oben streichfähige Ware wie Leberwurst. Es ist darauf zu achten, dass die Ware beim Transport nicht herausfallen kann.

Anschließend ist die Ware dem Kunden mit einem freundlichen „Bitte schön“ o. Ä. auszuhändigen.

2.7 Warenwert kassieren

Der Bezahlvorgang sollte aus hygienischen Gründen möglichst getrennt vom Verkaufsvorgang erfolgen.

5886282

5.23

Beim Kassiervorgang selbst sollte man folgende Regeln beachten:

- Hände waschen,
- zu bezahlenden Betrag laut und deutlich nennen,
- passend abgezähltes Geld entgegennehmen, nachzählen und in die Kasse legen oder
- Geldscheine neben die Kasse legen, gegebenenfalls unauffällig die Echtheit der Scheine prüfen,
- Wechselgeld langsam, laut und deutlich vorzählen und übergeben,
- Geldscheine in die Kasse legen,
- Kassenbon an den Kunden aushändigen,
- vor dem Bedienen des nächsten Kunden Hände waschen.

Der Kassenbon dient gleichzeitig als Rechnung und Quittung für die gekauften Waren.

Die einzelnen Endpreise und die Gesamtsumme bezeichnet man als „Bruttopreise“, d. h., in ihnen ist der gesetzlich vorgeschriebene Umsatzsteuersatz (= Mehrwertsteuer) von 7 % (für die meisten Nahrungsmittel, Zeitungen) bzw. 19 % (Getränke, Serviceleistungen, Kleidung, Elektrogeräte usw.) enthalten, den jeder Gewerbetreibende an das Finanzamt abführen muss. Der enthaltene Umsatzsteuerbetrag ist auf dem Kassenzettel ausgewiesen.

Wiederverkäufer, wie z. B. Gaststätten oder Betriebskantinen, benötigen zur Vorlage für die Steuerberechnung ordnungsgemäß ausgestellte Rechnungen oder Quittungen über den gezahlten Betrag. Häufig gewährt der Fleischer diesen Kunden zudem einen Mengen- oder Treuerabatt (= Preisnachlass) auf den Nettoverkaufspreis.

Nettorechnungsbetrag
– Rabatt
= (rabattierter) Nettorechnungsbetrag
+ Umsatzsteuer
= Bruttorechnungsbetrag

FLEISCHEREI
BARINGER

Wehnertstr. 22 · 83435 Bad Reichenhall
Tel.: 08651 45897 · Fax: 08651 45899

Abt. 1 Kasse 3 # 0025689
12. Okt. .. 11:24 12225 Verkaeufer: 2

kg	€/100 g	€
Mettling, roh, gewuerzt		
0,178	0,92	1,64
Lende vom Schwein		
1,216	1,42	17,27
Kasseler, roh		
0,480	1,12	5,38
gekochter Schinken		
0,246	1,35	3,32
4 Pos.	Summe €	27,61

enth. USt 7 % 1,81
enth. USt 19 % 0,00

Gegeben: € 30,01
Zurueck: € 2,40

****Vielen Dank fuer Ihren Einkauf!****

5.24

Der Koch des Hotels Sonnenhof kauft folgende Waren zu Nettopreisen ein:

3,580 kg Schnitzelfleisch	je kg	6,50 €
2,500 kg Bierschinken	je 100 g	0,82 €

Der Metzger gewährt 10 % Rabatt. Welchen Betrag hat der Koch zu bezahlen?

Schnitzelfleisch:			
1,000 kg ≙ 6,50 €			
3,580 kg ≙ 6,50 : 1 · 3,58 =			23,27 €
Bierschinken: 100 g = 0,100 kg			
0,100 kg ≙ 0,82 €			
1,000 kg ≙ 0,82 : 0,100			
2,500 kg ≙ 0,82 : 0,100 · 2,5 =			20,50 €
Nettorechnungsbetrag:			43,77 €
abzgl. 10 % Rabatt	100 %	≙ 43,77 €	
	1 %	≙ 43,77 : 100	
	10 %	≙ 43,77 : 100 · 10 =	4,38 €
= rabattierter Nettorechnungsbetrag: 43,77 – 4,38 =			39,39 €
zzgl. 7 % Umsatzsteuer	100 %	≙ 39,39 €	
	1 %	≙ 39,39 : 100	
	10 %	≙ 39,39 : 100 · 7 =	2,76 €
= Bruttorechnungsbetrag			42,15 €

Der Koch muss 42,15 € bezahlen.

Die dazugehörige Rechnung enthält festgelegte Bestandteile und sieht z. B. so aus wie in Abb. 5.26.

Wird der Betrag sofort bar bezahlt, so wird dies auf dem Rechnungsformular mit dem Zusatz „Betrag dankend erhalten“ quittiert. Der Verkäufer handelt im Auftrag des Firmeninhabers, deshalb setzt er vor seine Unterschrift

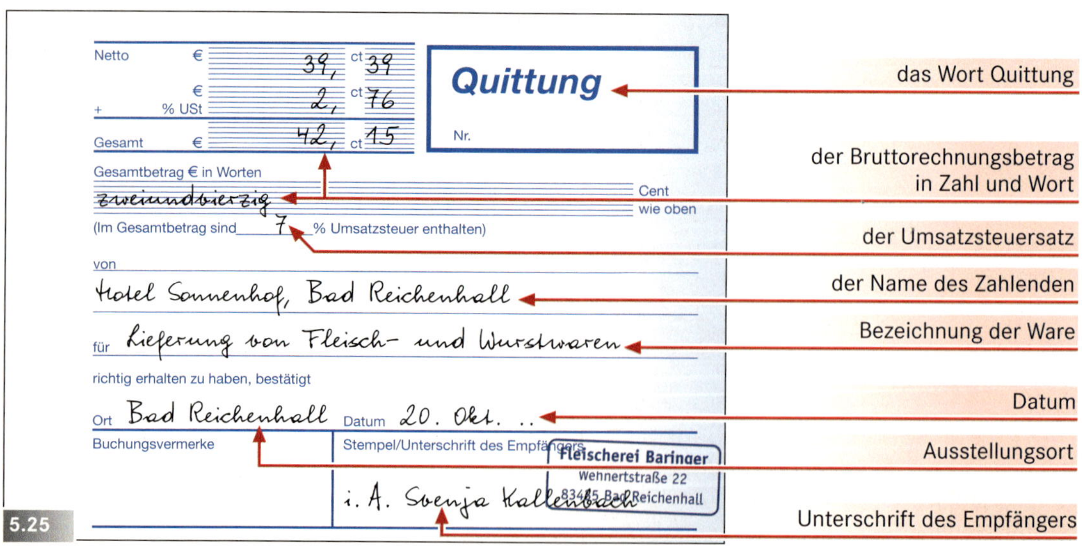

5.25

die Abkürzung „i. A." (= im Auftrag) und versieht diese mit dem Firmenstempel.

Wird die Rechnung nachträglich bar beglichen, so kann eine Quittung separat ausgestellt werden (vgl. Abb. 5.25).

Eine Rechnung enthält folgende Bestandteile:

5.26

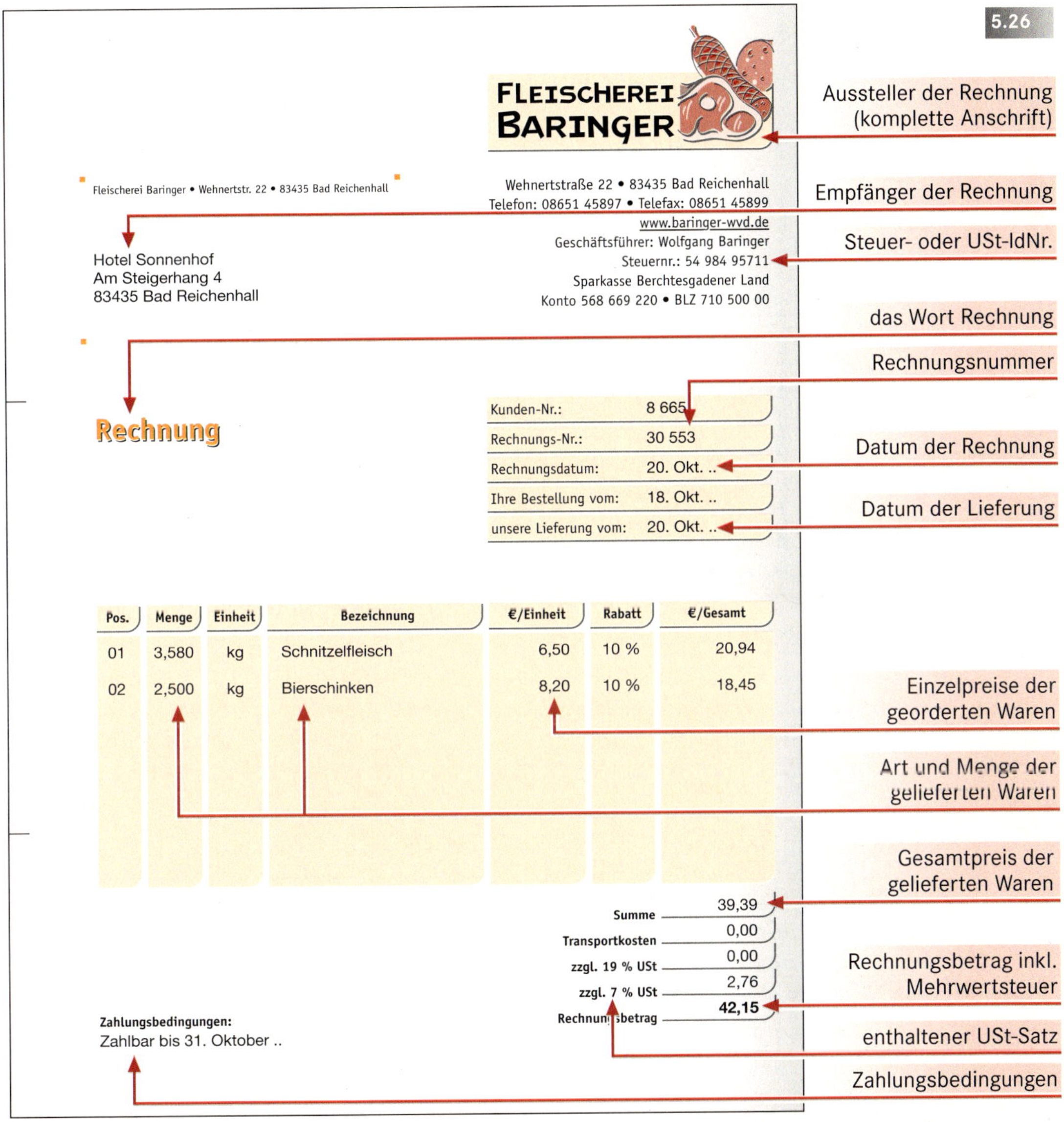
FLEISCHEREI BARINGER

Fleischerei Baringer • Wehnertstr. 22 • 83435 Bad Reichenhall

Wehnertstraße 22 • 83435 Bad Reichenhall
Telefon: 08651 45897 • Telefax: 08651 45899
www.baringer-wvd.de
Geschäftsführer: Wolfgang Baringer
Steuernr.: 54 984 95711
Sparkasse Berchtesgadener Land
Konto 568 669 220 • BLZ 710 500 00

Hotel Sonnenhof
Am Steigerhang 4
83435 Bad Reichenhall

Rechnung

Kunden-Nr.:	8 665
Rechnungs-Nr.:	30 553
Rechnungsdatum:	20. Okt. ..
Ihre Bestellung vom:	18. Okt. ..
unsere Lieferung vom:	20. Okt. ..

Pos.	Menge	Einheit	Bezeichnung	€/Einheit	Rabatt	€/Gesamt
01	3,580	kg	Schnitzelfleisch	6,50	10 %	20,94
02	2,500	kg	Bierschinken	8,20	10 %	18,45

Summe	39,39
Transportkosten	0,00
zzgl. 19 % USt	0,00
zzgl. 7 % USt	2,76
Rechnungsbetrag	**42,15**

Zahlungsbedingungen:
Zahlbar bis 31. Oktober ..

Bezieht ein Wiederverkäufer regelmäßig Waren aus der Fleischerei, so stellt das Verkaufspersonal für die gelieferte oder abgeholte Ware jeweils einen Lieferschein aus, auf dem der Kunde mit seiner Unterschrift den Erhalt der Ware bestätigt. Wöchentlich oder monatlich erhält der Kunde dann eine Sammelrechnung für alle gekauften Waren.

FLEISCHEREI BARINGER

Fleischerei Baringer • Wehnertstr. 22 • 83435 Bad Reichenhall

Hotel Sonnenhof
Am Steigerhang 4
83435 Bad Reichenhall

Wehnertstraße 22 • 83435 Bad Reichenhall
Telefon: 08651 45897 • Telefax: 08651 45899
www.baringer-wvd.de
Geschäftsführer: Wolfgang Baringer
Steuernr.: 54 984 95711
Sparkasse Berchtesgadener Land
Konto 568 669 220 • BLZ 710 500 00

Lieferschein

Lieferanschrift, falls abweichend von Kundenanschrift

Kunden-Nr.: 8 665
Lieferschein-Nr.: 20 553

Ihre Bestellung vom: 18. Okt. ..
unsere Lieferung vom: 20. Okt. ..

Pos.	Menge	Einheit	Bezeichnung	€/Einheit	Rabatt	€/Gesamt
1	3,58	kg	Schnitzelfleisch	6,50		
2	2,5	kg	Bierschinken	8,20		

Ware ordnungsgemäß erhalten:

Bad Reichenhall, 20. Okt. .. Paul Bokk

Ort, Datum — Unterschrift

5.27

Das Original der Rechnung, der Quittung und des Lieferscheins erhält der Kunde, der Durchschlag verbleibt in der Fleischerei und dient als Beleg für den Verkaufsvorgang.

2.8 Kunden verabschieden

Der Verabschiedung sollte genauso viel Zeit und auch Aufmerksamkeit bzw. Freundlichkeit beigemessen werden wie der Begrüßung zu Beginn des Kaufvorgangs. Dabei bedankt sich der Verkäufer beim Kunden für den Einkauf und verabschiedet sich mit einer regional üblichen Grußformel. Je nach Tageszeit oder bestimmten Anlässen kann man noch gute Wünsche wie „Ich wünsche Ihnen ein schönes Wochenende.“ oder „Frohes Fest wünsche ich Ihnen!“ anfügen.

Dem Kunden sollte das Gefühl vermittelt werden, dass er gern, gut und individuell bedient wird, auch wenn er nur wenig eingekauft hat.

Bei jedem abgeschlossenen Verkaufsvorgang kommt rechtlich gesehen ein Kaufvertrag mit verschiedenen Pflichten seitens der Vertragspartner zustande.

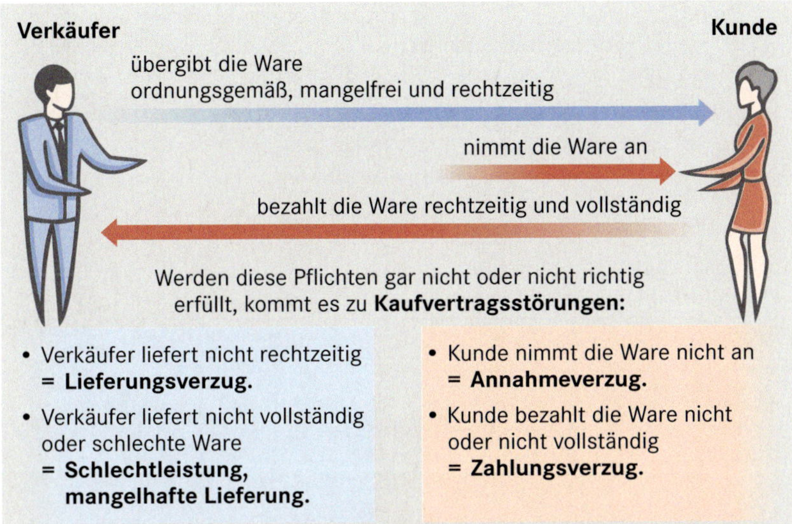

5.28

Berufliche Aufgabenstellung

Frau Müller (siehe Kapitelanfang) wünscht sich von Jens eine umfassende Beratung, um passende Fleischwaren für ihre Party auswählen und kaufen zu können. Versetzen Sie sich in die Lage von Jens und bereiten Sie das Verkaufsgespräch vor.

Informieren Sie sich dazu

- **über den idealtypischen Verlauf eines Verkaufsgesprächs,**
- **über Grundsätze des Einwiegens, Verpackens und Kassierens,**
- **über Inhalte und Bedeutung von Lieferschein, Rechnung und Quittung.**

Planen Sie das Verkaufsgespräch, indem Sie

- **sich Einstiegsfragen für die entsprechenden Phasen notieren.**
- **für die Party geeignete Fleischwaren aus Ihrem Sortiment (vgl. Lernfelder „küchenfertige Erzeugnisse“ und „Hackfleisch“) zusammenstellen, die Sie Frau Müller mit überzeugenden Verkaufsargumenten empfehlen können,**
- **übliche Portionsmengen pro Person ermitteln und bei der Beratung berücksichtigen,**
- **sich überlegen, welche Waren Sie ergänzend anbieten könnten.**

Führen Sie das Gespräch durch und analysieren Sie es. Hilfreich ist es, wenn Sie dafür das Gespräch auf Video aufzeichnen können.

Stellen Sie eine Rechnung für die gekauften Waren und einen Quittungsbeleg aus.

Übungen

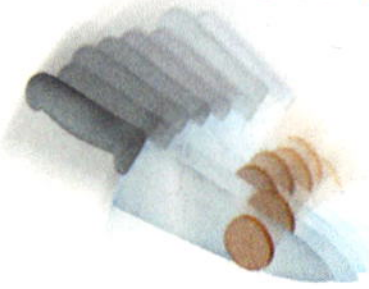

1 Nennen Sie die Stufen eines idealtypisch durchgeführten Verkaufsgesprächs.

2 Beschreiben Sie die Wirkung von offenen Fragen bzw. Entscheidungsfragen auf den Verlauf eines Verkaufsgesprächs.

3 Schildern Sie das fachgerechte Abwiegen und Einpacken folgender Waren:
- Fleischsalat
- fünf Schnitzel
- eine Scheibe Leberstreichwurst
- **ein Ring** Fleischwurst
- 250 g gemischter Aufschnitt

4 Üben Sie das Vorzählen des Wechselgelds. Der Rechnungsbetrag lautet 11,70 €. Der Kunde zahlt mit einem 50-Euro-Schein.

5 Nennen Sie die Pflichten der Vertragspartner beim Abschluss eines Kaufvertrages.

6 Beschreiben Sie Inhalt und Bedeutung von Rechnung, Quittung und Lieferschein in der Metzgerei.

7 Erklären Sie die Bedeutung der Abkürzung i. A.

---

8 Der Vorsitzende des Sportclubs „FC Musterstadt" kauft für die Aufstiegsfeier der Jugendmannschaft folgende Waren zu Nettopreisen ein:

3,270 kg Wiener Würstchen	je 100 g	0,79 €
25 Stück (je 150 g) marinierte Nackensteaks	je kg	6,90 €
2,300 kg Leberkäse	je 100 g	0,85 €
8,500 kg Kartoffelsalat	je kg	5,80 €

Der Fleischer gewährt einen Rabatt von 5 %. Stellen Sie einen Lieferschein und eine Rechnung aus.

9 a) Das Hotel Sonne erhält folgende Warenlieferung:

2 450 g	gemischter Aufschnitt	je 100 g	0,92 €
2 875 g	gekochter Hinterschinken	je kg	12,70 €
8,720 kg	Rinderschmorbraten	je 100 g	0,82 €
7,125 kg	Schweinerücken ohne Knochen	je kg	7,90 €

Stellen Sie die Rechnung aus.

b) Die Lieferung wird sofort bar mit zwei 100-Euro-Scheinen beglichen. Wie viel Euro Wechselgeld müssen Sie aushändigen? Zählen Sie es dem Kunden vor.

10 Britta Hildgard hat Geburtstag und für ihre Bürokollegen eine Platte mit 25 garnierten belegten Brötchenhälften bei Ihnen bestellt:

3 mit Salami à 1,30 €
3 mit Mortadella à 1,20 €
5 mit Mett à 1,25 €
3 mit gekochtem Schinken à 1,40 €
3 mit Putenbrust à 1,45 €
4 mit Bratenaufschnitt à 1,40 €
4 mit Kassler à 1,35 €

Stellen Sie eine Rechnung und eine Quittung aus. Die Lieferantenadresse soll Ihr Ausbildungsbetrieb sein, die anderen Daten, die Sie benötigen, erfinden Sie bitte selbst.

Zusammenfassung

Verkaufsgespräche erfolgreich führen

1. Kunden empfangen und begrüßen	• freundlicher Gruß beim Betreten des Geschäfts • Stammkunden mit Namen und gegebenenfalls Titel ansprechen
2. Kaufwunsch ermitteln	• Offene Einstiegsfrage, z. B.: „Was darf ich Ihnen anbieten?“ • mit abwechslungsreichen und gezielten Fragen den Kaufwunsch des Kunden herausfinden • Anredefürwörter „Sie“, „Ihr“ verwenden
3. Ware präsentieren und empfehlen	• Fragen des Kunden kurz und sachlich beantworten • unentschlossenen Kunden eine kleine Auswahl anbieten • Vorzüge der gezeigten Waren herausstellen, z. B. Bezugsquelle, Zubereitungsempfehlung, Haltbarkeit, Zusammensetzung • Einwände des Kunden mit sachlichen und schlüssigen Argumenten ausräumen • Wichtig: Kunden das Gefühl vermitteln selbst die richtige Auswahl getroffen zu haben, also: nicht zum Kauf von Waren überreden oder im Rahmen der Beratung belehren!
4. Ware abwiegen und einpacken	• geeignetes Verpackungsmaterial auswählen und auf die Waage legen • Tara-Taste an der Waage betätigen • gewünschte Ware in die Verpackung einschlagen oder einfüllen
5. Zusatzkäufe anregen	• an passender Stelle ergänzende Angebote z. B. aus dem Zusatzsortiment oder aus der Salattheke anbieten
6. Verkaufsvorgang abschließen, alle Waren einpacken	• Verkaufsvorgang zügig, aber ohne Eile abschließen • Waren gemäß ihrer Beschaffenheit in Tragetasche o. Ä. einpacken: Schweres/Festes nach unten, Leichtes/Weiches nach oben
7. Warenwert kassieren	• Rechnungssumme laut und deutlich ansagen • Wechselgeld laut und deutlich vorzählen • Kassenzettel aushändigen • gegebenenfalls Rechnungs- oder Quittungsbeleg ausstellen
8. Kunden verabschieden	• sich für den Einkauf bedanken • sich mit regional üblichem Gruß und gegebenenfalls mit guten Wünschen verabschieden

3 Kunden über die wertvollen Inhaltsstoffe des Fleisches informieren

Ziele dieses Kapitels:
- **Wir beschreiben die Zusammensetzung des Fleisches und die Bedeutung der Inhaltsstoffe für den menschlichen Organismus.**
- **Wir gestalten ein Ladenplakat.**
- **Wir formulieren Zubereitungsempfehlungen.**

Fleischermeister Wolfgang Baringer und seine Frau Brigitte sitzen in ihrem Büro und brüten über der Planung für die nächsten Wochen.

„Du, Brigitte, in vier Wochen ist schon wieder Sommeranfang. Da könnten wir doch eine neue Aktion starten! Was meinst du?" – „Sommer, Sonne und mehr, oder was? Das ist aber schon ziemlich abgedroschen!", entgegnet Frau Baringer. „Nein, was hältst du von dem Motto ‚Unsere Steaks – schmackhaft und gesund!'", meint Herr Baringer. „Der Sommeranfang ist doch der Startschuss für die Grillsaison! Das kommt bei allen Kunden gut an! Und wenn wir dann noch ein paar wichtige Informationen zu den Inhaltsstoffen im Fleisch und deren Bedeutung in der Ernährung zusammenstellen ... Außerdem könnte man ein paar Rezepte oder Zubereitungstipps geben, dann greifen die Kunden erst recht zu!" Herr Baringer begeistert sich immer mehr für seine Idee.

„Und wer soll diese Informationen sammeln und aufbereiten?", fragt Frau Baringer skeptisch. „Na ja, wir könnten mal im Internet surfen oder bei der CMA anfragen. Oder ... nein, ich habe eine viel bessere Idee: Unsere beiden Auszubildenden Jens und Svenja könnten das übernehmen ... und dazu z. B. ein Ladenplakat erstellen oder das Schaufenster gestalten. Die hatten doch in der Berufsschule neulich dieses Lernfeld ‚Informieren über Fleischereiprodukte' oder so ähnlich – die können das sicher!", freut sich Fleischermeister Baringer. „Gut, dann holen wir die beiden doch gleich mal her", sagt Frau Baringer versöhnt und verlässt das Büro.

Baustoffe – Betriebsstoffe – Wirkstoffe

Fleisch ist ein hochwertiges Lebensmittel mit einer sehr hohen Nährstoffdichte, d. h., Fleisch versorgt unseren Organismus mit lebenswichtigen Bau-, Betriebs- und Wirkstoffen.

Zu den **Baustoffen** gehören Wasser, Eiweiß und einige Mineralstoffe. Sie dienen in erster Linie dazu, die Körpersubstanz (z. B. Knochen, Muskeln, Sehnen, Zähne, Blutzellen, Haare, Hormone) aufzubauen, zu erhalten oder zu erneuern.

Die **Betriebsstoffe** benötigt der menschliche Organismus, um die notwendige Energie für Arbeit, Bewegung und für die Erhaltung der Körperwärme zu erzeugen. Dazu gehören die Fette und die Kohlenhydrate.

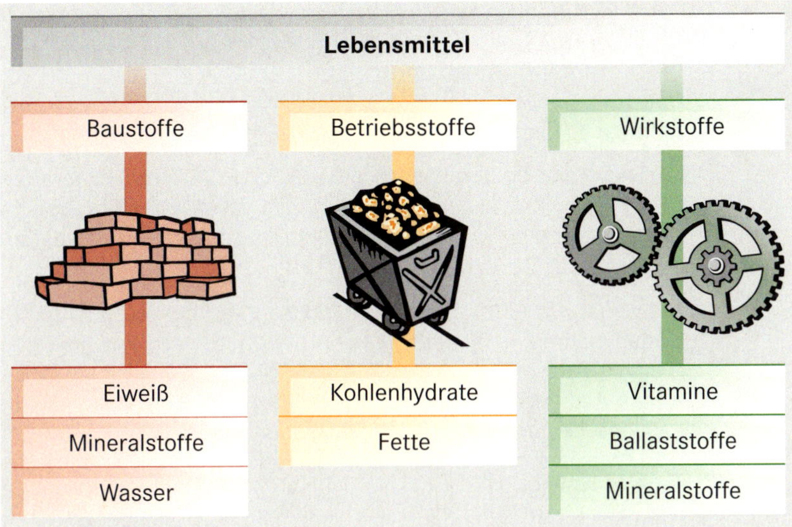

5.29

Vitamine, Mineralstoffe und Ballaststoffe sind **Wirkstoffe.** Sie steuern körpereigene Vorgänge, den so genannten Stoffwechsel.

Im Folgenden sollen die Inhaltsstoffe im Fleisch eingehender betrachtet werden:

Merke

Beachten Sie auch die ausführliche Nährwerttabelle im Anhang!

3.1 Wasser

Mageres Fleisch besteht zu ca. 70 bis 75% aus Wasser. Es kommt innerhalb und außerhalb der Zellen als gebundenes Wasser bzw. freies, auspressbares Wasser[1] vor. Außerdem enthält das Blut/der Fleischsaft vorwiegend Wasser. Der menschliche Körper braucht Wasser,

- damit er in den Zellen Stoffe herstellen oder abbauen bzw. Energie gewinnen kann. Außerdem bildet er damit die Blut- und Lymphflüssigkeit, Verdauungssäfte u. Ä. = Baustoff;
- um Nährstoffe aufzulösen, diese an ihren Bestimmungsort (Organe, Nerven-, Muskelzellen usw.) zu bringen und auf dem „Rückweg" die Schlackenstoffe zum Ausscheidungsort (z. B. Niere, Haut) zu bringen = Lösungs- und Transportmittel;
- um die Körpertemperatur bei ca. 37 °C konstant zu halten. Durch Schwitzen wird über die Haut Wasser ausgeschieden, das Wasser verdunstet, dadurch wird der Körperoberfläche Wärme entzogen. Somit kühlt der Körper ab = Temperaturregulator.

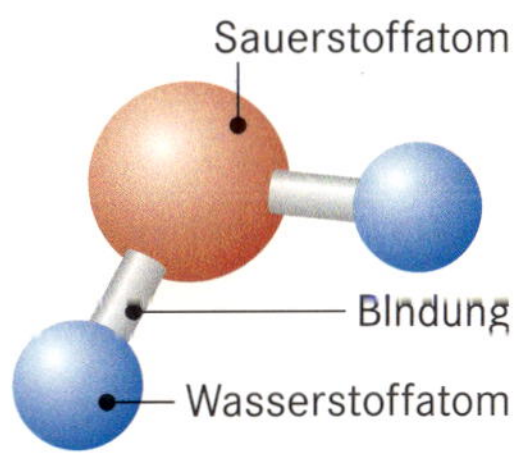

5.30

3.2 Eiweißstoffe

Mageres, von sichtbarem Fettgewebe befreites Fleisch (Rind, Kalb und Schwein) enthält zwischen 20 und 22% Eiweiß.

1 vgl. aw-Wert, Lernfeld 2, Kap. 4.2

Eiweißaufbau

1) Die Aminosäuren verbinden sich zunächst zu langen Ketten.

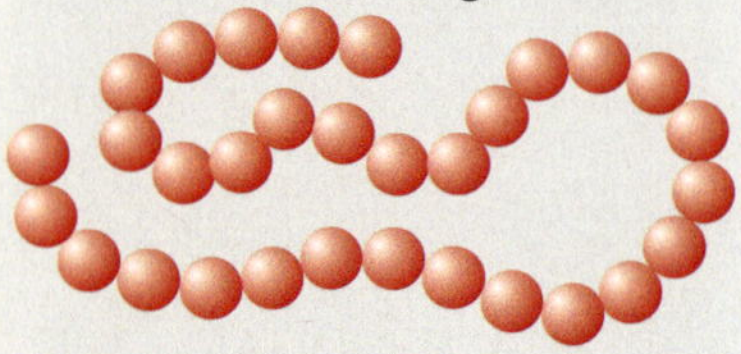

2) Die langen Aminosäurenketten bauen sich dann spiralförmig auf.

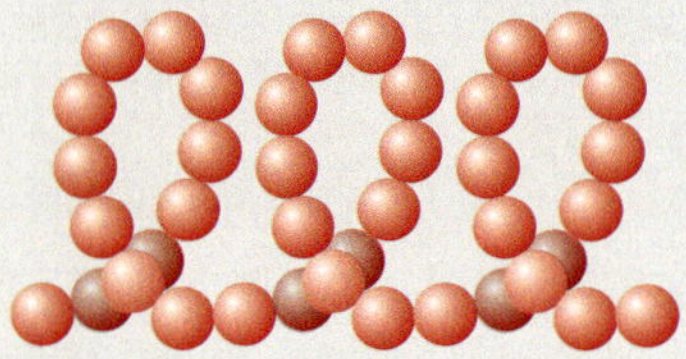

5.31

Das Eiweiß, auch Protein[1] genannt, ist der wichtigste Bestandteil unserer Nahrung und dient dem Körper als Baustoff. Es wird zum Aufbau und zur Erhaltung einer jeden einzelnen Körperzelle benötigt. Auch Blut, Hormone, Abwehrstoffe usw. bestehen zu einem großen Teil aus Eiweiß.

Erwachsene sollten täglich etwa 0,8 g Eiweiß pro Kilogramm Körpergewicht zu sich nehmen, um ihren Eiweißbedarf zu decken, Kinder/Jugendliche 0,9–1 g pro Kilogramm Körpergewicht.

Eiweißstoffe sind aus kleinen Bausteinen, den so genannten Aminosäuren, aufgebaut. Diese Aminosäuren verbinden sich zu langen Ketten, die spiralförmig gedreht sind. Zirca 20 verschiedene Aminosäuren sind für die Bildung von Eiweißstoffen wichtig, sie bestehen aus den chemischen Elementen Kohlenstoff (C), Wasserstoff (H), Sauerstoff (O), Stickstoff (N) und Schwefel (S) ➜ Eselsbrücke „SCHON". Besteht ein Eiweißstoff nur aus Aminosäuren, so spricht man von einem einfachen Eiweißstoff oder Protein. Sind so genannte Nichteiweißstoffe, z. B. Mineralstoffe, Fett, Kohlenhydrate, angelagert, so spricht man von zusammengesetzten Eiweißstoffen oder Proteiden.

Merke

Proteine sind einfache Eiweißstoffe, Proteide sind zusammengesetzte Einweißstoffe.

Das Fleischeiweiß setzt sich vorwiegend zusammen aus:

- Muskeleiweißstoffen: Die wichtigsten Vertreter sind die Albumine und Globuline. Deren spiralförmige Aminosäureketten sind kugelförmig verknäult. Sie sind vorwiegend im Magerfleisch enthalten und sind Hauptbestandteil des bindegewebseiweißfreien Fleischeiweißes (BEFFE[2]).
- Bindegewebseiweißstoffen: Kollagen und Elastin sind in Sehnen, Bändern, Knorpeln und Schwarten vorhanden. Mehrere spiralförmig gedrehte Aminosäureketten sind hier zusammengedreht und bilden lange, elastische Fasern. Man spricht auch vom Bindegewebseiweiß (BE).
- „Farbeiweißstoffen": Dazu gehören der Blutfarbstoff, das Hämoglobin, und der Muskelfarbstoff, das Myoglobin. Beides sind Proteide. Hämoglobin ist in den roten Blutkörperchen enthalten. Es bindet in der Lunge den eingeatmeten Sauerstoff und transportiert diesen zu den Zellen.

Kugelförmige Eiweißstoffe:
Die spiralförmige Aminosäurenkette ist knäuelartig verschlungen.

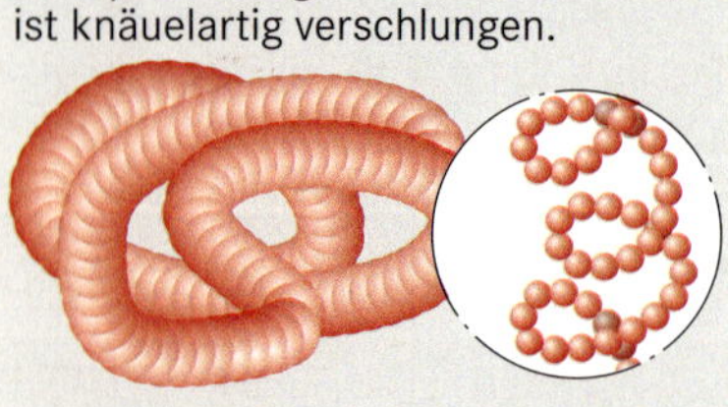

Faserförmige Eiweißstoffe:
Mehrere Spiralen sind miteinander zu faserförmigen Strängen verdreht.

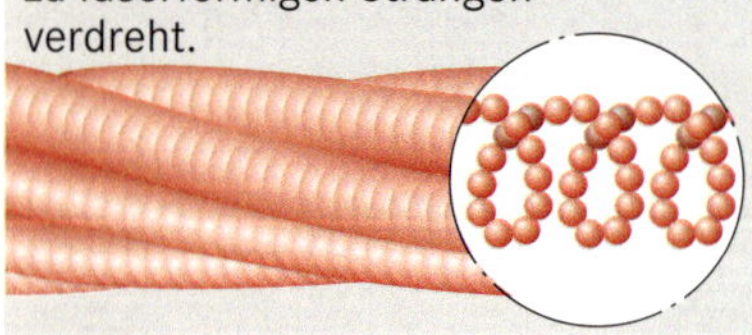

5.32

Eiweiß kann nicht aus anderen Nährstoffen (Fette oder Kohlenhydrat) gewonnen werden. Denn für den Aufbau der Eiweißstoffe wird Stickstoff benötigt, dieser gelangt nur durch den Verzehr eiweißhaltiger Nahrung in den menschlichen Organismus. Jedoch ist nicht jeder Eiweißstoff aus der Nahrung in gleicher Weise für die Herstellung von Körpereiweißstoffen verwertbar, da sich Art und Menge der enthaltenen Aminosäuren im Nahrungsmitteleiweiß und im Körpereiweiß einmal mehr, andere Male weniger unterscheiden. Einige der Aminosäuren sind essenziell, d. h., diese kann der Organismus nicht selbst herstellen. Ist also eine dieser Aminosäuren nicht in ausreichender Menge vorhanden, so begrenzt sie die Herstellung der Körper-

1 Protein, das (Mehrzahl: die Proteine), griechisch: protos = der Erste

2 Alles über BEFFE finden Sie in Lernfeld 2, Kap. 3.1.2, siehe auch Abb. 2.14

eiweiße, man nennt sie daher limitierende[1] Aminosäure. Darüber Auskunft gibt die so genannte **„biologische Wertigkeit"** eines Lebensmittels. Sie gibt an, wie viel Gramm Körpereiweißstoffe aus 100 g Nahrungseiweiß gebildet werden können.

Tierisches Eiweiß ist in der Regel hochwertiger als pflanzliches Eiweiß. So hat Rindfleisch eine biologische Wertigkeit von 82, d. h., aus 100 g Fleischeiweiß können 82 g für die Herstellung von Körpereiweißstoffen verwendet werden, der Rest wird in Energie umgewandelt.

Merke

Die biologische Wertigkeit gibt an, wie viel Gramm Körpereiweißstoffe aus 100 g Nahrungseiweiß gebildet werden können.

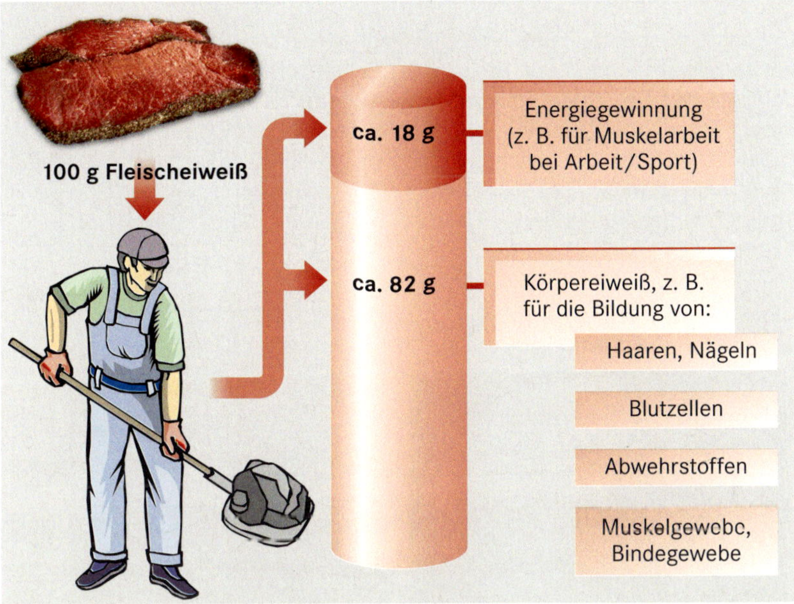

5.33

biologische Wertigkeit			
Beispiele tierischer Lebensmittel		**Beispiele pflanzlicher Lebensmittel**	
Vollei	94	Sojabohnen	72
Vollmilch	86	Kartoffeln	67
Rindfleisch	82	Weizenmehl	35
Rotbarschfilet	80	Hülsenfrüchte	30

100 g Rindfleisch enthalten 22 g Eiweiß. Die biologische Wertigkeit beträgt 82. Wie viel Gramm Körpereiweiß kann nach dem Verzehr eines 180 g schweren Rindersteaks hergestellt werden?

Eiweißgehalt des 180 g schweren Rindersteaks:

100 g Rindfleisch ≙ 22 g Eiweiß

1 g ≙ 22 : 100

180 g ≙ 22 : 100 · 180

≙ <u>39,6 g</u>

39,6 g Eiweiß sind in 180 g Rindersteak enthalten.

1 das Limit = Grenze, Begrenzung

Verfügbare Eiweißmenge zur Herstellung von Körpereiweiß

$$100\,\% \;\hat{=}\; 39{,}6\text{ g Eiweiß}$$
$$1\,\% \;\hat{=}\; 39{,}6 : 100$$
$$82\,\% \;\hat{=}\; 39{,}6 : 100 \cdot 82$$
$$\hat{=}\; \underline{32{,}47\text{ g Eiweiß}}$$

32,47 g Eiweiß kann der menschliche Körper zur Herstellung von körpereigenen Eiweißstoffen heranziehen. Die verbleibenden 7,13 g werden zur Energiegewinnung genutzt.

Die beste Ausbeute erzielt man allerdings, wenn man tierisches und pflanzliches Eiweiß kombiniert. Steak oder Braten ergänzen sich zum Beispiel sehr gut mit Getreideprodukten (z. B. Nudeln) oder Kartoffeln. Auch Bohnen-, Erbsen- oder Linseneintopf mit Fleisch oder mit Würstchen sind ideale Eiweißlieferanten. Die Mischung muss so gewählt werden, dass die Aminosäuren, die in einem Lebensmittel im Überschuss vorliegen, den Mangel im anderen Lebensmittel ausgleichen bzw. ergänzen. Man bezeichnet dies als **Ergänzungswert.**

guter/hoher Ergänzungswert	geringer Ergänzungswert
z. B. Rindergulasch mit Gemüse und Nudeln	z. B. Spaghetti mit Tomatensoße
 5.34	 5.35
oder Roulade mit Kartoffeln	oder Kartoffeln mit Erbsen
oder Brot belegt mit Wurst/Käse	oder gemischter Salat mit Weißbrot

In den Entwicklungsländern wird viel zu wenig hochwertiges Eiweiß verzehrt, da tierische Eiweißträger für die Bevölkerung zu teuer sind bzw. weil die angebauten Getreidearten und Früchte über eine geringe biologische Wertigkeit verfügen. Viele Menschen leiden dort an schweren Eiweißmangelsymptomen, z. B. „Wasserbauch“, geringer Muskelaufbau, Infektanfälligkeit, vermindertes Längenwachstum. Die Folge ist eine hohe Kinder- und Säuglingssterblichkeit.

3.3 Fette (Lipide)

Viele Verbraucher halten Fleisch für ein fett- und somit energiereiches Lebensmittel. Der Fettgehalt im Fleisch hat sich in den letzten Jahren jedoch stark verringert. Dafür verantwortlich sind z. B. geänderte Zuchtmethoden. So betrug der Fettgehalt der Schweine früher ca. 30 % des Gesamtgewichts, heute liegt er noch bei ca. 10 %. Frischfleisch wird heute überwiegend von mageren Tieren angeboten. Die sichtbaren Fettauflagen (z. B. Rücken-, Schlegelspeck) werden beim ladenfertigen Zuschnitt der Fleischteile in der Regel entfernt. Der Fettgehalt im Fleisch richtet sich also nach dem Teilstück und dessen Marmorierung. Darunter versteht man dünne Fettadern, die das Muskelfleisch durchziehen (s. Abb. 2.19 und 4.3).

Magere und fette Stücke finden sich bei allen Tieren – auch bei Geflügel (vgl. Nährwerttabelle im Anhang). So besteht ein Schweineschnitzel z. B. zu zwei Prozent aus Fett, die Rinderroulade zu drei und die Hähnchenschenkel mit Haut zu elf Prozent (zum Vergleich: Vollmilch enthält ca. 3,5 %, Camembert ca. 21 %).

Fette sind Stoffe, die aus den chemischen Elementen Kohlenstoff (C), Wasserstoff (H) und Sauerstoff (O) zusammengesetzt sind. In Fetten und Ölen ist eine Vielzahl von Fettteilchen (= Triglyceride) mit ähnlichem Aufbau enthalten. Diese bestehen immer aus einem Teil Glycerin und drei Fettsäuren. Man stellt sie vereinfacht mit einem großen E dar.

Fettaufbau (Beispiel: Triglycerid)

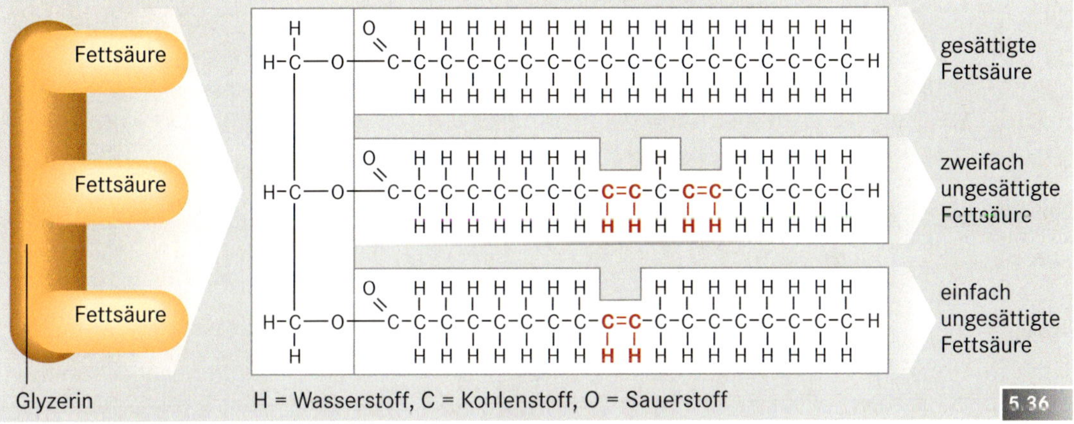

5.36

Bei den Fettsäuren werden gesättigte und ungesättigte Fettsäuren unterschieden. Gesättigte Fettsäuren können keine zusätzlichen Wasserstoffatome aufnehmen, sie sind „gesättigt“. Ungesättigte Fettsäuren enthalten eine oder mehrere so genannte Doppelbindungen (-C=C-), die bei Bedarf jeweils zwei weitere Wasserstoffatome binden können. Deshalb nennt man sie „einfach ungesättigt“ oder „mehrfach ungesättigt“.

Je mehr ungesättigte Fettsäuren (z. B. Ölsäure, Linolsäure, Linolensäure) ein Lebensmittel enthält, desto gesünder ist es. Einige davon sind essenziell, d. h., der Körper kann diese nicht selbst herstellen, sondern muss sie über die Nahrung aufnehmen. Der menschliche Organismus bildet daraus Stoffe, die auf die Durchblutung, den Blutdruck, den Herzrhythmus und viele andere lebenswichtige Funktionen regulierend einwirken.

Tierisches Fett wird für die Ernährung meist schlechter bewertet als pflanzliches Fett, da der Anteil an gesättigten Fettsäuren höher ist. Einige gesättigte Fettsäuren stehen im Verdacht, die Blutfettwerte im menschlichen

Stoffwechsel zu erhöhen und somit zur Arteriosklerose (Verkalkung der Gefäße) beizutragen. Die Tabelle „Fettsäurezusammensetzung" (s. u.) zeigt, dass einige Fleischarten jedoch einen relativ hohen Anteil an ungesättigten Fettsäuren enthalten. Der Anteil an ungesättigten Fettsäuren wird zusätzlich erhöht, wenn man z. B. beim Braten eines Steaks ein hochwertiges Pflanzenöl (Raps-, Sonnenblumen-, Olivenöl o. Ä.) verwendet.

Fettanteil/Fleischart	gesättigte Fettsäuren	einfach und mehrfach ungesättigte Fettsäuren
Bug (Schulter) vom	jeweils Anteil am Gesamtfett[1]	
Rind	ca. 45 %	ca. 55 %
Schwein	ca. 35 %	ca. 65 %
Geflügel	ca. 30 %	ca. 70 %
Butter[2]	64 %	36 %
Kokosfett	91 %	9 %
Olivenöl	15 %	85 %
Sonnenblumenöl	10 %	90 %
Schweineschmalz	41 %	59 %

Fett besitzt den höchsten „Brennwert" aller Nährstoffe und ist somit ein wichtiger Energielieferant (siehe Kapitel 6). Der Tagesbedarf eines Erwachsenen beträgt ca. 1 g Fett pro kg Körpergewicht.

Gebildetes Fettgewebe im Körper übernimmt die Aufgabe, Organe (z. B. Niere, Augapfel) vor Stößen zu schützen bzw. ein Absinken der Körpertemperatur bei Kälte zu verhindern. Überschüssig aufgenommene Energie speichert der Körper, indem er zusätzliche Fettpolster bildet.

Fette sind wichtige Träger von Aroma- und Geschmacksstoffen.

Bei der Verdauung sorgen Fette dafür, dass die fettlöslichen Vitamine A, D, E, K (➔ Eselsbrücke: „DEKA") aufgenommen und verwertet werden können.

3.4 Kohlenhydrate (Zuckerstoffe)

Der Kohlenhydratgehalt im Fleisch ist sehr gering, er liegt meist unter 1 %. (Ausnahme: In der Leber kann er bis zu 10 % betragen.) Das im Fleisch enthaltene Kohlenhydrat heißt Glykogen, auch Muskelzucker oder tierische Stärke genannt.

Glykogen ist aus den Elementen Kohlenstoff (C), Wasserstoff (H) und Sauerstoff (O) aufgebaut. Man unterscheidet Einfachzucker, Doppelzucker und Vielfachzucker.

1 nach: www.cma.de/wissen_98724.php, entnommen 2006-01-04: Fettsäurenzusammensetzung verschiedener Fleischarten (intramuskuläres, nicht sichtbares Fett im Magerfleisch)

2 www.pflanzenoel.ch/speiseoel/fettsaeuren.htm, entnommen 2006-01-04: Fettsäurezusammensetzung: pflanzliche und tierische Fette

Kohlenhydrat	Vertreter	Vorkommen in Lebensmitteln
Einfachzucker 	Traubenzucker (Glucose)	Obst, Honig 
	Fruchtzucker (Fructose)	Obst, Honig
	Schleimzucker (Galactose)	Milch, Milchprodukte
Doppelzucker 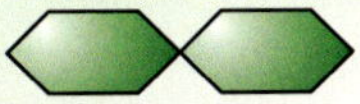	Malzzucker (Maltose)	Gerstenmalz 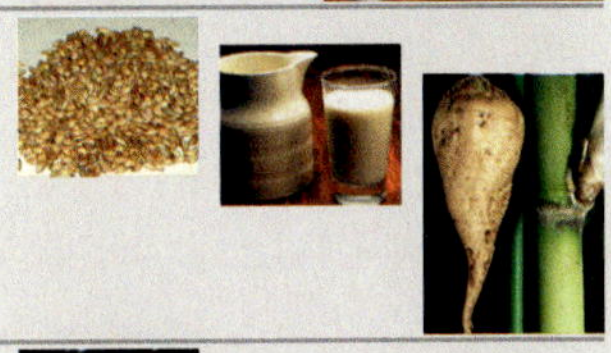
	Milchzucker (Lactose)	Milch
	Rohr- und Rübenzucker (Saccharose)	Zuckerrohr, Zuckerrübe
Vielfachzucker 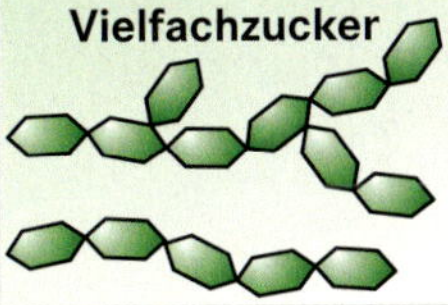	Dextrin	Brotrinde 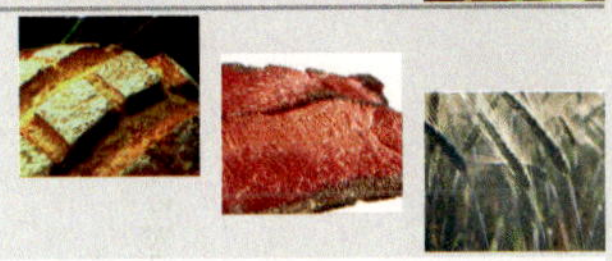
	Glykogen	Muskelfleisch, Leber
	Stärke	Getreide
	Cellulose	unverdaulicher pflanzlicher Gerüststoff (Ballaststoff)

5.37

Glykogen setzt sich aus ca. 3 000–5 000 Traubenzuckerteilchen zusammen. Es wird in der Leber und im Muskel als „Energiereserve" gespeichert, d. h.: Steht den Körperzellen zu wenig Energie für die Muskelarbeit zur Verfügung, baut die Leber das vorhandene Glykogen wieder in Traubenzucker ab. Diese Traubenzuckerteilchen werden in den Zellen dann zu Energie für die Muskelarbeit verbrannt.

Im Fleisch des geschlachteten Tieres wird das Glykogen zu Fleischmilchsäure abgebaut. Bei dieser Fleischreifung (siehe auch Lernfeld 2. Kap. 4.3) erhält das Fleisch einen angenehmen und säuerlichen Geruch und Geschmack. Das Fleisch wird zart und mürbe. Die entstehende Fleischmilchsäure hemmt zudem die Vermehrung von Fäulnisbakterien bzw. eiweißverderbenden Bakterien.

3.5 Mineralstoffe

Fleisch enthält viele für den Menschen wichtige Mineralstoffe. Man unterscheidet zwischen den Mengenelementen (sind im Lebensmittel in größeren Mengen enthalten) und Spurenelementen (sind nur in Spuren vorhanden). Mineralstoffe dienen im menschlichen Körper als Baustoffe oder als Reglerstoffe. Beispielsweise sind **Calcium** und **Phosphor** am Aufbau der Knochen und Zähne beteiligt. Die Wassermenge im Körper wird durch **Natrium, Kalium** und **Chlor** reguliert.

Fleisch ist reich an Kalium und Phosphor, es enthält wenig Kochsalz (= chemische Verbindung aus Natrium und Chlor).

Fleisch, vor allem Leber, ist im Vergleich zu anderen Lebensmitteln der Hauptlieferant für **Eisen,** das für die Bildung des roten Blutfarbstoffs Hämoglobin notwendig und somit für den Sauerstofftransport verantwortlich ist. Eisen aus Fleisch wird vom Körper besser und in größeren Mengen aufgenommen als Eisen aus pflanzlichen Quellen. Die Eisenaufnahme wird durch Vitamin C zusätzlich verbessert. Deshalb sollte man zum Fleisch möglichst

Gemüse und Kartoffeln essen. Vor allem junge Frauen, Ausdauersportler, Säuglinge nach dem Abstillen und Kleinkinder brauchen oft mehr Eisen, als sie bekommen. Ein Eisenmangel äußert sich durch Blutarmut und Müdigkeit. Rindfleisch ist zudem noch eine wesentliche Quelle für gut verwertbares **Zink.** Das Spurenelement ist an vielen Stoffwechselprozessen beteiligt. Ein Mangel kann sich in Wachstumsstörungen, Hautveränderungen und Appetitlosigkeit äußern. Schweinefleisch und daraus hergestellte Produkte

Mineralstoff	Aufgabe im Körper	Mangelerscheinungen	Vorkommen	Tagesbedarf
Mengenelemente				
Natrium }	Gewebespannung, Wasserbindung, Erregbarkeit der Zellen (Nerven, Muskeln)	bei sehr großen Schweißverlusten Übelkeit, Kreislaufversagen	gesalzene Lebensmittel: Wurst, Käse, Brot	5 g NaCl (= Kochsalz)
Chlor }	Magensalzsäure (nur Chlor)			
Kalium	Wasserausscheidung, Herz- u. Muskelfunktion	Muskelschwäche, Herzmuskelschäden	Obst, Gemüse, Vollkornprodukte, Fleisch, Fisch, Milch	2 g
Calcium	Knochen- und Zahnbildung, Blutgerinnung, Erregbarkeit der Muskeln	unvollständiger Knochenaufbau, Entkalkung der Knochen	Milch, Milchprodukte, Broccoli, Grünkohl, Fenchel, Kräuter, Mineralwasser	1 g
Magnesium	Enzymaktivität, Erregbarkeit der Muskeln, Nerven, Knochenaufbau	Muskelkrämpfe	Gemüse, Kartoffeln, Nüsse, Fleisch, Hülsenfrüchte, Mineralwasser	0,35 g
Phosphor	Knochen- und Zahnaufbau, Energiestoffwechsel	nicht bekannt	Brot, Milch, Fleisch, verarbeitete Lebensmittel mit Phosphatzusatz: Cola-Getränke, Schmelzkäse, Wurst	0,7 g
Spurenelemente				
Eisen	Bildung von rotem Blut- und Muskelfarbstoff	Blutarmut, Müdigkeit, Erschöpfung, erhöhte Infektionsanfälligkeit	Fleisch, Leber, Vollkornprodukte, grünes Gemüse, Hülsenfrüchte	10 mg (Männer)–15 mg (Frauen)
Zink	Enzymaktivität, Abwehrkräfte, Wachstum, Fortpflanzung	Wachstumsverzögerung, Hautveränderungen, schlechte Wundheilung, Appetitlosigkeit, erhöhte Infektionsanfälligkeit	Leber, Fleisch, Milchprodukte	10 mg
Selen	Bestandteil von Enzymen, Schutz der Körperzellen	Muskelstörungen, Herzstörungen	Fleisch, Fisch, Ei, Linsen, Spargel	20–100 µg
Jod	Bildung der Schilddrüsenhormone	Schilddrüsenvergrößerung, Jodmangelkropf	Seefisch, Milch, Jodsalz	200 µg
Fluor	Härtung des Zahnschmelzes	nicht bekannt, evtl. Kariesanfälligkeit	schwarzer Tee, Seefisch, Mineralwasser	3,1–3,8 mg

liefern hingegen reichlich Selen. Es dient zum Schutz der Körperzellen und stärkt das Immunsystem.

Mineralstoffe sind meist gut wasserlöslich. Um Verluste durch Auslaugen zu vermeiden, sollte man Fleisch erst kurz vor der Zubereitung klein schneiden bzw. Obst und Gemüse erst nach dem Waschen zerkleinern.

3.6 Vitamine

Vitamine sind lebenswichtige Wirkstoffe, die für unser Wohlbefinden und unsere Leistungsfähigkeit eine entscheidende Rolle spielen. Sie können im Körper nicht gespeichert werden, deshalb müssen wir sie täglich zu uns nehmen.

Vitamin	Aufgabe im Körper	Mangelerscheinungen	Vorkommen	Tagesbedarf
fettlöslich				
A	Sehvermögen, Aufbau von Haut und Schleimhäuten, Zellschutz	Lichtempfindlichkeit, Nachtblindheit, Haut- und Schleimhautschäden, Infektionsanfälligkeit	Leber, Butter, Margarine, Eigelb, Vorstufe Carotin in Möhren, Paprika	0,8 – 1,0 mg
D	Knochenbildung, Calcium- und Phosphatstoffwechsel	Entkalkung der Knochen, Rachitis bei Kindern (wird bei ausreichend Sonnenlicht in der Haut gebildet)	Hering, Makrele, Eigelb, Milch, Milchprodukte, Butter, Margarine	5 µg
E	Schutz der Körperzellen	äußerst selten	Keimöle (Weizenkeimöl, Sonnenblumenöl), Vollkornprodukte, Fisch, Leber	12 mg
wasserlöslich				
C	Aufbau von Bindegewebe, Haut, Knorpel, Knochen, Zähnen; Immunsystem	Schwäche, Müdigkeit, Infektionsanfälligkeit, Störung des Bindegewebs-Stoffwechsels und der Wundheilung	schwarze Johannisbeeren, Zitrusfrüchte, Paprika, Kartoffeln, Leber	100 mg
B_1	Kohlenhydrat-Stoffwechsel, Nerventätigkeit	Störung des Nervensystems, Herzbeschwerden, Konzentra-tionsschwäche, Infektionsanfälligkeit	Vollkornprodukte, mageres Schweinefleisch, Hülsenfrüchte, Kartoffeln	1,1 – 1,3 mg
B_6	Verarbeitung von Eiweiß, Blutbildung	selten: Hautveränderungen, Krämpfe, Blutarmut	Vollkornprodukte, Fleisch, Fisch, Kartoffeln, Gemüse, Bananen	1,2 – 1,5 mg
B_{12}	Blutbildung	Blutarmut, Nervenschäden	Fleisch, Fisch, Eier, Milch	3 µg
Niacin	Stoffwechsel: Nährstoffabbau	Hautveränderungen, Nervenstörungen	Fleisch, Innereien, Getreide, Gemüse	13 – 16 mg
Folsäure	Eiweißstoffwechsel, Blutbildung, Zellneubildung	Blutarmut, Schwangerschaftskomplikationen, Immunschwäche	Fleisch, Fisch, Eier, Gemüse, Vollkornprodukte	400 µg

Fleisch ist die bedeutendste Quelle für die B-Vitamine und Niacin. Sie sind zwar in vielen Lebensmitteln enthalten, der menschliche Organismus kann sie aber aus tierischen Lebensmitteln besonders gut aufnehmen. Leber enthält zudem beachtliche Mengen an Vitamin A und C.

Vitamin A ist wichtig für den Sehvorgang, die Bildung der Haut und das Wachstum. **Vitamin C** ist am Aufbau von Knochen, Zähnen, Blutgefäßen, usw. beteiligt. Es ist wichtig für die Bildung von Abwehrstoffen.

Schweinefleisch versorgt uns mit reichlich **Vitamin B_1**. Unter den pflanzlichen Lebensmitteln erreichen lediglich einige Getreidesorten sowie Hülsenfrüchte und Soja ähnlich hohe Werte. Vitamin B_1 ist am Energiestoffwechsel (Abbau der Kohlenhydrate) beteiligt, es sorgt für körperliche und geistige Leistungsfähigkeit und somit für gute Nerven. Nimmt man zu wenig davon zu sich, können Muskelkrämpfe und Lähmungen die Folge sein. Ein hoher Konsum von zuckerreichen Lebensmitteln, von hellen Brotsorten und Alkohol führt zu einem erhöhten Bedarf an Vitamin B_1.

Vitamin B_6 und **Niacin** (ein weiteres B-Vitamin) sind an vielen Stoffwechselprozessen im Körper beteiligt. Außerdem verbessern beide die Eiweißverwertung und helfen beim Aufbau von Blutkörperchen. Erhält der Körper zu wenig davon, treten mitunter Hautprobleme, Müdigkeit oder sogar Schwindelanfälle auf.

Vitamin B_{12} nimmt der Mensch fast ausschließlich über tierische Lebensmittel auf. Bereits 150 g Rindfleisch enthalten die empfohlene Tagesration für Erwachsene. Auch in Lammfleisch steckt reichlich von dem Nährstoff. Vitamin B_{12} ist wichtig für die Blutbildung. Bei einem Mangel kann es zu Blutarmut und einer Störung im Nervensystem kommen.

Merke

Vitamine sind besonders empfindlich. Um Lager- bzw. Herstellungsverluste zu vermeiden, sollten vitaminreiche Lebensmittel frisch eingekauft, nur kurze Zeit und dunkel gelagert und möglichst schonend zubereitet bzw. erhitzt werden.

3.7 Kritische Inhaltsstoffe

Cholesterin kommt als Begleitstoff tierischer Fette vor, d. h., es ist vor allem in fettem Fleisch und in Innereien enthalten. Pflanzliche Fette sind praktisch frei davon. Cholesterin stellt der Körper auch selbst her, er benötigt es zum Bau von Nervenbahnen und Zellen. Ein dauerhaft hoher Blutcholesterinspiegel steht im Verdacht, die Entstehung von Arteriosklerose zu begünstigen (vgl. ernährungsbedingte Krankheiten, Kap. 7.1) Ursache dafür können neben einer hohen Cholesterinzufuhr über die Nahrung eine genetische Veranlagung, Krankheiten, aber auch Überernährung, Stress, chronischer Alkoholkonsum u. Ä. sein.

Purine sind in Zellkernen enthalten. Sie werden im Körper zu Harnsäure abgebaut. Bei Personen mit einer Harnsäure-Stoffwechselstörung kommt es nach dem Genuss von purinreichen Lebensmitteln, z. B. Weizenkeime, Bäckerhefe, Erbsen, Bohnen, Innereien und Fleisch, zu erhöhten Blut-Harnsäure-Werten, die zu Harnsäureablagerungen in den Gelenken (= Gicht) führen können.

Berufliche Aufgabenstellung

Entwerfen Sie ein ansprechendes Ladenplakat zum Thema: „Unsere Steaks – schmackhaft und gesund!" (siehe auch Gestaltungsgrundsätze für Werbematerialien in Kap. 1.5).

- **Stellen Sie dazu die wichtigsten Informationen über die wertvollen Inhaltsstoffe im Fleisch und deren Bedeutung für den Menschen stichpunktartig zusammen.**
- **Formulieren Sie zudem Zubereitungsempfehlungen.**

Übungen

1 Kohlenhydrate, Fette und Eiweißstoffe sind aus verschiedenen chemischen Elementen aufgebaut. Geben Sie für diese Elemente das entsprechende Symbol und die korrekte Bezeichnung an (z. B. O = Sauerstoff).

2 Erläutern Sie den Aufbau/die Struktur der Kohlenhydrate/Fette/Eiweißstoffe.

3 Nennen Sie jeweils zwei Eiweißstoffe, die bevorzugt im Muskelfleisch oder im Bindegewebe vorkommen.

4 Erklären Sie folgende Fachbegriffe:
a) biologische Wertigkeit, b) Ergänzungswert, c) essenzielle Aminosäure,
d) Myoglobin, e) BEFFE, f) Peptid,
g) ungesättigte Fettsäuren.

5 Bestimmte Fleischsorten besitzen eine biologische Wertigkeit von 80. Erläutern Sie diese Aussage genauer.

6 Erwachsene sollten täglich etwa 0,8 g Eiweiß pro Kilogramm Körpergewicht zu sich nehmen, um ihren Eiweißbedarf zu decken, Kinder/Jugendliche 0,9 bis 1 g pro Kilogramm Körpergewicht. Erklären Sie, warum für Kinder/Jugendliche höhere Werte empfohlen werden.

7 Wasser erfüllt im menschlichen Körper verschiedene wichtige Funktionen. Beschreiben Sie zwei davon genauer.

8 Zählen Sie alle fettlöslichen Vitamine auf.

9 Beschreiben Sie die Bedeutung der wichtigsten Nähr- und Wirkstoffe im Fleisch für den menschlichen Organismus.

10 Stellen Sie Gerichte mit Fleisch zusammen, bei denen der Ergänzungswert besonders berücksichtigt ist.

11 Ermitteln Sie mithilfe der Nährwerttabelle im Anhang den Gehalt von Eiweiß, Fett und Kohlenhydraten in je 100 g Emmentaler, Weizenmischbrot, Kopfsalat und Rindfleisch. Beschreiben Sie Gemeinsamkeiten und Unterschiede.

12 Vergleichen Sie die Nährstoffgehalte von zwei unterschiedlich belegten Brötchen (50 g); Belag 1: 80 g gekochtem Schweineschinken Belag 2: 80 g geräucherter Schweineschinken

13 Der Auszubildende Jens Witte verspeist zum Mittagessen ein Rotbarschfilet (150 g) und Salzkartoffeln (170 g). Wie viel Gramm der enthaltenen Eiweißstoffe können jeweils zur Herstellung von körpereigenen Eiweißstoffen verwendet werden?

Zusammenfassung

mageres Fleisch

Eiweiß:

- 20–22 % Eiweißanteil
- Baustoff für Muskeln, Blut, Haut usw.
- Tagesbedarf: 0,8 g Eiweiß pro kg Körpergewicht
- Grundbausteine: Aminosäuren (aus C, H, O, N, S) verbinden sich zu langen, spiralförmig gedrehten Ketten
- Fleischeiweiß (FE) + BE (elastische Fasern) + Hämo- und Myoglobin = BEFFE (kugelförmig)
- hohe biologische Wertigkeit

Fett:

- ca. 2–4 %
- Fettmoleküle bestehen aus Glycerin + 3 Fettsäuren
- Tagesbedarf: ca. 1 g pro kg Körpergewicht
- enthält auch viele „gesunde“ ungesättigte Fettsäuren
- wichtiger Geschmacksträger, Energielieferant, Träger der fettlöslichen Vitamine DEKA

Wasser:

- ca. 70–75 %
- Baustoff-, Lösungs- und Transportmittel, Temperaturregulator

Mineralstoffe und Vitamine:

- max. 1 %
- wichtige Bau- und Reglerstoffe
- reich an Eisen, Kalium, Phosphor, Zink und Selen
- Hauptlieferant für B-Vitamine

Kohlenhydrate:

- max. 1 %
- Glykogen (tierische Stärke, Muskelzucker) besteht aus ca. 5 000 Traubenzuckerteilchen
- „Energiereserve“ im lebenden Organismus
- Abbau zu Fleischmilchsäure bei Fleischreifung

Problematische Stoffe:

- **Cholesterin**
  - Fettbegleitstoff
  - begünstigt Arteriosklerose
  - in geringen Mengen enthalten
- **Purine**
  - in allen Körperzellen enthalten
  - werden zu Harnsäure abgebaut
  - Gefahr der Harnsäureablagerungen in Gelenken (Gicht)

4 Die Zusammensetzung von Fleisch-Erzeugnissen fachkundig dokumentieren

Ziele dieses Kapitels:

- **Wir beschreiben die Einteilung von Fleisch-Erzeugnissen sowie die Grundzüge der Herstellung und nennen typische Vertreter von Wurst- und Pökelwaren.**
- **Wir erläutern wertbestimmende Qualitätsmerkmale für Fleisch-Erzeugnisse.**
- **Wir lernen technologisch wichtige Zusatzstoffe und sonstige erlaubte Zutaten kennen sowie deren Kennzeichnung in verpackten und offen angebotenen Waren.**
- **Wir erstellen Steckbriefe für einzelne Wurst- oder Pökelwaren.**

Fleischermeister Wolf liest in der Mittagspause einen Zeitungsartikel zum Thema „Neue Allergenkennzeichnung“: „Jetzt stehts drauf! Die Lebensmittel, die am häufigsten Allergien auslösen, müssen auf der Verpackung angegeben werden.“

„Na endlich, da kann meine Tochter Elvira mit ihrer Erdnussallergie aufatmen, denn jetzt muss es ja auf dem Etikett stehen“, brummt Herr Wolf. „Aber da fallen auch Senf und Sellerie darunter, das heißt: Es kommt Arbeit auf uns zu ... Wir verarbeiten ja schließlich beides in unserer Wurst“, überlegt Herr Wolf halblaut weiter. „Halt! Da steht, wir müssen nur die verpackten Waren kennzeichnen, für die losen Waren im Fleischerfachgeschäft gilt das nicht! Hmmm - dann können wir ja weitermachen wie bisher ...“, sagt Herr Wolf.

Da mischt sich Michaela Föhring, die Auszubildende, ein: „Also, ich finde das total blöd! Stellen Sie sich Folgendes vor: Ein Kunde mit einer Senfallergie kommt in eine unserer Filialen und fragt nach senffreier Wurst. Die Verkäuferin kann ihm keine befriedigende Auskunft geben und gibt diesem Kunden ausgerechnet eine Wurstsorte, in der Senf verarbeitet ist. Dieser Kunde kommt bestimmt kein zweites Mal wieder! Ich hab da so 'ne Idee! Wir könnten unsere Kolleginnen im Verkauf unterstützen, indem wir für sie ‚Steckbriefe’ für unsere Wurstsorten erstellen unter dem Motto ‚Unsere Wurstwaren - kein Buch mit sieben Siegeln’. Diese könnten sowohl als Informationsblätter für interessierte Kunden als auch als Nachschlagewerke für das Verkaufspersonal dienen!“ - Udo Wolf ist begeistert: „Mädchen, das ist ein toller Vorschlag, das machen wir!“

Was sind Fleisch-Erzeugnisse?

In der Regel versteht man unter Fleisch-Erzeugnissen Lebensmittel, die aus Fleisch oder unter Verwendung von Fleisch zubereitet worden sind und die in ihrem Inneren die Merkmale von frischem Fleisch nicht mehr aufweisen.

Zu den Fleisch-Erzeugnissen zählt man:

- Wurstwaren: Koch-, Brüh- und Rohwurst
- Pökelfleisch-Erzeugnisse: rohe oder gekochte Pökelfleisch-Erzeugnisse
- ungepökelte, gegarte Fleisch-Erzeugnisse: z. B. Schweine-, Kalbsbraten, Roastbeef

4.1 Wurstwaren

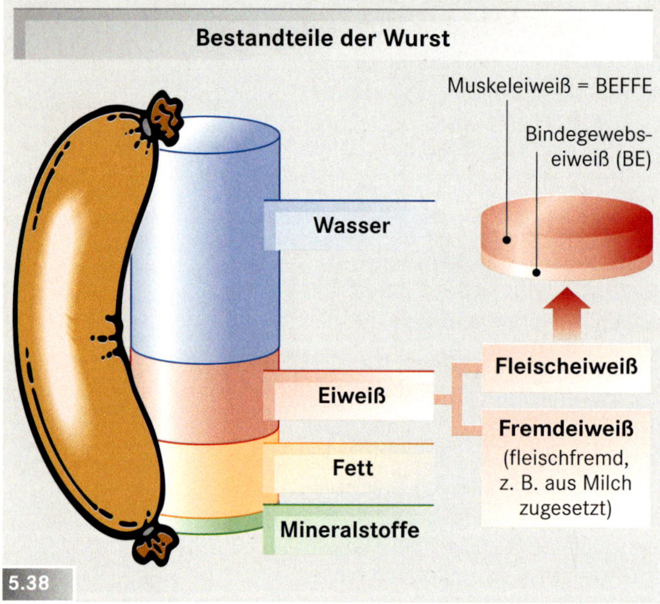

5.38

Deutschland gilt als Land der „Könige der Wurstmacher". Aus traditionellen, oft auch regionalen und landestypischen Rezepturen, vielfältigen Herstellungs- und Behandlungsverfahren und der unterschiedlichen Beschaffenheit des Ausgangsmaterials haben sich mehrere hundert Wurstsorten mit rund 1 500 Bezeichnungen entwickelt.

Chemisch betrachtet enthalten Wurstwaren je nach Wurstgruppe unterschiedliche Mengen an Eiweiß, Fett, Wasser, anorganischen Substanzen (= Mineralstoffe und Spurenelemente), anderen Lebensmitteln (Ei, Milch, Käse, Paprika, Pistazien, Gewürze usw.) und andere für die Herstellung oder Konservierung notwendige Zusatzstoffe.

4.1.1 Qualitätsmerkmale nach den Leitsätzen

Für jede Wurstsorte und -gruppe sind in den Leitsätzen des Deutschen Lebensmittelbuches Qualitätsmerkmale festgelegt, die die so genannte allgemeine Verkehrsauffassung wiedergeben. Sie spiegeln die

- hohen Qualitätsansprüche der Verbraucher,
- die praktischen Erfahrungen der Hersteller,
- den „redlichen Handwerksbrauch" wider.

Die Leitsätze sollen eine gleich bleibende Qualität bezüglich Zusammensetzung, Frische, Aussehen und Geschmack der Fleisch-Erzeugnisse in Deutschland sicherstellen.

Die Leitsätze beschreiben **Mindeststandards.** Dabei beziehen sie sich auf das zu verwendende Ausgangsmaterial (Zusammensetzung des Verarbeitungsfleisches), besondere Merkmale (Zerkleinerungsgrad, zu verwendende Därme, Art/Form der Fleischeinlage) und auf chemische Analysewerte (wie den Mindest-BEFFE-Gehalt und/oder den Mindestfleischanteil). Jedes Fleisch-Erzeugnis, das eine Fleischerei verkauft, muss diese Anforderungen erfüllen; es darf sie über-, aber nicht unterschreiten.

2.224 **Brühwurst mit Einlagen**

Besondere Merkmale:
angegebene Analysenwerte beziehen sich auf Grundbrät mit Einlagen

2.224.1 **Bierschinken, Rinder-Bierschinken, Geflügel-Bierschinken, Schinkenpastete**

Ausgangsmaterial:
sehnen- und fettgewebsarmes Rindfleisch (1.111)
grob entsehntes Rindfleisch (1.112)
fettgewebs- und sehnenarmes Schweinefleisch (1.121)
Speck (1.212)
bei Geflügel-Bierschinken auch sehnen- und fettgewebsarmes Geflügelfleisch (1.131)

Besondere Merkmale:
fein zerkleinerte Grundmasse mit groben, sehnen- und fettgewebsarmen Fleischeinlagen; sofern als Einlage kein Schweinefleisch verwendet wird, wird auf die Tierart hingewiesen; überwiegend kirsch- bis walnussgroße Einlagen, bei Rinder-Bierschinken auch geschnetzelt; umgerötet; meist in Hüllen mit großem Kaliber

Analysenwerte:

bindegewebseiweißfreies Fleischeiweiß	nicht unter 13 %
bindegewebseiweißfreies Fleischeiweiß im Fleischeiweiß	
histometrisch	nicht unter 80 Vol.-%
chemisch	nicht unter 88 %

bei einer Gesamtprobenmenge über 600 g grobe Fleischeinlagen nicht unter 50 %.

Auszug aus den Leitsätzen

Der so genannte BEFFE-Wert[1] beschreibt den absoluten Anteil an Fleischeiweiß ohne Bindegewebseiweiß (Kollagen, Elastin), er gibt also an, wie viel Eiweiß in der Wurst aus Muskelfleisch stammt. Als Faustregeln gelten:

- Je höher der Anteil an sehnenarmem Magerfleisch in der Wurst ist, desto höher ist der BEFFE-Gehalt und desto höher ist die Qualitätsstufe.
- Je höher der BEFFE-Gehalt ist, desto geringer ist in der Regel der Fettgehalt.

Wurstwaren mit **hervorhebenden Hinweisen** wie „Feinkost...", „Gold...", „Delikatess...", „1a", „spezial", „extra" und dergleichen oder Wurstwaren mit besonderer Aufmachung (z. B. einer goldfarbenen Hülle) enthalten höhere Magerfleischanteile, d. h.: Der BEFFE-Gehalt ist in der Regel absolut um ein Zehntel höher (z. B. statt 10 % beträgt der BEFFE-Anteil 11 %). Hervorhebende Hinweise sind auch die Bezeichnungen „Pastete", „Roulade" und „Galantine" (s. Lernfeld 1, Kap. 6.5).

Bei Rohwürsten mit der Bezeichnung „ausgereift" oder „Dauer..." muss der BEFFE-Anteil zwei Zehntel höher sein, als bei den einzelnen Sorten in den Leitsätzen angegeben ist.

Bestimmte Sorten dürfen auch in „einfacher" Qualität hergestellt werden, z. B. Weißwurst einfach oder Plockwurst einfach. Die eingesetzte Fleisch- und Speckqualität unterscheidet sich von den normalen Sorten lediglich durch einen etwas höheren Anteil an sehnen- bzw. fettreicherem Fleisch.

1 BEFFE-Wert: Abkürzung für bindegewebseiweißfreies Fleischeiweiß, s. Lernfeld 2, Kap. 3.1.2

Wurstwaren werden in der Regel aus Schwein- und/oder Rindfleisch hergestellt, die Verwendung des Fleisches anderer Tierarten muss aus der Verkehrsbezeichnung (= handelsüblicher Name des Produkts) ersichtlich sein, z. B. Putenwiener, Geflügelfleischwurst, Hirschsalami. Diese Erzeugnisse müssen **charakterbestimmende Mengen** an Teilen der genannten Tierart, z. B. 40 % des Fleischanteils Hirschfleisch in einer Hirschsalami oder 2 % Sardellen in einer Sardellenleberwurst, enthalten. In Wurstwaren mit der Bezeichnung „Kalb..." sind mindestens 15 % Kalb- und/oder Jungrindfleisch verarbeitet.

Aufgrund des Herstellungsverfahrens und der verwendeten Rohstoffe unterscheidet man die drei Hauptgruppen Roh-, Brüh- und Kochwurst mit ihren entsprechenden Untergruppen.

4.1.2 Rohwürste

Rohwürste werden aus rohem, teilweise angefrorenem Rind- oder Schweinefleisch, kernigem Speck, Nitritpökelsalz und Gewürzen hergestellt.

Für das Rohwurstbrät werden Fleisch und Speck im Kutter zerkleinert, bis die richtige Körnung erreicht ist. Nach dem Zumischen der Pökelstoffe, wie z. B. Nitritpökelsalz, Zuckerstoffe und Gewürze, kann die Wurstmasse in entsprechende Wursthüllen abgefüllt werden. Die anschließende Rohwurst-Reifung in klimatisierten Räumen bei 15–22 Grad Celsius ist ein empfindlicher Prozess. Milchsäurebakterien wandeln den Zucker in Milchsäure um. Das Nitritpökelsalz rötet die Wurst um. Die Wurst entwickelt einen typischen Geruch und Geschmack.

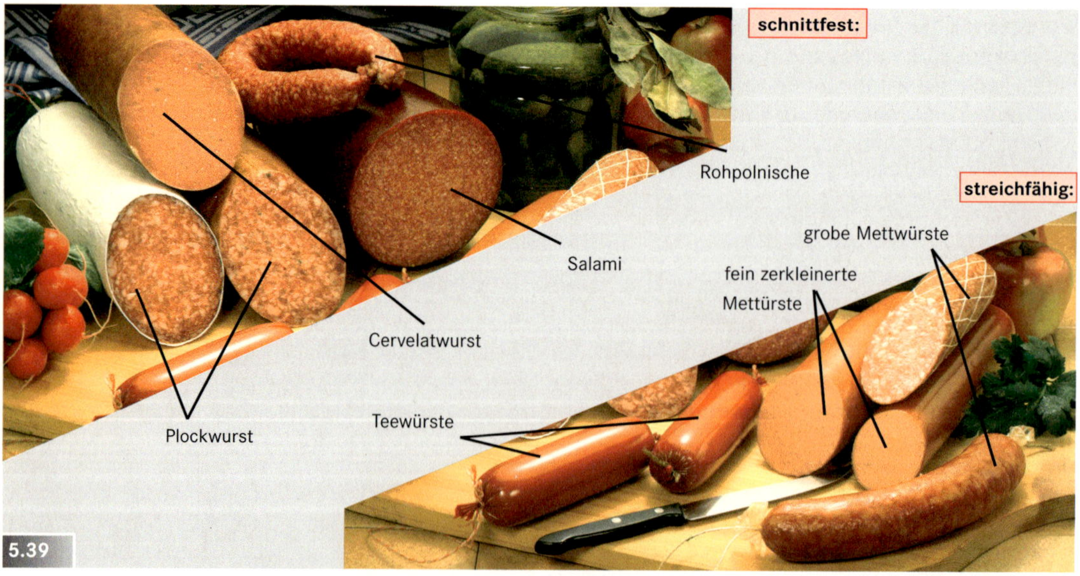

5.39

Rohwürste werden in streichfähige bzw. schnittfeste Rohwürste unterteilt:

Rohwurst	typische Sorten	Fettgehalt
schnittfest	Plockwurst, Salami, Cervelatwurst, Landjäger	25 - 35 %
streichfähig	Teewurst, Streichmettwurst, Zwiebelmettwurst, Braunschweiger Mettwurst	30 - 40 %

Neben der Konsistenz[1] unterscheiden sich die beiden Rohwurstgruppen in ihrer Haltbarkeit: Streichfähige Rohwürste sind nur gering abgetrocknet, kommen gleich in den Verkauf und sind nur begrenzt lagerfähig.

Die schnittfesten Sorten reifen meistens in ihren wasserdampfdurchlässigen Hüllen weiter. Dabei geben sie im Verlauf der Reifung Flüssigkeit ab, schrumpfen und werden dadurch besonders haltbar.

Je höher der Abtrocknungsgrad ist, desto höher wird der Eiweiß- und Fettgehalt, weil Wasser verdunstet. Eine gut gereifte Rohwurst ist bis zu 40 Prozent leichter als das Frischprodukt. Man bezeichnet diese Sorten auch als Dauer- oder Hartwürste.

Durch Räuchern erhalten sie zusätzlich eine besondere Geschmacksnote. Solche Rohwürste halten sich am besten in einer kühlen Speisekammer bei einer Lagertemperatur von 12 – 17 °C.

4.1.3 Brühwürste

Brühwürste werden je nach Rezeptur aus roh zerkleinertem Rind- und/oder Schweinefleisch, teilweise auch Kalbfleisch, aus Speck sowie Kochsalz oder Nitritpökelsalz und Gewürzen hergestellt. Beim Zerkleinern des Fleisches im Kutter wird fein gestoßenes Eis zugefügt. Das Eis verbindet sich mit dem im Fleisch enthaltenen Fett und Fleischeiweiß zu einem gleichmäßigen und homogenen Brät.

Nach dem Füllen in entsprechende Natur- oder Kunstdärme werden die Würste meist in Räucher-/Kochkammern erhitzt und oft auch gleichzeitig geräuchert (besonders bei Naturdärmen). Dabei gerinnt das Eiweiß und bildet dadurch ein zusammenhängendes Eiweißgerüst, das die Schnittfähigkeit sowohl im kalten als auch im heißen Zustand bewirkt.

Man unterscheidet zwischen so genannter **roter und weißer Ware.** Die roten Sorten sind umgerötet, d. h., sie werden unter Zusatz von Nitritpökelsalz hergestellt, die weißen (wie Gelbwurst, Weißwurst, Bratwurst) dagegen ausschließlich mit Koch- oder Jodsalz.

Außerdem zählen auch regionaltypische Spezialitäten, wie z. B. der „Pfälzer Saumagen" oder „Kalbskopf im Darm" oder ein Großteil der Pasteten zu dieser Gruppe. Dies sind überwiegend Brühwürste mit Einlagen in Spitzenqualität, die in Kastenform oder im Teigmantel gegart sind.

Merke

Alle Brühwürste sind Frischwürste und zum baldigen Verzehr bestimmt. Sie sollten kühl (< 7 °C) gelagert werden.

1 Konsistenz, die = Beschaffenheit, hier Dichtigkeit

Man unterscheidet folgende Gruppen:

	Brühwurst	typische Sorten	Fettgehalt
	Brühwürstchen (zum Warmverzehr bestimmt)	weiß: Weißwurst, Wollwurst, Bratwurst umgerötet: Wiener, Debreziner, Knacker	20 - 30%
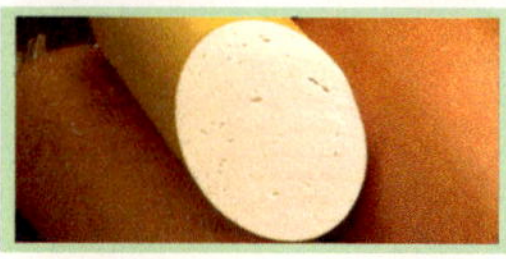	Brühwurst fein zerkleinert	weiß: Gelbwurst, Weiße im Ring umgerötet: Lyoner, Fleischwurst, Fleischsalatgrundlage, Fleisch-/Leberkäse, Mortadella	20 - 30%
	grobe Brühwurst	Bierwurst, grober Fleischkäse, gebrühte Touristenwurst, Kochsalami	20 - 30%
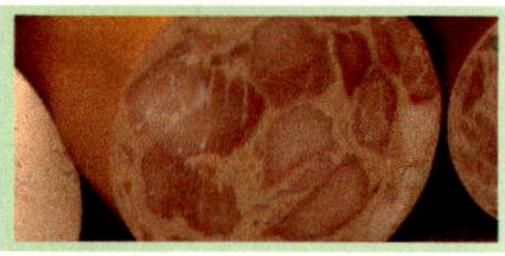	Brühwurst mit Einlage	Bierschinken, Filetpastete, Zigeunerwurst, Milzwurst	10 - 20%

5.40

4.1.4 Kochwürste

Kochwürste sind im Gegensatz zu Brühwürsten nur im erkalteten Zustand schnittfest, beim Wiedererwärmen werden sie wieder weich bzw. flüssig. Kochwürste sind nicht sehr lange haltbar, sie sollten kühl gelagert und bald verzehrt werden.

Man unterteilt sie in Kochstreichwürste, Blutwürste und Sülzwürste.

	Kochwurst	Beispiele	Fettgehalt
	Kochstreichwurst	Pasteten, Leberwürste, Kochmettwürste	25 - 35%
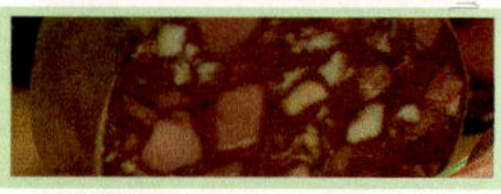	Blutwurst	Speckwurst, Thüringer Rotwurst, Zungenblutwurst	15 - 25%
	Sülzwurst	Sülzen: Kalbs-, Schinkensülze, Geflügelfleisch in Aspik Corned Meat: Corned Beef, Rindfleischsülze Presswurst: weißer Fleischmagen, Fleischpresssack	5 - 10%

5.41

Kochstreichwurst

Bei der Herstellung werden gekochtes Fleisch und Fettgewebe im heißen Zustand zerkleinert und mit roher Leber gemischt. Die Leber dient als bindende Substanz. Nach der Zugabe von Salz und Gewürzen und dem Einfüllen in Natur- oder Kunstdärme wird die Streichwurst noch einmal auf 70 - 75 °C erhitzt und eventuell geräuchert.

Blutwurst

Sie enthält einen unterschiedlich hohen Anteil an Blut.

Vorgebrühte Schwarten werden in heißem Zustand zerkleinert und zusammen mit angewärmtem Blut und Kesselbrühe zu einer homogenen[1] Masse verarbeitet. In diese Blut-Schwarten-Masse werden dann je nach Sorte grobe Einlagen wie Speck-, Magerfleischwürfel, Zungenstücke oder Ähnliches und charakteristische Gewürze gemischt, in die Därme eingefüllt und nochmals erhitzt.

Durch die Blutmenge (zwischen 10–25 %) und durch eine entsprechende Vorbehandlung des Blutes (Vorpökeln) kann man den roten Farbton der Blut-Schwarten-Masse nach Belieben aufhellen bzw. abdunkeln.

Sülzwurst

Man unterscheidet

- *Sülzen mit einer klaren Gallertmasse aus Aspikpulver bzw. selbst hergestelltem Aspik*
  Schwarten, aber auch Kalbsfüße, Spitzbein, Knochen u. Ä. werden gründlich gesäubert und anschließend unter Beimischung typischer Gewürze wie Lorbeerblatt oder Pfefferkörner ausgekocht. Der quellfähige Eiweißstoff „Kollagen“ tritt dabei aus den Schwarten aus und geht in die Kochbrühe über. Beim Abkühlen erstarrt die Flüssigkeit und bildet ein „Gel“ aus.
- *Sülzwürste aus Schwartenbrei*
  Gekochte Schwarten werden dazu im Kutter fein zerkleinert und zusammen mit Brühe zu einem homogenen[1] Schwartenbrei verarbeitet.

Das Einlagematerial besteht je nach Qualitätsstufe aus gewürfeltem oder streifenförmig geschnittenem mageren bis fettgewebereichen Fleisch. Neben Schweinefleisch wird auch Kalb-, Rind- oder Geflügelfleisch verwendet.

Sülzen enthalten oft auch gewürfelte Brühwurst oder verschiedene Gemüsesorten als Einlage. Corned Beef ist gegartes und auseinander gerissenes Rindfleisch in einer Gallertmasse.

4.2 Pökelwaren

5.42	Zustand	typische Sorten	Fettgehalt
	gekocht	Kassler, Hinterschinken, Vorderschinken	3 - 5 %
	roh	Rohschinken, Rauchfleisch, Speck, Lachsschinken, Bauernschinken, Schwarzwälder Schinken	10 - 25 % abhängig von der Fettauflage und Marmorierung

1 homogen = gleichmäßig, einheitlich

Ist keine Tierart in der Bezeichnung genannt, so handelt es sich immer um Teile von Schweinen, z. B. Schinken, Schwarzgeräuchertes. Die Verwendung von Fleischteilen anderer Tierarten geht aus der Bezeichnung hervor, z. B. Rinderschinken.

Ist kein Fleischteil aus der Bezeichnung ersichtlich, so handelt es sich um Teile aus der Keule des Tieres, z. B. „Schinken“ = Hinterschinken.

Rohe Pökelwaren
Rohe Fleischstücke werden durch Salzen oder Pökeln (mit Nitritpökelsalz oder Kochsalz und Salpeter), Trocknen und eventuell Räuchern haltbar gemacht. Beim Trockenpökeln werden die Fleischstücke mit Gewürzen und Nitritpökelsalz eingerieben. Beim Nasspökeln werden sie in eine Pökellake (konzentriertes Salz-Wasser-Gemisch) eingelegt.[1]

Nach zwei bis acht Wochen wird das Fleisch aus der Lake genommen, getrocknet, eventuell geräuchert und weiter getrocknet. Dadurch erhalten die Pökelwaren eine stabile Umrötung, ein typisches Aroma und eine feste Konsistenz, die das Anfertigen dünner Scheiben ermöglicht.

Gegarte Pökelwaren
Rohe Fleischstücke werden in Pökellake eingelegt oder mit Pökellake gespritzt, anschließend in ovale Formen oder Kastenformen gelegt, gepresst und gegart. Teilweise werden sie im fertigen und gekühlten Zustand zusätzlich leicht geräuchert, um den Geschmack noch besser hervorheben zu können und die Haltbarkeit zu verbessern.

Schinken, der aus kleineren Muskelstücken zusammengefügt wurde, wird als „Formschinken“ bezeichnet.

4.3 Zusatzstoffe und weitere Zutaten

Die Zulassung von Stoffen für die Herstellung von Fleisch-Erzeugnissen erfolgt nur dann, wenn sie gesundheitlich unbedenklich und technologisch notwendig sind, d. h. wenn sie die Beschaffenheit der Wurst beeinflussen oder bestimmte Eigenschaften oder Wirkungen erzielen (z. B. zur Verbesserung von Konsistenz, Geschmack, Aussehen der Wurst).

Je nach Wursterzeugnis dürfen u. a. folgende Hilfsstoffe bei der Wurstherstellung eingesetzt werden:

Konservierungsstoffe

Sie hemmen die Vermehrung von Bakterien und Schimmelpilzen und verlängern somit die Haltbarkeit der Fleisch- und Wurstwaren.

- *Kochsalz*
  So genannte „weiße Ware“, Brat- und Grillwürste dürfen nur mit Kochsalz hergestellt werden. Neben der geschmacklichen Bedeutung braucht es der Fleischer, um im Muskelfleisch enthaltene Eiweißstoffe (Globuline)

Merke

In der so genannten Zusatzstoff-Zulassungsverordnung (ZZulV) ist gesetzlich geregelt, in welcher Menge Zusatzstoffe welchen Lebensmitteln zugefügt werden dürfen.

1 siehe auch Lernfeld 4, Kap. 3.2

„in Lösung zu bringen". Globuline sind wichtig für die Ausbildung eines Eiweißgerüsts. Dadurch kann die Bindung und Schnittfestigkeit bei Brühwürsten erreicht werden.

- *Nitrit, Kaliumnitrat (Salpeter)*
  Bei der Fleischverarbeitung darf kein reines Nitrit verwendet werden, sondern nur eine Mischung aus Kochsalz (mind. 99,5 %) und Natriumnitrit (max. 0,5 %), das so genannte Nitritpökelsalz. Es wird zur Herstellung von umgeröteten Fleisch- und Wursterzeugnissen eingesetzt. Es verbindet sich mit dem luft- und hitzeempfindlichen Muskelfarbstoff Myoglobin, dadurch erhalten die Würste eine stabile rötliche und appetitliche Farbe und ein typisches Aroma.
  Kaliumnitrat ist nur für bestimmte Rohpökelwaren zugelassen. Nitrat ist eine Vorstufe des Nitrits.

Konservierungsstoffe 5.43

- ***Achtung:*** Nitrit ist in größeren Mengen giftig. Erhitzt man Pökelwaren über 150 °C (z. B. Braten, Grillen), so können Krebs erregende Stoffe, so genannte Nitrosamine, entstehen.
- *Kaliumsorbat* (das Salz der Sorbinsäure)
  Es darf zur Oberflächenbehandlung bei Rohwürsten oder Schinken eingesetzt werden. Schimmelpilze werden dadurch in ihrem Wachstum eingeschränkt.

Kutterhilfsmittel, so genannte Stabilisatoren

Stabilisatoren verhindern einerseits das Entmischen oder Absetzen von Stoffen, andererseits bewahren bzw. intensivieren sie die vorhandene Farbe eines Lebensmittels.

Im Brühwurstbrät stabilisieren sie die Wasser-Fett-Eiweiß-Emulsion und verhindern dadurch das Absetzen von Gelee oder Fett.

- *Phosphate*
  Sie sind die Salze der Phosphorsäure. Im lebenden Organismus unterstützen sie das Zusammenziehen und Strecken der Muskelfasern. Nach der Schlachtung zerfallen die Phosphate jedoch. Bei der Herstellung von Brühwurst aus kaltem Fleisch müssen sie zugesetzt werden.
- *Acetate, Lactate, Citrate, Tartrate*
  Das sind die Salze der Essig-, Milch-, Zitronen- oder Weinsäure. Sie sind als Kutterhilfsmittel für Brühwürste zugelassen.

Geschmacksverstärker

Sie verstärken den Geschmack der verwendeten Rohstoffe und Gewürze und runden das Gesamtaroma ab.

Der bekannteste Vertreter ist das Natriumglutamat, das Salz der Glutaminsäure.[1] Es kommt in fast allen lebenden Zellen vor. Manche Menschen reagieren auf diesen Stoff allergisch.

Emulgatoren (z. B. Milcheiweiß, Blutplasma, Eiklar)
Bei diesen Zusätzen handelt es sich um natürliche Eiweißstoffe, die helfen sollen eine stabile Brätemulsion herzustellen.

Pökelhilfsstoffe
(z. B. Ascorbinsäure, Ascorbate, Gluconsäure-delta-Lacton)
Diese Stoffe unterstützen und beschleunigen den Umrötungsvorgang. Ascorbinsäure ist reines Vitamin C. Es darf in Fleisch- und Wurstwaren aber nicht als Vitamin C bezeichnet werden.

Laut Fleischverordnung sind folgende Zusätze zur Herstellung von Fleisch-Erzeugnissen für bestimmte Zwecke zugelassen, z. B.

- Blutplasma, Blutserum,
- aus Tierteilen gewonnene Trockenprodukte wie Fleischpulver, Schwartenpulver, Trockenblutplasma, Gelatine,
- Milch, Trockenmilch-, Molken-, und Milcheiweißerzeugnisse, Sahneerzeugnisse, ausgenommen Milchzucker,
- Eier und Eiprodukte, z. B. Flüssigei und Flüssigeigelb, Flüssigeiweiß,
- eiweißhaltige oder stärkehaltige Stoffe pflanzlicher Herkunft,
- spezielle pflanzliche Zutaten wie Pistazien, Trüffel, Spargel, Paprika, Kartoffeln, Oliven usw.,
- Semmeln/Brötchen, Grütze und andere Getreideerzeugnisse,
- Käse, hart gekochte Eier.

Außerdem werden den Würsten Gewürze und Kräuter oder fertige Gewürzmischungen, gebrauchsfertige Speisewürzen und Gewürzpräparate zugesetzt (siehe Lernfeld 1, Kap. 6.6).

4.4 Kennzeichnung

Bei manchen Menschen können einige der Zusatzstoffe oder andere Zutaten Allergien (vgl. Kap. 7) oder andere gesundheitliche Störungen hervorrufen. Deshalb ist die Kennzeichnung zur Aufklärung des Verbrauchers wie folgt geregelt:

4.4.1 Verpackte Lebensmittel

Bei verpackten Lebensmitteln muss das Zutatenverzeichnis auf dem Etikett in absteigender Menge Auskunft über alle bei der Herstellung eines Lebensmittels verwendeten Stoffe geben (siehe Abb. 3.26).

1 siehe auch Lernfeld 1, Kap. 6.1.1

Für in der Fleischerei verwendete Zusatzstoffe bestehen laut **Zusatzstoffzulassungsverordnung**[1] folgende Kennzeichnungspflichten:

Klassenname	Zusatzstoff	Kennzeichnung
Konservierungsstoff	Natriumnitrit (E 250), Kaliumnitrit (E 249)	„mit Nitritpökelsalz“ oder „mit Konservierungsstoff“
Konservierungsstoff	Natriumnitrat (E 251), Kaliumnitrat (E 252)	„mit Nitrat“ oder „mit Konservierungsstoff“
Antioxidationsmittel	Ascorbinsäure (E300), Natriumascorbat (E 301)	„mit Antioxidationsmittel“, bei Verwendung als Stabilisator keine Kenntlichmachung notwendig
Stabilisator	Diphosphate (E 450), Triphosphate (E 451), Polyphosphate (E 452)	„mit Phosphat“
Stabilisator	Natriumcitrat (E 331), Kaliumcitrat (E 332), Calciumcitrat (E 333)	ohne Kenntlichmachung
Emulgator	Mono- oder Diglyceride von Speisefettsäuren (E 471)	ohne Kenntlichmachung
Geschmacksverstärker	Glutaminsäure (E 620), Natriummonoglutamat (E 621)	„mit Geschmacksverstärker“
Säuerungsmittel	Glucono-Delta-Lacton	ohne Kenntlichmachung
Säureregulator	Eisen-H-gluconat (E 579), Eisen-H-Lactat (E 585)	bei Oliven: „geschwärzt“
Gentechnisch veränderte Zutaten sind mit dem Zusatz „genetisch verändert“ oder „aus genetisch verändertem ... hergestellt“ zu kennzeichnen.		

Die **Fleischverordnung**[1] regelt für bestimmte Wurstzusätze folgende Kennzeichnung:

Zutat	Wurstgruppe	Kennzeichnung
Trockenmilcherzeugnisse	Brühwurst, Kochwurst	mit Milchpulver
Molkenerzeugnisse	Brühwurst, Kochwurst	mit Molkepulver
Milcheiweißerzeugnisse	Brühwurst, Kochwurst	mit Milcheiweiß
Sahneerzeugnisse	Kochwurst	unter Verwendung von Sahne
flüssiges Eiweiß	Brühwurst	mit Eiklar
Pflanzeneiweiß	Brühwurst, Kochwurst	mit Pflanzeneiweiß
Stärke	Brühwurst, Kochwurst	mit Stärke
Milch	Brühwurst	unter Verwendung von Milch
Paprika, Peperoni, Tomaten, Oliven, Trüffel, Nüsse, Pistazien usw., hart gekochte Eier	Brühwurst, Kochwurst	Die Art der Einlage muss kenntlich gemacht werden oder aus der Bezeichnung hervorgehen, z. B. Paprikawurst
Käse, hart gekochte Eier	Brühwurst	

1 Eine Zusammenstellung der aktuellen gesetzlichen Bestimmungen, die für Ihren Beruf wichtig sind, finden Sie unter www.winklers.de und der Bestellnummer dieses Lehrwerks: 5886.

Seit November 2005 gelten darüber hinaus in den EU-Mitgliedsländern neue Vorschriften zur **Allergenkennzeichnung,** denn folgende zwölf Lebensmittel lösen in Europa am häufigsten Allergien aus:

- glutenhaltiges Getreide (Weizen, Roggen, Gerste, Hafer, Dinkel)
- Krebstiere
- Eier
- Fisch
- Erdnüsse
- Soja
- Milch (einschließlich Milchzucker)
- Schalenfrüchte (Mandeln, Haselnüsse, Walnüsse, Pistazien u. a.)
- Sellerie
- Senf
- Sesamsamen
- Schwefeldioxid und Sulfite (ab 10 Milligramm pro Kilogramm oder Liter)

Inhalt: 1 Beutel Soja-Schnitzel zu 50 g℮
1 Beutel Saucenmischung zu 30 g℮
für 750 ml Sauce
Mindestens haltbar bis Ende: siehe Deckelaufdruck
Zutaten: Soja-Schnitzel: Konzentriertes Soja-Eiweiß genetisch verändert
Saucenmischung: Hefeextraktpulver, Zwiebelpulver, Knoblauchpulver, weißer Pfeffer, Meeressalz, Rohrzucker

5.44[1]

Diese zwölf müssen jetzt immer auf dem Etikett aufgeführt sein, auch wenn sie nur in kleinsten Mengen im Lebensmittel vorkommen. So kann man jetzt erkennen, ob das Pflanzenöl in den Chips aus Erdnüssen stammt, ob die Gewürzmischung Sellerie enthält oder ob das Paniermehl aus Weizen hergestellt ist.

Von der Aufschlüsselung der Zutaten sind Kräuter, Gewürzmischungen und Jodsalz ausgenommen, wenn ihr Anteil im Lebensmittel weniger als zwei Prozent beträgt. Wer also auf Pfeffer oder Paprika reagiert, muss weiterhin vorsichtig sein. Diese Gewürze können in Gewürzmischungen versteckt sein, die zu weniger als zwei Prozent im Lebensmittel enthalten sind.

Kennzeichnungspflichtig sind auch alle Lebensmittel, die gentechnisch veränderte Organismen enthalten, aus solchen bestehen oder aus solchen hergestellt wurden. In der Zutatenliste wird darauf durch den Zusatz „genetisch verändert“ oder „aus genetisch verändertem ... hergestellt“ verwiesen.

4.4.2 Unverpackte (lose) Ware

Auch so genannte lose (unverpackte) Ware unterliegt der Kennzeichnungspflicht. Da Informationen zur Zusammensetzung der Wurstware im Verkaufsgespräch gegeben werden können, sind die Vorschriften jedoch nicht ganz so streng.

1 aus: www.lgl.bayern.de/de/left/fachinformationen/lebensmittel/warencodes/2003_wurstwaren.htm, entnommen 2005-12-06

Es gibt zwei verschiedene Möglichkeiten zur Kennzeichnung:

1. auf einem Schild neben dem Lebensmittel, das auf die verwendeten kennzeichnungspflichtigen Zusatzstoffe gut sichtbar, in leicht lesbarer Schrift und unverwischbar verweist (z. B. Abb. 5.45),
2. in einer schriftlichen Aufzeichnung (z. B. einem Ordner), die dem Endverbraucher unmittelbar zugänglich ist. Hier müssen alle bei der Herstellung des Lebensmittels verwendeten Zusatzstoffe angegeben werden (nicht nur die kenntlichmachungspflichtigen)
   - mit Klassennamen, z. B. „Konservierungsstoff",
   - mit spezifischem Namen, z. B. „Natriumnitrit"
     oder
   - E-Nummer, z. B. „E 250"

   und andere Zutaten, z. B. „unter Verwendung von Sahne". Auf diese Aufzeichnung muss bei dem Lebensmittel oder in einem Aushang hingewiesen werden.

5.45

Für unverpackte Lebensmittel gilt die Allergenkennzeichnung bislang noch nicht.

Trotzdem ist es Aufgabe des Verkaufspersonals, Allergiker und andere interessierte Kunden im Hinblick auf die Zusammensetzung der Wurstwaren fachgerecht zu beraten und eine Kennzeichnung auf freiwilliger Basis im Geschäft vorzunehmen.

Dazu eignet sich beispielsweise das Anlegen von „Steckbriefen" für verschiedene Wurstsorten. Darin können alle wichtigen Informationen zur Wurstsorte notiert werden. Diese können sowohl als Informationsblätter für interessierte Kunden als auch als Nachschlagewerke für das Verkaufspersonal dienen (vgl. Abb. 5.47).

5.46

Wurststeckbrief (Beispiel)

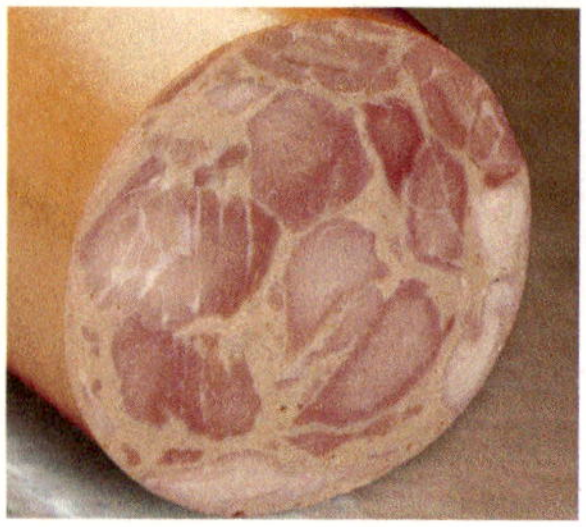

Verkehrsbezeichnung:	**Bierschinken**
Wurstgruppe:	Brühwurst mit Einlage
Fettgehalt:	ca. 12 %
Zubereitungs-/ Verzehrempfehlung:	• leckerer, fettarmer und eiweißreicher Brotbelag fürs Pausenbrot oder zur Brotzeit • dekorativ auf Aufschnittplatten oder für Häppchen (z. B. für Partys, Geburtstage)

passende Waren aus dem Zusatzsortiment:	z. B. mittelscharfer Senf, Essiggurken, Mixedpickles, Bier, Vollkornbrötchen oder Schwarzbrot
Haltbarkeit/Lagerung:	• zum alsbaldigen Verzehr bestimmt • aufgeschnitten nur sehr kurze Zeit (2 – 3 Tage) haltbar. • Im Kühlschrank in einer Frischhaltefolie oder -box lagern, *nicht* in Aluminiumfolie (Entstehung giftiger Verbindungen möglich)!
Besonderheiten:	Mindestgehalt an BEFFE: 13 % (BEFFE: bindegewebseiweißfreies Fleischeiweiß → hoher Magerfleischanteil)

Zutaten:	mageres, sehnenarmes Schweine- und Rindfleisch, Schweinespeck, Eis, Gewürze, Einlage: Schweinefleischwürfel
enthaltene Gewürze:	weißer Pfeffer, Mazis, Ingwer, Koriander, Senfkörner
allergene Stoffe	gemäß Allergenkennzeichnung: Senfkörner
verwendete Zusatzstoffe:	• Konservierungsstoff: Nitritpökelsalz (bewirkt die Umrötung = rote Farbe des Bräts und der Einlagestücke) • Kutterhilfsmittel (Stabilisator): Phosphat (ist unverzichtbar für die Bindung des Bräts) • Geschmacksverstärker: Natriumglutamat • Umrötehilfsmittel: Ascorbinsäure (schützt rote Farbe vor Luftoxidation)

Zubereitung Aufschnittgrundbrät:	**Zubereitung Einlage:**
• Gewolftes Magerfleisch unter Zugabe von Nitritpökelsalz, Phosphat und Eis kuttern; • vorgewolften Speck und die Gewürze zugeben und daraus ein feines gleichmäßiges, rosafarbenes Brät herstellen.	• Schweinefleischwürfel mit NPS sowie Gewürzen vermischen, • im Tumbler (ähnlich einer Wäschetrommel) mit Phosphat und Eis einige Stunden poltern (Fleischstücke werden immer wieder durchgemischt und gewendet). Die Oberfläche der Würfel wird dadurch „leimig". • Die so vorbereiteten Würfel mit dem Aufschnittgrundbrät vermengen. • Möglichst fest und luftfrei in undurchlässige Kunstdärme füllen. • Bei 72–75 °C ca. zweieinhalb Stunden auf eine Kerntemperatur von mindestens 68 °C brühen. • Nach dem Abkühlen bei 2–4 °C im Kühlraum bis zum Verkauf lagern.

5.47

Berufliche Aufgabenstellung

Die Firma Buchheim Fleisch KG möchte für ihre Kunden einen Informationsordner unter dem Motto „Unsere Wurstwaren – kein Buch mit sieben Siegeln“ entwickeln.

Erstellen Sie dafür Steckbriefe für verschiedene Wurstsorten und Pökelwaren Ihrer Wahl.

Informieren Sie sich dazu

- **über Herstellung und Zusammensetzung der gewählten Sorten in einem beliebigen Rezept (z. B. von der Schule, Ausbilder, Gewürzfirma);**
- **über verwendete Zusatzstoffe und sonstige Zutaten, besonders über die kennzeichnungspflichtigen und allergenen Stoffe.**

Planen Sie Inhalt und Gestaltung des Steckbriefs. Notieren Sie als zusätzliche Verkaufsargumente auch

- **Tipps zur Haltbarkeit und Lagerung;**
- **Empfehlungen für die Zubereitung und zum Verzehr der ausgewählten Sorte;**
- **passende Waren aus dem Zusatzsortiment.**

Gestalten Sie die Steckbriefe mit einem PC-Standardwerkzeug (z. B. Word, Excel) Ihrer Wahl in sauberer und ansprechender Form.

Bewerten Sie die Steckbriefe anschließend bezüglich Informationsgehalt und Anschaulichkeit.

Übungen

1 Fleisch-Erzeugnisse teilt man in verschiedene Gruppen und Untergruppen ein. Nennen Sie diese und geben Sie jeweils mindestens ein Beispiel an.

2 Beschreiben Sie das Ausgangsmaterial und die Herstellung der einzelnen Wurstgruppen und Pökelwaren.

3 Erläutern Sie, welche Zusatzstoffe in Wurstwaren eingesetzt werden dürfen und welche Wirkung diese erzielen.

4 Nennen Sie kennzeichnungspflichtige Stoffe in Fleisch-Erzeugnissen.

5 Erläutern Sie die Kennzeichnungsvorschriften für verpackte und unverpackte Waren im Fleischer-Fachgeschäft.

6 Erklären Sie, weshalb der BEFFE-Anteil auch als wertbestimmender Anteil in der Wurst bezeichnet wird.

7 Geben Sie an, woran Erzeugnisse der Spitzenqualität zu erkennen sind.

8 Bei Brühwürsten unterscheidet man so genannte weiße und rote Ware. Erklären Sie dies.

9 Ordnen Sie diese Erzeugnisse den einzelnen Gruppen zu:

a) Weißwurst	b) Landjäger	c) Thüringer Rotwurst
d) Leberwurst	e) Teewurst	f) Schwarzwälder Schinken
g) Leberpastete	h) Bierschinken	i) Wiener Würstchen
j) Lyoner	k) Leberkäse	l) Vorderschinken
m) Gelbwurst	n) Lachsschinken	o) Corned Beef

Zusammenfassung

Die Zusammensetzung von Fleisch-Erzeugnissen in einem Steckbrief fachkundig dokumentieren

Der Steckbrief sollte Antworten auf folgende Fragen geben:

Zu welcher Gattung von Fleisch-Erzeugnissen gehört das Produkt?	• Rohwurst (schnittfähig, streichfähig) • Brühwurst (Brühwürstchen, fein zerkleinert, grob, mit Einlage) • Kochwurst (Kochstreichwurst, Blutwurst, Sülzwurst) • Pökelware (gekocht, roh)
Welche Qualitätsanforderungen bestehen gemäß den Leitsätzen?	z. B. • BEFFE-Gehalt • Mindestfleischanteil • Qualität des Ausgangsmaterials (Fleisch, Speck, Därme)
Welche Materialien werden benötigt und wie wird das Erzeugnis hergestellt?	• Ausgangsmaterial (z. B. Schweine-, Rindfleisch, Speck) • sonstige Zutaten (z. B. Eier, Paprika, Milcheiweiß, Käse) • erlaubte Zusatzstoffe gemäß Zusatzstoffzulassungsverordnung (z. B. Nitritpökelsalz, Geschmacksverstärker, Kutterhilfsmittel) • charakteristische Herstellungsschritte
Welche Vorschriften zur Kennzeichnung bestehen?	**verpackte Waren:** • Alle Stoffe müssen in absteigender Reihenfolge in der Zutatenliste des Etiketts aufgeführt werden. • besondere Kennzeichnung der „allergenen Zwölf" **lose Waren:** • Kennzeichnungspflichtige Zusatzstoffe werden gut sicht- und lesbar auf einem Schild neben der Ware aufgeführt oder • alle verwendeten Zusatzstoffe sind einer schriftlichen Aufzeichnung (z. B. Informationsordner) zu entnehmen, die im Geschäft ausliegt.
Welche Verkaufsargumente bieten sich an?	• Fettgehalt, Eiweißgehalt usw. • passende Angebote aus dem Zusatzsortiment • Haltbarkeit/Lagerung • Zubereitungshinweise, Verzehrempfehlungen

5 Kunden über Grundsätze und Bedeutung einer ausgewogenen Ernährung aufklären

Ziele dieses Kapitels:

- **Wir lernen die Grundsätze einer ausgewogenen und gesunden Ernährung kennen.**
- **Wir informieren uns über andere Ernährungsformen und -gewohnheiten und beurteilen ihre Bedeutung für den Menschen.**
- **Wir schreiben einen Zeitungsartikel und heben darin die Bedeutung von Fleisch und Fleischwaren und anderen Produktgruppen im Sortiment für eine gesunde Ernährung hervor.**

„Hast du schon den Anschlag am schwarzen Brett gesehen?“, fragt Elisabeth Kurz die Auszubildende Sonja Weiß, als sie in der Mittagspause gemeinsam am Tisch sitzen. „Nein, wieso?“ - „Na, unser Chef, der Herr Buchheim, hat einen Wettbewerb für die Auszubildenden ausgeschrieben. Es gibt drei tolle Preise! Der erste Preis: ein Wochenende in Wien, der zweite Preis: eine Digitalkamera und der dritte Preis: ein Kinogutschein für fünf Vorstellungen“, erklärt Frau Kurz. „Aha, ... und was muss man dafür tun?“, fragt Sonja interessiert nach. „Ihr sollt einen Artikel schreiben zum Thema: ‚Ausgewogene und gesunde Ernährung - Fleisch, Wurst und Co. gehören dazu!‘ Der beste Artikel soll in der übernächsten Ausgabe der Kundenzeitschrift ‚Delikat‘ der Buchheim Fleisch KG erscheinen.“
„Ein Wochenende in Wien, sagst du, gibt es da zu gewinnen, da wollte ich schon immer mal hin ... Das muss eine traumhafte Stadt sein, noch dazu, wenn man den Aufenthalt geschenkt bekommt.“ - „Ja, Wien ist immer eine Reise wert, die Stadt ist wunderschön, ich war erst letzten Sommer wieder dort“, schwärmt Elisabeth Kurz. „Wann ist denn da Wettbewerbsschluss?“, fragt Sonja. „In zwei Wochen.“ - „Gut, dann mache ich mich an die Arbeit! Ich werde mich gleich mal im Fachbuch und im Internet über das Thema ‚Gesunde Ernährung‘ informieren. Die Konkurrenz im eigenen Hause ist zwar groß, aber wer weiß ...?“

5.1 Grundsätze einer ausgewogenen und gesunden Ernährung

Vollwertig essen hält gesund und fördert Leistung und Wohlbefinden. Auf der Basis aktueller wissenschaftlicher Erkenntnisse hat die Deutsche Gesellschaft für Ernährung in Zusammenarbeit mit dem Auswertungs- und Informationsdienst für Ernährung, Landwirtschaft und Forsten (aid) Regeln formuliert, die helfen sollen, genussvoll und gesunderhaltend zu essen:

Vielseitig essen

Der Körper braucht viele verschiedene Nährstoffe, die in unterschiedlichen Mengen in verschiedenen Lebensmitteln enthalten sind. Ernährt man sich auf Dauer einseitig, dann nimmt man bestimmte Nährstoffe im Übermaß auf, während andere lebensnotwendige fehlen. Das begünstigt die Entstehung ernährungsbedingter Krankheiten.

In der Ernährungspyramide sind die Lebensmittel gemäß ihrer Zusammensetzung in folgenden sechs Gruppen zusammengefasst:

5.48

Eine ausgewogene Ernährung enthält Lebensmittel aus jeder Gruppe. Nichts ist verboten – auf die Menge kommt es an!

Die Größe und Farbe des Pyramidenfeldes gibt an, welchen Anteil diese Lebensmittel in der täglichen Ernährung einnehmen sollten.

grün = reichlich:	Lebensmittel der breiten Basis – Getränke, Brot, Getreide und Beilagen, Gemüse und Obst
gelb = mäßig:	Lebensmittel im Mittelfeld – Milch und Milchprodukte, Fleisch, Wurst, Fisch und Eier
rot = sparsam:	Lebensmittel in der Spitze: Fette, Öle, Süßigkeiten, fette Snacks und Alkohol

1 nach: Deutscher Infografikdienst, Berlin

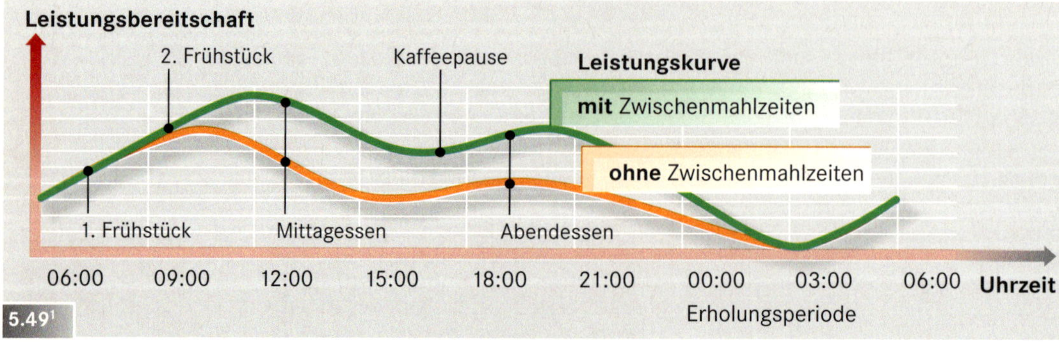

5.49[1]

Man sollte diese Lebensmittel auf mindestens fünf verschiedene Mahlzeiten (Frühstück, Zwischenmahlzeit, Mittagessen, Zwischenmahlzeit, Abendessen) über den Tag hinweg aufteilen. Damit kann man einem zwischenzeitlichen Absinken der Leistungsfähigkeit vorbeugen (s. Abb. 5.49).

Reichlich Flüssigkeit → 6 Portionen am Tag

Wasser ist absolut lebensnotwendig. Jeden Tag gibt Ihr Körper ungefähr 2,5 Liter Flüssigkeit über Schweiß, Atemluft, Harn und Stuhl ab. Diese Verluste müssen ersetzt werden. Teilweise geschieht dies über die feste Nahrung, die auch in unterschiedlichen Mengen Wasser enthält (siehe Nährwerttabelle im Anhang). Den Rest müssen Getränke liefern.

Pro Tag sollte man deshalb etwa zwei Liter trinken – mindestens 6 Portionen pro Tag. Eine Portion steht für ein 0,3-l-Glas.

grün	=	bevorzugt: ungezuckerte Getränke, z. B. Mineralwasser, ungesüßte Früchte- oder Kräutertees, Gemüse- oder Fruchtsäfte
rot	=	in kleinen Mengen erlaubt: Cola-Getränke, Limonaden, Kaffee, schwarzer Tee, alkoholische Getränke (bei Männern z. B. 0,5 l Bier oder 0,25 l Wein pro Tag, bei Frauen die Hälfte davon)

Getreideprodukte und Kartoffeln → 5 Portionen am Tag

Eine Portion steht für eine Scheibe Brot oder Brötchen (ca. 50 g) oder 50 g Getreideflocken oder 250 g gekochte Nudeln, Reis oder Kartoffeln.

Brot, Nudeln, Reis, Getreideflocken, am besten aus Vollkorn, sowie Kartoffeln enthalten kaum Fett, aber reichlich Stärke, Vitamine, Mineralstoffe, Spurenelemente (siehe Kap. 5.3.5) sowie Ballaststoffe und sekundäre Pflanzenstoffe (s. u.).

Ein großer Teil dieser Substanzen steckt hauptsächlich in den äußeren Randschichten des Getreidekorns, also dicht unter der Schale. Durch das Schälen der Getreidekörner vor dem Mahlen geht ein Teil der wertvollen Inhaltsstoffe verloren.

grün	=	bevorzugt: z. B. Vollkornbrot, Vollkornnudeln, Müsli, ungeschälter Reis, Kartoffeln
gelb	=	mäßig: helle Brot- und Brötchensorten, Nudeln aus hellen Mehlen

Gemüse und Obst → 4 + 1 Portionen am Tag

Eine Portion steht für 200 g rohes oder kurz gegartes Gemüse oder 200 g Blattsalat oder ca. 150 g Obst, vereinfacht: 1 Portion = eine Handvoll zu jeder Haupt- oder Zwischenmahlzeit.

Täglich sollte man 5 Portionen essen, zwei Portionen Gemüse oder Salat und zwei Portionen Obst, zusätzlich ein Glas reinen Obst- oder Gemüsesaft (= 4 + 1).

Gemüse und Obst haben wenige Kalorien, liefern dafür Wasser, viele Vitamine, Mineralstoffe, Ballaststoffe und vor allem auch sekundäre Pflanzenstoffe. Sekundäre Pflanzenstoffe helfen dem Körper, gesund zu bleiben. Wissenschaftliche Studien haben gezeigt, dass sie vor Krebs und Herz-Kreislauf-Erkrankungen schützen können.

Milch, Milchprodukte, Eier, Fleisch, Fleischprodukte, Fisch
➔ 3 + 1 Portionen am Tag

Eine Portion steht für 0,25 l Milch oder für eine Scheibe Käse (ca. 30 g), insgesamt sollte man 3 Portionen Milch oder Milchprodukte täglich essen, dazu noch eine Portion Fleisch, Wurst, (See-)Fisch oder Ei.

Wöchentlich sollten nicht mehr als 600 g Fleisch und/oder Wurst, 1 bis 2 Portionen Fisch (à 150 g) und maximal drei Eier zusammenkommen. Bei der Auswahl von Fleisch- und Milcherzeugnissen sollten fettarme Produkte bevorzugt werden.

Milch und Milchprodukte liefern viel hochwertiges Eiweiß und Calcium. Calcium ist ein wichtiger Baustein für die Knochen.

Fleisch enthält die Vitamine B_1, B_6 und B_{12} sowie das lebensnotwendige Eisen. Dieses liegt in Fleisch in einer für den menschlichen Organismus gut verfügbaren Form vor.

Seefisch enthält viele ungesättigte Fettsäuren (sog. Omega-3-Fettsäuren) und ist die beste natürliche Selen- und Jodquelle. Der Organismus braucht Jod für den Aufbau der Schilddrüsenhormone.

Allerdings bringen Fleisch, Wurst und Eier auch vielfach kritische Begleitstoffe[1] wie Fett, Cholesterin, Purine (vgl. 5.3.7) und Salz mit.

grün = empfehlenswert:
- fettarme Milchprodukte, z. B. Milch und Jogurt mit 1,5 % Fett, Quark mit 10 % Fett oder Magerstufe, Käse mit 30-45 % Fett i. Tr. (= in der Trockenmasse)
- magere Fleischsorten, z. B. Oberschale, Filet
- fettarme Fleisch-Erzeugnisse, z. B. gekochter Schinken, Lachsschinken, Putenbrust, Geflügelwurst, Bratenaufschnitt, Aspik-Aufschnitt, magere Brühwurstsorten, z. B. Bierschinken
- Seefisch, z. B. Schellfisch, Seelachs, Kabeljau, Makrele, Hering, Tunfisch, Sardine und Rotbarsch.

rot = selten verzehren:
z. B. streichfähige Koch- und Rohwurstsorten, fette Fleischsorten, Käsesorten mit mehr als 45 % Fett i. Tr.

1 siehe auch Lernfeld 1, Kap. 6.1.1, Lernfeld 5, Kap. 3.3

Wenig Streich- und Zubereitungsfett oder Speiseöl → 2 Portionen am Tag

Zwei Esslöffel (1 Esslöffel = ca. 20 g) Streichfett oder Speiseöl pro Tag entsprechen einer Portion.

70–90 Gramm Fett am Tag liefern ausreichend lebensnotwendige (essenzielle) Fettsäuren und fettlösliche Vitamine und runden den Geschmack der Speisen ab.[1]

In tierischen Fetten wie Butter, Schmalz und Sahne ist im Vergleich zu pflanzlichen Ölen, vor allem Olivenöl, Rapsöl, Sonnenblumen-, Maiskeim- und Sojaöl, der Gehalt an einfach und mehrfach ungesättigten Fettsäuren (s. Kap. 5.3.3) meist niedriger.

Zu viel Nahrungsfett kann Übergewicht, Herz-Kreislauf-Erkrankungen, Fettstoffwechselstörungen, Bluthochdruck, Gicht, Diabetes mellitus u. v. m. begünstigen.

Fett kann man einsparen, wenn man z. B.

- Salatsoßen mit wenig Öl zubereitet und
- Majonäse durch Jogurt oder saure Sahne ersetzt;
- fettarme Zubereitungsarten, z. B. Kochen und Dünsten statt Braten anwendet;
- Butter oder Margarine nur dünn aufs Brot streicht.

Zucker und Salz in Maßen → 1 Portion süßes oder salziges „Extra“

Süßigkeiten, z. B. ein Riegel Schokolade oder ein Stück Kuchen, oder salzige Knabbereien, z. B. eine Handvoll Kartoffelchips am Tag, haben durchaus ihren Platz in einer vollwertigen Ernährung, wenn die Grundernährung (aus den breiteren Stufen der Pyramide) stimmt.

Man sollte diese Extras sparsam und bewusst genießen, denn neben viel Zucker bzw. Salz sind darin oft auch große Mengen Fett „versteckt“.

Schmackhaft und schonend zubereiten

Speisen sollte man bei möglichst niedrigen Temperaturen kurz, mit wenig Wasser oder wenig Fett garen, dadurch erhält man den natürlichen Geschmack des Lebensmittels, schont die Nährstoffe und verhindert den Verlust von Vitaminen und Mineralstoffen sowie die Bildung schädlicher Verbindungen. So können z. B. bei der Überhitzung von Fetten Krebs erregende Stoffe entstehen.

Würzt man mit passenden Kräutern und Gewürzen, so benötigt man weniger Speisesalz (das immer jodiert sein sollte) oder fertige Gewürzmischungen zur Geschmacksabrundung.

Rohes Obst, Gemüse oder Salat sollte gegebenenfalls nur dünn geschält und im unzerkleinerten Zustand gewaschen werden, um die Vitamin- und Mineralstoffverluste gering zu halten.

1 siehe auch Lernfeld 1, Kap. 6.1.1, Lernfeld 5, Kap. 3.3

Zeit nehmen und das Essen genießen

Wichtig ist es, bewusst zu essen, d. h., sich beim Essen Zeit zu nehmen und auch zu lassen, mit „allen Sinnen" zu genießen. Das macht Spaß und fördert das Sättigungsempfinden.

Auf das Gewicht achten und in Bewegung bleiben

Mit dem richtigen Gewicht fühlt man sich wohl und mit reichlich Bewegung bleibt man in Schwung - deshalb sollte man ständig etwas für Fitness, Wohlbefinden und Figur tun!

5.2 Vegetarismus

Vegetarier lehnen den Verzehr von tierischen Lebensmitteln ganz oder teilweise ab. Mögliche Gründe können z. B. sein:

- ethische Gründe (z. B. Recht auf Leben für die Tiere),
- religiöse Gründe (z. B. Schweinefleischverbot im Islam), aber auch
- Angst vor Erkrankungen (z. B. Gicht) oder
- der Vertrauensverlust durch Lebensmittelskandale (z. B. BSE, Schweinepest).

Man unterscheidet drei Formen des Vegetarismus:

- Veganer: strenge Vegetarier, diese nehmen ausschließlich pflanzliche Lebensmittel, oft nur roh, zu sich.
- Lacto-Vegetarier: Diese verzehren neben pflanzlichen Lebensmitteln auch Milch und Milchprodukte.
- Ovo-Lacto-Vegetarier: Deren Nahrung besteht aus pflanzlichen Lebensmitteln, Milch und Milchprodukten und Eiern.

Vegetarier bevorzugen in der Regel unverarbeitete Lebensmittel und Vollkornprodukte. Ein großer Teil der Ernährung besteht aus Rohkost oder Frischobst. Sie lehnen den Verzehr von Zucker und zuckerhaltigen Lebensmitteln ab.

Vegetarier müssen durch eine gezielte Lebensmittelkombination auf einen guten Ergänzungswert ihrer Speisen achten, damit der Eiweißhaushalt gedeckt ist. Außerdem besteht die Gefahr der Unterversorgung mit Zink, Eisen, Jod, Calcium, Vitamin D und Vitamin B_{12}.

Davon zu unterscheiden sind die so genannten „Teilzeit-" oder „Puddingvegetarier". Sie ernähren sich vorwiegend fleischlos, meist ohne die oben genannten strengen Grundsätze des Vegetarismus bezüglich Lebensmittelauswahl und Zubereitung zu verfolgen.

5.3 Fast Food

Unter dem Begriff **Fast Food** werden Gerichte zusammengefasst, die vor den Augen des Gastes in Schnellgaststätten, Imbissstuben und an Kiosken zubereitet werden, wie z. B. Bratwurst, Pommes, Hamburger oder Kebab. **Snacks** sind das englische Wort für „Imbiss" und als **Fingerfood** werden

Gerichte bezeichnet, die ohne Messer und Gabel mit den Fingern verzehrt werden können.

5.50

Viele Kinder und Jugendliche greifen zu Fast Food - denn es ist immer dann verfügbar, wenn Hunger auftaucht. Das Essen mit den Fingern und mitten im Geschehen auf der Straße vermittelt darüber hinaus eine gewisse Form von Freiheit. Außerdem ist es meist preisgünstiger als warme Mahlzeiten in einem Restaurant.

Fast Food eilt der Ruf eines ungesunden Essens voraus, denn häufig ist der Nährstoffgehalt, vor allem der Fettgehalt in den Speisen sehr hoch. Häufiger Verzehr dieser Waren kann deshalb zu Übergewicht führen.

Im Fleischerfachgeschäft bieten wir Fast-Food-Gerichte wie belegte Baguettes oder Bratwurst, Hähnchen, Braten in der „Heißen Theke“ an. Wir können diese als vollwertige Zwischenmahlzeiten anbieten, wenn die Fleisch- oder Wurstportion mit zahlreichen Zutaten und Getränken aus der Ernährungspyramide kombiniert werden, z. B. Salat, Gemüse, Obst, Brot (möglichst aus Vollkorn), Nudeln, Reis, Kartoffeln, Wasser, Saft usw.

5.51

Sandwich „Süden“ mit Rinderfilet — *Sandwich „Lord“* — *Sandwich mit gekochtem Schinken*

5.4 Functional Food

Functional Food (auch Designer Food, Nutraceutical[1]) bedeutet auf Deutsch „funktionale Lebensmittel“. Es ist ein rechtlich nicht eindeutig abgegrenzter Begriff für Nahrungsmittel, die über ihren natürlichen Nährstoffgehalt

1 Nutraceutical - sprich: njutrazoitikel; aus: nutrition (engl.) = Ernährung und pharmaceutical (engl.) = pharmazeutisch (die Pharmazeutik = Arzneimittelkunde)

5.52

hinaus einen gesundheitlichen Zusatznutzen aufweisen. Mit dem Verzehr soll dem Entstehen ernährungsbedingter Krankheiten vorgebeugt und somit langfristig die Gesundheit erhalten werden. **Achtung:** Davon abzugrenzen sind Nahrungsergänzungsmittel, die als Pillen, Pulver oder Dragees angeboten werden.

Um einer Täuschung des Verbrauchers vorzubeugen, verbietet das deutsche Lebensmittelrecht eine gesundheits- oder krankheitsbezogene Werbung mit Heilversprechen auf dem Etikett, deshalb wird gern mit allgemeinen Botschaften wie „... leisten einen wertvollen Beitrag für Ihre Gesundheit“ oder „... für mehr Wellness“ geworben.

Folgende Wirkstoffe oder Mikroorganismen sind Functional Food z. B. zugesetzt.

Wirkstoffe	Wirkungsbereich	Beispiele
Probiotika (Zusatz lebender Milchsäurebakterien) Präbiotika (Zusatz von Ballaststoffen) Symbiotika (Mischung aus Pro- und Prebiotika)	unterstützen das Wachstum der Darmflora, stärken das darmeigene Immunsystem und helfen Verstopfung und Krebs vorzubeugen	Jogurt, Wurst
sekundäre Pflanzeninhaltsstoffe (Phytochemicals)	Schutz vor Krebs Margarine	
mehrfach ungesättigte Fettsäuren	Cholesterin senkende Wirkung	Brot mit Omega-3-Fettsäuren, Eier, Margarine
Fettersatz- und Fettaustauschstoffe	Schutz vor Herz-Kreislauf-Erkrankungen, Reduktion des Körpergewichts	Light-Produkte: Wurst, Käse, Jogurt, usw.

Wirkstoffe	Wirkungsbereich	Beispiele
Antioxidantien	Schutz vor Krebs	Zusatz der Vitamine A, C, E, z. B. in Getränken, Tiefkühlkost
Vitamine und Mineralstoffe	vgl. Vitamine und Mineralstoffe	B-Vitamine, z. B. in Cornflakes, Müsli, Multivitaminsaft, Energydrink, Calciumzusatz in Müsli, Wurstwaren mit jodiertem Speisesalz, Kinderwurst mit Calcium

Das Sortiment von gesundheitsfördernden Lebensmitteln ist für den Verbraucher oft schwer zu überblicken. Zum Teil entpuppen sich solche Lebensmittel oft als überteuerte, aufgepeppte und minderwertige Lebensmittel. So wird aus einer Limonade plötzlich ein Energydrink oder aus einem Fruchtbonbon eine „Vitaminspritze".

Von Ernährungsexperten werden mit Jod angereichertes Salz oder mit jodiertem Speisesalz hergestellte Produkte (Wurst, Brot) empfohlen, da unsere Lebensmittel mit Ausnahme von Seefisch zu jodarm sind. Jodmangel kann zu einer Unterfunktion der Schilddrüse führen, es treten dann Symptome wie Abgeschlagenheit, Gewichtszunahme und Antriebslosigkeit auf.

Merke

Wer auf eine ausgewogene und gesunde Ernährung achtet, braucht kein Functional Food.

Dagegen werden Vitamin- und Mineralstoffzusätze kritisch gesehen, da diese in den meisten Lebensmitteln natürlich enthalten sind und meist in ausreichender Menge verzehrt werden. Zudem werden natürliche Vitamine und Mineralstoffe meist besser verwertet als die künstlichen „Kopien". Lediglich Vegetarier, Schwangere, Stillende, Kranke usw. haben eventuell einen erhöhten Bedarf.

Um mögliche Überdosierungen zu vermeiden, ist die Vitaminanreicherung gesetzlich geregelt: Es muss neben dem Gehalt zusätzlich angegeben werden, zu welchem Anteil die empfohlene Tagesdosis gedeckt wird. Studien haben nämlich gezeigt, dass ein Zuviel an Beta-Carotin (Vorstufe von Vitamin A) Lungenkrebs fördern und ein zu hoher Vitamin-A-Spiegel bei Frauen Knochenbrüche begünstigen kann.

Außerdem ist ungeklärt, ob die Darmflora, die bei gesunden Menschen aus zirka 400 verschiedenen Bakterienarten individuell zusammengesetzt ist, langfristig durch probiotische Milchprodukte verbessert oder vielleicht sogar geschädigt wird.

Generell gilt allerdings: „Wer auf eine ausgewogene und gesunde Ernährung achtet, braucht kein Functional Food."

Berufliche Aufgabenstellung

Die Firma Buchheim Fleisch KG möchte in ihrer Kundenzeitschrift einen Zeitungsartikel zum Thema „Ausgewogene und gesunde Ernährung – Fleisch, Wurst und Co. gehören dazu!" veröffentlichen. Sie als Auszubildende sollen diesen Artikel verfassen.

Planen Sie Inhalt und Gestaltung des Zeitungsartikels, indem Sie

- **sich über die Grundsätze einer ausgewogenen und gesunden Ernährung informieren,**
- **andere Ernährungsformen und -gewohnheiten hinsichtlich ihres Gesundheitswerts kritisch bewerten,**

- **eine detaillierte Gliederung mit inhaltlichen Stichpunkten erstellen,**
- **z. B. einen Tageskostplan für einen Erwachsenen entwerfen und dabei besonders geeignete Waren aus Ihrem Sortiment als Kaufempfehlung einbauen.**

Formulieren Sie den Zeitungsartikel aus.

Bewerten Sie diesen z. B. hinsichtlich Informationsgehalt, Anschaulichkeit und Sprachstil.

Übungen

1. Zählen Sie wichtige Regeln für eine gesunde und ausgewogene Ernährung auf.
2. Erklären Sie den Aufbau der Ernährungspyramide und geben Sie Verzehrempfehlungen.
3. Stellen Sie nach den Grundsätzen der vollwertigen Ernährung einen Ernährungsplan für einen Tag zusammen.
4. Beschreiben Sie die Ernährungsweise der Vegetarier genauer. Geben Sie Waren an, die Sie diesen Kunden empfehlen könnten.
5. Erläutern Sie die Begriffe
   a) Functional Food, b) Fast Food, c) Präbiotika, d) Probiotika,
   e) Ovo-Lacto-Vegetarier, f) Leistungskurve.

Zusammenfassung

Grundsätze einer ausgewogenen und gesunden Ernährung

- **vielseitig essen, mindestens 5 Mahlzeiten pro Tag**
- **schmackhaft und schonend zubereiten**
- **Zeit nehmen und Essen genießen**
- **auf das Gewicht achten und in Bewegung bleiben**

- Süßes oder Salziges extra; 1 Portion
- Streich- und Zubereitungsfett; 2 Portionen
- tierische Produkte: Fleisch, Wurst, Milch, Milchprodukte, Eier; 3 + 1 Portionen
- Gemüse und Obst; 4 + 1 Portionen
- Getreideprodukte und Kartoffeln; 5 Portionen
- reichlich Flüssigkeit; 6 Portionen

Vegetarismus

- **Veganer:** nehmen nur pflanzliche Lebensmittel zu sich,
- **Lacto-Vegetarier:** essen und trinken auch Milch und Milchprodukte,
- **Ovo-Lacto-Vegetarier:** essen zusätzlich auch Eier.

Fast Food

- Speisen und Getränke, die in Schnellgaststätten, Imbissstuben u. Ä. angeboten werden
- häufig hoher Nährstoffgehalt, vor allem Fett

Functional Food

Lebensmittel, die über den natürlichen Nährstoffgehalt hinaus einen gesundheitlichen Zusatznutzen aufweisen, z. B. Verwendung von Jodsalz in Wurst zur Unterstützung der Schilddrüsenfunktion.

6 Den Nährstoff- und Energiegehalt von Speisen in Abhängigkeit zum Tagesbedarf ermitteln

Ziele dieses Kapitels:

- **Wir berechnen den Energiegehalt von Mahlzeiten und dessen Anteil am Gesamtenergiebedarf eines Menschen.**
- **Wir ermitteln den Nährstoffgehalt und dessen Anteil am Tagesbedarf.**
- **Wir entwickeln Verkaufsargumente.**

„Schau, hier ist die Wochenkarte für unsere Mittagsrenner in zwei Wochen. Unsere Chefin hat sich wieder tolle Gerichte ausgedacht, um unsere Kunden zu verwöhnen. Da läuft einem direkt das Wasser im Mund zusammen! Ich hoffe nur, dass von der leckeren Lasagne auch für uns noch was bleibt!", sagt Maria Krüger zu Katharina Schneider im Verkaufsraum der Fleischerei Baringer.

„Ich glaube, da haben wir keine Chance! Unsere Stammkunden schätzen unsere preiswerten und vollwertigen Mittagsangebote immer mehr und täglich kommen ein oder zwei neue Kunden dazu!", erwidert Katharina.

„Ja, richtig! Stell dir vor, gestern hat mich doch glatt einer gefragt, ob ich wüsste, wie viel Kalorien in der Portion ‚Chili con Carne' stecken würden und wie viel des Tagesbedarfs damit abgedeckt sei. Außerdem wollte er den Gehalt an Nährstoffen wissen. Da war ich ziemlich platt. Ich konnte ihm keine vernünftige Auskunft geben ...", erzählt Maria Krüger. „Aber wen interessiert das schon?", setzt sie noch nach.

Da mischt sich Frau Baringer ein. „Maria, du bist ein Schatz! Darauf wäre ich von selbst nicht gekommen! Wir bieten unseren Kunden zukünftig auf unserer Mittagskarte die wichtigsten Informationen zum Energie- und Nährstoffgehalt an. Außerdem können wir in einer Beispielrechnung den Anteil am Tagesbedarf angeben. Damit können wir vielleicht nochmals unseren Absatz steigern. Und wenn wir im Gespräch auch noch Auskunft geben können über die theoretischen Grundlagen, zum Beispiel über Grundumsatz, Leistungsumsatz, Energiebilanz usw., dann merken unsere Kunden, dass ihre Gesundheit uns wirklich am Herzen liegt!"

14. bis 18. Juni:

UNSERE MITTAGSRENNER

DIE GUTE KÜCHE ZUM KLEINEN PREIS!
JEDES GERICHT: 5,90 EURO

MONTAG:
Gyrosgeschnetzeltes mit Krautsalat und Tsatsiki

DIENSTAG:
Lasagne nach Art des Hauses mit Tomatensalat

MITTWOCH:
Putengeschnetzeltes „Hawaii" mit Reis

DONNERSTAG:
Tafelspitz mit Salzkartoffeln und Meerrettichsoße

FREITAG:
Tagliatelle mit Rindfleischstreifen in Pfefferrahmsoße

Wehnertstraße 22 • 83435 Bad Reichenhall
Telefon: 08651 45897 • Telefax: 08651 45899
www.baringer@wvd.de

FLEISCHEREI BARINGER

5.53

6.1 Nahrungsaufnahme und Verdauung

Unser Körper benötigt Bau-, Betriebs- und Wirkstoffe (siehe Abb. 5.29), damit alle Körpervorgänge reibungslos ablaufen können. Diese Stoffe müssen aus der aufgenommenen Nahrung auf dem Weg durch den Verdauungstrakt aber erst freigelegt werden, bevor sie verwertet werden können.

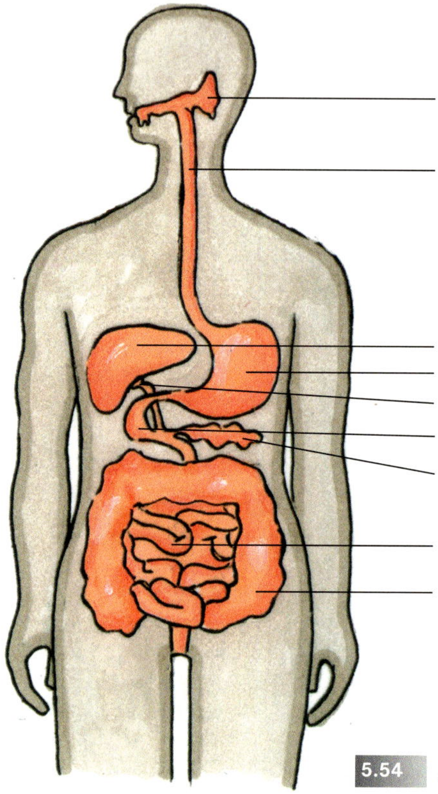

5.54 *Der Verdauungstrakt*

Mund:
Durch die Zähne wird die Nahrung mechanisch zerkleinert und durch den Speichel aus der Speicheldrüse verflüssigt. Der Speichel enthält das Enzym Amylase, das ist ein Stoff, der beginnt die langen Ketten der enthaltenen Kohlenhydrate (siehe Abb. 5.31) abzubauen.
Die Speichelproduktion (ca. 1–2 Liter pro Tag) steigt beim Anblick von schön angerichteten Speisen oder bei intensiv würzigen Gerüchen bereits stark an, daher die Redewendungen: „Das Auge isst mit." und „Mir läuft das Wasser im Mund zusammen."

Speiseröhre:
Nach dem Schlucken transportiert sie den gleitfähigen Speisebrei in den Magen.

Magen:
Hier wird der Speisebrei weiter zerkleinert und mit salzsäurehaltigem Magensaft durchmischt. Die Salzsäure tötet Bakterien ab und beginnt Eiweißstoffe der Nahrung aufzuspalten, d.h.: Die langen Aminosäureketten der Proteine (siehe Abb. 5.30) werden in kleinere Teilstücke gespalten. Man sagt auch: Die Eiweißstoffe gerinnen.
Unterstützt wird der Eiweißabbau durch Eiweiß spaltende Enzyme, so genannte Proteasen.
Durch den Magenausgang, dessen Muskel „Pförtner" genannt wird, gelangt der Nahrungsbrei in kleinen Portionen in den Zwölffingerdarm.

Zwölffingerdarm/Dünndarm

Hier kommen der Gallensaft aus der Gallenblase und der Bauchspeichel aus der Bauchspeicheldrüse zu dem Nahrungsbrei hinzu. Sie neutralisieren die Magensäure. Die darin enthaltenen Fett spaltenden Enzyme, so genannte Lipasen, spalten die Fette in deren Grundbausteine - Glycerin und Fettsäuren - auf.

Die Eiweiß- und Kohlenhydratbruchstücke werden durch Proteasen und Amylasen zu Aminosäuren und Einfachzucker zerlegt.

Diese wasserlöslichen Bausteine werden dann durch die Darmwand ins Blut aufgenommen. Diesen Vorgang nennt man Resorption. Mit dem Blutstrom werden diese Bausteine an ihren jeweiligen Bestimmungsort zu den Zellen der Organe und Gewebe transportiert. Dort werden daraus neue Stoffe aufgebaut, z.B. Eiweißstoffe für Haut und Muskeln, Calcium für Knochen und Zähne usw. Oder sie werden zu Energie verbrannt, z.B. zu Kohlenhydraten und Fett.

Der verbleibende Speisebrei wird nach und nach in den Dickdarm befördert.

Dickdarm

Darmbakterien bauen die ballaststoffhaltigen festen Bestandteile noch weiter ab. Wasser und Verdauungssäfte werden zusammen mit den Mineralstoffen und Vitaminen dem Darm entzogen. Schließlich wird der unverdauliche Rest als Kot ausgeschieden.

Schnell verdaut werden Speisen, die einen hohen Zuckeranteil oder Anteil an Weißmehlen besitzen, eine besonders lange Verweilzeit im Verdauungstrakt (bis zu 9 Stunden) haben Fett und fettreiche Speisen. Dies kommt auch in der Redewendung „Das liegt mir schwer im Magen!“ zum Ausdruck.

Merke

Schnell verdaut werden Zucker und Weißmehle, lange im Magen und Darm bleibt fettreiche Nahrung.

6.2 Gesamtenergiebedarf

Für alle Tätigkeiten und Vorgänge benötigt unser Körper Energie.

Diese Energie wird mit der internationalen Einheit Kilojoule (kJ) angegeben. 1 Joule (J) beschreibt dabei die Energie, die man braucht, um einen Körper mit einer Masse von ca. 1 000 g um einen Meter zu heben (1 000 Joule = 1 kJ). Weit verbreitet ist auch noch die veraltete Einheit Kilokalorie (kcal).

1 kcal = 4,2 kJ
1 kJ = 0,24 kcal

Den täglichen Energieverbrauch eines Menschen bezeichnet man auch als **Gesamtenergiebedarf.**

5.55 *Ein Joule ist die Energie, die man braucht, um einen Körper mit einer Masse von 1 kg einen Meter hochzuheben.*

Durchschnittlich gelten dafür folgende Richtwerte:

Alter	Männer	Frauen
19 bis 24 Jahre	3 000 kcal/12 600 kJ	2 400 kcal/10 080 kJ
25 bis 50 Jahre	2 900 kcal/12 180 kJ	2 300 kcal/ 9 660 kJ
51 bis 63 Jahre	2 500 kcal/10 500 kJ	2 000 kcal/ 8 400 kJ

Merke

Der Gesamtenergiebedarf setzt sich zusammen aus dem Grund- und dem Leistungsumsatz.

Grundumsatz (GU) + Leistungsumsatz (LU) = **Gesamtenergiebedarf (GEB)**

Merke

Der Grundumsatz ist die Energiemenge, die ein Mensch bei völliger Ruhe im Liegen innerhalb von 24 Stunden und bei einer Raumtemperatur von 20 °C durchschnittlich benötigt.

6.2.1 Grundumsatz

Selbst im Schlaf verbraucht der Mensch Energie, um so lebenswichtige Körpervorgänge wie Atmung, Herzschlag, Gehirntätigkeit oder Körpertemperatur aufrecht zu erhalten. Die Höhe des Grundumsatzes ist abhängig von:

- Alter (ältere Menschen brauchen weniger Energie als jüngere)
- Geschlecht (Frauen weniger als Männer)
- Körperoberfläche (große, übergewichtige Menschen haben höhere Wärmeabstrahlung)
- Klima (im Sommer niedrigerer Bedarf als im Winter)
- Krankheit, Stress (höherer Bedarf)

Durchschnittlich beträgt der Grundumsatz ca. 4,2 kJ (1 kcal) je kg Körpergewicht und Stunde.

Die Verkäuferin Katharina Schneider ist 1,67 m groß und wiegt 60 kg.

Ihr Grundumsatz beträgt:

4,2 kJ · 60 kg · 24 Stunden = 6 048 kJ

In der Praxis arbeitet man mit folgenden Richtwerten als Durchschnittswerten:

Männer	Alter	Frauen
7 600 kJ (1,74 m, 67 kg)	**15 – 18**	**6 100 kJ** (1,66 m, 58 kg)
7 600 kJ (1,76 m, 74 kg)	**19 – 24**	**5 800 kJ** (1,65 m, 60 kg)
7 300 kJ (1,76 m, 74 kg)	**25 – 55**	**5 600 kJ** (1,64 m, 59 kg)
6 600 kJ (1,73 m, 72 kg)	**51 – 64**	**5 300 kJ** (1,61 m, 57 kg)
5 900 kJ (1,69 m, 68 kg)	**65 und älter**	**4 900 kJ** (1,58 m, 55 kg)

6.2.2 Leistungsumsatz

Der Leistungsumsatz ist die Energiemenge, die ein Mensch für zusätzliche Leistungen – über den Grundumsatz hinaus – während der Arbeit oder der Freizeit benötigt. Der Leistungsumsatz ist abhängig von der Umgebungstemperatur, der Verdauungs- und der Muskeltätigkeit.

Der Gesamtenergiebedarf eines Menschen lässt sich wie folgt berechnen: Der Grundumsatz stellt bei normaler körperlicher Belastung den größten Teil des Energieumsatzes pro Tag dar; multipliziert man diesen mit dem PAL-Wert, erhält man den täglichen Gesamtenergiebedarf. Der **p**hysical-**a**ctivity-**l**evel (PAL) ist ein durchschnittliches Maß für den täglichen Leistungsumsatz je nach verrichteter Tätigkeit.

Merke

Grundumsatz • PAL-Wert = Gesamtenergiebedarf

PAL-Werte „Arbeitsschwere und Freizeitverhalten"[1]

1,2	1,4–1,5	1,6–1,7	1,8–1,9	2,0–2,4
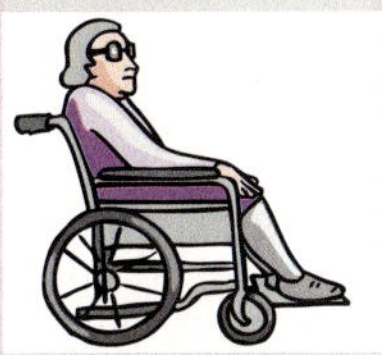			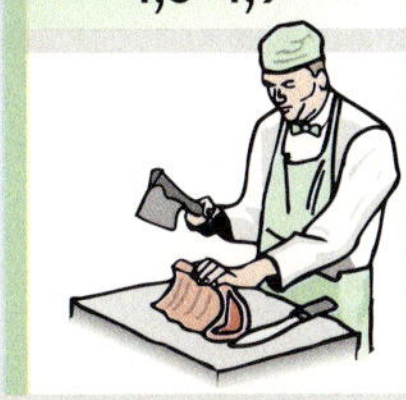	
z. B. ältere, gebrechliche Menschen	z. B. Büroangestellte, Feinmechaniker	z. B. Laboranten, Kraftfahrer, Studierende, Fließbandarbeiter	z. B. Hausfrauen, Verkäufer, Kellner, Mechaniker, Handwerker	z. B. Bauarbeiter, Landwirte, Waldarbeiter, Bergarbeiter, Leistungssportler
für ausschließlich sitzende oder liegende Lebensweise	für ausschließlich sitzende Tätigkeit mit wenig oder keiner anstrengenden Freizeitaktivität	für sitzende Tätigkeit, zeitweilig auch zusätzlicher Energieaufwand für gehende und stehende Tätigkeiten	für überwiegend gehende und stehende Tätigkeiten	für körperlich anstrengende berufliche Arbeit

5.56

Wer vier- bis fünfmal pro Woche 30 bis 60 Minuten Sport treibt, darf zusätzlich pro Tag 0,3 Einheiten PAL dazurechnen.

Katharina Schneider, 60 kg Körpergewicht, mit überwiegend gehender oder stehender Tätigkeit benötigt an Energie

a) ohne sportliche Betätigung:
6 048 kJ (GU) · 1,8 = <u>10 886,4 kJ</u>

b) mit sportlicher Betätigung:
6 048 kJ · 2,1 (1,8 + 0,3) = <u>12 700,8 kJ</u>

1 nach: www.dge.de/modules.php?name=News&file=article&sid=102, entnommen 2005-12-06

Verrichtet man verschieden schwere Tätigkeiten unterschiedlich lang, so kann man den Gesamtenergiebedarf so berechnen:

Katharina Schneider verrichtet 8 Stunden lang überwiegend gehende oder stehende Arbeit, 7 Stunden sitzende Tätigkeit, 9 Stunden Erholung/Schlaf (PAL-Wert = 0,95).

Grundumsatz pro Stunde = 4,2 kJ · 60 kg Körpergewicht = 252 kJ
8 Stunden · 1,8 · 252 kJ = 3 628,8 kJ
7 Stunden · 1,6 · 252 kJ = 2 822,4 kJ
9 Stunden · 0,95 · 252 kJ = 2 154,6 kJ
8 605,8 kJ

Wie viel Energie im Einzelnen für bestimmte Tätigkeiten in Arbeit und Freizeit verbraucht wird, ist aus der nachfolgenden Tabelle[1] ersichtlich:

Tätigkeit einer 70 kg schweren Person	Kalorienverbrauch je 10 min
Haushalt und Garten	
bügeln	18 kcal
aufräumen	20 kcal
Essen kochen	27 kcal
Staubsaugen	30 kcal
Wäsche aufhängen	33 kcal
Fußboden wischen	40 kcal
Betten beziehen	40 kcal
Fenster putzen	55 kcal
Rasen mähen	68 kcal
Möbel rücken	74 kcal
Treppen steigen	83 kcal
Freizeit und Sport	
spazieren gehen 6,5 km/h	49 kcal
Brustschwimmen (1,2 km/h)	52 kcal
Gymnastik	63 kcal
in der Disco tanzen	68 kcal
wandern	74 kcal
Inlineskaten	86 kcal
Fußballspielen	99 kcal
Fahrrad fahren 19 km/h	99 kcal
Fahrrad fahren 22–25 km/h	123 kcal
kraulen (kraftvoll)	123 kcal
laufen (joggen) 10 km/h	123 kcal

1 angelehnt an: www.ernaehrungsmed.de/content/view/25/215/, entnommen 2006-01-03

6.3 Energiegehalt von Lebensmitteln

Um unseren Energiebedarf zu decken, müssen wir täglich essen. Energielieferanten sind die Nährstoffe Kohlenhydrate, Fette und Eiweißstoffe, aber auch Alkohol.

Sie besitzen folgende „Brennwerte“:

5.57

Brennwerte verschiedener Nährstoffe

Nichtenergieliefernde Nährstoffe sind Vitamine, Mineralstoffe, Wasser und Ballaststoffe.

Wir nehmen diese Stoffe über die Verdauung in den Körper auf.

Die mit der Nahrung aufgenommene Energie kann man berechnen. Dazu benutzt man Nährwerttabellen, in denen der Nähr- und Wirkstoffgehalt in g und die Energiemenge in kJ bezogen auf 100 g essbaren Anteil eines Lebensmittels angegeben sind (siehe die Nährwerttabelle im Anhang dieses Buches).

100 g Bierschinken enthalten 0,1 g verwertbare Kohlenhydrate, 16,5 g Eiweiß und 12 g Fett. Als Energiegehalt sind 726 kJ angegeben. Der Energiegehalt lässt sich aus den Nährstoffen wie folgt ermitteln:

16,5 g Eiweiß	· 17 kJ/g =	280,5 kJ
0,1 g Kohlenhydrate	· 17 kJ/g =	1,7 kJ
12 g Fett	· 39 kJ/g =	468,0 kJ
	=	750,2 kJ sind also in 100 g Bierschinken enthalten.

Anteil der gegessenen und getrunkenen Lebensmittel am Gesamtenergiebedarf

Aus dem Energiegehalt von Speisen und Getränken kann man errechnen, wie viel des Gesamtenergiebedarfs eines Menschen mit einer Mahlzeit bereits abgedeckt ist.

Der Energiegehalt einer Mahlzeit ist z. B. abhängig von:

- den verwendeten Zutaten: z. B. mageres oder fettreiches Fleisch, Wurst mit niedrigem oder hohem Fettgehalt, zuckerreiche oder stärke- und/oder ballaststoffreiche Lebensmittel
- der Zubereitungsmethode: energiereich sind z. B. Frittieren oder Panieren. Die Panade besteht aus Mehl, Ei und Semmelbröseln und nimmt beim Braten zusätzlich Fett auf. Energiearme Zubereitungsmethoden sind

z. B. Grillen oder Dünsten, da nur geringe Mengen Fett für die Zubereitung benötigt werden.

- den dazu gereichten Getränken: Cola und Limonaden enthalten sehr viel Zucker und liefern im Gegensatz z. B. zu Mineralwasser oder gespritzten Fruchtsäften sehr viel Energie.

Katharina isst zu Mittag Schnitzel, „natur" gebraten, mit Petersilienkartoffeln. Sie verwendet dazu gemäß Rezept: 160 g Schweineschnitzel, 10 g Sonnenblumenöl zum Braten, 150 g Kartoffeln, 10 g Butter und 10 g frische Blattpetersilie. Sie trinkt dazu 0,4 l Mineralwasser.

a) Der Energiegehalt der Mahlzeit beträgt dann:
(100 g ≙ 448 kJ;
1 g ≙ 4,48 kJ;
160 g ≙ 716,80 kJ)

Schweineschnitzel (160 g)	≙	716,80 kJ
Sonnenblumenöl (10 g)	≙	370,00 kJ
Kartoffeln, jung (150 g)	≙	471,00 kJ
Petersilie (10 g)	≙	21,40 kJ
Butter (10 g)	≙	309,00 kJ
Mineralwasser (400 g)	≙	0,00 kJ
		1 888,20 kJ

b) Der Anteil dieser Mahlzeit am Gesamtenergiebedarf beläuft sich auf:
8 605,80 kJ ≙ 100 %
1,00 kJ ≙ 100 : 8 605,80
1 888,20 kJ ≙ 21,9 %

c) Trinkt sie statt Mineralwasser z. B. Cola, so erhöht sich der Energiegehalt des Mittagessens um:
100 g Cola ≙ 187 kJ → 400 g ≙ 748 kJ
auf 1 888,20 kJ + 748 kJ = 2 636,20 kJ

Der Anteil des Mittagessens am Gesamtenergiebedarf steigt dann auf
8 605,8 kJ ≙ 100 %
1,0 kJ ≙ 100 : 8 605,8
2 636,2 kJ ≙ 30,6 % an.

Nahrungsmittelaufnahme und Energiegehalt

niedrig — Energiegehalt — hoch

Getränke	Mineralwasser,	gespritzte Säfte,	ungesüßte Fruchtsäfte,	Cola,	Bier,	Wein	
Getreideprodukte	Vollkornbrot/-brötchen,	Weizenbrot,	Reis,	Nudeln,	Cornflakes,	Croissants	
Teile vom Schwein	Schnitzel,	Filet,	Nacken,	Hackfleisch,	Geflügel mit Haut,	Bauch,	Speck
Fleischwaren	Kochschinken,	Bierschinken,	Sülze,	Fleischwurst,	Salami,	Leberwurst,	Mettwurst
Milch/-produkte	Buttermilch,	Vollmilch,	Joghurt,	Magerquark,	Sauerrahm,	Schlagsahne,	Emmentaler
Zubereitungsart	Kochen,	Grillen,	Dünsten,	Braten,	Frittieren		

6.4 Energiebilanz

Die Energiebilanz beschreibt das Verhältnis zwischen Energieaufnahme und Gesamtenergiebedarf. Man unterscheidet:

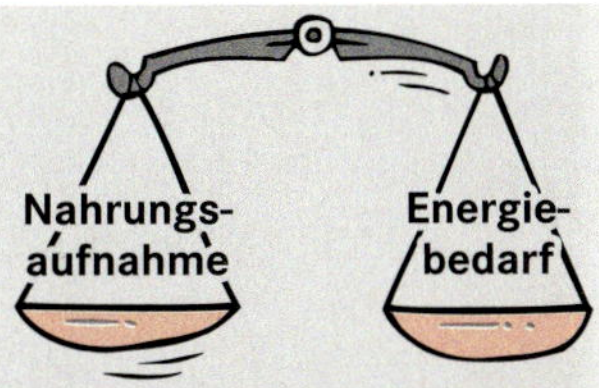

Nimmt der Mensch genau die Menge an Energie auf, die der Körper braucht, so nimmt er weder an Gewicht zu noch ab. Man sagt: **Die Energiebilanz ist ausgeglichen.**

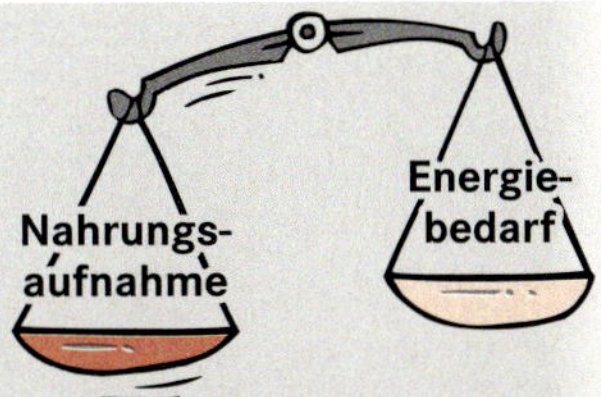

Nimmt der Mensch über einen längeren Zeitraum mehr Energie auf, als er braucht, so führt dies zu **Übergewicht. Die Energiebilanz ist positiv** (siehe auch Lernfeld 5, Kap. 7).

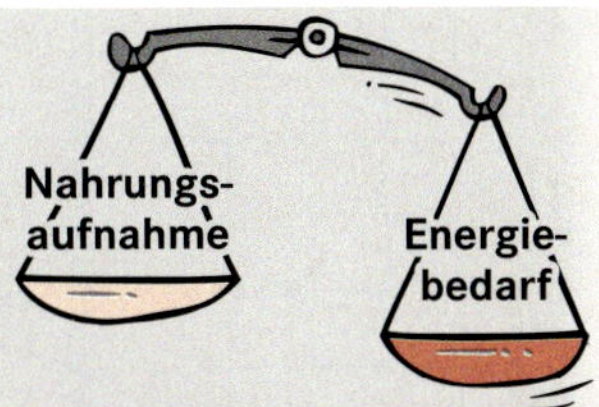

Verbraucht der Mensch mehr Energie als zugeführt wird, so verliert der Körper an Gewicht, es entsteht **Untergewicht. Die Energiebilanz ist negativ.**

5.58

6.5 Empfohlene Nährstoffzufuhr

Lebensmittel unterscheiden sich in der Nährstoffzusammensetzung. Ernährt man sich abwechslungsreich und stellt seine Nahrung gemäß der Ernährungspyramide zusammen, so ist der Tagesbedarf an Eiweiß, Fett und Kohlenhydraten gedeckt.

Die verschiedenen Nährstoffe sollen zu folgenden Anteilen am Gesamtenergiebedarf beteiligt sein:

Eiweiß:	10 – 15 % ≙ ca. 0,8 g	Eiweiß je kg Körpergewicht
Fett:	25 – 30 % ≙ ca. 0,7 – 0,8 g	Fett je kg Körpergewicht
Kohlenhydrate:	55 – 60 % ≙ 4 – 7 g	Kohlenhydrate je kg Körpergewicht

Berechnung des Nährstoffanteils des Mittagessens

je 100 g Schweineschnitzel ≙ 22 g Eiweiß (Wert aus der Nährwerttabelle entnommen)

in 1 g ≙ 22 : 100

in 160 g ≙ 22 : 100 · 160 = <u>35,2 g</u> Eiweiß

	Eiweiß	Fett	Kohlenhydrate
160 g Schweineschnitzel	35,5 g	3,0 g	–
10 g Sonnenblumenöl	–	10,0 g	–
150 g Kartoffeln	2,7 g	–	25,8 g
10 g Petersilie	0,4 g	–	0,7 g
10 g Butter	0,1 g	8,3 g	–
Nährstoffaufnahme	38,7 g	21,3 g	26,5 g

Das Mittagessen liefert also insgesamt 38,7 g Eiweiß, 21,3 g Fett und 26,5 g Kohlenhydrate.

Daraus lässt sich errechnen, wie viel Prozent des täglichen Nährstoffbedarfs bereits gedeckt sind.

Anteil am täglichen Nährstoffbedarf

Katharina sollte pro Tag folgende Nährstoffmengen zu sich nehmen:
ca. 0,8 g Eiweiß je Kilogramm Körpergewicht · 60 kg =
48 g Eiweiß pro Tag
ca. 0,7 g Fett je Kilogramm Körpergewicht · 60 kg =
42 g Fett pro Tag
ca. 5,5 g Kohlenhydrate je Kilogramm Körpergewicht · 60 kg =
330 g Kohlenhydrate pro Tag

48 g Eiweiß ≙ 100 %
1 g Eiweiß ≙ 100 : 48
38,7 g Eiweiß ≙ 100 : 48 · 38,7
= 80,6 % des täglichen Eiweißbedarfs sind bereits gedeckt.

42 g Fett ≙ 100 %
1 g Fett ≙ 100 : 42
21,3 g Fett ≙ 100 : 42 · 21,3
= 50,7 % des täglichen Fettbedarfs sind bereits gedeckt.

330 g Kohlenhydrate ≙ 100 %
1 g Kohlenhydrate ≙ 100 : 330
26,5 g Kohlenhydrate ≙ 100 : 330 · 26,5
= nur 8,0 % des täglichen Kohlenhydratbedarfs sind bisher gedeckt.

Rechnet man die 0,4 l Cola mit ein, so ergibt sich Folgendes:
100 g Cola ≙ 11 g Kohlenhydrate
400 g ≙ 44 g Kohlenhydrate (vorwiegend Zucker)
→ Kohlenhydrataufnahme: 26,5 g + 44 g = 70,5 g
→ Anteil am Kohlenhydratbedarf:
330 g Kohlenhydrate ≙ 100 %
1 g ≙ 100 : 330
70,5 g ≙ 21,4 %

Der tägliche Kohlenhydratbedarf ist dann mit 21,4 % bereits gedeckt.

Dieses Rechenbeispiel zeigt sehr deutlich, dass bei der Zusammenstellung der Haupt- und Zwischenmahlzeiten eines Tages neben der Energiezufuhr auf eine ausgewogene Zufuhr an Kohlenhydraten, Fetten und Eiweißen, aber auch an Vitaminen und Mineralstoffen zu achten ist

Für Katharina heißt das, sie muss bei den restlichen Tagesmahlzeiten die fehlenden Nährstoffgruppen noch ausgleichen. Denn ein dauerhaftes Überangebot an Fetten, Eiweißen oder Kohlenhydraten (vor allem viel Zucker und wenig Ballaststoffe) kann die Entstehung von so genannten ernährungsbedingten Krankheiten begünstigen (siehe Kap. 7.1).

Berufliche Aufgabenstellung

Frau Baringer möchte den Nährstoff- und Energiegehalt ihrer „Mittagsrenner“ ermitteln und den Anteil am Tagesbedarf eines Erwachsenen angeben. Außerdem möchte sie den Verkauf mit gezielten Argumenten unterstützen. Sie bittet Sie, ihr dabei zu helfen.

- **Erarbeiten Sie die wichtigsten Informationen**
  - **über den Ablauf und die Bedeutung der Verdauung für die Aufnahme von Nährstoffen,**
  - **über das Verhältnis von Energieaufnahme und Gesamtenergiebedarf,**

  die als Verkaufsargumente dienen können.
- **Ermitteln Sie den Nährstoff- und Energiegehalt der Mittagsrenner aus der Anfangssituation. Nehmen Sie dazu Rezepte aus Ihrem Ausbildungsbetrieb, der Berufsschule u. a. und die Nährwerttabelle im Anhang zu Hilfe.**
- **Berechnen Sie den Anteil am Tagesbedarf (Gesamtenergiebedarf, Nährstoffbedarf) für einen normalgewichtigen Mann mit ca. 74 kg (1,78 m) und für eine Frau mit ca. 65 kg (1,68 m).**
- **Gestalten Sie die Mittagskarte neu und arbeiten Sie die errechneten Informationen in ansprechender Form ein.**
- **Führen Sie Verkaufsgespräche und testen Sie dabei Ihre Verkaufsargumente.**

Übungen

1 Beschreiben Sie die Vorgänge im menschlichen Körper bei der Verdauung eines gegessenen Schinkensandwichs.

2 Erklären Sie folgende Fachbegriffe:
a) Energiebilanz
b) Grundumsatz
c) Gesamtenergiebedarf
d) Leistungsumsatz
e) PAL-Wert
f) empfohlene Nährstoffzufuhr

3 Berechnen Sie Ihre Energiebilanz für den gestrigen Tag.
a) Bestimmen Sie dazu Ihren eigenen Gesamtenergiebedarf.
b) Ermitteln Sie alle Speisen und Getränke, die Sie am vergangenen Tag zu sich genommen haben, und berechnen Sie daraus die Gesamtenergieaufnahme.

4 Der Auszubildende Jens Witte (75 kg) und die Auszubildende Svenja Kallenbach (58 kg) nehmen in der Frühstückspause jeweils ein Käsebrot, bestehend aus 60 g Emmentaler und 90 g Weizenmischbrot, zu sich und zum Mittagessen 160 g Kopfsalat, 150 g Rindfleisch, 220 g junge Kartoffeln.
a) Berechnen Sie den Nährstoffgehalt der Speisen in Gramm.
b) Wie viel ihres Tagesbedarfs an Eiweiß, Fett und Kohlenhydraten haben Jens und Svenja jeweils damit gedeckt?

5 Einmal wöchentlich müssen Sie die Schaufenster putzen (ca. 45 Minuten) und die Fußböden im Ladenbereich reinigen (ca. 35 Minuten)
a) Ermitteln Sie den zusätzlichen Energieverbrauch in kJ.
b) Wie viel Schokolade dürfen Sie zusätzlich essen?

Zusammenfassung

1. Ermittlung der Energiebilanz

Energieaufnahme

Während des Verdauungsvorgangs wird die aufgenommene Nahrung (Speisen und Getränke) in ihre Grundbausteine zerlegt.

Zu den **Energie liefernden** Nährstoffen gehören:

1 g Eiweiß	≙ 17 kJ
1 g Kohlenhydrat	≙ 17 kJ
1 g Fett	≙ 39 kJ
außerdem liefert	
1 g Alkohol	≙ 29 kJ

minus

Energieverbrauch (Gesamtenergiebedarf)

Der **Gesamtenergiebedarf** eines Menschen setzt sich zusammen aus dem Grundumsatz (ca. 4,2 kJ pro kg Körpergewicht) und dem Leistungsumsatz.

Man errechnet ihn aus:
Grundumsatz • PAL-Wert

=

Energiebilanz

- ausgeglichen: Es wird so viel Energie aufgenommen, wie verbraucht wird.
- Energieaufnahme größer als der Energieverbrauch: Gefahr der Gewichtszunahme → Übergewicht
- Energieaufnahme kleiner als der Energieverbrauch: Gewichtsabnahme → eventuell Untergewicht

2. Berücksichtigung einer ausgewogenen Nährstoffzufuhr

Bei der Zusammensetzung des täglichen Speiseplans sollte ein normalgewichtiger Erwachsener neben dem Energiegehalt folgende Nährstoffzusammensetzung beachten:

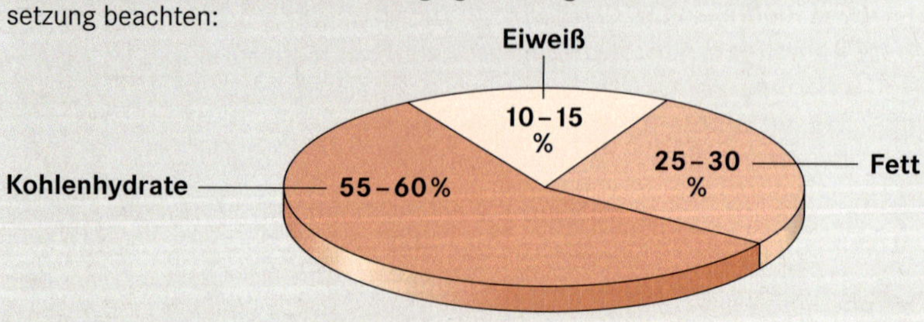

7 Verschiedenen Personengruppen geeignete Waren aus dem Fleischereisortiment empfehlen

Ziele dieses Kapitels:
- **Wir bestimmen den Body-Mass-Index als Maßstab für Über-, Normal- oder Untergewicht.**
- **Wir informieren uns über mögliche Folgen von Über- und Untergewicht und weiteren ernährungsabhängigen Krankheiten für den menschlichen Körper.**
- **Wir lernen Ernährungsgrundsätze für besondere Personengruppen kennen.**
- **Wir geben Verzehrsempfehlungen für betroffene Kunden und bieten passende Waren aus unserem Sortiment an.**

„Guten Morgen, Frau Guthardt!", begrüßt Sonja Weiß die langjährige Stammkundin der Filiale der Buchheim KG. „Wie geht es Ihnen?" – „Ach, mir geht es gut", antwortet die Kundin etwas bedrückt, „aber mein Mann war gestern beim Arzt und hat das Ergebnis seiner Blutuntersuchung bekommen. Sein Cholesterinwert und der Blutdruck sind viel zu hoch, zudem ist er viel zu dick! Er wiegt 92 Kilogramm und ist nur 1,65 m groß. Der Arzt hat ihm dringend geraten, abzunehmen ..."

Und dann jammert Frau Guthardt: „Ich weiß bald gar nicht mehr, was ich einkaufen oder kochen soll! Jedes Familienmitglied hat was anderes. Meine kleine Tochter Jasmin hat eine Milcheiweißallergie, mein Sohn Thorsten ist sehr sportlich und möchte ständig etwas zu essen! Und ich habe schon seit drei Jahren Diabetes!" Und dann fragt Frau Guthardt: „Können Sie mir vielleicht ein paar Tipps geben?"

7.1 Personen mit ernährungsabhängigen Krankheiten

Es gibt zahlreiche Erkrankungen, die durch bestimmte Inhaltsstoffe der Nahrung oder durch falsche Ernährungsgewohnheiten ausgelöst bzw. begünstigt werden. Deshalb ist es für den Fleischer und die Fachverkäuferin im Lebensmittelhandwerk sehr wichtig, die häufigsten Krankheiten und deren Ursachen zu kennen, um diesen Personengruppen geeignete Waren anbieten zu können.

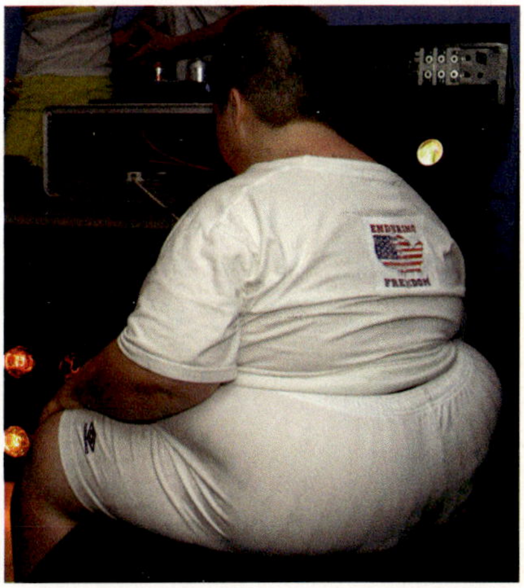

5.59

7.1.1 Übergewicht und mögliche Folgeerkrankungen

Wer im Stehen die Zehenspitzen nicht mehr sehen kann, ist sicher zu dick. Aber auch wenn die Hosen plötzlich zwicken, fühlt man sich unwohl. Vielen ist gar nicht bewusst, dass sie zu viel oder falsch essen und sich zu wenig bewegen.

Bestimmung des BMI-Index

Ob ein Mensch normal-, über- oder untergewichtig ist, kann man mit dem Körper-Massen-Index (= Body-Mass-Index = BMI) bestimmen. Er gibt indirekt Auskunft über den durchschnittlichen Fettanteil im Körper, der bei Normalgewichtigen ca. 15 % des Körpergewichts beträgt, wobei Frauen meist einen etwas höheren Fettanteil im Gewebe haben als Männer.

Gemäß Weltgesundheitsorganisation (WHO) ergibt sich folgende Einteilung:

	BMI kg/(m)²
Untergewicht	< 18,5
Normalgewicht	18,5 - 24,9
Übergewicht	25,0 - 29,9
Adipositas (krankhaftes Übergewicht, Fettsucht) Grad I	30,0 - 34,9
Adipositas Grad II	35,0 - 39,9
extreme Adipositas Grad III	> 40

Jeder Mensch kann seinen persönlichen Wert über folgende Formel bestimmen:

$$BMI = \frac{\text{Körpergewicht in kg}}{(\text{Körpergröße in m})^2}$$

Ein 20-jähriger Fleischer wiegt 85 kg und ist 1,75 m groß.

$$BMI = \frac{85}{(1{,}75\ m)^2} = \frac{85}{1{,}75 \cdot 1{,}75} = \frac{85}{3{,}0625} = 27{,}76$$

Folgerung: Mit einem BMI von 27,76 ist der Fleischer übergewichtig.

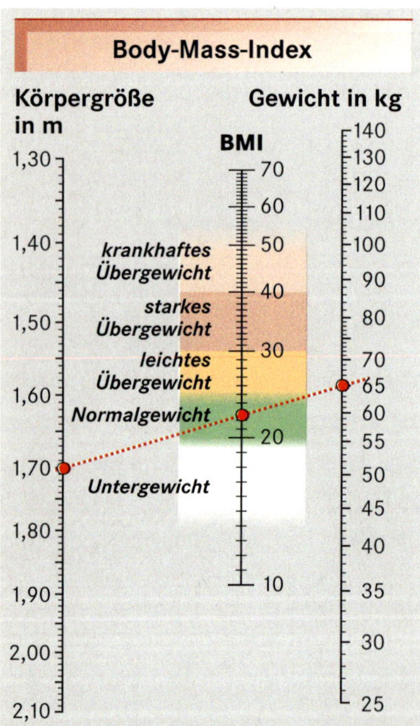

5.60

Der BMI lässt sich noch schneller über die so genannten BMI-Tabellen bestimmen.

Verbindet eine Person, die 1,70 Meter groß ist und 65 Kilogramm wiegt, mit einem Lineal die entsprechenden beiden Punkte auf der linken und rechten Skala, so kann in der Mitte ein BMI von ca. 22 (genau 22,49) abgelesen werden. Sie ist damit normalgewichtig.

Liegt der Wert deutlich über oder unter dem empfohlenen Wert, so sollte ein Arzt oder auch ein Ernährungsberater aufgesucht werden. Für Kinder und Jugendliche gelten spezielle Maße, da sich diese noch im Wachstum befinden.

Übergewicht

Viele übergewichtige Menschen machen für ihre überschüssigen Pfunde genetische Ursachen verantwortlich. Tatsächlich hat man in wissenschaftlichen Studien mit eineiigen Zwillingen und Adoptivkindern herausgefunden, dass das Körpergewicht zu 60 - 80 % erblich bedingt ist, d. h., dass es eine familiäre Vorbelastung dafür gibt, ob man leicht zu- oder abnimmt. Die Gene haben sich jedoch in den letzten Jahren und Jahrzehnten nicht geändert, die Zahl der Übergewichtigen in der Bevölkerung ist allerdings in dieser Zeit enorm angestiegen.

Übergewichtige in Deutschland

„Übergewicht hat als Risikofaktor Nummer eins inzwischen das Rauchen abgelöst. So sind in Deutschland fast 60 % der Bevölkerung übergewichtig. Jeder fünfte Mensch in Deutschland ist sogar krankhaft übergewichtig (adipös)."

Ursachen von Übergewicht sind meist Ernährungsfehler, Bewegungsmangel und familiäre Vorbelastung.

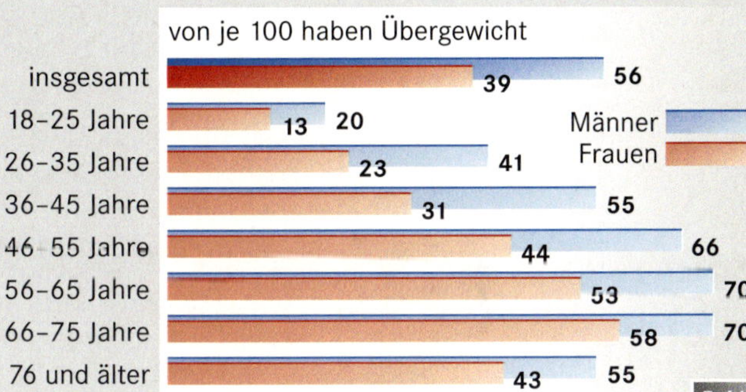

Quelle: Destatis
Text: www.medizin.de/gesundheit

5.61

Die veränderten und körperlich leichteren Arbeitsbedingungen im Beruf und auch die Motorisierung der Gesellschaft haben z. B. dazu beigetragen, dass sich der Energieverbrauch der Menschen verringert hat. Andererseits haben sich unsere Ernährungsgewohnheiten stark verändert, hin zu größeren Portionen, nährstoffreicheren Zubereitungsmethoden usw.

Deshalb sind falsche Ernährung, Überernährung, Bewegungsmangel und psychische Faktoren wie Stress, Kummer, Langeweile als Hauptursachen für die Gewichtszunahme und Übergewichtigkeit zu betrachten. Denn unser Körper ist immer noch darauf ausgerichtet, Energie für eventuell eintretende „Hungerzeiten" zu speichern.

Durch das Übergewicht werden die Knochen und Gelenke übermäßig und dauerhaft fehlbelastet. Es kommt zu Haltungsschäden, Veränderungen an der Wirbelsäule, Kniebeschwerden usw.

Durch die dauerhaft zu hohe Zufuhr an Nährstoffen und Energie werden außerdem die Regelvorgänge im menschlichen Körper gestört. Dies kann zu einer Reihe von Krankheitserscheinungen führen, die im Folgenden näher erläutert werden:

Merke

Eine dauerhaft positive Energiebilanz (d. h., die Energie- und Nährstoffzufuhr ist ständig höher als der Gesamtenergieverbrauch, siehe Kap. 6.4 in diesem Lernfeld) führt zu Übergewicht.

Fettstoffwechselstörungen

Unter diesem Sammelbegriff werden die verschiedenen Fettstoffwechselstörungen zusammengefasst, die mit einer Erhöhung der so genannten Blutfettwerte einhergehen. Erkrankte Menschen haben entweder einen zu hohen Cholesterinanteil[1] oder zu viele Triglyceride (Fettteilchen) im Blut oder eine Kombination von beidem.

Cholesterin und die Triglyzeride sind wichtige Bestandteile der Zellmembranen, die jede Zelle des Körpers umgeben. Cholesterin ist zudem Grundbaustein für einige lebenswichtige Hormone und spielt eine entscheidende Rolle im Energiehaushalt. Die Leber stellt aus Cholesterin Gallensäuren her, die eine wichtige Rolle bei der Verdauung der Fette spielen. Der Cholesterinspiegel hängt zum einen von der Produktion von körpereigenem Cholesterin in der Leber ab, aber auch von der Cholesterinzufuhr über die Nahrung. Man unterscheidet

- „gutes", so genanntes HDL-Cholesterin und
- „schlechtes", so genanntes LDL-Cholesterin.

Ist zu viel LDL-Cholesterin im Blut, lagert es sich an den Gefäßwänden ab (siehe Abb. 5.64). Es steht auch in Verdacht, die Entstehung der Alzheimerkrankheit im Seniorenalter zu begünstigen. Das gute HDL-Cholesterin dagegen schützt vor Arteriosklerose[2].

Die Anfälligkeit für Fettstoffwechselstörungen kann vererbt werden. Die Störungen können auch als Folge von anderen Erkrankungen wie z. B. Diabetes mellitus[3] oder durch die Einnahme von bestimmten Medikamenten (z. B. Bluthochdruckmedikamente, Cortison) auftreten.

Überernährung, falsche Nährstoffzusammensetzung, Übergewicht, mangelnde körperliche Betätigung, Stress, chronischer Alkoholkonsum und vieles mehr sind entscheidende Faktoren, die zusätzlich das Entstehen einer Fettstoffwechselstörung begünstigen.

Zunächst verursachen erhöhte Blutfette keine spürbaren Beschwerden. Im Verlauf der Zeit führen sie jedoch meist zu Schäden an den Blutgefäßen, so genannte arteriosklerotisch[2] veränderte Gefäße.

Gicht

Die Gicht entsteht durch einen erhöhten Harnsäurespiegel im Blut. Harnsäure ist ein Abbauprodukt der so genannten Purine, die in Zellkernen enthalten sind. Sie werden sowohl mit der Nahrung aufgenommen als auch im Körper produziert. Ausgeschieden wird die Harnsäure zum größten Teil über die Niere.

1 vor allem von so genanntem LDL-Cholesterin = „schlechtes" Cholesterin

2 Arteriosklerose, die = krankhafte Veränderung der Arterien, Arterienverkalkung (med.); Arterie, die = Blutgefäß, das das Blut vom Herzen zu einem Organ oder Gewebe hinführt

3 Diabetes mellitus, der (lat. mellitus = „honigsüß") = Krankheit, für die erhöhter Blutzuckergehalt und Ausscheidung von Zucker im Urin typisch sind, Zuckerkrankheit

Gicht kann eine angeborene Stoffwechselstörung sein, die meist durch eine Ausscheidungsstörung der Niere bedingt ist. Häufig verursachen verschiedene Begleiterkrankungen den erhöhten Harnsäurespiegel. Auslösende Krankheiten können z. B. Nierenerkrankungen, Tumorerkrankungen, Blutarmut oder die Zuckerkrankheit (Diabetes mellitus) sein. Aber auch verschiedene Medikamente (z. B. harntreibende Medikamente), der Genuss von purinreichen Lebensmitteln, wie z. B. Weizenkeimen, Bäckerhefe, Erbsen, Bohnen, Innereien und Fleisch, Alkohol (insbesondere Bier) oder plötzliches Fasten können einen Gichtanfall auslösen.

Männer sind wesentlich häufiger von der Gicht betroffen als Frauen. In den Industriestaaten haben etwa 20 Prozent der Männer einen erhöhten Harnsäurespiegel. Je höher der Harnsäurespiegel, desto größer ist die Gefahr, einen Gichtanfall, d. h. eine besondere Entzündung verschiedener Gelenke, meist des Großzehengelenks, zu bekommen. Der erste Gichtanfall tritt meist im Alter zwischen 40 und 60 Jahren auf. Später lagern sich auch Harnsäurekristalle in verschiedenen Geweben ab, es entstehen „Gichtknoten“.

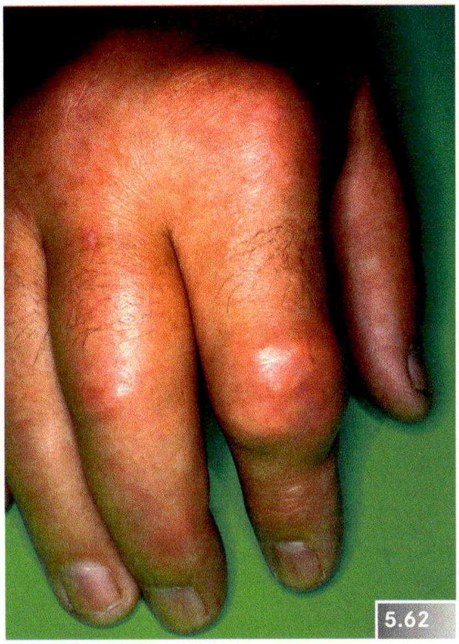
5.62

Gichtknoten an Fingergrund und Mittelgelenken

Zuckerkrankheit (Diabetes mellitus)

Der Name Diabetes mellitus kommt aus dem Lateinischen und bedeutet so viel wie „honigsüßer Durchfluss“.

Normalerweise werden die Kohlenhydrate bei der Verdauung wie gewohnt gespalten (vgl. Kap. 5.6.1) und dabei entsteht unter anderem auch Traubenzucker (Glucose). Der Blutkreislauf transportiert die Energielieferanten zu den Körperzellen. Damit der Traubenzucker für die Energiegewinnung in den Zellen, z. B. im Muskel oder im Gehirn, nutzbar gemacht werden kann, brauchen diese das in der Bauchspeicheldrüse gebildete Hormon Insulin als „Schlüssel“. Beim Diabetes sind diese Vorgänge im Körper gestört.

Man unterscheidet den Diabetes Typ 1 oder Typ 2. Rund 95 % der geschätzten sechs Millionen Diabetiker in Deutschland leiden unter Typ 2, nur fünf Prozent unter Typ 1. Beide Diabetesformen können familiär gehäuft vorkommen.

Bei Erkrankten mit **Diabetes Typ I** wird die Nahrung wie gewohnt gespalten und der Traubenzucker ins Blut aufgenommen. Körpereigene Abwehrstoffe (Antikörper) zerstören hier aufgrund eines genetischen Fehlers oder z. B. als Folge einer Viruserkrankung die Insulin produzierenden Zellen der Bauchspeicheldrüse. Dadurch stellt die Bauchspeicheldrüse zu wenig oder kein Insulin her und der Traubenzucker kann von den Zellen nicht aufgenommen werden (s. o.). Der Blutzuckerspiegel im Blut sinkt nicht ab. Traubenzucker im Urin, starker Durst, häufiges Wasserlassen, rasanter Gewichtsverlust und eine nachlassende körperliche und geistige Leistungsfähigkeit sind deutliche Anzeichen für diese Art des Diabetes. Um gesundheitliche Spätfolgen zu vermeiden, muss Insulin gespritzt werden.

Man bezeichnet diese Form auch als „Insulinmangeldiabetes", der meist schon im Kindes- oder Jugendalter beginnt.

Am **Diabetes Typ 2** erkranken oft stark übergewichtige Menschen mit einer erblichen Veranlagung und mit einem Body-Mass-Index von über 30. Er wird auch als Altersdiabetes bezeichnet, da er meist erst im Erwachsenenalter beginnt. Heute tritt der Altersdiabetes aber auch bei stark übergewichtigen Jugendlichen auf.

Hier spielen vermutlich Fettzellen bei der Entstehung eine ganz wesentliche Rolle. Diese speichern nicht nur überschüssige Energie als Folge einer zu hohen Nahrungszufuhr, sondern bilden selbst viele eigene Substanzen, die dann in den Blutkreislauf ausgeschüttet werden. Dazu gehören auch Hormone, die in ihrer Wirkung dem Insulin entgegenwirken. Sie stören dadurch die Aufnahme des Blutzuckers in den Körperzellen. Die Bauchspeicheldrüse wiederum versucht, die Minderwirkung durch ein „Nochmehr" an Insulin auszugleichen. Nach einigen Jahren ist die Bauchspeicheldrüse nicht mehr in der Lage, den stetig wachsenden Insulinbedarf zu decken. Dies führt schließlich dazu, dass die Insulinproduktion versiegt und ein Insulinmangel eintritt.

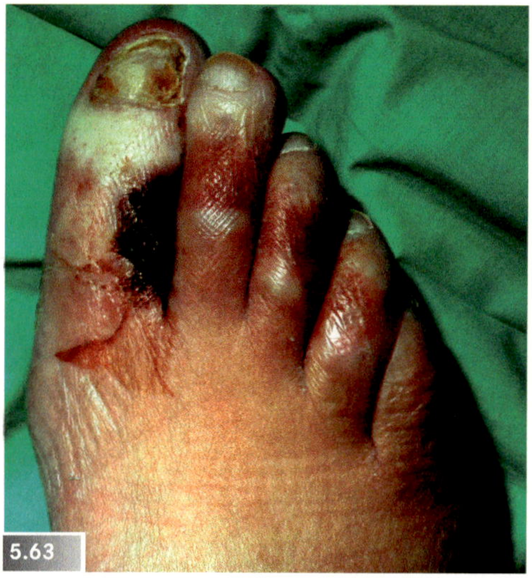

5.63
Diabetesfolgen

Der Typ-2-Diabetes lässt sich viele Jahre lang durch kalorien- und fettreduzierte Kost sowie durch regelmäßige Bewegung behandeln. Später wird die Therapie durch Medikamente und/oder Insulininjektionen ergänzt.

Bekommt man die Erkrankung nicht in den Griff, so sind Gefäßschäden, Gefäßverkalkung (Arteriosklerose) und als Folge davon Durchblutungsstörungen, Bluthochdruck, Schlaganfall und Herzinfarkt[1] möglich, aber auch Nieren- und Augenkrankheiten, Nervenschädigungen, Störungen in der Wundheilung, diabetisches Fußsyndrom usw. So erliegen etwa 50 % der Typ-2-Diabetiker z. B. einem Herzinfarkt.

Die Krankheitskombination aus Übergewicht, erhöhten Blutfettwerten, Bluthochdruck, Gicht und Zuckerkrankheit (Diabetes mellitus) bezeichnet man in der Medizin auch als Metabolisches Syndrom.

Arteriosklerose/Herz-Kreislauf-Erkrankungen

Arteriosklerose ist eine Veränderung der Schlagadern (Arterien). Es kommt zu Ablagerungen von Cholesterin und anderen Substanzen an den Gefäßwänden. Dadurch verlieren sie die Elastizität, sie werden hart und brüchig. Der innere Gefäßdurchmesser wird immer kleiner, es kann immer weniger Blut durchfließen und die Organe und Gewebe werden immer schlechter mit den nötigen Nährstoffen und Sauerstoff versorgt. Es kommt überall im

1 Wenn Sie mehr über den Herzinfarkt als Folge von Diabetes und/oder Übergewicht wissen wollen, können Sie sich z. B. informieren unter www.netdoktor.de/krankheiten/fakta/herzinfarkt.htm.

Kör-per zu Durchblutungsstörungen, z. B. in den Beinen oder im Herz. Erkrankte klagen dann beispielsweise über Beklemmungsgefühle in der Brust oder über Schmerzen in der linken Brustseite mit Ausstrahlung in den linken Arm. Im schlimmsten Fall kommt es sogar zum Verschluss; die an dieses Gefäß angeschlossenen Zellen und Gewebe gehen dann zugrunde, da sie auf regelmäßige Sauerstoffversorgung angewiesen sind.

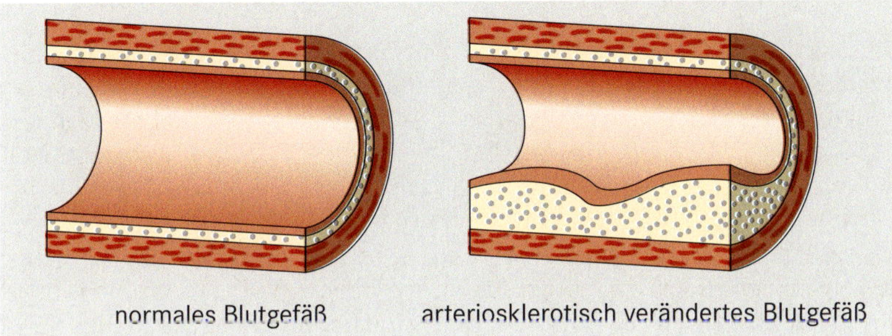

5.64 *Arteriosklerose*

Besonders gefährdet sind die Arterien, die von Natur aus schon klein und eng gebaut sind, z. B. die Gefäße im Gehirn und die Gefäße, die das Herz versorgen (Herzkranzgefäße). Kommt es hier zum totalen Verschluss, liegt ein Schlaganfall (Gehirn) bzw. ein Herzinfarkt (Herzkranzgefäße) vor.

Außer den bereits genannten Faktoren tragen Bluthochdruck, Diabetes mellitus und das Rauchen entscheidend zur Entstehung von Herz-Kreislauf-Erkrankungen bei.

Ernährungsempfehlungen

Den betroffenen Personengruppen raten Ernährungsexperten und Ärzte im Wesentlichen:
Die Regeln für eine ausgewogene und gesunde Ernährung befolgen.

Folgende Empfehlungen gelten im Besonderen:

Krankheit	Empfehlungen
Übergewicht (Adipositas) Fettstoffwechselstörungen Herz-Kreislauf-Erkrankungen	▸ Nahrungsenergie einsparen und Körpergewicht normalisieren auf der Basis der Regeln für eine ausgewogene und gesunde Ernährung (vgl. Kap. 5) ▸ Nährstoffempfehlungen der DGE[1] einhalten: ca. 15 % Eiweiß, ca. 30 % Fett, ca. 55 % Kohlenhydrate ▸ viele pflanzliche Lebensmittel wie Obst, Gemüse, Hülsenfrüchte, Getreide und Getreideprodukte (Brot, Haferflocken, Müsli, Nudeln, Reis usw.) essen ▸ weniger tierische Lebensmittel verzehren ▸ fettarme Lebensmittel bevorzugen, z. B. Magerfleisch, Sülzen, Corned Beef ▸ auf versteckte Fette in Fertiggerichten, Süßigkeiten, salzigen Knabbereien und Snacks achten

1 DGE = Deutsche Gesellschaft für Ernährung

Krankheit	Empfehlungen
Zuckerkrankheit (Diabetes)	▸ fettarme Zubereitungsarten wählen (siehe Lernfeld 2, Kap. 6.1) ▸ ballaststoffreich essen, z. B. Vollkornprodukte; den Zuckerkonsum einschränken ▸ Energieverbrauch erhöhen, z. B. durch Sport, Bewegung ▸ nicht rauchen ▸ wenig Alkohol trinken
Gicht (Hyperurikämie)	▸ Normalisierung des Körpergewichtes ▸ maximal einmal am Tag ca. 150 g Fleisch, Fisch oder Wurst verzehren ▸ auf Innereien verzichten ▸ purinreiche pflanzliche Lebensmittel wie z. B. Hülsenfrüchte, Kohl, Rosenkohl, Linsen, Erbsen, weiße Bohnen usw. meiden ▸ Milch, Milchprodukte und Eier als bevorzugte Eiweißquelle wählen ▸ Alkoholkonsum einschränken ▸ auf ausreichende Flüssigkeitszufuhr (mind. 2 l täglich) achten
Bluthochdruck (Hypertonie)	▸ Kochsalzzufuhr senken ▸ salzhaltige Speisen meiden, nicht nachsalzen ▸ kaliumreiche Lebensmittel essen (siehe Lernfeld 5, Kap. 3.5)

7.1.2 Untergewicht und Essstörungen

In den westlichen Industriestaaten ist häufig eine Krankheit oder Stoffwechselstörung die Ursache für Untergewicht, seltener nur die Ernährung. Untergewicht liegt vor, wenn der BMI unter 18,5 kg/(m)^2 liegt. In Deutschland schätzt man den Anteil an untergewichtigen Menschen auf ca. 4 %.

5.65 *Anorexie*

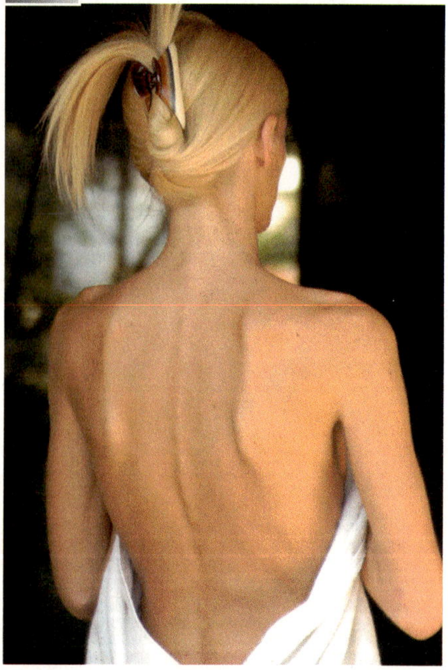

Meistens leiden die betroffenen Menschen an einem Mangel an essenziellen Nährstoffen, Wasser, Mineralstoffen und Vitaminen. Dies äußert sich z. B. in einer erhöhten Infektanfälligkeit, schlechter Wundheilung, verlangsamter Genesung nach akuten Erkrankungen, Muskelschwäche usw. Bei untergewichtigen Schwangeren besteht zudem eine erhöhte Gefahr für den Säugling; er kommt entweder mit einem sehr niedrigen Gewicht zur Welt oder wird möglicherweise tot geboren. Die durchschnittlich empfohlene Energieaufnahme zur Therapie von Untergewichtigen sollte 2 500 – 3 000 kcal pro Tag betragen.

Die **Magersucht** (Anorexie) ist eine Essstörung. Vielfach sind Mädchen oder junge Frauen betroffen, die einem unnatürlichen und ungesunden Schönheitsideal nacheifern. Die Betroffenen streben ein minimales Körpergewicht an, die eigene Figur, das Gewicht und das Aussehen nehmen sie häufig verzerrt wahr. Diese Menschen haben Angst vor einer Gewichtszunahme, sie sind vielfach sozial isoliert und depressiv. Die Gefahren, die sich aus ihrer Situation ergeben (Blutungen des Magen-Darm-Trakts, Darmlähmungen, Zahnschäden usw.), werden verleugnet.

Bei der **Ess-Brech-Sucht (Bulimie)** handelt es sich um eine Essstörung, die durch den Wechsel von Fressanfällen und Versuchen der Gewichtsreduktion (Erbrechen, Missbrauch von Abführmitteln, Fasten, exzessive sportliche Betätigung) gekennzeichnet ist. Charakteristisch ist der Kontrollverlust während der Hungerattacken, bei denen bis zu 20 000 kcal (!) verschlungen werden. Die Betroffenen empfinden ihren Zustand selbst als unangenehm, die Bedrohung durch die Krankheit wird wahrgenommen.

Von der Bulimie können sowohl Unter- als auch Übergewichtige betroffen sein. Da sich viele Betroffene ihrer Krankheit schämen, muss von einer relativ hohen Dunkelziffer ausgegangen werden. Schätzungen zufolge leiden etwa 3% aller jungen Frauen an Bulimie.

7.1.3 Weitere Erkrankungen

Allergien

Immer mehr Menschen klagen über gesundheitliche Probleme nach dem Genuss bestimmter Lebensmittel. Die Ursache für diese Lebensmittelunverträglichkeit kann eine Lebensmittelallergie oder eine Pseudoallergie sein.

Als **(Lebensmittel-)Allergie** bezeichnet man eine überschießende, durch das Immunsystem vermittelte Reaktion selbst auf kleinste Mengen einer Fremdsubstanz, meist eines körperfremden Eiweißes, z. B. von Milch- oder Hühnereiweiß.

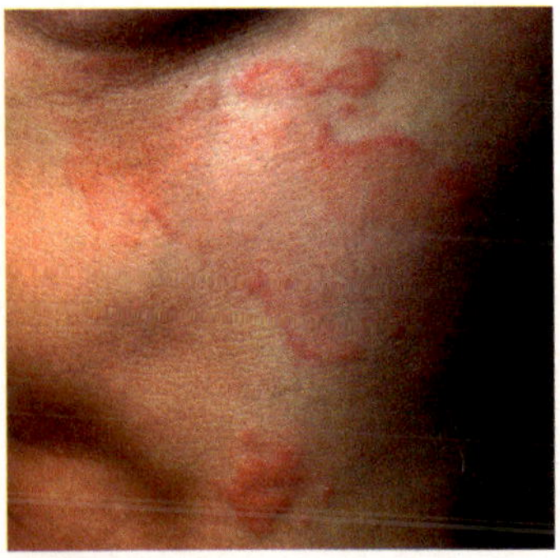
5.66 *Nesselsucht – allergischer Hautausschlag*

Allergische Reaktionen erfolgen nie beim ersten Kontakt mit einem Lebensmittel. Erst ein mehrfacher – manchmal jahrelanger – Kontakt mit dem Allergen (= Allergieauslöser) bewirkt, dass das körpereigene Immunsystem Abwehrstoffe gegen diese Substanz bildet. Beim erneuten Kontakt mit dem Allergen genügen dann manchmal schon allerkleinste Mengen, um eine allergische Reaktion, z. B. Hautausschläge, Übelkeit und Erbrechen, Atemnot auszulösen, die unter bestimmten Umständen sogar lebensbedrohlich sein kann, z. B. bei einem „anaphylaktischen Schock" oder einer Stimmritzenschwellung.

Die Symptome einer **Pseudoallergie** sind von denen einer echten Allergie nicht zu unterscheiden. Allerdings reagiert der Körper bereits beim ersten Kontakt auf Lebensmittel oder Lebensmittelzusatzstoffe. Es werden keine speziellen Abwehrstoffe gebildet. Typische Auslöser pseudoallergischer Reaktionen sind Zusatzstoffe wie Konservierungsstoffe, Farbstoffe und Antioxidanzien, aber auch natürlich vorkommende Lebensmittelinhaltsstoffe.

Um diese allergischen Reaktionen zu umgehen, versucht der Verbraucher, die Aufnahme von Allergenen über die Nahrung zu vermeiden. In verarbeiteten Lebensmitteln sind die Allergene oft „versteckt", deshalb ist es wichtig, dass die Fachverkäuferin den Kunden bezüglich der Zutaten und Zusatzstoffe in den Wurstwaren Auskunft geben und ihnen bei der Auswahl geeigneter Produkte helfen kann. Zum Schutz des Verbrauchers müssen alle Zutaten auf dem Etikett verpackter Produkte angegeben werden.[1]

1 Siehe auch Kapitel 4 in diesem Lernfeld; eine Zusammenstellung der aktuellen gesetzlichen Bestimmungen, die für Ihren Beruf wichtig sind, finden Sie bei www.winklers.de unter der Bestellnummer dieses Lehrwerks: 5886.

Zöliakie/Sprue

Zöliakie und Sprue sind zwei Bezeichnungen für ein und dieselbe Erkrankung: Sie kann im Kindesalter auftreten, dann wird sie Zöliakie genannt, im Erwachsenenalter spricht man von Sprue. Sie beruht auf einer Unverträglichkeit des Organismus gegenüber Gluten[1], das in den Getreidesorten Weizen, Roggen, Gerste und Hafer vorkommt.

Merke

Wurstwaren mit Getreideanteilen dürfen keinesfalls Kunden mit Zöliakie/Sprue empfohlen werden!

Zöliakie/Sprue bewirkt im Darm des Betroffenen eine Schädigung des Dünndarms: Normalerweise wird die aufgenommene Nahrung im Dünndarm in ihre Bestandteile aufgespalten und kann so vom Körper aufgenommen werden. Um dafür eine genügend große Oberfläche zu schaffen, ist der Darm mit vielen Fältchen, den so genannten Zotten, ausgekleidet. Bei der Zöliakie/Sprue führt die Zufuhr von Gluten zur Abflachung der Dünndarmschleimhaut und zum Abbau der Zotten. Bei andauernder Glutenbelastung ist der Oberflächenverlust so groß, dass nicht mehr genug Nahrungsbestandteile vom Körper aufgenommen werden können und Mangelerscheinungen auftreten. Dies kann sich durch verringertes Körpergewicht oder verringerte Körpergröße äußern, durch Blähungen, Durchfälle (dauerhaft oder nur von Zeit zu Zeit), Blässe, Erbrechen, Missmutigkeit, Appetitlosigkeit, Muskelschwäche u. a. Es treten jedoch nicht immer alle Erscheinungen gleichzeitig auf.

GLUTENFREI

5.67

Die Krankheit besteht nach heutigen Erkenntnissen ein Leben lang. Im Durchschnitt ist etwa einer von 1 000 Menschen in Deutschland von Zöliakie/Sprue betroffen. Medikamente zur Besserung oder Heilung gibt es nicht. Die Grundlage jeder Behandlung ist die Umstellung auf eine strikt glutenfreie Ernährung. In Reformhäusern werden solche Waren angeboten. Sie tragen das Zeichen mit der durchgestrichenen Ähre.

7.2 Besondere Personengruppen

7.2.1 Kinder und Jugendliche

Kinder und Jugendliche müssen täglich enorm viel leisten. Bei den Jugendlichen läuft zudem der Körper auf Hochtouren, denn er befindet sich in der Pubertät und entwickelt sich vom Kind zum Erwachsenen, d. h., der Körper schießt in die Länge, die Jugendlichen erlangen die Geschlechtsreife.

Sie brauchen daher eine abwechslungsreiche und altersgemäße Ernährung, eine so genannte optimierte Mischkost. Einseitige Kost, bei der auf wichtige Grundnahrungsmittel verzichtet wird, führt bei Kindern und Jugendlichen schnell zu einem Mangel, der sich in der geistigen und körperlichen Entwicklung und in ihrer Fitness bemerkbar machen kann. Die **optimierte Mischkost** orientiert sich an den Empfehlungen der ausgewogenen und

---

1 Gluten, das [sprich: Glutehn], auch Kleber genannt = Eiweißstoff der Getreidekörner, der für die Backfähigkeit des Mehls wichtig ist

Altersgemäße Lebensmittelverzehrmengen in der optimierten Mischkost[1]								
Alter (Jahre)		1	2 - 3	4 - 6	7 - 9	10 - 12	13 - 14	15 - 18
Energie	*kcal/Tag*	950	1 100	1 450	1 800	2 150	2 200/2 700 w/m	2 500/3 100 w/m
empfohlene Lebensmittel (bis 90 % der Gesamtenergie)								
reichlich								
Getränke	*ml/Tag*	600	700	800	900	1 000	1 200/1 300	1 400/1 500
Brot, Getreide (-flocken)	*g/Tag*	80	120	170	200	250	250/300	280/350
Kartoffeln, Nudeln, Reis u. a. Getreide	*g/Tag*	80	100	130	150	180	200/250	230/280
Gemüse	*g/Tag*	120	150	200	220	250	260/300	300/350
Obst	*g/Tag*	120	150	200	220	250	260/300	300/350
mäßig								
Milch, Milchprodukte	*ml (g)/Tag*	300	330	350	400	420	425/450	450/500
Fleisch, Wurst	*g/Tag*	30	35	40	50	60	65/75	75/85
Eier	*St./Woche*	1 - 2	1 - 2	2	2	2 - 3	2 - 3/2 - 3	2 - 3/2 - 3
Fisch	*g/Woche*	50	70	100	150	180	200/200	200/200
sparsam								
Öl, Margarine, Butter	*g/Tag*	15	20	25	30	35	35/40	40/45
geduldete Lebensmittel (bis 10 % der Gesamtenergie)								
zuckerreich	*g/Tag*	25	30	40	50	60	60/75	70/85
fettreich	*g/Tag*	5	5	10	10	15	15/20	15/20

5.68

Kinder brauchen eine ausgewogene Ernährung

1 nach: Deutsches Forschungsinstitut für Kinderernährung Dortmund, 1999, in: www.familienhandbuch.de/cmain/f_Aktuelles/a_Ernaehrung/s_899.html, entnommen 2006-01-23

gesunden Ernährung. Sie legt folgende bereits bekannte Nährstoffzusammensetzung zugrunde:

- 55 % Kohlenhydrate (vorwiegend Getreide, Kartoffeln, Nudeln, Obst);
- 30 % Fette, überwiegend aus pflanzlichen Lebensmitteln;
- 15 % Eiweiß, je zur Hälfte tierischen (Milch, Fleisch, Fisch, Eier) und pflanzlichen Ursprungs (Getreide, Kartoffeln).

Damit ist der tägliche Bedarf an Energie, Eiweiß, essenziellen Fettsäuren, Mineralstoffen, Vitaminen und Spurenelementen gedeckt. Eine zusätzliche Gabe von angereicherten Lebensmitteln[1], speziellen Kinderlebensmitteln, Multivitaminpräparaten usw. ist nicht notwendig.

Der eingeschränkte Verzehr von Süßigkeiten ist „geduldet“: Etwa 10 % der täglichen Energiezufuhr können in Form von zucker- und fettreichen Süßwaren verzehrt werden. Zur Orientierung sei erwähnt, dass eine Kugel Eiscreme (50 g), 20 Salzstangen (30 g) oder 5 Stück Schokolade (30 g) jeweils ca. 100 kcal enthalten.

Die Tabelle auf Seite 351 enthält Richtwerte für normalgewichtige Säuglinge, Kinder und Jugendliche bei mittlerer körperlicher Aktivität.

Viele Jugendliche befolgen diese Ernährungsempfehlungen leider nicht, sie ernähren sich zu einseitig und nährstoffreich und bewegen sich zu wenig. Deshalb ist die Zahl der übergewichtigen Kinder und Jugendlichen in den letzten Jahren enorm angestiegen.

7.2.2 Senioren

5.69 *Seniorenkarneval*

Mit zunehmendem Lebensalter verändert sich der Organismus. Die Muskelmasse nimmt ab und der Anteil des Körperwassers sinkt. Ältere Menschen haben häufig einen verminderten Appetit oder ernähren sich viel zu einseitig. Vielfach liegt das an Beeinträchtigungen der Verdauungsfunktionen, z. B. Kau- und Schluckbeschwerden, Mundtrockenheit, verminderter Geruchs- und Geschmackssinn, chronische Magenschleimhautentzündung (Gastritis). Andere Lebensumstände, beispielsweise der Verlust eines Angehörigen oder die Übersiedlung in ein Heim, sind eine zusätzliche Belastung. Körperliche und geistige Veränderungen bzw. Behinderungen, auftretende Erkrankungen und die Einnahme von Medikamenten können den Einkauf, die Zubereitung der Lebensmittel und die Mahlzeiteneinnahme erschweren und wirken sich ebenfalls negativ auf das Appetitempfinden aus.

1 siehe auch Functional Food, Kap. 5.4 in diesem Lernfeld

Senioren haben einen geringeren Bedarf an Energie als jüngere Menschen. Grundsätzlich ist davon auszugehen, dass bis zum 75. Lebensjahr der Grundumsatz um bis zu 20% sinkt. Der Leistungsumsatz verringert sich entsprechend der abnehmenden körperlichen Aktivität. Der Bedarf an Vitaminen und Mineralstoffen bleibt jedoch gleich hoch.

Um Mangelerscheinungen vorzubeugen und Gewichtszunahme oder -abnahme zu vermeiden, sollten sie Lebensmittel auswählen, die eine hohe Nährstoffdichte besitzen, d.h. einen relativ geringen Energiegehalt, aber einen hohen Vitamin- und Mineralstoffgehalt. Außerdem sollten diese gut verdaulich beziehungsweise gut verträglich sein. Dies kann auch mit nährstoffschonenden, fettarmen Zubereitungsmethoden erreicht werden, z.B. Dünsten.

Viele Senioren leiden häufig an einem Mangel an Vitamin D, Vitamin B12, Folsäure, Zink und Jod. Ein Mangel kann zu Depressionen und Demenz[1] führen. Der Bedarf kann über vom Arzt verordnete Nahrungsergänzungsmittel ausgeglichen werden. Diese sollten jedoch kein Ersatz für eine ausgewogene Ernährung mit frischem Obst und Gemüse, mageren tierischen Lebensmitteln und Getreideprodukten sein. Außerdem ist auf eine ausreichende Flüssigkeitszufuhr zu achten.

7.2.3 Schwangere/Stillende

Die Entwicklung des Kindes in Schwangerschaft und Stillzeit kann entscheidend durch die Ernährung der Mutter beeinflusst werden.

Damit in gut neun Monaten ein komplett neues Leben heranwachsen kann, bedarf es großer Mengen von Energie und Nährstoffen. Trotzdem ist die Empfehlung „Iss für zwei!“ gänzlich falsch. Der übliche Bedarf ist erst ab dem 4. Schwangerschaftsmonat um ca. 1 100 kJ pro Tag erhöht, in der Stillzeit aufgrund der Milchproduktion um ca. 2 700 kJ pro Tag, ca. 500 kJ je 100 ml Muttermilch.

Die wünschenswerte Gewichtszunahme in der Schwangerschaft hängt vom Ausgangsgewicht ab, das mithilfe des Body-Mass Index (BMI) ermittelt werden kann. Nimmt die Mutter während der Schwangerschaft zu wenig oder zu viel zu, so kann die gesunde Entwicklung des Kindes dadurch gefährdet sein.

Schwangere haben vor allem einen deutlich erhöhten Bedarf an Eiweiß, während der Fett- und der Kohlenhydratbedarf nur geringfügig erhöht sind. Die tägliche Gesamtzufuhr an Eiweiß sollte ab dem vierten Monat zum üblichen Bedarf noch einmal um insgesamt 10 g gesteigert werden. Eine weibliche Erwachsene mit 60 kg Gewicht benötigt dann statt normalerweise 48 g Eiweiß pro Tag 58 g. Dabei sollten mindestens 50 bis 65% der zugeführten Proteine aus tierischen Nahrungsmitteln stammen. Durch die Kombination mit pflanzlichen Lebensmitteln kann ein möglichst hoher Ergänzungswert erzielt werden (vgl. Kap. 3.2).

---

1 Demenz, die = auf organischen Hirnschädigungen beruhende dauernde Geistesschwäche

Optimale Gewichtszunahme in der Schwangerschaft[1]		
BMI vor der Schwangerschaft	**Gewichtszunahme, absolut (kg)**	**Gewichtszunahme, monatlich (kg)**
Untergewicht (< 19,8)	12,7 - 18,2	2,3
Normalgewicht (19,8 - 26,0)	11,4 - 15,9	1,8
Übergewicht (26,1 - 29,0)	6,8 - 11,4	1,2
Adipositas (> 29,0)	6,8	0,9
Zwillingsschwangerschaft	15,9 - 20,4	2,7

In der Stillzeit ist eine reichliche Proteinzufuhr für die Bildung der Muttermilch nötig. Durchschnittlich sollten stillende Mütter zum üblichen Bedarf insgesamt ca. 15 g Eiweiß mehr pro Tag zu sich nehmen, d. h. ca. 63 g Eiweiß pro Tag.

Außerdem sind während Schwangerschaft und Stillzeit auch verschiedene Vitamine und Mineralstoffe für die Entwicklung des Kindes von großer Bedeutung, vor allem Calcium, Eisen, Jod und Vitamine der B-Gruppe.

Um die Einnahme von Medikamenten zu vermeiden, sollte man sich deshalb in der Zeit der Schwangerschaft und Stillzeit besonders ausgewogen ernähren. Fleisch und Fleischprodukte gehören aufgrund ihrer hohen Nährstoffdichte ebenso dazu wie Fisch, Getreide, Kartoffeln, Milch und Milchprodukte sowie Obst und Gemüse.

Der Flüssigkeitsbedarf ist nur während der Stillzeit wegen der Milchproduktion erhöht. Schwangere und Stillende sollten alkoholfreie Getränke wie Mineralwasser, Obst- und Gemüsesäfte, Tee und Milch bevorzugen. Kaffee und alkoholische Getränke sollte man weitgehend meiden.

7.2.4 Sportler

Eine spezielle Sportlerernährung gibt es nicht. Je nach Intensität, Sportart und Ziel der sportlichen Betätigung verbrennt der Organismus mehr oder weniger Energie.

Vonseiten der Ernährungswissenschaft sollte man als Durchschnittssportler ein- bis zweimal pro Woche mindestens eine halbe Stunde lang sportlichen Aktivitäten nachgehen und dabei ordentlich ins Schwitzen kommen. Die Pulsfrequenz sollte dabei im Durchschnitt bei 120 Schlägen pro Minute liegen. Damit möglichst viele Muskelpartien beansprucht und die Ausdauer trainiert wird, sollte man die Sportarten kombinieren – zum Beispiel Joggen und Gymnastik oder Schwimmen und Krafttraining.

Beim Sport verliert der Körper über den Schweiß Wasser und Mineralstoffe. Damit es nicht zu Mangelerscheinungen kommt, müssen die Flüssigkeits- und Nährstoffverluste durch reichliches Trinken wieder ausgeglichen werden, am besten mit Gemischen aus Mineralwasser und Fruchtsaft.

1 nach: www2.uni-jena.de/ufk/frk_info/inf9902/inf9902.htm#Ernaehrung, entnommen 2006-01-22

Der Eiweißbedarf ist beim Durchschnittssportler nur geringfügig erhöht. Er ist abhängig von der Muskeltätigkeit. Lediglich Sportarten wie Gewichtheben oder Ringen erfordern eine erhöhte Eiweißaufnahme von bis zu 2 g pro Kilogramm Körpergewicht, da Eiweiß maßgeblich am Muskelaufbau beteiligt ist.

5.70

Sportler sollten sich vor allem kohlenhydratreich ernähren, denn ein Teil der resorbierten Zuckerstoffe wird im menschlichen Körper als Glykogen gespeichert.[1] Dieses sorgt bei körperlicher Anstrengung dafür, dass der menschliche Körper über einen längeren Zeitraum leistungsfähig sein kann.

Die ideale Basis für körperliche und geistige Leistungsfähigkeit ist eine ausgewogene und abwechslungsreiche Ernährung. Die Nährstoffverteilung der fünf bis sechs Mahlzeiten pro Tag sollte dabei insgesamt ca. 60 % Kohlenhydrate, 25 % Fette und 15 % Eiweißstoffe enthalten. Sportler sollten leicht verdauliche Speisen zu sich nehmen. Sehr gut eignen sich magere Fleischsorten (s. Anhang 2, Nährwerttabelle), Reis, Kartoffeln und Nudeln sowie Obst und Gemüse.

Berufliche Aufgabenstellung

Frau Guthardt (aus der Ausgangssituation am Kapitelanfang) wünscht sich von Sonja Weiß Tipps für den Speisezettel der ganzen Familie. Versetzen Sie sich in die Lage von Sonja und bereiten Sie das Verkaufsgespräch vor.

Informieren Sie sich dazu

- **über die Bestimmung des Body-Mass-Index. Berechnen Sie den Body-Mass-Index von Herrn Guthardt.**
- **über die Folgen von Übergewicht und anderen ernährungsabhängigen Erkrankungen.**
- **über Ernährungsgrundsätze für weitere Personengruppen (in der Familie Guthardt z. B. gibt es auch Kinder und Sportler).**

Planen Sie das Verkaufsgespräch, indem Sie

- **Ernährungsempfehlungen für die Familienmitglieder von Frau Guthardt entwickeln.**
- **gezielt Fragen für die entsprechenden Phasen des Verkaufsgesprächs notieren; Tipps für erfolgreiche Verkaufsgespräche finden Sie in Kap. 2 in diesem Lernfeld.**
- **geeignete Waren aus Ihrem Sortiment auswählen, die Sie Frau Guthardt mit schlüssigen Verkaufsargumenten empfehlen können.**

Führen Sie das Gespräch durch und analysieren Sie es.

1 siehe auch Kapitel 3.4 in diesem Lernfeld

Übungen

1 a) Erklären Sie die Bedeutung des Body-Mass-Index.
b) Bestimmen Sie diesen für eine 1,66 m große Frau mit 70 kg Körpergewicht.
c) Berechnen Sie den Tagesbedarf dieser Frau an Eiweiß, Fett und Kohlenhydraten.

2 Erläutern Sie Ursachen und mögliche Folgen von Über- und Untergewicht.

3 Erklären Sie die Ursachen und mögliche Folgen folgender Erkrankungen:
a) Gicht, b) Diabetes,
c) Fettstoffwechselstörungen, d) Arteriosklerose,
e) Zöliakie, f) Magersucht.

4 Geben Sie Ernährungsempfehlungen für
a) Kinder, b) Senioren, c) Schwangere.

5 Überlegen Sie, welche Waren Sie den Personengruppen aus Frage 3 und 4 aus Ihrem Sortiment anbieten würden.

6 Erstellen Sie einen Tageskostplan für siebzehnjährige weibliche und männliche Jugendliche.

Zusammenfassung

Ernährungsgrundsätze für besondere Personengruppen

Personen mit ernährungsabhängigen Erkrankungen, z. B.

Übergewicht und mögliche Folgeerkrankungen

Überernährung und Bewegungsmangel – ein möglicher Krankheitsweg:

Übergewicht
→ Fettstoffwechselstörung | Gicht | Bluthochdruck | Diabetes mellitus Typ II
→ Arteriosklerose
→ Durchblutungsstörungen
→ Herzinfarkt, Schlaganfall
…

zusätzliche Faktoren: Rauchen, chronischer Alkoholkonsum

Gewicht reduzieren, Nährstoffempfehlungen der DGE beachten, Grundsätze der Ernährungspyramide einhalten

Untergewicht und Folgeerkrankungen	Energie- und Nährstoffaufnahme erhöhen, Nährstoffempfehlungen der DGE beachten, Grundsätze der Ernährungspyramide einhalten
Allergien	allergische Stoffe bei der Lebensmittelauswahl meiden
Zöliakie	glutenfreie Lebensmittel verzehren

! *Für Kinder und Jugendliche, Senioren, Sportler usw. gelten im Wesentlichen gleichfalls die Grundsätze für eine ausgewogene Ernährung. Schwangere und Stillende müssen zusätzlich auf eine erhöhte Eiweiß-, Vitamin- und Mineralstoffaufnahme achten.*

8 Auf kritische Medienberichte über Fleisch angemessen reagieren

Ziele dieses Kapitels:

- **Wir informieren uns über mögliche Rückstände und Verunreinigungen im Fleisch sowie über bedeutende Krankheiten bei Schlachttieren.**
- **Wir wenden Regeln im Umgang mit ängstlichen und kritischen Kunden in Rollenspielen an.**
- **Wir entwickeln einen Handzettel zur Information der Kunden und zur Vertrauensförderung.**

„Hast du die Schlagzeile und den Artikel auf der ersten Seite unserer Tageszeitung gesehen?“, fragt Wolfgang Baringer seine Frau beim gemeinsamen Mittagessen. „Nein, worum geht es denn?“ – „Verdorbenes Fleisch und Schlachtabfälle in der Wurst! Skrupellose Fleischwarenbetriebe kaufen verdorbenes oder ausgesondertes Fleisch auf und verkaufen es als einwandfreies Fleisch!“, liest Herr Baringer laut vor.
„Oje! Schon wieder ein Skandal!“, reagiert Frau Baringer zunächst entsetzt. Aber dann überlegt sie gleich praktisch: „Wir müssen uns davon schnellstmöglich distanzieren und unsere Kunden über unsere Bezugsquellen aufklären ... sonst bleiben sie aus oder kaufen bei der Konkurrenz. Außerdem müssen wir uns für das Verkaufsgespräch gute Argumente zurechtlegen, um die vorgefassten Meinungen unserer Kunden durch die einseitige und teilweise falsche Berichterstattung in den Medien entkräften zu können ...“
„Genau, wir könnten in einem Handzettel die Vorzüge unseres Betriebs und unsere Bezugsquellen herausstellen und damit das Vertrauen der Kunden in unseren Betrieb stärken“, überlegt Herr Baringer. „Außerdem könnten wir heute nach Ladenschluss ein paar Rollenspiele durchführen: Du könntest dabei einen hartnäckigen und äußerst kritischen Kunden spielen – das ist eine gute Übung für unsere beiden Azubis und außerdem macht es uns sicherlich riesig Spaß, bei dir auf Granit zu beißen!“, ergänzt Frau Baringer lachend.

Können wir Fleisch und andere Lebensmittel noch bedenkenlos essen?

Diese Frage stellen sich tagtäglich verunsicherte Verbraucher angesichts der vielfältigen negativen Meldungen über Fleisch und andere Lebensmittel in den Medien.

Die Profitgier und das Gewinnstreben einiger weniger Unternehmer auf dem Fleischsektor bringen die Branche und das wertvolle Lebensmittel „Fleisch“ immer wieder in Verruf. Sie umgehen skrupellos die strengen gesetzlichen Vorschriften auf Bundesebene und auf Ebene der EU und täuschen die Kontrolleure der Lebensmittelüberwachung[1].

1 siehe Lernfeld 1, Kap. 5.1.3

Aber nicht nur Skandale schüren die Verunsicherung und die Ängste der Verbraucher, sondern auch einige Tierseuchen oder auch anderweitig belastete Lebensmittel, die in den letzten Jahren im Mittelpunkt des Medieninteresses standen.

Medien haben die Aufgabe, die Öffentlichkeit zu informieren. Vielfach werden aber bestimmte Informationen hochgepuscht und ausgeschlachtet, um die Verkaufszahlen der Zeitung oder die Einschaltquoten der Fernsehsender zu erhöhen, indem die Berichterstattung gezielt die Gefühle des Menschen, z. B. Angst, Panik, anspricht.

Die Aufgabe des Fleischerfachgeschäftes, insbesondere des Verkaufspersonals, besteht darin,

- die Ängste des Verbrauchers ernst zu nehmen;
- sich selbst, die Kunden, die Öffentlichkeit über mögliche Gefahren/Risiken sachlich und möglichst objektiv zu informieren;
- Maßnahmen zu ergreifen, um sich von „schwarzen Schafen“ der Branche abzugrenzen und somit
- das Vertrauen der Kunden in die im Fleischerfachgeschäft angebotenen Waren zu erhalten oder wieder zurückzugewinnen.

8.1 Rückstände und Verunreinigungen in Fleisch

Immer wieder gibt es in den Medien Meldungen über Rückstände oder Schadstoffe, die den Eindruck vermitteln, dass die Belastung unserer Lebensmittel zugenommen habe. Das liegt auch an der Zahl und Genauigkeit der Untersuchungen, denn heute werden auch Stoffe und Stoffmengen gefunden, nach denen früher nicht gesucht wurde oder für die es keine (ausreichend empfindlichen) Untersuchungsmethoden gab.

Rückstände sind unerwünschte Stoffe, die bei der Lebensmittelproduktion entstehen und im Lebensmittel verbleiben können, z. B. Pflanzenschutzmittel oder Tierarzneimittel.

5.71

Veterinär beim Impfen

Tierarzneimittel dürfen nur im Rahmen des Arzneimittelgesetzes zur Behandlung erkrankter Schlachttiere angewendet werden. Es besteht die Möglichkeit, dass Rückstände dieser Arzneien (z. B. Antibiotika) im Tierkörper verbleiben, in die Nahrungskette gelangen und so die menschliche Gesundheit beeinträchtigen. Um dies weitgehend zu vermeiden, darf das Tier deshalb erst nach einer bestimmten Wartefrist nach einer Arzneimittelgabe geschlachtet werden.

Hormone zur Leistungssteigerung dürfen z. B. in den USA eingesetzt werden. In der EU sind sie verboten.

Die Lebensmittelüberwachungs- und Veterinärämter sind für die Kontrolle bei den Landwirten und praktizierenden Tierärzten zuständig. Trotz dieser Kontrollen kam es in der Vergangenheit immer wieder zu Missbrauchsfällen. Daher ist es unverzichtbar, dass Landwirte und Tierärzte verantwortlich mit Medikamenten umgehen.

Für den Fleischer bedeutet das, dass er seine Zulieferbetriebe sorgfältig auswählen muss.

Verunreinigungen sind Stoffe, die natürlicherweise in Lebensmitteln vorkommen oder durch Umweltverschmutzung oder falsche Behandlung im Verarbeitungsbetrieb, Lagerung oder im Haushalt entstehen.[1] Beispiele sind Schwermetalle oder Schimmelpilzgifte.

Bei falscher Herstellung oder Zubereitung bestimmter Fleischwaren können Krebs erregende Stoffe, z. B. Nitrosamine und PAK (Polyzyklische Aromatische Kohlenwasserstoffe) gebildet werden. Nitrosamine können entstehen, wenn man Pökelwaren über 150 °C (z. B. beim Braten oder Grillen) erhitzt. PAK, z. B. Benzpyren, können bei falscher Rauch-Erzeugung gebildet werden und sich auf zu räucherndem Fleisch und Fleischwaren niederschlagen. Sie können aber auch beim Grillen entstehen, wenn Fett in die offene Glut tropft und verbrennt.

Schadstoffentwicklung am Holzkohlengrill

8.2 Relevante Tierkrankheiten/Tierseuchen

Krankheit	Tierart	Erreger/ Übertragungsweg	Gefährdung für den Menschen, Verbraucherschutz
transmissible spongiforme Enzephalopathien • Bovine Spongiforme Enzephalopathie (BSE), so genannter Rinderwahnsinn • Scrapie	Rind Schaf	• entartete infektiöse Prionen, kleine Eiweiße, die natürlicherweise auf der Oberfläche von Nervenzellen (Gehirn, Rückenmark) verankert sind • sind extrem widerstandsfähig gegenüber Hitze, Desinfektionsmitteln, Röntgenstrahlung • zerstören das Nervengewebe, schwammartige Veränderungen (Löcher) im Gehirn • Krankheit verläuft tödlich • Ansteckung vermutlich über die Nahrung (ungenügend erhitztes Tiermehl), Blut, Verletzungen der Haut, über Schleimhäute (Mund, Nase, Augen) • bisher ca. 370 BSE-Fälle in Deutschland (2005)	Der gleiche Erreger verursacht vermutlich eine besondere Variante der bereits seit langem bekannten Creutzfeldt-Jakob-Krankheit (vCJK) beim Menschen. Bisher ist ungeklärt, ob eine Ansteckung über „verseuchtes Fleisch" erfolgt oder ob diese Krankheit spontan im Menschen entsteht. Verbraucherschutz/ Risikominderung durch: • Tiermehlverfütterungsverbot • BSE-Schnelltest bei allen geschlachteten Rindern, die älter als 24 Monate sind • „Risikomaterial" wird bei Schlachtung sofort entfernt: Schädel, einschließlich Gehirn und Augen, Mandeln, Wirbelsäule (speziell Rückenmark), Darm

1 siehe Lernfeld 1, Kap. 5.1.3

Krankheit	Tierart	Erreger/ Übertragungsweg	Gefährdung für den Menschen, Verbraucherschutz
Maul- und Klauenseuche (MKS)	Klauentiere: z. B. Rind, Schwein, Schaf, Ziege; Rot-, Reh-, Dam- und Schwarzwild	• schnell fortschreitende (akut verlaufende), fieberhafte und sehr leicht übertragbare Viruserkrankung • Ansteckung von Tier zu Tier, z. B. über die Atemluft oder über Ausscheidungen erkrankter Tiere oder • über den Menschen	Das Virus löst beim Menschen keine oder bei intensivem Kontakt nur milde Erscheinungen (z. B. Lippenbläschen) aus.
klassische Schweinepest (KSP)	Hausschweine, Wildschweine	• unheilbare, fieberhaft verlaufende Viruserkrankung • Ansteckung über Nasen-, Rachen-, Augenflüssigkeit, Speichel, Urin und Kot erkrankter Schweine auch ohne sichtbare Krankheitserscheinungen • durch Küchenabfälle, Futter, Transportfahrzeuge oder durch Personen	nicht auf den Menschen oder andere Tiere übertragbar
Geflügelpest/ Vogelgrippe	Geflügel	• eine durch ein Influenza A-Grippevirus verursachte Krankheit, besonders gefährlich ist die H5N1-Variante • Schmierinfektion über Kot, Speichel, Tränenflüssigkeit infizierter Tiere oder durch das Einatmen von Staub • verläuft tödlich • wird durch Erhitzen über 70 °C abgetötet	bei direktem und intensivem Kontakt mit infizierten Vögeln übertragbar; schwere, oft tödlich verlaufende Grippe
Paratuberkulose	Rind	• bakterielle Infektionskrankheit, die als chronische Darmerkrankung (anhaltende Durchfälle, fortschreitende Abmagerung der Tiere) verläuft • Ansteckung meist im Kälberalter über die Aufnahme von Futter und Wasser, das mit dem Kot infizierter Tiere verschmutzt ist • wird auch über die Milch ausgeschieden • ca. 350 Fälle pro Jahr (2005)	Die Wissenschaft untersucht einen Zusammenhang mit der Morbus-Crohn-Erkrankung (chronische Darmerkrankung) beim Menschen.

Im Seuchenfall wird meist der gesamte Tierbestand getötet und unschädlich beseitigt. Darüber hinaus werden alle Geräte, Ställe, usw. desinfiziert. Außerdem werden häufig großflächige Schutzzonen mit strengen Handels- und Transportverboten errichtet.

8.3 Vertrauensbildende Maßnahmen

Maßnahmen, mit denen das Vertrauen der Kunden erworben und erhalten werden kann, können ganz unterschiedlicher Art sein.

Sich von „schwarzen Schafen“ distanzieren und deren strafrechtliche Verfolgung einfordern

Fleischermeister verurteilen den aktuellen Fleischskandal – Aufklärung gefordert[1]

Das Fleischerhandwerk in Fulda verurteilt die offensichtlichen Machenschaften rund um die Verwendung von Schlachtabfällen und verdorbenem Fleisch bei der Herstellung von Lebensmitteln. „Wir unterstützen ausdrücklich den Zehn-Punkte-Plan der Bundesregierung, um dem Handel mit Gammelfleisch den Kampf anzusagen und um die Lebensmittelsicherheit zu verbessern“, hieß es auf einer Pressekonferenz der Innung in Fulda. Die Fleischer-Fachgeschäfte fordern eine schnelle und vollständige Aufklärung der erhobenen Vorwürfe gegen industrielle Verwerter. Dort, wo sich die Vorwürfe bestätigten, müssten die Verantwortlichen ausnahmslos zur Rechenschaft gezogen und hart bestraft werden ...

Bezugsquellen des angebotenen Fleisches und zugekaufter Ware offenlegen

Verschiedene regionale Erzeugergemeinschaften oder Qualitätsfleischprogramme garantieren, dass ihre Mitglieder die Tierhaltungs- und Arzneimittelverordnung bei der Aufzucht der Schlachttiere genau einhalten, und kontrollieren dies streng. Außerdem verzichten sie auf Antibiotika als Leistungssteigerer in der Tiermast. Viele Fleischer bieten Fleisch solcher Tiere an und können somit die Herkunft des Fleisches gegenüber dem Kunden lückenlos belegen.

5.73

Qualität aus Bayern

Führt der Fleischer auch Waren von Anbietern aus der Region, z. B. Käse, Wild, Geflügel, oder legt er Wert auf den Einkauf z. B. von Waren aus dem ökologischen Landbau oder von Waren, die mit einem Gütesiegel ausgezeichnet sind, kann er zusätzlich Pluspunkte beim Verbraucher sammeln. Beispiele dafür sind:

- das CMA[2]-Gütezeichen; es kennzeichnet Agrarerzeugnisse, die strengen Qualitätskontrollen unterliegen. Neutral geprüfte Markenqualität ist bei allen Produkten, die diese Auszeichnung führen, gesichert.
- Erzeuger und Hersteller, die die Bestimmungen der EG-Öko-Verordnung einhalten und sich den vorgeschriebenen Kontrollen unterziehen, dürfen ihre Produkte als Bio- oder Ökoware verkaufen und mit dem Bio-Siegel kennzeichnen.

5.74

5.75

Bio-Siegel

1 nach: www.osthessen-news.de/beitrag_B_Druck.php?id=1120763, entnommen 2006-01-05
2 CMA = Centrale Marketinggesellschaft der deutschen Agrarwirtschaft (mbH)

QS – Ihr Prüfsystem für Lebensmittel

QS-Prüfzeichen 5.76

Lebensmittel, die das QS-Prüfzeichen tragen, werden nach definierten Kriterien für die einzelnen Erzeugerstufen hergestellt. Der Herstellungsprozess ist durchgängig dokumentiert und kontrolliert. Anhand des QS-Prüfsystems kann der Verbraucher die Qualität des Produktionsprozesses transparent vom Feld bis zur Ladentheke nachvollziehen.

Informationen über Inhaltsstoffe in Fleisch und Wurst bereitstellen, siehe Kapitel 5.3 und 5.4 in diesem Lernfeld

Selbst hergestellte Waren internen und externen Qualitätskontrollen unterziehen

Ein wichtiger Baustein ist der Aufbau eines internen Qualitätssicherungssystems mit dem Ziel, gleich bleibende Qualität zu erzeugen. Bei der Herstellung von Wurstwaren würde das bedeuten, dass einheitliche Verfahrensweisen und Qualitätskriterien z. B. für die Auswahl des Fleisches und der Zutaten, für die Herstellung, für die Behandlung im Verkauf, usw. festgelegt werden, die stets von allen Mitarbeitern befolgt werden müssen.

5.77

Extern kann man die Qualität seiner Fleisch-Erzeugnisse bei der Deutschen Landwirtschafts-Gesellschaft e. V. (DLG) in Frankfurt am Main untersuchen lassen.

Dort werden die eingesendeten Erzeugnisse einmal jährlich einer sensorischen Prüfung auf der Basis streng definierter Qualitätskriterien unterzogen. Die Teilnahme ist freiwillig. „DLG-prämiert" (Gold, Silber, Bronze) bedeutet, dass ein Lebensmittel von besonders hoher Qualität ist.

8.4 Regeln im Umgang mit ängstlichen und/oder kritischen Kunden

Spricht Sie ein Kunde oder auch Bekannter auf einen Fleischskandal oder auf Risiken z. B. durch Tierkrankheiten an, so sollten Sie folgende Regeln im Gespräch beachten:

5.78
Grimmiger Kunde

- Ruhe bewahren und Gelassenheit zeigen, Anzeichen von Panik/Angst/Unsicherheit vermeiden;
- dem Gesprächspartner das Gefühl geben, dass Sie ihn ernst nehmen, ihm aufmerksam zuhören und Verständnis für seine Ängste zeigen;
- mit sachlichen Informationen und Argumenten die Ängste des Gesprächspartners versuchen zu mindern bzw. zu entkräften;
- dabei selbstbewusst seine Meinung vertreten, ohne überheblich zu wirken;

- die Vorzüge der eigenen Produktpalette betonen (vgl. Kap. 8.3 vertrauensbildende Maßnahmen);
- Tipps zum Umgang mit den gekauften Fleisch- und Wurstwaren geben, z. B.

Merke

- ✔ *Auftauwasser von Fleisch und Geflügel entfernen und keine anderen Lebensmittel damit in Berührung bringen.*
- ✔ *Rohe Lebensmittel von bereits erhitzten getrennt aufbewahren.*
- ✔ *Insbesondere Fleisch, Geflügel und Frikadellen müssen gut durchgegart bzw. -gebraten werden. Die Kerntemperatur im Inneren muss mindestens +70 °C betragen. Die meisten krankmachenden Erreger werden dadurch zuverlässig abgetötet.*
- ✔ *Frühstückseier mindestens 7 bis 8 Minuten kochen, bis das Eigelb hart geworden ist. Spiegeleier von beiden Seiten braten und Omeletts und Rührei gut durchgaren.*
- ✔ *Bei der Küchenarbeit immer auf Sauberkeit achten. Arbeitsgeräte nach dem Gebrauch sofort reinigen oder im Geschirrspüler spülen. Die Erreger werden dadurch abgetötet.*
- ✔ *Pökelwaren nicht bei Temperaturen über 150 °C braten oder grillen (Nitrosaminbildung!).*
- ✔ *Fleisch und Fleisch-Erzeugnisse nicht über dem offenen Feuer grillen, Aluminiumschalen verwenden.*
- ✔ *Die Regeln der ausgewogenen und gesunden Ernährung beachten, auf kontrollierten Fleischverzehr achten.*

Berufliche Aufgabenstellung

Das Ehepaar Baringer (siehe Eingangssituation) möchte wirtschaftliche Verluste aufgrund des aktuellen Fleischskandals vermeiden und beschließt deshalb, einen Handzettel zu entwickeln und Rollenspiele zum Umgang mit kritischen Kunden durchzuführen.

- **Planen und gestalten Sie einen Handzettel, der zur Vertrauensbildung beim Kunden beiträgt. Stellen Sie dabei die Vorzüge des Geschäfts deutlich heraus!**
- **Führen Sie Verkaufsgespräche als Rollenspiele durch. Üben Sie dabei schlüssige Argumente und Verhaltensweisen im Umgang mit kritischen Kunden.**
- **Bewerten Sie Durchführung und Erfolg der beiden Maßnahmen!**

Übungen

1. Zählen Sie drei verschiedene relevante Krankheiten von Schlachttieren auf und beschreiben Sie diese genauer.
2. Erläutern Sie verschiedene Maßnahmen, die dazu beitragen können, dass der Kunde zu seinem Fleischerfachgeschäft Vertrauen hat.
3. Nennen Sie fünf wichtige Regeln im Umgang mit kritischen Kunden.
4. Beschreiben Sie verschiedene Vorsichtsmaßnahmen im Umgang mit Lebensmitteln, die das Risiko einer Ansteckung mit krankmachenden Keimen oder Viren minimieren.
5. Überlegen Sie sich geeignete Argumente auf folgende Kundenaussagen:
   a) „BSE ist auch auf den Menschen übertragbar. Ich werde deshalb kein Rindfleisch oder daraus hergestellte Produkte mehr kaufen oder essen!“

b) „Fleischer sind alle Verbrecher! Sie kaufen billiges Fleisch ein und verarbeiten es zu Wurst. Sie bereichern sich auf Kosten der ahnungslosen Verbraucher!"

c) „In der Zeitung habe ich vergangene Woche gelesen, dass das Essen von Fleisch das Krebsrisiko erhöht! Ich werde ab jetzt nur noch Käse und Gemüse essen ..."

Zusammenfassung

Aufklärung schafft Vertrauen

negative Schlagzeilen über das Lebensmittel „Fleisch", z. B.

- erschüttern das Vertrauen der Kunden zum Fleischerfachgeschäft
- führen zu Umsatzeinbußen und wirtschaftlichen Verlusten für den Fleischer

vertrauensbildende Maßnahmen im Fleischerfachgeschäft, z. B.

- Qualitätssicherung betreiben
- ängstliche Kunden beruhigen und sachlich informieren
- über Inhaltsstoffe von Fleisch und Wurst aufklären
- Bezugsquellen des Fleisches angeben
- Tipps im Umgang mit kritischen Lebensmitteln geben

1 Wichtige Maßeinheiten für Produktion und Verkauf

Sehr häufig sind Gewichte und Maße Grundlagen für fachliches Rechnen sowohl in der Produktion als auch im Verkauf. Daher ist es unerlässlich, dass auch Sie als Auszubildende mit den Maß- und Gewichtseinheiten vertraut sind.

1.1 Begriffserklärungen

kilo...
<griechisch>:
das Tausendfache einer Einheit
z. B. Kilogramm: 1 Kilogramm ist das Tausendfache von 1 Gramm.

dezi...
<griechisch>:
ein Zehntel einer Einheit
z. B. Deziliter ist $\frac{1}{10}$ Liter (0,1 Liter).

zenti...
<griechisch>:
ein Hundertstel einer Einheit
z. B. Zentiliter (1 cl) ist $\frac{1}{100}$ Liter (0,01 Liter).

milli...
<griechisch>:
ein Tausendstel einer Einheit
z. B. Milligramm (mg) ist $\frac{1}{1\,000}$ Gramm (0,001 Gramm).

1.2 Gewichtsmaße

Die offiziellen Gewichtseinheiten sind Tonne, Kilogramm, Gramm und Milligramm. Doppelzentner, Zentner und Pfund sind offiziell nicht mehr zugelassen. Der Doppelzentner wurde durch die Dezitonne ersetzt. In der Landwirtschaft und der Bäckerei jedoch werden die alten Gewichtseinheiten teilweise noch benutzt. Auch beim Einkauf in der Fleischerei spielt das Pfund noch eine Rolle.

1 Tonne (1 t)	= 1 000 kg;	1 kg	= ein Tausendstel einer Tonne (0,001 t)
1 Kilogramm (1 kg)	= 1 000 g;	1 g	= ein Tausendstel eines Kilogramms (0,001 kg)
1 Gramm (1 g)	= 1 000 mg;	1 mg	= ein Tausendstel eines Gramms (0,001 g)
1 Pfund (Pfd.)	= 500 g;	1 kg	= 2 Pfund

1 000 mg = 1 g
1 000 g = 1 kg
1 000 kg = 1 Tonne (t) = 10 Dezitonnen (dt)
1 000 kg = 1 000 000 g
1 000 kg = 1 000 000 000 mg

Merke

Die Gewichtsmaße werden auf 4 Stellen nach dem Komma ausgerechnet und anschließend auf 3 Stellen nach dem Komma gerundet

1.3 Umwandeln von Brüchen in Dezimalstellen und umgekehrt

Sehr häufig müssen die Fachverkäuferinnen mit Größen wie einem viertel Pfund, einem halben Kilo oder zwei Drittel usw. umgehen. Daher ist es sehr wichtig, dass gerade im Gewichtsbereich das Umwandeln von Brüchen in Dezimalstellen und umgekehrt beherrscht wird.

Das Bruchrechnen ist eine andere Art der Division.
Die Zahl über dem Bruchstrich gibt den Zähler an, die unter dem Bruchstrich den Nenner.

Zähler $\frac{1}{4}$ Nenner   Das Ganze beträgt $\frac{4}{4}$

z. B. $\frac{1}{4}$ kg bedeutet: der 4. Teil von tausend Gramm = 250 g → $\frac{250}{1\,000}$

z. B. $\frac{3}{4}$ kg bedeutet: der 4. Teil von tausend Gramm = 250 g · 3 = 750 g → $\frac{750}{1\,000}$

Übungen

1 Wandeln Sie um in Dezimalstellen und Gramm:

a) $\frac{1}{4}$ Pfd.   b) $1\frac{1}{2}$ kg   c) $\frac{7}{8}$ kg   d) $\frac{3}{4}$ Pfd.
c) $\frac{2}{3}$ kg   f) $\frac{3}{10}$ kg   g) $3\frac{1}{2}$ Pfd.   h) $1\frac{1}{4}$ kg
i) $4\frac{1}{5}$ kg   j) $\frac{5}{6}$ kg

2 Wandeln Sie um in Dezimalstellen und Kilogramm:

a) $12\frac{3}{8}$ kg   b) $\frac{1}{2}$ dt   c) $\frac{1}{4}$ t   d) $\frac{1}{5}$ t
e) $\frac{1}{2}$ Pfd.   f) $\frac{2}{8}$ kg   g) $4\frac{2}{5}$ kg   h) 8 Pfd.
i) $2\frac{1}{3}$ kg   j) $5\frac{9}{10}$ kg

3 Wandeln Sie um in Brüche und Kilogramm:

a) 125 g   b) 1 500 g   c) 375 g   d) 500 g
e) 250 g   f) 900 g   g) 700 g   h) 666 g
i) 600 g 3/5   j) 333 g   k) 400 g 2/5   l) 300 g 3/10
m) 200 g 1/5

1.4 Längenmaße

Bis auf das Berechnen von Längen für Ausstattungen und Einrichtungen spielt das Rechnen mit Längenmaßen in der Fleischerei eine untergeordnete Rolle.

1 km (Kilometer)	= 1 000 m	1 m	= 0,001 km
1 m (Meter)	= 10 dm	1 dm	= 0,1 m
1 dm (Dezimeter)	= 10 cm	1 cm	= 0,1 dm
1 cm (Zentimeter)	= 10 mm	1 mm	= 0,1 cm
1 mm (Millimeter)			

10 mm = 1 cm
10 cm = 1 dm
10 dm = 1 m
1 000 m = 1 km

Merke

Längenmaße werden auf vier Stellen nach dem Komma ausgerechnet und auf drei nach dem Komma gerundet.

1.5 Flächenmaße

Wie auch bei den Längenmaßen spielt das Berechnen von Flächen in der Fleischerei eine untergeordnete Rolle, es sei denn, es geht um neue Produktions- oder Verkaufsräume und deren Ausstattung.

1 km²	(Quadratkilometer)	= 100 ha	1 ha	= 0,01 km
1 ha	(Hektar)	= 100 d	1 a	= 0,01 ha
1 a	(Ar)	= 100 m²	1 m²	= 0,01 a
1 m²	(Quadratmeter)	= 100 dm²	1 dm²	= 0,01 m²
1 dm²	(Quadratdezimeter)	= 100 cm²	1 cm²	= 0,01 dm²
1 cm²	(Quadratzentimeter)	= 100 mm²	1 mm²	= 0,01 cm²
1 mm²	(Quadratmillimeter)			

100 mm² = 1 cm²
100 cm² = 1 dm²
= 100 dm² = 1 m²
100 m² = 1 a
100 a = 1 ha
100 ha = km²

Merke

Flächenmaße werden auf fünf Stellen nach dem Komma ausgerechnet und auf vier nach dem Komma gerundet.

Übungen

Die Buchheim Fleisch KG will ihre Produktionsstätte erweitern. An den bisherigen Betrieb grenzt ein freies Grundstück an. Dieses hat die Größe von 0,35 ha. Der Erweiterungsbau soll 18 x 12 m groß werden.

a) Wie viele Quadratmeter hat das Grundstück vor der Bebauung?
b) Und wie viele Quadratmeter bleiben nach Fertigstellung des Erweiterungsbaus noch übrig?

Orientieren Sie sich an den Erläuterungen über die Flächenmaße unter 1.5.

1.6 Hohlmaße

Das Rechnen mit Hohlmaßen findet in der Fleischerei häufiger statt. Man braucht es vor allem beim Berechnen von Wassermengen, z. B. für Kesselanlagen, oder auch für Laken sowie beim Herstellen von Produkten mit kleinen Flüssigkeitsmengen (z. B. Soßen, Marinaden usw.).

1 m³ (Kubikmeter)	= 1 000 l = 10 hl	1 l	= 0,001 m³
1 hl (Hektoliter)	= 100 l	1l	= 0,01 hl
1 l (Liter)	= 1 000 ml	1 ml	= 0,001 l

10 ml = 1 cl
10 cl = 1 dl
10 dl = 1 l
100 dl = 10 l
100 l = 1 hl
10 hl = 1 m³

Merke

Die Hohlmaße werden auf vier Stellen nach dem Komma ausgerechnet und auf drei nach dem Komma gerundet.

Übungen

1 In der Fleischerei Baringer wurden in einem Jahr 5 300 Kubikmeter Wasser verbraucht. Berechnen Sie den Verbrauch in Hektoliter und Liter.

2 Ein Kessel fasst 250 l Wasser. Wie viel Kubikmeter entspricht diese Menge?

Orientieren Sie sich an den Erläuterungen über die Hohlmaße unter 1.6.

1.7 Berechnen von Flächen- und Hohlmaße

Form	Bezeichnung	Formel
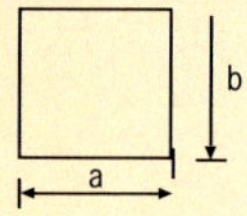	Quadrat	$a \cdot b$
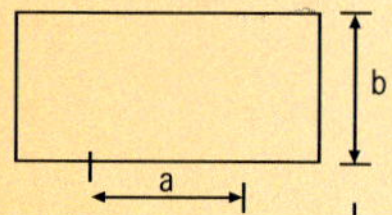	Rechteck	$a \cdot b$
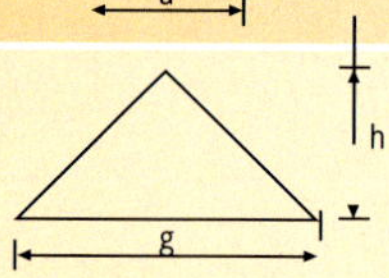	gleichseitiges Dreieck	$\frac{g \cdot h}{2}$
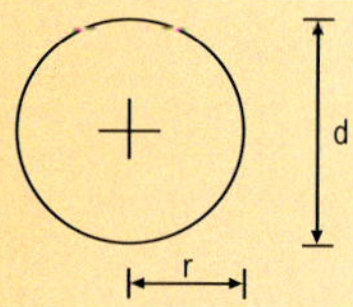	Kreis	$r \cdot r \cdot 3{,}14159$
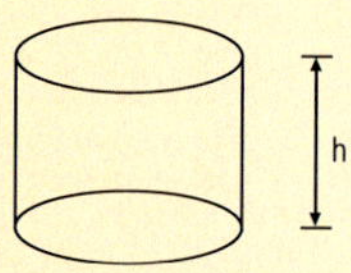	Rundzylinder	Grundfläche · Höhe (Kreis)
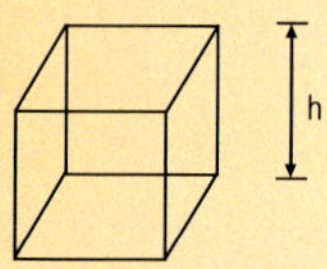	Prisma (Quader)	rechteckige Grundfläche · Höhe ($a \cdot h$)

Übungen

1 Der Boden des Wurstkühlraumes der Fleischerei Baringer soll neu gefliest werden. Er hat eine quadratische Grundfläche. Eine Seite hat das Maß von 2,4 m. Der Fliesenleger bietet Wolfgang Baringer Fliesen an, die nach dem Verlegen mit Fuge die Ausmaße von 30 cm x 40 cm haben. Wie viele Fliesen werden benötigt? Wie teuer ist das Belegen, wenn 1 Quadratmeter inklusive des Arbeitslohns 35,80 € kostet?

2 Die Buchheim Fleisch KG möchte für den Partyservice einen neuen Kühlanhänger anschaffen. Kirsten Buchheim möchte darin möglichst viele Eurokästen stapeln können. Die Ladefläche des Anhängers beträgt 2,40 m x 1,20 m, die Höhe 1 m. Berechnen Sie die Anzahl der Eurokästen, die geladen werden können, wenn ein Kasten 60 cm x 40 cm groß und 20 cm hoch ist.

3 Eine Spiegelplatte besteht aus einem gleichseitigen Dreieck. Eine Seite hat 50 cm Länge. Da Kirsten Buchheim 12 Spiegelplatten für den Partyservice bestellen möchte, würde sie gern die Fläche von allen Spiegelplatten wissen – die Platten werden nämlich zu einem Quadratmeterpreis von 250,00 € angeboten. Berechnen Sie die Fläche und den Preis der Platten.

2 Dreisatzrechnen

> Da den wichtigsten Grundrechenarten im Fleischereibereich zählt das Dreisatzrechnen. Hiermit lassen sich sehr einfach Verhältnisse zu Preisen, Mengen und Arbeitszeiten berechnen. Der Name sagt es, dass bei dem Dreisatzrechnen in drei Schritten vorgegangen wird.

Merke

Jeder Dreisatz wird so angeschrieben, dass die gesuchte Größe rechts unten steht.

2.1 Dreisatz mit geraden Verhältnissen

4 kg Hackfleisch kosten 16,40 €. Wie viel kosten 19 kg?

1. Schritt (Angabesatz): 4 kg Hackfleisch kosten 16,40 €

2. Schritt (Fragesatz): 19 kg Hackfleisch kosten ? €

Wir übertragen auf den Bruchstrich:

4 kg kosten → 16,40 € · 19 kg
1 kg kostet den 4. Teil → 4 kg
19 kg kosten das 19fache → (19 kg)

$$\frac{16{,}40\ € \cdot 19\ \text{kg}}{4\ \text{kg}} = 77{,}90\ €$$

3. Schritt (Antwortsatz): 19 kg Hackfleisch kosten 77,90 €.

oder

4 kg kosten	16,40 €		
1 kg kostet	16,40 €	: 4	= 4,10 €
19 kg kosten	4,10 €	· 19	= 77,90 €

Merke

Bei dem Dreisatz mit geraden Verhältnissen gilt:
kleinere Menge → geringerer Preis
größere Menge → höherer Preis

Übungen

1. 12 Paar Bratwürste kosten 21,60 €. Wie viel Euro kosten 50 Paar?
2. Für 30 Schaschlikspieße braucht man 1,2 kg mageren Schweinebauch, 1,5 kg Leber, 2,4 kg mageres Schweinefleisch und 900 g Zwiebeln. Berechnen Sie die Materialmengen für 9 Spieße in Gramm.
3. Bei Fleischermeister Wolfgang Baringer kosten 15 kg Schweineschnitzel im Angebot 58,50 €. Wie viel Kilogramm Schnitzel bekommt der Kunde für 21,45 €?
4. 3 kg gemischtes Hackfleisch kosten im Fleischerladen 12,20 €. Wie viel Euro kostet eine 250-g-Packung?
5. Beim Zerlegen einer Schweinehälfte mit einem Gewicht von 45 kg entstehen 800 g an Zerlegeverlust. Wie viel Kilogramm Zerlegeverlust sind zu erwarten, wenn 12 Hälften im Gewicht von 50 kg zerlegt werden?
6. Für 12,50 € erhält der Kunde im Laden 750 g Aufschnitt. Wie viel Gramm erhält er, wenn er nur 10,00 € zur Verfügung hat?
7. In die Gaststätte nebenan muss Jens Witte zwei Schinken liefern, die denselben Preis haben. Der eine kostet 45,80 € und wiegt 10,2 kg. Wie teuer ist der andere Schinken, wenn der 13,8 kg wiegt?

Merke

Bei dem Dreisatz mit ungeraden Verhältnissen gilt:
weniger Gesellen → mehr Zeit
mehr Gesellen → weniger Zeit

2.2 Dreisatz mit ungeraden Verhältnissen

4 Gesellen zerlegen 30 Schweinehälften in 3 Stunden. Wie lange benötigen 5 Gesellen für die gleiche Menge an Hälften?

1. Schritt (Angabesatz): 4 Gesellen zerlegen die Hälften in 3 Std.

2. Schritt (Fragesatz): 5 Gesellen zerlegen die Hälften in ? Std.

Wir übertragen auf den Bruchstrich:

4 Gesellen benötigen → $\frac{3\text{ Std.} \cdot 4\text{ Gesellen}}{5\text{ Gesellen}} = 2{,}4\text{ Std.}$

1 Geselle benötigt viermal so lange

5 Gesellen benötigen den fünften Teil

3. Schritt (Antwortsatz): 5 Gesellen benötigen für diese Arbeit 2,4 Stunden.

oder

4 Gesellen benötigen	3 Std.
1 Geselle braucht	3 Std. · 4 = 12 Std.
5 Gesellen brauchen	12 Std. : 5 = 2,4 Std.

Übungen

1 Eine 30-köpfige Klasse Fachverkäuferinnen lässt sich von einem Busunternehmer für eine Ausflugsfahrt ein Angebot ausarbeiten. Der Preis pro Schülerin beträgt 14,20 €. Am Ausflugstag fehlen drei wegen Krankheit und zwei können aus betrieblichen Gründen an der Fahrt nicht teilnehmen. Wie viel Euro muss nun die einzelne Schülerin bezahlen?

2 Erfahrungsgemäß kann man bei einem Würstchengewicht von 90 g aus einer Wurstmasse 200 Stück abfüllen. Da der Auszubildende beim Einstellen des Abdrehautomaten nicht aufgepasst hat, ergibt die gleiche Wurstmenge nur noch 180 Stück. Wie schwer ist das einzelne Würstchen geworden?

3 Die Verkaufsleiterin Inge Bach von der Buchheim Fleisch KG benötigt mit zwei Mitarbeiterinnen für das Einräumen ihrer großen Wurst- und Fleischtheke 90 Minuten. Wie schnell ist die Theke eingeräumt, wenn noch zwei Verkäuferinnen zusätzlich mitarbeiten?

4 Für das Herstellen von Fleischspießen benötigen Jochen Brandt und Michaela Föhring 2 ½ Stunden. Wie viele Minuten können sie einsparen, wenn noch eine weitere Kraft beim Stecken hilft?

5 Erfahrungsgemäß brauchen am Samstag nach Geschäftsschluss fünf Fachverkäuferinnen für das Ausräumen der Ladentheken 1 ¼ Stunden. Wie viele Fachverkäuferinnen werden benötigt, wenn die Arbeit schon in 25 Minuten erledigt sein soll?

6 Wolfgang Baringer hatte dem Schützenverein für seinen Stand auf dem Weihnachtsmarkt im vergangenen Jahr 12 800 Grillbratwürste zu einem Stückpreis von 0,75 € geliefert. In diesem Jahr kann er für den gleichen Gesamtbetrag nur 12 000 Grillbratwürste anbieten. Wie viel Euro hat er pro Grillbratwurst berechnet?

3 Prozentrechnen

Das Prozentrechnen gehört zu den wichtigsten Rechenarten in der Fleischerei. Von dem Berechnen von Verlusten über Zuschläge bis hin zur Preisgestaltung wird es angewendet. Es sollte eingehend geübt und letztendlich beherrscht werden.
Prozent bedeutet 1 Teil von 100. 1 Prozent entspricht einem Hundertstel eines Wertes.

Merke

Soll eine Größe berechnet werden, so müssen immer zwei weitere Größen angegeben sein.

Im Prozentrechnen wird mit drei Größen gearbeitet:

1. das Berechnen des **Prozentsatzes** (das ist die Anzahl der Hundertstel eines Wertes, z. B. 3 %)
2. das Berechnen des **Grundwertes** (das sind die 100 Hundertstel eines Wertes oder 100 %)
3. das Berechnen des **Prozentwertes** (das ist der Teil, der dem Prozentsatz entspricht, z. B. 3 kg)

gesucht:		gegeben:
1. Prozentsatz	=	Prozentwert · 100 : Grundwert
2. Grundwert	=	Prozentwert : Prozentsatz · 100
3. Prozentwert	=	Grundwert : 100 · Prozentsatz

Das Prozentrechnen kann auch durch den Dreisatz erfolgen.

3.1 Berechnen des Prozentsatzes

10 kg Fleisch verlieren beim Braten 1,5 kg.
Berechnen Sie den Verlust in Prozent.

1. Angabe: 10 kg Fleisch ≙ 100 %
2. Frage: 1,5 kg Fleisch ≙ ? %

Wir übertragen auf den Bruchstrich:

10 kg →
1 kg →
1,5 kg →

$$\frac{100\,\% \cdot 1{,}5\ \text{kg}}{10\ \text{kg}} = 15\,\%$$

3. Antwort: Der Verlust beim Braten beträgt 15 %.

oder

100 % ≙ 10,000 kg
1 % ≙ 0,100 kg
x % ≙ 1,500 kg : 0,100 kg = 15 %

Übungen

1 Jens Witte von der Fleischerei Baringer hängt 12,5 kg Fleischwurst zum Fertigstellen in die Kombikammer. Nachdem die Wurst geräuchert und gebrüht ist, macht er eine Probewiegung und stellt fest, dass die Wurst nur noch 11,75 kg wiegt. Berechnen Sie, wie viel die Fleischwurst in Kilogramm und Prozent verloren hat.

2 Der Preis für Bierschinken lag für 100 g bei 1,20 €. Er wurde um 6 Cent erhöht. Wie viel Prozent betrug die Preiserhöhung?

3 Beim Grobzerlegen einer Schweinehälfte fallen folgende Teile und Gewichte an: Schinken 11,5 kg, Bug 4,1 kg, Kotelett mit Kamm 12,2 kg, Bauch mit Brustspitze 8,8 kg und Kopf mit Backe 2,8 kg. Die Schweinehälfte wog 39,4 kg. Berechnen Sie die Anteile in Prozent.

3.2 Berechnen des Grundwertes

Weil der Gastwirt seine Wurstlieferung innerhalb von 10 Tagen bezahlt, bekommt er 2 % Skonto; dies sind 23,50 €.
Wie hoch war der Rechnungsbetrag?

1. Angabe: 2 % ≙ 23,50 €
2. Frage: 100 % ≙ ? €

Wir übertragen auf den Bruchstrich

2 % → Zähler, 1 % → Nenner, 100 % → Zähler

$$\frac{23{,}50\ € \cdot 100\ \%}{2\ \%} = 1.175{,}00\ €$$

3. Antwort: Der Rechnungsbetrag betrug 1.175,00 €.

oder

2 % ≙ 23,50 €
1 % ≙ 23,50 € : 2 = 11,75 €
100 % ≙ 11,75 € · 100 = 1.175,00 €

1 Eine Sendung Schweinekämme verlor beim schonenden Garen 5,850 kg, das entspricht einem Verlust von 13 %. Wie viel Kilogramm wogen die Schweinekämme im frischen Zustand?

2 Für den Wurstsalat nimmt Elisabeth Kurz 6 kg Lyoner, das entspricht 75 %. Der Rest des Salates besteht aus Gurken, Zwiebeln, Gewürzen sowie Essig und Öl. Wie viel Kilogramm Wurstsalat ergibt diese Rezeptur?

3 Beim Schlachten eines Schweins fallen 22 kg an Schlachtverlust an. Der Verlust entspricht einem Wert von 20 %. Wie viel Kilogramm wog das Schwein lebend?

3.3 Berechnen des Prozentwertes

12 kg Rinderbraten verlor beim Schmoren 22 % an Gewicht:
Berechnen Sie den Verlust in Kilogramm.

1. Angabe: 100 % ≙ 12,000 kg
2. Frage: 22 % ≙ ? kg

Wir übertragen auf den Bruchstrich

100 % → Zähler, 1 % → Nenner, 22 % → Zähler

$$\frac{12{,}000\ \text{kg} \cdot 22\ \%}{100\ \%} = 2{,}640\ \text{kg}$$

3. Antwort: Der Verlust beim Schmoren beträgt 2,640 kg.

oder

100 % ≙ 12,000 kg
1 % ≙ 0,120 kg
22 % ≙ 0,120 kg · 22 = 2,640 kg

Übungen

1 Beim Zerlegen einer Schweinekeule von 11,2 kg fallen an wertlosen Teilen (Knochen, Schwarten, Spitzbein) 14 % an. Wie viel Kilogramm macht das aus?

2 Zehn Fleischspieße von 2 200 g setzen sich aus 35 % Schweinefleisch S II, 40 % Schweinebauch S IV, 10 % Zwiebelstücken und 15 % Paprikaschoten zusammen. Berechnen Sie die einzelnen Anteile in Gramm.

3 Die Auszubildende Svenja Kallenbach bekommt in der Fleischerei Baringer monatlich eine Ausbildungsbeihilfe von 680,00 €. Da die Chefin mit ihr sehr zufrieden ist, möchte sie ihr eine 6,5%ige Erhöhung auf ihre Ausbildungsbeihilfe geben. Berechnen Sie die Erhöhung in Euro.

3.4 Berechnungen vom vermehrten Grundwert ausgehend

Sehr typische Berechnungen vom vermehrten Grundwert ausgehend finden wir im Pökelbereich. Bei der Herstellung von Schinken, Kassler oder anderen Kochpökelwaren wird mithilfe eines Pökelautomaten in das Fleisch Salzlake eingespritzt. Das Frischgewicht des Fleisches erhöht sich und es entsteht ein vermehrter Grundwert.

Auch bei allen Kalkulationen, bei denen Aufschläge wie z. B. Gemeinkosten, Gewinn oder Mehrwertsteuer hinzugerechnet werden, muss bei einer Rückrechnung von einem vermehrten Grundwert ausgegangen werden. Ebenfalls bei einer Rechnung, bei der die Mehrwertsteuer herausgerechnet werden soll.

Ein Schinken wiegt nach dem Pökeln 9,6 kg. In das Fleisch wurden 20 % an Pökellake eingespritzt. Berechnen Sie das Frischgewicht des Fleisches.

	Frischgewicht des Fleisches	? kg	100 %
+	Pökelzunahme	? kg	20 %
=	Pökelgewicht	9,600 kg	120 %

1. Angabe: 120 % ≙ 9,600 kg
2. Frage: 100 % ≙ ? kg

Wir übertragen auf den Bruchstrich

120 %
1 %
100 %

$$\frac{9{,}600\ \text{kg} \cdot 100\,\%}{120\,\%} = 8{,}000\ \text{kg}$$

3. Antwort: Das Gewicht des frischen Fleisches betrug 8 kg.

oder

120 % ≙ 9,600 kg
1 % ≙ 9,600 kg : 120 = 0,080 kg
100 % ≙ 0,080 kg · 100 = 8,000 kg

Übungen

1 Laut Rechnung beträgt der Bruttopreis für eine Fleischlieferung 1.284,00 €. Berechnen Sie die Mehrwertsteuer in Euro, wenn der derzeitig gültige Satz berücksichtigt werden muss.

2 Die Fachverkäuferin Elisabeth Kurz von der Buchheim Fleisch KG hat eine Lohnerhöhung von 3,2 % erhalten. Ihr jetziger Bruttolohn beträgt 1.857,60 €. Wie hoch war ihr Bruttolohn vorher?

Übungen

3 Fleischermeister Wolfgang Baringer kalkuliert das Kilogramm Hackfleisch wie folgt: Auf den Materialpreis für das Fleisch schlägt er 40 % Gemeinkosten auf, 10 % kalkulatorischen Gewinn und die derzeitige gesetzliche Mehrwertsteuer für Lebensmittel. Das Kilogramm Hackfleisch verkauft er im Laden für 4,78 €. Welchen Materialpreis hat er für das Fleisch zugrunde gelegt?

3.5 Berechnungen vom verminderten Grundwert ausgehend

Überall dort, wo im Gewichtsbereich Verluste (z. B. durch Erhitzen oder Lagern) oder im Kalkulationsbereich von Vieh (z. B. Schlachtverluste, Auskühlverluste und Verluste durch wertlose Posten wie Schwarten und Knochen) entstehen und auf das ursprüngliche Gewicht wieder hochgerechnet werden soll, muss von einem verminderten Grundwert ausgehend gerechnet werden.

Merke

Merke beim Prozentrechnen:

Prozentsatz gesucht → Prozent steht unten rechts

Kilogramm gesucht → Kilogramm steht unten rechts

Euro gesucht → Euro steht unten rechts usw.

Zwei Schweinehälften wiegen nach dem Schlachten 84 kg. Der Schlachtverlust betrug 20 %. Wie viel kg wog das Schwein lebend?

	Lebendgewicht	? kg	100 %
–	Schlachtverlust	? kg	– 20 %
=	Gewicht nach dem Schlachten	84 kg	= 80 %

1. Angabe: 80 % ≙ 84 kg
2. Frage: 100 % ≙ ? kg
Wir übertragen auf den Bruchstrich

80 % → 84 kg · 100 %
1 % → 80 %
100 % ↑

$$\frac{84\ \text{kg} \cdot 100\ \%}{80\ \%} = 105\ \text{kg}$$

3. Antwort: Das Lebendgewicht des Schweines betrug 105 kg.

oder

80 % ≙ 84,000 kg
1 % ≙ 1,050 kg
100 % ≙ 1,050 kg · 100 = 105,000 kg

Übungen

1 Eine Kundin bestellt bei der Verkäuferin Svenja Kallenbach 12 kg gebratenen Schweinekamm. Erfahrungsgemäß verliert dieser beim Braten in der Röhre 25 %. Wie viel frischen Schweinekamm muss Svenja zum Braten nehmen?

2 Nach dem Zerlegen und Ausbeinen einer Schweinehälfte bleiben 39,12 kg an Fleisch und Speck übrig. Die wertlosen Anteile wie Knochen und Spitzbeine machen 18,5 % aus. Wie viel Kilogramm wog die ganze Schweinehälfte?

3 Der Geselle Jochen Brandt wiegt zwei Schweinehälften einen Tag nach der Schlachtung. Er liest von der Waage ein Gewicht von 92,414 kg ab. Er weiß, dass das Fleisch vom schlachtwarmem Zustand bis zum völligem Auskühlen 2 % an Gewicht abnimmt. Bei der Schlachtung gingen 18 % an Schlachtabfällen verloren. Wie viel Kilogramm wog das Schwein lebend?

4 Nährwertberechnungen

Vor allem auf Fertigpackungen rückt neben den üblichen Angaben auch immer mehr die Kennzeichnung für den Nährwert in den Vordergrund. Die Angaben beziehen sich in der Regel auf 100 g des Erzeugnisses. Schon seit vielen Jahren gilt international die Angabe in Kilojoule (kJ). Aber auch die veraltete Bezeichnung der Kilokalorie ist noch geläufig.

1 000 Joule nennt man		1 kJ		
1 g Eiweiß	≙	17 kJ	oder	4,1 kcal (Kilokalorien)
1 g Kohlenhydrate	≙	17 kJ	oder	4,1 kcal
1 g Fett	≙	39 kJ	oder	9,3 kcal

Der Umrechnungsschlüssel beträgt: 1 kcal = rd. 4,2 kJ
1 kJ = rd. 0,24 kcal

Merke

1 Joule ist die Energiemenge, die benötigt wird, um einen 102 g schweren Körper um 1 Meter zu heben.

100 g magerstes Rindfleisch (R I) enthält 21 % Eiweiß und 4 % Fett. Berechnen Sie den Brennwert dieser 100 g.

100 % ≙ 100 g
1 % ≙ 1 g
21 % ≙ 21 g Eiweiß · 17 kJ = 357 kJ/g
4 % ≙ 4 g Fett · 39 kJ = 156 kJ/g
513 kJ/g · 0,24 = 123,12 kcal

100 g magerstes Rindfleisch weisen eine Energiemenge von 513 kJ oder ca. 123 kcal auf.

Übungen

1 Ein Mann verzehrt ein Brötchen von 50 g Gewicht. Auf dem Brötchen sind 150 g Salami. Wie viel Kilojoule hat er zu sich genommen, wenn in 100 g Brötchen 7,2 g Eiweiß, 0,9 g Fett und 51 g Kohlenhydrate und in 100 g Salami 36 g Fett und 18 g Eiweiß enthalten sind?

2 500 g Putenfleisch enthalten 108 g Eiweiß, 15 g Fett, 372 g Wasser und 3 g Kohlenhydrate. Berechnen Sie die Energiemenge von 100 g Putenfleisch in Kilojoule und Kilokalorien.

3 Der Auszubildende Dieter Kolund verzehrt 280 g Spargel und 175 g gekochten Schinken. 100 g gekochter Schinken enthalten 280 Kilokalorien und 100 g Spargel 84 Kilojoule. Berechnen Sie die Energiemenge in Kilojoule und Kilokalorien.

4 Ein Gast verzehrt eine Scheibe Hackbraten mit einem Gewicht von 150 g. Als Beilage isst er 180 g Kartoffelpüree. Der Hackbraten enthält 15 % Eiweiß und 17 % Fett. Das Püree enthält 35 % Kohlenhydrate, 10 g Fett und 7 g Eiweiß. Berechnen Sie die Gesamtenergiemenge der Mahlzeit in Kilojoule und Kilokalorien.

5 Der Geselle Jochen Brandt leistet sich am Abend in der Gaststätte nebenan ein Essen. Es besteht aus einem Schweinerückensteak (150 g) mit 20 g Kräuterbutter, 200 g Kartoffelsalat und 80 g gemischtem Blattsalat. Dazu trinkt er noch zwei Bier à 0,5 l.
Berechnen Sie die Gesamtenergiemenge in Kilojoule, wenn die Schweinerückenscheibe nach dem Braten 20 % Eiweiß, 17 % Fett, 0,5 % Kohlenhydrate und 72,5 % Wasser enthält. Die Kräuterbutter enthält 550 kJ, der Kartoffelsalat 1 300 kJ und 0,1 l Bier 340 kJ.

5 Verteilungsrechnen

Überall dort, wo Anteile errechnet oder Verhältnisse aufgestellt werden müssen, lässt sich mit dem Verteilungsrechnen gut arbeiten. Im Fleischereibereich kommt diese Rechenart z. B. bei dem Erstellen von Rezepturen häufiger vor.

Eine Salami von 45 kg soll nach folgendem Verhältnis zusammengestellt werden: 2 Teile mageres Schweinefleisch, 4 Teile mageres Rindfleisch und 3 Teile kerniger Speck.

2 Teile Schweinefleisch		
3 Teile Speck		
4 Teile Rindfleisch		
9 Teile insgesamt	≙ 45 kg	
1 Teil	≙ 45 kg : 9 Teile =	5 kg / Teil
2 Teile Schweinefleisch	≙ 5 kg · 2	= 10 kg
3 Teile Speck	≙ 5 kg · 3	= 15 kg
4 Teile Rindfleisch	≙ 5 kg · 4	= 20 kg
		45 kg

1 Die Rezeptur für 4 kg Kosakensalat setzt sich wie folgt zusammen: $3^1/_2$ Teile geschnittener Fleischkäse, $2^1/_2$ Teile rote Marinade, 2 Teile Gemüse mit Erbsen. Berechnen Sie die einzelnen Anteile in Gramm.

2 Zur Herstellung von Wiener Würstchen werden 2 Teile Schweinefleisch S II, 2,5 Teile Rindfleisch R II, 1 Teil Schweinebacken, 3 Teile Speck und 2,5 Teile Eis verarbeitet. Da nur noch 7,5 kg Rindfleisch R II vorhanden sind, muss sich die Zusammenstellung der Gesamtmenge nach der Menge des Rindfleischs richten. Berechnen Sie die einzelnen Mengen.

3 Bei der Buchheim Fleisch KG haben die Mitarbeiter eine Lotto-Spielgemeinschaft gegründet. Die wöchentlichen Einsätze werden wie folgt festgelegt:

Produktionsleiter Udo Wolf	8,00 €
Verkaufsleiterin Inge Bach	7,00 €
Geselle Jochen Brandt	6,00 €
Auszubildende Sonja Weiß	3,50 €
Auszubildender Dieter Kolund	2,50 €

Es wurde beschlossen, wöchentlich mitzuspielen. Nach einigen Wochen gibt es einen Gewinn von 1.500,00 €. Verteilen Sie den Gewinn nach den Einsätzen.

4 Die Fleischerei Baringer hat Betriebsjubiläum und will deshalb den Beschäftigten Prämien in der Gesamthöhe von 1.800,00 € zukommen lassen, die nach der Betriebszugehörigkeit verteilt werden sollen. Brigitte Baringer arbeitet 22 Jahre im Betrieb, Fleischergeselle Jochen Brandt mit Ausbildungszeit 5 Jahre, Auszubildender Jens Witte 2 Jahre und Svenja Kallenbach 1 Jahr. Berechnen Sie die Prämien für die einzelnen Beschäftigten.

6 Mischungsrechnen

Das Mischungsrechnen spielt im Produktions- und Verkaufsbereich eine wichtige Rolle. Immer wenn es bei mehreren Sorten um das Berechnen eines Durchschnittspreises (z. B. von Aufschnitt) oder das Ermitteln einer Durchschnittsmenge (z. B. von mehreren Fleischarten) geht, kann dies über das Mischungsrechnen gelöst werden.

Brigitte Baringer hat 2,400 kg Aufschnitt aus Schinken, Braten und Bierschinken zu liefern. Der Preis für 1 kg hiervon beträgt 11,80 €. Der Schinken kostet im Laden 12,50 €/kg, der Braten 12,00 €/kg und der Bierschinken 10,75 €/kg.

Berechnen Sie das Gewicht der einzelnen Sorten, wenn der Mischungspreis von 11,80 €/kg eingehalten werden muss.

Lösungsweg:

Sorten (Euro) 1	M-Preis (Euro) 2	Differenz (Cent) 3	Summe (Cent) 4	Kürzen 5	Mischen 6	Teile 7 9	Teilmengen 10
1. 12,50		- 70				7 x 120 g	= 840 g
2. 12,00	11,80	- 20	- 90	6	7	7 x 120 g	= 840 g
3. 10,75		+ 105	+ 105	7	6	6 x 120 g	= 720 g
						20 Teile	= 2 400 g

8

2 400 g : 20 Teile = 120 g/1 Teil

Um den Durchschnittspreis der Aufschnittmischung von 11,80 € erreichen zu können, müssen 840 g Schinken, 840 g Braten und 720 g Bierschinken genommen werden.

Merke

Ist der Preis für eine oder mehrere Sorten höher als der Mischungspreis, so ist hierbei ein Minus vorhanden und wird als solches auch gekennzeichnet. Alle mit Minus bezeichneten Positionen werden in der Summe zusammengenommen. Ist der Preis für eine oder mehrere Sorten niedriger als der Mischungspreis, so ist ein Plus vorhanden und wird als solches auch gekennzeichnet. Alle mit Plus bezeichneten Positionen werden in der Summe zusammengenommen.

1 Wie viel Kilogramm jeder Sorte müssen genommen werden, wenn 66,000 kg einer Mischung zu 3,65 €
- aus der Sorte I, je kg zu 2,80 €,
- und der Sorte II, je kg zu 4,30 €,

hergestellt werden sollen?

2 Brigitte Huber soll eine Aufschnittplatte im Gewicht von 1 000 g mit vier Sorten legen. Der Durchschnittspreis pro kg Aufschnitt soll 8,90 € betragen. Sie nimmt folgende Sorten:
- Bierschinken zu 12,20 € je kg,
- Lyoner zu 7,40 € je kg,
- Jagdwurst zu 8,60 € je kg und
- Bierwurst zu 11,80 € je kg.

Berechnen Sie die einzelnen Aufschnittmengen.

1 Sorten und Eurobeträge untereinander schreiben.
2 Den Mischungspreis (Durchschnittspreis) eintragen.
3 Die Differenzen aller Sortenpreise, die höher als der Mischungspreis sind, werden mit einem Minus gekennzeichnet; die, die niedriger als der Mischungspreis sind, werden mit einem Plus gekennzeichnet.
4 Alle Minuspositionen werden addiert; genauso werden die Pluspositionen addiert.
5 Die Summen werden zu der kleinstmöglichen Zahl gekürzt.
6 Die Positionen werden gemischt, Plus zu Minus und umgekehrt.
7 Bei mehreren Sorten werden die Anteile jeder Sorte zugeteilt. Bei einer Sorte bleiben die Anteile so stehen.
8 Die Gesamtmenge wird durch die Anteile dividiert. Es wird die Menge für einen Anteil ermittelt.
9 Die Anteile werden mit der Menge von einem Anteil multipliziert.
10 Die Mengen von den einzelnen Sorten sind vorhanden.

Nährwerttabellen

Alle Angaben pro 100 g essbarem Lebensmittel (Abfall ist abgezogen).

Lebensmittel	Energiegehalt	Kohlenhydrate		Eiweiß	Fett	Cholesterin	Mineralstoffe			
		verwertbare	Ballaststoffe				Natrium	Kalium	Calcium	Magnesium
	kJ	g	g	g	g	mg	mg	mg	mg	mg
Getreide und Getreideprodukte										
Buchweizen	1425	71	3,7	9,1	1,7	0	2	324	21	85
Cornflakes mit Vitaminen	1500	79,7	4	7,2	0,6	0	938	120	13	14
Grünkern	1367	63,3	8,8	10,8	2,7	0	3	450	22	130
Haferflocken	1568	63,3	5,4	12,5	7,0	0	5	340	50	140
Hirse	1488	68,8	3,8	9,8	3,9	0	3	350	25	170
Maismehl	1480	71,7	5,0	8,3	2,8	0	1	120	18	50
Reis (Vollkorn)	1450	73,4	2,9	7,2	2,2	0	10	150	23	157
Reis, poliert	1455	77,7	1,4	6,8	0,6	0	6	100	6	64
Roggen, Vollkorn	1250	60,7	13,2	8,8	1,7	0	40	510	64	120
Roggenmehl, 1150	1342	67,8	8,0	8,3	1,3	0	1	300	20	70
Weizen, Vollkorn	1413	61,0	10,3	11,7	2,0	0	8	500	44	150
Weizenmehl, 405	1367	70,9	4,0	9,8	1,0	0	2	108	15	20
Weizenmehl, 1700	1283	59,7	9,8	11,2	2,1	0	2	290	41	70
Weizengrieß	1367	68,8	7,1	9,6	0,8	0	1	110	17	30
Weizenkleie	723	17,4	45,4	14,9	4,7	0	2	1400	43	590
Weizenstärke	1474	85,8	1,2	0,4	0,1	0	2	16	0	4
Brötchen	1155	55,5	3,0	8,3	1,9	0	542	130	27	30
Vollkornbrötchen	934	43,5	6,5	8,1	1,5	0	540	230	33	95
Croissant	1636	34,4	1,2	5,7	25,8	80	300	100	80	20
Knäckebrot (Roggen)	1330	65,8	14	9,4	1,4	0	460	436	55	68
Roggenmischbrot	892	43,7	6,1	6,4	1,1	0	535	185	25	45
Roggenvollkornbrot	820	38,8	9,0	6,8	1,2	0	525	290	40	64
Vollkorntoast	1008	45,0	7,1	8,2	2,8	0	750	320	55	56
Weizenbrot	1003	48,8	3,2	7,6	1,2	0	540	130	58	24
Weizenmischbrot	957	47,7	4,6	6,2	1,1	0	550	175	20	26
Eierteigwaren, roh	1501	69,9	3,4	12,3	2,8	95	17	164	27	67
Teigwaren ohne Ei, roh	1495	72	3,4	12	1,8	0	16	160	25	56
Vollkornnudeln ohne Ei	1338	61,4	9,1	12,1	2,4	0	60	350	40	130
Kartoffeln und Kartoffelerzeugnisse										
Kartoffel, jung	314	16,1	1	1,7	0,3	0	10	320	6	14
Kartoffel, alt	298	14,8	2,1	2	0,1	0	4	410	6	20
Kartoffelchips	2241	40,6	2,0	5,5	39,4	0	450	1000	52	64
Kartoffelstärke	1426	83,1	0,1	0,6	0,1	0	8	15	35	6
Pommes frites	1215	32,5	3,5	4,2	14,5	0	300	925	20	30
Gemüse und Gemüseerzeugnisse, Salate und Kräuter										
Aubergine	73	2,7	1,4	1,2	0,2	0	3130	224	13	11
Blumenkohl	95	2,6	2,9	2,5	0,3	0	27	328	20	17
Bohnen, grün	138	5,1	1,9	2,4	0,2	0	2	248	57	25
Brokkoli	111	2,5	3	3,3	0,2	0	19	373	105	24
Chicoree	70	2,3	1,3	1,3	0,2	0	4	194	26	13
Chinakohl	54	1,3	1,7	1,2	0,3	0	19	144	40	11
Eisbergsalat	55	1,9	0,6	0,7	0,3	0	2	160	19	5
Endiviensalat	43	0,3	1,5	1,8	0,2	0	53	346	54	10
Erbsen, grün	342	12,3	4,3	6,6	0,5	0	2	304	24	33
Feldsalat	57	0,7	1,5	1,8	0,4	0	4	421	35	13
Frühlingszwiebel	104	3	1,5	2	0,5	0	7	260	39	12
Grünkohl	157	3	4,2	4,3	0,9	0	42	490	210	31

			Vitamine										
Phosphor	Eisen	Jod	Retinol	ß-Carotin	D	E	B1	B2	Niacin	B6	B12	Folsäure	C
mg	mg	µg	µg	µg	µg	mg	mg	mg	mg	mg	µg	µg	mg
254	3,2	2,5	0	0	0	3,7	0,24	0,15	5,7	0,58	0	30	0
59	2	1	0	170	0	0,2	0,06	0,06	2,3	0,07	0	6	0
410	4,2	0,6	0	1	0	1,6	0,40	0,15	6,9	0,45	0	30	0
380	4,6	4,0	0	Sp.	0	1,5	0,59	0,15	4,2	0,17	0	11	0
310	7,0	2,5	0	0	0	0,1	0,26	0,14	4,8	0,75	0	12	0
256	2,0	2,0	0	300	0	1,3	0,44	0,13	2,0	0,06	0	10	0
325	2,6	2,2	0	0	0	0,6	0,40	0,09	6,7	0,67	0	16	0
120	0,6	2,2	0	0	0	0,1	0,06	0,03	3,1	0,15	0	18	0
340	4,6	7,2	0	12	0	2,0	0,35	0,17	3,6	0,30	0	40	0
200	2,4	2,8	0	Sp.	0	1,2	0,22	0,10	2,6	0,20	0	38	0
350	3,3	7,0	0	20	0	0	0,48	0,14	7,6	0,44	0	30	0
75	1,9	0,6	0	0	0	1,4	0,06	0,03	2,7	0,18	0	10	0
372	3,3	5,0	0	5	0	0,5	0,47	0,17	7,5	0,46	0	24	0
90	1,0	0,4	0	0	0	0,5	0,12	0,04	2,5	0,10	0	21	0
1280	3,6	2,4	0	5	0	2,7	0,65	0,51	21,8	2,50	0	164	0
20	Sp.	0	0	0	0	0	0	0	0	0	0	0	0
102	1,2	2,4	0	1	0	0,3	0,10	0,03	2,2	0,04	0	30	0
260	2,8	3,4	0	1	0	0,5	0,14	0,09	4,9	0,24	0	34	0
80	1,0	2,2	120	100	0,5	1,0	0,06	0,05	1,5	0,06	0,1	10	0
300	4,7	6,1	0	1	0	0,9	0,2	0,18	2,7	0,3	0	40	0
136	2,4	3,3	0	0	0	0,7	0,17	0,08	2,0	0,12	0	22	0
200	3,3	5,3	0	1	0	1,2	0,18	0,15	1,6	0,15	0	24	0
250	1,6	3,6	16	25	0	1,7	0,16	0,23	2,4	0,23	0	15	0
87	1,0	5,8	0	1	0	0,6	0,08	0,06	2,0	0,02	0	15	0
128	1,5	3,0	0	0	0	0,6	0,14	0,07	2,2	0,09	0	20	0
190	2,2	2,4	63	0	Sp.	0,2	0,17	0,07	4,2	0,06	0	11	0
190	2,1	1,1	0	0	0	0,2	0,18	0,05	2,9	0,1	0	20	0
350	3,4	1,9	0	20	0	0,8	0,45	0,11	7	0,42	0	25	0
34	0,4	2	0	5	0	0,1	0,12	0,04	1,5	0,3	0	20	17
50	0,4	1,5	0	6	0	0,1	0,11	0,05	1,7	0,31	0	20	10
147	2,3	10	0	60	0	6,1	0,22	0,10	6,2	0,89	0	7	8
7	1,8	N	0	0	0	0	0,01	0	N	0,01	0	0	0
105	1,7	2	0	20	0	4	0,14	0,09	2,2	0,25	0	12	23
21	0,4	0,8	0	43	0	0	0,04	0,05	0,8	0,09	0	31	5
54	0,6	0,1	0	10	0	0,1	0,11	0,1	1,1	0,2	0	125	75
38	0,8	3	0	310	0	0,7	0,08	0,12	1	0,28	0	70	20
82	1,3	15	0	846	0	0,5	0,1	0,21	1,5	0,17	0	111	115
26	0,7	1	0	3430	0	0,1	0,05	0,03	0,3	0,05	0	50	9
30	0,6	0,3	0	425	0	0,1	0,03	0,04	0,5	0,16	0	79	26
18	0,4	2,0	0	1250	0	0,6	0,11	0,01	0,4	0,03	0	53	3
54	1,4	6,4	0	1680	0	0,5	0,05	0,12	0,5	0,06	0	109	9
108	1,8	4,2	0	424	0	0,3	0,3	0,16	4	0,16	0	159	25
49	2	25	0	3900	0	0,6	0,07	0,08	0,4	0,25	0	145	35
29	1,9	2	0	6000	0	0,1	0,05	0,03	0,2	0,13	0	54	26
87	1,9	12	0	5170	0	1,7	0,1	0,25	3,1	0,25	0	187	105

Lebensmittel	Energie-gehalt	Kohlenhydrate		Eiweiß	Fett	Choles-terin	Mineralstoffe			
		verwert-bare	Ballast-stoffe				Nat-rium	Kalium	Cal-cium	Magnesium
	kJ	g	g	g	g	mg	mg	mg	mg	mg
Gemüse und Gemüseerzeugnisse, Salate und Kräuter										
Gurke	50	1,8	0,9	0,6	0,1	0	9	141	15	8
Knoblauch	515	24	4,1	6,1	0,1	0	49	620	38	25
Knollensellerie	77	2,3	4,2	1,6	0,3	0	77	320	68	10
Kohlrabi	102	3,7	1,4	1,9	0,1	0	32	380	68	43
Kopfsalat	48	1,1	1,5	1,3	0,2	0	8	172	20	8
Kürbis	101	4,6	0,8	1,1	0,1	0	1	383	22	8
Lauch (Porree)	103	3,2	2,3	2,2	0,3	0	5	235	87	18
Möhre, jung	108	4,8	3,6	1	0,2	0	60	290	41	18
Paprika, grün	86	2,9	3,6	1,2	0,3	0	2	177	11	12
Paprika, rot	141	6,4	3,6	1	0,4	0	4	160	8	14
Radieschen	58	2,2	1,5	1	0,1	0	17	250	35	8
Rhabarber	60	2,7	3,2	0,6	0,1	0	2	270	52	13
Rosenkohl	152	3,8	4,4	4,5	0,3	0	7	387	31	22
Rote Bete	157	8,6	2,5	1,5	0,1	0	60	336	29	25
Rotkohl	92	3,5	2,5	1,5	0,2	0	4	266	35	18
Sauerkraut	41	1,1	1,4	0,9	0,2	0	493	168	36	9
Spargel	77	2,2	1,5	1,9	0,2	0	4	203	25	18
Spinat	64	0,6	1,8	2,5	0,3	0	65	633	126	58
Tomate	73	2,6	1	1	0,2	0	3	242	8	14
Weißkohl	104	4,1	2,9	1,4	0,2	0	12	208	46	23
Zucchini	76	2	1,1	1,6	0,4	0	3	152	30	20
Zuckermais	369	15,8	3,7	3,3	1,2	0	1	290	2	27
Zwiebel	117	4,9	1,8	1,3	0,3	0	9	175	31	11
Kräuter										
Basilikum	194	7,5	3,1	2,4	0,7	0	6	60	369	74
Gartenkresse	139	2,4	3,5	4,2	0,7	0	5	550	214	40
Petersilie	214	7,4	4,3	4,4	0,4	0	33	1000	245	41
Schnittlauch	113	1,6	6,3	3,6	0,7	0	3	434	129	44
Hülsenfrüchte und Hülsenfruchterzeugnisse										
Bohnen, weiß, trocken	1102	40,1	17	21,3	1,6	0	4	1340	113	140
Erbsen, trocken	1154	41,2	16,6	22,9	1,4	0	26	941	50	118
Kichererbsen, trocken	1166	41,2	21,4	19,8	3,4	0	25	810	124	155
Kidneybohnen, Konserve	442	17,8	6,2	6,9	0,6	0	390	280	71	30
Linsen, trocken	1335	52	10,6	23,5	1,4	0	6	837	71	129
Tofu (Sojaquark)	346	1,9	0,3	8,1	4,8	0	7	121	105	100
Sojasprossen	211	4,7	2,6	4,5	1,2	0	30	218	42	15
Pilze										
Austernpilze	45	0,3	5,9	2,3	0,2	0	6	254	12	13
Champignon	67	0,6	2	2,7	0,3	0	8	420	11	13
Pfifferling, frisch	47	0,2	5,6	1,5	0,5	0	3	365	4	14
Obst und Obsterzeugnisse										
Ananas	234	12,4	1,4	0,5	0,2	0	2	173	16	17
Apfel mit Schale	228	11,4	2	0,3	0,6	0	3	144	7	6
Aprikose	183	8,5	1,5	0,9	0,1	0	2	278	16	9
Aprikose, getrocknet	1019	47,8	8,6	5	0,5	0	11	1370	82	50
Avocado	909	0,4	6,3	1,9	23,5	0	3	500	10	30
Banane	374	20	1,8	1,2	0,2	0	1	390	9	36
Birne	233	12,4	3,3	0,5	0,3	0	2	125	10	8
Brombeere	186	6,2	3,2	1,2	1	0	3	190	44	30
Erdbeere	136	5,5	2	0,8	0,4	0	3	150	26	15
Feige, getrocknet	1059	55	12,9	3,5	1,3	0	40	850	190	70

			Vitamine										
Phosphor mg	Eisen mg	Jod µg	Retinol µg	ß-Carotin µg	D µg	E mg	B_1 mg	B_2 mg	Niacin mg	B_6 mg	B_{12} µg	Folsäure µg	C mg
23	0,5	2,5	0	393	0	0,1	0,02	0,03	0,2	0,04	0	27	8
134	1,4	2,7	0	10	0	0,1	0,2	0,08	0,6	0,38	0	5	14
80	0,5	2,8	0	15	0	0,2	0,04	0,07	0,9	0,2	0	76	8
50	0,9	0,6	0	200	0	0,4	0,05	0,05	2	0,12	0	70	64
22	0,3	3,1	0	1440	0	0,4	0,06	0,08	0,4	0,06	0	75	13
44	0,8	1,4	0	582	0	1,1	0,05	0,07	0,6	0,11	0	36	12
46	1	1,3	0	1000	0	0,5	0,09	0,07	0,9	0,25	0	103	26
35	2,1	4	0	7790	0	0,5	0,07	0,05	0,3	0,27	0	55	7
29	0,8	2,3	0	535	0	0,8	0,06	0,05	1,6	0,27	0	60	138
29	0,6	2	0	2700	0	0,8	0,04	0,1	1,5	0,3	0	60	140
26	1,5	8	0	23	0	0,1	0,03	0,03	0,3	0,06	0	24	29
24	0,5	1	0	61	0	0,2	0,03	0,03	0,2	0,04	0	3	10
84	1,1	0,7	0	445	0	0,9	0,13	0,14	1,5	0,34	0	182	112
45	0,9	0,4	0	11	0	0,1	0,02	0,04	0,3	0,05	0	83	10
30	0,5	5,2	0	15	0	1,7	0,07	0,05	0,6	0,15	0	35	50
46	0,4	9,5	0	11	0	0,1	0,02	0,03	0,2	0,12	0	18	12
46	1	7	0	516	0	2	0,11	0,12	1,3	0,06	0	108	20
55	4,1	12	0	4690	0	1,4	0,11	0,23	1,3	0,22	0	145	52
18	0,5	1,7	0	506	0	0,8	0,06	0,04	0,5	0,1	0	45	20
28	0,5	5,2	0	72	0	1,7	0,05	0,04	0,3	0,11	0	31	45
23	1,5	2,3	0	180	0	0,5	0,05	0,09	0,4	0,09	0	11	17
83	0,6	3,3	0	51	0	0,1	0,15	0,12	1,9	0,22	0	43	12
42	0,5	2	0	7	0	0,1	0,03	0,03	0,3	0,13	0	7	9
86	7,3	0,9	0	3950	0	0	0,03	0,06	1,1	0	0	20	11
38	2,9	2,0	0	2190	0	0,7	0,15	0,19	1,8	0,3	0	21	59
128	5,5	N	0	5410	0	1,7	0,14	0,3	2,8	0,2	0	149	166
75	1,6	4	0	300	0	1,6	0,14	0,15	0,6	0,42	0	20	47
426	6,2	0,6	0	400	0	0,2	0,5	0,18	5,9	0,41	0	187	3
375	5	14	0	80	0	1,5	0,77	0,27	8,6	0,12	0	151	2
407	7	20	0	180	0	2,8	0,49	0,2	4,2	0,55	0	340	4
130	2	1	0	4	0	0,2	0,21	0,06	1,7	0,11	0	8	1
412	7,5	1	0	100	0	1,3	0,45	0,26	5,2	0,58	0	168	2
95	5,4	1,5	0	2	0	0,5	0,08	0,05	1,4	0,05	0	15	Sp.
58	0,9	2	0	25	0	0,1	0,19	0,15	1,8	0,18	0	160	16
67	1,2	8	0	5	0	0,1	0,19	0,29	10	0,09	0	10	1
125	1,2	18	0	10	1,9	0,1	0,1	0,44	5,7	0,07	0	25	5
55	6,5	3	0	1300	2,1	0	0,02	0,23	7,3	0,04	0	21	6
9	0,4	4,5	0	60	0	0,1	0,08	0,03	0,2	0,08	0	4	19
12	0,5	1,6	0	26	0	0,5	0,04	0,03	0,3	0,05	0	12	12
21	0,7	0,5	0	1570	0	0,5	0,04	0,05	0,8	0,07	0	4	9
114	4,4	2,7	0	3460	0	0,3	0,01	0,1	3,2	0,17	0	5	11
38	0,6	2	0	42	0	1,3	0,08	0,15	1,1	0,53	0	30	13
28	0,5	2,8	0	29	0	0,3	0,04	0,06	1	0,4	0	17	12
15	0,3	1,5	0	16	0	0,4	0,03	0,04	0,2	0,02	0	14	5
30	0,9	0,4	0	270	0	0,7	0,03	0,04	0,5	0,05	0	34	17
29	1	1	0	14	0	0,1	0,03	0,05	0,5	0,06	0	65	64
108	3,3	4,0	0	51	0	2	0,12	0,09	1,2	0,12	0	14	3

Lebensmittel	Energiegehalt	Kohlenhydrate		Eiweiß	Fett	Cholesterin	Mineralstoffe			
		verwertbare	Ballaststoffe				Natrium	Kalium	Calcium	Magnesium
	kJ	g	g	g	g	mg	mg	mg	mg	mg
Obst und Obsterzeugnisse										
Grapefruit	161	7,4	1,6	0,6	0,1	0	2	180	18	10
Himbeere	143	4,8	4,7	1,3	0,3	0	2	170	40	30
Johannisbeere, rot	139	4,8	3,5	1,1	0,2	0	2	240	30	13
Kirsche, sauer	225	9,9	1	0,9	0,5	0	2	114	20	8
Kirsche, süß	265	13,2	1,9	0,9	0,3	0	3	230	17	11
Kiwi	215	9,2	3,9	1	0,6	0	4	300	38	24
Mandarine	195	10,1	1,7	0,7	0,3	0	1	210	33	11
Olive, grün, mariniert	569	1,8	2,4	1,4	13,9	0	2100	43	96	20
Orange	179	8,3	1,6	1	0,2	0	1	180	42	14
Pfirsich	176	8,9	1,9	0,8	0,1	0	1	205	8	9
Pflaume	205	10,2	1,6	0,6	0,2	0	2	220	14	10
Pflaume, getrocknet	942	53,2	9	2,3	0,6	0	8	825	40	30
Rosinen	1178	64	5,2	2,5	0,6	0	21	780	30	15
Wassermelone	159	8,3	0,3	0,6	0,2	0	1	158	10	3
Weintrauben, weiß	286	16,1	1,6	0,7	0,3	0	2	190	18	9
Zitrone	151	3,2	4	0,7	0,6	0	3	150	10	28
Honigmelone	230	12,4	1	0,9	0,1	0	20	330	6	10
Nüsse und Samen										
Erdnuss	2350	8,3	10,9	25,3	48	0	10	660	40	160
Erdnuss, geröstet u. gesalzen	2424	9,4	11,4	25,6	49,4	0	400	800	37	180
Haselnuss	2662	10,5	8,2	12	61,6	0	2	636	226	156
Mandeln	2383	3,7	15,2	18,7	54,1	0	15	835	250	170
Pinienkerne	2844	4	1,9	14	68,6	0	1	780	11	270
Sesamsamen	5472	1	7,9	18,2	58	0	20	570	670	370
Sonnenblumenkerne	2405	12,3	6,3	22,5	49	0	2	725	100	420
Walnuss	2738	10,6	6,1	14,4	62,5	0	2	540	87	129
Alkoholfreie Getränke										
Apfelsaft	202	11,1	0,1	0,1	0	0	2	116	7	4
Apfelsaftschorle	102	6	Sp.	0	0	0	6	60	16	8
Colagetränk	187	11	0	0	0	0	8	1	4	1
Colagetränk, energiearm	8	0,5	0	0	0	0	0,1	8	1	4
Gemüsesaft	72	3	0,5	1	0,1	0	100	240	40	15
Karottensaft	121	6	0,2	0,9	0,1	0	60	220	25	5
Multi-Vitamin-Nektar, energiereduziert	104	5,5	0,2	0,4	0,1	0	5	156	16	10
Orangensaft	188	9	0,2	0,7	0,2	0	1	170	15	12
Tomatensaft	71	3	0,6	0,8	0,1	0	5	236	15	10
Traubensaft	292	17	0,1	0,2	0	0	3	148	13	9
Zitronenlimonade	136	8	0,1	Sp.	0	0	5	10	9	3
Kaffee und Tee										
Bohnenkaffee	7	0,3	0	0,3	0	0	1	65	2	5
Tee, schwarz	2	0,1	0	0	0	0	1	20	10	5
Früchtetee	3	0,2	0	0	0	0	1	25	10	10
Konfitüren, Süßwaren und Süßungsmittel										
Eiscreme	839	24	0	3,6	10	30	60	160	130	13
Fruchteis	585	29	0	1,5	1,8	4	19	121	46	11
Honig	1283	75,1	0	0,4	0	0	7	47	5	6
Konfitüre, extra	993	58	1,6	0,4	0	0	3	119	12	9
Nuss-Nougat-Creme	2223	58,3	0,5	4,3	31,3	0	50	400	130	75
Bitterschokolade	1999	47	9,2	5,3	30	0	19	400	60	100
Fruchtgummi	1394	76	0	6	0	0	60	360	360	110

			Vitamine											
Phosphor	Eisen	Jod	Retinol	ß-Carotin	D	E	B1	B2	Niacin	B6	B12	Folsäure	C
mg	mg	µg	µg	µg	µg	mg	mg	mg	mg	mg	µg	µg	mg
17	0,3	1,3	0	200	0	0,3	0,05	0,02	0,2	0,03	0	11	44
44	1	0,6	0	16	0	0,5	0,02	0,05	0,5	0,08	0	30	25
27	1	1	0	25	0	0,1	0,04	0,03	0,2	0,04	0	11	36
20	0,6	0,2	0	240	0	0,1	0,05	0,06	0,4	0,05	0	75	12
20	0,4	1	0	35	0	0,1	0,04	0,04	0,3	0,04	0	52	15
31	0,8	1,6	0	43	0	0,5	0,02	0,05	0,4	0,15	0	16	71
20	0,3	0,8	0	45	0	0,3	0,06	0,03	0,2	0,02	0	7	30
17	1,8	2	0	280	0	2	0,03	0,08	0,5	0,02	0	1	0
23	0,4	2,1	0	44	0	0,2	0,08	0,04	0,3	0,05	0	42	50
23	0,5	1	0	80	0	0,6	0,03	0,05	0,9	0,03	0	5	10
18	0,4	1	0	365	0	0,8	0,07	0,04	0,4	0,05	0	2	5
70	2,3	1	0	140	0	1,5	0,15	0,12	1,7	0,15	0	4	4
110	2,2	2	0	30	0	0,6	0,12	0,06	0,5	0,11	0	4	1
11	0,4	1	0	245	0	0,1	0,04	0,05	0,1	0,07	0	5	6
20	0,5	0,7	0	33	0	0,1	0,05	0,03	0,2	0,07	0	43	4
16	0,5	0,5	0	3	0	0,2	0,05	0,02	0,2	0,06	0	6	53
20	0,2	0,7	0	4670	0	0,1	0,06	0,02	0,6	0,06	0	30	32
340	1,8	13	0	2	0	11	0,9	0,15	20,5	0,44	0	169	0
410	2	14	0	12	0	8,8	0,25	0,14	19,6	0,4	0	52	0
333	3,8	1,5	0	29	0	26	0,39	0,21	4,7	0,45	0	71	3
450	4,1	2	0	120	0	25	0,22	0,62	7	0,06	0	45	1
650	5,6	2	0	10	0	13,7	0,73	0,19	6,9	N	0	N	1
720	10,4	10	0	6	0	2,5	0,93	0,17	N	0,75	0	90	0
618	6,3	14	0	6	0	2,5	1,9	0,14	9,2	0,6	0	90	0
409	2,5	3	0	48	0	6,2	0,34	0,12	3,8	0,87	0	77	3
7	0,3	1	0	45	0	0,1	0,02	0,02	0,3	0,05	0	3	2
6	0,2	N	0	45	0	0,1	0,02	0,02	0,2	0,05	0	3	1
15	Sp.	N	0	0	0	0	0	0	0	0	0	0	0
1	17	Sp.	N	0	0	0	0	0	0	0	0	0	0
20	0,3	5	0	200	0	0,2	0,05	0,05	0,6	0,1	0	10	10
30	0,2	4	0	2620	0	0	0,01	0,01	0,2	0,01	0	2	1
8	0,3	4	0	2000	0	6	0,5	0,8	9	0,8	1,5	100	40
16	0,3	5	0	3	0	0,2	0,08	0,02	0,2	0,03	0	24	44
16	0,6	N	0	540	0	1	0,06	0,03	N	0,11	0	13	15
12	0,4	0,5	0	15	0	0	0,03	0,02	0,2	0,02	0	2	2
20	0,1	0,5	0	10	0	0,1	0,02	0,02	0	0,05	0	3	20
2	0,1	Sp.	0	0	0	0	Sp.	0,01	0,7	Sp.	0	0	0
60	0,1	Sp.	0	0	0	0	0	0,01	0	0	0	0	0
30	0,1	Sp.	0	0	0	0	0,01	0,01	0	0,01	0	1	0
110	0,1	5	100	150	0,1	0,2	0,04	0,25	1	0,07	0,4	8	1
79	0,1	5	10	109	0,05	0,2	0,02	0,06	1	0,03	0,1	4	14
18	1,3	0,5	0	0	0	0	0	0,05	0,1	0,16	0	0	2
16	0,5	0,9	0	146	0	0,2	0,01	0,01	Sp.	0,02	0	3	11
200	3	8	30	6	Sp.	8	0,12	0,2	2	0,13	0,2	16	1
285	3,2	5	0	0	0	1	0,04	0,13	1	0,05	0	10	0
4	4,2	0,2	0	0	0	0	0	0	0,2	0	0	0	0

NÄHRWERTTABELLEN

Lebensmittel	Energiegehalt	Kohlenhydrate		Eiweiß	Fett	Cholesterin	Mineralstoffe			
		verwertbare	Ballaststoffe				Natrium	Kalium	Calcium	Magnesium
	kJ	g	g	g	g	mg	mg	mg	mg	mg
Konfitüren, Süßwaren und Süßungsmittel										
Kakaogetränkpulver	1536	81	6	5	2	0	250	410	33	150
Marzipan	2033	57,4	3,2	8	24,9	0	52	210	43	120
Milchschokolade	2240	54	0	9,2	31,5	30	58	470	214	86
Müsli-Riegel	1659	48,3	5,3	7,7	19,1	0	6	453	84	90
Popcorn, kandiert	2018	73	2	2,1	20	18	56	75	6	26
Zucker, weiß	1697	99,8	0	0	0	0	0	2	1	0
Fruchtzucker	1683	99	0	0	0	0	0	2	1	0
Traubenzucker	1547	91	0	0	0	0	0	2	1	0
Zucker, braun	1639	96,4	0	0	0	0	35	240	9	15
Milch und Milcherzeugnisse										
Vollmilch	269	4,5	0	3,3	3,5	12	45	141	120	12
Fettarme Milch	197	4,6	0	3,4	1,6	5	47	155	118	12
Buttermilch	157	4	0	3,5	0,5	4	57	147	110	15
Kakaotrunk, 3,5 %	327	8,1	0	3,5	3,5	12	50	160	120	12
Kondensmilch, 10 %	510	4,0	0	3,1	10	39	40	130	100	12
Kondensmilch, 4 %	459	10,8	0	7,5	4	16	110	330	260	26
Crème fraîche	1202	2,4	0	2,5	30	90	30	100	80	9
Fruchtjogurt, 3,5 %	426	15,5	0,5	3,9	2,6	10	42	145	125	12
Jogurt, 3,5 %	299	5,4	0	3,9	3,8	12	50	160	120	12
Jogurt, 1,5 %	212	5,6	0	3,6	1,5	6	45	150	115	11
Kefir, 3,5-%	267	4,8	0	3,3	3,5	13	46	160	120	14
Saure Sahne, 10 %	477	3,3	0	3	10	37	40	140	110	12
Sauerrahm, 20 %	839	3	0	2,8	20	65	40	130	100	11
Schlagsahne, 30 %	1270	3,3	0	2,4	31,7	109	34	110	80	10
Käse und Frischkäse (die Prozentangabe bedeutet Fett in der Trockenmasse)										
Doppelrahm-Frischkäse, 60 %	1409	2,6	0	11,3	31,5	103	375	95	80	7
Hüttenkäse, < 10 %	332	2	0	13,6	2	8	400	86	50	9
Mascarpone	1894	3,5	0	4,5	47,5	140	40	80	60	6
Quark, mager, < 10 %	288	4	0	13,5	0,2	1	40	95	92	12
Quark, 20 %	434	3,4	0	12,5	5,1	17	35	90	90	11
Quark, 40 %	647	3,3	0	11,1	11,4	37	35	80	95	10
Allgäuer Hartkäse, 50 %	1643	0	0	27	32	75	400	90	900	40
Butterkäse, 30 %	1017	0	0	26,3	15,4	36	800	100	800	40
Camembert, 30 %	899	0	0	23,5	13,5	38	900	120	600	19
Camembert, 70 %	1704	0	0	13,2	40	112	700	100	250	13
Edamer, 45 %	1469	0	0	24,8	28,3	59	650	65	680	40
Edelpilzkäse, 60 %	1771	0	0	19,1	39,1	90	850	100	600	50
Emmentaler, 45 %	1587	0	0	28,7	29,7	92	450	105	1020	35
Gouda, 45 %	1352	0	0	24	25,5	60	870	80	820	28
Harzer Käse	536	1	0	30	0,7	3	1500	105	125	13
Mozzarella	1066	0	0	19,9	16,1	45	520	100	450	20
Münsterkäse, 50 %	1329	0	0	20,9	26,3	96	900	135	230	27
Parmesan, 52 %	1560	0	0	35,6	25,8	70	705	130	1290	45
Romadur, 40 % F	1141	0	0	23,1	20,1	46	1000	120	400	25
Schmelzkäse, 45-%	1228	0,5	0	20	24	55	1300	150	600	30
Tilsiter, 45 %	1472	0	0	26,3	27,7	59	770	60	850	37
Weinkäse, 20 %	819	0	0	27,5	9,5	35	1100	200	460	27
Eier										
Hühnerei, roh	646	0,7	0	12,9	11,2	396	144	147	56	12
Eigelb, roh	1459	0,3	0	16,1	31,9	1260	50	140	140	16
Eiklar, roh	206	0,7	0	11	0,2	0	170	154	11	12

			Vitamine										
Phosphor mg	Eisen mg	Jod µg	Retinol µg	ß-Carotin µg	D µg	E mg	B_1 mg	B_2 mg	Niacin mg	B_6 mg	B_{12} µg	Folsäure µg	C mg
190	2,4	2,5	0	0	0	0,3	3	4,5	1,5	5	12	400	0
220	2	0,7	Sp.	0	Sp.	6,1	0,1	0,45	1,5	0,06	0	15	2
242	2,3	5,5	50	35	0	0,7	0,11	0,37	0,5	0,11	0	10	0
205	2,7	2,9	0	110	0	7,4	0,27	0,14	2,5	0,22	0	14	3
58	0,4	3	50	100	0	3,8	0,06	0,04	0,5	0,07	0	3	0
0	0,3	Sp.	0	0	0	0	0	0	0	0	0	0	0
0	0,2	Sp.	0	0	0	0	0	0	0	0	0	0	0
0	0,2	0	0	0	0	0	0	0	0	0	0	0	0
20	6	0	0	0	0	0	0	0	0	0	0	0	0
92	0,05	3,3	28	17	0,06	0,1	0,04	0,18	0,8	0,05	0,4	7	2
91	0,05	3,3	13	8	0,03	Sp.	0,04	0,18	0,9	0,05	0,4	3	2
90	0,1	5	7	9	0,01	Sp.	0,03	0,16	0,7	0,04	0,2	5	1
110	0,3	7,5	40	20	0,08	0,1	0,04	0,17	0,6	0,05	0,4	5	1
85	0,11	2,9	65	50	0,82	0,3	0,03	0,16	0,8	0,04	0,4	2	1
220	0,11	6	40	20	0,08	0,1	0,07	0,37	1,7	0,07	0,4	7	1
60	0,11	3	330	180	0,6	0,9	0,03	0,15	0,5	0,03	0,4	10	1
95	0,06	6	25	42	0,06	0,1	0,04	0,15	0,8	0,05	0,2	8	4
90	0,05	3,5	30	18	0,06	0,1	0,04	0,18	1,6	0,05	0,5	10	1
90	0,04	3,6	13	8	0,03	Sp.	0,04	0,17	0,7	0,04	0,4	10	2
90	0,13	7	57	20	0,07	0,1	0,04	0,17	0,9	0,05	0,5	4	1
90	0,06	3	110	60	0,2	0,3	0,04	0,16	0,9	0,03	0,4	5	1
80	0,06	3	220	120	0,4	0,6	0,04	0,17	0,9	0,04	0,5	7	1
63	0,03	2,4	250	150	1,1	0,8	0,03	0,15	0,6	0,03	0,4	4	1
135	0,6	7	300	150	0,56	0,7	0,04	0,23	2,6	0,06	0,6	21	0
170	0,3	9	30	20	0,05	0,1	0,03	0,28	3	0,06	1	15	0
130	0,3	7	520	290	0,95	1,4	0,02	0,21	1	0,04	1,4	21	0
160	0,4	4	2	1	Sp.	Sp.	0,04	0,3	2,9	0,03	0,9	16	1
165	0,4	3,7	40	24	0,09	0,1	0,04	0,28	2,8	0,09	0,8	16	1
180	0,3	3,4	90	54	0,19	0,3	0,04	0,24	2,4	0,04	0,7	15	1
600	0,3	8	350	190	0,63	0,9	0,05	0,34	6,1	0,09	2	40	0
500	0,4	5,3	170	90	0,31	0,5	0,04	0,35	6,2	0,06	2	18	0
54	0,2	5	200	100	0,17	0,3	0,05	0,67	7,3	0,28	1,8	85	0
200	0,2	6	440	240	0,8	1,2	0,04	0,35	4,2	0,1	1,2	50	0
400	0,6	4	280	150	0,51	0,4	0,06	0,35	5,7	0,06	2,1	35	0
400	0,4	5	430	230	0,78	1,2	0,04	0,4	5	0,12	2	45	0
635	0,3	5	270	120	1,1	0,5	0,05	0,34	7,3	0,07	2,2	20	0
440	0,3	4	260	150	0,51	0,8	0,04	0,3	5	0,07	1,9	21	0
265	0,3	N	10	10	0,01	Sp.	0,03	0,36	7,7	0,03	2	3	0
350	0,3	N	220	120	0,4	0,6	0,03	0,27	4,6	0,1	2	10	0
170	0,4	N	340	180	0,65	0,9	0,01	0,32	4,9	0,06	1,4	12	0
840	1	N	340	100	0,7	0,6	0,02	0,62	8,3	0,1	2	20	0
325	0,3	N	220	120	0,39	0,6	0,05	0,35	5,5	0,1	2	50	0
800	0,9	N	260	140	0,48	0,7	0,03	0,38	4,7	0,07	2	18	0
520	0,4	N	280	150	0,51	0,8	0,04	0,35	5,7	0,06	2	30	0
400	0,4	N	100	60	0,19	0,3	0,05	0,6	6,7	0,2	2,4	100	0
215	2,1	9,7	270	13	290	2	0,1	0,31	3,9	0,12	1,8	67	0
590	7,2	10	880	29	5,6	5,7	0,29	0,4	4,9	0,3	2	160	0
21	0,2	6,8	0	0	0	0	0,02	0,32	3,4	0,01	0,1	16	0

Lebensmittel	Energiegehalt	Kohlenhydrate		Eiweiß	Fett	Cholesterin	Mineralstoffe			
		verwertbare	Ballaststoffe				Natrium	Kalium	Calcium	Magnesium
	kJ	g	g	g	g	mg	mg	mg	mg	mg
Fleisch, Geflügel, Wild										
Rind, mager	454	Sp.	0	22	1,9	58	65	355	6	23
Filet	508	Sp.	0	21,2	4	70	42	338	3	22
Hackfleisch	673	Sp.	0	20	9	65	70	300	10	15
Kalb, mager	392	0	0	21,3	0,8	70	94	360	13	25
Schwein, mager	459	0	0	21,8	2,4	70	72	292	9	21
Schwein, fett	1083	0	0	17,8	21,1	80	59	157	1	19
Hackfleisch	747	0	0	20	11	65	40	390	9	21
Schnitzel, mager	448	0	0	22,2	1,9	70	58	374	5	25
Speck (Bauch)	3331	0	0	2,9	88,7	57	11	65	1	3
Lamm, Keule	972	0	0	18	18	70	78	380	10	23
Lamm, Kotelett	1437	0	0	14,9	32	72	90	345	9	20
Ente, mit Haut	994	0	0	18,1	17,2	80	38	270	14	22
Ente, Brust	509	0	0	19,5	4,8	100	110	290	12	20
Gans, mit Haut	1414	0	0	15,7	31	86	85	420	12	23
Brathähnchen	694	0	0	19,9	9,6	99	83	360	12	37
Huhn, Brust	607	0	0	22,2	6,2	66	66	264	14	27
Huhn, Schenkel	724	0	0	18,2	11,2	85	95	250	15	30
Pute, mit Haut	632	0	0	22,4	6,8	75	66	315	26	28
Reh, Keule	410	0	0	21,4	1,3	60	60	310	5	30
Fleischerzeugnisse										
Bierschinken	726	0,1	0,1	16,5	12	65	750	260	15	18
Blutwurst	1279	0,1	0,2	12,1	29	60	680	40	7	8
Bratwurst, grob	1213	0,3	0,1	17,5	24	65	525	165	15	16
Cervelatwurst	1568	0	0,1	22	31,9	80	1260	300	24	11
Corned Beef	591	0	0	21,7	6	70	830	140	30	15
Fleischwurst	1182	0,1	0,1	12,2	26	66	830	200	14	13
Frikadelle	760	5,5	0,2	17,9	9,8	64	350	275	27	18
Jagdwurst	936	0,1	0,1	15,5	18	80	820	260	14	19
Landjäger	1974	0	0	21,5	42,2	111	2060	590	25	45
Leberwurst, fein	1479	0	0,1	13	34	205	1180	230	21	21
Mettwurst	1576	0	0	15,1	34,5	91	1090	210	13	27
Rauchfleisch	989	0	0	37,5	9,5	100	2100	610	10	35
Salami	1372	0,1	0,1	20,6	27,3	120	2080	224	35	43
Schweineschinken, geräuch.	1170	0	0	34	16	110	1500	250	10	20
Schweineschinken, gekocht	528	0	0	22,5	3,7	60	966	270	15	24
Schweinespeck, geräuchert	2560	0	0	9,1	65	90	1770	225	10	15
Sülze	901	0,8	0,1	15	17,1	83	456	115	12	10
Wiener Würstchen	1220	0,2	0,1	12,5	26,4	62	941	243	15	15
Kasseler, gepökelt	633	0	0	20,9	7,5	70	960	325	6	20
Fische, Krusten- und Weichtiere										
Barsch	344	0	0	18,5	0,8	72	47	330	20	20
Forelle	431	0	0	19,5	2,7	56	63	413	12	26
Heilbutt, weiß	425	0	0	20	2,3	41	67	445	14	28
Hering	968	0	0	18,2	17,8	91	117	360	34	31
Hummer	341	0	0	15,9	1,9	135	270	220	60	24
Kabeljau	324	0	0	17,7	0,4	47	72	350	24	25
Karpfen	484	0	0	18	4,8	67	30	387	63	50
Krabbe	396	1,5	0	18,5	1,5	160	140	250	100	70
Lachs	843	0	0	20	13,6	35	50	370	13	29
Makrele	758	0	0	18,7	11,9	76	95	400	12	30
Miesmuschel	215	0	0	9,8	1,3	160	300	280	27	36

			Vitamine										
Phosphor mg	Eisen mg	Jod µg	Retinol µg	ß-Carotin µg	D µg	E mg	B1 mg	B2 mg	Niacin mg	B6 mg	B12 µg	Folsäure µg	C mg
195	2,1	6,8	20	0	Sp.	0,5	0,23	0,26	11,3	0,19	5	3	0
164	2,3	5	20	0	Sp.	0,5	0,1	0,13	9,9	0,19	2	6	0
160	2,5	4,8	12	0	Sp.	0,6	0,16	0,16	9	0,3	1,5	5	0
200	2,1	2,8	1	0	Sp.	0,3	0,14	0,27	11,5	0,4	2	5	0
172	1,5	5	6	0	Sp.	0,4	0,8	0,19	10	0,39	2	3	0
55	0,9	2,6	4	0	Sp.	0,3	0,7	0,18	6,2	0,4	1	2	0
190	3	2,5	5	0	Sp.	0,2	0,8	0,2	8,5	0,4	2	3	0
186	1,7	4,8	6	0	Sp.	0,2	0,8	0,19	9,5	0,39	1	3	0
30	0,2	1,7	Sp.	Sp.	Sp.	0,7	0,08	0,05	1,7	0,08	0,2	2	0
210	2,5	1,8	Sp.	0	Sp.	0,4	0,16	0,22	4,5	0,29	3	3	0
138	2,2	1,8	Sp.	0	Sp.	0,2	0,14	0,19	5	0,25	3	3	0
196	2,5	1,2	50	0	Sp.	0,5	0,3	0,23	5,9	0,33	1,8	8	0
200	2,4	1	30	0	Sp.	0,1	0,35	0,45	9,5	0,34	3	25	0
180	1,9	4	65	0	Sp.	0,8	0,12	0,26	9,7	0,58	0,8	4	0
200	0,7	0,4	39	0	Sp.	0,7	0,08	0,16	9,3	0,5	0,4	12	0
210	1,1	0,4	25	0	Sp.	0,3	0,07	0,09	15	0,53	0,4	9	0
190	1,8	0,4	30	0	Sp.	0,2	0,1	0,24	9,5	0,3	0,3	28	0
238	1,5	1,5	10	0	Sp.	0,5	0,08	0,14	11	0,46	1,4	12	0
220	3	1	Sp.	0	Sp.	0,7	0,22	0,25	3,9	0,28	4,5	5	0
150	1,5	4	5	0	Sp.	0,2	0,18	0,2	7,6	0,3	2	2	20
22	6,4	3,1	6	0	0,1	0,1	0,07	0,13	4,3	0,1	0,8	2	0
145	1	3	8	0	Sp.	0,2	0,28	0,15	7	0,14	3,4	4	5
150	1,7	5,8	4	0	Sp.	0,3	0,1	0,2	7,9	0,4	1,9	4	20
130	2,5	3	10	0	Sp.	0,1	0,03	0,1	7,1	0,14	1	1	20
130	1,7	4,3	3	0	0,1	0,2	0,2	0,21	6,1	0,15	1,3	2	20
210	1,8	4	21	0	Sp.	0,5	0,32	0,2	6,5	0,16	1,2	5	0
144	2,9	5	6	0	Sp.	0,2	0,11	0,12	7,5	0,2	2,5	4	20
301	2,9	5,8	9	0	Sp.	0,2	0,2	0,15	11	0,3	1,5	5	Sp.
220	10,4	9,2	5300	1	0,4	0,3	0,3	1,02	6,7	0,45	3,9	55	21
198	1,6	5	5	0	Sp.	0,2	0,2	0,15	6,9	0,38	1,8	3	20
325	3,3	6	20	0	Sp.	0,6	0,16	0,8	9,5	0,6	3	5	0
170	2,7	7	6	0	Sp.	0,7	0,18	0,2	5,1	0,3	1,4	3	20
210	2	6	0	0	Sp.	0,1	0,55	0,21	10	0,4	0,1	1	0
136	2,3	3	27	0	Sp.	0,1	0,61	0,21	8,2	0,36	0,6	5	0
120	0,8	6	0	0	Sp.	0,3	0,43	0,14	5,4	0,35	0,7	2	0
111	2	3,8	16	0	Sp.	0,1	0,1	0,18	6,5	0,13	2	5	10
372	1,4	2,5	3	0	Sp.	0,2	0,1	0,12	8	0,24	1,2	3	20
160	2,5	5,6	5	0	Sp.	0,3	0,56	0,14	8,5	0,33	1,5	6	0
200	1	4	7	0	4	0,1	0,08	0,12	5,4	0,25	1	5	Sp.
245	0,4	4	32	0	5,3	1,7	0,08	0,08	7,4	0,2	4,5	9	Sp.
200	0,6	52	32	0	5	0,9	0,08	0,07	10	0,42	1	9	Sp.
250	1,1	39	38	0	27	1,5	0,04	0,22	7,3	0,45	8,5	5	Sp.
234	1	100	Sp.	Sp.	Sp.	1,5	0,13	0,09	3,8	1,18	0,5	17	Sp.
185	0,4	170	7	0	1,3	1	0,06	0,05	6,3	0,2	1,2	8	2
247	0,7	2	44	0	2,7	0,5	0,07	0,05	5,4	0,15	1	4	Sp.
200	1,7	130	0	0	0,5	1	0,05	0,04	5,6	0,13	0,9	6	2
265	1	34	41	5	16,3	2,2	0,17	0,17	11,8	1	2,9	3	1
245	1	49	100	2	4	1,3	0,13	0,36	12	0,63	9	2	Sp.
250	5,1	130	54	0	Sp.	0,8	0,16	0,22	3,6	0,08	8	33	3

NÄHRWERTTABELLEN

Lebensmittel	Energiegehalt	Kohlenhydrate		Eiweiß	Fett	Cholesterin	Mineralstoffe			
		verwertbare	Ballaststoffe				Natrium	Kalium	Calcium	Magnesium
	kJ	g	g	g	g	mg	mg	mg	mg	mg
Fische, Krusten- und Weichtiere										
Rotbarsch	443	0	0	18,2	3,6	80	80	310	22	30
Sardine	522	0	0	19,4	5,2	45	100	250	85	25
Scholle	360	0	0	17,1	0,8	63	104	310	60	22
Seelachs	314	0	0	16,7	0,8	65	80	428	8	57
Seezunge	349	0	0	17,5	1,4	50	100	310	30	50
Tintenfisch	305	0	0	16	0,9	20	390	270	27	30
Tunfisch	939	0	0	21,5	15,5	100	43	40	20	20
Zander	352	0	0	19,2	0,7	30	25	377	50	50
Fischerzeugnisse										
Aal, geräuchert	1359	0	0	17,9	28,5	160	500	240	19	18
Bückling	934	0	0	21,2	15,5	90	690	310	35	32
Fischstäbchen, fritiert	870	17,4	1	13,1	9,5	50	310	130	7	8
Hering, mariniert	872	0	0	16,5	16	85	1090	75	38	12
Lachs, geräuchert	1186	0	0	28,4	19,4	60	1880	535	20	40
Sardelle, gesalzen	372	0	0	17,5	2	11	5174	242	104	46
Schillerlocken	1245	0	0	21	24	100	780	60	20	28
Tunfisch in Öl	1178	0	0	23,8	20,9	50	290	250	7	20
Fette und Öle										
Distelöl	3700	0	0	0	100	0	0	0	0	0
Maiskeimöl	3700	0	0	0	100	1	1	1	15	0
Olivenöl	3700	0,2	0	0	100	0	1	0	0	0
Rapsöl	3700	0	0	0	100	2	1	0	0	0
Sonnenblumenöl	3700	0	0	0	100	0	0	0	0	0
Butter	3090	0,3	0	0,7	83,2	250	5	16	13	3
Kokosfett	3700	0	0	Sp.	100	1	2	2	1	0
Margarine	2970	0,4	0	0,2	80	7	100	7	10	1
Diätmargarine	2967	0,2	0	0,2	80	1	39	30	10	2
Majonäse, 80-%	3078	3	0	1,5	82,5	70	480	18	18	20
Soßen und Würzmittel										
Brühe, gekörnt	826	5	0	24	9	10	25000	500	150	50
Senf	426	6	1	6	6	0	2500	200	70	80
Sojasoße	296	9	0	7,1	0,6	0	6000	360	20	43
Tomatenketchup	453	24	0,9	2	0,3	0	1200	600	25	20
Tomatenmark	202	8,5	1	2,3	0,5	0	590	1160	60	32
Gelatine	1435	0	0	84,2	0,1	0	32	22	11	11
Alkoholische Getränke										
Bier (Pils)	177	3,1	4	0,5	0	0	4	55	4	9
Bier (Pils), alkoholfrei	107	5,4	0,3	0,5	0	0	3	40	5	8
Weizenbier	154	2,8	3,5	0,3	0	0	4	21	3	8
Rotwein, leicht	272	0,3	7,9	0,2	0	0	3	100	7	8
Sekt, trocken	317	1,4	10	0,2	0	0	4	60	3	6
Weißwein, trocken	286	0,5	9,5	0,1	0	0	3	80	9	9
Eierlikör	1188	28,2	16	4,4	4,6	250	5	14	14	1
Kirschlikör	1105	32,6	19	0	0	0	1	2	2	1
Klarer, 32 Vol. %	742	0	25,6	0	0	0	0	3	2	0
Weinbrand	994	0,1	33	0	0	0	1	2	2	1
Whisky	1023	0,1	35,2	0	0	0	1	3	2	1

5886388

Phosphor mg	Eisen mg	Jod µg	Vitamine: Retinol µg	ß-Carotin µg	D µg	E mg	B_1 mg	B_2 mg	Niacin mg	B_6 mg	B_{12} µg	Folsäure µg	C mg
200	0,7	99	14	0	2,3	1,3	0,11	0,08	5,8	0,39	3,8	5	Sp.
250	2,5	32	20	0	7,5	0,5	0,02	0,25	13,3	0,96	0,1	4	Sp.
200	0,9	53	3	0	2,7	0,1	0,21	0,22	7,2	0,22	1,5	11	Sp.
375	1	200	5	0	0,3	0,1	0,17	0,17	7	0,3	1,2	3	Sp.
195	0,8	17	Sp.	0	4,5	0,1	0,06	0,1	5,1	0,2	1	5	0
140	0,8	20	3	0	2,7	2,4	0,07	0,05	5,1	0,39	2,5	2	Sp.
200	1	50	450	5	4,5	0,3	0,16	0,16	13,5	0,46	4,3	15	Sp.
190	0,7	60	2	0	1,8	0,1	0,16	0,25	2,3	0,24	1	5	Sp.
250	0,7	5	940	0	22	5,5	0,2	0,36	6,5	0,16	1	7	Sp.
250	1,1	72	28	0	30	1,6	0,04	0,25	8	0,5	9,7	2	0
85	0,4	125	8	0	0,5	0,7	0,13	0,13	4,2	0,09	1,5	6	0
150	1,5	40	36	0	13	1,8	0,05	0,21	7	0,15	8	3	Sp.
380	1,4	45	50	5	20	2,5	0,2	0,2	13,5	1	3	4	0
222	4,3	50	17	0	17,4	0,4	0,06	0,23	20	0,43	0,2	3	0
230	1,1	122	20	0	0,4	0,5	0,05	0,1	8,2	0,15	0,5	4	0
295	1,2	150	370	0	4,1	9	0,05	0,06	14,3	0,25	1,3	8	Sp.
0	Sp.	Sp.	0	10	0	44,5	0	0	0	0	0	0	0
0	1,3	Sp.	0	140	0	33,8	0	0	0	0	0	0	0
0	0,4	Sp.	0	220	0	12,1	0	0	0	0	0	0	0
0	Sp.	Sp.	0	3300	0	22,8	0	0	0	0	0	0	0
0	Sp.	Sp.	0	26	0	62,5	0	0	0	0	0	0	0
21	0,2	4	590	380	1,2	2	0,01	0,02	0,2	0,01	0	0	0
1	0	N	0	5	0	2,1	0	0	0	0	0	0	0
10	0,1	0,8	500	650	2,5	16	0	0	0	0	0,1	1	0
20	0,1	0,8	500	200	2,5	65	0	0	0	0	0	0	0
60	1	5	60	80	0,5	15	0,04	0,04	0,5	0,1	1	14	0
700	2	3	0	0	0	0,1	0,2	0,24	7	0	0	0	0
190	2	2	0	30	0	0	0	0,2	7	0,07	0	5	3
211	2,7	0,2	0	0	0	0	0,03	0,18	4,8	0,17	0	9	0
40	1,2	0,9	0	230	0	0,4	0,07	0,06	1	0,13	0	3	10
34	1	4	0	1240	0	5,4	0,1	0,06	1,8	0,18	0	35	9
0	0,1	5	0	0	0	0	0	0	1,4	0,01	0	0	0
32	Sp.	0,7	0	0	0	0	0,01	0,03	0,8	0,05	0,1	6	0
20	Sp.	0,7	0	0	0	0	0,01	0,03	0,8	0,03	0	5	0
13	0	0,7	0	0	0	0	0,01	0,03	0	0,04	0,1	4	0
10	0,9	N	0	0	0	0	Sp.	0,01	0,1	0,02	0	Sp.	2
7	0,5	N	0	0	0	0	Sp.	0,01	0,1	0,02	0	0	0
15	0,6	N	0	0	0	0	Sp.	0,01	0	0,02	0	Sp.	0
50	0,7	1	145	7	2	0,4	0,07	0,17	1,1	0,03	0,5	40	Sp.
3	Sp.	N	0	0	0	0	Sp.	Sp.	Sp.	Sp.	0	0	0
0	0	N	0	0	0	0	0	0	0	0	0	0	0
3	0	N	0	0	0	0	0	0	0	0	0	0	0
1	0	N	0	0	0	0	0	0	0	0	0	0	0

Sp. = in Spuren
N = kein Nährstoffgehalt vorhanden

A

B

5886390

L

M

aid infodienst, Bonn 261, 320 (o.), 321 (2), 322 (2), 323 (2), 328 (o.)

Alinari/bridgemanart.com 12

argum/Thomas Einberger 351

Werner Bachmeier, Ebersberg 22, 78, 112

Berufsgenossenschaft Nahrungsmittel und Gaststätten, Mannheim 52, 70

Bildagentur-online/Shout 346

bridgemanart.com 11

Caro/Hechtenberg 129 (u.)

CMA-Fotoservice, Centrale Marketing-Gesellschaft der Agrarwirtschaft mbH, Bonn 94 (2 u.), 98 (2), 100, 110/111 (5 r.), 156, 158 (r.), 159 (l.), 160 (r.), 161 (l.), 162 (r.), 173 (l.), 174 (2 l.), 209 (u.), 219 (l.), 223, 233, 235, 241, 244, 249, 280 (o.), 294 (l.), 306, 308 (alle), 309, 325 (u.), 361

Deutsche Landwirtschafts-Gesellschaft e.V. (DLG), Frankfurt 156, 157, 362 (m.)

Deutscher Fleischer-Verband, Frankfurt 14

Gewürzmüller GmbH, Korntal-Münchingen 165 (6), 166 (4 o.)

Druwe und Polastri, Cremlingen 21, 50 (2), 149, 166 (u.), 181 (u.)

F1 ONLINE/Prisma 348

F1 ONLINE/PBY 355

FBG Fleischerei-Berufsgenossenschaft, Mainz 66 (l.), 191 (m.), 192 (l.),

Fotodesign Hefele, Darmstadt Titelfoto, 22, 23, 46, 68 (2 o.), 69, 76, 85 (u.), 91, 93 (u.), 106, 107 (o.), 119, 130 (2 o.), 137, 145, 166 (2 u.), 208 (3), 216, 234, 271 (u.), 276, 279, 280 (u.), 281 (3), 282, 283 (o.), 311, 350, 362 (u.)

Peter Frischmuth/argus 129 (o.)

Fuchs Gewürze, Dissen / The Food Professionals Köhnen GmbH, Sprockhövel 101 (6), 102 (6), 103 (5, außer Macis), 104 (5), 105 (4)

Gesetzliche Unfallversicherung, Hamburg 71

Waltraud Grubitzsch/Zentralbild 268 (o.)

Hans Grum, Rothenburg/Tbr. 8 (l. u., m. o.), 25, 66 (r.), 113, 178 (4), 179 (2), 182 (alle), 190 (3 o.), 193 (2), 198 (2), 204, 206, 209 (o.)

Claudia Hild, Angelburg-Gönnern Gestaltung Einstiegsdoppelseiten, 8 (r. o.), 19, 26, 28, 30, 41, 54 (3), 55 (3), 57 (u.), 61 (2), 62 (2), 63 (2), 64 (2), 65 (2), 73, 77, 80 (2), 81 (2), 82, 83 (3), 86 (2), 89, 91, 93 (o.), 94 (o.), 95 (2), 96 (o.), 97, 99 (u.), 109, 115, 116 (2), 120, 123, 125 (o.), 127 (o.), 133, 136, 138, 139 (2), 140 (2), 141, 142 (2), 144 (2), 146, 150 (l.), 158 (l.), 159 (r.), 160 (l.), 161 (r.), 162 (l.), 164, 169 (l.), 172 (2), 173 (r.), 174 (2 r.), 177, 181 (o.), 184, 186, 188, 190 (u.), 191 (2 u.), 192 (r.), 198, 205, 207, 210, 215, 232, 254, 259, 260, 263, 264, 265, 267 (o.), 268 (u.), 269, 270 (2), 273, 275, 283 (u.), 285, 286, 287, 289, 291 (2), 292 (alle), 293, 295, 297, 302, 304, 315 (2), 318, 320 (u.), 326, 328, 329, 331, 333, 335, 336, 337, 340, 342, 343, 347, 356, 364

illuvision, Köln 278

images.de/Dean 352

Kaktusfactory, Ninprapha Lippert/Stockfood 294 (r.)

KG Wetter GmbH, Biedenkopf-Breidenstein 59, 60

Joerg Lantelme, Kassel 107 (u.)

OKAPIA KG/Dr. med. J.P.Müller 349

OKAPIA KG, Germany 345

Judah Passow/Network/Agentur Focus 341

Penny/images.de 358

Picture Press/Solus Images/Louis Wallach 325 (o.)

plainpicture/Hermann, B. 359

Peter Rees/StockFood 103 (Macis)

Christine Schäfer, Kellenhusen 330

Claude Sins, Stuttgart 114, 127 (u.), 150 (r.), 169 (r.), 187, 218, 219 (r.), 220 (u.), 221, 228 (u.)

Gisela Stautner, Waldmünchen 271 (o.)

Gertraud Steub, Nürnberg/Gudrun Straub, Kammerstein 378–389

Stiftung Warentest, Berlin 15

Testo GmbH & Co., Lenzkirch 131

Franz-Peter Tschauner/dpa 267 (u.)

vario-press/Stefan Haertel 79

Peter Willi/bridgemanart.com 10

Simone Ziller, Vierkirchen 8 (l. o., r. u.), 9, 49 (3), 56 (3), 57 (o.), 60, 68 (u.), 75, 84 (2), 95 (2), 96 (u.), 99 (o.), 110 (l.), 122 (2), 130 (2 u.), 151, 152, 153, 154 (2), 170, 171 (2), 217, 220 (o.), 222 (2), 226 (2), 227, 228, 229 (m., u.), 230, 236, 240, 242, 243, 248, 250

Trotz unserer Bemühungen ist es uns nicht in allen Fällen gelungen, die Inhaber der Bildrechte ausfindig zu machen. Bitte melden Sie sich gegebenenfalls beim Verlag.

Den Fleischer-Fachgeschäften Metzgerei Hamm in Darmstadt, Odenwälder Metzgerei Schwinn in Darmstadt, Metzgerei F. Schmidt in Angelburg, Metzgerei Forche in Markt Indersdorf, Fleischerei Neubauer in Braunschweig, Fleischereibedarf Niederberger in München und vielen anderen danken wir für ihre freundliche Unterstützung bei der Erstellung realitätsnaher Fotos.

Abklatsch Untersuchung von Oberflächen auf den Gehalt an Mikroorganismen

Aerobier Mikroorganismen, die nur leben können, wenn Sauerstoff vorhanden ist.

AIDA-Modell Einfaches Stufenmodell der Werbewirtschaft; es beschreibt vier „psychologische Schritte“, die der Kunde bis zum Kaufabschluss durchläuft. Werbematerialien sollen
A = attention: Aufmerksamkeit erregen, I = interest: Interesse wecken,
D = desire: Besitzwunsch verstärken, A = action: Kauf bewirken.

Aktionsplan legt bei der Planung und Umsetzung von Vorhaben/Projekten fest, welche Aufgaben bis wann zu erledigen sind und wer jeweils für die Erledigung verantwortlich ist bzw. diese überprüft.

Aminosäuren die kleinsten Bausteine der Eiweißstoffe

Anaerobier Mikroorganismen, die nur leben können, wenn *kein* Sauerstoff vorhanden ist.

Baustoffe des Körpers z. B. Wasser, Eiweiß, dienen dazu, die Körpersubstanz (z. B. Knochen, Muskeln, Sehnen, Zähne, Blutzellen, Haare, Hormone) aufzubauen, zu erhalten oder zu erneuern.

BE Bindegewebseiweiß

BEFFE bindegewebseiweißfreies Fleischeiweiß (ein reines Muskeleiweiß ohne Bindegewebe)

Behandeln unter anderem das Wiegen, Um- und Abfüllen, Verpacken, Kennzeichnen, Befördern, Lagern und Aufbewahren von Lebensmitteln

Betriebsstoffe des Körpers z. B. Fette, Kohlenhydrate, benötigt der menschliche Organismus, um Energie für Arbeit, Bewegung und für die Erhaltung der Körperwärme zu erzeugen.

Biologische Wertigkeit gibt an, wie viel g Körpereiweißstoffe aus 100 g Nahrungseiweiß gebildet werden können.

Cholesterin Begleitstoff tierischer Fette, stellt der Körper selbst zum Bau von Nervenbahnen und Zellen her; ein dauerhaft hoher Blutcholesterinspiegel steht im Verdacht, die Entstehung von Arteriosklerose zu begünstigen.

Dauerausscheider Personen, in deren Darm krankheitserregende Mikroorganismen leben.

Energiebilanz beschreibt das Verhältnis zwischen der Energieaufnahme durch die Nahrung und dem Energiebedarf; ist sie positiv, droht Gewichtszunahme.

Ergänzungswert beschreibt die Kombination von hochwertigen tierischen und pflanzlichen Eiweißstoffen, damit die Aminosäureausbeute für die Herstellung der körpereigenen Eiweißstoffe möglichst hoch ist.

Essenzielle Stoffe z. B. manche Fettsäuren und Aminosäuren, müssen über die Nahrung aufgenommen werden, da der menschliche Organismus diese nicht selbst herstellen kann; frei übersetzt: lebensnotwendige Stoffe.

FE Fleischeiweiß (besteht aus BEFFE und BE)

Fettsäuren chemische Bestandteile von Fetten (Ein Fettmolekül besteht aus einem Glycerin und drei Fettsäuren.)

Galantinen Körper oder Körperteile junger Schlachttiere oder Geflügel, die mit einer hochwertigen Wurstmasse gefüllt werden.

Geschmacksverstärker verstärken den Geschmack der verwendeten Rohstoffe und Gewürze und runden das Gesamtaroma ab.

Glycerin chemischer Bestandteil von Fetten (Ein Fettmolekül besteht aus einem Glycerin und drei Fettsäuren.)

Glykogen so genannter Muskelzucker, „Energiereserve“ in Leber und Muskel

Grundumsatz ist die Energiemenge, die ein Mensch bei völliger Ruhe im Liegen innerhalb von 24 Stunden und bei einer Temperatur von 20 °C benötigt.

Hämoglobin	roter Blutfarbstoff
Herstellen	das Gewinnen, Zubereiten, Be- und Verarbeiten von Lebensmitteln
In-Verkehr-Bringen	unter anderem das Anbieten, Vorrätighalten zum Verkauf und jedes andere Abgeben an andere
Kohlenhydrate	z. B. Zucker, Stärke, Glykogen; dienen dem Körper als Energielieferanten.
Konservierungsstoffe	hemmen die Vermehrung von Bakterien und Schimmelpilzen und verlängern somit die Haltbarkeit der Fleisch- und Wurstwaren.
Leistungsumsatz	ist die Energiemenge, die ein Mensch für zusätzliche Leistungen – über den Grundumsatz hinaus – während der Arbeit oder in der Freizeit benötigt.
Leitsätze des Deutschen Lebensmittelbuches	z. B. für Fleisch-Erzeugnisse, für Feinkostsalate, legen Qualitätsmerkmale fest, die die so genannte allgemeine Verkehrsauffassung bezüglich Zusammensetzung, Frische, Aussehen und Geschmack der Fleisch-Erzeugnisse in Deutschland wiedergeben.
linea alba	lateinisch, wörtlich übersetzt: weißer Streifen; die Mitte der Bauchdecke vom Brustbein bis zu den vorderen Bögen des Beckens
Marmorierung	Das Magerfleisch ist von kleinen Fettadern durchzogen.
Melanoide	sind hellbraune Geschmacksstoffe, die beim Anbraten entstehen.
Molekül	kleinster Baustein einer chemischen Verbindung
Myoglobin	roter Muskelfarbstoff
Nitrosaminverbindungen	können bei gepökelten Erzeugnissen entstehen, die scharf erhitzt werden; es sind Verbindungen von Nitrit mit Aminosäuren; sie sind Krebs erregend.
Pökelhilfsstoffe	unterstützen und beschleunigen den Umrötevorgang beim Pökeln.
Pökeln	Behandlung von Fleisch, Leber oder Blut mit Nitritpökelsalz oder Salpeter; dadurch wird die rote Farbe stabilisiert und das Produkt wird länger haltbar.
Resorption	beschreibt den Vorgang zur Aufnahme der kleinsten Nahrungsbausteine durch die Darmwand in die Blutbahn.
Separatorenfleisch	maschinell von Knochen abgelöstes Fleisch (separieren = absondern, trennen)
Skelettmuskulatur	Fleisch, das vom Skelett (von den Knochen) ausgelöst wurde; es gehören nicht dazu: Knochenputz, Separatorenfleisch oder Innereien.
Sporen	Dauerformen von Mikroorganismen; sie benötigen weder Nahrung noch Wasser.
Stabilisatoren	verhindern einerseits das Entmischen oder Absetzen von Stoffen; andere Stabilisatoren bewahren bzw. intensivieren die vorhandene Farbe eines Lebensmittels.
Umröten	Vorgang, der beim Pökeln abläuft. Aus dem Blutfarbstoff oder dem Muskelfarbstoff entsteht ein neuer stabiler roter Farbstoff.
unami	Geschmacksrichtung; der Geschmack kann mit fleischig und herzhaft umschrieben werden.
Verkehrsbezeichnung	Bezeichnung für Erzeugnisse, wie sie z. B. in den Leitsätzen oder bei Fleischteilen vom deutschen Fleischerverband benannt sind
Wirkstoffe der Lebensmittel	z. B. Vitamine, Mineralstoffe und Ballaststoffe, steuern körpereigene Vorgänge, den so genannten Stoffwechsel.
Zusatz(ver)kauf	zusätzliche Kaufempfehlungen des Verkaufspersonals zu bereits gekauften Waren, z. B. Kartoffelsalat zu Wiener Würstchen